Money

Sound and Unsound

货币：健全与非健全

Joseph T. Salerno

[美] 约瑟夫 · 萨勒诺 / 著

安佳 张涵 / 译

上海人民出版社

中文版序言

在本书2010年英文版的导言中，我曾写道："健全货币的思想最早见于16世纪西班牙经院哲学家的著作……"但最近的研究表明，健全货币理论的种子早在经院哲学几个世纪前的中国人的著作中就已经播下了。〔1〕

中国是最先使用按重量计价和交换的金属货币的国家之一。有证据表明，这种货币制度起源于商朝（公元前1766—前1122）或周朝（公元前1122—前221）。中国也是最先使用贵金属为货币的国家之一，并很可能也是最先发明铸币的国家之一。长期采用纯金属货币体系的经验，自然激发了中国的政府官员、朝廷资政和学人对这一体系的起源和运作以及与其平稳运行相适应的政策进行调查和讨论。正因如此，中国发展出一套延续了19个世纪（约公元前700—1200）且内容丰富的货币思想传统，就不令人称奇了。这些关于货币理论和货币政策的文献中所包含的思想、见解和争议，要在几个世纪之后才出现在欧洲学者的著作中。尤其是，为中国传统货币思想做出贡献的某些学者所阐述的健全货币理论的概念基础，正是本书的主题。

虽然早在公元前7世纪就有人谈论过关于货币发展的思想，但有关货币起源最普遍的观点是公元前6世纪的一位卿士单旗（公元前585）提出的。单旗认为，货币是古代圣王发明出来救荒并用于计量商品价值的工具。但后来有几位中国学者对这一说法有异议，认为货币起源于一种市场现象。司马迁（公元前104—前90）、罗泌（1165—1173）和叶适（1150—1223）基本上都认为，货币是从商品交易中

---

〔1〕 Zheng Xueyi, Yaguang Zhang, and John Whalley, "Monetary Theory from a Chinese Historical Perspective," NBER Working Paper Series, Working Paper 16092(June 2010). 以下讨论摘自这篇论文。

产生的，且不可能在没有商品交换的情况下出现，只是到了后来，帝王们才把货币作为统治国家的辅助手段。

正确建立货币理论的第一步是要理解，货币的价值和商品的价值一样，从来都不是固定不变的。撰写墨家经典《墨经》（公元前468—前376）的早期中国哲人抓住了这一关键点。他们认识到，金属货币，如当时广泛流通的“刀币”，是按重量计价和交换的，而货币的实际价值尽管有固定面值，但并不稳定，而是随商品价格反向波动。当商品价格高时，货币为“轻”或其购买力低；当商品价格低时，货币为“重”或其购买力高。因此，如果货币状况导致商品的名义价格异常高企，则商品的实际价格并不高，而是货币变“轻”了或贬值了。

在调查决定货币购买力的市场条件时，8世纪的两位中国学者刘秩（734年）和陆贽（794年）清楚地阐述了货币数量或货币供求理论，该理论后来由让·博丹(Jean Bodin)和西班牙经院哲学家引入了欧洲思想界。刘秩认为，如果人口增长速度快于货币供给的增长，货币的购买力将会上升。刘秩还认为，人口增长将增加劳动力，从而增加商品供给。结果是货币需求将超过货币供给，并相应提高货币购买力。他由此推断，过高的价格是货币“过剩”的结果，因此他提议减少货币数量以增加其购买力。与刘秩同时代的陆贽也同样认为，货币数量是决定商品价格和货币购买力的主要因素。因此，当货币数量相对较少时，商品价廉，货币为“重”；而当货币数量较大时，商品昂贵，货币为“轻”。陆贽根据其理论推断出，政府因此能够通过改变货币数量来影响价格水平。

由于铸币政策影响到货币在经济中的数量和质量，中国的货币问题研究者也关注货币发行的正确制度安排。从公元前175年至公元734年，至少发生了四次关于铸币问题的大辩论。辩论的要点是，货币铸造应该是私人的和分散的业务，还是由中央政府垄断的皇家特权。值得关注的是，在第三次（457年）和第四次（734年）辩论中，政府内阁成员也冒险提议将私人铸币作为摆脱货币短缺的一种手段。

本书是对这一伟大的中—欧货币理论传统的小小贡献。我希望本书中文版能引起中国当代学者的兴趣，使他们恢复和延续最早出现在他们古代前辈之辉煌著作中的这一传统。

约瑟夫·萨勒诺

2021年1月15日

目 录

致　谢

首先我想分别致谢路德维希·冯·米塞斯研究所所长道格拉斯·弗兰克(Douglas French)和副所长杰弗里·塔克(Jeffrey Tucker),感谢他们最初提议我撰写本书,以及在我撰写筹备期间给我的道义支持、鼓励和宽容。我尤为感谢米塞斯研究所的捐赠者们,正是他们的慷慨资助才使本书的出版成为现实。默里·罗斯巴德(Murray Rothbard)与我亦师亦友,他的学问才智让我受益良多。在他整个辉煌的职业生涯中,他一直以大无畏的信念毫不妥协地表达自己对健全货币的支持。当然,米塞斯和哈耶克也对我的思想产生了极大的影响,我还从威廉·赫特(William H.Hutt)、亨利·赫兹利特(Henry Hazlitt)、汉斯·森霍尔茨(Hans Sennholz)、雅克·鲁夫(Jacques Rueff)、迈克尔·海尔佩林(Michael Heilperin)、威廉·勒普克(Wilhelm Röpke),以及本杰明·安德森(Benjamin Anderson)的著作中学到了很多东西。在凯恩斯主义已经成为显学的时代,上述诸位学者仍然勇敢并直言不讳地为健全货币鼓与呼。

我要感谢过去多年来阅读了我的文章初稿并做出评论的同事们,感谢他们撰写的有关健全货币之论著让我很受教益和启发。我要感谢的人实在太多了,他们是:瓦特·布拉克(Walter Block)、威廉·布特斯(William Butos)、约翰·科克兰(John Cochran)、罗杰·加里森(Roger Garrison)、杰夫·瑞赫布纳(Jeffrey Herbener)、汉斯-赫尔曼·霍普(Hans-Hermann Hoppe)、赫苏斯·韦尔塔·德索托(Jesús Huerta de Soto)、约尔格·吉多·许尔斯曼(Jörg Guido Hülsmann)、安东尼·缪勒(Antony Mueller)、加里·诺斯(Gary North)、乔治·雷斯曼(George Reisman)、帕斯卡·萨兰(Pascal Salin)、已故的拉里·塞赫雷斯特(Larry Sechrest)、

已故的苏哈·谢诺伊(Sudha Shenoy)，其他还有弗兰克·肖斯塔克(Frank Shos-
tak)、马克·桑顿(Mark Thornton)、劳伦斯·H.怀特(Lawrence H.White)，以及博
学的大卫·戈登(David Gordon)。我万分感谢米塞斯研究所的创始人兼董事长
x 小卢埃林·罗克维尔(Llewellyn H.Rockwell, Jr.)，他坚定地支持并鼓励我的所有
写作规划，并为现代健全货币运动提供了一个归属之地(institutional home)。本
书中收录的几篇文章曾经提交给纽约大学市场机制和经济过程(Market
Institutions and Economic Processes)学术讨论会，我感谢讨论会成员给予的令人
信服的建议和批评。最后但同样重要的是，我非常感谢海伦·萨勒诺(Helen)和
迈克尔·萨勒诺(Michael Salerno)，他们忍受着我在本书写作过程中长时间缺席
家庭生活、心不在焉和偶尔悄急给他们带来的烦恼。我对他们的亏欠难以轻易
偿还。

导　言

xi

本书收录的26篇论文，在过去的30年中，曾经公开发表在各种学术期刊、学术著作以及政治系列丛书和非专业性杂志上。其中有几篇最初发表在电子期刊上。尽管这些文章是在不同时期为了不同读者而撰写，但文章的主题相同。大体上，这一相同主题可以用路德维希·冯·米塞斯定义的"健全货币"这一术语进行概括。根据米塞斯的说法：

> 健全货币原则有两个方面。一方面是肯定惯常使用交换媒介的市场选择原则；一方面是尽可能避免政府干预货币体制的倾向……健全货币意指贵金属本位制度……金本位制的优越之处可以从这一事实中窥见：它不依赖于政府和政党而决定了货币单位的购买力。[1]

现代货币理论中健全货币的思想最早出现于16世纪西班牙经院哲学家的著作中，当时的西班牙经院哲学家反对国王借着伦理和经济的幌子降低铸币成色。[2]健全货币概念，或者如当时所称的"健全通货"概念，是19世纪初期大卫· xii

---

〔1〕 Ludwig von Mises, *The Theory of Money and Credit*, 2nd ed. (Irvington-on-Hudson, New York: Foundation for Economic Education, 1971), pp.414—416.

〔2〕 Jesús Huerta de Soto, "New Light on the Prehistory of the Theory of Banking and the School of Salamanca," *Review of Austrian Economics*, 9, no.2(1996): pp.59—81; idem, "Juan de Mariana: The Influence if the Spanish Scholastics," in Randall G.Holcombe, ed., *15 Great Austrian Economists* (Auburn, Ala.: Ludwig von Mises Institute, 1999), pp.1—12; and Jörg Guido Hülsmann, *The Ethics of Money Production* (Auburn, Ala.: Ludwig von Mises Institute, 2008); and Alejandro Chafuen, *Faith and Liberty: The Economic Thought of the Late Scholastics*, 2nd ed. (New York: Lexington Books, 2003).

李嘉图及其追随者“金条党人”(bullionists)论著的核心，这些人认为，拿破仑战争期间和战后不列颠的物价上涨，是由不列颠政府强制实施的停止用黄金白银承兑银行券引发的。[1]金条党人的理想货币是一种“自我调节的货币”[2](a self-regulating currency)，即一种完全由市场供求力量控制其数量和价值以及国家之间分布的货币。

19 世纪中叶，在不列颠的“通货”学派和“银行”学派再一次大论战之后，健全货币理论的影响力达到了巅峰。“货币原则”的支持者们支持的货币制度，是一国的货币供给应严格基于居民拥有和存储于银行的金属货币(黄金和白银)的数量变动而变动之货币制度。他们的反方，即银行学派，则坚持“银行原则”。按照银行学派的说法，为适应不断波动的“贸易需求”，一国的货币供给应由银行体系进行调节。由于 1844 年《皮尔法案》(Peel's Act of 1844)的通过，货币学派在短期内占了上风。然而，尽管货币原则基本上健全，但由于其支持者犯了两个严重错误，因而大大削弱了政策应用的效力。第一个错误是他们只将硬币和银行券包括在货币供给之中，却将活期存款排除在货币供给之外。因此，在他们坚持要以百分之百的黄金为基础发行新银行券的时候，却没有在创造新的活期存款的过程中应用相同的原则。结果是，货币供给仍然可以超出国际黄金流动的限制而自由变动，因此，膨胀—萧条周期依然容易在经济中持续重现。

xiii 货币学派安排中的第一个错误因第二个错误而更加复杂，第二个错误进一步破坏了健全货币的最终目标，并使经济更容易受到周期性波动的影响。因此，货币学派提出了英格兰银行方案，即拥有纸币发行准垄断权并建立能监督货币原则的实施和执行的政府特许银行。当然，一家与政府关系密切的垄断银行，在金融恐慌期间，为防止出现威胁到自身黄金储备的大规模银行挤兑，既有动机也有能力对偏离原则的操作施加影响。为避免公众普遍失去对银行体系的信心，银行需要扩大自己的票据供应量，以便向没有足够的储备来满足存款人赎回要求的即将倒闭的私人银行放贷。这也正是《皮尔法案》在金融恐慌期间屡遭暂停时所发生的情况，虽然这种做法加剧了银行的通货膨胀倾向，但却有效地保证了在未来的

---

〔1〕 On the bullionist controversy, see Murray N.Rothbard, *Classical Economics: An Austrian Perspective on the History of Economic Thought Volume II*, pp.157—224 and the literature cited therein.

〔2〕 David Ricardo, 1838, p.22.

危机中可以大量发行货币对银行进行紧急救助。因此,《皮尔法案》并没有缓和或废止商业周期,实际上,《皮尔法案》被视为英格兰银行在危机中充当最后贷款人的障碍。因此,货币原则被彻底否定了,健全货币的理想也受到严重玷污。

早期反对健全货币原则的人,如反金条党人和银行学派,几乎都是天真而单纯的通胀主义者,他们要么把货币与财富混淆,要么认为真正的经济活动正受到长期的资金短缺的抑制。但在19世纪末,在关于金银复本位制(即黄金和白银兼作货币、汇率由法律规定的货币体系)的论战中,出现了一种新的、更成熟的反健全货币理论。从19世纪初到19世纪70年代,大不列颠以外的大多数主要国家都将复本位制作为法定本位制(可能并非都是如此),当时,美国、法国、意大利、瑞士、比利时、斯堪的纳维亚国家和新建立的德意志帝国等都正式停止了白银的货币用途。

复本位制的支持者们主张重新使用白银,理由是这一措施将增加货币供应量, xiv
从而阻止始于19世纪70年代末的单金本位制(monometallic gold standard)下的价格下跌。货币数量论是复本位制提倡者所提论据的基础。单金本位制提倡者的理论反证,根本不足以应付货币数量论者提出的挑战。单金本位制提倡者认为,开采黄金的生产成本直接决定了价格水平,但这是对李嘉图和通货学派提出的古典货币理论的曲解。[1]矛盾的是,尽管金本位制一直保持不变(至少短期内是这样),但由于经济学家已经不相信古典的健全货币理论,最终废除金本位制的种子已经播下了。

正如货币数量论的现代倡导者大卫·莱德勒(David Laidler)所评论的:

> 1870年后对货币数量理论的完善并没有强化金本位的智识基础。相反,它是导致其最终破产的一个重要因素……管理货币的概念可用于宏观经济稳定的目的,并能产生比货币与黄金挂钩的经济环境更好的经济环境,这一概念不是对战后货币不稳定的智识反应。作为阐述货币数量论的必然结果,这一思想以各种形式出现在战前的文献中。[2]

---

〔1〕关于19世纪末单金本位制提倡者将古典货币理论解释为严格涉及货币价值的生产成本理论的错误,见 Will E. Mason, *Classical Versus Neoclassical Monetary Theories: The Roots, Ruts, and Resilience of Monetarism—and Keynesianism*, ed. William E. Butos(Boston: Kluwer Academic Publishers, 1996)。

〔2〕David Laidler, *The Golden Age of the Quantity Theory*(Princeton: Princeton University Press, 1991), p.2.

因此，到 19 世纪末，货币在理想情况下应该保持价值"稳定"的观点，已经完全取代了传统的"健全"货币理想，即一种由市场选择且其价值不受政府操纵，而
xv 是受市场力量严格控制的商品。19 世纪末的这一新观点在欧文·费雪(Irving Fisher)的著作中被发挥到了极致。1911 年，费雪用数学语言将货币数量论形式化，他在书中提出了一个供负责管理货币以维护物价稳定的政治家和官僚使用的公式。[1]事实上，是费雪而不是凯恩斯，凭借其综合推论和政治管理不兑现货币的核心概念，才是现代宏观经济学的真正创始人。[2]现代货币理论家和思想史家于尔格·尼汉斯(Jürg Niehans)写道：

> 费雪关于货币数量论的重新表述……在无需进行重大修改的情况下，已经成功地经受了长达 75 年的货币辩论；其分析内容如今已被各派经济学家所接受，相比较于费雪的金本位世界，这一理论与当今不兑现货币世界更具相关性。[3]

这就是米塞斯在 1912 年发表他的影响深远的著作《货币与信用理论》时，货币经济学的现状。[4]米塞斯撰写该书达到了两个目的。第一个是将货币理论与奥地利学派早期经济学家(最著名的是卡尔·门格尔和欧根·冯·庞巴维克)提出的主观价值理论相结合，重构货币理论。通过重构，米塞斯就可以解决所谓的"奥地利学派循环论证"(Austrian Circle)难题，这个难题是指，货币的价值不能用边际效用进行解释，因为任何这样的解释都涉及了循环推理。正是这一误解，开启了费雪从一国货币供应量、货币流通速度和平均价格水平等综合变量对货币进
xvi 行分析的大门，并最终导致了宏观货币数量理论毋庸置疑的主导地位。

米塞斯的第二个成就是通过切断与古典的生产费用价值论的联系，并以现代货币理论为基础，重振货币学派的健全货币学说，并纠正了其缺陷。米塞斯的学

---

[1] Irving Fisher, *The Purchasing Power of Money, Its Determination and Relation to Credit, Interest, and Cycles*, 2nd ed. (New York: Macmillan, 1922); also idem, *The Money Illusion* (New York: Adelphi Company, 1928).

[2] Cf. Mark Thornton, "Mises vs. Fisher on Money, Method, and Prediction: The Case of the Great Depression," *Quarterly Journal of Economics* 11(2008): 230—241.

[3] Jürg Niehans, *A History of Economic Theory: Classic Contributions, 1720—1980* (Baltimore, Md.: The Johns Hopkins University Press, 1994), p.278.

[4] Ludwig von Mises, *The Theory of Money and Credit*, trans. H.E. Batson, 3rd ed.(Auburn Ala.: Ludwig von Mises Institute, 2009).

生冯·哈耶克(Friedrich A.Hayek)在20世纪20年代和30年代初出版的著作中，进一步完善了健全货币学说的理论基础。[1]

不幸的是，米塞斯和哈耶克关于健全货币的思想没能得到重视，而稳定货币学说在"一战"后继续占据着主导地位。20世纪20年代，美联储和其他中央银行建立了一套货币管理和中央银行"合作"制度，从而扼杀了金本位制的自然运行。尤其是在美国，美联储通过部分准备金银行制度，将利率推低至"自然利率"或均衡利率以下，引发了股市和房地产市场泡沫，从而制造了货币供给的快速和长期扩张。然而，膨胀性货币政策并没有得到大多数美国经济学界专业人士的认可，他们中的多数都是类似费雪这样的数量论者和稳定论者。这些人几乎只关注在20世纪20年代基本保持不变的批发价格和消费价格的变动。[2]

中央银行操纵货币供给和利率的最终效果就是引发了大萧条。米塞斯和哈耶克通过分析预见到了这种情况。[3] 1932年，著名的哈佛经济学家、国际货币 xvii
专家约翰·威廉斯(John H.Williams)总结了奥地利学派的立场，并特别提出了他们对大萧条的预测：

> 可以这么说，如果不是因为信贷扩张导致价格下跌，价格也应该下跌。正是基于这样的理由，奥地利学派经济学家预测到了大萧条。[4]

与奥地利学派不同的是，货币稳定学派尤其是费雪对这一事件感到震惊和困惑。但是哈耶克知道该把责任归咎于何处，他在1932年写道：

> 我们不能忘记的是，在过去的6年或者8年中，世界各国的货币政策都

---

〔1〕这些著作中最重要的收录于 F.A. Hayek, *Prices and Production and Other Works: F.A. Hayek on Money, the Business Cycle, and the Gold Standard*, ed. Joseph T.Salerno(Auburn, Ala.: Ludwig von Mises Institute, 2008)。

〔2〕关于20世纪20年代的通货膨胀和货币稳定思想，在这一时期对英美经济学家、银行家、货币政策制定者和政治家深远而广泛的影响，见 Murray N.Rothbard, *America's Great Depression*, 5th ed. (Auburn, Ala.: Ludwig von Mises Institute, 2000), pp.85—135, 165—181。

〔3〕See Mark Thornton, "Mises vs. Fisher on Money, Method, and Prediction"; and idem, "Uncomfortable Parallels," www.LewRockwell.com(April 18, 2004). Also see, Mark Skousen, *The Making of Modern Economics: The Lives and Ideas of the Great Thinkers*(Armonk, N.Y.: M.E. Sharpe, 2001), pp.291—293.

〔4〕John H.Williams, "Monetary Stabilization and the Gold Standard," in Quincy Wright, ed., *Gold and Monetary Stabilization*(Chicago: University Press, 1932), p.149.

遵循稳定学派的建议。现在是消除他们贻害不浅的影响的时候了。[1]

稳定货币学说很快就名誉扫地，取而代之的是约翰·梅纳德·凯恩斯(John Maynard Keynes)提出的更具扩张性的支出理论，凯恩斯本人以前是稳定货币的倡导者。本质上，凯恩斯的学说可以追溯到约翰·劳(John Law)和19世纪所谓的"货币幻想"(monetary cranks)。凯恩斯坚持认为，大萧条只是长期市场经济状态下总开支或"总需求"不足的结果。他认为，解决这一问题的唯一办法，是政府实施预算赤字直接向经济注入资金，再结合扩张性货币政策，降低利率并刺激私人投资支出。"二战"后不久，凯恩斯的支出理论就在美国和英国的经济学学术圈
xviii 中取得了无可争议的主导地位，到了20世纪60年代，经济政策制定者们已经确立了这一理论，他们急切地要实施廉价货币和赤字支出政策。

这些政策最终导致了20世纪60年代的加速通货膨胀，以及紧随而来的70年代的长期滞胀。与之前的稳定货币政策一样，总需求政策导致的后果完全出乎其倡导者的意料，这一后果也无法在凯恩斯理论框架之内加以解释。70年代末期，作为一种政策纲领的凯恩斯主义已经失去了可信度，取而代之的是由米尔顿·弗里德曼(Milton Friedman)领导的货币主义运动，自20世纪60年代初期以来，货币学派在经济学界的影响力一直不断增强。但货币主义充其量也不过是由凯恩斯主义术语重述的一个看似更复杂的货币数量论版本所支持的费雪稳定货币原则。弗里德曼和货币主义者主张，中央银行的目标是稳定货币供给的增长，使之与零增长或低增长的长期通货膨胀率保持一致，而不是直接以稳定价格水平为目标。80年代中期的事件很快就推翻了货币主义者对价格和产出变动的预测，正统货币主义在学术界，尤其是在政策领域的影响力迅速下降。

90年代初期，宏观经济学中出现了一种称为新凯恩斯主义经济学的新的理论共识，这一理论综合了凯恩斯主义、货币主义和货币主义分支即新古典经济学的诸般要素。[2]这一理论共识的政策目标仍然是稳定货币，或者至少保持较低且稳定的通货膨胀率。尽管格林斯潘的美联储没有明确表达这一目标，但在整个90年代，中央银行的运作方式与之保持一致，随着实际产出的增长加快，居民消费

---

[1] Hayek, *Prices and Production and Other Works*, p.7.

[2] N.Gregory Mankiw and David Romer, eds., *New Keynesian Economics*, 2 vols. (Cambridge, Mass.: MIT Press, 1991). For a short description, see N.Gregory Mankiw, "New Keynesian Economics," in David R.Henderson, ed., *The Concise Encyclopedia of Economics*, 2nd ed., available at http://www.econlib.org/library/CEETitles.html.

价格一直保持温和上涨并显著稳定。

从 1995 年开始，以科技股为中心的金融经济兴旺发达起来。财经写手、媒体评论员、华尔街和学术界的经济学家，甚至艾伦·格林斯潘本人，也开始用“新经 xix
济”来指代低通胀、高生产率和产出快速增长以及 90 年代后半期股市繁荣的整体现象。他们被只关注消费者价格指数的错误的稳定货币理论蒙蔽了双眼，所有人都忽视了推动经济繁荣的货币供给的大幅增长。随着互联网泡沫的破裂，经济在 2001 年陷入了短暂的衰退，事实再次证明，稳定货币的目标只能是空想。随着新一轮的货币扩张，联邦基金利率从 2003 年年中的 6.5%降至 1%，并在一年内一直保持在这个水平，美联储迅速挽救了经济衰退。截至 2003 年，金融市场的复苏和经济增长的加快，以及消费价格上涨的持续放缓，消除了多数人对美联储通胀政策的疑虑，也恢复了人们对稳定货币计划的信心。尽管如此，仍有少数批评人士警告称，早在 2003 年，一个巨大的房地产泡沫正在形成，但他们的批评无人理会，他们被嘲笑为“末日预言家”或“拜金者”(gold bugs)。这些人中多数是奥地利学派经济学家或者是发现并受到了米塞斯、哈耶克和罗斯巴德稳健货币传统影响的银行家和财经评论员。〔1〕

尽管经历了 20 世纪 90 年代最近这轮新经济的崩溃，但经济学界内外稳定货币的拥趸们仍然无可救药，他们宣称，从 20 世纪 80 年代中期开始，经济已经进入了一个长期稳定的新时代。他们称这个新时代为“经济大稳健时代”(The Great Moderation)，这一术语甚至被当时的美联储董事兼首席宏观经济学家本·伯南克(Ben Bernanke)作为 2004 年发表的一篇演讲的讲题。〔2〕宏观经济学的另一位
重要活跃人物罗伯特·卢卡斯(Robert Lucas)在 2003 年宣布：“就所有实际目的而 xx
言，预防萧条的核心问题已经得到解决。”〔3〕

建制派宏观经济学家鼓吹的“大稳健”概念，令人莫名地想起费雪等稳定货币

---

〔1〕 关于 2003—2004 年预测房地产泡沫的奥地利学派人士，见 Mark Thornton, “The Economics of Housing Bubbles,” in Randall G.Holcombe and Benjamin Powell, eds., *Housing America: Building Out of a Crisis*(New Brunswick, N.J.: Transaction Publishers, 2009), pp.237—262。

〔2〕 Ben S.Bernanke, “The Great Moderation,” speech delivered at the meetings of the Eastern Economic Association, Washington, D.C. (February 20, 2004), available at http://www.federalreserve.gov/BOARDDOCS/SPEECHES/2004/20040220/default.htm.

〔3〕 Robert E.Lucas, “Macroeconomic Priorities,” Presidential Address to the American Economic Association(January 10, 2003), p.1. Available at http://home.uchicago.edu/～sogrodow/homepage/paddress03.pdf.

经济学家在20世纪20年代宣布的永久繁荣的"新时代"。两个时代的曙光都归因于美联储采用了全新并改进的货币管理技术。然而,与20世纪20年代和90年代的情况一样,价格水平的相对稳定误导了货币稳定学派,让他们忽略或否认风险资产泡沫的增长。因此,经济的大稳健以金融危机后股市的惊人缩减和房地产泡沫破裂,以及几家著名金融机构令人震惊的倒闭而告终。在美国,这场危机最终导致了自第二次世界大战以来为期最长的衰退。

在最新一次稳定货币计划失败之后,几乎所有的主流宏观经济学家都被迫放弃了新凯恩斯主义的数学模型和政策处方,以寻求解释和补救。他们直截了当地退回到了强调投资者的非理性、金融市场的任性和公众普遍具有"囤积"倾向的老派凯恩斯主义。他们现在推出的复苏政策,旨在通过赤字财政和零利率来刺激支出。一些著名的宏观经济学家甚至主张在公众中故意制造通货膨胀预期作为货
xxi 币政策的合法工具。[1]他们认为,如果人们确信自己的货币价值"会随着时间的推移而消失",那么就会刺激消费。[2]另一些人则提出了一些奇特的方案,比如对持有货币征税,比如迫使名义利率降到零以下,从而刺激投资支出。[3]凯恩斯主义的支出理论又卷土重来了!

幸运的是,在过去的10年里,有了一个其影响力已经大幅增长的健全货币替代方案。这一替代方案的基础就是米塞斯、哈耶克,尤其是默里·罗斯巴德的理论研究。第二次世界大战结束之时,奥地利学派已经为世人所遗忘,健全货币学

---

〔1〕 See for example Paul Krugman, *The Return of Depression Economics and the Crisis of 2008*(New York: W.W. Norton & Company, Inc., 2009); N.Gregory Mankiw, "The Next Round of Ammunition," Greg Mankiw's Blog: Random Observations for Students of Economics(December 16, 2008), available at http://gregmankiw. blogspot. com/2008/12/next-round-of-ammunition. html; Kenneth Rogoff quoted in Rich Miller, "U.S. Needs More Inflation to Speed Recovery, Say Mankiw, Rogoff," *Bloomberg.Com*(May 19, 2009) available at http://www. bloomberg. com/apps/news? pid = 20601109&sid = auyuQlA1lRV8.

〔2〕 Krugman, *The Return of Depression Economics*, p.75.

〔3〕 See N.Greg Mankiw, "Reloading the Weapons of Monetary Policy," Greg Mankiw's Blog: Random Observations for Students of Economics(March 19, 2009), available at http://gregmankiw. blogspot.com/2009/03/reloading-weapons-of-monetary-policy.html.关于这一方案更深入的理论分析,见 of this scheme, see Marvin Goodfriend, "Overcoming the Zero Bound on Interest Rate Policy," Federal Reserve Bank of Richmond Working Paper Series(August 2000) available at http://www.richmondfed.org/publications/research/working_papers/2000/wp_00-3.cfm。

说也处于被忘却的危险之中，20 世纪 60 年代初期，米塞斯的美国追随者罗斯巴德复兴了这一学派。罗斯巴德极大地促进了这一学说的发展，他在自己的大量著作中支持并推广这一学说。70 年代中期，随着越来越多的奥地利学派青年经济学家开始从奥地利学派的角度发表关于货币和商业周期的论著，罗斯巴德的努力终于取得了成果。尽管罗斯巴德于 1995 年英年早逝，世界也随着奥地利学派健全货币模式的蓬勃发展开启了新千年——但主流经济学仍然漠视这一学派。

房地产泡沫的破裂和金融市场的崩溃改变了所有的一切。少数经济学家和金融市场参与者运用奥地利学派的商业周期理论预测到了这些事件，商业周期理论对繁荣、泡沫和萧条给出了唯一合乎逻辑的解释。消息迅速传遍了银行和金融部门，并通过互联网在公众中传播开来。很快，一些知名的金融专家和官方媒体的其他成员公开认可并接受了奥地利学派的分析。甚至一些主流的金融经济学 xxii
家也兴奋地给予了支持。〔1〕

著名（和不那么著名）的主流经济学家对其权威受到的这种持续挑战感到困惑（如果不说惊慌失措的话），并试图通过在博客和大众期刊上对奥地利学派的商业周期理论进行评述来回应这一问题。〔2〕但这些企图只不过是基于对文献认识的严重不足和对理论性质及主张的深刻误解而做的歇斯底里的抨击。〔3〕在此期

〔1〕 For instance, Jerry H.Tempelman, "Austrian Business Cycle Theory and the Global Financial Crisis: Confessions of a Mainstream Economist," *Quarterly Journal of Economics*, 13, no.1(2010): pp.3—15.

〔2〕 See, for example, J.Brad DeLong, "The Financial Crisis of 2007—2009—Understanding Its Causes, Consequences—and Possible Cures," presented at MTI-CSC Economics Speaker Series Lecture, Singapore, September 5, 2009, available at http://www.scribd.com/doc/9719227/Paul-Krugman; idem, "What Is Austrian Economics," Grasping Reality with Both Hands(April 6, 2010), available at http://delong.typepad.com/sdj/2010/04/what-is-austrian-economics.html; John Quiggin, "Austrian Business Cycle Theory," Commentary on Australian and World Events from a Social Democratic Perspective(May 3, 2009), available at http://johnquiggin.com/index.php/archives/2009/05/03/austrian-business-cycle-theory. 对奥地利学派商业周期理论的另一种莫名其妙的批判，是由互联网泡沫时期一位主要的凯恩斯主义宏观经济学家保罗·克鲁格曼提出的，"宿醉理论：衰退是美好时光的必然回报吗？"("The Hangover Theory: Are Recessions the Inevitable Payback for Good Times?") *Slate*(December 4, 1998), available at http://www.Slate.com/id/9593。

〔3〕 要彻底驳倒主流学派的这些批评，见 Roger Garrison, "Mainstream Macro in a Nutshell," *Freeman: Ideas on Liberty*, 59(May 2009), available at http://www.thefreemanonline.org/featured/mainstream-macro-in-an-austrian-nutshell/; idem, "A Rejoinder to Brad DeLong," *Mises Daily*(May, 11, 2009), available at http://mises.org/daily/3463; idem, "Contra Krugman," *Mises Daily*(December 2, 1998), available at http://mises.org/daily/103。

间，以奥地利学派货币和商业周期理论为核心的健全货币理论继续蓬勃发展，并成为瓦解凯恩斯支出模式的主要挑战者。本书的主要目的就是为健全货币理论以及最终恢复一个自由和不受阻碍的货币市场做出贡献。

本书辑录了为不同目的和不同读者而撰写的文章，因此不能简单地划分为几
xxiii 类。但为了便于说明，我们可以将本书分成五编。第一编 6 篇论文是关于货币理论的基础。这 6 篇文章是本书最具专业性的文章，重点放在作为健全货币理论基础的奥地利学派货币理论。这些文章从历史的角度对奥地利学派货币理论进行了梳理，详尽阐述并扩展了奥派理论的几个独具特色的学说，并在一些核心议题上将其与现代主流货币理论进行了对比。这一编有一篇文章建立在默里·罗斯巴德所确定的货币供给的实证组成部分的基础上，这些实证组成部分符合奥地利学派关于货币作为一般交换媒介的理论定义。这篇文章发表于罗伯特·普尔(Robert Poole)在备忘录中系统阐述零期限货币(Money Zero Maturity, MZM)的 4 年之前，从那时起，MZM 已成为美国联邦储备银行圣路易斯银行计算和报告的一个著名货币总量数字。[1]MZM 在概念和内容上与我在文章中提出的“真实货币供给”(TMS)总量非常相似。[2]第二编 5 篇文章主要是基于中央银行控制的非健全不可兑现货币制度的背景，讨论通货膨胀、通货紧缩和萧条的问题。这一编的第一篇文章阐述了威廉·赫特(William Hutt)的“价格协调”(price coordination)这一具有开创性意义的概念，并将其与哈耶克的“计划协调”(plan coordination)概念相区别，论证了其对奥地利学派宏观经济学的核心意义。第二篇文章基于米塞斯对通货膨胀过程的分析，提出了一种独特的奥地利学派预期方法。

第三编是关于金本位的文章。在这一编，“黄金”一词应解释为代表由自由市

---

〔1〕 William Poole(1991). Statement before the Subcommittee on Domestic Monetary Policy of the Committee on Banking, Finance and Urban Affairs, U.S. House of Representatives, November 6, 1991, Government Printing Office, Serial No. 102—182; John B. Carlson & Benjamin D. Keen, “MZM: a monetary aggregate for the 1990s?” *Economic Review*, Federal Reserve Bank of Cleveland (2nd Quarter, 1996): pp.15—23.

〔2〕 这里“真实”一词的涵义与货币作为交换媒介的理论定义一致。For more recent articles on TMS, see Frank Shostak, “The Mystery of the Money Supply Definition,” *Quarterly Journal of Austrian Economics*, 3, no.4(2000): pp.69—76; and Michael Pollaro, “Money Supply-Metrics, the Austrian Take,” *Mises Daily*(May 3, 2010), available at http://mises.org/daily/4297.

场选择出来作为一般交换媒介的任何商品。出于三个目的，我们将这些文章编在这个部分。第一个目的是探讨米塞斯新货币学派的性质和运作，即完全由市场力 xxiv
量支配、不受政府尤其不受中央银行干预制约的纯商品货币的理想。第二个目的是评估和回应主流货币理论家和宏观经济学家提出的说法，即相对于中央银行发行的、以不兑现货币为基础的理想货币体系而言，金本位制存在的各种缺陷。这种“理想”的货币体系是基于一种奇怪的观念，即货币是政府为稳定经济而刻意设计的一种政策工具，并不是实际经济中的产物：即一种由市场参与者自己选择、作为进行日常交易最有效手段的一般交换媒介。

在过去的30年里，世界经济中反复出现的危机已经激起了人们对金本位制的普遍兴趣，而金本位制是我们当前货币安排的一个可能的替代选择。一些经济学家和媒体评论员提议恢复历史上金本位制的某种变体，甚至提议实施现代版的金本位。因此，我们的第三个目的是对这些建议进行批判性评价，以表明他们多数建议的都是打了折扣的或“伪”金本位制，这将导致货币体系的不健全和失序。

自从这些关于金本位制的文章发表以来，我对一个重要问题的看法发生了变化。现在我比写《金本位制：对最近几项提议的分析》（第14章）一文时更支持理查德·廷伯莱克教授（Richard Timberlake）和亨利·哈兹利特教授（Henry Hazlitt）分别提出的平行私有金本位制（parallel private gold standard）。因为我对美国或其他任何国家的政府能否胜任并确实完成向真正的金本位制的过渡持怀疑态度，所以我现在觉得，他们各自的提议是通向健全货币的最可行途径。这里还应该指出，本书有几篇文章略有删节和改写，以消除某些部分的重复讨论，有的修改则是为了改善文章风格和提升文章的论说清晰度。但在某些情况下，要消除文章与文章之间的重叠，就可能会削弱论述的流畅性。这种情况表现在第13章和第14章，第14章有一节大体上重复了我在第13章对供给学派黄金价格规则 xxv
（supply-siders' gold price-rule）提议的批评，尽管讨论更为详细一些。

第四编是应用奥地利学派货币理论和商业周期理论对历史事件进行分析，并对新兴市场经济体和小型开放经济体的替代货币政策做出评价。其中两篇文章阐述并捍卫了奥地利学派的立场，即20世纪20年代是通货膨胀的10年，美联储在30年代的大部分时间里确实在积极地试图扩大货币供应量。罗斯巴德非常详细地阐述了奥地利学派的立场，这一立场与货币主义学派的米尔顿·弗里德曼和安娜·施瓦茨（Anna Schwartz）对大萧条的解释截然相反，后一种看法现在已被宏观经济学家普遍接受。[1]罗斯巴德认为,在大萧条时期达到顶峰的繁荣—萧条周期,是由美联储在20世纪20年代推行的通货膨胀政策引发的。他将大萧条的持续时间和严重程度,归因于胡佛政府和罗斯福政府前所未有的干预措施,即旨在维持名义价格,尤其是维持高于市场结算水平的工资引发的。按照弗里德曼和施瓦茨的说法,20世纪20年代是经济稳定发展的美好10年,但被一场常规的"普普通通的"衰退所打断,由于美联储错误地允许甚至诱导美国货币供给的收缩,这场衰退迅速转变为灾难性的大萧条。[2]最近,加州大学洛杉矶分校的宏观经济学家李·奥哈尼安(Lee Ohanian)在一份顶级主流经济学杂志上,对大萧条深度的货币主义解释提出了质疑,其基本依据就是罗斯巴德的理由。[3]

第四编有篇文章分析了1987年10月股市暴跌的原因。该文附有1988年
xxvi 9月发表的一篇文章的节选。当时,学术界和华尔街经济学家的共识是,由于格林斯潘领导的美联储已经采取果断行动向金融市场注入了流动性,所以危机已经过去,衰退也得以避免。基于奥地利学派商业周期理论,我不同意关于"1989年底或1990年初将打击美国经济,并对储蓄和银行业造成特别严重影响"之经济衰退的预测,这场衰退在1990年发生的时候,标准普尔的危机已经开始了。这部分的其余两篇文章,一篇概述了东欧典型转型经济体的稳健货币政策,另一篇则是根据20世纪90年代末期中国香港的两次货币危机,对作为中央银行替代方案的货币局制度进行了批判性评价。

第五编包括书评以及对当代经济事件和各种争论的评论和专业性较弱的文章。

---

[1] Milton Friedman and Anna J.Schwartz, *A Monetary History of the United States, 1867—1960* (Princeton, N.J.: Princeton University Press, 1971).

[2] Rothbard, *America's Great Depression*.

[3] Lee E.Ohanian, "What—or Who—Started the Great Depression?" *Journal of Economic Theory* 144, no.6(November 2009): pp.2310—2335.

第一编
货币理论基础

第 1 章

现代货币理论的两个传统: 1
约翰·劳和 A.R.J.杜尔阁*

1. 前言

约翰·劳(John Law, 1671—1729)是货币事件历史和货币理论发展史上的一位杰出人物。事实上,作为法国历史上最早的国家中央银行之一的私人银行(后来的皇家银行)的创始人和负责人,[1]约翰·劳在短短的 4 年(1716—1720)时间中几乎是凭一己之力破坏了法国的货币体系。[2]作为一名货币理论家,劳被称为"货币管理理念的鼻祖",在经济理论上的权威不亚于约瑟夫·熊彼特(Joseph 2
Schumpeter)。[3]

本章将探讨约翰·劳关于货币的基本理念在当今美国的货币理论和政策主

---

* From: "Two Traditions in Modern Monetary Theory: John Law and A.R.J. Turgot," *Journal des Economistes et Etudes Humaines* 2(June/September 1991): pp.337—339.

〔1〕 1709 年的法案赋予 1692 年成立的英格兰银行对银行票据发行的有效法律垄断权,劳的银行体系在法国实施之际,也是法国的中央银行正朝着一个全面发展的中央银行迈进之时。见 Michael Andreades, *History of the Bank of England*(London: P.S.King and Son, 1909), pp.72—85、121—124。

〔2〕 关于我们所说的这个事,请看阿道夫·蒂尔斯(Adolphe Thiers, *The Mississippi Bubble: A Memoir of John Law*(New York: Greenwood Press, [1859] 1969) and Joseph S.Nicholson, *A Treatise on Money and Essays on Monetary Problems*(Edinburgh: Blackwood, 1888)。

〔3〕 Joseph A.Schumpeter, *History of Economic Analysis*(New York: Oxford University Press, 1954), p.321.

张中所渗透的惊人程度。

我所做的这种努力并非没有先例。1951年，法国著名经济学家、货币理论家夏尔·里斯特（Charles Rist）在法国一家主要的经济学杂志《政治经济学评论》（*Revue d'Economic Politique*）上发表文章指出，说英语的经济学家对约翰·劳学说的坚持令人惊讶。[1]

里斯特用下面的说法引出了这篇文章：[2]

> 历史总是在不断重复自身。人们也可以对经济学家说同样的话。自凯恩斯以来，有一位人士的思想在从未被人指名道姓的情况下不断被重复。他就是约翰·劳。我很想知道，在盎格鲁—撒克逊学者中，有多少人曾经不厌其烦地阅读过他的主要论点。

里斯特的文章致力于详述凯恩斯的货币思想和比凯恩斯早出生了两个多世纪的约翰·劳思想之间的诸多相似之处。此外，约翰·劳的思想并没有随着凯恩
3 斯革命推翻了古典货币理论而重生，因为正如里斯特[3]在早先一篇关于货币和银行理论史的论文中所指出的那样，约翰·劳的货币分析法，与从大卫·休谟和大卫·李嘉图到阿尔弗雷德·马歇尔和欧文·费雪等英美货币数量理论家的货币分析法，有着明显的相似之处。因此近年来，学术圈的经济学家在仓促轻率地从凯恩斯经济学转向古典货币理论的过程中并没有放弃约翰·劳的观点。

在下一节中，我将阐述约翰·劳的基本货币理论。然后，我将指出这些理论观点是如何体现在新凯恩斯主义、货币主义和供给学派这三大经济学派的货币理论中的，在当前美国关于宏观经济政策的辩论中，这三大学派的表现尤为突出。最后，我将约翰·劳的货币分析传统与18世纪批评约翰·劳的法国政治家和经济学家安·罗贝尔·雅克·杜尔阁（Anne Robert Jacques Turgot）的分析传统进行了对比，其中也包括了现代奥地利学派的分析。

---

〔1〕 此文用英文重刊时改为"Old Ideas on Money Which Have Become New", in Charles Rist, *The Triumph of Gold*(New York: Philosophical Library, 1961), pp.144—170。另一位主要的大陆货币理论家阿尔伯特·哈恩（L.Albert Hahn）几年前发表了一篇类似主题的文章，见 L.Albert Hahn, *The Economics of Illusion: A Critical Analysis of Contemporary Economic Theory and Policy*(New York: Squirer Publishing Co., 1949), pp.106—118。

〔2〕 Rist, *The Triumph of Gold*, p.144.

〔3〕 Charles Rist, *History of Monetary and Credit Theory: From John Law to the Present Day*, trans. Jane Degras(New York: Augustus M.Kelley, [1940] 1966).

2. 约翰·劳的货币学说

1705 年,约翰·劳[1]出版了他关于货币的主要著作《论货币与贸易》(*Money and Trade Considered: With a Proposal for Supplying the Nation with Money*)。约翰·劳的"建议"旨在为他的祖国苏格兰提供充足的具有长期稳定价值的货币供给。约翰·劳设想的机构类似于一家有权通过在公开市场上买卖证券和其他资产来提供纸币的现代中央银行。约翰·劳用于支持其政策目标和政策规定的理论命题,也具有惊人的现代性。

通过货币的本质和货币的功能两个基本假设,约翰·劳开始了他的货币理论讨论。首先,如果货币不完全是政治威权人物的原创,那么它的理想功能就是一种可以由政府打造和使用的工具。约翰·劳相信,作为国王化身的国家是货币供给事实上的"所有者",因此它拥有根据"公共利益"决定货币构成和数量的权利和 4
权力。约翰·劳写道[2]:

> 在法国,王国所有的金属铸币都属于由国王所代表的国家:金属铸币属于国王代表的国家,与道路属于国王代表的国家完全相同,这不是为了让国王把它们当作自己的财产,而是为了防止其他人把它们当作自己的财产;为了公众的利益,在道路上做出改变是国王的权利之一,由于他(或他的官员)是唯一的法官,因此为了公众的更大利益,他有权将金币或银币改变成其他代币……

把约翰·劳的说法转换成现代用语,即货币是一种"工具",也就是说,货币应该是刻意设计出来以实现政治资金管理人和其他政府规划人所期望的"政策目标"的工具。

约翰·劳的第二个基本假设是,货币只是"购买商品的凭证"或"交换凭证"(代币)。因此,对约翰·劳而言:"货币不是被交换货物的价值,而是可以用它去交换价值:货币的用途就是购买商品和白银,除此没有其他用途。"[3]换言之,货

[1] John Law, *Money and Trade Considered: With a Proposal for Supplying the Nation with Money* (New York: Augustus M.Kelley, [1705] 1966).

[2] Quoted in Rist, *History of Monetary and Credit Theory*, pp.59—60.

[3] Law, *Money and Trade Considered*, p.100.

币是对本身没有价值的东西的非物质化索取权。

从这两个前提出发，约翰·劳就货币和货币交换经济的功能提出了若干理论命题。

首先，如果货币仅仅是一种交换凭证，那么接受者应立即将其用于购买商品。“囤积货币”或长期持有未动用的货币收入余额基本无济于事，也会造成对交易经济的严重损害。因此，货币当局有责任通过其所掌握的一切手段，尤其包括采用纸币代替金属货币的手段，来抑制或阻止囤积。

5 约翰·劳对此做了有力的论证：[1]

> ……由于金币或银币上有国王的形象或其他公共标志，且由于那些把这枚硬币严密保管起来的人将其视为交换凭证，因为他没有正确使用这件物品，国王完全有权强迫他们交出这枚硬币。即使是你自己的财产，国王也有这种权利，他可以强迫你在失去土地的痛苦中耕种土地和修缮房屋；因为从根本上说，你的东西只有在你以对社会有利的方式使用时才是你的。但是，为了避免搜查和没收钱财，我们最好马上找到罪恶的源头，只将他们不想囤积的那种货币(即纸币)给他们。

但是，囤积货币究竟造成了什么性质的经济危害呢？根据约翰·劳的说法，囤积货币造成了流动资金和支出的不足，从而导致贸易的萎缩和就业的减少。在这种情况下，增加货币供给会增加支出、增加就业以及实际产出：

> ……贸易有赖于货币，大量的雇主雇用的人多于少量的雇主雇用的人。一笔有限的资金只能按比例让一部分人工作，而在资金匮乏的国家，几乎不可能为了雇用穷人或懒汉而制定一部法律；好的法律会使货币尽可能地充分流通，并迫使资金流向那些对国家最有利的就业岗位：但是法律并不能使它进一步发挥作用，如果没有更多的货币进入流通以支付更多人的工资，也无法让更多的人去工作。[2]

必须指出的是，约翰·劳并没有成为混淆了货币和财富的天真的重商主义谬论的受害者。确切地说，约翰·劳秉持的是现代观点，即货币仅仅是实现增加国民收入和达成财富增长目标的手段或“政策工具”。约翰·劳并不认为充足的货

---

[1] Quoted in Rist, *History of Monetary and Credit Theory*, p.60.

[2] Law, *Money and Trade Considered*, p.13.

币供给是政策的最终目标，这一点从下面一段文字明显可见：

国家实力和国家财富由人口数量、国内外货物的储存量构成。这些东西 6
都依赖于贸易，贸易则依赖于货币。如果要像其他国家那样强大和富有，就必须拥有与他国数量相等的货币……[1]

如果任由市场参与者自行决定，他们很容易就会通过囤积货币来阻止货币流通，这一信念使得约翰·劳得出结论[2]：市场经济从本质上就不稳定，很可能造成劳动力的长期失业和其他资源得不到使用。这一推论的基础和支撑就是凯恩斯在现代经济学中重新引入的约翰·劳的隐含假设，即对大多数商品而言，通常是数量而不是价格对总支出的变化和相对需求的变化做出反应。比如说，约翰·劳写道："如谷物等易腐烂的商品，随着对粮食需求的增加或减少，该商品的供给量也会增加或减少；因此，粮食价格大体保持不变或接近相等……商品将继续保持与现在的需求量相等的数量，或保持一个不大的差：因为大多数商品的量的增长取决于需求。如果燕麦的产量超过了消费和仓储的需求量，超过的部分就是滞销货，因此产量将会降低……"[3]

除了他认为大多数商品的价格具有"下行黏性"的假设外，约翰·劳还通过假设，先于凯恩斯和现代宏观经济学家，进一步预见到了一条从货币的供给和需求到利率、再到商业投资和就业量的因果链。约翰·劳因此认为："随着货币数量的增加……并远远超过对它的需求……货币的价值因此而降低：给予货币的利息降低……如果需求随着（货币的）数量同比例增加……那么现在的利息和那时的利息也会相同……"[4]

此外，根据约翰·劳的说法，由于货币存量扩张而导致的利率下降，刺激了对 7
进出口贸易和国内制造业的投资，从而扩大了就业。约翰·劳写道："……如果利息的降低是货币数量增加的结果，那么，用于贸易的（资本）存量会更大，由于借贷的便利和货币利息的降低，商人们的贸易成本也会降低……（而且）所有的进口商品都会更便宜，货币也更容易借到手，商人会为了更多的价值从事交易，房地产商

---

〔1〕 Law, *Money and Trade Considered*, pp.59—60.

〔2〕 Ibid., pp.63, 69—70.

〔3〕 Douglas Vickers, *Studies in the Theory of Money, 1690—1776* (New York: Augustus M.Kelley, [1959] 1968), pp.113—119，书中讨论了约翰·劳关于"商品生产供给弹性"的"隐含假设"问题。

〔4〕 Law, *Money and Trade Considered*, pp.67, 71—72.

也有了进行交易的能力，并且还能够以较低的利润出售。”〔1〕

相反，如果货币短缺得不到缓解，高利率将持续下去，并阻碍投资机会的使用，从而造成价格紧缩以及贸易和制造业的萧条。因此，约翰·劳认为，尽管出口贸易中可能存在获利机会，“……虽然（出口商人的）担保很好，但因为货币短缺他们无法获得任何贷款。……所以，只是由于缺少货币来进行交换，造成了商品贬值和制造业的衰败”。〔2〕

货币仅仅是商品提取单这一假设的另一个涵义是，理想情况下，货币价值应保持完全稳定。货币购买力的稳定性是一个必要条件，这个条件确保了以货币为目的销售商品的个人能够相信，他可以在以后的日子里用这笔货币购买同等价值的商品。然而，黄金和白银并不适合充当这样的“购买凭证”（voucher to buy），因为黄金和白银是有形和有用的商品，其价值会根据不断变化的市场情况自然波动。仅凭这些理由，约翰·劳〔3〕就主张，用政府发行的以土地这种据称具有更稳定市场价值的商品为“背书”的纸币，取代市场选择的金属货币：

> 货币是……一种支付或约定支付的价值，据说应该是这样，货币接受人
> 8 可以根据情况需要，用这笔货币购买与其销售的商品等量的相同商品，或者与之同等价值的其他货品：无论是收款、签约还是给货物估价，这种货币都是最有保障的价值；其价值也最不容易发生变化。
>
> 银币在价值上比其他商品更具不确定性，因此不太适合作为货币使用……银块或货币中的白银会因其数量或需求的任何变化而改变其价值……货币的接受人则加倍不确定其所收取的款项或所订立的合约能否在他有需要的时候，买到与他售出的同样的物品，或者他想要购买的物品。……表面上看，土地是最能保持其价值的东西，土地价值可能还会上涨，但肯定不会下跌：黄金和白银容易发生不测之事，从而使得价值下降，但不可能升值。
>
> 从这里可以明显看出，土地比白银更适合作为货币使用……因为土地的价值更具有确定性，更具有货币所必需的性质：土地具有白银所不具有的其

---

〔1〕 Law, *Money and Trade Considered*, pp.20, 75.

〔2〕 Ibid., p.116.

〔3〕 Ibid., pp.61—62, 64, 84, 102.

他性质,因此更能作为衡量商品价值即商品交换价值的一般价值尺度,以及用于合同的签订。

现在先把土地放到一边,上文是赞成政治上的价格水平稳定计划和反对黄金等自由市场商品货币这种现代观点的最佳表述。约翰·劳也认为,纸币比金属货币廉价,因此,用纸币代替金属货币作为交换凭证有助于增加国民收入和国民财富。约翰·劳的观点再次令人信服地预示了基于高"资源成本"考虑的对金本位制的现代批评:

> 黄金和白银当然和其他任何商品一样是商品。用于货币的那部分商品一直受到这一用途的影响,金匠们也一直被禁止购买金路易和银路易(即法国硬币)用于手工艺制作。因此,这一部分由于某些原因根据法律已经退出了正常的商业过程……但这本身就是一个不利因素。这就好像王国的一部分羊毛或丝绸被留出来做了交换凭证:如果还是留着它们的自然用途,采用 9
> 本身没有实用目的的材料作为交换凭证,会不会更加方便呢?〔1〕

约翰·劳最终清楚地认识到,可以由政治当局随意滥发纸币的最佳途径就是设立一种银行制度。早在 1705 年,约翰·劳就弄懂了经济学界在两个多世纪之后才普遍理解的道理:基于银行部分准备金制度的信贷扩张创造新的货币,从而增加了经济中的货币总量。根据约翰·劳的说法:"利用银行是迄今为止增加货币的最佳方法……只要银行放贷,就可以增加货币,通过雇佣更多的人并扩大贸易,就能给国家带来好处;银行增加了可供放贷的货币,借款就更加容易,使用成本(即利息)更低……"〔2〕

约翰·劳坦承,由于贷款资产和存款负债的时间不匹配,银行体制具有潜在不稳定性,这一点体现了他对现代银行部分准备金制度货币创造能力之深刻洞见。约翰·劳还正确地预见到,这种内在"期限结构风险"的结果,将会反复发生延期向储户支付现金的情况,但他认为,这些机构作为实现宏观经济政策目标(如高就业率、低利率和物价水平稳定)的工具所带来的好处,远远超过了这一缺点。正如约翰·劳〔3〕所说,当一家银行把一部分现金存款贷出去的时候:

---

〔1〕 Quoted in Rist, *History of Monetary and Credit Theory*, p.59.

〔2〕 Law, *Money and Trade Considered*, pp.36—37.

〔3〕 Ibid., pp.37—38.

> ……银行的可靠程度有所下降,尽管由于银行的信用很好,没有任何人因此而遭受损失,或感到有什么危险。然而,如果有人要求全部兑现,或要求兑现的金额大于库存金额的话,银行就不能满足他们的全部兑现要求,只有等到该银行把贷出的货币收回来,才能满足他们的兑现要求。
>
> 尽管每二至三年会发生一次不能满足兑现要求的事情,但总的来看,银行贷出货币带来的好处还是可以抵消害处的。因为贷出去的货币有很好的
> 10 担保:所以在银行里存钱的商人虽然会因为银行不能满足兑现要求而失望,但货币放在银行里很安全,而且还可以拿利息。人们可以按照货币的票面面值打个小小的折扣从银行获得货币。

约翰·劳[1]基于自己的货币与银行理论,阐述了货币改革方案。设立一个由议会任命和监督的委员会,以土地作担保发行票据。可以授权委员会以三种方式发行票据:

(1) 按市场利率贷出票据,贷款总额不得超过借款人拿来作为抵押品的土地市场价值的三分之二;

(2) 以相当于暂时出让与委员会的土地的全部价格发放贷款,直到还清贷款,赎回土地;

(3) 直接购买土地以换取依地价发放的票据。

委员会有权在市场上出售其所拥有的抵押物和土地,以换取其票据。约翰·劳认为,由于委员会的票据可转换成抵押物和土地,货币的供给和需求将始终保持一致,因此,用一般价格水平表示的货币价值将会保持稳定。他推断,如果货币供给过剩,人们会很快把多余的纸币兑换成生产性土地和计息抵押物,从而处理掉这些纸币。相反,在货币需求过多或货币短缺的情况下,人们会急于通过向票据发行委员会出售抵押物和土地以获得额外的现金余额。这样,货币价值的大幅波动就会消失,同时,流通中也一直存在能够促进实际经济活动需要的最优货币量。

约翰·劳[2]写道:

> 11 纸币的价值不会随着银币的贬值而贬值……但管理委员会可以根据需

[1] Law, *Money and Trade Considered*, pp.84—100.

[2] Ibid., pp.89—102.

求的变化发行或收回纸币，纸币的价值将保持不变，市面上流通的纸币量总是与需求量相等，不多也不少……按我的建议发行的纸币，其供给量与需求量要永远保持相等，这样，人们就会有工作，国家的经济状况会得到改善，工业会向前发展，国内外贸易将得以进行，国家财富和实力能得以保持。

乍一看，约翰·劳这个非同寻常的计划似乎与现代货币制度和安排完全无关。但正如我在下文将论证的那样，一项更深入的研究表明，这一提议背后的基本思想，与大多数现代货币理论家和政策制定者广泛接受的假设和主张惊人地相似。约翰·劳建议的制度框架——尽管土地在这里发挥着特殊作用——勾勒了现代中央银行的基本蓝图。

19世纪，货币理论家、金本位制度的倡导者亨利·邓宁·麦克劳德(Henry Dunning MacLeod)提请人们注意，约翰·劳的计划与英格兰银行(以及现代中央银行)的"政府债务货币化"的标准做法之间的相似性。关于后一种做法，麦克劳德[1]写道：

……很明显，其背后的原则极其邪恶。再没有什么理论比约翰·劳的货币理论更疯狂更荒谬的了。相比之下，他那个基于土地的纸币计划还有些清醒的思考。如果政府承担的每一笔债务都会产生一笔等量的货币，天啊，这不就是点石成金之术嘛……但让我们冷静地考虑一下这项基于国债发行票据所涉及的基本思想。用简单的语言来表述，即**创造货币的方法就是政府借款**。也就是说，A以抵押贷款的形式借钱给B，**就可以基于抵押贷款证券创造出一笔与他已经贷出的货币金额等量的货币**！在一定程度上，这样做可能不 12
会造成任何实际的损害，但作为一般性原则，岂不荒谬绝伦？

今天，美国联邦储备体系并没有通过印制钞票以及基于土地和抵押物的交换票据来操纵货币供给，而是通过向公众和银行买卖国库券，在经济中创造出额外的银行储备金和活期存款。

这些就是约翰·劳关于货币和货币政策的主要观点。里斯特[2]对这些观点进行了批判性总结：

---

〔1〕 Henry Dunning MacLeod, *The Theory and Practice of Banking*, 5th, ed.(London; New York: Longmans, Green, 1892—1893), vol.1, pp.487—488.

〔2〕 Rist, *History of Monetary and Credit Theory*, p.65.

约翰·劳的文章……已经包含了所有货币构成要素的思想——贵金属作为本位币的主要障碍，就是其价值的波动……因为纸币价廉，贵金属价高，所以贵金属很容易就被简单定义为流通工具的纸币所取代（其价值储藏功能被忽略），从这个定义我们得出的结论是，任何物体都可以用来作为这种工具，窖藏货币是公民的犯罪行为，政府有权对此类罪行采取法律行动，并且可以像管理交通要道那样管理个人的货币储备……

3. 现代学界的约翰·劳思想

尽管新凯恩斯主义、货币主义和供给学派在重要的理论和政策领域各执一词，[1]但他们都认同约翰·劳关于货币的大多数基本观点。

13 3.1 作为政策工具的货币

三个学派的货币理论和政策处方全都基于约翰·劳的基本假设，即货币是政府计划人员在追求某些目标（通常称为"政策目标"）时所使用的手段或"工具"。在现代福利国家，这些目标通常是根据用来衡量整个国家或"宏观"经济表现的统计总量和统计平均数制定出来的，比如消费物价指数、失业率、国民生产总值的实际增长率，等等。[2]

具体而言，新凯恩斯主义者将货币创造视为一种与政府征税、支出和借款相互补充的政策工具。这些货币政策和财政政策工具本应使一国政府能够管理经济中的总支出或"总需求"，以便在据称是自由市场经济永久特征的通货膨胀和失业双重弊病之间，达到某种最佳平衡。

---

〔1〕 Good nontechnical discussions of the differences between Keynesianism and monetarism, by a Keynesian and a monetarist respectively, can be found in Charles P.Kindleberger, "Keynesianism vs. Monetarism in Eighteenth- and Nineteenth-Century France," *History of Political Economy* 12, no. 4(Winter 1980), and Brunner, "Has Monetarism Failed?," in *The Search for Stable Money: Essays on Monetary Reform*, eds. J.A.Dorn and A.J.Schwartz(Chicago: University of Chicago Press, 1987), pp.163—171.

〔2〕 关于这些目标的详述，见 George Leland Bach, *Making Monetary and Fiscal Policy*(Washington, D. C.: The Brookings Institution, 1971), pp.24, 38。

乔治·勒兰·巴赫(G.L.Bach)的观点是凯恩斯主义的典型表述:[1]

> 如果我们要在今后几年实现稳定的经济增长和高水平的就业,就必须有效地运用货币政策和财政政策。历史显示出美国大部分私营企业经济体系在衰退和通货膨胀之间摇摆的不幸趋势。除非货币和财政政策有助于保持货币总需求与经济生产能力的大致同步增长,否则我们没有理由认为,在未来,经济体系将自动产生稳定增长和高就业率……这两项政策(即货币政策和财政政策)是调节总需求水平的主要工具。

现代货币主义者是"二战"之前芝加哥学派(Chicago School)的精神后裔,其 14
中包括极端货币干预主义者,如亨利·西蒙斯(Henry Simons)、劳埃德·明茨(Lloyd Mints)和雅各布·瓦伊纳(Jacob Viner)。该学派认为,货币供给是政策当局稳定一国价格水平,从而尽量减少或消除因私人支出的不稳定波动而引发经济周期波动的最重要的政策变量。按照明茨的说法:"……试图通过货币手段稳定价格水平的理由在于,货币数量是一个容易被刻意控制的因素,人们相信可以控制货币存量的变化,并因此在很大程度上抵消其他因素,尤其是货币流通速度的扰动。"[2]

瓦伊纳深信,[3]货币是理想的宏观经济政策变量,因此,他将货币数量理论看成是政府货币政策的技术秘方。他认为,这一理论"只能被理解为:(1)一个可以随心所欲制造货币数量的权威,因此能够调节货币数量,从而使价格水平接近于它所满意的程度,以及(2)这一权威存在的可能性并非不可想象"。

但西蒙斯的观点最为极端,西蒙斯把调节货币数量视为"政府的一项基本职能",因此他主张,将货币供给的完全绝对控制权交给一个中央政府机构。西蒙斯认为:"过去,各国政府严重忽视了控制货币的积极责任;在决定我们金融结构的特征和指导货币数量与货币替代品的变化方面,私人拥有了太多的自由主动
权……如果要以阻力最小、干扰最少的行政措施维持(价格)指数的稳定性,货币 15

---

〔1〕 George Leland Bach, *Making Monetary and Fiscal Policy*, p.3.

〔2〕 Lloyd W.Mints, *A History of Banking Theory in Great Britain and the United States*(Chicago: University of Chicago Press, 1945), p.275.

〔3〕 Jacob Viner, *The Long View and the Short: Studies in Economic Theory and Policy*(Glencoe, Ill.: The Free Press, 1958), p.365.

和准货币的发行权，应该大力集中在中央政府手中。”[1]为了确保国家对货币供给的垄断控制永远不受挑战，并尽量减少自由市场创造准货币的机会，西蒙斯[2]甚至呼吁：“对所有私营企业的正式借款权，尤其是短期借款权进行严格限制。”出于同样的原因，西蒙斯[3]甚至考虑对“通过记账赊销（账面信贷）和分期付款销售方式融资”加以限制。

早期芝加哥学派经济学家希望直接稳定价格指数，而现代货币主义者则吹捧货币政策或稳定（不兑现）货币数量增长“规则”的优点。货币主义者认为，“数量”规则将确保价格水平的相对稳定，这一结果倾向于抑制而不是扩大温和的经济波动，在他们看来，这种波动将不可避免地影响到充满活力的市场经济的运行。货币主义者认为中央政府机构，诸如中央银行或财政部，应该负责执行他们青睐的规则。当然，为了让其履行职责，应该赋予有关机构发行纸币的“天然”垄断权。

值得注意的是，在一个重要的方面，货币主义者实际上在精神上更接近于约翰·劳，而不是通常更倾向于干预的凯恩斯主义对手。由于黄金供给“缺乏弹性”，几乎无法为“自由裁量”的货币政策提供操作空间，因此，凯恩斯及其门徒普遍谴责金本位制。另一方面，货币主义者和货币主义先驱，甚至不愿承认货币体系能够在没有一定程度的政府掌控和管理的情况下存在并发挥作用。他们的看
16 法是，所有切实可行的货币制度，都必须由国家明里暗里选择出特定政策规则，以指导其进行不可避免的货币供给操作。这一观点解释了金本位制特有的货币主义特征，在金本位制条件下，货币当局遵循干预市场的规则，以一国货币单位，例如每盎司 35 美元来“确定”黄金价格。因此，货币主义者指责金本位制，不是因为它无法提供自由裁量管理的余地，而是因为它涉及的是次优政策规则的选择。

比如，西蒙斯[4]宣称，“当年的金本位制……作为一个确定的规则体系……其根本的不足之处几乎无可争议”。同样，当时的货币主义者大卫·梅瑟尔曼

---

〔1〕 Henry C.Simons, *Economic Policy for a Free Society* (Chicago: University of Chicago Press, 1948), pp.161—162, 180.

〔2〕 Ibid., p.182.

〔3〕 Ibid., p.171.

〔4〕 Ibid., p.169.

(David I.Meiselman)写道[1]:"金本位制和黄金固定名义价格的支持者提出的确定规则切中了要害。固定黄金价格的主要问题是,这是一个错误的规则——实际我们可以做得更好。"

乍看上去,在普遍认为经济稳定需要政治控制和操纵货币供给的情况下,供给学派似乎是一个例外。事实上,供给学派提倡金本位制,是基于金本位制具有"自动"调节货币供给以适应货币需求变化的能力。然而,仔细研究像阿瑟·拉弗(Arthur Laffer)、罗伯特·蒙代尔(Robert Mundell)以及住房和城市发展部(HUD)部长杰克·坎普(Jack Kemp)等供给学派著名学者的货币改革建议就可以看出,他们提出的建议实际上只是政府定价方案,或是涉及黄金的"价格规则",并不是真正的金本位制。[2]根据黄金价格规则,货币仍然是一种受政府操纵的纸币,黄金作为一种实现价格总体稳定的手段,只是一个其价格被央行固定的"外部 17
标准"(external standard)。因此,正如大家所知,供给学派的"金本位制"并不等于由非管制市场选择货币,而是一种比货币主义者所规定的数量规则更有效的政策规则。

3.2 作为交换凭证的货币

如前所述,约翰·劳货币理论第二个有缺陷的前提,就是货币只作为"交换凭证"或"代金券"发挥作用。这种误解导致约翰·劳单独将货币窖藏列为致使整个经济体贸易混乱和经济活动萧条的罪魁祸首。虽然现代宏观经济学家并不像约翰·劳那样片面看待货币的功能,但多数人将货币窖藏和相关的资金流收缩视为宏观经济严重不稳定的潜在根源。

例如,尽管凯恩斯对持有货币的不同动机进行了众所周知的讨论,但凯恩斯主义者的基本分析和政策重点自始至终都是经济中的总需求水平。他们着重强调,由于公众"流动性偏好"的不合理提高,导致"闲置余额"的堆积,从而提高了利

---

[1] David I.Meiselman, "Comment: Is Gold the Answer?" in *The Search for Stable Money: Essays on Monetary Reform*, eds. James A. Dorn and Anna Jacobson Schwartz (Chicago: University of Chicago Press, 1987), p.260.

[2] 对黄金价格建议的批评,见 Joseph T.Salerno, "Gold Standards: True and False," in *The Search for Stable Money: Essays on Monetary Reform*, eds. James A Dorn and Anna Jacobson Schwartz (Chicago: University of Chicago Press, 1987), pp.249—252[在本书中作为第13章重刊]。

率，并限制了投资支出和总需求，从而抑制了整体经济活动。最终的结果是，实际产出减少，劳动力的失业和其他生产性资源的长期闲置。

早期的凯恩斯主义者着重强调并简单表达了货币支出在决定经济活动和就业水平方面的作用，他们敦促政府积极运用财政和货币政策工具，以确保达成充分就业的总需求水平。比如，贝弗里奇勋爵（Lord Beveridge）写道：“就业取决于开支（即支出）。除非总支出足以满足对想要工作且可以工作的全部劳动力的需
18 求，否则无法实现充分就业……我们应该将确保足够总开支的责任赋予谁呢？……本报告的核心主张是，应将确保在任何时候都有足够的总开支来雇用所有想要工作且可以工作的全部劳动力的责任……正式交给国家。”[1]

正是他们约翰·劳式的强调消费—产出的联系，再加上他们害怕个人不守规矩和反社会的货币窖藏倾向，导致了早期凯恩斯主义者贬低现实存在的货币存量的重要性，强调货币的流动性。用凯恩斯的一位早期激进信徒阿巴·勒纳（Abba Lerner）的话来说：“就业水平取决于与消费有关的*货币支出流*，而不是现实存在的*货币存量或数量*。……唯一重要的就是货币*支出流*。货币存量的重要性只能是它可能会影响支出流的程度……”[2]

勒纳认为[3]，正如约翰·劳之前所说的那样，自由市场中工资和其他价格的僵化使得萧条和失业成为总需求萎缩的可能结果，所以总支出必须稳定。不幸的是，即使是受凯恩斯主义学说启发的人，也会对自己不稳定的消费习惯所产生的总需求预期变化做出“反常的”反应。勒纳因而总结道：“因此，政府必须承担起责任，将总支出控制在没有通货膨胀的充分就业水平上。政府利用它手中掌握的财政工具，可以（防止）支出过高或过低，从而（确保）永久繁荣和稳定。”[4]

因此，对勒纳来说[5]，货币是一种纯粹的政治因素，其数量完全取决于旨在
19 操纵经济中总体支出流的政府财政政策的需要：“绝不应仅仅因为财政部目前可

---

〔1〕 William H.Beveridge, *Full Employment in a Free Society* (New York: W.W.Norton & Company, Inc., 1945), pp.134—135.

〔2〕 Abba P.Lerner, *Economics of Employment* (New York: McGraw-Hill Book Company, Inc., 1951), pp.51, 53.

〔3〕 Ibid., pp.203—206.

〔4〕 Ibid., p.141.

〔5〕 Ibid., p.133.

能没有足够的货币储存而妨碍了（财政）工具的使用。由于可供印刷的货币短缺而牺牲对通货紧缩的预防，并不比因为必须印刷必要的纸质表格或文具而不采取任何其他重要的政府行动更为明智。”

由于这一早期的凯恩斯主义分析未能兑现勒纳关于确保“永久繁荣和稳定”的承诺，甚至未能应对过去 20 年来严重损害了西方混合经济的经济停滞可能性，现代凯恩斯主义者被迫退居幕后。尽管他们的观点可能与凯恩斯早期追随者的高论有所不同，但他们仍然坚定地坚持凯恩斯和约翰・劳的核心思想，即至少在短期内，货币的总支出流决定了总体就业和产出，同时，这种支出流可以而且应该由政府机构管理。正如一位著名的新凯恩斯主义者艾伦・布林德[1]（Allan Blinder）最近宣称的那样：

> 20 世纪 80 年代的凯恩斯主义在许多方面都不同于 60 年代的凯恩斯主义。但凯恩斯主义经济学的许多核心原则仍然和 25 年前相同。私有经济并不是一个巨大的拍卖大厅[即工资和价格往往趋向于刚性]，也不会平稳可靠地进行自我调节。经济衰退是经济患病，而不是休假。政府既有货币工具，也有财政工具，也可以应该用来限制经济衰退并抗击通货膨胀；但政府不能同时达成这两个目的。

现在我们来思考一下货币主义者对货币功能的看法。在高深理论领域，货币确实被看成是“购买力的暂栖所”，是个人在投资组合中持有的具有不同程度流动性的一系列资产之一。尽管如此，追随数量论代表人物欧文・费雪（Irving Fisher）的货币主义者坚信，在现实中，对货币现象进行理解和控制的关键因素是 20
“货币流通速度”。货币流通速度这一概念是指单位货币在一定时期内的平均“周转”率或在经济中实现交换的速度。

尽管货币主义者一般认为，长期内，货币周转率（有时候是增长率）是稳定的和可预测的，但他们也确实感觉到，如果人们持有货币的需求增加，导致货币流通速度和货币支出突然急剧地下降，就有可能引发经济衰退，除非被及时注入经济领域的新货币所抵消。正如货币主义数量规则的一位支持者所说：

> 货币方程式中的 k（即货币流通速度的倒数）在较长时期内是稳定的，既

---

[1] Alan S.Blinder, *Hard Heads*, *Soft Hearts*: *Tough-Minded Economics for a Just Society*（New York: Addison-Wesley, 1987）, p.108.

> 不表现为季节性，也不表现为周期性。经济衰退是由 k 的增加引起的……货币需求的上升是以牺牲商品需求为代价。货币的过度需求最终会得到满足，但成本会以价格下降、产出下降和就业下降的形式上升……解决货币短缺的明智办法是通过货币体系创造更多的名义货币余额。[1]

一些货币主义者甚至认为，私人支出减少导致的"自生通货紧缩"有可能导致"失控通货紧缩"。[2]有意思的是，自生"恶性通货紧缩"最初就是由勒纳等激进凯恩斯主义者提出的。[3]

然而，一般来说，货币主义者并不认为流通速度和货币支出的骤然下降是由市场经济自发产生的。他们的政策建议重点是，确保支出流保持足够的增长速度，以适应经济中实际产出的长期增长。因此，对货币主义者来说，主要关注的问
21 题是货币与支出的不足，当货币流通速度的增长落后于实际产出的增长时，货币与支出的不足就会出现。这种情况长期发展下去就会阻碍经济增长，并可能导致产出和就业的衰退性下降。

货币供给学派学者对某些货币主义者的奇谈怪论进行了反驳，即流通速度的长期发展或"趋势"增长是稳定的，可预测的，短期偏离趋势的情况很快会得到逆转。正如货币供给学派所说，如果货币需求或者货币流通速度从一个时刻到下一个时刻受到不可预测的大波动的影响，那么，总需求、价格水平和实际产出将不再稳定。因此，黄金价格规则的供给学派计划旨在向政府提供迅速调整货币供给所需的信息和资金，以抵消经济中私人支出的潜在不稳定和破坏性波动。正如供给学派的马克·迈尔斯[4](Marc Miles)为一般价格规则辩护时所说：

> 重要的一点是，在价格规则下，美联储不必担心货币需求是否上升或为什么上升，或者流通速度是否稳定。不管出于什么原因，如果私营部门想要更多的货币，美联储很快就能发现。由于人们力图变现，即期白银的美元价

〔1〕 Edward S.Shaw, "The Case for an Automatic Monetary Pilot," in *The Battle against Unemployment: An Introduction to a Current Issue of Public Policy*, ed. Arthur M.Okun(New York: W.W. Norton and Company, Inc., 1965), p.195.

〔2〕 J.Huston McCulloch, *Money and Inflation: A Monetarist Approach*, 2nd ed.(New York: Academic Press, 1982), pp.53—54.

〔3〕 Lerner, *Economics of Employment*, pp.205—206.

〔4〕 Marc A.Miles, *Beyond Monetarism: Finding the Road to Stable Money*(New York: Basic Books, Inc., 1984), pp.187—188.

> 格下跌，美联储必然会做出反应。美联储向市场提供美元，操作即期白银业务，人们就可以获得所需的额外资金。美联储维持住了白银和基础美元之间的价格稳定，市场告诉了美联储应在何时调整流动性。美联储已经不再关心不精确的间接政策晴雨表——货币供应量。

有意思的是，货币供给学派对难以捉摸的货币流通速度的关注及其对价格规则的相应支持，可以追溯到早期的芝加哥学派。比如说，西蒙斯[1]就拒绝推荐数量规则，原因是数量规则的“明显弱点”，即“……数量规则存在着周转速度急剧变 22
化的危险，面对窖藏和抛售的极端变动，任何货币体系都无法有效运作或获得政府的支持”。相反，西蒙斯认为：“价格指数规则的一大优点是，它阐明了在一个确定的长期规则范围内，适当处理货币流通速度变化的措施。”[2]

3.3　稳定价格水平

由于只关注货币作为交换工具的功能，约翰·劳认为，货币价值的稳定对市场经济的运行至关重要。新凯恩斯主义者、货币主义者和货币供给学派同样把稳定价格水平视为宏观经济政策最重要的目标之一。由于这三个学派中没有一派实际上主张冻结具体的价格水平，因此，他们在实践中寻求的是选定的统计平均值或价格指数的稳定。

凯恩斯及其早期追随者更倾向于将该政策的目标定为“货币工资总水平的稳定”，至少在短期内是这样。[3]一开始，人们认为这一政策实现的目标与充分就业的目标一致，而且也确实是充分就业的必要先决条件。尽管实施凯恩斯主义政策之后，还是发现了失业与物价水平上升并存的局面，但是凯恩斯主义经济学家认为，通货膨胀和失业之间存在一种稳定的“菲利普斯交替关系”或反向变动关系。

凯恩斯主义者建议，政策制定者可以从这个“政策选择菜单”中选择能够“优化”社会福利的失业率和通货膨胀的可能组合。但在 20 世纪 70 年代和 80 年代，随着通胀率和失业率的同步螺旋式上升，菲利普斯关系明显不再稳定。

今天，虽然新凯恩斯主义者被迫承认菲利普斯曲线只在短期内具有稳定性并 23

---

〔1〕 Simons, *Economic Policy*, p.164.

〔2〕 Ibid., p.331, fn 16.

〔3〕 John Maynard Keynes, *The General Theory of Employment*, *Interest*, *and Money* (New York: Harcourt, Brace and World, [1936] 1964), pp.270—271; Lerner, *Economics of Employment*, pp.228—229.

产生“可供利用的反向对应变动”,但他们仍然敦促政策制定者“在最坏的情况下”充分运用财政政策和货币政策“取得最好的结果”,并在实现稳定物价和充分就业这两个理想目标方面“达成平衡”。然而,对凯恩斯主义者来说,宏观经济政策的正确平衡一直且仍然严重偏向于实现“充分就业”,即使以通货膨胀的大幅上涨为代价也在所不辞。布林德对新凯恩斯主义在这些问题上的立场做了总结:[1]

> ……失业率和通胀率可以且有时也同时上升这一事实,并不意味着国家经济政策的制定者不再面对通胀和失业之间的权衡。人们还是必须做出同样令人不快的选择。只是情况可能比我们在20世纪60年代宁静的日子里想象的要糟糕得多……
>
> 失业率高企对经济效率的损害十分巨大,但这种情况并没有得到充分的重视。相比之下,通货膨胀对经济的危害却常被夸大……因此,冷静地执行效率原则,不过多操心通货膨胀,并运行一个有大量工作机会的高压经济。当然,这一对策主张与西方世界十多年来的做法恰恰相反。

与凯恩斯主义相反,货币主义并不认为实现充分就业需要牺牲价格稳定。事实上,货币主义者认为,稳定的价格水平是市场经济有效运行的必要条件。货币主义者关注稳定价格水平(这一点在约翰·劳的著作中非常突出)的根本原因是,货币不仅仅是一般交换媒介,也是计算损益和确定个人经济行为方向不可或缺的“微观”工具,不过这是价值尺度功能。正因如此,约翰·劳[2]才多次将货币称为“衡量商品价值的尺度”。

24 约翰·劳和货币主义者将货币视为某种衡量价值的社会标尺,但忽略了这样一个事实,即货币作为交换媒介的使用,正是因为它无法拥有固定不变的市场价值。原因在于,就其本质而言,交换媒介是在整个市场中用于定期交换和持有的一种商品,其价值必然取决于不断变化的供求状况。因此,具有固定购买力的交换媒介是一个自相矛盾的概念。

那么,那些将货币当作价值尺度的人,往往在概念上把货币与现实世界的市场过程隔离开来,将货币的起源及其购买力归因于某种含混的市场外“惯例”

---

〔1〕 Blinder, *Hard Heads*, *Soft Hearts*, pp.43, 65.

〔2〕 Law, *Money and Trade Considered*, pp.52, 61, 92, 102.

(extra-market "convention")就不奇怪了。比如弗里德曼就宣称[1]，"一个普遍且广泛接受的交换媒介的存在，取决于惯例"和"基于虚构的货币价值"。继约翰·穆勒(John Stuart Mill)等古典货币理论家之后，弗里德曼论证了货币"面纱"论[2]。他认为，货币是中性的且不会对决定一个国家财富的潜在"真实"力量产生实质性影响。按照弗里德曼的说法，唯有在经济"失序"之时，货币才有可能冲击实体经济，那个时候，支持货币的普遍接受性和市场价值的"虚构"有可能彻底消失。对弗里德曼和货币主义者来说，不稳定的价格水平凸显了无序货币的特点。从这一立场出发，我们可以很快得出一个政策结论，货币价值不应由变幻莫测的市场力量决定，而应由一个市场外组织来控制和稳定，这个市场组织实际上只能是国家。

以弗里德曼和货币主义者为代表的具有货币分析传统的早期作者强调，必须稳定物价，以确保市场经济运作良好。这些作者认为，尽管市场能够自动有效地适应商品和服务相对价格的变化，但它本身无法顺利地适应总体价格水平的重大 25
变化。因此，西蒙斯认为，经济"……可以系统地、自动地纠正商品和服务的相对价格和相对产出中的波动……然而，一般价格(价格水平)的变动相当系统地启动了各种力量，这些力量不是为了纠正市场波动，而是为了加重最初的混乱"[3]。

西蒙斯[4]认为，市场经济无法适应物价水平波动而对产出和就业没有显著影响的主要原因，是成本的"刚性下滑"。虽然西蒙斯[5]将这种成本刚性归咎于政府的价格管制和对工会在固定工资方面暴力行为的政治容忍，但他将很大一部分责任归咎于私人垄断权的行使。据称，这种垄断权遍及不受监管的市场经济，并使垄断企业可以采用削减数量而不是价格的方式来应对需求下降。但西蒙斯[6]认为，即使所有的商品和服务都由"高度竞争的市场"提供，因而总体价格能够较快适应货币供求关系的变化，"……但这种价格水平的不稳定在其他重要方面并不可取，也令人不安，而且在面临货币极其不稳的情况下，确保生产和就业的

---

〔1〕〔2〕 Milton Friedman and Rose Friedman, *Free to Choose: A Personal Statement* (New York: Harcourt Brace Jovanovich, 1980), p.249.

〔3〕 Simons, *Economic Policy*, pp.108—109.

〔4〕 Ibid., p.55.

〔5〕 Ibid., pp.53—54.

〔6〕 Ibid., p.108.

合理稳定所需的价格和工资弹性，完全无法达到”。因此，西蒙斯和约翰·劳一样，否认自由市场价格和工资具有足够的灵活性，使得基于严格由市场力量发起和提供商品货币的货币体系能够平稳运行。因此，西蒙斯的结论是：“如果自由市场体系要有效运作……它必须在货币稳定的框架内运作，而货币不能自己创造货币稳定，只有政府才能提供稳定。”[1]

26 明茨(Mints)也持类似的立场，他宣称：“只有在价格总水平稳定和价格体系具有最低限度灵活性的条件下，才能保持相对价格的均衡水平。……事实是，为了保持最佳就业和产出而需要某种给定的相对价格体系，这是为稳定价格水平辩护的有力论据。”[2]

劳—西蒙斯—明茨的立场，仍然是现代货币主义理论的主要原则之一。根据弗里德曼的说法，“严重扰乱经济稳定的是物价快速而大幅度的波动，而不是在任意一个方向温和且稳定的长期波动”[3]。因此，对弗里德曼来说[4]，货币政策的“最终目的”是“达到合理稳定的价格水平”。作为追求这一目标的最有效手段，弗里德曼和货币主义者规定了前述数量规则，即或多或少在货币当局的直接控制下，货币总量缓慢而稳定地增长。

与货币主义者相比，货币供给学派更强调货币作为价值尺度的作用，以及不变价格水平对宏观经济稳定的当然重要性。迈尔斯[5]用下面的话论证了这种情况：

> 一张美元钞票就像一个标准。这是比较当今不同商品的价值，以及随时间推移的单一商品价值的一个通用标准……所以，货币标准就是传递价值信息的系统。这个标准有点类似于特定行业使用的标尺。比如我们拿鞋子的尺码为例，与美元相同，鞋子的尺码也是一个标准或信息系统；它们提供了一种比较不同鞋子的方法，……货币就类似于鞋子的尺码。货币体系提供了人
> 27 们用来为今天和将来制定计划的信息。只有当它继续提供合理准确可靠的

〔1〕 Simons, *Economic Policy*, p.109.

〔2〕 Mints, *A History of Banking Theory*, p.275.

〔3〕 Milton Friedman, *A Program for Monetary Stability* (New York: Fordham University Press, 1960), p.92.

〔4〕 Ibid., p.88.

〔5〕 Miles, *Beyond Monetarism*, pp.189—191.

信息时，它才会被继续使用。随着体系变得不稳定，人们会放弃它，转而采用更好的替代方案……经济就会经历一段动荡的、不确定的和缓慢增长的时期。

然而，与货币主义的政策处方相反，供给学派主张限制货币当局确定单一商品价格或一组商品综合价格的价格规则。正如我们所看到的那样，由于供给学派拒绝相信货币主义者关于货币流通速度是稳定的说法，他们不相信通过数量规则来固定货币存量的增长，可以确保稳定物价水平所需的总需求的稳定增长。

根据供给学派的首选方案，美联储有义务以某一商品比如黄金的价格为目标，黄金市值被认为是整体物价水平即将发生变化的敏感指标。比如，如果黄金的目标价格定为每盎司 400 美元，并且在公开市场上表现出跌破这个水平的趋势，这就向美联储表明，资金和支出正在出现短缺，并有可能拉低整个经济体系的价格水平。美联储通过在公开市场购买黄金甚或国库券以换取新创造的美元，这一行为要持续到黄金价格回到目标水平，并自动弥补货币短缺，从而抵消价格水平下降的趋势为止。另一方面，黄金市场价格的上涨压力表明，经济中现金余额过多。美联储通过公开市场出售黄金或证券来缓解这一压力，在这一过程中，在物价总水平被推高之前吸收和消除多余的美元。

3.4　商品货币的资源成本

正如上面所述，约翰·劳将相对于纸币成本的商品货币的高成本，视为金属货币本位的严重缺陷。在货币主义反对金本位制的事例中，"资源成本"占了很大比重。比如，弗里德曼写道："从整个社会的角度来看，商品本位的根本缺陷在于， 28
它需要使用实际资源来增加货币存量。在南非，人们必须努力挖掘地下的黄金，再重新埋入诺克斯堡或其他类似地方的地下。"[1]然而，为什么有必要增加名义货币存量呢？

关于这一点，弗里德曼的推理基础也是与约翰·劳相同的假设，也就是说，既然货币是价值的衡量标准，实际实施的货币本位必须确保价格水平的稳定。因

---

〔1〕 Milton Friedman, *Essays in Positive Economics* (Chicago: University of Chicago Press, 1953), pp.209—210; Friedman, *A Program for Monetary Stability*, p.5.

此，弗里德曼[1]认为，要在100%的金本位制条件下实现价格水平的稳定，就需要黄金的年产量足以以与经济实际产出年增长率相同的速度（假设货币流通速度不变）增加货币供应。根据他对20世纪50年代美国经济的估计，每年生产必要的增量黄金货币供给将"耗费"大约实际国民生产总值年均增长的50%。[2]相比之下，在不兑现货币本位条件下，实现价格水平稳定的成本几乎为零，因为在这种本位条件下，增加货币供应量的资源成本可以忽略不计。

抛开这种毫无根据的大胆假设，即对一种由国家垄断发行的不兑现纸币进行管理，就会产生一个稳定的价格水平，这种对两种货币本位替代成本的核算毫无意义。其原因是，弗里德曼和货币学派在判断相互竞争的货币本位的效率时所采
29 用的标准——也就是说，为保证货币价值稳定所需的资源支出——特别不适用于在充满活力的市场经济中作为普遍交换媒介的商品。根据下文所述的反约翰·劳货币分析传统，货币的价值与其他任何商品的价值一样，可以而且确实随着供求的不断变化而波动。如此一来，如果生产力和经济实际产出的总体增长导致对货币的总体需求增加，就没有必要增加货币商品的产量。

事实上，黄金之所以被选为货币，正是因为它是一种商品，尽管分工在逐步强化，标志着市场经济不断进化的资本积累和技术创新也在持续发展，但相对人类的需求而言，黄金仍然保持着极度的稀缺性。黄金供给缺乏弹性意味着，在金本位制度下，经济增长带来的货币需求的增加，主要通过货币单位购买力的提高和价格的普遍下跌来满足，基本不需要或极少需要耗费实际资源用于开采额外的黄金。这就是在19世纪金本位制下，工业化市场经济运行的迅猛发展伴随着价格水平缓慢下降的原因。[3]

然而，货币主义者反对价格的长期下跌削弱了货币作为价值衡量的功能的理由是什么呢？反对约翰·劳的货币理论家的回答是，货币在任何意义上都不是永

〔1〕 Friedman, *Essays in Positive Economics*, pp.209—210; Friedman, *A Program for Monetary Stability*, p.5.

〔2〕 Friedman, *A Program for Monetary Stability*, p.5.关于20世纪80年代的美国经济，Meltzer（Allan H.Meltzer, "Monetary Reform in an Uncertain Environment," in *The Search for Stable Money: Essays in Monetary Reform*, eds. James A.Dorn and Anna Jacobson Schwartz[Chicago: University of Chicago Press, 1987], p.213）。

〔3〕 比如，1879年至1896年间，美国经济的惊人增长是在物价下跌的背景下发生的。See Ron Paul and Lewis Lehrman, *The Case for Gold: A Minority Report of the U.S.Gold Commission*（Washington: D.C.: Cato Institute, 1982）, pp.102—110.

恒不变的“尺度”，而是一种让资本家—企业家用于评估未来投资和生产过程之盈利能力的经济计算工具。后一种功能并未因长期以来金本位制下物价长期下跌的趋势而受阻。正如路德维希·冯·米塞斯所写的：[1]

> 在商业经济过程中，关于价格长期走势的思考并没有起到任何作用。企 30
> 业家和投资者并不在意长期趋势。指导他们行为的是他们对未来几周、几个月或最多几年价格走势的看法。他们并不注意所有价格的总体变动。对他们来说，重要的是生产中诸种要素价格与产品预期价格之间的差异。由于商人们相信**价格**，即所有商品和服务的价格都会上涨，没有商人会从事一个确定的生产项目。如果他相信他能从不同订单的商品价格的差额中获利，他就会投入工作。在一个长期倾向于价格下跌的世界里，这种赚取利润的机会将以同样的方式出现在一个长期倾向于价格上涨的世界里……
>
> 货币单位购买力上升的长期趋势需要商人和投资者的经验法则，而不是在购买力下降的长期趋势下发展起来的经验法则。但它肯定不会对经济事务的进程产生实质性的影响。

3.5　政治垄断下的货币供给

约翰·劳货币改革方案的基础，是一个类似于现代中央银行的垄断性货币发行机构。毋庸讳言，现代宏观经济学三大学派都坚定地支持这一观点，即货币供给必须集中在政治垄断权力手中。

就货币主义者而言，由于他们通常是自由市场美德的有见地和有力的倡导者，他们需要对这一立场进行解释。为了证明他们支持垄断性中央银行的合理性，多数货币主义者都会求助于上面提到过的那个奇怪想法，即认为每一个可行的货币本位制都假定，政治当局会遵循某种类型的政策规则。比如，在金本位制
度下，某些政府机构必须将黄金价格与一国的货币单位挂钩。[2]因此，在货币主 31

---

[1] Ludwing von Mises, *Human Action: A Treatise on Economics*, 3rd rev.ed.(Chicago: Henry Regnery Company, 1966), pp.469—470.

[2] 但是近来，货币主义者更愿意考虑完全私有化的货币体系，包括以铸币为基础的“自由”银行安排和不可兑换纸币的私人发行人之间的竞争计划。例如，见 Meltzer, “Monetary Reform,” pp.214—217, and Milton Friedman, “Monetary Policy: Tactics Versus Strategy,” in *The Search for Stable Money: Essays on Monetary Reform*, eds. James A.Dorn and Anna Jacobson Schwartz(Chicago: University of Chicago Press, 1987), pp.373—376。

义者看来，实际的选择是在一家提供几乎没有成本的不兑现货币的垄断中央银行和一个涉及黄金或某些其他商品并具有较高资源成本的政府定价方案之间进行。货币主义领军人物艾伦·梅尔泽[1]提出了这样的选择：

> 金本位或商品货币本位需要政府控制价格。货币规则赋予政府垄断者控制货币的权力，但限制了垄断者在规定数量或增长率之外制定价格或选择数量的自由……经济效率与价格垄断或垄断安排几乎无法兼容。但就货币而言，垄断性中央银行可能是最有效的生产货币的方式。
>
> 主要原因是，垄断性中央银行通过用不兑换纸币代替商品货币，通过降低一些监控或执行成本，以及通过降低社会所承受的风险和不确定性，降低了纸币本位的资源成本。

4. 杜尔阁与反约翰·劳传统

杜尔阁是18世纪法国杰出的政治家和经济学家[2]，也是对约翰·劳货币思想进行尖锐批判的评论家。在对货币理论所做的简短阐述中，杜尔阁首次勾勒了今天在美国以复兴的奥地利经济学派为代表的货币分析传统的基本轮廓。

32 杜尔阁断然否定了约翰·劳的主要论点，即货币只是一种交换凭证，其供给必须由政治当局操纵，以实现既定的政策目标。按照杜尔阁的看法[3]，货币本质上是一种交换媒介，是表示相对价格的单位："作为所有价值的共同衡量标准（即表示所有价格的单位），以及具有同等价值的所有商品的代表性保证（即交换价值），这两个性质包括了构成所谓货币的本质和效用的一切……"

但正如杜尔阁所指出的[4]，货币的这两种功能只能由一种已经在物物交换过程中被广泛使用、定价和交换的物品来实现："……所有的货币本质上都是商品。我们可以采取那些有价值的、在商业中与其他价值相交换而得到的价值作为共同的价值衡量标准：而且除了另外一种具有同等价值的东西外，没有任何一种

---

〔1〕 Meltzer, "Monetary Reform," pp.214—218.

〔2〕 关于杜尔阁对经济科学贡献的最佳讨论，见 Murray N.Rothbard, *The Brilliance of Turgot*（Auburn, Ala.: Ludwig von Mises Institute, 1986）。

〔3〕〔4〕 A.R.J.Turgot, *Reflections on the Formation and the Distribution of Riches*（New York: Augustus M. Kelley,［1770］, 1971）, p.36.

东西可以作为具有普遍代表性的价值的担保品。”由于货币作为一种有用的商品，必然起源于市场经济本身，因此杜尔阁坚决否认[1]，不存在市场之外还有预先就具有购买力的“纯粹传统货币”的可能性。根据杜尔阁的说法：“货币与其他所有价值的交换，不是凭借一种惯例；而是因为货币本身就是一种贸易对象，是财富的一部分，因为它本身就有价值，而在贸易中，所有价值都是与相等价值相交换。”[2]

杜尔阁[3]进一步指出，虽然几乎所有的商品或多或少都可以方便地充当货币，但黄金和白银之所以被选为“通用货币”（universal money），是因为黄金和白银在最大程度上拥有特别适合它们担任这一角色的诸种物理特质。杜尔阁[4]先于20世纪早期的教科书作者，给出了这些特性的综合列表：物物交换下的普遍需 33
求；天然稀缺或者供给高度无弹性；高价值重量比；可分性；耐久性，供给同质性；以及易于验证的真实性和纯度。

随着人们逐渐认识到贵金属作为交换媒介的优越性，他们的个人行为产生了一个“自发的”自我强化的市场过程，通过这个过程，黄金和白银演变成了货币。杜尔阁[5]认为，由于市场参与者越来越渴望获得和持有可供未来交易使用的黄金和白银储存，对这种金属的需求及其贵金属的市场价值都在增加，这种发展进一步增强了它们作为交换媒介的有用性。此外，一旦黄金和白银成为普遍首选的交换媒介，并因此与市场上的其他商品进行交易，贵金属的重量自然成为所有市场价值或价格的单位。[6]与货币主义者的观点相反，由于货币单位本身总是作为黄金或白银的特定重量在市场上逐步发生变动，贵金属本位并不要求政治当局武断地宣布和确定某一非实体货币单位与本位金属之间的汇率。

杜尔阁因此得出结论[7]，货币不是法律或人类习俗的产物，而是自然市场过程的产物：

---

[1] A.R.J.Turgot, *Reflections on the Formation and the Distribution of Riches* (New York: Augustus M. Kelley, [1770], 1971), p.36.

[2] 引自 Kist, *History of Monetary and Credit Theory*, p.106, fn.3。

[3] Turgot, *Reflections*, pp.31—32, 36, 38.

[4] Turgot, *Reflections*, pp.37—39; A.R.J.Turgot, *The Life and Writings of Turgot*, ed. W.Walker Stephens (London: Longmans, Green and Co., 1895), p.207.

[5] Turgot, *Reflections*, p.40.

[6] Ibid., p.38.

[7] Turgot, *Reflections*, p.39; *Life and Writings*, p.207.

> 正因为如此，我们就有了将黄金和白银作为货币和通用货币的惯例，这个惯例没有人与人之间任何人为的约定，也没有任何法律的干预，而只是根据事物的本质。黄金和白银并不像许多人想象的那样是价值的象征；它们有自己的价值。如果它们可以用来衡量其他价值并作为其他价值的保证，它们就具有了商业价值……
>
> 34 因此，作为商品，铸币（不是符号）只是其他商品的共同衡量标准，不是以该金属的魅力为基础的人为约定，而是因为黄金和白银适合以不同的形式作为商品使用，而这个财产还具有可供出售的价值，当然用作货币还会增加一点价值，这个金属除了适合于还原到给定的标准并被均等分之外，我们还可以一直知道它的价值。

因此，杜尔阁否认货币仅仅是一种"价值符号"，货币本身只具有虚构的价值或代表性价值，这是杜尔阁对约翰·劳关于货币本质上是一种旨在迅速消费的交换凭证之论点的挑战。杜尔阁将货币视为所有可交换商品中最具市场价值的商品，他认为，现代意义上的货币需求是指获取和持有现金以用于未来交易的需求。杜尔阁写道："凡有剩余商品，而现时又不需要使用另一种商品的人，都会急于把商品换成货币；货币比其他商品更让他确信，在他需要的时候，他能用它买到自己想要的商品。"[1]杜尔阁在另一个地方又写道："人们把所有多余的东西都换成了货币，而货币只是用来交换对他们有用或合意的东西……"[2]

此外，由于同样的原因，即供给和需求决定了各种商品之间的相对价格，也决定了货币对商品的"价格"或购买力，杜尔阁断然否定了约翰·劳最重要的结论，即金属货币的存量有出现短缺的趋势：

> 然而，黄金的价值会像其他任何东西一样因为变得更加充足而贬值，是不是仍然会让约翰·劳继续保持无知呢？如果他读过并研究过洛克（Locke）……他就会知道，一个国家的所有商品，都是按其数量和需求的比
> 35 例，用黄金和白银来平衡的；他就会知道，黄金的价值并不总是与一定数量的商品相对应，但是，黄金越多，黄金价格就越便宜，人们会为了一定数量的商品而给予更多的黄金；因此，只要黄金自由流通，黄金总是足以满足国家的需

---

〔1〕 Turgot, *Reflections*, p.39.

〔2〕 Ibid., p.42.

要，如果我们要买的所有商品的价格都以同样的比例上涨，那么拥有一亿马克或一百万马克就无关紧要了。

在这段文字中，杜尔阁阐明了健全货币理论的一个最重要的政策涵义，即任何数量的货币都能为社会提供足够使用的交换媒介，因此，名义货币数量的增加并不能增加社会福利。正如杜尔阁所指出的那样，货币供给膨胀的结果是货币单位购买力的下降和经济中价格水平的相应上升。

杜尔阁对作为普遍需求和供应之"商品"的交换媒介的注重，导致了他对先由约翰·劳所倡导，后由西蒙斯—弗里德曼—芝加哥学派（Simons-Friedman-Chicago School）所支持的那种价格稳定方案，提出了双重批评。首先，杜尔阁指出，货币作为最畅销的商品，当然具有并不固定而随着市场条件的变化而变化的市场价值。杜尔阁写道：

> [货币]价值很容易发生变动，事实上也确实在不断发生变动；因此，原来与一定数量的某种商品相对应的一定数量的金属，后来不再与之相对应，而需要用更多或更少的货币来代表同量的商品……[1]

当商品相互比较或者与货币进行比较的时候，每一刻都有上千种不同的原因共同决定着商品的价值，并使价值不断发生变化。同样的原因也决定了货币的价值，并使其在与每种特定商品的价值或实际商业中其他价值的总和相比较时发生变化。

其次，不仅"价格水平"的波动是货币在自由市场上的自然结果，而且根据杜尔阁的说法，这种波动是市场不断调整货币单位的购买力，以避免货币的过度需求或过度供给的不可或缺的手段。市场总需求的任何增加都是由于市场价格的普遍下降，以及随之而来现有货币供应总量的增加造成的，因此不需要增加"名义"货币供应量。正如杜尔阁[2]所指出的那样，当约翰·劳辩称（就像当今时代的弗里德曼主义者那样），增加金属货币供应的资源成本远远超过增加纸币的资源成本时，他提出了一个错误的问题。事实上，价格稳定政策本身就阻挠和削弱了市场平衡货币供求的有效手段，并在这一过程中向社会强加了政治操纵货币供给所必然带来的经济扭曲的高昂代价。 36

[1] Turgot, *Reflections*, pp.40—41.

[2] Turgot, *Life and Writings*, pp.206—207.

这就引出了杜尔阁在发行纸币的计划中发现的另一个缺陷。凭着敏锐的洞察力，杜尔阁[1]指出，纸币的发行会干扰和扭曲敏感的市场过程，而现有的货币存量只有通过市场过程才能按照个人持有现金的需求分配给公众。这些需求本质上是主观的、不断变化的，因此对货币发行人来说是未知的。用杜尔阁的话来说："鉴于其流通的事实，黄金和白银本身被视为一种符号（即交换媒介），实际上是根据商品、工业、土地和实际存在的各种财富的比例分配给公众的。因为它的隐蔽性，因为它随着新的流通而不断变动，所以这个比例永远是未知数。国王不会按照他所持金银的比例把纸币分配给每个人……"[2]

37 用现代货币理论的语言来说，杜尔阁在这段文字中表明，货币是"非中性"的，每一次向经济注入新货币，都不可避免地伴随着"分配效应"或个人经济主体之间收入和财富的再分配。杜尔阁的这一见解是最终发展成奥地利经济周期理论的货币过程分析传统的出发点。这个理论最重要的涵义之一是，中央银行通过扩大商业银行准备金和商业贷款来增加货币数量以稳定物价的任何企图，都将不可避免地导致利率和相对价格的扭曲、资本的不正当投资，并最终导致整个经济的衰退或萧条。因此，对杜尔阁和现代奥地利学派来说，在健全金本位制条件下，不是价格水平的轻微波动，而是试图赋予货币一种虚幻的中立性，会导致货币的失序和经济的不协调。

相应地，与约翰·劳和现代管理货币的支持者形成鲜明对比的是，杜尔阁是部分准备金银行制度的死敌。他认为，部分准备金银行制度下的票据发行和存款吸收从根本上讲是不健全的，也不仅仅是另一种自由市场信贷关系。由于部分准备金银行制度运作的内在逻辑是资产和负债在时间上的不匹配，贷款人给予私人企业的信贷和存款人或票据持有人给予部分准备金银行的"信贷"之间，存在着质的差别。按照杜尔阁[3]的说法：

> [商业信用]必然是假设在预先预期和确定的期限内进行交换，因为如果[商人的]票据是即期付款，商人就不能随意使用他所借的货币。因此，即期票据的付息条件是矛盾的，这种贷款不能超过借款人的本金……一言以蔽
> 38 之，每一笔贷款都是一笔借款，与还款有着本质的关系……一个以十倍本金

---

[1][2] Turgot, *Life and Writings*, p.208.

[3] Ibid, pp.204—206.

购买商品并以票据支付应付持票人的商人，很快就会破产。〔1〕

最后，杜尔阁强调货币作为"所有价值的共同衡量标准"和作为经济计算工具的作用，结合他对货币计算和货币资本在引导和推动社会生产过程中重要作用的深刻见解，杜尔阁提出了一个与现代人寻求健全货币相关的标准。

根据杜尔阁的说法，"所有的劳动，无论是农业劳动还是工业劳动，都需要预付(资本)……资本是各项事业不可或缺的基础……"〔2〕换言之，资本家—企业家必须储蓄和积累一笔资金，以便预先支付必要的资源，以促进和维持一家企业，这家企业的产出只有在初始资源投资进入生产过程一段时间后才能出现。货币的引入大大地简化和便利了储蓄和积累资本的任务。任何人——土地所有者、劳动者或企业家——都可以通过节省自己的货币收入进行资本积累。作为普遍接受的交换媒介，货币可以投资于农业或其他任何类型的生产过程。因此，任何一种 39
资本普遍会以货币来衡量和计算。正如杜尔阁所说："……货币代表各种价值，正如每种价值代表货币一样，无论这种价值的总和或资本是由一堆金属或其他东西组成，都无关紧要。"〔3〕

企业家们正是凭借杜尔阁所称的货币资本的"预付款"，经由竞争性竞价而获得了生产资料，并确定了各种资源的当前货币价格。比如，土地资源的价格"……总是很容易以与其他所有商品价格相同的方式确定；也就是说……根据那些希望用

〔1〕杜尔阁坚决反对部分准备金银行制度，这使他成为了18世纪货币思想的主流，这可以解释为对约翰·劳著作和方案的一种反应。艾萨克·热尔韦(Isaac Gervaise)、雅各布·范德林(Jacob Vanderlint)、大卫·休谟和约瑟夫·哈里斯(Joseph Harris)等理论家认为，部分准备金银行制度的信贷扩张在经济上具有破坏性，而理查德·坎蒂隆(Richard Cantillon)对银行极不信任，认为银行对实际收入总额的增加微不足道。见Joseph T.Salerno, *The Doctrinal of the Money Approach to the Balance of Payments*(Ann Arbor, Mich.: University Microfilms International, 1980), pp.71—193, passim。与这些作者形成鲜明对比的是，亚当·斯密试图恢复约翰·劳思想的某些方面。他赞扬了约翰·劳"精辟而有远见的想法"，同时抱怨他们对"毫无节制的银行业"(excess of banking)所作的贡献(Adam Smith, *An Inquiry into the Nature and Causes of the Wealth of Nations*[New York: Random House, Inc.,[1776] 1965], p.302)。对斯密来说，具有竞争力的"自由"银行的纸币和存款这类"慎重的银行业务"将"非常显著地"提高资源生产率和产出，用一个比喻来说，就像"架空为轨"取代了昂贵的金银铺就的通衢大道(第305页)。关于约翰·劳对斯密的影响及其对后来英国货币理论的有害影响的讨论，见Rist, *History of Monetary and Credit Theory*, pp.84—85, 323。

〔2〕Turgot, *Reflections*, pp.51, 64.

〔3〕Ibid., p.51.

土地换牛的人和那些希望得到土地而放弃牛的人的竞争而确定的现行价格”[1]。

就土地租金而言,杜尔阁的理论说明[2],“农业中富有的承包者的竞争决定了当前土地的租赁价格”。与他对消费品价格决定的分析一致[3],杜尔阁认为[4],企业家之间的激烈竞争是导致土地服务市场出清价格出现的驱动力,即“地主只把土地出租给提供最高租金的人”。最后,在劳动力市场上,虽然卖方的竞争确立了一个“低于(劳动者)所希望的”市场出清工资,但竞争从未如此激烈,以致阻止那些比别人更“积极”和更“内行”的人,最重要的是在个人消费方面“更节俭”的人,挣得一笔比维持他本人和家庭的生活所必需的报酬稍微多一些的收入,使他能够积累财富。[5]当然,这些资源价格最终反映了企业家对一系列消费品未来销售价格的
40 评价,因为正如杜尔阁所指出的那样:“无论是在土地耕种中还是在制造业中的从业者[即资本家—企业家或发起人],都只能从出售土地上的果实或制成品中收回其预付款和利润。确定销售价格的永远是消费者的欲望和手段……”[6]我们因此可以从杜尔阁的讨论中合理地推断出,竞争过程产生了一种与企业对未来产出价格的预期相协调的市场出清投入价格结构,从而确保了稀缺生产资源的充分利用。

虽然当前的资源价格是通过所有企业家的竞价确定的,但作为货币成本和利润计算中的数据,影响到了生产过程中所有部门的个体企业家的生产决策。杜尔阁[7]清楚地认识到了货币计算在指导生产决策中的重要作用。比如,租赁土地和经营农业的决定,就是“……根据农民对他们的开支和他们应该从预付款中获得的利润的计算”。同样,商人确定商品在不同地点的货币价格,并“……据此指导他的投机行为;让他把商品从价格低的地方运送到价格高的地方;当然,大家都明白,运输费用必须计入退还给他的预付款中”。

此外,正如杜尔阁[8]不断重申的那样,在计算一个特定企业的预期盈利能力

---

〔1〕 Turgot, *Reflections*, p.48.在这个例子中,杜尔阁用牛来代表他所说的“可移动财富”,在一个普遍的交换媒介出现之前的时代,它起着代用货币的作用。资本就是用这种形式被积累并预付给了资源所有者。

〔2〕〔4〕 Ibid., p.56.

〔3〕 Ibid., pp.29—30.

〔5〕 Ibid., p.44.

〔6〕 Ibid., p.58.

〔7〕 Ibid., pp.56, 62.

〔8〕 Ibid., pp.53, 55—56, 57, 61.

时，除了在生产要素上的货币支出外，所有企业家还会将根据资本投资回报率而放弃的货币收入算作成本，或者用维克塞尔（Wicksellian）的术语来说，将可以在其他生产部门中获得的“自然利率”算作成本。此外，杜尔阁[1]还认识到，从长远 41
来看，不同生产过程中投资的自然利率和贷款利率“保持了一种平衡”。

杜尔阁在用一种方法论天才的笔法对生产过程中的货币分析进行总结时，把重点放在了一个虚构的长期均衡状态下的经济体上，并确定了货币计算指导下资本的经常性积累和投资所起的重要作用。杜尔阁写道：

> 我们看见……土地的耕种、各类制造业和所有的商业部门是如何依赖于大量的资本或可移动的累积财富的，而这些财富最初就是由不同阶层的每一个劳动承担者所创造的，每年都经由一个稳定的利润回流到他们手里；也就是说，在同一企业的延续过程中，资本要再次投资，重新预付，并为劳动承担者提供或多或少的舒适生活所需的利润。正是这种预付和资本的不断回流，构成了我们称之为**货币循环的东西**；这是赋予了社会上所有劳动之生命的有益而富有成效的循环，这种循环又维持着国家的运动和生命，我们将此与动物体内的血液循环相比较，是非常有道理的。[2]

因此，在杜尔阁看来，货币计算倾向于确保资本投资和生产资源在生产的各个部门之间，严格按照消费偏好所表示的消费品支出模式排列。杜尔阁从约翰·劳那里挪用了“货币循环”一词，并着重对其进行重新定义，以体现在均衡循环经济中，一轮又一轮的生产活动引发和持续的货币储蓄与投资过程，杜尔阁试图描绘货币与资本主义生产之间复杂而独特的联系。

按照杜尔阁[3]的说法： 42

> ……在黄金和白银被引入商业活动之前……几乎不可能大量积累资本，而且，更难的是促进和扩大交易所需的分期付款，难以达到满足繁荣的商业和[资本]流通所要求的程度……事实上，几乎所有的储蓄都是靠货币赚来的；收入用货币支付给资产所有者，预付款和利润用货币支付给不同的当事人；因此，他们储蓄的是货币，每年增加的资本也都是采用货币形式：然而，所

---

〔1〕 Turgot, *Reflections*, pp.83—85.
〔2〕 Ibid., pp.62—63.
〔3〕 Ibid., pp.64, 98.

有当事人都是立即将货币转化为其业务所依赖的不同种类的财物，而不是用于其他用途；因此，这笔货币又回到了循环中，而大部分资本只存在于不同种类的财物上……

因此，尽管杜尔阁认识到甚至强调了货币和生产之间的联系，但他很清楚地避免了一个错误，即约翰·劳和他近来的追随者认为，推动生产就是花钱的残酷事实。对杜尔阁[1]来说，正是支出发生的公平顺序（*l'ordre des dépenses*），协调和维持了资本和生产的社会结构。一旦出现了“无序”或“不协调”的支出顺序，其结果就是利润的消失以及企业、就业、消费、生产、收入的减少。

因此，从杜尔阁的著作中衍生出的健全货币的准则，是以货币作为一种经济计算工具的作用为中心，货币具有根据预期的消费者偏好配置资本和协调生产资源使用的企业家职能。

自第二次世界大战以来，奥地利经济学派的货币理论家最充分地发展了杜尔
43 阁对货币和银行业的见解和观点。其中就包括最著名的路德维希·冯·米塞斯（Ludwig von Mises）和默里·罗斯巴德（Murray N.Rothbard）。[2]

杜尔阁的影响主要通过卡尔·门格尔（Carl Menger）传递给了现代奥地利学派，门格尔是19世纪边际效用理论的共同发现者和奥地利经济学派的创始人。门格尔对早期经济文献有全面的掌握[3]，他特别熟悉并受18世纪从理查德·坎蒂隆（Richard Cantillon）开始到包括杜尔阁、孔狄亚克（Abbé Condillac）和费迪南多·加利亚尼（Ferdinando Galiani）在内的法意传统的影响。在整个19世纪对欧洲大陆经济产生了巨大影响的J.B萨伊（J.B.Say）的学说，是这一传统的顶峰。我

---

[1] Turgot, *Reflections*, p.63.

[2] 从1925年到1940年，弗里德里希·哈耶克源源不断地对奥地利学派的经济周期理论和国际货币理论做出了杰出贡献，并于1974年获得了诺贝尔经济学奖。哈耶克的贡献包含在以下著作中：F. A.Hayek, *Monetary Theory and the Trade Cycle*（New York: Augustus M.Kelley, [1933] 1966）；*Prices and Production*, 2nd, ed（New York: Augustus M.Kelley, [1935] 1967）；*Monetary Nationalism and International Stability*（New York: Augustus M.Kelley, [1937] 1971）；*Profits, Interest, and Investment, and Other Essays on the Theory of Industrial Fluctuations*（New York: Augustus M.Kelley, [1939] 1969）；*Money, Capital, and Fluctuations: Early Essays*, ed. Roy McCloughry（Chicago: The University of Chicago press, 1984）。

[3] F.A.Hayek, "Introduction: Carl Menger," introduction to Carl Menger, *Principles of Economics*, trans. James Dingwall and Bert F.Hoselitz（New York/London: New York University Press, 1981）, p.14.

们从门格尔《经济学原理》[1]的脚注和附录中可以看出,门格尔直接承继了坎蒂隆—杜尔阁—萨伊传统,而且,他还通过对 19 世纪早期德国经济学家(理论方法来源于萨伊)如卡尔·海因里希·劳(Karl Heinrich Rau)和弗里德里希·B.W.赫尔曼(Friedrich B.W.Hermann)的研究,间接掌握了这一传统。

门格尔对货币理论最重要的贡献,是对货币的交易经济起源(catallactic origin)进行了严格的理论解释,我们可以在上述杜尔阁的真知灼见中发现理论的萌芽,即货币不是由市场之外的"任意约定"创造出来的,而是在先前存在的易货贸易条件下,作为确定了"可销售价值"的"商品"演进而来。事实上,门格尔[2]举 44
例说,杜尔阁是 18 世纪坚决反对亚里士多德长期以来所秉持的"……将货币的来源追溯到人与人之间契约"的三位学者之一。

门格尔把货币需求表述为,个人为了给预期交易提供资金而持有的现金需求的总和,这是他对奥地利学派货币理论的第二个贡献。此外,人们通常认为,门格尔、瓦尔拉斯(Léon Walras)和阿尔弗雷德·马歇尔(Alfred Marshall)这三位经济学家,依次独立并充分地阐述了货币需求理论的现金余额法。但似乎只有门格尔一人有着深刻的洞察力,明确否定了货币流通速度的概念,避免了将货币流通速度视为货币需求的倒数的错误。[3]尽管他熟悉广受赞誉的坎蒂隆关于"货币流通速度"的讨论[4],但正如我们在上文所看到的,杜尔阁并没有把货币流通速度作为决定货币价值的一个因素,相反,他建议严格按照个人维持交换媒介储备的意愿进行分析。

与杜尔阁一样,门格尔也强调,包括货币在内的任何可交换的商品,都不可能拥有稳定的购买力,接下来他显露了一个谬误,即认为货币是衡量价值的尺度,并

---

〔1〕 Carl Menger, *Principles of Economics*, trans. James Dingwall and Bert F.Hoselitz(New York: New York University Press,[1950] 1981).

〔2〕 Ibid., p.318.

〔3〕 Arthur W.Marget, *The Theory of Prices: A Re-examination of the Central Problems of Monetary Theory*, 2 vols.(New York: Augustus M.Kelley,[1938—1942] 1966), Vol.1: p.297; Vol.2, p.59; Hans F. Sennholz, "The Monetary Writings of Carl Menger," in *The Gold Standard: An Austrian Perspective*, ed. Llewellyn H.Rockwell, Jr.(Lexington, Mass.: D.C.Heath and Company, 1985), p.22.

〔4〕 Richard Cantillon, *Essai sur la Nature du Commerce en Général*, ed. and trans. Henry Higgs(New York: Augustus M.Kelley, Bookseller,[1931] 1964), pp.127—149.

且有可能设计出一个理论上无可争议的一般价格水平的统计指数。[1]最后，门格
45 尔试图恢复杜尔阁式的资本概念，将其作为个人为了获得货币收入而致力于生产的商品总量的货币估价。[2]对门格尔来说，资本的概念与货币计算的概念密不可分；资本“无论其技术性质如何，只要其货币价值是经济计算的对象，也就是说，只要它在我们的会计中是一笔生产性货币，它就是生产性财产”[3]。

一般认为，欧根·冯·庞巴维克（Eugen von Böhm-Bawerk）对货币经济学没有做出任何贡献。事实上，庞巴维克甚至批评门格尔用个人创收财产的货币估价来确定资本的观点是近代科学出现之前的观点，而且“是有商业色彩的日常生活用语”[4]。

尽管如此，庞巴维克通过强调货币计算在引导社会生产过程中的中心作用，开创了现代奥地利学派。基于对货币是“不同个体的需求和情感的中性公约数”的明确认识，庞巴维克在“成本定律”的阐述中，对生产要素价格的确定给出了因果解释。[5]就像他非常了解的杜尔阁的著作中所说的一样[6]，庞巴维克强调了资本家—企业家之间的竞争在根据消费品价格评估生产要素的货币价值方面的
46 关键作用。建立一个由这一竞争过程产生的所有消费品和生产品的货币价格综合结构，使企业家能够计算和比较其他生产企业的预期成本和收入，利润最大化的前景促使他们合理配置资源，为未来最迫切的消费需求服务。

因此，对庞巴维克[7]来说，货币计算确保了“成本定律”所描述的因果过程“严格符合”边际效用规律。相应地，庞巴维克[8]强调说：“甚至一国的原始生产力（即土地和劳动力）也被迫按照盈利的顺序使用，并从他们最后一个那里获得他们的价值和价格……最终，每一种需求都将直接或间接地吸引它所需要的生产

[1] Erich Roll, “Menger on Money,” *Economica* 3, no.12(November 1936): pp.457—458.

[2][3] Hayek, “Carl Menger”, p.28.

[4] 米塞斯后来证明（*Human Action*, pp.259—264），门格尔以计算为目的的资本与货币收入相关的概念，以及庞巴维克使用的资本作为生产资料的概念，在阐述经济理论之时都不可或缺。

[5] Eugen von Böhm-Bawerk, “The Ultimate Standard of Value,” in *Shorter Classics of Eugen von Böhm-Bawerk*, trans. Charles W.Macfarlane(South Holland, Ill.: Libertarian Press, 1962), p.250.

[6] 在《资本与利息》第1卷中，庞巴维克用了一章的篇幅批判性分析了杜尔阁的利息理论，更早撰写的一篇未刊研讨会论文表明，杜尔阁对他产生了“巨大的影响”，见 Rothbard, *The Brilliance of Turgot*, p.21。

[7] Böhm-Bawerk, *Capital and Interest*, p.255.

[8] Ibid., pp.253—254.

力，并与其（货币）的'估值数字'所固有的吸引力成比例。"

庞巴维克在另一处写道：

> 为了满足……实际上无限的需求，我们拥有的劳动力与这种需求相比总是有限的。这不足以满足我们所有的欲望……因此，我们必须始终选择我们想要满足的欲望。在私利的影响下，我们会根据我们愿意支付的费用的水平或数量来满足他们。……为满足这些需要而充分利用……现有的生产力，为了满足需求，我们愿意并有能力支付（均衡货币工资）。……总有一些劳动者失业的事实绝没有违背我的论点；这不是劳动力过剩的结果，而是对整个但不充分的劳动力组织供给不间断干扰的结果。[1]

上述段落包含了"价格协调"（price coordination）概念的种子，这一概念为现代奥地利学派的宏观经济理论奠定了基础。[2]根据这一概念，以货币计算为指导 47
且不受政治干预的市场竞争过程，总是对稀缺资源进行估价和定价，以确保资源被充分利用于企业家从消费者角度预期的最有价值的生产用途。

事实上，庞巴维克在用货币计算解释货币成本和资源配置的交易学现象方面，远远超越了门格尔和维塞尔（Wieser）等同时代边际效用理论家。[3]庞巴维克极为重视对个人主观价值排序与货币价格和成本的社会、客观和基本现象之间的因果关系的阐述，为后来奥地利学派制定健全货币标准的努力打下了不可磨灭的烙印，从而突出了货币作为经济计算工具的作用。

现代奥地利学派货币理论的公认奠基人米塞斯[4]在撰写下面的文字时，肯

---

[1] Böhm-Bawerk, "The Ultimate Standard of Value," pp.355—356.

[2] Joseph T.Salerno, "The Concept of Coordination in Austrian Macroeconomics," in *Austrian Economics: Perspectives on the Past and Prospects for the Future*, ed. Richard M.Ebeling(Hillsdale, Mich.: Hillsdale College Press, 1991)[在本书中作为第 7 章重刊]。

[3] 在门格尔的著作中，"……生产成本在决定不同商品相对价值方面所起的作用没有得到明确的解释"(Hayek,"Carl Menger", p.19)。维塞尔的研究被一种奇怪的、毫无结果的尝试所破坏，这种尝试试图从对非货币的共产主义经济的分析中，推导出价值和成本估算的原则（Friedrich von Wieser, *Natural Value* ed. William Smart, New York: Augustus M.Kelley,[1893] 1971）。为此，米塞斯在谈到维塞尔时写道："他的归责理论是站不住脚的。他的价值计算思想证明了他不能被称为奥地利学派的一员，而应该是洛桑学派的一员的结论……"Ludwig von Mises, *Notes and Recollections*[South Holland, Ill.: Libertarian Press, 1978], p.36).

[4] Ludwig von Mises, *Epistemological Problems of Economics*, trans. George Reisman(New York: New York University Press,[1960] 1981), p.165.

定首先想到的是庞巴维克[1]：

48 只有在边际效用理论的指导下，把成本的概念降到它的终极基础上，才能把经济行为的社会方面完全考虑进去。

在现代经济学领域中，奥地利学派通过澄清价值与成本之间的因果关系，显示出它相对于更倾向于数学公式的洛桑学派及其相关学派的优越性，同时也避开了在我们学科中具有误导性的函数概念。奥地利学派值得推崇的是没有停留在成本概念上，相反，通过对成本的深入研究，他们甚至将成本概念追溯到了主观的价值判断。

米塞斯发现，基于市场价格的货币计算的智力运作是社会分工存在的必要前提，这是他以庞巴维克对成本定律的阐述为出发点，对社会主义进行的著名批判的基础。[2]与货币计算理论相反，在他发展货币理论的过程中，米塞斯的研究可
49 以看成是“门格尔研究的直接延续”[3]。米塞斯的学生罗斯巴德对完全符合杜尔阁—门格尔传统的货币理论和货币计算理论[4]做出了独到的原创性贡献。

---

[1] 尽管门格尔的《经济学原理》对米塞斯有着无可否认的重大影响（Mises，*Notes and Interest*，p.33），但米塞斯认为，庞巴维克三卷本的《资本与利息》“毫无疑问……是对现代经济学理论最杰出的贡献”（Ludwig von Mises，*Capital and Interest*：*Eugen von Böhm-Bawerk and the Discriminating Reader*，in idems，*Economic Freedom and Interventionism*：*An Anthology of Articles and Essays*，ed. Bettina Bien Greaves[Irving ton-on-Hudson，N.Y.：Foundation for Economic Education，1990] p.133）。根据米塞斯的说法（第134页），第2卷的第三部分“尤其重要”，其中包含了庞巴维克对包括成本定律在内的价值和价格理论的阐述。熊彼特是维塞尔的学生，他表现出了一种更能反映洛桑学派而非维也纳学派的一般方法论立场，他赞同米塞斯对庞巴维克贡献的评价：“他的价格理论仍然是我们（截至1914年）所拥有的最好的理论，是最能回答所有基本问题和所有基本难题的理论。……‘归责理论’……属于庞巴维克最完美的构想之一。”（Joseph A.Schumpeter，“Eugen von Böhm-Bawerk：1851—1914，” in *Ten Great Economists*：*from Marx to Keynes*，trans. H.K.Zassenhaus[New York：Oxford University Press，1965]，pp.159，171）最后，哈耶克提到了奥地利学派对主观价值学说的表述，“包括成本理论在内的……很大程度上是庞巴维克精彩阐述的结果”，这一表述超越了门格尔和维塞尔的“与价格相关的问题”（F.A.Hayek，“Hayek on Wieser，” in *The Development of Economic Thought*：*Great Economists in Perspective*，ed. H.W.Spiegel[New York：John Wiley and Sons，1952]，p.558.）。

[2] Ludwig von Mises，*Economic Calculation in the Socialist Commonwealth*，trans. S.Adler（Auburn，Ala.：Ludwig von Mises Institute，Praxeology Press，1990）.

[3] Hayek，“Carl Menger，” p.31.

[4] 罗斯巴德对货币计算理论做出了三个第一流的贡献。首先，他明确地表明，在不受阻碍的市场经济中运作的社会评估过程，不会导致与庞巴维克成本定律相抵触的垄断性资源配置错误（Murray N. Rothbard，*Man*，*Economy*，*and State*：*A Treatise on Economic Principles*，2 vols. [Los Angeles：（转下页）

因此，我们正是在米塞斯和罗斯巴德的著述中，发现了对约翰·劳传统最老练和最彻底的摒弃。在他的回归定理中，米塞斯〔1〕把门格尔对货币产生的解释归结为其逻辑结论，证明了货币的起源完全不可能是由政府法令或明确的社会契约引起的。货币永远不能作为习俗的产物或作为政府政策的现成工具而存在，它一直是逐渐演化的一种经济交易机制。

罗斯巴德〔2〕以米塞斯和门格尔的研究为基础，在制定所谓的不兑现纸币"渐进原理"的过程中，构建了一种历史的逻辑解释，说明了只有在政府一系列长期干预措施逐步破坏市场演变的商品标准情况下，纸币才可以产生而且确 50
实成为现实。〔3〕罗斯巴德定理对货币改革的一个重要涵义是，我们不可能用相互竞争的私人不兑现纸币来取代政府垄断的不兑现纸币。究其原因，与原始商品货币保持着不可分割进化联系的不兑现纸币，由于其作为普遍使用的价格评估单位的优点，阻止了恶性通货膨胀的爆发。因此，对米塞斯〔4〕和罗

(接上页) Nash Publishing, [1962] 1970], pp.604—615)。其次，他指出，自由市场卡特尔的规模受到严格限制，因为其每一项资本性投入都必须有一个用于经济计算的市场价格。因此，根据罗斯巴德的观点，任何一个卡特尔都不可能持续扩张到统括某一特定资本品的整个市场(更不用说整个经济)，因为其结果将是计算混乱和经济效率低下，这与卡特尔的利润最大化目标并不相符(Murray N.Rothbard, "Ludwig von Mises and Economic Calculation under Socialism," in *The Economics of Ludwig von Mises: A Critical Reappraisal*, ed. Laurence S.Moss[Kansas City, Mo.: Sheed and Ward, Inc., 1976], pp.75—76)。最后，罗斯巴德确定，在纯商品货币下，货币供给的变化是无法伪造货币计算的，也不能造成生产结构的跨期不协调，这是奥地利学派商业周期的典型特征(Murray N. Rothbard, *America's Great Depression*, 3rd ed.[Kansas City, Mo.: Sheed and Ward, 1975], pp.37—38)。

〔1〕 Ludwig von Mises, *The Theory of Money and Credit*, trans. H.E.Batson(Indianapolis: Liberty Classics, [1952] 1981), pp.129—136.

〔2〕 Murray N.Rothbard, *What Has Government Done to Our Money?* 4th ed.(Auburn, Ala.: Ludwig von Mises Institute, Praxeology Press, [1963]1990).

〔3〕 早期奥地利学派学者比如门格尔和威克斯蒂德(Wicksteed)表明，纯粹的不兑现货币从理论上讲是不可能存在的(Menger, *Principles of Economics*, p.320; Philip H.Wicksteed, *The Common Sense of Political Economy and Selected Papers and Reviews on Economic Theory*, ed. Lionel Robbins[New York: Augustus M.Kelley, [1932]1967], vol.2, pp.618—623)。维塞尔试图确定不兑现纸币出现的可能性，因为这种纸币"在历史上形成了大众接受的习惯"，他通过类比论证了，从历史上演变而来的不再用于工业目的的商品货币，将继续作为一种交换媒介发挥作用(Friedrich von Wieser, *Social Economics*, trans. A.Ford Hinrichs, New York: Augustus M.Kelley, [1927] 1967, pp.270—272)。米塞斯的回归定理最终严格地确立了不兑现纸币产生的逻辑可能性。但即使在 1966 年的第 3 版《人类行为》中，米塞斯(第 429 页)也不确定历史上是否具备产生纯粹不兑现纸币的条件。

〔4〕 Mises, *Theory of Money and Credit*, pp.477—500.

斯巴德[1]而言，最终货币供给非国有化的唯一途径，是将现有的不兑现货币单位按照市场选择的交换媒介——黄金的特定比重，重新进行定义。

与门格尔一样，米塞斯[2]和罗斯巴德[3]也是现金余额法始终如一的拥护者，现金余额法通过个体经济主体对货币持有量的主观估价，直接建立了市场对货币的需求。他们明确反对新凯恩斯主义者、货币主义者和供给学派在解释总体价格和产出变化时对货币支出共同强调的观点。在他们看来，货币的价值或购买力是由产生一系列商品价格的同一市场过程决定的——但事实上，它是这个序列
51 的倒数。此外，这一过程是由个人的主观评价和企业家预期驱动的。因此，米塞斯和罗斯巴德认为，货币主义理论方法的明确概念，即货币流通速度的客观化、抽象化和整体化概念，在分析货币价值的确定时，往好了说有点多余，往坏了说纯属误导。

现代奥地利学派的货币理论中也没有为新凯恩斯主义假设，即通货膨胀和失业之间的菲利普斯曲线权衡取舍留下空间。如果人们忽略了社会评估过程中的价格协调特征，即忽略了企业是从对未来产出价格的预测中得出资源价格并加以调整的过程，人们才有可能进行这种权衡。在奥地利学派看来，价格紧缩非但不是一个让人害怕、需要通过印刷垄断性的不兑现货币来对抗的反社会事件，而是市场对社会货币需求增加的反应，比如，是对实际产出的增长或未来更大的不确定性的反应。倾向于获得和持有货币的这种变化，不亚于任何其他类型的消费者偏好的变化，促成了一个倾向于根据庞巴维克成本定律重新评估和重新分配生产资源的市场调整过程。除非法律禁止规定最低工资标准或工会集体谈判的特权，否则这一过程的运作没有理由产生凯恩斯式的“非自愿”失业。[4]

奥地利学派经济学家强调，在一个消费者偏好、生产技术和资源可用性不断变化的世界里，货币计算在指导企业生产决策中应该具有核心作用。因此，无论是货币增长率、选定的商品价格、总支出增长率，还是其他一些经济指标，现代奥

---

〔1〕 Murray N.Rothbard, “The Case for a Genuine Gold Dollar,” in Llewellyn H.Rockwell, Jr., ed., *The Gold Standard: An Austrian Perspective* (Lexington, Mass.: D.C.Heath, 1985), pp.1—17.

〔2〕 Mises, *Human Action*, pp.398—478.

〔3〕 Rothbard, *Man, Economy, and State*, pp.661—764.

〔4〕 Salerno, “The Concept of Coordination in Austrian Macroeconomics,” pp.335—340[在本书中作为第 7 章重刊]。

地利学派学者都不愿意将“稳定”奉为货币体系的目标。在奥地利学派看来，市场经济的存在和成功并不在于货币在确保宏观经济稳定方面所起的作用，而在于它作为一种工具，使市场参与者能够解释和适应遍及人类生活和行为中的变化。

米塞斯说过：“市场经济是真实的，因为它可以计算。”[1]市场经济提供了唯 52
一的手段，使在社会分工中相互合作的个人，能够通过有计划的行动，用一种他们判断将提高他们的满意度或福利的方式，不断地改变未来事件的预期进程。因此，对那些需要通过不断调整生产以适应消费者需求、技术知识以及现有资源的数量和质量的预期变化来谋求利润的企业家来说，货币是一种经济计算工具。正是不断变化的货币价格结构为企业家的盈亏计算提供了数据，从而为他们的计划和努力提供了意义和方向。

而且，这些价格的市场清算性质保证了在任何时候，独立和相互竞争的企业家的货币计算，能够严格而巧妙地按照消费者的预期需求，形成一个资源综合利用结构。这就是米塞斯所说的“所有个体自主行为的协调都是通过市场运作来完成”[2]的涵义。

因此，作为人类理性的创造和人类行动的助手，货币计算无论何时何地都旨在改变未来，以便人类获得更大的满足。正是一系列经过计算和协调的行动，使得市场经济的演进成为一个不可逆转的历史过程，这个过程在引发变化的同时，也寻求在每一点上适应变化。所以，作为动态市场过程的方向之星，货币计算是货币稳定的概念对映体。在不篡改或废除货币计算、不削弱或破坏市场经济的情况下，不可能真正“稳定”任何经济数量。

现代奥地利学派在寻求健全货币之时，并不是在寻求“宏观经济稳定”，这种
说法可以解释为：他们是在寻求一种最能满足经济计算目的的货币。按照奥地利 53
学派的观点，恶性通货膨胀是非健全货币的极端情况，因为当价格以天文数字和不可预见的变化率上升时，没有可能对未来的产出价格做出合理的评估。也正因为如此，企业预测的时间范围被人为地大大缩短，由此产生的对资源的竞争性价格竞标只反映了为满足近期消费者需求而进行的生产过程中资源使用的价值，比如，在消费服务业、批发零售业和各种投机企业的生产过程中。由于社会评估过

---

〔1〕 Mises, *Human Action*, p.259.

〔2〕 Ibid., p.725.

程不能考虑相对较长过程中资源贡献的货币价值，因此经济的生产结构不能与当前和未来消费者的满意偏好模式相协调。在这种情况下，工业过程，尤其是那些涉及商业结构和耐用资本设备的生产过程，逐渐停止了下来。

当恶性通货膨胀达到最后阶段时，公众死活都不会愿意用“真实的”商品来换取贬值的货币，货币交换因此消失，经济陷入以货易货状态，这种状态也排除了单一的价格评估过程和经济计算的可能性。为市场合理配置生产资源成为不可能之事，也因此实际上废除了社会分工过程。

我们举一个不那么极端但有些隐晦的非健全货币扭曲社会评估过程的例子，每当“信托媒介”形式的新资金，即支票存款，以及在早期没有现金储备支持的纸币，通过部分准备金银行制度注入经济时，就会让庞巴维克成本定律的运行条件暂时无法发挥作用。非健全货币是现代货币制度的一个普遍特征，在这种制度中，中央银行通常通过增加银行准备金来增加本国的货币供应量，从而导致部分
54 准备金银行体制进行了贷款和存款的多重扩张。〔1〕事实上，奥地利学派的商业周期理论解释了这一过程，即信托媒介的创建不可避免地扭曲了社会评估过程，从而导致不同时期生产过程中的企业资源配置系统性地背离了社会跨期消费偏好。〔2〕

导致现代奥地利学派开出废除政治上垄断的不兑现货币处方的，就是他们最为关心的经济计算和协调这两个问题。他们认识到，货币所固有的恶性通货膨胀的可能性，威胁着计算基础并因此威胁着市场社会的存在。奥地利学派不仅反对中央银行作为不兑现纸币的垄断发行人，还反对由中央银行主导的商品货币本位，比如 1914 年以前在英国实行的古典金本位制。奥地利学派反对金本位货币安排的理由，在很大程度上取决于罗斯巴德的回归定理，这一定理将中央银行确定为使货币单位由市场所供商品的固定重量逐步转变为纯名义上的主要制度手段。因此，无实体的货币单位就可以附在一个几乎毫无价值的物体上，并在几乎没有任何成本和限制的情况下，通过政治命令倍增。

尽管现代奥地利学派对中央银行和国家发行不兑现纸币的评价趋于一致，但

---

〔1〕 Murray N.Rothbard: *The Mystery of Banking* (New York: Richardson and Snyder, 1983), pp.127—177.

〔2〕 Mises, *Human Action*, pp.538—586; Rothbard, *America's Great Depression*, pp.11—38.

他们对私人银行部分准备金制度或"自由"银行的态度却存在分歧。他们某些人采取的是斯密立场（Smithian），支持建立一个以黄金储备为基础、以竞争确定的准备金率为特征的纯私人和不受监管的银行体系。其他学者则遵循杜尔阁传统，主张通过百分之百的金本位制全面禁止信托媒介。米塞斯〔1〕本人在 1949 年为基于黄金的自由银行提出了有力辩护，他认为，这是可以防止由于创建信托媒介而导致经济不协调的"唯一可行的方法"。但仅仅三年之后，米塞斯〔2〕就建议"为所有未来存款设立百分之百的刚性（黄金）储备"，以此作为永久消除银行信贷进一步扩张的手段。 55

罗斯巴德基于米塞斯的思想和经由法国哲学家及经济学家德崔希伯爵〔3〕（Count Destutt de Tracy）与杜尔阁联系在一起的 19 世纪美国反银行传统〔4〕，提出了以黄金为基础的百分之百储备银行业务的成熟理由。

近来，有些年轻的奥地利学派学者，尤其是乔治·塞尔金（George Selgin）和劳伦斯·怀特（Lawrence White），更为详细地阐述了米塞斯关于自由银行的理由。但人们可以在他们的著作中发现，由于尽最大可能阻止信托媒介向信贷市场的大量涌入，他们的研究严重偏离了米塞斯保持货币计算完整性的初衷。对塞尔金和怀特来说，自由银行的可取之处，在于它是一种可以采用与维护"稳定"、总支出流动〔5〕，尤其是与部分储备银行业本身相一致的方式，谨慎地监管信托媒介创造的所谓的有用手段。〔6〕

---

〔1〕 Mises, *Human Action*, p.443.

〔2〕 Ludwig von Mises, *The Theory of Money and Credit*, trans. Harold E.Batson (Indianapolis: Liberty Fund, [1952] 1981), p.491.

〔3〕 关于 19 世纪美国经济思想中反对部分准备金银行传统之法国根源的讨论，见"Gold Standards: True and False," pp.140—143[在本书中作为第 13 章重刊]。

〔4〕 Murray N. Rothbard, *The Case for a 100 Per Cent Gold Dollar* (Washington, D.C.: Libertarian Review Press, [1962] 1974).

〔5〕 George A.Selgin, *The Theory of Free Banking: Money Supply under Competitive Note Issue* (Totowa, N.J.: Rowman and Littlefield, 1988), pp.52—69; George A.Selgin, "The Implications of Freedom in Banking and Note Issue," (first of two parts) *Austrian Economics Newsletter* 10, no.2 (Winter 1989): p.4; Lawrence H.White, *Competition and Currency: Essays on Free Banking and Money* (New York: New York University Press, 1989), pp.158—159.

〔6〕 Selgin, *Theory of Free Banking*, pp.133—139; Lawrence H.White, *Free Banking in Britain: Theory, Experience, and Debate, 1800—1845* (New York: Cambridge University Press, 1984), pp.137—150. Selgin (*Theory of Free Banking*, pp.60—63) 否定了奥地利学派经济周期理论的核心（转下页）

56 综上所述，根植于杜尔阁传统的奥地利学派现代货币思想，强调企业家计算和价格协调的宏观经济现象，与在约翰·劳传统中形成的现代宏观经济思想流派形成了鲜明的对立。

参考文献

Andreades, A. 1909. *History of the Bank of England*. London: P.S.King and Son.

Bach, G.L. 1971. *Making Monetary and Fiscal Policy*, Washington, D.C. The Brookings Institution.

Beveridge, William H. 1945. *Full Employment in a Free Society*. New York: W.W.Norton & Company, Inc.

Blinder, A.S. 1987. *Hard Heads, Soft Hearts: Tough-Minded Economics for a Just Society*. New York: Addison-Wesley Publishing Company, Inc.

Böhm-Bawerk, E. von. 1959. *Capital and Interest*, 3 vols., G.D.Huncke and H.Sennholz, trans. South Holland, Ill.: Libertarian Press.

____. 1962. "The Ultimate Standard of Value." In idem, *Shorter Classics of Eugen von Böhm-Bawerk*, C.W.Mcfarlane, trans., pp.303—370. South Holland, Ill.: Libertarian Press.

Brunner, K. 1987. "Has Monetarism Failed?" In *The Search for Stable Money: Essays on Monetary Reform*, J.A.Dorn and A.J.Schwartz, eds., pp.163—199. Chicago: University of Chicago Press.

Cantillon, R.[1931] 1964. *Essai sur la nature du Commerce en Général*, H.Higgs, ed. and trans. New York: Augustus M.Kelley, Bookseller.

Endres, A.M. 1987. "The Origins of Böhm-Bawerk's 'Greatest Error': Theoretical Points of Separation from Menger." *Journal of Institutional and Theoretical Economics*, no.143(June): pp.291—309.

Friedman, M.1953. *Essays in Positive Economics*. Chicago: University of Chicago Press.

____. 1960. *A Program for Monetary* Stability. New York: Fordham University Press.

(接上页)涵义，即任何新的信托媒介的创造都毫无疑问会导致经济的失调，而这种不协调必然导致危机和萧条。在塞尔金看来，在自由银行制度下，为了应对现金余额需求的增加而进行的信贷和存款扩张，与保持总支出流量不变的“货币均衡”完全一致。塞尔金在这个问题上的立场，突出了当前奥地利学派的自由银行支持者的重心，已经从经济计算转向了货币稳定。

____. 1962. *Capitalism and Friedman*. Chicago: University of Chicago Press.

____. 1987. "Monetary Policy: Tactics Versus Strategy." In *The Search for Stable Money: Essays* 57
on Monetary Reform, J.A.Dorn and A.J.Schwartz, eds., pp.361—382. Chicago: University of Chicago Press.

Friedman, M., and R.Friedman. 1980. *Free to Choose: A Personal Statement*. New York: Harcourt Brace Jovanovich.

Hahn, L.A. 1949. *The Economics of Illusion: A Critical Analysis of Contemporary Economic Theory and Policy*. New York: Squirer Publishing Co., Inc.

Hayek, F.A. 1952. "Hayek on Wieser." In *The Development of Economic Thought: Great Economist in Perspective*, H. W. Spiegel, ed., pp. 554—567. New York: John Wiley and Sons, Inc.

____.[1933] 1966. *Monetary Theory and the Trade Cycle*. New York: Augustus M.Kelley, Publishers.

____.[1935] 1967. *Prices and Production*, 2nd. ed. New York: Augustus M.Kelley, Publishers.

____.[1939] 1969. *Profits, Interest and Investment: And Other Essays on the Theory of Industrial Fluctuations*. New York: Augustus M.Kelley, Publishers.

____.[1937] 1971. *Monetary Nationalism and International Stability*. New York: Augustus M. Kelley, Publishers.

____.1981. "Carl Menger." Introduction to *Principles of Economics* by Carl Menger., J.Dingwall and B.F.Hoselitz, trans., pp.11—36. New York: New York University Press.

____.1984. *Money, Capital, and Fluctuations: Early Essays*, R.McCloughry, ed. Chicago: The University of Chicago Press.

Keynes, J.M. 1964. *The General Theory of Employment, Interest, and Money*. New York: Harcourt, Brace & World, Inc.

Kindleberger, C. P. 1980. "Keynesianism Vs. Monetarism in Eighteenth and Nineteenth-Century France." *History of Political Economy*, no.12(Winter): pp.499—523.

Laffer, A.B. and M.A.Miles. 1982. *International Economics in an Integrated World*. Oakland, N. J.: Scott, Foresman and Company.

Law, J.[1705] 1966. *Money and Trade Considered: With a Proposal for Supplying the Nation with Money*. New York: Augustus M.Kelley.

Lerner, A.P. 1951. *Economics of Employment*, New York: McGraw-Hill Book Company, Inc.

McCulloch, J.H. 1982. *Money and Inflation: A Monetarist Approach*, 2nd ed. New York: Academic Press.

MacLeod, H.D.[1892] 1893. *Theory and Practice of Banking*, 5th ed. London.

Marget, A.W.[1938—1942] 1966. *The Theory of Prices: A Re-examination of the Central Problems of monetary Theory*. 2 vols. New York: Augustus M.Kelley Publishers.

Meiselman, D.I. 1987. "Comment: Is Gold the Answer?" In *The Search for Stable Money: Essays on Monetary Reform*, J.A.Dorn and A.J.Schwartz, eds., pp.257—260. Chicago: University of Chicago Press.

58 Meltzer, A.H. 1987. "Monetary Reform in an Uncertain Environment." In *The Search for Stable Money: Essays on Monetary Reform*, J.A.Dorn and A.J.Schwartz, eds., pp.201—220. Chicago: University of Chicago Press.

Menger, C.[1950] 1981. *Principles of Economics*, J.Dingwall and B.F.Hoselitz, trans. New York: New York University Press.

Miles, M.A. 1984. *Beyond Monetarism: Finding the Road to Stable Money*. New York: Basic Books, Inc.

Mints, L.W. 1945. *A History of Banking Theory in Great Britain and the United States*. Chicago: University of Chicago Press.

Mises, L. v. 1966. *Human Action: A Treatise on Economics*. 3rd ed. Chicago: Henry Regnery Company.

____. 1978. *Notes and Recollections*. South Holland, Ill.: Libertarian Press.

____.[1952] 1981. *The Theory of Money and Credit*, H.E.Batson, trans. Indianapolis: Liberty Classics.

____.[1960] 1981. *Epistemological Problems of Economics*, G.Reisman, trans. New York: New York University Press.

____.1990a. "Capital and Interest: Eugen von Böhm-Bawerk and the Discriminating Reader." In idem, *Economic Freedom and Interventionism: An Anthology of Articles and Essays*, Bettina Bien Greaves, ed., pp.133—135. Irvington-on-Hudson, N.Y.: Foundation for Economic Education.

____. 1990b. *Economic Calculation in the Socialist Commonwealth*, S.Adler, trans. Auburn, Ala.: Praxeology Press.

Nicholson, J.S. 1888. *A Treatise on Money and Essays on Monetary Problems*. Edinburgh: Blackwood.

Paul, R., and L.Lehrman. 1982. *The Case for Gold: A Minority Report of the U.S.Gold Commis-*

sion. Washington, D.C.: Cato Institute.

Rist, C.[1940] 1966. *History of Monetary and Credit Theory: From John Law to the Present Day*. New York: Augustus M.Kelley Publishers.

____. 1961. *The Triumph of Gold*. New York: Philosophical Library.

Roll, E. 1936. "Menger on Money." *Economica* (November): pp.455—460.

Rothbard, M.N.[1962] 1970. *Man, Economy, and State: A Treatise on Economic Principles*. 2 vols. Los Angeles: Nash Publishing.

____.[1962] 1974. *The Case for a 100 Percent Gold Dollar*. Washington, D.C.: Libertarian Review Press.

____. 1975. *America's Great Depression*. 3rd ed. Kansas City, Mo. Sheed and Ward, Inc.

____. 1976. "Ludwig von Mises and Economic Calculation under Socialism." In *The Economics of Ludwig von Mises: A Critical Reappraisal*, L.S.Moss, ed., pp.67—77. Kansas City, Mo.: Sheed and Ward, Inc.

____. 1983. *The Mystery of Banking*. New York: Richardson and Snyder.

____. 1985. "The Case for a Genuine Gold Dollar." In *The Gold Standard: An Austrian Perspec-* 59
tive, L.H.Rockwell, Jr., ed., pp.1—17. Lexington, Mass.: D.C.Heath and Company.

____. 1986. *The Brilliance of Turgot*. Auburn, Ala.: Ludwig von Mises Institute.

____.[1963] 1990. *What Has Government Done to Our Money?* Auburn, Ala.: Praxeology Press.

Salerno, J.T. 1980. *The Doctrinal Antecedents of the Monetary Approach to the Balance of Payments*. Ann Arbor, Mich.: University Microfilms International.

____. 1987. "Gold Standards: True and False." In *The Search for Stable Money: Essays on Monetary Reform*, J.A.Dorn and A.J.Schwartz, eds., pp.241—255. Chicago: University of Chicago Press.

____. J.T. 1988. "The Neglect of the French Liberal School in Anglo-American Economics: A Critique of Received Explanations." *The Review of Austrian Economics*, no.2: pp.113—156.

____. 1991. "The Concept of Coordination in Austrian Macroeconomics." In *Austrian Economics: Perspectives on the Past and Prospects for the Future*, R.M.Ebeling, ed., pp.325—343. Hillsdale, Mich.: Hillsdale College Press.

Schumpeter, J.A. 1954. *History of Economic Analysis*. New York: Oxford University Press.

____. 1965. "Eugen von Böhm-Bawerk: 1851—1914." In idem, *Ten Great Economists: From Marx to Keynes*, H.K.Zassenhaus, trans., pp.143—190. New York: Oxford University Press.

Selgin，G.A. 1988. *The Theory of Free Banking*：*Money Supply under Competitive Note Issue*. Totowa，N.J.：Rowman & Littlefield.

____. 1989. "The Implications of Freedom in Banking and Note Issue-Part I." *Austrian Economics Newsletter*，no.10(Winter)：pp.4—7.

Sennholz，H.F. 1985. "The Monetary Writings of Carl Menger." In *The Gold Standard*：*An Austrian Perspective*，L.H.Rockwell，Jr.，ed.，pp.19—34. Lexington，Mass.：D.C.Heath and Company.

Shaw，E.S. 1965. "The Case for an Automatic Monetary Pilot." In *The Battle against Unemployment*：*An Introduction to a Current Issue of Public Policy*，A.M.Okun，ed.，pp.192—200. New York：W.W.Norton & Company，Inc.

Smith，A.[1776] 1965. *An Inquiry into the Nature and Causes of the Wealth of Nations*. New York：Random House，Inc.

Simons，H.C. 1948. *Economic Policy for a Free Society*. Chicago：University of Chicago Press.

Thiers，A.[1859] 1969. *The Mississippi Bubble*：*A Memoir of John Law*. New York：Greenwood Press，Publishers.

Turgot，A.R.J. 1895. *The Life and Writings of Turgot*. W.W.Stephens，ed. London：Longmans，Green and Co.

____.[1770] 1971. *Reflections on the Formation and the Distribution of Riches*. New York：Augustus M. Kelley Publishers.

60 Vickers，Douglas.[1959] 1968. *Studies in the Theory of Money 1690—1776*. New York：Augustus M.Kelley，Publishers.

Viner，J. 1958. *The Long View and the Short*：*Studies in Economic Theory and Policy*. Glencoe，Ill.：The Free Press.

White，L.H. 1984. *Free Banking in Britain*：*Theory*，*Experience*，*and Debate*，*1800—1845*. New York：Cambridge University Press.

____. 1989. *Competition and Currency*：*Essays on Free Banking and Money*. New York：New York University Press.

Wicksteed，P.H.[1932] 1967. *The Common Sense of Political Economy and Selected Papers and Reviews on Economic Theory*，2 vols. New York：Augustus M.Kelley，Publishers.

Wieser，F.v.[1927] 1967. *Social Economics*，A.F.Hinrichs，trans. New York：Augustus M. Kelley，Publishers.

____.[1893] 1971. *Natural Value*，New York：Augustus M.Kelley，Publishers.

第2章

基于现代货币思想对米塞斯货币理论的考察* 61

路德维希·冯·米塞斯在发展货币理论的技术方法和工具方面的贡献，今天仍然未受到重视，尽管米塞斯在80年前仅仅20多岁的时候就已经成功地整合了货币理论与价值理论，做出了公认的毫不逊色于众多杰出货币理论家的贡献。这样一个统一的、真正普遍的理论，对圆满地解释市场经济的运行是必要的，因为没有货币交换和计算，市场经济或者任何基于分工下的社会合作的经济，都不可能存在。〔1〕

米塞斯在货币经济学方面的工作不仅被主流的新兴(neo)凯恩斯主义者和 62
“新”(new)凯恩斯主义者、货币主义者和新古典主义者所忽视，而且也被许多具有奥地利学派倾向，尤其是那些“二战”后主要受到米塞斯以前的学生冯·哈耶克的著作影响的经济学家和政策分析师认为是落伍的东西。一个典型的例子是发表

---

* From: “Ludwig von Mises’s Monetary Theory in Light of Modern Monetary Thought,” *The Review of Austrian Economics* 8, no.1(1994): pp.71—115.

〔1〕 第一个提出这一点的是路德维希·冯·米塞斯(1990)，在他的经典文章中，他论证了在社会主义中央计划下经济计算的不可能性。从关注相同点的米塞斯角度，看近来关于社会主义计算论战的评论与阐释，可以参见 Murray N.Rothbard, “The End of Socialism and the Calculation Debate Revisited”, *The Review of Austrian Economics* 5, no.2(1991); Joseph T.Salerno, “Ludwig von Mises as Social Rationalist”, *The Review of Austrian Economics* 4, no.1,(1990), pp.45—49; Joseph T.Salerno, “Why a Socialist Economy Is ‘Impossible,’” postscript to Ludwig von Mises, *Economic Calculation in the Socialist Commonwealth*, trans. S.Adler(Auburn, Ala.: Ludwig von Mises Institute, Praxeology Press, 1990)。

在一家自由市场智库出版物上对《金本位：奥地利学派的视角》的评论，该评论对米塞斯的货币思想做了轻率的让人难以置信的否定。[1]在评论这部文选中主要由米塞斯派撰写的讨论金本位制的文章时，匿名评审人认为："这部被认为对现代经济理论做出了贡献的书，绝大部分并不能令人满意。书中的许多文章已经落后于时代，也未能成功地将自己的论点与现代货币理论（通常具有相关性）的讨论结合起来。"说起来也怪，评论人继续支持优于金本位制度的奇怪的"自由放任"方案，比如发行私人不兑现纸币以及账户单位与交易媒介的分离等，这些货币政策虽然在"新货币经济学"名义下复活，但仍然明显散发出与默默无闻且早已死去的货币幻想有关的气味。[2]哪怕评论者对米塞斯的回归定理只是略知一二，他都会立刻意识到这些方案是不可行的。[3]

但是，问题并不限于在智库中作为政策分析师的哈耶克的追随者。在凯恩斯主义和货币主义范式接二连三崩溃之后，著名经济学家们最近也一直在寻找用非黄金和"自由放任"方案来取代央行操纵货币供应量的方法。当然，哈耶克提出了
63 发行私人不兑现纸币的建议，米尔顿·弗里德曼最近也认可金银复本位制，认为它优于单一金属金本位制。[4]耶格尔（Yeager）和格林菲尔德（Greenfield）共同起草的解除货币记账单位和交易媒介之间联系的方案，最近得到了另一位之前提倡过平行金本位的前货币主义者廷伯莱克（Richard Timberlake）的支持。[5]甚至连

---

〔1〕 Review of *The Gold Standard*: *An Austrian Perspective*, ed. Llewellyn H. Rockwell, Jr., *Cato Policy Report* 8(November/December 1986), pp.14—15.

〔2〕 关于两位新货币经济学支持者对新货币经济学先驱的概述，见 Tyler Cowen and Randy Kroszner, "The Development of the New Monetary Economics", *Journal of Political Economy* 95, no.3(1987)。

〔3〕 罗斯巴德对哈耶克关于私人发行不兑现纸币的方案提出了批评，*The Gold Standard*: *Perspectives in the Austrian School*(Auburn, Ala.: Ludwig von Mises Institute, 1992), pp.2—5。

〔4〕 Milton Friedman, *Money Mischief*: *Episodes in Monetary History* (New York: Harcourt Brace Jovanovich, 1992).

〔5〕 Robert L. Greenfield and Leland B. Yeager, "A Laissez-Faire Approach to Monetary Stability," *Journal of Money*, *Credit*, *and Banking* 15(August 1983); Richard H. Timberlake, Jr., *Gold*, *Greenbacks*, *and the Constitution*(Berryville, Va.: George Edward Durrell Foundation, 1991). For a critique of the Timberlake twist on the Greenfield-Yeager proposal, see Murray N.Rothbard, "Aurophobia: or, Free Banking on What Standard?" *Review of Austrian Economics* 6, no.1(1992). Timberlake's earlier, and much sounder, proposal is evaluated by Joseph T. Salerno, "The Gold Standard: An Analysis of Some Recent Proposals." *Policy Analysis*, 16(September 9, 1982), Washington, D.C.: Cato Institute, pp.16—18[在本书中作为第 14 章重刊]。

劳伦斯·怀特和乔治·塞尔金这些最初的灵感来自米塞斯并支持以黄金为本位的自由银行体系的学者，现在也认为，这种制度将导致一个"看不见的手"的成熟过程，并最终在产生不兑现纸币的过程中导致货币黄金基础完全和"自发"地萎缩（米塞斯提倡以黄金为基础的自由银行体系，因为他相信，这种体系可以严格限制信托媒介的发行）。

所有这些方案都是基于其倡导者不幸地未能将货币视为"微观"市场过程的一种产物和推动力。这种认识只能从米塞斯将实际分析与货币分析统一起来的货币理论中获得。因此，对米塞斯货币理论进行全新评价，厘清其与现代货币理论思想的关系，不仅很有必要，也是我试图在本章阐述的内容。

我希望我能证明，米塞斯理论为现代货币经济学面临的看似棘手的问题提供了全新的有意义的答案。

1985 年，詹姆斯·罗尔夫·爱德华兹出版了《国家经济学家：货币思想史上的路德维希·冯·米塞斯》[1]一书，这是一部有见地且有启发性的著作，爱德华兹 64
在书中试图从理论上评价米塞斯对货币理论的贡献。正如我将在下面详细指出的那样，爱德华兹阐明了米塞斯作为货币理论家的独创性，并针对一些现代批评者的言论为米塞斯进行了出色的辩护。然而，他并没有将米塞斯描绘成典型的现代货币经济学家，尽管米塞斯拥有包括对货币的资产需求、自然利率假设、通货膨胀期间名义工资滞后调整的加速论观点，以及对国际收支与汇率和理性预期的现代货币方法等一整套分析工具。尽管如此，爱德华兹的书确实提供了一个有用的框架，我将用这个框架来对米塞斯和现代货币理论进行比较。我将使用爱德华兹的主题顺序来组织我自己的文章，并使用他对米塞斯理论的某些评论作为我自己评价的出发点。

在下一节"货币的性质、发展和供给"中，我论述了米塞斯定义货币的方法，对货币不同形式和组成部分的分类，并对货币供给进行度量。我还简要讨论了作为米塞斯货币理论基础的价值理论序数主义的发展。接下来的"回归定理和货币需求"一节中，我讨论米塞斯对货币现金余额需求的阐述和确定货币购买力的供求

---

〔1〕 James Rolph Edwards, *The Economist of the Country: Ludwig von Mises in the History of Monetary Thought* (New York: Carlton Press, 1985).

解释，以及他支持货币非中性的论点。本节最后部分则对米塞斯的回归定理进行了讨论，并针对唐·帕廷金(Don Patinkin)等人的批评进行了辩护。在结尾部分的“货币调整过程：货币价值的空间均衡和汇率的确定”中，我着重讨论了米塞斯关于单一货币购买力的空间均衡和不同货币之间汇率的确定方法。就前者而言，我非常详细地阐述了米塞斯的观点，即市场的套利过程在受到干扰后会迅速重建货币均衡。而且，我论证了米塞斯简单的和终极静止状态方法论手段对货币分析
65 的重要性。我还提请读者注意菲利普·威克斯蒂德(Philip Wicksteed)和亚瑟·马吉特(Arthur Marget)在方法论上所做的有助于更好地理解货币调整过程的重要贡献。在讨论汇率决定的时候，我对米塞斯的购买力平价理论和现代经济学家所采用的卡塞尔的购买力平价理论做了详细的区分，并解释了为什么前者不受通常针对后者提出的许多批评的影响。

1. 货币的性质、发展和供给

在《国家经济学家》第 2 章中，爱德华兹回顾了米塞斯在全面阐述货币理论所必需的概念基础方面所取得的开创性成就，不幸的是，这一成就被忽视了。这一成就包括在 20 世纪 30 年代著名的“序数主义革命”之前 20 多年就发展起来的主观价值和边际效用的纯序数理论(完全错误地将边际效用概念从经济学中抹去了)。正如爱德华兹所指出的，与英美序数理论学家后来发展的基于无限可分商品的无差异曲线分析得出的均衡条件相比，由米塞斯价值理论得出的均衡条件“更具一般性和正确性”，因为“实际贸易经常(我要说‘总是’)涉及的是离散商品”。[1]尽管米塞斯的首要任务是构建一个纯粹而相容的序数价值论并彻底清除经济学中可计量效用的概念，但“直到今天，重要的经济思想史学家们似乎并不知道米塞斯在这方面的贡献”[2]。

正如爱德华兹指出的那样，米塞斯是在卡尔·门格尔的研究基础上提出了关

〔1〕 Edwards, *The Economist of the Country*, p.34.

〔2〕 这种疏忽在主流经济学文献中刚刚开始得到纠正。例如我们可见 Jack High and Howard Bloch, “On the History of Ordinal Utility Theory: 1890—1932,” *History of Political Economy* 21, no.2 (1989)，承认了米塞斯和 20 世纪 30 年代其他被忽视的奥地利学派序数主义革命先驱。

于货币的本质和起源的理论。[1]货币作为社会上最一般的可销售商品或“一般交 66
换媒介”，是在个人自觉地努力从交换合作和分工中获得最大利益的行为驱动下，从一个进化的市场过程中逐步出现的。货币的所有其他职能，比如“价值储存”、“价值尺度”和“延期支付标准”等，现在和将来都必然是货币作为交换媒介的主要职能的附属职能。正如我们将在下文看到的，米塞斯从逻辑上证明了货币只能作为自愿经济交易过程的产物而产生，因此米塞斯的回归定理超越了门格尔。

在“货币存量的定义和组成”[2]题下，爱德华兹提请我们注意米塞斯原创且绝对必要的货币分类法，该分类法给出的货币统计定义与现代经济学家使用的定义一致。在米塞斯撰写《货币与信用理论》[3]之前，经济学家通常将纸币和代币与活期存款或支票账户余额区分开来。[4]但只有前者与硬币一起被列入了货币范畴。米塞斯认为这一区分对经济科学毫无用处。米塞斯对旧分类法的否定，与 67
他坚信门格尔的经济学“本质主义”方法相符合，这一点可见于他的名言，比如：“在经济研究中，最大的错误是只注意外表，而不去认识外表相似的事物之间的根本区别，或者不去区分外表不同但基本相似的事物。”[5]

在制定一个新的、更有用的分类框架时，米塞斯将本位币——无论是“商品”、

---

〔1〕 Edwards, *The Economist of the Country*, pp.31—32.

〔2〕 Ibid., pp.36—38.

〔3〕 Ludwig von Mises, *The Theory of Money and Credit*, New enl. ed., trans.(Harold E. Batson)(译)(Irvington-on-Hudson, N.Y.: The Foundation for Economic Education,[1953]1971)。

〔4〕 即使是被米尔顿·弗里德曼誉为“美国有史以来最伟大的经济学家”的欧文·费雪(Irving Fisher)等所谓的革命性货币理论家也是如此。虽然费雪认为银行存款是货币的“极好的替代品”，但他坚持认为银行存款“不是货币”。见 Irving Fisher, *The Purchasing Power of Money: Its Determination and Relation to Credit, Interest and Prices*, 2nd ed.,[Fairfield,N.J.:Augustus M.Kelley, [1913] 1985], pp.47, 53。就连将货币需求定义为资产或股票需求的先驱者之一埃德温·坎南(Edwin Cannan)，米塞斯不止一次称他为“伟大的英国经济学家”(见 Ludwig von Mises, *Economic Freedom and Intervention: An Anthology of Articles and Essays*, ed. Bettina Bien Greaves(Irvington-on-Hudson, N.Y.: Foundation for Economic Education, 1990), pp.23, 172)也对银行存款和货币做出了严格区分。可参见 Edwin Cannan, *Money: Its Connexion with Rising and Falling Prices*, 6th ed. (Westminster, England: P.S. King and Son, 1929), pp.64—85。我们可以在 T.E. Gregory, “Professor Cannan and Contemporary Monetary Theory”中，看到他就坎南对货币理论所做贡献的概述。该文载于 *London Essays in Economics: In Honor of Edwin Cannan*, eds. T.E. Gregory and Hugh Dalton (London: George Routledge and Sons, 1927)。

〔5〕 Mises, *Theory of Money and Credit*, p.62.

"信用"还是"不兑现纸币"——与被定义为完全安全且可即时兑现的货币要求权，比如银行票据和活期存款的"货币替代品"区分开来，这个货币替代品可以替代个人现金余额中的货币。在货币替代品类别中，米塞斯又进一步对"货币凭证"，即由完全属于本位币储备的票据和存款，以及被指为是货币替代品的"信用媒介"做了区分。米塞斯用"狭义货币"这一术语，即相当于今天所谓的"货币基础"一词来表示经济中本位币的存量总额。"广义货币"是米塞斯对货币总量所用的术语，广义货币等于本位币加上货币替代品减去银行储备，或者等于本位币（包括储备）加上信用媒介。后者的总数大致近似于现在 M1 的定义。[1]

68 爱德华兹虽然注意到了米塞斯的广义货币定义与现代货币 M1 之间的相似之处，但犯了判别错误和遗漏错误。尽管这是两个小错误，但因为要用它们解释米塞斯定义货币的本质论方法，所以还是值得注意的。当爱德华兹说"在现代，货币包括不兑现纸币、代币和部分准备金条件下的信用货币"时，就出现了遗漏错

〔1〕 劳伦斯·H.怀特(Lawrence H.White)批评米塞斯使用"货币替代品"一词来指代完全安全且可即时兑现的债权，即货币凭证加上信用媒介，由于该术语暗示了"非货币"，所以说法"不清楚"(Lawrence H.White, "A Subjectivist Perspective on the Definition and Identification of Money", in *Subjectivism, Intelligibility and Economic Understanding: Essays in Honor of Ludwig M. Lachmann on His Eightieth Birthday* ed. Israel M.Kirzner [London: Macmillan Press, 1986], p.314 n.23)。但米塞斯使用这样一个术语的目的恰恰是表明，对本身不是货币的本位币（比如黄金）而言，因为货币的价值不是由一个独立于决定黄金价值的估价过程来决定的，所以不管本位币有没有黄金做后盾，只要发行机构的客户认为他们可以用这种本位币即时按面值赎回黄金，它就是货币。相比之下，怀特建议，用"内部货币"和"外部货币"分别代替米塞斯的"货币替代品"和"狭义货币"，但也有人指控怀特制造混乱，因为他暗示，他用"内部货币"表示的即时可兑现银行票据和存款，构成了一种独立货币，其价值独立于货币商品的价值而确定。但如果我们更仔细地观察怀特的自由银行立场，我们会发现这正是他想暗示的东西。对自由银行业人士而言，可兑现银行票据和存款从第一次发行的那一刻起，就被认为是处于萌芽状态的不兑现纸币。通过"看不见的手这一过程"，这些以前的信用媒介已经成熟为一种独立的货币，也使得黄金的货币作用被彻底废除。因此，合同规定的暂停硬币支付，以及自由银行声称在实施时将与其客户谈判的期权条款，当它们在实施或即便是广受期待时，都会将"银行货币"（另一个受欢迎的术语）确立为一种独立估价的信用货币。根据怀特和塞尔金的说法，最终，在"成熟的自由银行体系"中，会出现这样一种情况："如果清算所之间的结算完全用其他资产进行……如果公众完全不再持有商品货币，那么，对旧式货币商品的积极需求将完全非货币化，公众可能最终会摆脱黄金的枷锁，享受纯粹由'看不见的手'产生的私有不兑现纸币的优点"。见 Lawrence H.White and George A.Selgin, "The Evolution of a Free Banking System," [1987], in Lawrence H.White, *Competition and Currency: Essays on Free Banking and Money*(New York: New York University Press, 1989), p.235。

误。[1]“部分准备金条件下的信用货币”一词显然是指支票存款;但米塞斯并不认为支票存款就是信用货币。米塞斯将支票存款归类为信用媒介,归类为货币替代品的一个子类。另一方面正如上文所述,信用货币是米塞斯包括不兑现纸币和商品货币在内的三类本位币之一。在《货币与信用理论》一书中,米塞斯将信用货币定义为“对任何自然人或法人具有要求权的货币,[这种货币]不能既要见票即付,又要绝对安全……信用货币……是一种可以用作一般交换媒介的对未来的要求 69
权”。[2]一般而言,信用媒介的发行人在一段确定或不确定的时间内暂停赎回这些媒介,就产生了信用货币。

两者在经济上的本质区别在于,货币替代品的价值是一种完全安全和即时可兑现的货币要求权,这个要求权完全取决于并始终等于它赋予持有人的本位币总额的价值。相比之下,信用货币的价值是通过一个“独立的估价过程”确定的,[3]比如,以金镑计价的英格兰银行票据在 1797 年之前和 1821 年之后的无条件可兑付期间是货币替代品;在 1797 年至 1821 年的暂停铸币兑付期间,英格兰银行票据则作为信用货币流通。正如我们对信用货币的预期那样,纸币英镑的购买力独立于一定量黄金的购买力而波动,这与最初的定义相符合。未来可赎回性的前景和时机对这些波动的影响这一事实向我们表明,目前的不兑现票据是信用而不是不兑现货币。

正确理解信用货币的概念非常重要,因为米塞斯似乎倾向于将历史上多数非流通货币归类为信用而不是不兑现货币。例如,在德国的恶性通货膨胀已成定局之后,米塞斯在 1924 年出版的《货币与信用理论》德文第 2 版中写道:“严格意义上的不兑现货币在理论上是可以想象的,这一点应该没有争议……不兑现货币是否真的存在是另外的问题,而且是一个不能马上给予肯定回答的问题。毫无疑问,大多数非商品货币的货币都必须归类为信用货币。但也只有详细的历史考察才能澄清这件事。”[4]迟至 1966 年,在《人类行为》第 3 版中,米塞斯也没有明确 70
肯定不兑现货币的历史存在,他只是宣称“考察过去是否存在不兑现货币,或者非商品货币的各种货币是否都是信用货币,并不是交易经济学的任务,而是经济史

〔1〕 Edwards, *The Economist of the Country*, p.38.

〔2〕 Mises, *The Theory of Money and Credit*, pp.61—62.

〔3〕〔4〕 Ibid., p.61.

的任务”[1]。

爱德华兹讨论中的遗漏错误，部分原因是他仅仅关注了《货币与信用理论》，最主要的是因为他没有辨识出米塞斯对将储蓄存款纳入其广义货币定义的矛盾态度。一个强有力的例子可以而且已经证明，当代美国经济中的储蓄存款已经被看成是“完全安全且可立即兑现的货币要求权”，并因此按照米塞斯本人的标准，被确定为广义货币的组成部分。[2]

71 早在1924年米塞斯就认识到，体制的发展导致银行“承担了不经通知随时支付活期储蓄存款的义务”，[3]米塞斯认为，这种情况促使某些人，例如“小企业人士和不太富裕的个人”，利用这些存款作为“活期账户”，尽管他们在技术上将其看成是“投资存款”。米塞斯因此暗示，至少有一部分储蓄存款在经济上起到了货币

---

[1] Ludwig von Mises, *Human Action*: *A Treatise on Economics*, 3rd ed. (Chicago: Henry Regnery, 1966), p.429.

[2] 罗斯巴德和萨勒诺提出了这一观点，他们主张将目前经济中所有可使用的美元，即那些可立即获得且没有罚金或资本损失风险的美元，纳入货币供给。见 Murray N. Rothbard, “Austrian Definitions of the Supply of Money,” in *New Directions in Austian Economics*, ed. Louis M.Spadaro(Kansas City: Sheed Andrews and McMeel, 1978); and Joseph T.Salerno, “The ‘True’ Money Supply: A Measure of the Supply of the Medium of Exchange in the U.S.Economy,” *Austrian Economics Newsletter* 6(Spring 1987)(available at http://www.mises.org)[在本书中作为第3章重刊]。As reported by the Federal Reserve Bank of Cleveland *Economic Trends*, July 1992, p.3，影子公开市场委员会成员威廉·普尔(William Poole)已经批准了MZM(即“零期限货币”)货币总量指标，旨在识别和获取可立即获得且没有罚金或资本损失风险的美元，这个指标接近罗斯巴德和萨勒诺提出的TMS(即“真实货币供应量”)的总和。MZM和TMS的主要区别在于，TMS不包括所有货币市场共同基金份额，而MZM包括所有货币市场共同基金份额。两者都包括(除了现金流量表中的项目外)储蓄存款和货币市场存款账户，同时不包括小额定期存款。另外，怀特在《货币定义与识别的主观主义视角》一文中，从一个类似于罗斯巴德和萨勒诺所提出的货币乃交换媒介的米塞斯式定义出发，得出了一个更为狭义的货币供应量的经验度量，其中不包括非支票活期存款，比如存折储蓄账户，其理由是存折本身在支付过程中并不是逐笔传递。伊斯雷尔·M.柯兹纳(Israel M. Kirzner)在对罗斯巴德的评论中提出了与怀特同样的反对意见，反对将非支票活期存款纳入货币供给，然后进一步怀疑任何试图产生未经统计加权的名义货币总量的尝试(伊斯雷尔·柯兹纳，《关于罗斯巴德“奥地利学派货币供给定义”的讨论》，1976年8月在英国温莎城堡举行的奥地利学派经济学研讨会上提交的论文)。具有讽刺意味的是，在20世纪80年代现代货币理论重新引入主流货币经济学之前，柯兹纳对主观论的完全认可应该导致他重新发现并支持除数型的货币总量。对于怀特和柯兹纳基于货币交换媒介的定义将非支票活期存款从货币总量中排除的立场的简要评论，见 Salerno, “The ‘True’ Money Supply,” pp.2—3。

[3] Mises, *Theory of Money and Credit*, p.270.

替代品的作用，因此有理由将其纳入他的广义货币范畴。

20 世纪 20 年代到 30 年代，由于美联储的政策，美国以及整个世界经济中，储蓄存款的数量和经济意义都有了巨大的增长。[1]在 1933 年撰写的一篇重要但未受到重视的文章中，米塞斯将 20 世纪 30 年代早期金融和汇率不稳定的主要原因归咎于将储蓄存款作为货币替代品的普遍做法，银行鼓励并积极寻求发展：

> 接受[储蓄存款]的银行必须把存款借给企业。存款人取回存款的方式，
> 只能采取与银行收回其借出款项相同的方式。由于储蓄存款总额在一国商
> 业中起到的作用，因此不可能全部取走。个人储户可以从银行取回自己的存
> 款，但不是所有储户都能同时拿回自己的存款。……由于储户不需要见票即
> 付或短期通知存款，因此，储蓄银行或接受此类存款的其他银行不必承诺见 72
> 票即付或在短时间内偿还。尽管如此，但他们就是这么做的。所以他们面临
> 恐慌的危险。如果他们接受的存款只是那种有条件的，即必须提前几个月通
> 知提款的储蓄存款，他们就不会冒这种风险了。[2]

米塞斯还证明，20 世纪 30 年代破坏性汇率波动的根本原因，并非通常所说的自发和普遍的“资本外逃”，而是各国央行为确保商业银行承诺的储蓄存款的即时可赎回性而做出的引起通胀和注定要失败的尝试：

> 投资于房地产或工厂厂房，或持有这种性质财产的公司股份的资本无法外逃。但你可以卖掉这些财产，然后带着收益离开这个国家。然而——除非不[原文如此]扩张信贷——否则买家只是替代你。……某些人可能会从一国撤资，但这绝不是大规模移动。只有一个明显的例外，即可以立即或随时从银行提取的储蓄存款。一旦需要立即支取储蓄存款，且发行银行可能通过提前提取这些储蓄来实现立即提款，信贷扩张和通货膨胀就会导致汇率上升[本币贬值]。很明显，不是资本外逃，而是有利于储蓄银行的信贷扩张才是

---

〔1〕见 C.A.Phillips，T.F.McManus，and R.W.Nelson，*Banking and the Business Cycle*：*A Study of the Great Depression in the United States*（New York：Arno Press and *The New York Times*，［1937］1972），pp.29，95—103；and Murray N. Rothbard，*America's Great Depression*，3rd ed.（Kansas City：Sheed & Ward，1975），pp.92—94。

〔2〕Ludwig von Mises，“Senior's Lectures on Monetary Problems，” in idem，*Money*，*Method*，*and the Market Process*：*Essays by Ludwig von Mises*，ed. Richard M.Ebeling（Norwell，Mass.：Kluwer Academic Publishers，［1933］1990），pp.107—108.

> 祸根。……如果中央银行听任[银行]顺其自然，他们的尴尬处境不会对外汇市场产生任何影响。为了偿还一个国家的全部或大部分储蓄存款而增发大
> 73 量钞票，因而造成外汇升值就很容易理解了。危及货币稳定的并不仅仅是资本家想携款外逃，而是扩大货币流通。[1]

尽管米塞斯对储蓄存款逐步转变为事实上的货币替代品的原因和效应进行了卓有成效的、开创性的分析，但在 1966 年《人类行为》第 3 版中，他仍然没有打算将这些存款包括在他的广义货币定义中。在书中，米塞斯[2]将其称为"无支票活期存款"(demand deposits not subject to check)，但随后又反口否认它们是货币替代品。相反，他认为储蓄存款是"次级交换媒介"(secondary media of exchange)中最重要的一类，这类媒介包括具有很高市场价值的金融资产，比如可以使所有者减少现金余额持有的政府债券和蓝筹股等。与货币替代品不同，次级交换媒介"必须首先与货币或货币替代品进行交换，如果有人想以迂回方式使用它们来支付或增加现金持有量的话"[3]。与以往不同的是，米塞斯并没有提到他在 1933 年的一篇文章中已经涉及的一个重要的制度性事实，即储蓄存款不同于股票和债券，股票和债券的货币交换价值随市场力量而波动，储蓄存款则是在市场上"交换"的，在这个市场上，储蓄存款的货币"价格"实际上是固定的(按票面价值计算)，并由中央银行几乎取之不尽、用之不竭的资源提供担保。

2. 回归定理与货币需求

默里·罗斯巴德将回归定理描述为对米塞斯货币理论批评者"能力或理解力的测试"(pons asinorum)，并将其概括为"货币理论的基石"。[4]而且，正如爱德华
74 兹指出的那样，米塞斯自己认为，运用边际分析法整合货币与价值理论是《货币与

---

[1] Ludwig von Mises, "Senior's Lectures on Monetary Problems," in idem, *Money*, *Method*, *and the Market Process*: *Essays by Ludwig von Mises*, ed. Richard M.Ebeling(Norwell, Mass.: Kluwer Academic Publishers, [1933] 1990), pp.108—109.

[2] Ludwig von Mises, *Human Action*: *A Treatise on Economics*, 3rd rev. ed. (Chicago: Henry Regnery Company, 1966), p.460, n.23.

[3] Ibid., p.461.

[4] Murray N.Rothbard, "Timberlake on the Austrian Theory of Money: A Comment," *Review of Austrian Economics* 2(1988): p.179; and Murray N.Rothbard, private correspondence, September 1977.

信用理论》的中心问题，而他的解决方案是《货币与信用理论》最重要的贡献。[1]爱德华兹本着这种精神，称他自己的书中第3章为“或许是研究的核心”，这一章中就包括了对米塞斯回归定理以及货币需求方法的批评者的有力抗辩。[2]

针对唐·帕廷金(Don Patinkin)和后来的劳伦斯·莫斯(Laurence S.Moss)提出的、关于米塞斯将持有货币的边际效用与和它所交换的商品的边际效用相混淆的指控，爱德华兹明确地表明，混淆的是批评者，而且，“米塞斯讨论的整个背景都明确表明了个人和市场将货币作为储存需求的由来”[3]。尽管爱德华兹肯定帕廷金和莫斯“尊重米塞斯的贡献”[4]，但在经济思想史上，人们肯定很难找到使用不太委婉的语句来阐释一位杰出经济学家立场的例子，尤其是当人们考虑到帕廷金在货币理论史上卓越的学术成就之时。

爱德华兹还巧妙地处理了霍华德·S.埃利斯和莫斯等“实际货币余额”理论家对米塞斯所设想的货币需求是对名义货币单位的需求，而不考虑这些单位的购买力或交换价值所提出的荒谬指控。[5]正如爱德华兹所说：“如果一个货币单位有价值，就一个额外的货币收入单位而言，个人可以将现有或未来可获得的额外 75
商品的边际效用，与将这一单位的购买力加上其现金余额的边际效用相比较，而米塞斯所说的通过边际计算确定的正是实际货币余额的大小。个人只需要通过名义货币单位和给定的购买力来表达这种需求。”[6]

事实上，我们可以比爱德华兹走得更远，对于那些坚持认为货币需求必须通过“实际价值计算”和“以货币形式持有的资源”的效用来进行分析的人，我们应该反守为攻。在那本杰出的但未受重视的《货币理论》一书中，阿瑟·W.马吉特不仅对货币需求的现金余额法的发展做了全面的回顾，还针对瓦尔拉斯—庇古—凯恩

〔1〕 Edwards, *The Economist of the Country*, p.49.

〔2〕 Ibid., p.24.

〔3〕 Don Patinkin, *Money, Interest, and Prices: An Integration of Monetary and Value Theory*, 2nd ed. (New York: Harper & Row, 1965), p.79; Laurence S.Moss, "The Monetary Economics of Ludwig von Mises," in idem, *The Economics of Ludwig von Mises: Toward a Critical Appraisal* (New York: New York University Press, 1976), pp.13—49; Edwards, *The Economist of the Country*, p.53.

〔4〕 Edwards, *The Economist of the Country*, p.65, fn.35.

〔5〕 Howard S.Ellis, *German Monetary Theory, 1905—1933* (Cambridge, Mass.: Harvard University Press, 1934), p.163; Moss, "The Monetary Economics of Ludwig von Mises," p.32.

〔6〕 Edwards, *The Economist of the Country*, pp.53—54.

斯的“实际余额”主张,对门格尔—米塞斯—坎南的“货币余额”变体进行了引人注目的辩护。[1]首先,马吉特认为,实际余额法不切实际,因为它基于这样一个假设:现金持有者显然是使用一个指数来“缩减”其货币余额。马吉特认为,“就现实问题而言,真正的问题是,价格变动因素是否会像霍特里(Hawtrey)[和米塞斯]所认为的那样,作为影响‘他以货币单位计算的预期收支’的事项,进入现金余额管理人的‘计算’,或者它是否作为统计学意义上的‘通货紧缩’过程的一部分进入的,这一‘通货紧缩’过程是由现金余额除以价格指数来表示的。问题是……从现实主义的观点看,将现金余额管理人看作是‘将现金与其产品中的等价物相关的任何指数都清楚地反映出来’”[2]是否有帮助。

马吉特对实际余额法的第二个反对意见源于“对以货币形式存在的资源的需求”这一事实,而“货币形式存在的资源”是用来确定价格水平的,为了将一定数量的“货币”转换为“实际价值”,需要赋予“以货币形式存在的资源”一个给定的“实
76 际”价值。[3]然而,按照米塞斯的回归定理,即作为逃避所谓“奥地利学派循环”而发展起来的一种方法,如果没有先前的价格水平(dated price level),这种方法的倡导者本身就会陷入一个逻辑怪圈。最后,马吉特认为,在将货币余额缩减为产品的“实际”等价物时,许多实际余额理论家将“现金余额的效用”等同于“现金余额支出可能购买的商品的效用”。[4]结果是,这些理论家无法解释为什么任何人都应该选择持有现金,而不是其他形式的财富,如果考虑到同等的效用会在不同的选择中产生出差异的话。

爱德华兹成功地反驳了埃利斯和莫斯提出的批评,即米塞斯的货币需求理论产生了一条在名义现金余额空间中被绘制成矩形双曲线的需求曲线。[5]他们指出,这种形式的需求曲线在逻辑上与米塞斯一再坚决否认的观点不一致,即货币存量的增加——即使这种增加是为了按比例增加所有个人现金余额——也会导

---

〔1〕 Arthur W. Marget, *The Theory of Prices: A Re-Examination of the Central Problem of Monetary Theory* (New York: Augustus M. Kelley, [1938—1942] 1966), vol.1, pp.414—483.

〔2〕 Ibid., p.446, fn.88.

〔3〕 Ibid., pp.450—451 n.99.

〔4〕 Ibid., p.451.

〔5〕 Ellis, *German Monetary Theory, 1905—1933*, p.164; Moss, “The Monetary Economics of Ludwig von Mises,” p.32.

致所有价格按比例增加。爱德华兹彻底驳斥了这种批评。他指出，这种批评建立在对米塞斯理论的一种明显错误的解释之上，即“个人对货币单位的估价仅仅是为了保持预先确定和给定的购买力水平，而效用计算并不适用于实际余额水平。从这个角度来看，他们[埃利斯和莫斯]发现他的非相称性论点（non-proportionality argument）自相矛盾。但他们没有想到，他的非相称性论点是反对他们对他的货币需求理论解释的证据”〔1〕。

然而，爱德华兹在指责米塞斯“未能从名义余额的非直角双曲线需求逐步过 77
渡到矩形双曲型市场均衡曲线”时，他自己也犯了错误。〔2〕爱德华兹的批评以赞同米塞斯的观点为开端，即现金余额的等比例增加，也就是说，现金余额增加一倍，即在第一轮超额余额支出之前，一开始并不会导致货币边际效用在个人价值尺度上的成反比变化（减半）。因此，正如爱德华兹所认识到的，米塞斯名义余额“瞬时”需求曲线的全部弹性，可以适当地采用小于、大于或等于一的（绝对）值，从商品和货币的瞬时边际效用表中得出。或者换句话说，货币的瞬时需求曲线只是偶然地描绘出了一条矩形双曲线。〔3〕

但爱德华兹接下来却辩称，米塞斯错在“假设价格不会随 M 成比例上涨。之所以会出现这种情况，是因为随着价格上涨，假使其他情况都相同，实际余额将下降，从而扭转所有初始财富效应，直到在实际余额的初始水平上达到均衡”。在这里，爱德华兹声称，尽管对帕廷金来说，货币“瞬时”需求曲线并非单位弹性，但货币增加所产生的实际平衡效应将启动一个动态调整过程，最终导致总体价格按等比增长。但帕廷金的论证是，通过每个人的现金余额按等比增加而实现的货币增加，会导致所有价格按相同比例上涨，他任意假设从 个瓦尔拉斯均衡点到下一 78

〔1〕 Edwards, *The Economist of the Country*, p.55.

〔2〕 Ibid., p.56.

〔3〕 罗斯巴德对货币需求的分析表明，由于货币需求的“交换”或“收入前”（pre-income）部分，区别于“留存”、“现金余额”或“收入后”（post-income）部分的高度无弹性，货币需求基本上没有弹性。前者表现为原始生产要素、土地和劳动力的服务，以及资本和消费品的现有库存的货币交换，现有库存生产商的储存需求通常高度缺乏弹性。见 Rothbard, *Man, Economy, and State*, vol.1, pp.662—667; vol.2, pp.350—356。赫伯特・J.达文波特（Herbert J.Davenport）也对货币兑换需求的无弹性做了类似解释。*The Economics of Enterprise* [New York: Augustus M. Kelley, [1913] 1968], pp.267—273。达文波特（Ibid., pp.301—303, 316—321）也对作为一种短期投机现象的货币储存需求，提出了令人惊讶的现代叙述，但他并没有将这两个部分整合成一个令人满意的货币需求总体理论。

个均衡点的过渡过程中，真实数据不变，即相对价格和真实财富不变，或者基于他同样的简化假设，“在反复协商过程中物价以均衡的方式上涨”[1]。

相比之下，米塞斯在分析货币现象时一贯采用的时间“递进”法不可避免地导致他否认在任何可以想象的初始情况下，系统的真实数据在非均衡调整或重组过程中都可能保持不变。[2]对米塞斯而言：“这个过程总是非均衡的，是循序渐进的、不成比例的、不对称的。”[3]事实上，即使在最严格和极不现实的假设下，这种新的货币注入经济体系的方式也不会干扰个人之间原有总财富的相对分配，米塞斯同时还严格论证了货币的长期非中性。[4]米塞斯在《人类行为》中的结论是：

> 货币供应量的变化必然会改变由不同个人和公司拥有的可销售商品的处置方式。……如果我们愿意的话，我们可以假设，每一位成员都会在额外资金流入系统的那一刻获得一份，或者在货币数量减少时减少一份。但不管我们假设与否，我们演示的最终结果将保持不变。这一结果将会是，经济体系中货币供应量的变化所带来的价格结构的变化，决不会在同一时间、同一程度上影响各种商品和服务的价格……
>
> 79 旧的货币数量理论与数理经济学家之交换方程的主要缺陷，就是忽略了这一基本问题。*货币供应量的变化也必然带来其他数据的变化*（重点是我加的）。大量货币流入前后的市场体系，不仅仅改变了个人的现金持有量和物价出现了涨跌，各种商品和服务之间的相互交换比率也发生了变化，如果人们想用比喻来说的话，这种变化用“价格革命”来形象地描述，而不是用“价格水平”上升或下降的误导性数字来描述，要更适合一些。[5]

因此，对米塞斯而言，“实际均衡效应”与“分配效应”密不可分。市场调整（正或负）个人对货币过度需求的过程必然会“彻底改变”财富状况和价格结构。即使这些（非零）个人超额需求的总和为零，情况也是如此。米塞斯写道：

---

〔1〕 Patinkin, *Money, Interest, and Prices*, pp.44.关于固定相对价格假设在帕廷金体系中推导货币中性的关键作用，见 Stephen W.Rousseas, *Monetary Theory*, New York: Alfred A.Knopf, 1972), pp.53, 72。

〔2〕 见 Ludwig von Mises, *Notes and Recollections* (South Holland, Ill.: Libertarian Press, 1978), p.59。

〔3〕 Mises, *Human Action*, p.414.

〔4〕 Mises, *Theory of Money and Credit*, pp.141—142.

〔5〕 Mises, *Human Action*, pp.412—413.

> 除了对延期支付的影响外，货币关系的每一个变化都会改变社会成员个人的状况。有的人变得更富，有的人变得更穷。货币供求变化的影响，可能会遇到大体上同一时间和同一程度上发生的相反变化的影响；也有可能这两个相反变化的结果是，价格结构没有出现明显变化。但即便如此，对不同个体状况的影响也并非不存在。货币关系的每一次变化都有其自身的过程，并产生其特定的影响。如果通货膨胀和通货紧缩同时发生，或者通货膨胀之后暂时出现通货紧缩，以致价格最终没有太大变化，但通货膨胀和通货紧缩这两个运动的社会后果不会相互抵消。通货膨胀的社会后果又加上了通货紧缩的社会后果。我们没有理由假设，受到第一个运动偏爱的所有人或者多数人，会在第二个运动那里受到伤害，反之亦然。[1]

爱德华兹还论证，米塞斯的“非相称性论”与米塞斯自己的观点相矛盾，即货 80
币总量的增加将使人类福利保持不变，因为“M 的变化将导致 P 的成比例变化”[2]。爱德华兹在这里暗示，米塞斯通过分析货币数量变化对特定经济体系影响的“过程”，得出了他的观点，即货币作为一种交换媒介，总是对社会提供了全部效用。但对米塞斯来说，关于货币存量增加的福利效应命题，源自对两个不相关经济体系的纯“比较静态”分析，而这两个体系基于相同的实际数据，并假定仅在其名义货币存量的数量上有所不同。爱德华兹引用米塞斯的讨论来支持他的解释，米塞斯在这一点上无疑有些模棱两可，[3]但在同一部著作的其他地方，米塞斯对这两种分析方式做了明确的区分：

> 就使用货币所获得的效用而言，货币总存量和货币单位价值的水平是完全没有关联的问题。社会一直在享有从货币使用中所能获得的最大效用。即使货币单位价值的变动与货币存量的变动不成比例，一个社会能支配一半货币也将产生与货币总存量相等的效用。但必须指出的是，货币数量翻倍并不意味着货币的客观交换价值减半……

如果我们对两个静态经济体系进行比较，其中，除了一个体系的货币数量是另一个体系的两倍之外，这两个体系之间没有任何区别，那么，一个体系中货币单

〔1〕 Mises, *Human Action*, pp.417—418.

〔2〕 Edwards, *The Economist of the Country*, 1985, p.56.

〔3〕 Mises, *The Theory of Money and Credit*, p.85.

位的购买力似乎必须等于另一个体系中货币单位的购买力的一半。但我们不能由此得出这样的结论：货币数量的翻番必然导致货币单位购买力的减半；因为货
81 币数量的每一次变动都会在静态经济体系中引入一个动态因素。波动效应完成时所建立的静态均衡的新位置，并不能与引入额外货币数量之前已存在的位置相同。[1]

在莫斯看来，米塞斯"认为对实际余额的需求是不变的，是由世界现状决定的……（而且）对实际余额的需求没有考虑主观成本和收益"，在反驳莫斯惊人观点的过程中，爱德华兹本人严重误解了米塞斯关于货币需求和利率之间关系的立场。爱德华兹正确地将米塞斯对这一问题的总体态度描述为"基于利率和货币需求具有本质上不同的决定因素的长期利率中性之经典观点"[2]。他接着得出的结论是，米塞斯"一般不认为放弃的利息是持有货币的成本"[3]，这个结论在训诂和逻辑上都是错误的。

米塞斯确定了在决定持有现金余额时可能产生的机会成本的三个基本类别。其中包括"放弃利息"以及放弃"即时消费"和"普通储蓄"，即耐用消费品库存的积累。[4]在边际效用理论对货币购买力的解释中，放弃利息回报是持有货币的潜在"成本"之一，这里具有逻辑隐含性。在这种方法中，将一笔货币配置在现金余额中的机会成本，是放弃这笔货币最有价值的替代用途的边际效用，这种用途可能
82 是也可能不是对有息证券的投资。爱德华兹的断言恰恰相反，[5]我们很容易就从米塞斯在《货币与信用理论》中，就个人如何适应新创造的货币失衡地流入其现金余额的情况分析中推断出这一点：

> 对这些人来说，货币需求与货币存量之间的比例发生了变化；他们有了相对过剩的货币以及相对短缺的其他经济商品。这两种情况的直接后果是，对他们而言，货币单位的边际效用递减。这种情况必然会影响他们在市场上

---

〔1〕 Mises, *The Theory of Money and Credit*, pp.142, 145.

〔2〕 最近的激烈争论证明了这一立场的正确性，见 Hans Hermann Hoppe, "The Theory of Employment, Money, Interest, and the Capitalist Process: The Misesian Case against Keynes," in *Dissent on Keynes: A Critical Appraisal of Keynesian Economics*, ed. Mark Skousen(New York: Praeger, 1992)。

〔3〕 Edwards, *The Economist of the Country*, p.57.

〔4〕 关于普通储蓄区别于资本主义储蓄的性质，见 Mises, *Human Action*, pp.530—531。

〔5〕 Edwards, *The Economist of the Country*, p.57.

的行为。……手头的货币超过了自己认为需要持有货币的量的人，就会到市场上买东西，以便处理掉手中无用的多余的货币。如果他是一名企业家，他有可能会扩大自己的业务。如果他没有这方面的用途，他可以去购买有息证券；或者可以决定去购买消费品。〔1〕

如果我们假设米塞斯例子中的某个人，确实将他增加的新货币配置到了有息证券的购买——假设他对从各种用途获得的效用价值的排名保持不变——那么我们从这次购买可以推断，放弃的这些证券的利息，构成了在把新货币注入他的现金余额之前有等量货币单位的机会成本。

米塞斯在《人类行为》一书中对这一点讲得更为明确，他说：

持有现金要求有牺牲。如果一个人把货币放在口袋里或放在他的银行账户里，他就放弃了他能消费或用于生产的现在商品的取得。在市场经济中，这些牺牲可以通过计算精确地确定。这些牺牲等于他通过投资这笔货币而获得的原始[或纯]利息的数额。如果持有人考虑到这一点，证明他更喜欢 83
持有现金的优势，而不是利益收益的损失。〔2〕

米塞斯不仅将利息视为持有货币的潜在成本，他还认识到，在真正重要的意义上，这是一种货币现象。也就是说，在不存在货币计算的易货经济中，甚至不可能用单一兑换率(a unitary rate)来设想当前和未来商品之间的价值差异。正如米塞斯指出的那样，原因在于："只有在货币经济中，这种价值差异才能得到抽象的理解，并从个别具体经济商品的估价变动中分离出来。在易货经济中，利息现象绝不能脱离对个别商品未来价格变动的评估。"〔3〕

当然，认识到利息是货币交换和计算的结果并只能用货币来表示，而且，作为相互依存的货币价格体系中一个决定因素，利息作为持有货币的机会成本，并不意味着"实际余额是财富和利率的函数"。爱德华兹并没有充分理解这一点，因为他没有意识到米塞斯的方法论途径与爱德华兹本人支持的新古典主义相互决定方法论大相径庭。米塞斯货币理论的分析框架，是市场价格体系的普遍相互关系

〔1〕 Mises, *Theory of Money and Credit*, pp.139, 134—135.

〔2〕 Mises, *Human Action*, p.430.也见 pp.404, 463 类似表述。

〔3〕 Ludwig von Mises, "The Position of Money among Economic Goods," in idem *Money, Method, and the Market Process*, trans. Alfred Zlabinger, ed. Richard M.Ebeling(Norwell, Mass.: Kluwer Academic Publishers, 1990), p.65.

和相互依存关系。在这一框架内,消费品的货币支出存在多种机会,其中,除了持有现金的机会外,这些机会还与投资利息的机会竞争。因此,有人可能会说,假使其他情况相同,利率的下降降低了个人当前消费的成本,比如说吃个苹果的成本。
84 但从这一无懈可击的说法到得出结论,即利率是苹果需求函数的决定因素之一,却是一个逻辑上无法允许的飞跃。

然而,爱德华兹在捍卫米塞斯的回归定理,反对帕廷金并摧毁帕廷金的货币分析循环问题的"瓦尔拉斯解决方案"方面,确实做出了重要贡献。运用同时相互决定论的方法,帕廷金能够从形式上证明,在推导市场需求表或货币的"超额需求函数"时,不需要假定货币的具体先验价值。此外,帕廷金的论证还意味着,如果经济行为人按照米塞斯假设的那样,在第二天根据货币第一天的具体购买力对现金余额进行主观估价,那么结果就不是一个按不同购买力排列的所需货币数量表,而是一个单一的货币需求数量表。因此,帕廷金得出结论,像米塞斯这样在解释货币购买力的决定时存在循环问题的作者,成了"对价格决定理论的基本误解"以及混淆"'需求'和'需求量'"[1]的受害者。

在为米塞斯辩护时,爱德华兹认为,在帕廷金进行"个人实验"之前,即在每个人都能建立自己对商品和(名义)货币余额的无差异曲线图之前,货币本身必须具有效用,因此必须具有已知的和预先存在的购买力,因为无差异曲线的存在本身就意味着,个人能够通过按照边际确定商品数量代替确定货币数量的方法,保持自己一定的效用水平。爱德华兹在这一点上,富有洞察力的论点值得详细征引:

> 请注意生成货币需求曲线的[帕廷金]方法假设无差异曲线存在并且具有正常属性。然而,用现代术语来说,正如当时[循环]辩论各方所承认的那样,问题的全部实质是,准确地说,如果没有某种特定的货币价值,就连这样
> 85 的无差异曲线也不可能存在。考虑一下:商品落在给定截距(资源配置线)的轴上,另一条轴是货币。但只有当货币是一种交换媒介,也就是说,当货币对其他商品具有价值(购买力)时,货币才是货币。然后,货币才可以凭借存储用途被人估价,效用曲线才可以存在。

我们可以把一张带有数字的纸片放在轴上,但如果纸片没有非货币效用,也没有购买力,纸片就没有效用。只有当我们在图上画一条预算约束线,即假定货

---

[1] Patinkin, *Money*, *interest*, *and Prices*, pp.115—116.

币的商品价格时，无差异曲线才存在，而这正是米塞斯的观点。米塞斯认为，由于有了预算约束线，无差异曲线才能存在，因此逻辑上应该是预算约束线优先存在。他对这个图表的解释是，现在使用的预算是昨天的货币兑换价值，而无差异曲线体现的是今天对货币的主观估价。〔1〕

很可能帕廷金认为，米塞斯解释货币需求的时间和因果关系的方法，指的是特定的货币价值，无法在名义货币空间的需求曲线上生成多个点，所以帕廷金会反驳这一批评。爱德华兹对这一异议的回答给我们指明了正确的方向，但并不令人完全满意。爱德华兹试探性地指出，帕廷金的指控“不完全正确”，因为虽然个人对货币的主观估价是参照“货币的某一特定先验价值”形成的，但只产生一个需求量，“这种可能的先验价值是无限的，如果绘制出它们与个体[原文如此]存在的无差异曲线的相切关系，就会得到正常形状的需求函数”〔2〕。

爱德华兹应该指出的一点是：在决定自己现金余额的多少时，市场参与者感兴趣的是货币的未来购买力。在试图预测未来的价格结构（与货币购买力成反比）时，他们采用的是近期的价格，比如说昨天的价格。他们并不是机械地把昨天 86
已实现的价格设计成未来价格，由于昨日经济数据的预期变化，他们只是将其作为评估今天将会出现并占据市场的价格结构的基础。

根据他们对货币的潜在购买力及其今天作为一般交换媒介的预期用途的评价，市场参与者根据自己的主观价值尺度对货币单位进行排序，从而确定了构成今天市场货币需求依据的边际效用。对每个个人来说，随着给定购买力的货币单位连续加入其现金余额，货币的边际效用将会下降。因此，如果其他条件不变，货币总存量的增加将导致单位货币边际效用的下降。商品市场的需求曲线将右移，货币价格将上涨，也就是说，货币购买力将下降。因此，米塞斯分析得出的货币瞬时需求曲线不仅是多重值，而且斜率为负，它与代表当前货币存量的垂直线相交决定了今天的货币购买力。

与帕廷金的断言相反，在米塞斯的分析中，货币需求逻辑上并不局限于单一货币数量，而是取决于特定的实际购买力，但是他绘制了与当前货币购买力的变化成反比的数量表。为了说明这一点，如果我们假设市场参与者基于他们对货币

〔1〕 Edwards, *The Economist of the Country*, pp.59—60.
〔2〕 Ibid., p.66 fn.47.

未来购买力的预测,希望获得和持有的货币总量不足以完全吸收当前的货币存量,就会产生一个涉及商品和服务总货币支出变化的时间过程,即推动价格结构,从而推动货币购买力达到货币存量和货币需求相等水平的"实际余额效应"。从分配效应出发,在调整过程中发生的货币需求量对购买力变化的反作用,将描绘出一段瞬时需求曲线。

87 爱德华兹对米塞斯和帕廷金解决循环问题的方法之间的差异进行了总结,他认为米塞斯的方法有明显的优势,因为米塞斯允许现金余额的实际存量和预期存量与最终恢复平衡的调整过程之间发生可能的失衡。相反,帕廷金提出的瓦尔拉斯解决方案实际上排除了货币失衡的出现和动态调整过程。[1]正如爱德华兹所说:"如果需求函数和超额需求函数是使用给定的偏好和假设的货币替代价值推导出来的,而由市场需求函数和供给函数确定的货币价值同时决定了实际需求量,那么个体总是处于均衡状态。……联立方程组的解只产生均衡值。"[2]

3. 货币调整过程:货币价值的空间均衡与汇率的确定

在第 4 章中,爱德华兹考察了米塞斯对国际货币理论的贡献,在这一漫长过程中,他在很大程度上确立了米塞斯预期的"国际收支调整的现代货币方法(MAIA)的每一个主要因素"。事实上,爱德华兹认为:"公正地将米塞斯视为 20 世纪国际收支调整的现代货币分析法的奠基人,在某种程度上是正确的。"[3]

现代货币分析法的核心命题是,"国际收支和汇率变动本质上是平衡各国货
88 币存量需求和供给的货币现象"[4]。这一方法的支持者将其根源一直追溯到了古典货币理论家的著作,包括大卫·休谟和英国"金条党人"约翰·惠特利(John Wheatley)和大卫·李嘉图。但爱德华兹认为,在他们急切地认可并赞扬古典前辈的货币分析法时,教条主义历史学家对货币分析法的发展做了部分歪曲的描述,这种做法完全无视米塞斯在形成独特的"现代"版货币分析法的重要元素的过程中毋庸置疑的优先地位。

---

〔1〕 Edwards, *The Economist of the Country*, p.60.

〔2〕 Ibid., p.61.

〔3〕 Ibid., p.133.

〔4〕 Ibid., pp.69—70.

正如爱德华兹所指出的，在米塞斯之前，国际收支调整的古典和新古典货币分析法的支持者，包括著名现金余额理论家阿尔弗雷德·马歇尔和克努特·威克塞尔，用货币需求的宏观支出流概念解释了货币商品的国际分布。[1]根据这个概念，考虑到各国人口的支付习惯，每个国家在给定的全球货币存量中的均衡份额，是由其按照外部因素给定的世界价格水平进行交易的相对交易量决定的；或者根据费雪交易方程式，一国的货币需求被认为是对支持总支出流动（$P \times T$）所需的货币支付流动（$M \times V$）的需求。

相反，米塞斯从门格尔（和现代）的概念，即个人必须持有一般交易媒介的概念出发，建立了他对货币在国家间分布的解释。对米塞斯而言，个人对货币和商品的主观价值排名，是全球货币存量在个人现金持有者之间，进而在国家之间分布的最终解释，这个解释没有参考任何空洞的平均数和总量，比如一国的货币流通速度或商业交易总量等。因此，在米塞斯看来，与现代货币体系一样，“国际货币流动（即国际收支中的赤字和盈余）起着平衡存量需求和货币供给的作用”，因
此，假设全球货币存量是固定的，“只有货币需求的变化（导致净超额需求，正或 89
负）才可能产生盈余或赤字”[2]。相反，“如果国际收支状况要求国际货币的流动不受有关方面对货币的任何变动估计的影响（即在存量需求没有变化的情况下），则会引起恢复平衡的行动”[3]。

不幸的是，爱德华兹急于确立米塞斯在国际调整的货币分析法传统中应有的卓越地位，因而掩盖了米塞斯主义和基于理性预期的现代方法之间的几个显著差异，这些差异非常重要，有必要对之做出评论。

爱德华兹[4]指出，米塞斯和货币分析法的现代支持者一样，认为“一价定律”不仅适用于商品，也适用于货币。换言之，在单一货币的情况下，货币单位的购买力在地理上趋于一致。对现代货币分析法的拥护者，比如拉弗和迈尔斯[5]来说，这就意味着，利润最大化假设并不设贸易壁垒，“Ml 商品的价格应该日复一日在

[1] Edwards, *The Economist of the Country*, pp.77—78.

[2] Ibid., p.77.

[3] Ibid., p.76.

[4] Ibid., pp.70—71, 73—74.

[5] Arthur B.Laffer and Marc A.Miles, *International Economics in an Integrated World* (Glenview, Ill.: Scott, Foresman, 1982), p.232.

每一个计价单位中进行充分的套利”。这种对个人商品的瞬时套利概念“可以通过对两国消费品价格的加权平均值，扩展到两国的价格总指数”[1]。

但是，理性预期的瞬时套利概念与米塞斯在分析货币调整过程时所采用的递
进分析法并不一致。正如米塞斯所强调的那样，“递进分析必须考虑到时间的推
90 移”[2]。此外，除了大致的历史估计外，米塞斯[3]批评并有意避免使用价格指
数来衡量货币购买力的变化。[4]因此，当米塞斯说“货币的购买力在任何地方都
一样”[5]的时候，他指的并不是像爱德华兹曾经暗示的那样，[6]一国物价指数
趋于均衡的趋势。对米塞斯来说，货币价值的空间均衡是指以一个货币单位所能
购买的大量可供选择的各种序列商品的均衡。

此外，从米塞斯的角度来看，货币购买力序列的均衡并不必然使得不同地点但完全相同的商品的价格出现均等，更不用说不同国家或地区的任意选择和加权价格指数之间的相等。其原因可以从米塞斯开创性的主观主义洞见中找到，即一件物品在空间中的状况可能会影响其可感知的效用，从而影响其满足人类需求的主观价值。[7]

91 爱德华兹[8]正确地认识到这种观点对于“商品在其所在地作为消费品所具

---

[1] Arthur B.Laffer and Marc A.Miles, *International Economics in an Integrated World* (Glenview, Ill.: Scott, Foresman, 1982), p.232.

[2] Ludwig von Mises, *Notes and Recollections* (South Holland, Ill.: Libertarian Press, 1978a), p.59.

[3] Ludwig von Mises, *The Theory of Money and Credit*, 2nd ed.(Irvington-on-Hudson, N.Y.: Foundation for Economic Education, [1953] 1971), pp.187—94; *Human Action*, pp.219—223.

[4] 即使指数在判断货币购买力的日常变化方面的实用价值也受到严重限制。正如米塞斯所指出的(《人类行为》,第222—223页)，一个精明的家庭主妇对价格变化的了解要比统计平均数所能说明的要多，只要价格变化影响了其日常生活。她很少用计算，不理会质量和数量上的变化，而这些变化是她能够或被允许按计算价格购买的。如果她仅仅以两三种商品的价格作为衡量标准来“衡量”这些变化，以实现个人的增值，那么，她在选择操纵市场数据的方法时，不比那些老练的数学家更少“科学性”而更多专断性。

[5] Mises, *Theory of Money and Credit*, p.176.

[6] Edwards, *The Economist of the Country*, p.77.

[7] 米塞斯独立于纳索·西尼尔(Nassau Senior)得出了这个见解，西尼尔那本包含了这个问题之研究的著作直到1928年才得以出版。关于这一点和西尼尔之贡献的讨论，见 Chi-Yuen Wu, *An Outline of International Price Theories* (London: George Routledge and Sons, 1939), pp.126—128；另见 Marian Bowley, *Nassau Senior and Classical Economics* (New York: Octagon Books), pp.205—208。

[8] Edwards, *The Economist of the Country*, p.74.

有的主观价值，而在其可能运往的地方具有作为生产品的不同主观价值”的情形。生产地的商品，比如巴西的咖啡，在能获得纽约咖啡消费者的（更高）主观价值评价之前，必须与进一步补充的资本货物（即运输工具）相结合，才能被纽约市的咖啡消费者评估为资本货物。爱德华兹[1]还指出，在这方面，米塞斯将货币与非货币商品区分开来，因为就前者而言，货币替代品和清算体系的使用，使其在空间上的地位与经济主体无关。因此，对米塞斯来说，无论货币存量位于统一市场区域内的何处，就所有实际目的而言，它都是一种完全可替代的商品，其在市场参与者之间的转移实际上是无成本的。因此，一价定律完全适用于货币，爱德华兹[2]同意米塞斯的结论："货币的购买力在任何地方都一样，只是各地提供的商品不一样而已。"

爱德华兹为米塞斯辩护，反对埃利斯批评米塞斯只证明了"单位购买力的效用流动"的国际均等，而不是货币购买力本身的国际均等。[3]然而，爱德华兹的辩护本身就建立在未能充分理解米塞斯关于空间因素对（非货币性）商品质量影响的见解的基础上。因此，在回应埃利斯的批评时，爱德华兹[4]支持米塞斯的主张，即货币的客观价值趋于均等，并通过以下例子支持这一立场："考虑在工厂不同方向、不同距离和不同海拔的任何地点销售的一件商品，其运输成本是相同的。很明显，根据米塞斯的假设，尽管这些物质上相同的商品位于不同的地点，但它们 92
在经济上是相同的，价格处于均衡状态就不会有差异。"

爱德华兹的结论与米塞斯关于商品空间质量的概念并不完全一致，因为这一概念不仅包含了消费者所在地和商品所在地之间的纯粹距离，同时也包含了消费者对购买地点或消费地点的积极或消极心理反应。比如，同一品牌的男式衬衫在商场精品店的售价可能会明显高于在市中心服装店的售价，因为在边际上，消费者愿意为在更方便和更舒适的地点购买的商品出更高的价格。或者考虑一下在世贸中心塔楼上的一家餐厅消费的酒精饮料，餐厅可以俯瞰曼哈顿及其周边地区的壮丽景色，这里的价格要比在几个街区外的街面酒吧饮用相同成分的饮料高出很多。当然，我们不指望世贸中心潜在的酒吧客人会因为了解价格差异而对此做出反应，为了占比地面上更高的货币购买力的便宜而抢着上电梯。当然，这并不

[1][2][4]　Edwards, *The Economist of the Country*, p.74.

[3]　Ellis, *German Monetary Theory, 1905—1933*, p.224.

是否认,每当消费者在两个不同的地点,在一种技术上完全相同的可供消费或购买的商品库存之间保持中性的时候,货币购买力的空间均衡就意味着彻底消除了地区间的价格差异。

对埃利斯批评的正确回应是指出,对米塞斯来说,货币购买力的均等是在产生相对价格结构的同一过程中完成的。这一过程的最终结果是一种状态,在这种状态下,除非数据发生进一步变化,否则任何两个市场参与者之间不可能通过进一步交换而实现互惠互利,因为对所有拥有这些商品和货币的人来说,这些物品和货币同等单位的序数价值排名是相同的。这种状态也反映了任何两个地点之间货币客观交换价值的绝对均等,因为这就意味着,技术上相同的商品价格之间
93 的地区间差异,不会超过其消费中心和生产中心之间的运输成本(来自运输时间),更广泛地说,无论在实际上是否无法区分,任何个人都不能通过减少他在一个地点的可用商品的支出并代之以另一个地点提供的商品的支出,从交换过程中取得更理想的结果。因此,与埃利斯相反,只有在所有市场参与者的个人价值尺度上也存在商品和货币的共同效用排名时,或者不甚准确地说,当“单位购买力的效用”相等时,货币客观价值的空间均衡才能存在。

更详细地分析导致货币购买力空间均衡趋势的市场调整过程具有一定的指导意义,因为它阐明了米塞斯坚持反对维塞尔的原因,即在基本经济数据不断波动的情况下,这种趋势迅速而强烈地再次出现。[1]或者更笼统地说,这也解释了为什么货币均衡的建立比实体经济的最终均衡位置的建立要快得多。这一分析也使我们能够回答这样一个问题,即米塞斯[2]不时发表的大意为“货币购买力在任何地方都一样”的绝对说法,是否仅仅为了引起争论,或者代表了米塞斯认为的与经济中每时每刻的实际最接近的情况,就像我们所说的小麦或石油的“市场价格”。

米塞斯对市场过程的分析建立在一个无可争辩的前提之上,因为这个过程构成的个体买方和卖方的行为在空间上是扩散的,具有预测、学习和适应人类生活特征不断变化的各种能力,所以这个过程有一个不可避免的空间和时间维

〔1〕 Mises, *Theory of Money and Credit*, pp.173—175.

〔2〕 Ibid., pp.201, 210.

度。[1]在每一时刻，单一市场过程都会产生由消费者价格评估（包括对休闲和当 94
前与未来商品的估价）和企业价格评估（与各种订单的当前商品存量相互作用）决定的货币价格结构。因这些主观估价和评估而发生的交换产生了这样一种情况，在这种情况下，没有人认为他可以通过按现行价格进行进一步交换来改善自己的处境，因为他可能提供的任何商品的边际效用都超过了他将得到的商品的边际效用。因此，在经济体系中的每一个市场上，情况都与庞巴维克著名的马市结束时的情况一样。[2]正如庞巴维克[3]所说的“瞬间均衡”，或者米塞斯[4]所说的“一般静止状态”（PSR），只有在每个市场的边际对偶（marginal pairs）的普遍估值保持不变的情况下才会持续。但这些估值必然会发生变化，因为在许多情况下，它们是基于对市场机会的不准确预测和不完整信息制定的。其结果是，我们观察到的实际市场价格在两个相关但逻辑上不同的意义上总是处于不平衡状态。首先，一系列已实现的价格体现了商品和货币交换价值的地区差异，无论是在货币方面还是在强化消费者剩余方面，这个差异都为套利利润提供了机会。[5]其次，对许多交换的商品而言，市场出清价格超过或低于包括时间偏好的利息回报在内的各自的货币生产成本，从而产生企业纯利润或企业亏损。

在分析第一类不平衡的调整时，我们必须从资本家—企业家根据自己纯粹的盈亏经验而做出的不可避免会出现变化的生产决策中抽象出来。适用于我们目的的现成的分析设计是威克斯蒂德的乡村水果市场，在这个市场中，各种（易 95
腐）商品的库存和消费者的估价在满足买方需求过程的“市场交易日”期间是固定的。这个市场在两种意义上被认为是“不完美的”。第一，买卖双方在空间上受到限制，因此，买卖双方任何一个群体都不会在所有地点或“摊位”即时、全面地了解当前交易价格。第二，买卖双方都不完全了解威克斯蒂德所说的任何商品的“理想市场”或“均衡”价格，这种价格一旦确定，在市场交易日的剩余时间

〔1〕 Mises, *Human Action*, p.328.

〔2〕 Böhm-Bawerk, *Capital and Interest*, pp.217—230.

〔3〕 Ibid., p.231.

〔4〕 Mises, *Human Action*, p.244.

〔5〕 我用“消费者剩余”这个词来表示商品与其货币购买价格在价值排序上的序数差。这也是米塞斯在《人类行为》第 388 页使用这个词的涵义。

内不会发生变化。[1]

由于缺乏对市场现状和未来状况的了解，为市场交易日第一组交易确定的成交价格，必然导致以货币购买力的空间平等为特征的一般静止状态：同一种商品在不同的摊位具有相同的价格，每个买主都会在不同地点的不同商品之间分配他的收入，因此在现行价格条件下，他的支出空间格局不会因其“总效用”的增加或其购买的商品集合总额的效用排名而改变。在卖家的库存完全耗尽和市场接近尾声之前，这种完全相同的“威克斯蒂德静止状态”（WSR）[2]将会不停地被扰
96 乱，然后随着每一个完全知情的新买家群体的到来并以当时的均衡价格进行交易，威克斯蒂德静止状态又会重新建立。

但在威克斯蒂德的乡村水果市场中，市场参与者不可避免的时空约束阻止了最初的定价过程并最终形成威克斯蒂德静止状态。买卖双方都意识到了自己的信息和远见的不足，因此双方都根据实际市场价格过程中的投机预期来安排交易的时间模式。寻求心理套利利润的买家把时间花在比较购物上，在猜测另一个地点能否用相同的货币支出获取更贵重的商品，或者用较低价格获取同样商品的同时，也放弃了在一个提供消费者剩余的地点的购买行为。卖家可能会对自己的商品实施投机性储备需求。因此，由于无知和投机性错误，在市场交易日早期任何时刻出现的实际市场价格将偏离均衡价格。在早期以“虚假”价格成功进行每一组交易的一般静止状态期间，市场参与者开始发现货币购买力的空间不平等，并利用这些机会套利获利（为了便于分析，我们假设，正如威克斯蒂德所做的那样，以虚假价格交易不会改变市场需求的结构）。他们对市场的经验随着时间的推

---

〔1〕 关于乡村水果市场的经典讨论，见 Philip H.Wicksteed，*The Common Sense of Political Economy and Selected Papers and Reviews on Economic Theory*，ed. Lionel Robbins，2 vols.（New York：Augustus M. Kelley，[1932] 1967）vol.1，pp.219—228。对纯交换经济的一个较好的分析，也可以在 Kirzner（Ibid；1963，pp.105—135）中找到。然而，与威克斯蒂德的方法论侧重于完全生产和交换经济中孤立的“市场交易日”不同，柯兹纳（Ibid，p.106）的分析是从一个“假想经济”开始的，在这个“假想经济”中，他假设“不可能有生产”（no production is possible）；所有商品都是通过自然禀赋无成本获得。不幸的是，柯兹纳的方法论架构不如威克斯蒂德，因为它把人们的注意力从至关重要的一点转移开了，即这一分析同样适用于持续高成本生产的现实世界经济，因为市场的定价过程总是以已经生产的、因此是固定的或在给定时刻处于库存的商品库存为基础。

〔2〕 虽然这种完全套利的、但不是最终静止状态的建构隐含在米塞斯的货币理论中，但他从未像对待一般静止状态那样正式进行过分析。

移，在一天天增长，买卖双方也在不断修改他们的交易计划。这些计划反映了更为准确和完整的信息，并最终产生出一组均衡价格。接下来的暂时平静期或者威克斯蒂德静止状态的一组交易描述了这样的情况：货币购买力的空间差异已经完全消除，所有商品的价格都被充分套利。在市场交易日剩下的时间里，连续发生的每笔交易都是按均衡价格进行的，因此在下一组买家进场之前，都会产生短暂的威克斯蒂德静止状态。

通过对给定的消费价值尺度以及商品和货币的固定存量假设，威克斯蒂德的分析能够使我们将企业家的活动和生产的复杂现象与套利现象分别开来。其分 97
析还特别显示出，货币购买力序列的确定是一种纯粹的交换现象：既然每个人都是货币的“交易商”，而货币总是“在库存中”，那么，我们可以对货币和商品的实际交换做出完全充分的解释，而不必提及生产问题。同样，由于在任何时候进行的交易都完全由现有商品存量和当时的主观估价决定，庞巴维克和威克斯蒂德对个别非货币性商品实际瞬时市场价格的解释，完全正确地从生产现象中抽象了出来。正如庞巴维克所述：“我确实相信，我们在这里找到了一种最简单、最自然、实际上也是设想交换和价格的最有效方式。我把定价过程称为社会上所有估价的结果。我不是把它当作比喻，而是当作现实生活。”〔1〕而且，正如米塞斯本人所强调的那样：“一般静止状态概念中所蕴含的定理无一例外对所有的交易活动都有效……一般静止状态概念不是一种假想的构造，而是对每个市场上再三发生之现象的充分描述。”〔2〕

也许，马吉特对瞬时静止状态的分析及其与货币分析的相关性分析，是最有力的辩护。按照马吉特〔3〕的说法：

> 任何价格理论（间接交换理论）的最终目标，就像经济学中解释经济现实的任何部分的最终目标一样，都是解释为什么**已实现**的价格才是真实的价格。包括在一般价值理论[直接交换理论]的“**事前**”一览表中的价格有“报价”“预期”价格和“均衡”价格（均衡概念的多数意义上），或者，除了**已实现**的价格之外，任何一种价格只有在它们有助于解释市场上实际实现的价格是什 98

〔1〕 Böhm-Bawerk, *Capital and Interest*, p.229.

〔2〕 Mises, *Human Action*, p.245.

〔3〕 Marget, *Theory of Prices*, vol.2, pp.22, 240.

> 么的情况下,才能被引入争论……
>
> 在一个充分发展的货币经济中,一个已实现的价格代表了一件商品的货币流通量。而“以货币换物品的货币流通”(passage of money for articles sold for money)正是构成货币与价格理论的那些方面的主题,这一主题解释了为什么一种特定商品或一组商品的货币“流”规模,在某一时间相对较大而在另一时间相对较小……

然而,它也构成了“一般”价值论这一部分的主题,这部分价值理论建立在这样一个命题之上:任何已实现的价格都是市场需求曲线和市场供给曲线在价格实现时的状态和位置的结果。

或者,正如马吉特总结的那样:“我们最终必须解释的价格是在钟表上的特定时刻‘实现’的价格,[以及]与确定这些‘已实现’价格直接相关的唯一供需计划,是‘实现’价格时的市场需求和供给计划。”[1]马吉特所说的“已实现”价格可被定性为“均衡”价格的唯一意义是:“在所有情况下,市场上实现的给定数量的商品之需求价格和供给价格相等。”[2]

至于其变化解释了“已实现货币价格变化”的“市场”需求曲线,马吉特[3]则视之为其形状和位置受套利机会的预测误差和不完全知识影响的瞬时静止曲线。因此,每一条曲线代表了某一特定商品的潜在购买者在决定以某一特定价格购买或不购买该商品时,他们的“一组‘计划’。[以及]这些计划本身可能在购买或不
99 购买的连续已实现决定之间发生变化,但这一事实并不能进一步改变这样一个事实,即我们可以假定实际购买本身是基于计算,其结果体现在‘计划’中,其结果是,如果价格处于一个水平,则决定购买一个给定的量;如果价格处于另一个水平,则决定购买另一个给定的量”[4]。

类似地,马吉特[5]将与市场需求曲线相互作用并产生出已实现价格的“市场”供给曲线,解释为瞬时威克斯蒂德“储备价格曲线”,储备价格曲线与总需求曲

---

〔1〕 Marget, *Theory of Prices*, vol.2, pp.239—240.

〔2〕 Ibid., p.253.

〔3〕 Ibid., p.176.

〔4〕 Ibid., p.177.

〔5〕 Ibid., pp.255—256, 553—556.

线是反向关系，代表了卖方对现有商品库存的储备需求。正如马吉特[1]所指出的，卖方储备价格的概念体现了对预期因素的认识，以及对“供给量”和“生产量”之间最重要的区别的认识，当我们“计算在给定历史（“钟表时间”）时期内实现的价格和销售额时”，这一点非常必要。

马吉特将分析意义赋予瞬时静止（非平衡）状态，不是为了贬低均衡分析的有用性，也不意味着人们对随着时间推移而展开的市场调整过程缺乏兴趣。恰恰相反，正是由于市场过程中的经验结果与预期结果不一致，促使参与者在市场过程中的每一个后续间歇期修改其预期和计划，从而促成另一轮已实现的交易。假设基础数据不变，威克斯蒂德—米塞斯—马吉特方法给出了一个具有连贯性的解释，说明随着信息越来越完整和推测越来越准确，一般静止状态如何一个接一个地成功，直到由充分套利的静止状态（或威克斯蒂德静止状态）表示的中间均衡状态出现为止。因此，正如马吉特[2]所说：

> 如果不使用[瞬时]市场需求和供给曲线……就不可能解释(1)为什么在 100
> 可能的“事前”价格范围内，在给定的市场情况下只有一个是“已实现”价格；或者(2)如何通过连续实现的市场交易来实现经销商和消费者的目标（如果它们真的实现了的话），即使他们的这些目标是短期目标。如果没有“均衡”价格的概念，即使是在短至“马歇尔市场交易日”那样的时间内，在很多情况下都不可能理解这些目标是什么，因此，为什么连续的市场供需表显示了它们的变化方向和类型，从而导致了连续市场交易中实际登记的连续已实现价格。

这里应该补充一点，马吉特的经销商—消费者市场中隐含的“短期”均衡是威克斯蒂德静止状态，正如我在前面所说，一般静止状态适合于分析货币购买力序列的调整中所涉及的短期套利过程和非生产性投机活动。我们不应将威克斯蒂德静止状态与米塞斯[3]所称的“最终静止状态”（WSR）概念相混淆，最终静止状态是对经济状态的一种假构，即当价格和生产完全并最终调整到包括货币数量变化在内的既定的经济数据时的经济状态。任何关于最终静止状态的经济分析方

〔1〕 Marget, *Theory of Prices*, vol.2, pp.554, 556.

〔2〕 Ibid., pp.235, 236.

〔3〕 Mises, *Human Action*, pp.246—247.

法都必定提到资本家—企业家或“推动者”的具体作用，他们通过在耗费时间的资本主义生产过程中分配生产要素来积极谋取利润，在威克斯蒂德静止状态的纯交换分析中，人们就像处理固定库存商品一样忽略了这一作用。正如马吉特教导我们的那样，对最终静止状态时间路径的分析还必须参考瞬时出现的连续的已实现价格结构，随着生产中发生的均衡变化不断改变商品的可用库存和商品的边际效用，直到生产经过充分调整出现“最终”价格结构为止。

101 在追查货币数量变化的后果时，我们阐述了最终静止状态假想结构在货币理论化中的作用及其与一般静止状态和威克斯蒂德静止状态概念的关系。为了全面分析这一调整过程，我们必须从其他所有外部变化和调整过程中完全抽象出来，因此我们必须从最终静止状态开始分析，在最终静止状态中，不仅现金余额和货币价值的分配，还有相对价格和生产都已根据现有的经济数据进行了充分调整。随着新增货币的最初接受者突然发现他们的现金余额超出了他们的需要，所以货币总量的意外增加将扰乱现在的最终静止状态。在第二个市场交易日，他们开始根据新增货币单位和商品的主观边际效用排名，增加对各种商品和服务的需求，以便排出多余的货币余额。如果我们坚持我们的假设，即套利过程在威克斯蒂德市场交易日期间自行完成，那么当天的最后一组交易将产生充分套利的货币购买力。这一购买力不仅会低于前一个交易日结束时的水平，还会体现出一种不同的相对价格结构，这一相对价格结构反映出货币非中性导致的相对需求格局的改变，在某种程度上，这种没有预料到的情况会导致企业的盈利和亏损。

因此，虽然货币的购买力在空间上是均衡的，但远没有第一个市场交易日结束时的那种完全均衡。新增货币的第二批接受者——货币膨胀导致对其产品和服务之需求出现增长的卖家——也试图摆脱多余的现金余额，随着他们自己对商品需求的增加，第二天他们又回到了市场，这就带来了价格结构的另一场革命，而一个新的威克斯蒂德静止状态也在这一天结束时出现。接下来的每一个市场交易日都将迎来一个修改后的商品需求结构，都将在一个以货币购买力改变为特征的威克斯蒂德静止状态中结束，直到所有的价格和收入都或多或少地受到新货币
102 注入的影响。然而如上所述，货币调整过程的连续性所带来的收入和财富的永久性再分配，构成了米塞斯[1]所称的货币“驱动力”，这一驱动力将导致消费品相对

〔1〕 Mises, *Human Action*, pp.416—419.

需求结构的永久性改变，以及个人时间、流动性和休闲偏好结构的永久性改变。即使新注入的货币已经渗透到整个经济中，并在价格普遍但并非均衡的上涨中耗尽了它的驱动力，调整过程也不会完成，因为资本家—企业家需要更多的时间，才能使“实体”经济的生产过程和资本结构完全适应由货币引起的消费需求和时间偏好等方面的变化。只有在生产完全适应之后，货币调整过程才会结束，货币的“最终”价格结构和购买力才会显现。

因此，米塞斯对货币调整过程的分析依赖于某些静止或均衡的概念。一般静止状态解释了任何时刻都嵌入在“已实现价格”结构中的货币购买力。威克斯蒂德静止状态是一个想象的结构，它有助于分离和阐明套利和投机的力量，这些力量不断推动市场在每种商品的单一价格（考虑到空间质量的差异）和地理上统一的货币价值的迅速趋同。虽然整体经济不太可能处于充分套利状态，但从历史的角度来看，我们可以得出这样的结论：套利过程相对较快，尤其是在存在职业套利者和商品投机者、有组织的商品和零售市场、先进的通信和运输以及消费者广而告之的情况下。因此，货币购买力的空间均衡不是等待整个货币调整过程达到高潮（这可能需要数年的时间），而是在货币调整过程的每一个阶段都表现出来的一种强大的趋势。对米塞斯[1]而言，这种趋势不仅是“从价格理论的原理”中推断 103
出来的，而且是“在市场上一天一天清楚地显示出来的”。因此，这是一种历史判断，而不是论战。这一判断促使米塞斯宣称：“在一个单一的市场区域的所有部分，货币和具有完全相似结构的经济商品之间的交换率……在任何时候都是相等的。”[2]事实上，威克斯蒂德[3]也得出了类似的结论，他指出：“这种理想的均衡状态（即威克斯蒂德均衡状态）永远不存在；但互惠互利的意识却在不断地接近这种状态。”

但正如我在上文所述，由于货币数据的变化必然会改变相对收入和财富状况，从而导致相对价格的变化，所以如果不考虑最终静止状态，就无法完全解释货币调整过程。这些由货币驱动的相对价格结构的变化，解释了在未完成的调整过程中的任意时点建立一般静止状态的交易中实现的损失和收益。盈亏的出现促

---

〔1〕 Mises, *Theory of Money and Credit*, p.174.

〔2〕 Ibid., p.176.

〔3〕 Wicksteed, *The Common Sense of Political Economy*, vol.1, p.144.

使企业家们立即开始修改购买、销售和生产决策，从而推动经济通过一系列瞬时静止状态，走向充分调整和零利润的最终静止状态。与威克斯蒂德静止状态在地理上统一的货币价值不同，威克斯蒂德静止状态在任何历史时间点的货币价值都非常接近实际的市场条件，但经济中的最终静止状态总是遥不可及。最终静止状态只是指出了历史的市场过程在任何时刻的运动方向。正如米塞斯所说："最终静止状态永远不会实现。因为新的干扰因素在实现之前就会出现……市场每时每刻都在趋向于最终静止状态。以后的每一个新的时刻都会创造出新的事实来改变这种最终静止状态。"[1]

除了对国际调整过程的这种开创性分析和在单一货币条件下对一价定律的
104 阐述之外，米塞斯还率先在20世纪早期复兴了购买力平价（PPP）汇率理论，并提出了现在被称为"资产市场"的关于预期对汇率形成的影响的观点，国际调整的货币分析法（MAIA）的两个关键要素适用于独立但共存的货币。

爱德华兹[2]指出，在米塞斯重新发现购买力平价理论四年之前，卡塞尔就在他的众多出版物中发表了他的第一种说法[3]。不幸的是，爱德华兹没有意识到卡塞尔理论公式和米塞斯理论公式的根本区别，这一点对于解释为什么米塞斯在卡塞尔和几乎其他所有经济学家放弃这个理论，转而使用经过实证检验的"相对"理论很久之后，仍然严格地坚持"绝对"购买力平价理论至关重要。他也没有提到这样一个事实，即米塞斯从来没有将这个理论限制在经济受到"真正冲击"、因此假设相对价格不变的情况，从而削弱了这一理论的解释意义，但卡塞尔显然是这样做的。[4]

对米塞斯而言，两种货币的均衡汇率，或者他最初称之为"静态"汇率，后来称之为"最终"汇率的汇率，正好等于两种货币购买力之比的倒数。此外，在米塞斯的理论中，货币A相对于货币B的总购买力的给定贬值，会以完全相同的比例影

---

〔1〕 Mises, *Human Action*, p.245.

〔2〕 Edwards, *The Economist of the Country*, p.73.

〔3〕 据奥菲瑟"卡塞尔绝对购买力平价与相对购买力平价理论之间的关系"第251页脚注1所述，卡塞尔在25本英语出版物中，至少拿出了一部分致力于阐述PPP理论。奥菲瑟（Officer, Ibid., p.252）还说，卡塞尔声称他在1904年就认识到了这一理论的要点，并早在1905年就把PPP理论的主要思想纳入了他的课堂教学之中。

〔4〕 Lawrence H.Officer, "The Relationship between the Absolute and the Relative PPP Theory of Cassel," *History of Political Economy* 14(Summer): p.254.

响货币B相对于货币A的最终价格的增长，尽管相对价格的永久性变化总是由贬值过程产生的。

米塞斯和卡塞尔之间的差异，最终源于米塞斯在分析时认识到了在古典货币分析中有一种长期保持的人为的东西，即平行本位（parallel standard），也就是说， 105
在国内交易只使用一种货币而在国外使用另一种货币的情况下，两种不同的货币在国内同时流通使用。米塞斯[1]认为，尽管“主流观点”将这两件事情分开处理，“但就确定两种货币的兑换率而言，它们之间没有理论上的区别”。如果金本位国家和银本位国家之间存在经济关系，“从经济角度来看，每个地区都必定将两种金属视为货币”[2]。此外，根据米塞斯[3]的说法，无论贸易商在进行国际贸易时是同时使用两种货币还是单独使用“外国”货币，“唯一重要的一点是，国际贸易关系的存在造成的后果是，每个有关地区的货币也是其他所有地区的货币”。

罗宾斯勋爵是少数几位赞赏米塞斯在这方面理论突破的经济学家之一，[4]他写道：“正如冯·米塞斯多年前指出的那样，外汇理论可以简单地看作是平行本位理论的一个特例。”[5]

尽管米塞斯的见解简单而有说服力，但对分析汇率决定具有革命性的意义。最重要的是，两种不同国家货币之间的汇率，不再像卡塞尔那样，[6]由“两国物价总水平的商数”来决定。每个国家的价格水平都包括纯粹的国内商品，比如房屋和理发等，这些国家的空间质量因素使其价格在地区间，更进一步地说，在 106
国际上不具可比性，因为不再有理由区分国际“可贸易”商品和国内生产和消费的“非贸易”商品，所以一国的价格水平与这个问题完全无关。与国内并存的平行货币一样，每一种空间上不同的商品，都体现在两个国家不同货币的购买力序列中。

因此，米塞斯一派的汇率理论家才会拒绝接受现代宏观经济学家如杰弗里·

---

[1] Mises, *Theory of Money and Credit*, p.179.

[2][3] Ibid., p.180.

[4] Lionel Robbins, *Money*, *Trade and International Relations* (New York: St. Martin's Press, 1971), p.22.

[5] 罗斯巴德（*Man*, *Economy and State*, p.725）在汇率理论方面也遵循了米塞斯的方法。

[6] Quoted in Officer "The Relationship Between the Absolute and the Relative PPP Theory of Cassel," p.252.

萨克斯(Jeffrey D.Sachs)和菲利佩·拉雷恩(Felipe B.Larrain)[1]的主张，即非贸易品的存在“影响到经济的每一个重要特征，从价格决定到产出结构，再到宏观经济政策的影响[以及]削弱购买力平价的情况”。事实上，所有商品都可以在国际上进行交易，即使许多商品是“不可移动的”或“不可运输的”。当然，从20世纪80年代的汇率波动中吸取的教训之一是，当美元贬值使美国房地产和消费服务足够便宜时，外国投机者和游客就可以购买。对米塞斯一派的经济学者来说，在考虑质量的空间维度时，由于空间位置固定的商品的存在而给PPP理论带来的显而易见的问题，很容易就能解决。

举个例子，如果美元和英镑的最终汇率或购买力平价是二比一，那么位于伦敦的房屋的英镑价格必然正好是这所房屋的美元价格的一半。当然，由于消费者认为这两个城市作为住宅区的质量存在差异，位于曼哈顿的同一栋房屋的最终美元价格(英镑)，可能是伦敦以美元(英镑)表示的相同房屋的3倍。因此，为了保持购买力平价，在不同地点提供的技术相同但不可移动的商品，不一定要用相同的货币保持相同的价格，只需同一地点不可移动商品的两种不同货币的价格之
107 比，等于这两种货币的汇率的倒数就行。如果某一特定商品的货币价格比率偏离现行汇率，则尚未达到最终静止状态，以相对高估的货币出售商品，并购买被低估的货币，再用这个货币回购原有商品，都存在盈利机会。这些套利操作将推动汇率和货币购买力比率朝着相互最终调整的方向发展。[2]

另一个显著区别开米塞斯提出的购买力平价理论和卡塞尔理论的特征是，汇率是否仅仅是一种货币现象，或者非货币数据的变化是否能够导致均衡汇率永久偏离保持两种货币之间严格购买力平价的汇率的问题。如上所述，卡塞尔本人，特别是在他后来的著作中，似乎暗示了可以称之为“包容性”的汇率决定方法，即一种将非货币因素作为汇率共同决定因素的方法。[3]

---

[1] Jeffrey D.Sachs and Felipe B.Larrain, *Macroeconomics in the Global Economy*(Englewood Cliffs, N.J.: Prentice-Hall, 1993), pp.657—658.

[2] 罗斯巴德对此套利过程给出了很好的解释，见 *Man*, *Economy and State*, pp.725—726。

[3] Officer(“The Purchasing-Power Parity Theory of Exchange Rates,” *IMF Staff Papers* 23, no.1: p.9) has argued this, while Paul Samuelson (“Theoretical Notes on Trade Problems,” in *Collected Scientific Papers of Paul A. Samuelson*, ed. Joseph E.Stiglitz(Cambridge, Mass.: M.I.T. Press), vol.2, pp.821—830) has denied it. For a brief description of this “milder approach,” see Anne O.Krueger (*Exchange-Rate Determination*, New York: Cambridge University Press, 1983, p.68).

最近，国际调整的货币分析法(MAIA)的拥护者因写出了汇率决定模型而受到了尖锐的批评，这个模型体现了卡塞尔一派的绝对购买力平价理论，并且排除了对汇率形成产生影响的任何实际因素。比如托马斯・M.汉弗莱(Thomas M. Humphrey)〔1〕就认为："货币分析法的主要缺点是，忽略了实际相对价格变化对
汇率的影响。特别是，它忽略了实际贸易条件(即进出口相对价格)和内部相对价 108
格(即出口商品和国内非贸易商品的相对价格)变化的影响……在偏好、技术和市场结构方面的结构性变化……通过实际相对价格运行……需要汇率的实际均衡变化，从而产生与购买力平价的系统性差异。"

不管这种根据一国相对物价水平对购买力平价理论的批评是否有效，这一批评与在单一市场区域共存的不同货币之相对购买力有关的理论没有任何关系。米塞斯的购买力平价理论在其绝对和唯一的货币阐述中依然保持不变。

为了说明这一点，让我们考虑一个由垄断引起的美国进口石油价格相对于美国出口小麦价格上涨的案例。在其他因素均保持不变的条件下，即在货币数据(不太可能)没有任何诱发变化的情况下，根据"贸易条件"，美元对沙特里亚尔不会出现长期贬值，其原因是，这两种货币对石油的购买力都同等下降，假设在全球需求曲线的相关部分，石油需求缺乏弹性，那么，两种货币对小麦的购买力同样增加。当然，这并不是否认汇率的短期和自反性波动(self-reversing)可能伴随着市场对相对价格变动的调整。因此，美国消费者最初可能会通过增加石油支出来应对油价上涨，而不会相应减少小麦支出，从而使他们的现金余额暂时减少。〔2〕这

---

〔1〕 Thomas M.Humphrey, "Dennis H.Robertson and the Monetary Approach to Exchange Rates," in idem *Essays on Inflation*, 4th ed.(Richmond, Va.: Federal Reserve Bank of Richmond, [1980] 1983), pp.195, 200.

〔2〕 作为米塞斯货币理论和商业周期理论的早期代表，哈耶克(*Monetary Nationalism and International Stability*, p.18)讨论了现金余额作为缓冲手段的作用，因而使市场参与者可以缓和并延迟以及适应因货币收入的变动对实际收入的影响。最近，在有关货币需求的"缓冲"或"减震"方法的文献中，现金余额的这一功能被重新发现。比如，可见 Vesa Kannianinen and Juha Tarkka, "The Demand for Money: Micro-foundations for the Shock-Absorption Approach," Department of Economics, University of Helsinki Working Paper No.210, 1984; Anthonie Knoester, "Theoretical Principles of the Buffer Mechanism, Monetary Quasi-Equilibrium and Its Spillover Effects," Inomic for Economic Research Discussion Paper Series No.7908/G/M. Rotterdam, Netherlands: Erasmus University, n.d.; and David Laidler, "The Buffer Stock Notion in Monetary Economics," *Economic Journal*, Supplement 1984(*The Economic Journal* 94, Supplement: Conference Papers(1984): pp.17—34)。

109 将导致美国居民对相对于实际收入缩水的产出的“过度吸收”,从而造成外汇市场对里亚尔的过度需求,因而需要暂时提高汇率并让美元贬值。因此,汇率变动将有助于消除产出市场的超额需求,调整贸易条件,防止过度吸收,保持国际收支平衡,但只有在美国居民支出调整之前,现金余额才能恢复到以前的均衡水平,而汇率回落到购买力平价不变的水平。

此外,其他因素不太可能保持不变;特别是,我们可以预期,由于美国企业家和劳工与沙特同行重新分配收入和财富,导致对这两种货币的相对需求发生变化,并导致美元长期贬值。但是,这是对美元的现金余额需求相对下降,因此对里亚尔的购买力下降,而不是美国贸易条件恶化的结果,这也是最终汇率变化的直接原因。

作为预期影响汇率的现代解释的先驱,米塞斯的地位是我们应该关注的问题。现代所谓的“资产市场观点”将外汇市场视为有效资产市场,在这种市场中,现行价格和汇率会迅速调整,以适应对各种货币相对购买力未来发展的不断变化的预期。国际调整的货币分析法中有志复兴这一观点的现代学者,一般都将其起源归功于卡塞尔、凯恩斯和丹尼斯·罗伯逊等学者,以及包括瓦尔特·欧肯(Walter Eucken)、弗里茨·马赫卢普(Fritz Machlup)和梅尔基奥尔·帕伊(Melchior Palyi)在内的德语学者。[1]

110 这些20世纪20年代的经济学家,在试图解释他们在德国恶性通货膨胀末期观察到的通货膨胀率与汇率贬值之间的显著差异时,得出了这一观点。虽然米塞斯被公认为资产市场观点的先驱,甚至“或许是这一观点最有力的支持者”[2],但爱德华兹[3]发现了米塞斯在1912年(即德国战时通货膨胀爆发前两年)出版的《货币与信用理论》德文第1版中提出的一个深奥的观点。令人惊讶的是,虽然米塞斯在时间上比其他资产市场观点的阐述者享有优势,但与20世纪20年代的那

〔1〕 Mordechai E.Kreinin and Lawrence H.Officer, *The Monetary Approach to the Balance of Payment: A Survey* (Princeton: Princeton University Press, 1978), pp. 28—31; Humphrey, "Dennis H. Robertson and the Monetary Approach to Exchange Rates," in *Essays on Inflation*, idem 4th ed. (Richmond, Va.: Federal Rserve Bank of Richmond, [1980] 1983); Edwards, *The Economist of the Country*, p.79.

〔2〕 Humphrey, "Dennis H.Robertson and the Monetary Approach to Exchange Rates," p.192.

〔3〕 Edwards, *The Economist of the Country*, pp.80—81.

些学者相比，他也有明显的劣势，因为他缺乏可以指导他研究的恶性通货膨胀的亲身体验。

在重新评估米塞斯货币理论的主要内容时，有一件事情显得特别突出。米塞斯煞费苦心地把他的货币理论建立在价值和价格理论的基础上。但是，米塞斯在进行货币分析时所依据的价值理论概念，并不是来自瓦尔拉斯、帕雷托或者马歇尔，而是来自门格尔、庞巴维克和威克斯蒂德。这一事实在很大程度上解释了米塞斯的货币理论在主流货币经济学家中普遍缺乏理解的原因。它对那些试图向更广泛的受众展示米塞斯分析方法的人来说，是一个额外的负担，但也为新古典主义经济学家提供了一个机会，使他们了解传统的价值和价格理论中还有另外一种并非毫无关联的成果。

参考文献

Böhm-Bawerk, Eugen von. 1959. *Capital and Interest*. Vol.1: *The Positive Theory of Capital*. George D.Huncke, trans. South Holland, Ill.: Libertarian Press.

Bowley, Marian. [1937] 1967. *Nassau Senior and Classical Economics*. New York: Octagon Books.

Cannan, Edwin. 1929. *Money: Its Connexion with Rising and Falling Prices*, 6th ed. Westmin- 111
ster, England: P.S.King & Son.

Cowan, Tyler and Randy Kroszner. 1987. "The Development of the New Monetary Economics." *Journal of Political Economy* 95, no.3: pp.567—590.

Davenport, Herbert J. [1913] 1968. *The Economics of Enterprise*. New York: Augustus M. Kelley.

Edwards, James Rolph. 1985. *The Economist of the Country: Ludwig von Mises in the History of Monetary Thought*. New York: Carlton Press.

Ellis, Howard S. 1934. *German Monetary Theory 1905—1933*. Cambridge, Mass.: Harvard University Press.

Federal Reserve Bank of Cleveland. 1992. *Economic Trends*(July).

Fisher, Irving. [1913] 1985. *The Purchasing Power of Money: Its Determination and Relation to Credit, Interest and Prices*, 2nd ed. Fairfield, N.J.: Augustus M.Kelley.

Friedman, Milton. 1992. *Money Mischief: Episodes in Monetary History*. New York: Harcourt

Brace Jovanovich.

Greenfield, Robert L., and Leland B.Yeager. 1983. "A Laissez-Faire Approach to Monetary Stability." *Journal of Money, Credit, and Banking* 15(August): pp.301—315.

Gregory, T.E. 1927. "Professor Cannan and Contemporary Monetary Theory." In *London Essays in Economics: In Honor of Edwin Cannan*, T.E.Gregory and Hugh Dalton, eds., pp.31—65. London: George Routledge and Sons.

Hayek, F.A.[1937] 1971. *Monetary Nationalism and International Stability*. New York: Augustus M.Kelley.

High, Jack and Howard Bloch. 1989. "On the History of Ordinal Utility Theory: 1890—1932." *History of Political Economy* 21 no.2: pp.351—365.

Hoppe, Hans-Hermann. 1992. "The Theory of Employment, Money, Interest, and the Capitalist Process: The Misesian Case against Keynes." In *Dissent on Keynes: A Critical Appraisal of Keynesian Economics*, Mark Skousen, ed. New York: Praeger.

____. and Robert E.Keleher. 1982. *The Monetary Approach to the Balance of Payments, Exchange Rates, and World Inflation*. New York: Praeger.

Humphrey, Thomas M. [1980] 1983. "Dennis H. Robertson and the Monetary Approach to Exchange Rates." In idem, *Essays on Inflation*, 4th ed. Richmond, Va.: Federal Reserve Bank of Richmond.

Kannianinen, Vesa, and Juha Tarkka. 1984. "The Demand for Money: Micro-foundations for the Shock-Absorption Approach." Department of Economics. University of Helsinki Working Paper No.210.

Kirzner, Israel M. [1963] 1976. *Market Theory and the Price System*. Princeton: D.Van Nostrand. 1976.

____. Discussion of M.Rothbard, "Austrian Definitions of the Money Supply". Presented at a Symposium on Austrian Economics. Windsor Castle, England. Unpub. Manuscript.

112 Knoester, Anthonie. N.D. "Theoretical Principles of the Buffer Mechanism, Monetary Quasi-Equilibrium and Its Spillover Effects." Institute for Economic Research Discussion Paper Series No.7908/G/M. Rotterdam, Netherlands: Erasmus University.

Kreinin, Mordechai E., and Lawrence H.Officer. 1978. *The Monetary Approach to the Balance of Payments: A Survey*. Princeton Studies in International Finance No. 43. Princeton: Princeton University Press.

Krueger, Anne O. 1983. *Exchange-Rate Determination*. New York: Cambridge University Press.

Laffer, Arthur B., and Marc A.Miles. 1982. *International Economics in an Integrated World*. Glenview, Ill.: Scott, Foresman.

Laidler, David. 1984. "The Buffer Stock Notion in Monetary Economics." *Economic Journal*, Supplement 1984: pp.17—33.

Marget, Arthur W. [1938—1942] 1966. *The Theory of Prices: A Re-Examination of the Central Problem of Monetary Theory*, 2 vols. New York: Augustus M.Kelley.

Mises, Ludwig von. 1966. *Human Action: A Treatise on Economics*, 3rd ed. Chicago: Henry Regnery.

____. [1953] 1971. *The Theory of Money and Credit*, 2nd ed. Irvington-on-Hudson, N.Y.: Foundation for Economic Education.

____. 1978a. *Notes and Recollections*. South Holland, Ill.: Libertarian Press.

____. 1978b. *On the Manipulation of Money and Credit*, Percy L.Greaves, ed., Bettina Bien Greaves, trans. Dobbs Ferry, N.Y.: Free Market Books.

____. [1919] 1983. *Nation, State, and Economy: Contributions to the Politics and History of Our Time*, Leland B.Yeager, trans. New York: New York University Press.

____. [1933] 1990. "Senior's Lectures on Monetary Problems." In idem, *Money, Method, and the Market Process*, Richard M.Ebeling, ed., pp.104—109. Norwell, Mass.: Kluwer Academic Publishers.

____. 1990a. *Economic Freedom and Intervention: An Anthology of Articles and Essays*, Bettina Bien Greaves, ed. Irvington-on-Hudson, N.Y.: Foundation for Economic Education.

____. 1990b. "The Position of Money among Economic Goods." In idem, *Money, Method, and the Market Process*, Alfred Zlabinger, trans., Richard M. Ebeling, ed., pp.55—68. Norwell, Mass.: Kluwer Academic Publishers.

____. 1990c. *Economic Calculation in the Socialist Commonwealth*. Auburn, Ala.: Ludwig von Mises Institute.

Moss, Laurence S. 1976. "the Monetary Economics of Ludwig von Mises." In idem, *The Economics of Ludwig von Mises: Toward a Critical Appraisal*, pp.13—49. New York: New York University Press.

Officer, Lawrence H. 1976. "The Purchasing-Power Parity Theory of Exchange Rates: A Review Article." *IMF Staff Papers* 23, no.1: pp.1—60.

____. 1982. "The Relationship between the Absolute and the Relative PPP Theory of Cassel." *History of Political Economy* 14(Summer): pp.251—255.

113 Patinkin, Don. 1965. *Money, Interest, and Prices: An Integration of Monetary and Value Theory*, 2nd ed. New York: Harper & Row.

Phillips, C.A., T.F.McManus, and R.W. Nelson. [1937] 1972. *Banking and the Business Cycle: A Study of the Great Depression in the United States*. New York: Arno Press.

____. 1986. Review of *The Gold Standard: An Austrian Perspective*, Llewellyn H.Rockwell, Jr., ed. *Cato Policy Report* 8(November/December): pp.14—15.

Robbins, Lionel. 1971. *Money, Trade and International Relations*. New York: St. Martin's Press.

Rothbard, Murray N. [1962] 1970. *Man, Economy, and State: A Treatise on Economic Principles*, 2 vols. Los Angeles: Nash.

____. 1975.*America's Great Depression*, 3rd ed. Kansas City: Sheed & Ward.

____. 1977. Private Correspondence(September).

____. 1978. "Austrian Definitions of the Supply of Money." In *New Directions in Austrian Economics*, Louis M.Spadaro, ed. Kansas City: Sheed Andrews and McMeel.

____. 1988. "Timberlake on the Austrian Theory of Money: A Comment." *Review of Austrian Economics* 2: pp.179—187.

____. 1991. "The End of Socialism and the Calculation Debate Revisited." *Review of Austrian Economics* 5, no.2: pp.51—76.

____. 1992a. "Aurophobia: or, Free Banking on What Standard?" *Review of Austrian Economics* 6, no.1: pp.97—108.

____. 1992b. "The Case for a Genuine Gold Dollar." In *The Gold Standard: Perspectives in the Austrian School*, Llewellyn H.Rockwell, Jr., ed., pp.1—17. Auburn, Ala.: Ludwig von Mises Institute.

Rousseas, Stephen W. 1972. *Monetary Theory*. New York: Alfred A. Knopf.

Sachs, Jeffrey D., and Felipe B.Larrain. 1993. *Macroeconomics in the Global Economy*. Englewood Cliffs, N.J.: Prenctice-Hall.

Salerno, Joseph T. 1982. *The Gold Standard: An Analysis of Some Recent Proposals*. Cato Institute Policy Analysis(September 9). Washington, D.C.: Cato Institute.

Salerno, Joseph T. 1987. "The 'True' Money Supply: A Measure of the Supply of the Medium of Exchange in the U.S.Economy." *Austrian Economics Newsletter* 6(September): pp.1—6.

Salerno, Joseph T. 1990a. "Ludwig von Mises as Social Rationalist." *Review of Austrian Economics* 4: pp.26—54.

Salerno, Joseph T. 1990b. "Postscript: Why a Socialist Economy Is 'Impossible.'" In Ludwig von Mises, *Economic Calculation in the Socialist Commonwealth*, pp.51—71. Auburn, Ala.: Ludwig von Mises Institute.

Samuelson, Paul A. 1966. "Theoretical Notes on Trade Problems." In *Collected Scientific Papers of Paul A. Samuelson*, vol.2, Joseph E. Stiglitz, ed., pp.821—830. Cambridge, Mass.: M. I.T. Press.

Timberlake, Richard H. 1991. *Gold, Greenbacks, and the Constitution*. Berryville, Va.: George Edward Durrell Foundation.

White, Lawrence H.[1986] 1989. "Subjectivist Perspective on the Definition and Identification 114
of Money." In idem, *Competition and Currency: Essays on Free Banking and Money*, pp.203—217. New York: New York University Press.

White, Lawrence H., and George A. Selgin.[1987] 1989. "The Evolution of a Free Banking System." In *Competition and Currency: Essays on Free Banking and Money*, Lawrence H. White, ed., pp.218—242. New York: New York University Press.

Wicksteed, Philip H.[1932] 1967. *The Common Sense of Political Economy and Selected Papers and Reviews on Economic Theory*, 2 vols., Lionel Robbins, ed. New York: Augustus M.Kelley.

Wu, Chi-Yuen. 1939. *An Outline of International Price Theories*. London: George Routledge and Sons.

第3章

“实际”货币供给：对美国经济中交换媒介供给的度量* 115

“实际”货币供给（TMS）是罗斯巴德教授和笔者[1]提出的一个显然不甚完美的尝试，旨在提供一种与货币作为社会一般交换媒介的理论定义相一致的货币统计指标。[2]

在经济和商业预测以及应用经济学和历史研究中所使用的美国货币存量的 116
衡量标准之所以存在缺陷，是因为它们没有建立在关于货币本质的明确和连贯的

---

* From: “The ‘True’ Money Supply: A Measure of the Supply of the Medium of Exchange in the U.S.Economy,” *Austrian Economics Newsletter* 6(Spring 1987): pp.1—6.

〔1〕罗斯巴德教授为这项统计提出的理论框架见于：Murray N.Rothbard, *America's Great Depression* (Princeton, N.J.: Van Nostrand, 1963), pp.83—86; idem, “Austrian Definitions of the Supply of Money,” in Louis M. Spadaro, ed., *New Directions in Austrian Economics* (Kansas City: Sheed Andrews and McMeel, 1978), pp.143—156; and idem, *The Mystery of Banking* (New York: Richardson and Snyder, 1983), pp.254—262。

〔2〕近期的一个贡献是，强调了应该将交换的普遍可接受性作为货币定义的特征，见：Lawrence H. White, “A Subjectivist Perspective on the Definition and Identification of Money,” in Israel M. Kirzner, ed., *Subjectivism, Intelligibility and Economic Understanding: Essays in Honor of Ludwig M. Lachmann on His Eightieth Birthday* (London: Macmillan, 1986), pp.301—314; Dale K.Osborne, “What Is Money Today?” *Federal Reserve Bank of Dallas Economic Review* (January 1985), pp.1—15; idem, “Ten Approaches to the Definition of Money,” *Federal Reserve Bank of Dallas Economic Review* (March 1984), pp.1—23; Leland Yeager, “What Are Banks?” *Atlantic Economic Journal* 6(December 1978): 1—14. Also see the classic article, Leland Yeager, “The Medium of Exchange,” in R.W.Clower, ed., *Monetary Theory: Selected Readings* (Baltimore: Penguin Books, 1970), pp.37—60。

理论概念之上。鉴于货币在现代市场经济中的普遍作用,现有的货币供给措施往往会阻碍而不是促进对经济事件的理解。例如,美联储计算出的每一个我们熟悉的M,并不包括根据我们的定义可以识别为货币的某些项目,但包括了缺乏一般交换媒介基本属性的其他项目。

作为一般交换媒介,货币是一种在交换中被市场参与者普遍接受的商品;或者换句话说,它是一种在市场上被用来交换所有其他商品的商品。这一事实的一个重要涵义是,*在所有的交易中,货币都是最终的支付手段*,这是对一件东西是否可以算作货币的一个重要的实证检验。比如,信用卡就不能算作实际货币供给(TMS)的一部分,因为在使用信用卡购买商品时,并没有最终清偿当前这笔交易产生的债务。相反,它引发了涉及当前和未来货币支付的第二笔信贷交易。因此,信用卡的发行人或贷款人,现在有义务代表持卡人或借款人,立即向商品的卖方支付款项。后者(持卡人)则有义务在月底或更晚日期以货币形式向发行人偿还贷款,届时交易才算最终完成。[1]

117 如果是纸币,比如现在的美元,还有第二种检验方法可以用来确定某个具体东西是否应该计入货币供给的统计之中。与市场上生产的任何商品(包括实物货币)不同,实物货币的数量最终取决于供求关系,[2]政府不兑现货币(但不包括其购买力)的数量在任何时候都完全取决于商品供给方(即政府中央银行)的决定,而不考虑需求方的欲望和行为。事实上,所有市场参与者都习惯性地接受货币作为最终支付手段,这意味着,无论公众对不兑现货币的现有需求如何,不兑现货币实际上都可以被借出并投入使用。例如,如果美联储发行了额外数量的钞票,并由政府用于各种商品和服务,将在经济中暂时创造出过剩的货币供给。最初接受新货币的人只需增加自己的商品支出,就能迅速处理掉多余的现金;那些在第二轮或者稍后的消费中收到了新货币的人,也会迫不及待地这样做,这一过程抬高了商品的价格,降低了美元的购买力,并因此增加了每个人期望持有的美元数量,以满足预期中的未来付款或用于其他目的。总之,任何过剩的不兑现货币供给都

---

〔1〕 有关信用卡的类似观点,见 Paul A.Meyer, *Monetary Economics and Financial Markets*(Homewood, Ill.: Richard D. Irwin, 1982), p.34; and White, "Definition and Identification of Money," pp.310—311。

〔2〕 关于纯实物货币的这一性质,见 Milton Friedman, "Commodity-Reserve Currency," in idem, *Essays in Positive Economics*(Chicago: University of Chicago Press, 1953), pp.206—210。

不会消失，但却像“烫手山芋”(hot potato)一样在整个经济中消费再消费并不断地传递，直到过剩的货币最终完全被由此产生的一般价格上涨和期望的美元持有量所吸收。〔1〕这一标准适用于解决将活期存款和货币市场存款账户(MMDAs)纳入实际货币供给但不包括活期货币市场共同基金(MMMF)股票的明显不一致性。

在下文中，我将简单解释将各种不同要素包括在实际货币供给中，或者排除
在实际货币供给外的原因。为了简化解释，我将围绕美联储对货币供给和流动资 118
产总额的几个定义进行解释。

1. M1 的组成部分

非银行公众手中的货币被计入实际货币供给(即不包括美国财政部、美联储和商业银行金库持有的货币)，是因为它是美国经济中普遍接受的交换媒介的具体体现。各种美元面额的美联储票据(以及美国财政部发行的代币和纸币)，是美国货币体系的“本位币”或终极“现金”，并于 1933 年取代了黄金的职能，至少对美国公民来说是这样。

商业银行的活期存款或支票账户和其他支票存款，比如在储蓄和贷款协会持有的可转让提款指令(NOW)账户，由于它们是存款人或存款人指定的第三方要求按票面价值赎回的标准货币的债权，因此被纳入实际货币供给。尽管这些存款只有少量现金或美联储可立即兑现的储备存款作为担保，但有两个因素有效地保证了它们的即时面值赎回。首先是法律上为某家银行或储蓄机构的每位储户提供高达 10 万美元之损失保险的联邦存款保险机构，但在实际上，这家机构通常通过资助一家陷入困境的机构与一家健康的机构合并，几乎总是保证了所有存款的
全部价值。〔2〕第二，也更重要的是，美联储在其作为“最后贷款人”职能的广泛宣 119

〔1〕 关于“货币供给创造了自身需求”这一独特过程的描述，见 Yeager：“The Medium of Exchange,” pp.42—43; and idem, “What Are Banks?” pp.6—7。

〔2〕 正如一位前联邦存款保险公司主席最近所写：“形势再次转向 100%保护储户和债权人。尽管国会在 1950 年法案中明确表示，联邦存款保险公司并非为所有银行的所有存款提供保险，但在国会逐步将保险金额增加到 10 万美元之后的几年里，再加上监管者还设计了一些解决方案，(转下页)

传中表示，只要印刷出所需数量的美联储票据并将其借给那些无法偿还债务的银行或储蓄机构，就可以随时抵御银行业的恐慌。[1]基于这些原因，联邦保险银行和储蓄机构的支票存款作为以美元兑美元的美联储票据的完美替代品，很容易为人们所接受。[2]

相反，美国运通（American Express）等非银行金融机构签发的旅行支票，并不包括在实际货币供给范围内，因为这种旅行支票既不是无风险即期付现，也不是交易中的最终支付手段。从经济学角度看，旅行支票代表的是发行公司投资组合的信贷债权。从美国运通购买旅行支票实际上涉及买方对美国运通的
120 "通知"贷款，美国运通则保证在未来某个不确定的日期偿还给买方或指定的第三方。同时，这类贷款的大部分收益由美国运通自己投资于计息资产，小部分则以活期存款的形式持有，以满足其旅行支票负债"到期"时的预期付款。作为对已放弃的利息（和小额费用）的交换，买方可以使用另一种支付系统，该系统避免了与携带现金支付相关的损失风险，也避免了从遥远的银行开出个人支票支付时的潜在延误或不接受风险。但旅行支票本身并不是交易的最

（接上页）所以在多数情况下，即使没有保险的人也能得到保护"。见 Irvine H.Sprague, *Bailout: An Insider's Account of Bank Failures and Rescues* [New York: Basic Books, 1986], p.32。此外，在最近几次银行倒闭中蒙受损失的未投保存款人主要是"大额定期存款"类别的存款持有人，由于以下原因，这些存款不包括在实际货币供给中。联邦存款保险公司最近试图通过让小银行（但不是大银行）的大额定期存款的无保险持有人不受保护，来加强银行业的市场纪律，但似乎收效甚微。关于这一点，见 R.Alton Gilbert, "Recent Changes in Handling Bank Failures and Their Effects on the Banking Industry", Federal Reserve Bank of St. Louis *Review* 67(June/July 1985): pp.21—28。

〔1〕奥斯本（Osborne）拒绝将包括活期存款在内的"交易余额"纳入他对美国货币供给的统计定义，因为据称，这些余额不能以任何可以想象的支付方式同时使用，所以奥斯本忽略了制度上的考虑。与奥斯本的观点相反，正是因为作为最后贷款人，美联储有权随意创造基础货币，并行使这一权力，以防止部分准备金银行制度的大规模崩溃，所以如今美国的活期存款确实是"同步支付的手段"。由于奥斯本忽略了这一重要的制度因素，在货币存量的实证识别中严格应用了沙克尔的"同时性"标准，使得他只能将货币基础，即美国的货币，作为"普遍可接受的交换手段"。见 Osborne, "What Is Money Today?" pp.3—5。

〔2〕正如巴格（Barger）观察到的："……银行存款是货币——转移存款的支票不是。银行存款总是可以接受的：支票或许不能接受，因为有时候支票竟是空头支票。如果你的债权人拒绝接受你的支票，那毫无疑问，因为他不相信自己有权获得这笔银行存款。"Harold Barger, *Money, Banking and Public Policy*, 2nd ed. [Chicago: Rand McNally, 1968], pp.16—17.这一点非常显而易见，但怀特因为重视"普通银行支票"有限的"承兑范围"，因而似乎忽略了这一点（White, "Definition and Identification of Money," p.305）。

终支付手段;[1]在交易中拿到旅行支票的卖家,通常很快或者定期向银行提交旅行支票的最终付款申请,并因此获得现金或贷记其活期存款账户贷方,最终支付的金额将借记美国运通的活期存款账户。此外,在出现极不可能发生、但迫使发行公司进行机构清算的财务困境的情况下,旅行支票流通股的持有人在经济和法律上将与任何无力偿债的商业公司的债务人处于同一条船上,都不具有由联邦存款保险公司提供、并享有最后贷款人特权的同等金额偿还债务的政治保证。

2. 不包括在 M1 中的 M2 部分

储蓄存款与活期存款无论是放在商业银行还是在储蓄机构,从经济学上看并没有区别,因此都被纳入了实际货币供给。在相同条件下,活期存款和储蓄存款都有联邦保险,所以,两者都代表了对一般交换媒介的即时可兑现的票面价值要求。关于储蓄存款中的美元债权通常不在交易中流通的反对意见[2](尽管随时 121
可以从存款中支取保付支票或银行本票,而且在交换中肯定是普遍可以接受的),虽然对某些分析目的来说并非不重要,但这里并不是重点。基本的经济学看法是,储蓄账户中积累的部分或全部美元,可由储户以现金形式按需有效提取。[3]此外,储蓄存款在任何时候都可以金额对等地转入[4]比如活期存款,或者可转让

[1] 迈耶(Meyer)仅仅因为非银行旅行支票是“支付手段”,就把旅行支票看作货币供给的一个部分,这一点是有矛盾的。但正如迈耶在讨论信用卡时所认识到的,一个物品在大多数交易中能够作为一种支付手段而被视为货币是不够的;用他的话来说,它还必须起到“消除双方义务”的作用,也就是说,值得对作为最终支付手段的货币进行分类。见迈耶,*Money Economics*, pp.33—34。

[2] 比如怀特认为,由于定期存款不能直接转让,因此,它们不是交换媒介,更不是普遍接受的媒介(White, “Definition and Identification of Money,” p.310)。耶格尔认为,非银行金融中介机构的负债,例如储蓄和贷款协会的存款,不是货币,因为它们不能用于“日常交换”(Yeager, “The Medium of Exchange,” pp.40—46, 53—56)。

[3] 正如罗斯巴德有针对性地指出的那样,30 天通知(提取储蓄存款)只是一纸空文;实际上从来没有强制执行过,如果真的执行过的话,银行将迅速遭受毁灭性的挤兑。每个人的行为都好像他的定期存款可按需赎回,而银行支付存款的方式与赎回活期存款的方式相同。个人取款的必要性只是一个技术性的问题;到银行提取现金花费的时间可能比用支票支付长一点,但过程的本质是一样的。在这两种情况下,银行存款都是货币支付的来源(Rothbard, *America's Great Depression*, p.84)。

[4] 今天,许多机构允许通过电话进行这种转移。有意思的是,MQ 度量的“交易资产”的加权总和,包括了“电话转账在内的储蓄存款”,但不包括常规储蓄存款。见 Dallas S. Batten and Daniel L. Thornton, “Are Weighted Monetary Aggregates Better Than Simple-Sum M1?” Federal Reserve Bank of St. Louis *Review* 67(June/July 1985): pp.29—40。

提款指令账户等“交易”账户。[1]

122 德国著名银行家兼经济学家梅尔基奥尔·帕伊(Melchior Palyi)令人信服地阐述了将储蓄存款纳入一般交易媒介存量的常识性理由:

> 在他们心目中,货币是人们认为立即或很快就能使用的购买力。人们的“流动性”状况和财务配置,不受法律细节和技术细节的影响。一种存款和另一种存款同样好,只要它能按照虚拟面值迅速兑换成法定货币,并在清偿债务时被人接受。对商品和服务的总需求不受购买力在不同资金池之间分配的影响。只要从一个资金池到另一个资金池的自由转移得到保证,存款在功能或价值上就不会有差别……

困惑的根源是对储蓄存款和储蓄的识别。前者的“储蓄”并不比存入支票账户的货币或存放在储备中的货币多,也不比后者少。在这三种情况下,有人(暂时)克制消费;在这三种情况下,资金构成了实际购买力。在这种背景下,购买力最初是如何产生的:比如从金矿中挖出来的、由政府机构“印制”的,或者由银行贷款创造出的,已经没有区别。事实上,储蓄银行和贷款协会的做法与商业银行的做法完全一样:它们建立了基于部分准备金的信贷结构。[2]

银行隔夜回购协议(简称“RPs”)是20世纪70年代中期设计的一种规避法律禁止活期存款支付利息的手段。它们本质上是由商业银行的商业公司持有的计
123 息活期存款,因此也被纳入了实际货币供给。实际上,回购协议是指一家公司向一家由政府证券作担保的银行贷款。银行向公司“出售”政府证券,并同意在次日

---

〔1〕 在一个不幸被忽视的早期文献中,林霖基于货币、活期存款和储蓄存款在现代银行体系中的“互换性”,清楚地认识到了它们在经济上的等价性。因此,林霖说,“支付手段”一词只描述了货币涵义的一个阶段。它只表明货币是以什么形式“花出去”的,而没有表示出以什么形式“存下来”的。在现代银行和货币体系中,货币可以以一种形式存下来,也可以以另一种形式花出去。为了保持平价,无论是银行还是国家发行的所有形式的货币都必须是可互换的,所以这样做不仅可能,而且一直这样做到了今天(1937)……无论以何种形式保存和使用的货币都必须具有普遍可接受性和自由互换性。根据这些标准,由于所有其他信贷工具通常不具有普遍可接受性,且不能自由交换,所以都会被自动淘汰。在不改变货币供应总量的情况下,财政部发行的货币(Treasury currency)、银行票据、定期存款和活期存款……不断地进行着等额交换(Lin Lin, “Are Time Deposits Money?” *American Economic Review* 27 [March 1937]: p.85)。

关于承认定期存款货币功能的一个最早的暗示,见 Frank A. Fetter, *Economics*, vol.2: *Modern Economic Problems*, 2nd ed. (New York: Century, 1923), pp.102—103。

〔2〕 Melchior Palyi. *An Inflation Primer*(Chicago: Henry Regnery, 1961), pp.137—138.

以略高的价格,即偿还贷款加上利息来“回购”这些证券。在最初购买或贷款的时候,银行借记公司的活期存款余额,并按贷款金额贷记其 RP 账户。第二天,银行倒转程序,偿还贷款本金加上利息,并将超过前一天借方的金额记入公司活期存款的贷方。由于贷款每天到期,该公司几乎可以立即获得存在银行的全部美元。[1]

隔夜欧元计入实际货币供给的原因与隔夜回购协议相同:基本上是一种允许美国银行支付商业活期存款利息,并因此事实上可以按需赎回的会计假设(accounting fiction)。就隔夜欧元而言,美国银行在加勒比海分行的有息账户中存款,美国的利率规定在该银行不具有法律效力。存入的美元加上赚取的利息,每日都记入分行在总行的活期存款账户。[2]

结合活期存款和储蓄存款为一体的货币市场存款账户,也被认为是实际货币供给的一部分。联邦政府为货币市场存款账户(MMDAs)中每个存款为 10 万美元的账户提供保险,[3]货币市场存款账户不仅具有有限的支票权限,还可以根据储户的需求按票面价值兑现。

虽然货币市场共同基金(MMMF)股份账户乍一看很像货币市场存款账户,但它们显然不包括在实际货币供给中,因为它们既不能按现金的票面价值即时赎回,也不是最终支付方式。这就需要对货币市场共同基金的性质进行扼要的解释。[4]

每一份货币市场共同基金份额都代表了对管理投资组合中包含短期金融资 124
产(如高级商业票据、大额存单和美国国债)在内的按比例份额的债权。虽然份额的价值名义上通常固定为每个基金单位一美元,但投资者拥有的份额总数(从红利再投资中提取)根据影响基金投资组合整体价值的市场情况波动。[5]在极端情

〔1〕 有关隔夜回购协议的讨论,见 Meyer, *Monetary Economics*, p.28。

〔2〕 关于隔夜欧元,Ibid., pp.28—29。

〔3〕 自本文撰写以来,联邦保险限额有所增加。

〔4〕 以下三段文字经过一些修改,摘自 Joseph T.Salerno, “What Investors and Depositors Should Know about Banks and the Financial Services Revolution,” *Jerome Smith's Investment Perspectives* 2 (June 1984): pp.3—4. A more detailed analysis of the nature of MMMFs and of their relationship to the supply of and demand for money under the gold standard may be found in Joseph T.Salerno, “Gold Standards: True and False,” *The Cato Journal* 3(Spring 1983): pp.255—258[在本书中作为第 13 章重刊]。

〔5〕 关于货币市场基金的类似描述,见 Meyer, *Monetary Economics*, p.29; and White, “Definition and Identification of Money,” p.310。

况下，比如短期利率飙升，或是基金大量投资其票据的公司破产，基金的投资者很可能会遭受资本损失，具体表现为他们持有的固定价值份额数量实际减少。与活期存款或货币市场存款账户开出的支票不同，货币市场共同基金汇票不只是直接将当前债权转移到货币上，而是向基金管理人发出双重命令，要求其出售股东持有的特定部分资产，然后将货币收益转移给支票上指定的第三方。[1]请注意，付款过程通常采用贷记其活期存款的形式，这个过程直到收款人收到钱才最终完成。[2]

另一个区分支票式货币市场共同基金与活期存款和货币市场存款账户的特
125 点是，前者不能在公众持有此类资产的意愿所设定的限度之外进行永久性扩张。如果出现基金份额供应过剩的情况，其结果不会是由于人们试图通过增加支出来摆脱过剩美元而导致的价格普遍上涨。[3]由于基金投资者直接将货币市场基金兑换成了货币，或使用货币市场基金票据购买另类投资资产或消费者商品，不受欢迎的货币市场共同基金份额才会消失。在极端情况下，如果公众突然倾向于直接投资于短期信贷市场，在没有托管共同基金中介的条件下，支票式货币市场共同基金份额也将消失不见。

货币市场共同基金的存在确实对经济中的整体价格产生了影响，但并不是因为支票式基金份额构成了货币供给的增加。相反，这些资产的流动性和可开支票的特征，使得其持有人可以减少为满足预期付款并为未来意外事项投保而需要手头持有的资金量。正如我们所看到的，信用卡也是如此，信用卡也为持卡人提供了一个可以节省资金的替代支付系统。货币市场共同基金和信用卡通过减少对货币的总需求，鼓励并提高了经济中的总支出率，从而导致了价格的普遍上涨。然而，与货币市场基金的既定扩张相关的价格上涨，是一种"一次性"现象，其上涨幅度严格取决于市场参与者所期望的货币余额总额的相应减少程度。这种情况

---

〔1〕"通常，这些基金在银行设立了一个中央结算账户。当将个人写的支票、汇票提交给银行时，银行会通知共同基金为支付支票而必须清算的基金份额数量。"Monica Langley, "Holds on Checks Annoy Investors in Money Funds," *The Wall Street Journal* [November 11, 1986], p.39.

〔2〕正如怀特所指出的："……开支票的货币市场共同基金客户放弃的东西（资产组合中股份的所有权）不是收款人接受的东西（银行准备金内部资金债权的所有权）。由于实际的货币市场基金份额不为第二方接受（或打算接受），货币市场基金份额不能被视为一种普遍接受的交换媒介；因此，它们不是货币。"White, "Definition and Identification of Money," p.310.

〔3〕关于这个过程的描述，见 White, "Definition and Identification of Money," pp.2—3。

与通货膨胀形成了鲜明的对比，通常而言，通货膨胀是一种涉及货币单位购买力持续下降的货币供给现象，这种下降是由政府不兑现货币数量的增加造成的，从理论上讲，政府不兑现货币数量的增加只会受恶性通货膨胀货币崩溃的限制。

"小额定期存款"一词主要指面额低于 10 万美元的联邦保险存款凭证（CDs）。由于涉及公众向银行和储蓄机构的贷款，因此这些贷款不包括在实际货币供给之 126
中。[1]作为定期存款，联邦保险存款凭证名义上不能按需兑现，但可以在合同规定的 30 天到若干年的期限之后以美元支付。然而，发行机构随时准备在到期日前的任何时候以美元赎回这些流动负债的事实，确实构成了一个理论论据，证明这些负债是以其当前赎回价值纳入实际货币供给之内的。另外，存款人确实有强烈的动机不在到期日前兑现小额联邦保险存款凭证，因为在提前赎回的情况下，发行机构通常会实施包括从没收应计利息到损失部分原始本金不等的重罚。排除这一项的最终决定也深受实际问题的严重影响，即需要获得必要的数据，以便合理估计其现值，即罚款估定净额。

3. 不包括在 M2 中的 M3 部分

大额定期存款，比如面额至少为 10 万美元的联邦保险存款凭证，是真正的定期负债，因为它们在到期前不由发行机构进行支付。[2]因为大额定期存款不能即时按面额赎回，所以它们不包括在实际货币供给之中。根据同样的理由，定期赎回协议（RPs）和定期欧元也被排除在实际货币供给之外。"机构专用"货币市场共同基金份额也被排除在实际货币供给之外，原因与 M2 中包含的"一般用途和经纪人/交易商"的货币市场共同基金份额相同。

4. 不包括在 M3 中的 L 部分

美国储蓄债券可以在美国财政部（或代表其行事的银行和储蓄机构）以面

[1] 有关联邦保险存款凭证制度特征的详细信息，见 Lester V.Chandler and Stephen M.Goldfeld, *The Economics of Money and Banking*, 7th ed.(New York: Harper and Row, 1977), pp.148—149；也见 Meyer, *Monetary Economics*, p.88。

[2] Chandler and Goldfeld, *Money and Banking*, pp.148—149.

127 值的固定折扣立即兑现。[1]此外,作为美国财政部债务(Treasury liabilities),它们的可赎回性由美国联邦政府的诚信和信用作"担保"。因为储蓄债券代表了对财政部就一般交换媒介的合同固定数量提出的安全和经常性索款权,所以按其赎回价值计入实际货币供给。[2]事实上,美国储蓄债券可被视为针对"国库现金"的特定债权,这也为货币供给统计中通常忽略后一项提供了一个理由。[3]

与储蓄债券不同,短期国库券到期前不支付,因此不包括在实际货币供给之中。

5. 备忘项

有三个项目并没有包括在美联储的货币供给(M1、M2、M3)之中,甚至没
128 有包括在实际货币供给的总体"流动性"(L)中。这就是美国政府、外国官方机构和外国商业银行在美国商业银行和联邦银行体系持有的活期存款和其他存款。

最近一位学者证明,将这些项目排除在货币供给之外有点奇怪,他声称,这些

---

[1] Meyer, *Monetary Economics*, p.152.

[2] 1946年,费特(Fetter)认可作为全面抵抗通胀方案一个部分的储蓄债券是一种"直接购买力",他建议通过将储蓄债券兑换为长期债券和终身年金来吸收"可按需赎回"的储蓄债券。Frank A. Fetter, "Inflation's Basic Cause: Too Much Money," *Saturday Evening Post*[July 13, 1946], p.124. 帕伊(Palyi)采用了美国货币供给的定义,其中包括以赎回价值计算的美国储蓄债券。然而,从我们的交易媒介角度来看,帕伊在货币供给中包含了"高流动性"资产,比如一年内到期的国库券、商业票据和银行承兑汇票。另外,我们对帕伊明显支持将人寿保险的退保现金价值纳入货币供给数字表示赞成。见 Melchior Palyi, *The Twilight of Gold, 1914—1936: Myths and Realities* (Chicago: Henry Regnery, 1972), pp.301—315。阿尔伯特·G.哈特(Albert G.Hart)和彼得·B.凯南(Peter B.Kenen)提出了包括美国储蓄债券和"人寿保险现金净值"在内的"非银行公众流动资产"的统计学定义,这一定义非常接近于实际货币供给。没有重大遗漏,唯一明显令人反感的项目是短期政府债券。见 Albert G.Hart and Peter B.Kenen, *Money, Debt and Economic Activity*, 3rd ed. (Englewood Cliffs, N.J.: Prentice-Hall, 1969), pp.3—6。

[3] 实际上,"国库现金"一词指的是财政部持有的少量黄金,这些黄金尚未通过向美联储发行黄金券来换取国库存款而实现货币化。尽管如此,由于这种"非货币化"的黄金储备可以在任何时候通过向美联储发行黄金券而转换成美元,因此它可以被视为赎回储蓄债券的货币储备。关于国库现金,见 John G.Ranlett, *Money and Banking: An Introduction to Analysis and Policy*, 3rd ed. (New York: John Wiley, 1977), pp.60—67。

机构的存款"……与一般公众持有的存款有着完全不同的目的",或者"……可以视为出于特殊原因而持有"。[1]

这种过分强调持有货币的特殊"动机",而不是强调货币数量本身的重要性,是凯恩斯革命的现代遗产之一。[2]

此外,持有此类存款的原因一点也不奇怪。正如将其纳入货币供给统计的一位现代倡导者所指出的那样:

> 财政部存款不是其已发行货币储备的一部分,而是财政部普通基金中可用于支付一般开支的一部分。这笔存款有助于购买产出和征税,它们似乎与州政府和地方政府的存款一样,也是经济运行所依赖并包括在调整后的活期存款中的货币存量的一部分。美国联邦储备银行的国库存款也可能如此。商业银行的外资存款也包括在内,那么,为什么不包括在美联储的外资存款内呢?[3]

最后,凯恩斯主义以前的货币理论家按常规正确地将"美国政府存款"计入了货币供给的"存款总额"中。[4]这种做法在过去和现在都是正确的程序,因为所有经济主体拥有的货币总存量的变化,对分析和预测通货膨胀和经济周期现象至关重要。

参考文献

Anderson, Benjamin M. [1949] 1979. *Economics and the Public Welfare: A Financial and*

---

〔1〕 Meyer, *Monetary Economics*, pp.26—27.

〔2〕 在分析凯恩斯主义持有货币的动机时,哈特和凯南(Hart and Kenen)提出了有说服力的看法:"我们不能将某个特定持有者的现金余额分成代表不同动机的确定部分。比如,如果他也为投机性目的积累了现金,那么他也有一个安全边际,因此他的(预防性)动机需求被(投机动机)需求所吞没。此外,不同的动机是相互影响的。在分析它们的过程中,保持它们的独特性不如追踪将它们联系在一起的共同因素——即商业交易对不确定性的适应。"Hart and Kenen, *Money, Debt and Economic Activity*, pp.223—234.

〔3〕 Barger, *Money, Banking and Public Policy*, p.53.

〔4〕 比如见:Edwin Walter Kemmerer, *High Prices and Deflation* (Princeton, N.J.: Princeton University Press, 1920), p.27; Benjamin M.Anderson, *Economics and the Public Welfare A Financial and Economic History of the United States, 1914—1946*, 2nd ed. (Indianapolis: Liberty Press, 1979), pp.98, 183, 265; and Palyi, *The Twilight of Gold*, p.36。

Economic History of the United States, 1914—1946, 2nd ed. Indianapolis: Liberty Press.

Barger, Harold. 1968. *Money, Banking and Public Policy*, 2nd ed. Chicago: Rand McNally.

Batten, Dallas S. and Daniel L.Thornton. 1985. "Are Weighted Monetary Aggregates Better Than Simple-Sum M1?" Federal Reserve Bank of St. Louis *Review* 67(June/July 1985): pp.29—40.

Chandler, Lester V., and Stephen M.Goldfeld. 1977. *The Economics of Money and Banking*, 7th ed. New York: Harper and Row.

Fetter, Frank A. 1923. *Economics*, vol.2: *Modern Economic Problems*, 2nd ed. New York: Century.

____. 1946. "Inflation's Basic Cause: Too Much Money." *Saturday Evening Post* (July 13): p.124.

Friedman, Milton. 1953. "Commodity-Reserve Currency." In *Essays in Positive Economics*. Chicago: University of Chicago Press.

Gilbert, R.Alton. 1985. "Recent changes in Handling Bank Failures and Their Effects on the Banking Industry." Federal Reserve Bank of St. Louis *Review* 67(June/July 1985): pp.21—28.

Hart, Albert G., and Peter B.Kenen. 1969. *Money, Debt and Economic Activity*, 3rd ed. Englewood Cliffs, N.J.: Prentice-Hall.

Kemmerer, Edwin Walter. 1920. *High Prices and Deflation*. Princeton, N. J.: Princton University Press.

Langley, Monica. 1986. "Holds on Checks Annoy Investors in Money Funds." *The Wall Street Journal*(November 11, 1986), p.39.

130 Lin, Lin. 1937. "Are Time Deposits Money?" *American Economic Review* 27(March 1937): p.85.

Meyer, Paul A. 1982. *Monetary Economics and Financial Markets*. Homewood, Ill.: Richard D. Irwin.

Osborne, Dale K. 1984. "Ten Approaches to the Definition of Money." Federal Reserve Bank of Dallas *Economic Review* (March): pp.1—23.

____. 1985. "What Is Money Today?" Federal Reserve Bank of Dallas *Economic Review*(January): pp.1—15.

Palyi, Melchior. 1961. *An Inflation Primer*. Chicago: Henry Regnery.

____. 1972. *The Twilight of Gold, 1914—1936: Myths and Realities*. Chicago: Henry Regnery.

Ranlett, John G. 1977. *Money and Banking: An Introduction to Analysis and Policy*, 3rd ed. New York: John Wiley.

Rothbard, Murray N. 1963. *America's Great Depression*. Princeton, N.J.: D.Van Nostrand.

____. 1978. "Austrian Definitions of the Supply of Money." In *New Directions in Austrian Economics*, Louis M.Spadaro, ed., pp.143—156. Kansas City: Sheed Andrews and McMeel.

____. 1983. *The Mystery of Banking*. New York: Richardson and Snyder.

Salerno, Joseph T. 1983. "Gold Standards: True and False." *The Cato Journal* 3(Spring 1983): pp.255—258.

____. 1984. "What Investors and Depositors Should Know about Banks and the Financial Services Revolution." *Jerome Smith's Investment Perspectives* 2(June 1984): pp.3—4.

Sprague, Irvine H. 1986. *Bailout: an Insider's Account of Bank Failures and Rescues*. New York: Basic Books.

White, Lawrence H. 1986. "A Subjectivist Perspective on the Definition and Identification of Money." In *Subjectivism, Intelligibility and Economic Understanding: Essays in Honor of Ludwig M. Lachmann on His Eightieth Birthday*, Israel M. Kirzner, ed., pp.301—314. London: Macmillan.

Yeager, Leland. 1970. "The Medium of Exchange." In *Monetary Theory: Selected Readings*, pp.37—60. Baltimore: Penguin Books.

____. 1978. "What Are Banks?" *Atlantic Economic Journal* 6(December 1978): pp.1—14.

第 4 章

货币价格理论的简单模型* 131

1. 引言

当代奥地利学派的经济学家普遍认为，路德维希·冯·米塞斯[1]恰当地将已被新古典数量论所割裂的货币理论与一般经济理论重新整合起来。[2]然而，由于他的论述在文句组织上存在某些不足，也由于缺乏传达其成就的简明扼要的阐释，妨碍了人们对米塞斯所做贡献的广泛承认。[3]米塞斯本人是否完全意识到了 132

---

* From: "A Simple Model of the Theory of Money Prices," *Quarterly Journal of Austrian Economics*, vol.9, no.4(2006), pp.39—55.

〔1〕 Ludwig von Mises, *The Theory of Money and Credit*, 3rd ed., trans. H.E.Batson(Indianapolis, Ind.: Liberty Classics, 1981); idem, *Human Action: A Treatise on Economics*, Scholar's Edition, Introduction by Jeffrey M Herbener, Hans-Hermann Hoppe, and Joseph T.Salerno(Auburn, Ala.: Ludwig von Mises Institute, 1998).

〔2〕 威尔·梅森在一本被忽视的著作中，有力地论证了古典经济学中货币与价值理论的统一已经被早期的新古典数量理论家如弗朗西斯·A.沃克(Francis A.Walker)和约瑟夫·S.尼克尔森(Joseph S. Nicholson)所破坏(Will Mason, *Clarification of the Monetary Standard: The Concept and Its Relations to Monetary Policies and Objectives*, University Park: Pennsylvania State University Press, 1963, pp.41—63)。

〔3〕 例如，在《人类行为》中，米塞斯把有关企业盈亏、一般定价过程和生产要素定价的章节放在"间接交换"这章之前，在这一章中，他又讨论了货币的来源和主观评价，第 286—311 页，第 324—336 页。这种不当的话题顺序，往往模糊了货币价格在要素市场的企业家评价和配置中的核心作用。此外，米塞斯对货币需求的讨论(同上书，第 398—402 页)非常有限，无法完全承载货币价格理论的分量。

他在这方面所取得的成就确实存在疑问。事实上,他已经含蓄地证明他没有货币理论,他有的只是货币价格理论。但米塞斯在货币理论方面的主要追随者罗斯巴德[1]给出了一个解释模式,从而有助于清晰地描述作为货币价格统一理论的经济学。

本章构建了一个简单模型,以概括罗斯巴德的贡献,并捕捉构成货币价格理论的基本要素和关系。对那些有兴趣在中级宏观经济学课堂上介绍奥地利学派关于货币在经济中的核心作用的独特观点的人来说,这一模型也有望成为一种有用的教学手段。

本章第 2 节介绍了罗斯巴德对这一理论的阐述,包括他以方程形式呈现的对货币需求的创新概念。第 3 节展示了这个理论在简单交换经济中的涵义。在第 4 节中,我们放弃了模型的限制性假设,并将理论分析应用于实际经济。第 5 节简要说明了该理论对萨伊定律和货币数量论的意义。

2. 罗斯巴德方程

每种商品的交换需求——即用于交换商品的货币数量——等于社会中的货币存量减去以下各项:对所有其他商品的交换需求和对货币的保留需求。简而言
133 之,花费在商品 X 上的数额,等于总货币供应量减去花费在其他商品上的金额和现金余额中保留的金额……现在,当我们考虑所有商品时,商品的交换需求等于货币存量减去货币保留需求……货币的交换需求等于所有商品的存量减去对商品的保留需求。[2]

---

[1] Murray N.Rothbard, *Man*, *Economy*, *and State*: *A Treatise on Economic Principles* (Auburn, Ala.: Ludwig von Mises Institute, [1962] 1993).

[2] 默里·罗斯巴德是第一个从外汇需求和保留需求两个方面分析货币需求的人(Murray N. Rothbard, *Man*, *Economy*, *and State*: *A Treatise on Economic Principles* [Auburn, Ala.: Ludwig von Mises Institute, [1962] 1993], pp.350—356, 662—667)。1913 年,赫伯特·J.达文波特(Herbert J. Davenport)也明确指出了这两部分货币需求,但最终未能将它们整合到货币需求的整体理论中(Herbert J.Davenport, *The Economics of Enterprise*, [New York: Augustus M.Kelley[1913] 1968], pp.267—273)。货币的交换需求与凯恩斯学派的货币交易需求无关,凯恩斯主义者试图将持有现金余额的动机分类为"交易动机"、"预防动机"和"投机动机"。

上述罗斯巴德[1]引文中隐含的方程式可以写成：

(1) $(P_1 \times Q_1) + (P_2 \times Q_2) + \cdots + (P_N \times Q_N) = M_S - MD_R$

因为货币交换需求是所有商品交换需求的对应面，所以等于销售商品的货币总收入：

(2) $MD_E = (P_1 \times Q_1) + (P_2 \times Q_2) + \cdots + (P_N \times Q_N)$

将方程(2)代入方程(1)可以得到：

(3) $MD_E = MS - MD_R$

重新排列上式，我们就能得到货币总供给等于货币总需求，这也是市场上常见的现金余额均衡条件：

(4) $MS = MD_E + MD_R = MD$

为便于分析，我们代入方程(2)，上述均衡条件变成：

(5) $MS = (P_1 \times Q_1) + (P_2 \times Q_2) + \cdots + (P_N \times Q_N) + MD_R$

其中：

MS = 货币供给 134

MD = 货币需求

MD_E = 货币交换需求

MD_R = 货币保留需求

$P_1 \cdots N$ = 非货币性商品 1—N 市场结算价格

$Q_1 \cdots N$ = 非货币性商品 1—N 市场结算量[2]

3. 简单模型的分析框架

罗斯巴德方程(Rothbard's Equation)定义了商品市场和现金余额市场的同时

---

〔1〕 Rothbard, *Man*, *Economy and State*, p.713.

〔2〕 重要的是要弄清楚货币价格理论中使用"市场结算价格"一词的确切涵义，以及这一术语的使用对制定供求关系表意味着什么。货币价格理论研究的是实际交换的货币数量。米塞斯称之为"实际市场价格"(《人类行为》，第 327 页)。马吉特(Arthur W.Marget)称之为"实际价格"(Arthur W. Marget, *The Theory of Prices*: *A Re-examination of The Central Problems of Monetary Theory*, [New York: Augustus M.Kelley[1938—1942] 1966], vol.2, p.222)。因此，与货币价格决定相关的需求和供给曲线是瞬时曲线，其形状和位置必然包含投机预测和对套利机会的不完全知识。关于这一问题的深入分析，见马吉特，*Theory of Prices*, vol.2, pp.221—318。有关马吉特分析的总结，见 Joseph T.Salerno, "Ludwig von Mises's Monetary Theory in Light of Modern Monetary Thought", *Review of Austrian Economics* 8, no.1(1994): pp.100—103[在本书中作为第 2 章重刊]。

均衡，并产生了一组既体现了相对价格，也体现了货币购买力的货币价格。我们用下面的四张图来说明罗斯巴德方程的应用，这四张图代表了由三种商品（A、B和C）和一般交换媒介组成的一个经济体。由于商品直接由经济中的家庭生产，因此这里没有要素市场或货币支付。此外，我们假设休闲并不是消费品，尽管在每天固定的工作时间之后，每个人的劳动都因极度疲惫而受到限制。方程还假
135 设，每一种商品都是由劳动和家庭拥有的一种完全特定的土地要素生产的，而且没有一个生产家庭消费它生产的所有商品。所有这些假设确保了生产是无成本的，同时每种商品的供给曲线相对于价格完全无弹性。

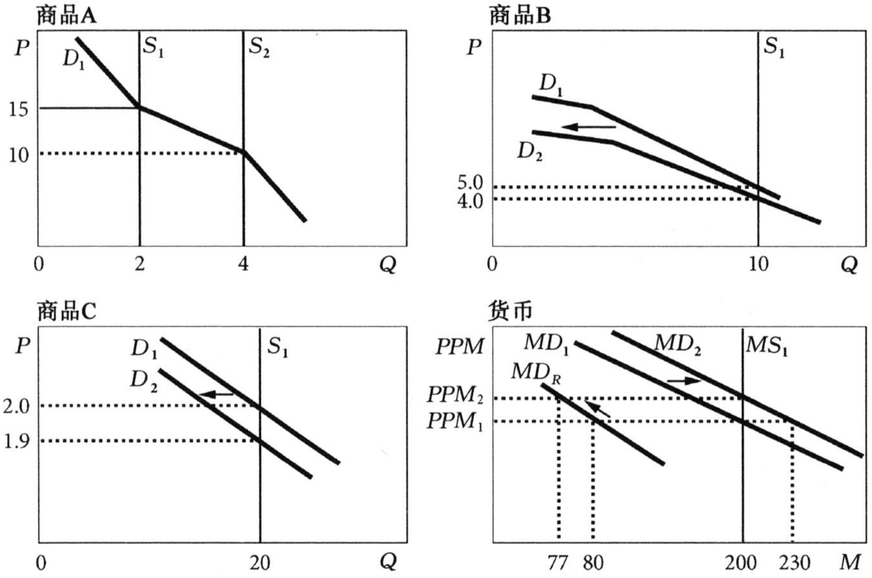

资料来源：Paul Woodward/Mises Institute.

我们进一步假设，货币商品的供给是永久固定的，在任何生产过程中都不能作为投入物使用。三种商品的市场在每周的星期天同时运行，当天完成所有的交易，购买的商品会在一周内被消费掉。所有市场都在市场交易日期间清仓，不存在虚假交易。所有应付款额都是用货币支付的，不存在信用交易。最后，家庭消费和流动性偏好、资源禀赋和技术知识每周都可能发生变化，从而导致未来商品价格和货币购买力的不确定性。

在我们这个简单经济体的初始均衡位置，由商品市场需求曲线 D_1 和供给曲

线 S_1，以及现金余额市场 MD_1 和 MS_1 曲线的交点决定：

$$P_A = 15.00\text{ 美元；}Q_A = 2\text{ 个单位}$$ 136

$$P_B = 5.00\text{ 美元；}Q_B = 10\text{ 个单位}$$

$$P_C = 2.00\text{ 美元；}Q_C = 20\text{ 单位}$$

$$MS = 200\text{ 美元}$$

因此：

$$\begin{aligned} MD_E &= (\$15\times 2)+(\$5\times 10)+(\$2\times 20) \\ &= \$30+\$50+\$40=\$120 \end{aligned}$$

这代表了家庭生产者每周交换商品所需的货币总额。

从现有货币存量中减去货币的交换需求：

$$MD_R = MS - MD_E = \$200 - \$120 = \$80$$

剩下的就是家庭每周在现金余额储备中的货币总额。[1]

因此满足了罗斯巴德方程，即整个货币存量被要求交换或储备在现金余额中，货币市场与所有商品市场一起出清：

$$MS = MD_E + MD_R\text{ 或者 }\$200 = \$120 + \$80$$

现在，让我们假设生产商品 A 的生产率有了提高，比如，由于发现了更容易获得的特定土地投入来源，商品 A 的供给曲线移动到了每周 4 个单位或者 S_2，其市场结算价格则从 15 美元降至 10 美元。我们进一步假设，商品 A 的需求曲线在这个价格区间内是有弹性的，商品 A 的总支出因此而增加。这就意味着，在新的均衡位置，商品 B 和商品 C 的总支出必须净减少，或者现金储备减少，或者两者兼而有之。

137 在货币市场上，以最初存在的货币价格交换的商品总存量的增加代表了货币交换需求的增加，导致货币的总需求曲线向右移动到 MD_2，并产生了相当于 30 美元的暂时超额货币需求，即商品 A 两个增加单位的当前总价。在货币供给不变的情况下，货币购买力（PPM）必须上升：即商品价格必须下降，以适应总需求

〔1〕 对现金余额的正保留需求是由与数据可能发生外部变化相关的一般不确定性引起的，增加商品或产生新产品的技术进步、组织创新，改变原始资源的可用性、消费者口味和偏好（包括时间偏好）的自主变化，所有这些都会导致货币价格、收入和财富发生不可预见的变化。

的增加。

在我们的例子中，相关市场对商品 B 和商品 C 的需求都下降到了 D_2。还要注意的是，随着 *PPM* 的上升，现金余额中留存的名义货币数量沿着保留需求曲线（MD_R）从 80 美元减少到 77 美元，这些美元的释放缓和了货币价格的下跌。后一种效应使得商品支出总额，即货币交换需求从 120 美元增加到 123 美元。

新的整体市场均衡如下：

$P_A = 10.00$ 美元；　$Q_A = 4$ 个单位

$P_B = 4.50$ 美元；　$Q_B = 10$ 个单位

$P_C = 1.90$ 美元；　$Q_C = 20$ 个单位

$MS = 200$ 美元

因此：

$MD_E = (\$10 \times 4) + (\$4.50 \times 10) + (\$1.90 \times 20) = \$40 + \$45 + \$38$

$= \$123$（家庭生产者每周交换商品所需的总金额）以及

$MD_R = MS - MD_E = \$200 - \$123 = \$77$（家庭每周在现金余额中留存的货币总量）

因此，罗斯巴德方程再次得到满足，货币市场和所有商品市场一起出清：

$MS = MD_E + MD_R\ (= \$200 = \$123 + \$77)$

有意思的是，尽管按前面的分析，现金余额中留存的名义货币需求有所下降，
138 但就所有三种商品而言，即按实际价值计算，货币保留需求有所增加，如表 4-1 所示：

表 4-1　均衡 1 和均衡 2

均衡 1	均衡 2
$MD_R/P_A = \$80/\$15/A = 5.33A$	$MD_R/P_A = \$77/\$10/A = 7A$
$MD_R/P_B = \$80/\$5/B = 16B$	$MD_R/P_B = \$77/\$4.50/B = 17.11B$
$MD_R/P_C = \$80/\$2/C = 40C$	$MD_R/P_C = \$77/\$1.90/C = 40.53C$

由于名义货币供给一直是 200 美元固定不变的，这一计算结果就意味着经济体中的实际货币供给总量有所增加。因此，在我们的例子中，实际现金余额和商品 A 是互补的，而商品 A 和商品 B 以及商品 A 和商品 C 是替代品。这个例子很

容易就能被构造成在满足罗斯巴德方程的同时，也显示了商品 A 与其他商品和实际现金余额之间不同的关系类型。比如，我们可以假设，在商品 C 的需求不变和现金余额保持不变的条件下，商品 A 需求曲线上 2—4 个单位的价格区间无弹性，因而导致对商品 A 的支出减少，对商品 B 的需求增加和价格上涨。在这个例子中，商品 A 和商品 B 互补，商品 A 和商品 C 的交叉价格弹性为零，现金余额的名义保留需求不会受到影响。

罗斯巴德方程提供的分析框架清楚地表明，各种商品的需求价格弹性以及商品和货币之间的交叉价格弹性，不是市场结果的外生和客观决定因素，而是构成动态市场过程的主观价值尺度相互作用的产物。这使我们最终能够准确地识别出奥斯特罗—威克斯蒂德（Austro-Wicksteedian）供需理论的严格边际效用基础与基于收入和替代效应的希克斯新古典主义理论的冲突之处。在我们最初的例子中，一个原本的事实是，市场上出现了两个以上的商品 A。人们的价值尺度结构决定了现有价格条件下商品 A 的需求曲线之弹性，低于原初均衡价格条件下的弹性，从而导致对商品 A 的支出增加，对商品 B 和 C 的支出减少，139
现金余额中的美元留存更少。如果市场参与者的价值尺度结构不同，使得商品 A 的额外一单位商品的边际效用相对于商品 B、C 和货币余额下降得更快，那么，商品 A 的新均衡价格可能会稳定在每单位 2 美元。在此情况下，对商品 A 的总开支将从 30 美元大幅下降到 8 美元（而不是增加到 40 美元），其他市场的结果也会完全不同。任何将这些不同市场的变化分解为“替代”效应和“收入”效应的尝试，都毫无意义，也与我们对市场过程如何决定实际货币价格的理解无关。在任何时候，价格都是由各种商品和货币的现有存量和买卖双方的价值尺度决定的（其中包括了现有的但并不完善的知识和投机，以及对未来市场状况的错误预期）。

最后我们注意到了在市场交易日结束时市场普遍存在的均衡状况，即从某种意义上说，现有商品和货币存量的不同配置模式，对任何一对市场参与者都不会是互惠互利的。这种门格尔式的交换均衡是一种在特定市场中反复出现的真实状态。这种状态，庞巴维克称为“瞬时均衡”[1]，米塞斯称为“一

---

[1] Eugen von Böhm-Bawerk, *Value and Price: An Abstract*, 2nd ed. trans. George D. Huncke (Grove City, Penn.: Libertarian Press, 1973).

般静止状态”[1]。基于罗斯巴德方程的分析结果表明,一般静止状态是一种反复出现的状况,它会不时打断整体市场活动中的定价过程。[2]

140 4. 从简单模型到真实世界

为使我们的教学更为清晰,我们用一个非常简单的模型建立了罗斯巴德方程的分析框架。现在,我们放弃模型的限制性假设,因此我们的分析显示出,这一分析适用于市场经济中的真实世界定价过程,这个市场是一个具有大量消费品、要素服务、资本资产和信贷工具的连续市场。在任何时候都有买家和卖家在经济体的所有市场上完成交易。如上所述,在这些市场中,瞬时交易均衡价格和数量的决定,严格受到罗斯巴德方程的支配。也就是说,在任何时候,经济中的货币总量必须等于货币的交换需求,或者所有商品的货币支出总额再加上货币保留需求,或者每个人都以现金余额形式保留自己的部分货币资产而不是用于市场的交易。此外,由于在给定的时间内,总有一批以前生产的可供出售的商品存货,因此在不改变我们分析结论的情况下,可以省略模型中的无成本生产假设(我们将在下面讨论垂直市场交易日供给曲线的假设)。

例如,2005 年 10 月 31 日,根据 M2 的定义,货币供给总额为 66 310 亿美元。[3]为便于论证,我们假设这一货币总额正确地确认了美国经济中的货币存量,那么,如果当天下午 1:00 至下午 1:05 之间发生了 5 000 亿美元的交易,则留存在现金余额中的货币存量为 61 310 亿美元(= 66 310 亿美元减去 5 000 亿美元)。实际支付的价格乘以在所有市场上交换的数量,共计 5 000 亿美元,因此满足了罗斯巴德方程。请注意,这个等式不仅仅是一个复式会计恒等式(tautological

---

〔1〕 见 Mises, *Human Action*, p.245.门格尔也许是第一个认识到交换均衡或“静态”是市场真实状况的人:“因此,我们观察到了持续不断的交易交换的现象。但即使在这一系列的交易中,我们也可以通过仔细观察,在特定的时间、为特定的人和特定种类的商品找到静态点。在这些静态点上,因为已经达到交换的经济极限,所以不会发生商品交换。”Carl Menger, *Principles of Economics*, trans. James Dingwall and Bert F.Hoselitz [New York: New York University Press, [1950, 1976], p.188.

〔2〕 当然,在生产持续且成本高昂的现实经济中,这种静止状态是短暂的,这不仅是因为数据中反复出现的外生变化,而且是因为平常的静止状态定义的价格模式总会导致盈亏,而盈亏反过来又会改变供求关系。

〔3〕 Federal Reserve Bank of St. Louis, *U.S.Financial Data* (November 10, 2005), p.15.

accounting identity)，从某种程度上说，外生因素限制了市场交易中的价格和数量。相反，它是在统一市场过程中，商品和货币在个体价值等级上主观排名瞬时交互 141
作用并协调了所有供给和需求要素的结果。

如果我们假设，在这一历史区间内，现金余额的边际效用在人们的价值等级上排名较低，比如说，因为人们普遍担心通货膨胀率即将上升，那么，在所有其他条件相同的情况下，货币保留需求会降低，因此货币总需求会更低。而在商品上的总支出就会更高，比如说 8 000 亿美元而不是 5 000 亿美元，因为在这 5 分钟的时间里，人们从现金余额中又拿出了 3 000 亿美元，从而造成了物价总水平的上升。在较低的货币购买力下，货币的交换需求会更高——在数量上而不是时间表意义上[1]——对应于商品总开支，正好等于 8 000 亿美元。由于商品市场需求的增加对应着 3 000 亿美元储备货币供给的下降，市场结算价格上升，新的结算价格的提高使得为支付更高价格而新释放出来的实际转移的现金余额，扩大了货币的交换需求，从而罗斯巴德方程得以满足。

当然，上述例子并不意味着商品价格随货币需求的变化而立即全面调整。相反，它的本意是引导我们把货币调整过程想象成一系列短暂的静止状态，在同等条件下，只有在一段时间后，所有价格和收入都受到影响的条件下，才会达到最终静止状态。[2]但必须重申的是，在上述初始步骤之后，调整过程的每一个后续步骤都是由商品价格和数量，以及货币转移和持有量的特定模式定义，并最终在交 142
换中达到均衡，这一过程完全可以用罗斯巴德方程描述。

现在让我们来看看放弃简单模型的其他主要假设对分析的影响。我们引入资本主义所有制的生产过程和相应的原始要素(土地和劳动力)市场和中间要素(资本品)市场，因为劳动力和土地所有者需要提供自己的要素服务以换取货币租，所以会增加货币的交换需求。同样，在由多个阶段组成的生产结构中，中间产品的资本家—生产者在较低阶段向资本家出售或出租资产时，会对货币交换需求

〔1〕 如我们的简单模型所示，罗斯巴德方程表明，只有当可用货物的总库存增加而不包括货物的预定需求增加时，货币交换需求表中的增长才会发生，并导致整体价格下降。

〔2〕 有关货币调整过程的经典论述，见 F.A.Hayek, *Monetary Nationalism and International Stability*, (New York: Augustus M.Kelley, [1937] 1971), pp.17—25。将货币调整过程描述为一般静止状态和最终静止状态，见 Salerno, "Ludwig von Mises's Monetary Theory", pp.96—106。

产生积极影响。[1]由于市场的生产不可避免地存在不确定性，尤其是在货币收支的金额和时间上的不确定性，资本家—企业家也会将部分货币收入以现金余额的形式留作商业用途。这将提高对货币的总体保留需求。

那么，我们对所有商品的垂直市场供给曲线的假设又如何呢？现实中，生产商和其他或多或少拥有耐用品的人（例如，批发商、零售商、二手经销商等），通常会对自己的产品进行短期的投机库存或保留需求，最常见的方式就是设定最低保留价格。[2]这就意味着，在技术上完成并随时准备出售或出租给下游资本家或消费者的商品总库存中，有一部分可以保留在库存中，因此对货币的交换需求不产生影响。对经济中的商品采用威克斯蒂德价格分析就可以看出，对某一特定商品的保留需求沿着该商品的垂直总库存曲线提高了总需求曲线，从而提高了该商品
143 价格。[3]从经济角度看，现有商品所有者的库存需求现象往往会降低货币的交换需求，并对整体价格产生上涨压力。因此，正如罗斯巴德[4]提醒我们的那样，“货币的交换需求等于所有商品的总存量减去所有商品的保留需求”[5]。

放弃不存在信用交易的假设会导致对货币的保留需求减少。比如，通过信用卡和透支工具，家庭和企业可以随时进入信贷市场，因此，家庭和企业无需将其收入的大部分保留在现金余额中，以应付预期和意外事件。此外，包括期限较短的高级债务工具的高流动性证券，也起到了罗斯巴德所谓的“准货币”作用[6]，从而使得其持有者可以减少持有现金余额。因此，信贷市场的出现和发展，导致了货

---

〔1〕 关于向更“资本主义”的生产结构过渡对货币交换需求的影响，见 F.A.Hayek, *Prices and Production*, 2nd ed.(New York: Augustus M.Kelley, [1935] 1967), pp.53—54, 66—68；和 Rothbard, *Man, Economy, and State*, pp.478—479, 891—892 fn. 11, 12。

〔2〕 以劳动为例，保留需求也可能甚至主要出于休闲的考虑，在现实世界中，休闲被视为消费者的商品，这就与我们的模型假设相反。

〔3〕 威克斯蒂德关于价格决定的总需求存量分析可在以下文献中找到：Philip H.Wicksteed, *The Common Sense of Political Economy and Selected Papers and Reviews on Economic Theory*, ed. Lionel Robbins (New York: Augustus M.Kelley, [1932] 1967), vol.1, pp.213—238; vol.2, pp.493—526, 784—788; Kenneth E.Boulding, *Economic Analysis* (New York: Harper and Brothers, 1941), pp.52—79; and Rothbard, *Man, Economy, and State*, pp.118—140。

〔4〕 Rothbard, *Man, Economy, and State*, p.713.

〔5〕 严格地说，货币交换需求的计算方法是：将每种商品的价格乘以该商品的现有库存量，再将该系列产品相加，然后减去每种货物价格的系列产品之和乘以卖方库存中该货物的单位数量。

〔6〕 Rothbard, *Man, Economy, and State*, p.723.

币购买力的下降,每个时期商品和服务总支出从而相应增加。物价上涨导致的商品总支出的增加,构成了对货币更大的交换需求,其总额加上减少的保留需求即等于货币总供给。

应该指出的是,信贷交易本身,比如以出售债券换取现款,不会直接影响交易发生期间的货币总需求,因为这笔交易是把货币从一个人的现金余额转移为另一 144
个人的现金余额,所以对保留需求的任何影响都会被抵消。有价证券的卖方会将出售所得的收益累积在现金余额中,直到稍后他将这笔收益用于生产要素或消费品为止,而证券的买受人则必须从先前取得的收入中保留相当于证券销售价格的那个部分。因此,尽管信贷交易确实会影响现行利率,但不会对本期的货币交换或保留需求产生净影响。

5. 若干启示

基于罗斯巴德方程的分析框架对宏观经济理论的一些核心问题具有启示意义。我们现在简要地谈谈其中两个。

(1) 罗斯巴德方程与萨伊定律

罗斯巴德方程有助于澄清萨伊定律的确切涵义。战后对这条定律的争论包括了奥斯卡·兰格(Oskar Lange)和唐·帕廷金(Don Patinkin)等名人,争论主要围绕着“绝对价格”(即货币价格)的决定条件而不是“相对价格”的决定条件。[1]贝克尔(Gary S.Becker)和鲍莫尔(William J.Baumol)在他们总结这场辩论的经典文章中总结道[2]:

> 剑桥[数量]方程式意味着,每一个相对价格结构都存在一个独特的绝对价格水平,在这个水平上货币市场将处于均衡状态(萨伊均等式)。这就相当于说,每一组相对价格都存在一个能使商品市场达到总体均衡的价格水平,

〔1〕关于这场争论对于奥地利学派宏观经济分析的意义,Charles W.Baird, *Elements of Macroeconomics* 2nd ed.(New York: West Publishing, 1981, pp.63—78)有非常清晰的阐述。感谢约翰·爱格(John Egger)提醒我注意到了这本书。

〔2〕Gary S.Becker and William J.Baumol, in *Essays in Economic Thought: Aristotle to Marshall*, eds. Joseph J.Spengler and William R. Allen(Chicago: Rand McNally, [1952] 1960), p.758.

145 即为商品提供的货币总量等于所提供商品的总价值。因此很明显,他对萨伊定律的解释与绝对价格水平的确定相一致。

将萨伊定律表述为萨伊等式的问题在于,它依赖于一个毫无意义的概念即绝对价格水平,以及一个有效地将定价过程一分为二的不必要的等式($M = kPQ$)。正如我们上面的简单模型所示,罗斯巴德方程是基于一种分析,即将货币价格结构视为持续定价过程的真实和基本的结果。“相对”价格模式被嵌入到了一系列实际货币价格之中,也只有在这个过程中参与者的主观推断才有意义。因此,货币的供给和需求与货币价格综合结构中商品的供给和需求具有相同的共同决定因素。我们难以想象会有一个与其他价格完全隔离的价格;每一个价格只有与其他所有价格具有关联性才有意义。[1]货币价格只是用来交换其他财产的部分财产,因此,它们纯粹抽象的相互关系对人类行为人来说毫无意义。面对商品的不同组合,企业家的选择是以他期望支付和收到的实际货币量为指导,而不是以相对价格的无关紧要模式为指导。绝对价格和相对价格的区别往好了说是多余,往坏了说就是严重误人误己,而且与萨伊定律毫不相干。

我们使用贝克尔和鲍莫尔的术语,假设“货币流动的需求”(或给定价格的商品总供给)超过了“货币流动的供给”(给定价格的商品总需求)。根据罗斯巴德方程,商品市场表现出过剩:

146

$$(P_1 \times Q_1) + (P_2 \times Q_2) + \cdots + (P_N \times Q_N) = MD_E > M_S - MD_R$$

方程表明,货币总需求大于货币存量,因此,

$$MD_E + MD_R > MS$$

考虑到基于单一个体价值尺度的货币和商品的边际效用是相互交织的,因此,“商品需求函数”对价格并不是“零次齐次性”的。这就意味着,单个商品的需求一览表必然会受到现金余额“超额需求”的影响。因此,现金余额的任何不足都会立即表现为特定商品的过剩,从而导致商品价格下跌和货币购买力的相应提

[1] Mises, *Human Action*,第 389 页:将一个确定的价格看作一个孤立的对象是荒谬的。价格……并不意味着和某个不变的东西的关系,只是在万花筒般变化的集合中的瞬时位置。在这个由行为人的价值判断认为有价值的东西的集合中,每个粒子的位置都与所有其他粒子的位置相关。所谓的价格一直是由人的评价组合成的综合体系内的关系。

高，这一过程直到货币市场和商品市场的交易均衡同时重新建立为止。前面第3节中的简单模型对此进行了说明，其中“商品供给的增加创造了自身的需求”，即通过商品市场和货币市场的调整，促使货币的实际流动需求（MD_E）与货币的流动供给（$MD_E = MS - MD_R$）达到了均衡，从而货币存量和货币总需求同时达到均衡（$MS = MD$）。

（2）毫无意义的货币数量论

现在，我们已经拥有了罗斯巴德方程的分析优势，可以看出，用货币数量方程阐明的货币数量理论把事情完全搞错了：决定价格水平的并不是消费支出的流动，因为给定的产出水平是由某种独立而神秘的实际过程外生决定的。相反，在整个市场过程中同时决定的货币价格和交换商品的量，是支出流动的因果决定因素。这一点需要详细说明。

让我们从传统的货币数量方程 $MV = PQ$ 开始。我们上面的简单模型揭示了实际行为是在等式的右边。个人对货币和各种商品的效用排名，产生了商品市场上的货币买卖一览表。这些瞬时供求关系决定了货币价格体系的同时，也决定 147
了货币单位的价值，因为正如我们所看到的，货币单位的价值不过就是颠倒货币价格所获得的一系列交换比率。一笔特定金额的货币在市场上从一只手到另一只手的机械传递，即我们所说的“消费支出”，完全是由交易双方事先确定的货币价格决定的。因此，货币支出仅仅是定价过程的结果，而不是原因。换句话说，货币支出的总流量是由货币价值决定的，而不是相反。

我们可以用数学方法重述这个论点。设 P 为一个要素向量，我们用小写字母 p 表示经济体中所有商品的货币价格，设 Q 为一个要素向量，我们用小写字母 q 表示不同价格条件下被交换的商品数量组合。这两个向量相乘得到一个内积。这个乘积等于一定时期内经济中所有买家支付的货币总额和卖家收入的总和。[1]如上所述，我们不能说货币支出总额对货币价值具有因果影响关系，因为

[1] 当代货币理论家将 P 解释为某种统计结构。然而，现代货币主义的先驱克拉克·沃伯顿（Clark Warburton）用与罗斯巴德方程相似的方式定义了方程的右边，即“将每种产品的价格乘以按该价格售出的数量得到的一系列算术乘积的总和”。Clark Warburton, *Depression, Inflation, and Monetary Policy: Selected Papers*, 1945—1953, Baltimore: Johns Hopkins University Press, 1966, pp.106—107.

货币价值已经完全嵌入了货币价格结构中，即以前在商品市场的交易中决定的价格 P。现在，如果我们愿意的话，将总支出（PQ 的内积）除以现有货币存量 M，并将得到的商标记为"V"。然后，通过调换方程中的项，我们得到了 $MV=PQ$。但这并不能改变这样一个事实，即方程左边的乘积 MV 的变化，永远不依赖于价格和数量向量的变化。更重要的是，在这些向量被确定之前，MV 甚至是不可知的。

148 请注意，这并不意味着货币数量是"内生的"，也不意味着货币数量与定价过程无关。相反，正如罗斯巴德方程所表明的那样，货币存量是货币价格结构和货币购买力的直接决定因素之一，另外也与货币过去的购买力、现有的商品存量、所有权分配以及商品和货币在市场参与者中的相对排名有关。换言之，由于估价和定价是支出的逻辑和时间前因，货币存量的变化对货币购买力的影响是直接的，而且不受支出变化的影响。因此，在没有首先明确货币价值的情况下就提出了总支出的具体数额，毫无意义。

我们可以用两个例子来说明这个论点。首先我们假设，货币存量出现了增长。在其他条件相同的情况下，相对于新货币直接接受者对商品边际效用的价值度量，货币存量的增加将降低货币的边际效用。因此，直接结果将是需求曲线右
149 移，价格相应上涨。[1]现在，根据定义，货币单位的贬值意味着，要用比以前更多的货币才能交换特定的商品。我们当然可以用总开支增加了来表达这一事实，但这只是货币价格普遍上涨的一个微不足道的暗示，而货币价格上涨又是货币边际

---

〔1〕 或许，说需求曲线的"上升"而不是"右移"会更好一些，因为这个古老的术语将人们的注意力引向了货币增长和支出增加之间的正确因果关系。在个体层面上，个人对某一特定商品的需求曲线上升反映了这样一个事实：个人现在准备为某种商品连续增加的每一单位提供比以前更多的货币。在同等条件下，那些对商品需求不断增长的人，提高了对商品的出价，因而导致了更高的商品市场价格，而这反过来，又将导致所有希望获得该商品的人增加总支出。另一方面，"需求曲线右移"常常被误解为是指在之前的均衡价格下，商品支出的增加"推动"了商品价格的上涨。早期门格尔学派价格理论家使用上升和下降的需求（和供给）曲线的术语。例如，请见 Frank A.Fetter，"Markets and Prices，" in *Economic Principles and Problems*，3rd ed.，ed. Walter E. Spahr（New York：Farrer and Rinehart，1937），vol.1，p.492；and Davenport，*The Economics of Enterprise*，p.49。直到 1959 年 Henry Hazlitt（*The Failure of The "New Economics"*：*An Analysis of The Keynessian Fallacies*，Princeton，N.J.：D.VanNostrand，1959，p.271）仍然坚持需求曲线上升和下降的术语，而不是"时髦的技术术语'右移'或'左移'"。

效用降低的直接原因。[1]

第二个例子则削弱了货币数量论者所强调的支出是货币价值波动的直接原因,即经济中各群体(比如劳动者和资本家—企业家)之间对现金余额的大量再分配,使得对货币的总体需求保持不变。假设劳动者对货币的估价高于资本家对货币的估价,因此,选择通过限制自己的商品需求来增加自己的现金余额,而资本家—企业家则试图通过增加自己的产品保留需求来减少现金余额。这些变化的配置将表现为所有商品市场的供给—需求曲线都向左移动。假设每个市场的供给和需求都按比例减少,最终结果将是在货币价值不变的情况下,交易的数量急剧减少。在罗斯巴德方程中,这可以表示为商业企业对货币交换需求的减少,而这同时又被家庭对货币的保留需求的增加所抵消。其结果是,市场交易日换手或"支出"的货币减少。

从货币数量方程看,Q 会急剧下降,P 则保持不变,从而导致总开支 MV 严 150
重收缩。现在据我们推测,货币数量理论家会回应说,如果实际产出按比例下降,支出下降不会影响货币价值。但这并不是重点,因为在这个例子中,实际产出根本没有改变。Q 下降是因为在不同的个人价值尺度上,货币和商品的相对位置发生了转变,表现出来就是货币交易数量的减少。Q 的下降意味着支出的下降,但不是由支出的下降所引发的。

6. 结论

本章的目的不是要全面重述在奥地利学派传统中发展起来、从门格尔到米塞

[1] 尽管庞巴维克很少对货币进行论述,但他是最早强调以下这一点的人之一:买卖双方的"交换媒介的主观价值",是货币价格的两个直接决定因素,而总支出则是定价过程的结果。Eugen von Böhm-Bawerk, *Basic Principles of Economic Value*, trans. Hans F. Sennholz(Grove City, Penn.: Libertarian Press, 2005), pp.136—137, 143, 145, 153—154.比如,他写道:

> 在这一[危机]中,(卖方)特别重视货币这一交换媒介,正是因为这个原因,他们不得不接受用于换取他们所售商品的少量货币。这部分解释了在强制销售或经济危机中价格过低的原因(《经济价值的基本原理》,第 145 页)。

对庞巴维克有关货币价格决定的意见的富有启发性的论述,见 Tjardus Greidanus, *A Discussion of Various Monetary Theories, and an Exposition of the Yield Theory of the Value of Money* (London: P.S.King and Son, 1932, pp.137—144)。

斯再到罗斯巴德的货币价格理论。相反，本章旨在提出一种便于对理论要点进行简明描述、并有助于说明其主要涵义的探索性方法。对于向更广泛的受众传播这一理论并进一步激发人们改进和完善这一理论的兴趣，这一努力至关重要。

参考文献

Baird, Charles W. 1981. *Elements of Macroeconomics*. 2nd ed. New York: West Publishing.

Becker, Gary S., and William J. Baumol. [1952] 1960. In *Essays in Economic Thought: Aristotle to Marshall*. Joseph J. Spengler and William R. Allen, eds. Chicago: Rand McNally. pp.753—771.

Böhm-Bawerk, Eugen von. 1973. *Value and Price: An Abstract*. 2nd ed. George D.Huncke, trans. Grove City, Penn.: Libertarian Press.

____. 2005. *Basic Principles of Economic Value*. Hans F.Sennholz, trans. Grove City, Penn.: Libertarian Press.

Boulding, Kenneth E. 1941. *Economic Analysis*. New York: Harper and Brothers.

Davenport, Herbert J. [1913] 1968. *The Economics of Enterprise*. New York: Augustus M. Kelley.

Federal Reserve Bank of St. Louis. 2005. *U.S. Financial Data* (November 10, 2005). Available at http://research.stlouisfed.org.

151 Greidanus, Tjardus. 1932. *The Value of Money: A Discussion of Various Monetary Theories, and an Exposition of the Yield Theory of the Value of Money*. London: P.S. King and Son.

Fetter, Frank A. 1937. "Markets and Prices." In *Economic Principles and Problems*, 3rd ed., vol.1, Walter E. Spahr, ed., pp.478—502. New York: Farrar and Rinehart.

Hayek, F.A.[1937] 1971. *Monetary Nationalism and International Stability*. New York: Augustus M. Kelley.

____. [1935] 1967. *Prices and Production*. 2nd ed. New York: Augustus M.Kelley.

Hazlitt, Henry. 1959. *The Failure of the "New Economics": An Analysis of the Keynesian Fallacies*. Princeton, N.J.: D.Van Nostrand.

Marget, Arthur W.[1938—1942] 1966. *The Theory of Prices: A Re-Examination of the Central Problems of Monetary Theory*. 2 vols. New York: Augustus M. Kelley.

Mason, Will. 1963. *Clarification of the Monetary Standard: The Concept and Its Relations to Mone-*

tary Policies and Objectives. University Park: Pennsylvania State University Press.

Menger, Carl. 1976. *Principles of Economics*. James Dingwall and Bert F.Hoselitz, trans. New York: New York University Press.

Mises, Ludwig von. 1998. *Human Action: A Treatise on Economics*. Scholar's Edition. Introduction by Jeffrey M.Herbener, Hans-Hermann Hoppe, and Joseph T.Salerno, Auburn, Ala.: Ludwig von Mises Institute.

____. 1981. *The Theory of Money and Credit*. 3rd ed. H.E.Batson, trans. Indianapolis, Ind.: Liberty Classics.

Rothbard, Murray N. [1962] 1993. *Man, Economy, and State: A Treatise on Economic Principles*. Auburn, Ala.: Ludwig von Mises Institute.

Salerno, Joseph T. 1994. "Ludwig von Mises's Monetary Theory in Light of Modern Monetary Thought." *Review of Austrian Economics* 8(1): pp.71—115.

Warburton, Clark. 1966. *Depression, Inflation, and Monetary Policy: Selected Papers, 1945—1953*. Baltimore: The Johns Hopkins Press.

Wicksteed, Philip H. [1932] 1967. *The Common Sense of Political Economy and Selected Papers and Reviews on Economic Theory*. 2 vols. Lionel Robbins, ed. New York: Augustus M.Kelley.

第 5 章

国际货币理论*

奥地利学派关于国际收支和汇率的分析，源自路德维希·冯·米塞斯于 1912 年用德文首次刊印的《货币与信用理论》[1]。米塞斯基于 18 世纪学者，尤其是大卫·休谟和理查德·坎蒂隆所倡导的硬币本位下的货币调整过程的分析，建立了自己的理论，并将他们的分析扩展到 19 世纪早期英国金条党人，尤其是大卫·李嘉图的不可兑现纸币的情况。随后在德国恶性通货膨胀期间，米塞斯本人对这一理论框架做了重要阐述和应用分析。[2]后来，他的学生哈耶克[3]和 20 世纪 30 年代与伦敦经济学院(London school of Economics)有关联的其他经济学家，尤其是莱昂内尔·罗宾斯[4](Lionel Robbins)和弗兰克·佩什[5](Frank Paish)接过

---

* From: "International Monetary Theory," in *The Edward Elgar Companion to Austrian Economics*, ed. Peter J.Boettke(Brookfield, Vt.: Edward Elgar, 1994), pp.249—257.

〔1〕 Ludwig von Mises, *The Theory of Money and Credit*, 3rd ed.(Indianapolis: Liberty Classics, [1953] 1981), pp.195—213.

〔2〕 Ludwig von Mises, *On the Manipulation of Money and Credit*, ed. Percy L.Greaves, Jr., trans. Bettina Bien Greaves(Dobbs Ferry, N.Y.: Free Market Books, 1978), pp.1—55.

〔3〕 F.A.Hayek, *Monetary Nationalism and International Stability*(New York: Augustus M.Kelley, [1937] 1971).

〔4〕 Lionel Charles Robbins, *Economic Planning and International* Order(London: Macmillan, 1937); idem, *Money*, *Trade and International Relations* (London: Macmillan, 1971).

〔5〕 Frank W.Paish, "Causes of Changes in Gold Supply," in *The Post-War Financial Problem and Other* Essays(London: Macmillan, 1950): pp.149—186; idem, "Banking Policy and the Balance of International Payments," in *Readings in the Theory of International Trade*, eds. Howard S.Ellis and Lloyd A.Metzler(Homewood, Ill.: Richard D.Irwin, [1936] 1966): pp.35—55.

了这一理论。

154 在欧洲大陆的经济学家中,出生于波兰的迈克尔·A.海尔佩林(Michael A.Heilperin)尤其值得我们关注。他在20世纪30年代曾是米塞斯在日内瓦国际问题研究所的同事,在他一系列论题广泛的关于国际货币问题的著作中,他基本上遵循了奥地利学派的方法。[1]在20世纪20年代和30年代的德文出版物中,早期的弗里茨·马赫卢普[2](Fritz Machlup)、戈特弗里德·哈伯勒[3](Gottfried Haberler)和威廉·勒普克[4](Wilhelm Röpke)等米塞斯一系的货币理论家,就使用奥地利学派的分析方法来解决所谓的单边支付和资本流动的"转移问题"。最近,罗斯巴德[5]对汇率波动情况进行了批评,并从奥地利学派的角
155 度分析了20世纪的国际货币经验,尤其是金汇兑本位制的运作;萨勒诺[6]则根据现代货币分析法重新阐述了奥地利学派的分析法,并用它来评价古典金本位的表现。

---

〔1〕 Joseph T.Salerno, "Gold and the International Monetary System: The Contribution of Michael A. Heilperin," in *The Gold Standard: Perspectives in the Austrian* School, ed. Llewellyn H.Rockwell(Auburn, Ala.: Ludwig von Mises Institute, 1992), pp.81—111; Michael A.Heilperin, *Aspects of the Pathology of Money: Monetary Essays from Four* Decades(London: Michael Joseph, 1968); idem, *International Monetary* Economics(Philadephia: Porcupine Press, 1978).

〔2〕 Fritz Machlup, "Foreign Debts, Reparations, and the Transfer Problem," in *International Payments, Debts and Gold: Collected Essays by Fritz* Machlup(New York: Charles Scribner's Sons, 1964a), pp.396—416; idem, "Transfer and Price Effects," in *International Payments, Debts, and Gold: Collected Essays by Fritz Machlup*(New York: Charles Scribner's Sons, 1964b), pp.417—424.

〔3〕 Gottfried Haberler, "Transfer and Price Movements," in *Selected Essays of Gottfried Haberler*, ed. Anthony Y.C.Woo(Cambridge, Mass.: MIT Press, 1985), pp.133—142.

〔4〕 Wilhelm Röpke, "On the Transfer Problem in International Capital Movements," in *Against the Tide*, trans. Elizabeth Henderson(Chicago: Henry Regnery, [1930] 1969), pp.1—23.

〔5〕 Murray N.Rothbard, "Gold vs. Fluctuating Fiat Exchange Rates," in *Gold Is Money*, ed. Hans F. Sennholz(Westport, Conn.: Greenwood Press, 1975), pp.24—40; idem, *What Has Government Done to Our Money*?, 4th ed.(Auburn, Ala.: Praxeology Press, 1990); idem, "The Gold Exchange Standard in the Interwar Years," in *Money and the Nation States*, eds. Devin Dowd and Richard Timberlake(Oakland, Calif.: Independent Institute, 1994).

〔6〕 Joseph T.Salerno, "Ludwig von Mises and the Monetary Approach to the Balance of Payments: Comment on Yeager," in *Method, Process, and Austrian Economics: Essays in Honor of Ludwig von Mises*, ed. Israel M.Kirzner(Lexington, Mass.: D.C.Heath, 1982), pp.247—256[reprinted here as Chapter 6]; idem, "The International Gold Standard: A New Perspective," *Eastern Economic Journal* 10(October/December): pp.488—498[在本书中作为第15章重刊]。

奥地利学派对国际收支的分析始于这样一种认识：在易货交易制度中，交易双方之间的国际收支绝不会出现失衡，因此，货币作为一般交换媒介的作用是决定国际收支的积极因素。货币不仅在对商品贸易、服务贸易和资产贸易中出现的差异作出被动反应时上下波动。[1]因此，正如坎蒂隆、休谟和金条党人一样，国际收支现象被视为市场过程的组成部分，货币的购买力以及货币在使用同一货币的地区和国家之间的分配，会根据货币的供需关系的变化进行调整。例如，在国际金本位制度下，黄金开采国货币供给的增加，经由向一些居民提供超额现金余额，扰乱了原有的货币平衡，从而导致了商品和资产市场的超额需求。这个结果，即货币通过一国经常账户和资本账户的净流出（根据具体数据），或迟或早将导致其“货币账户”或国际收支的综合平衡出现赤字。当一国居民成功地甩掉了他们手上的多余现金后，国内“货币市场”恢复均衡，随后，随着资金净流出的停止，国际收支恢复平衡。

在将国际收支作为货币调整过程的一个阶段进行分析时，奥地利学派理论关注的是，个人货币持有者在一系列货币交换中相互联系的行为。然后，通过研究在宏观经济收入和支出链中构成不同环节的个人作出的平衡其现金余额头寸决 156
定的原因和影响，来说明这一顺序调整过程中的步骤，从而追溯货币失衡的根源。正如哈耶克[2]和萨勒诺[3]特别指出的那样，推动这一均衡过程的是个人现金余额、收入和价格的复杂变化，而不是一国货币供给、名义国内生产总值和价格水平的上下波动。

这一分析的一个更重要的涵义，正如教科书中对“价格—铸币—流动机制”所描述的那样，在黄金这类国际货币条件下进行国际收支调整，并不一定就会出现货币性通胀和紧缩。[4]比如说，在国际金本位制度下，由于世界对该国出口商品需求的下降，货币从一个国家转移到世界其他地区的情况将很快发生逆转，除非在疲软的出口行业中（这种情况很可能发生），实际收入下降的工人和企业家对现金余额的需求相对减少。但即使对现金余额的需求确实下降了，一国货币供给的

---

〔1〕 Mises, *The Theory of Money and Credit*, p.208; Salerno, “Monetary Approach to the Balance of Payments,” p.248.

〔2〕 Hayek, *Monetary Nationalism and International Stability*, pp.19—24.

〔3〕 Salerno, “Monetary Approach to the Balance of Payments,” pp.490—491.

〔4〕 Robbins, *Economic Planning and International Order*, pp.280—290; Salerno, “Monetary Approach to the Balance of Payments,” pp.491—492.

减少也并不代表“通货紧缩”,正确地定义应该是封闭体系或“货币区”的货币供给减少,但是,一旦需求从一个国家的产品转移到另一个国家的产品时,比如今天的美元区那种情况,在个人、行业和地区之间的现金余额再分配,只是一种经常发生的事情。

根据奥地利学派的理论,市场不断推动的货币和国际收支平衡可被描述为货币购买力(简称“PPM”)在任何地方都绝对均等。然而,PPM 的空间均衡并不意
157 味着一国的价格指数总是趋于均等。事实上,奥地利学派在对 PPM 的变化进行理论分析时,有意避免使用这种统计结构,只是使用它们来获取 PPM 变化的粗略历史估计值。[1]对奥地利学派的学者而言,“货币价值的地域均等”一词指的是,可用来交换一个货币单位的一系列不等的和异质的替代商品的均衡。

因此,我们不能因为货币购买力均衡就指望能在不同地点看到在实物上完全相同的商品之价格完全相等,更不用说任意选取不同国家或地区的加权价格指数了。这里的原因在于米塞斯的主观主义见解,即一件物品在空间中的状况可能会影响其感知的有用性,从而影响其满足人类需求的主观评价。[2]比如,纽约市的咖啡饮用者将巴西的咖啡视为一种资本品,这一咖啡在纽约获得消费品的(较高)主观评价之前,还必须将其与额外劳动和补充资本品(即运输工具)相结合。事实上,货币商品不同于非货币商品的一个重要方面是,货币的空间位置与经济主体无关。原因是如支票存款和银行票据这类“货币替代品”的存在,在交易中,货币替代品通常被视为货币商品为人所接受。随着清算系统的使用,货币替代品的转移几乎没有任何成本。因此,货币存量无论处于单一市场的任何地方,就所有实际目的而言,已经构成了完全可替代商品供应的一部分,并受到杰文斯无差别规律(也称为一价定律)的影响。

但奥地利学派关于空间要素对(非货币)商品质量影响的见解,不仅包括消费
158 者所在地与资本品所在地之间的直线距离,而且还包括消费者对购买地点或消费地点的积极或消极的心理反应。比如,即使在均衡状态下,同一品牌的男式衬衫在购物中心精品店和市中心的一家服装店,也可能同时以不同的价格出售,因为

---

〔1〕 Ludwig von Mises, *The Theory of Money and Credit*, 2nd ed.(Irvington-on-Hud-son, N.Y.: Foundation for Economic Education, [1953] 1971), pp.187—194; Heilperin, *International Monetary Economics*, pp.259—269.

〔2〕 Mises, *The Theory of Money and Credit*, 3rd ed., pp.195—203.

在边际上，消费者本就准备为更容易获得并会让人更加愉快的购物中心购买衬衫支付更高的价格。或者想一下在一家位于摩天大楼顶端可以俯瞰曼哈顿壮丽景色的餐厅里喝的一杯啤酒，这杯啤酒比在几条街区之外的酒吧里喝的一杯同样的啤酒要贵很多。当然，我们并不期望街区酒吧的潜在顾客在得知这种价格差异后会疯狂地爬上电梯，因为这种价格差异并不代表PPM真正的地区间不均等。考虑到它们的空间质量成分，这两杯啤酒实际上代表的是不同的商品。当然，这并不是否认，当消费者对技术上完全相同的可供消费或购买的商品之不同库存位置持中立态度时，PPM的空间均等意味着彻底消除了地区间的价格差异。

因此，从奥地利学派的观点来看，PPM的均等是作为产生相对价格结构的同一宏观经济过程的一个部分而实现的。正如菲利普·H.威克斯蒂德[1]向我们展示的那样，这个过程最终会形成这样一种状态，其中，除非数据发生进一步变化，否则任何两个市场参与者之间的进一步交换都不会给双方带来收益，原因在于，对所有拥有这些商品和货币的人来说，每种商品和货币的同等大小单位的序数价值排名都是相同的。这种状态还反映了任何两个地方之间货币的客观交换价值的绝对均等，因为这意味着，同质商品价格之间的地区间差异完全等于其消费中心和生产中心之间的运输成本（从运输时间中提取），而且更一般地说，没有 159
人能够通过减少他在一个地点可用的消费品上的支出，用于其他地点提供的无论是否同质的替代品的支出，以实现交换过程中更理想的结果，也就是说，从交换过程中增加总效用。

提及威克斯蒂德就是为了说明，为什么奥地利学派的国际收支理论学者，像其金条党人先驱一样，认为货币均衡是相对迅速地建立起来的。威克斯蒂德[2]的分析首先假设，消费者价值尺度和所有商品（包括货币）的存量，在逻辑上应该出现的"市场交易日"期间保持不变，这个"市场交易日"在非均衡中出现，并在纯粹的交换均衡中终止。这一步骤才使他能够分析导致相对价格的均衡结构（均等货币购买力数组的倒数）与企业家才能和生产的复杂现象隔离开来的短期套利和投机过程。这也有助于强调一点，即货币购买力的地域均等是不断被现实世界市

〔1〕 Phillip H. Wicksteed, *The Common Sense of Political Economy and Selected Papers and Reviews on Economic Theory*, 2 vols., ed. Lionel Robbins (New York: Augustus M. Kelley, [1932] 1967), vol.1, pp.140—145.

〔2〕 Wicksteed, *The Common Sense of Political Economy*, vol.1, pp.218—228.

场过程所逼近的一种纯粹的交换现象,并不需要等待以整体经济长期均衡为特征的生产结构的耗时调整。因此,奥地利学派在谈论货币的“这个”购买力的时候,就欠缺他们和其他经济学家在提到石油、钢铁、小麦和其他广泛交易的大宗商品的“市场价格”时的那种自信。

奥地利学派对两种相互独立的货币之间汇率决定的分析,是以购买力平价理论为基础的,这一理论是米塞斯在 1912 年首次提出的[1],比古斯塔夫·卡塞尔发表关于购买力平价理论多篇报告的第一篇早了 4 年。在米塞斯的货币理论中(与卡塞尔后来的理论不同,米塞斯的理论是“绝对”理论,并且是纯货币理论),两
160 种货币之间的长期均衡或“最终”汇率,总是正好等于两种货币的购买力之比的倒数。这就意味着,货币 A 相对于货币 B 的总体购买力的给定贬值,会导致货币 B 的最终价格以完全相同的比例上涨,而不管非中性贬值过程中产生的相对价格不可避免的变化。

购买力平价理论的米塞斯版本和卡塞尔版本之间的显著差异,可以追溯到米塞斯的分析手法,即他认识到,古典货币理论中长期存在的平行本位之间的区别是人为的,也就是说,两种不同的货币同时在国内流通,而且只有一种货币用于国内交易,而另一种货币在国外使用。[2]米塞斯认为,只要两个不同货币区之间存在交易关系,从经济上讲,因为两种货币都必须用于实现两个地区之间的交易,所以一个地区的货币必然与另一个地区的货币一样发挥作用。

最重要的是,在米塞斯一派的货币理论中,两种不同国家货币之间的汇率并不像卡塞尔所说的那样,是由“两国一般物价水平之间的商”来决定的。一国价格指数中一般包括与这个问题完全无关的国内商品,比如教科书上有名的“住房和理发”,其空间质量构成因素使其价格在地区间,或更进一步说,在国际上都完全无法相比较,因为我们完全没有理由在国际“可贸易”商品和国内生产和消费的“非贸易”商品之间做出区分。与国内并存并行货币的情况一样,由于所有的商品都是潜在的国际贸易对象,尽管许多商品可能是“不可移动”或“不可运输的”,但所有进入交换关系的商品(这里我们区分了空间差异化的商品),在两个国家不同

〔1〕 Mises, *Theory of Money and Credit*, 3rd ed., pp.205—213; Chi-Yuen Wu, *An Outline of International Price Theories* (London: George Routledge & Sons, 1939), pp.115—116, 233—235.

〔2〕 Mises, *Theory of Money and Credit*, 3rd ed., pp.206—207; Lord Lionel Robbins, *Money, Trade and International Relations* (London: Macmillan, 1971), p.22.

货币的购买力序列中都有表达方式。当然，从 20 世纪 80 年代的汇率波动中吸取的教训之一是，当美元贬值使美国的房地产和消费服务变得足够便宜时，外国投 161 机者和游客也可以购买。

因此，考虑到质量的空间维度，我们可以很容易地解决购买力平价理论中明显是由空间上具有固定位置的商品所引起的问题。比如说，如果美元和英镑之间的最终汇率或购买力平价汇率是 2∶1，那么位于伦敦的一栋房子的英镑价格必须正好是这幢房子美元价格的一半。当然，由于消费者认为这两座城市作为住宅区在质量上存在差异，以美元（英镑）计算的位于曼哈顿的同一栋房子的最终价格，可能是用美元（英镑）表示的伦敦房价的 3 倍。因此，为了维持购买力平价，技术上完全相同但在不同地点可获得的不可移动商品不必用同一货币维持同等价格，仅只有同一地点的不可移动商品的两种不同货币的价格比，才等于这两种货币汇率的倒数。如果某一特定商品的货币价格比偏离现行汇率，尚未达到均衡，将存在以相对高估的货币出售商品的盈利机会，人们可以利用销售收入去购买被低估的货币，然后再用低估的货币重新购买原来那个商品。这些套利操作将推动汇率和货币购买力比率朝着相互和最终的调整方向发展。[1]

对奥地利学派来说，各国不兑现货币之间“固定汇率”或“盯住汇率”所产生的问题，与一国（金银）复本位制面临的问题相同。正如米塞斯[2]首先认识到的那样，格雷欣法则仅仅是将价格控制的一般理论应用于货币领域，其作用是造成外汇市场长期短缺或人为低估的本国货币或金属货币在国内货币流通中消失。

米塞斯的购买力平价理论与卡塞尔的购买力平价理论的另一个显著区别，涉 162 及汇率是否完全是一种货币现象的问题，或者说，实际数据的变化能否通过相对价格的变动导致均衡汇率永久偏离维持两种货币之间严格购买力平价的汇率。就像卡塞尔，尤其是他在后来的作品中表述的那样，大多数现代学者都追求一种可以称之为“包容性”的汇率决定分析法，即将非货币因素作为汇率的共同决定因素。因此，他们拒绝接受绝对购买力平价理论，理由是它不能解释一国“实际贸易条件”（即一国进出口的相对价格）变化对均衡汇率的影响。

对以一国相对价格水平表示的购买力平价理论的这一批评无论是否有效，它与一个单一市场区内并存的平行货币的相对购买力理论没有任何关系。米塞斯

---

〔1〕 Rothbard, “What Has Government Done to Our Money,” p.42.

〔2〕 Mises, *Theory of Money and Credit*, 3rd ed., pp.90—93, 282—286.

的购买力平价理论在其绝对和纯货币阐述中仍然保持不变。为了说明这一点,让我们考虑一下垄断导致的石油价格(美国进口商品)相对于美国出口小麦价格的上涨。虽然贸易条件对美国不利,在其他条件相同情况下,也就是说,在(不太可能发生)货币数据没有任何变化的情况下,美元兑沙特里亚尔不会长期贬值,原因在于,这两种货币在石油上的购买力都有相同程度的下降,而且假设石油需求在全球需求曲线的相关部分无弹性,那么就小麦而言,它们的购买力也同样增加。当然我们并不否认,随着市场对相对价格变动的调整,汇率可能出现短期的、自我逆转的波动。因此,美国消费者最初对油价上涨的反应可能是石油支出增加,而对小麦的支出却没有相应减少,从而使他们的现金余额出现暂时减少。这一反应意味着,相对于他们缩水的实际收入,美国居民有计划地"过度吸收"产出,这就在
163 外汇市场上造成对里亚尔的过度需求,并导致汇率暂时上涨和美元贬值。因此,汇率的变动将有助于消除产出市场的过剩需求,调整贸易条件,以防止过度吸收并保持国际收支平衡,但只有在美国居民支出调整之后,现金余额才会重新恢复到原来的均衡水平,而汇率则回落至原有不变的购买力平价水平。

此外,其他方面也不太可能保持平等。尤其是从美国企业家和劳工到沙特企业家和劳工的收入与财富的再分配,从长期看,这种状况可能会导致对这两种货币的相对需求发生变化,并导致美元贬值。但这是对美元现金余额需求的相对下降所引发的美元对里亚尔的购买力下降,而不是由美国贸易条件的恶化引发的,美国贸易条件的恶化才是最终汇率变化的直接原因。

当然,上述分析意味着,奥地利学派学者认为,货币的购买力平价是一种只有在均衡状态下才完全成立的条件,他们认识到,在决定外汇市场上每一时刻实际实现的即期汇率时,现实因素确实发挥着作用,尽管是次要的和暂时的作用。关于即期汇率,奥地利学派学者受米塞斯的启示[1],也强调其对未来货币购买力和一国货币供应量变化的预期反应能力。然而,由于奥地利学派认识到了汇率的变动通常预示着国内货币市场即将进行调整,因此,我们必须将奥地利学派分析法与理性预期分析法区别开来。尽管这两种分析法的拥趸都认为外汇市场是一个资产市场,其特点是即时市场清算和提供新信息让参与者有个方向,但奥地利学派理论家并不同意用"有效市场假说"对这一市场的运作进行真实描述。相反,他们认为,汇率变动是由人们基于不断变化的熊市和牛市而做出的相互矛盾的预测

〔1〕 Mises, *Theory of Money and Credit*, 3rd ed., pp.27—28, 51.

所支配，而这些人的经验和对市场情况的把握以及预测未来市场的能力却各不 164
相同。

参考文献

Haberler，Gottfried. 1985. “Transfer and Price Movements.” In *Selected Essays of Gottfried Haberler*，Anthony Y.C. Woo，ed.，pp.133—142. Cambridge，Mass.：MIT Press.

Hayek，F. A. [1937] 1971. *Monetary Nationalism and International Stability*. New York：Augustus M.Kelley.

Heilperin，Michael A. 1968. *Aspects of the Pathology of Money：Monetary Essays from Four Decades*. London：Michael Joseph.

____. [1939] 1978. *International Monetary Economics*. Philadelphia：Porcupine Press.

Machlup，Fritz. 1964a. “Foreign Debts，Reparations，and the Transfer Problem.” In *International Payments，Debts，and Gold：Collected Essays by Fritz Machlup*，pp.396—416. New York：Charles Scribner's Sons.

____. 1964b. “Transfer and Price Effects.” In *International Payments，Debts，and Gold：Collected Essays by Fritz Machlup*，pp.417—424. New York：Charles Scribner's Sons.

Mises，Ludwig von. [1953] 1971. *The Theory of Money and Credit*. 2nd ed. Irvington-on-Hudson，N.Y.：Foundation for Economic Education.

____. 1978. *On the Manipulation of Money and Credit*，Percy L.Greaves，Jr.，ed.，Bettina Bien Greaves，trans. Dobbs Ferry，N.Y.：Free Market Books.

____. [1953] 1981. *The Theory of Money and Credit*，3rd ed. H.E.Batson，trans. Indianapolis：Liberty Classics.

Paish，F.W. 1950. “Causes of Changes in Gold Supply.” In *The Post-War Financial Problem and Other Essays*，pp.149—186. London：Macmillan.

____. [1936] 1966. “Banking Policy and the Balance of International Payments.” In *Readings in the Theory of International Trade*，Howard S.Ellis and Lloyd A.Metzler，eds.，pp.35—55. Homewood，Ill.：Richard D.Irwin.

Robbins，Lionel Charles. 1937. *Economic Planning and International Order*. London：Macmillan.

____. 1971. *Money，Trade and International Relations*. London：Macmillan.

Röpke，Wilhelm. [1930] 1969. “On the Transfer Problem in International Capital Movements.” In *Against the Tide*，Elizabeth Henderson，trans.，pp.1—23. Chicago：Henry

Regnery.

Rothbard, Murray N. 1975. "Gold vs. Fluctuating Fiat Exchange Rates." In *Gold Is Money*, Hans F.Sennholz, ed., pp.24—40. Westport, Conn.: Greenwood Press.

____. 1990. *What Has Government Done to Our Money?*, 4th ed. Auburn, Ala.: Praxeology Press.

165 ____. 1994. "The Gold Exchange Standard in the Interwar Years." In *Money and the Nation States*, Kevin Dowd and Richard Timberlake, eds. Oakland, Calif.: Independent Institute.

Salerno, Joseph T. 1982. "Ludwig von Mises and the Monetary Approach to the Balance of Payments: Comment on Yeager." In *Method, Process, and Austrian Economics: Essays in honor of Ludwig von Mises*, Israel M.Kirzner, ed., pp.247—256. Lexington, Mass.: D.C. Heath.

____. 1984. "The International Gold Standard: A New Perspective." *Eastern Economic Journal* 10, October/December: pp.488—498.

____. 1992. "Gold and the International Monetary System: The Contribution of Michael A. Heilperin." In *The Gold Standard: Perspectives in the Austrian School*, Llewellyn H. Rockwell, Jr., ed., pp.81—111. Auburn, Ala.: Ludwig von Mises Institute.

Wicksteed, Phillip H. [1932] 1967. *The Common Sense of Political Economy and Selected Papers and Reviews on Economic Theory*, 2 vols., Lionel Robbins, ed. New York: Augustus M. Kelley.

Wu, Chi-Yuen. 1939. *An Outline of International Price Theories*. London: George Routledge & Sons.

第6章

米塞斯与国际收支的货币分析法：对耶格尔的评论* 167

利兰·耶格尔(Leland Yeager)对在历史上困扰货币理论并一直持续到今天的一个严重问题进行了富有启发性的讨论：在分析货币现象时未能明确区分个体观和整体观。我想特别强调一下耶格尔的洞察力，即这一问题的根源在于货币理论家没有注意到"方法论个人主义的合理原则"，"……即将所有经济现象的相关命题(包括宏观经济总量的行为)与个人的感知和决策联系起来"，从而在两种观点之间架起桥梁。在详细地和批判性地分析货币理论中这种观点混乱所造成的错误时，耶格尔给我们上了关于经济推理的原则以及忽视这些原则的可怕后果的基本但非常必要的一课。我敢说，如果经济学家更密切地关注路德维希·冯·米塞斯更早的教导，这一课就完全没有必要了。米塞斯无疑是20世纪货币理论中方法论个人主义的最重要倡导者和实践者。

由于我基本上同意耶格尔的论点，我将使用他在讨论中所用的一个例子来阐 168
明米塞斯一贯运用方法论个人主义来解释货币现象对货币理论所做的贡献，而他的这一贡献未受到人们的重视。在这方面，我想重点考察耶格尔以现代货币方法对国际收支平衡的探讨。首先，我要说明的是，货币方法所依据的有效且至关重

---

* From: "Ludwig von Mises and the Monetary Approach to the Balance of Payments: Comment on Yeager," in *Method, Process, and Austrian Economics: Essays in Honor of Ludwig von Mises*, ed. Israel M.Kirzner(New York: D.C.Heath and Company, 1982), pp.247—256.

要的洞见，构成了米塞斯自己阐述国际收支理论的基础；其次，正因为米塞斯坚定地坚持方法论个人主义的原则，米塞斯的方法并不适用于耶格尔对货币方法提出的异议。值得注意的是，这项工作对货币方法的当代表述以及对其历史前因的理论研究，具有重要意义。理论上这是一个需要澄清的问题。近期已经出现了若干关于货币方法的理论基础的研究。除了一个小例外，所有研究都完全忽视了米塞斯的贡献。[1]我们希望，随着对早就采用了货币分析法的米塞斯国际收支分析法的进一步熟悉，将引发对货币分析法的重新思考，并在更坚实的方法论基础上对其重新表述。

货币分析法的基本观点是，国际收支本质上是一种货币现象。国际收支的概念本身意味着货币的存在。正如一位学者所说："事实上，在易货经济中不可能有国际收支的顺差或逆差。"[2]在这种情况下，任何解释国际收支现象的努力，自然都必定集中在货币商品的供给和需求上。货币分析法包含了对国际收支失衡、国
169 际收支调整和政策分析的言简意赅之见解的严格描述。正如我将在下面试图证明的那样，米塞斯明确意识到了这些暗藏的涵义，才对现代货币分析法充满了期待。

米塞斯的国际收支分析是基于他对国际收支是一个货币概念的见解。他说："如果两个地区的居民之间除了易货关系外，再没有其他关系，那么就不可能出现有利于某一方的国际收支差额。"[3]因此，米塞斯认为货币是国际收支中的积极因素，而不是被动地调节商品和资本"实际"流动的盈余或为贸易提供方便的东西：

> 国际收支顺差不是通过托运交售货物和服务实现的，而是通过货币的转移实现的，但长期以来，货币的转移只被视为是国际贸易状况的结果。古典政治经济学的伟大成就之一就是揭示了这一观点的根本错误。古典经济学

---

〔1〕 托马斯·H.汉弗莱是一个例外，见 Thomas M.Humphrey, "Dennis H.Robertson and the Monetary Approach to Exchange Rates," *Federal Reserve Bank of Richmond Economic Review* 66 (May/June 1980), p.24。文中简要地提到了米塞斯，认为他对货币分析法的贡献基本上被忽视了。

〔2〕 M.A.Akhtar, "Some Common Misconceptions about the Monetary Approach to International Adjustment," in *The Monetary Approach to International Adjustment*, eds. Bluford H.Putnam and D.Sykes Wilford(New York: Praeger, 1978), p.121.

〔3〕 Ludwig von Mises, *The Theory of Money and Credit*, new enl. ed., trans. H.E.Batson(Irvington-on-Hudson, N.Y.: Foundation for Economic Education, 1971), p.182.

证明，货币的国际流动不是贸易的结果，货币的国际流动不是贸易顺差或逆差的结果而是原因。贵金属则是根据个人对货币需求的程度和强度在个人之间分配的，国家之间的分配也是如此。[1]

米塞斯用他的货币边际效用理论来解释世界货币存量在各国之间的"自然"或均衡的分布。关于百分之百的铸币本位制，他是这样说的：

> 这个命题适用于货币，也适用于其他任何经济物品，货币在个体经济主体之间的分配，取决于它的边际效用……包括快速流动的货币在内的所有经济物品，都趋向于以一种均衡状态在不同个体之间分配，此时，任何个人所能进行的进一步的交易行为都不能给他带来任何收益，也不会带来任何主观效用的增加。在这种均衡状态下，货币的总存量，就像商品的总存量一样，是按 170
> 照个人在市场上表达的对货币的需求强度在个人之间进行分配的。影响货币与其他经济物品之间交换比率的各种因素的每一次变化[即货币的供给与需求]，都会使这种分配发生相应变化，直至达成新的平衡点。[2]

米塞斯接着总结道，由于一国货币存量仅仅是该国居民货币余额的总和，决定货币余额在人与人之间分配的相同原则，也决定了货币存量在国家之间的分配。[3]因此，米塞斯是通过分析货币余额在人与人之间的分配，建立了对货币的国际分配的解释，从而为国际收支现象的分析奠定了基础，这种分析符合方法论个人主义的原则。

与货币分析法的后来支持者一样，米塞斯设想国际收支失衡是个人和国家的货币持有量被调整到期望水平过程中的一个完整阶段。比如，当市场参与者通过增加他们在世界市场上的商品和证券的销售寻求增加货币余额时，一国货币需求的过度发展将导致国际收支盈余。当国内货币余额达到预期水平，超额货币需求得到满足时，货币商品的盈余和相应的流入将自动终止。相反，国际收支逆差则是调节货币过剩供给机制的一部分。

米塞斯在下面的文字中，对国际收支平衡在货币调整过程中所起的作用，进行了清楚的阐述：

---

〔1〕 Ludwig von Mises, *The Theory of Money and Credit*, new enl. ed., trans. H.E.Batson(Irvington-on-Hudson, N.Y.: Foundation for Economic Education, 1971), p.182.

〔2〕 Ibid., pp.183—184.

〔3〕 Ibid., p.184.

> 171 在一个商品交易是货币交易的社会里,每个企业都必须时刻注意在手头保有一定数量的货币。企业一定不能让手头持有的现金低于进行交易所需的确定金额。另一方面,一个企业不能让自己持有的现金超过必要的数额,因为放任那笔钱闲置会导致利息损失。如果手头的货币太少,就必须减少购买或出售一些商品。如果手头的货币太多,就必须用来购买商品。
>
> ……用这种方法,每个人都确保了自己手头拥有货币。由于每个人都在追求自己的利益,市场力量的自由发挥,不可能造成一座城市、一个省或整个国家的全部货币的流出……

因此,如果我们有一个纯粹的金本位制,政府就完全不必关心国际收支问题。它可以放手让市场负责维持一国境内足够数量的黄金。在自由贸易力量的影响下,除非手头有了过剩的货币余额,否则黄金不会流出这个国家。反过来,如果现金余额不足,黄金会一直流入该国。因此,对米塞斯来说,货币调整过程确保了黄金货币和所有其他商品一样,在短缺时进口,在过剩时出口。〔1〕

将国际收支视为货币调整过程中的一个阶段,这种观点的涵义是,不反映基本货币数据变化的国际货币流动,只能是暂时现象。因此,米塞斯写道:"国际货币的流动总是由货币需求的变化引发的,只要流动的性质不是暂时性的,随后很快就会因相反方向的流动而抵消。"〔2〕

所以,尽管米塞斯确实认为国际收支失衡的长期原因完全是货币性的,但他
172 并没有犯这样一个错误:即用满足国内超额货币需求的过程来确定国际收支顺差,或者用解决国内货币供给过剩的过程来确定国际收支逆差,耶格尔则将这一错误归于更为激进的、货币分析法的全球货币主义支持者。米塞斯明确认识到了经济"真实"面发生的变化,比如,一国出口的外国需求下降,即使是在货币供求基本条件没有发生变化的情况下,也有可能产生国际收支失衡。但在米塞斯看来,这种国际收支平衡的非货币性干扰仅仅是短期现象。国际收支调节机制的功能之一,就是扭转参与这些干扰的失衡货币流动,从而恢复世界货币存量的均衡分布,而这种均衡分布完全取决于个人如何配置自己持有的货币。

---

〔1〕 Ludwig von Mises, *On the Manipulation of Money and Credit*, ed. Percy L.Greaves, trans. Bettina Bien Greaves(Dobbs Ferry, N.Y.: Free Market Books, 1978), pp.53—54.

〔2〕 Mises, *Theory of Money and Credit*, p.185.

> 如果国际收支状况使得货币必须从一个国家流向另一个国家，并且不受其各自居民对货币估价任何改变的影响，那么就会引发重建均衡的交易行为。那些货币收入超过了货币需求的人，会尽可能快地把多余的货币花掉，不管是用于购买生产品还是消费品。另一方面，那些货币存量低于其货币需求的人，将被迫增加自己的货币存量，他们要么限制自己购买商品，要么出售自己所拥有的商品。由于这些原因，有关国家市场上价格变化引发的交易，一定始终是重建国际收支平衡的交易。不依赖于货币需求条件变化的国际收支借贷平衡，只能是暂时平衡。〔1〕

上面的引文说明了米塞斯和全球货币主义者之间的区别，后者否认国际货币流动具有来自非货币原因的可能性。他们的否认等于是在声称，所有的国际货币 173
流动都必然是均衡的，原因在于，国际货币流动完全是为了应对国家之间货币供给和需求的失衡。正如耶格尔所指出的，这种推理方式导致在将国家货币存量调整到预期水平的过程中，对国际收支的盈余和赤字做出了完全错误的认定。

我们不难找出这种错误推理的根源：背离方法论个人主义的合理原则，重点关注国家而不是将个人作为分析的基本单位，是货币分析法的趋势。在这样做的过程中，它自然（尽管不合法）将只适用于分析个人行为的分析概念和分析结构应用于国家。尤其是，货币分析法有意识地用一个家庭或企业获得并维持最佳货币余额水平的方式来构想一个国家，并试图借此解释国际收支现象。路德维希·拉赫曼（Ludwig Lachmann）所说的“家庭和企业的均衡”概念，被用来描述国家—家庭（nation-household）在服务于这一目标时必须和将要采取的行动。〔2〕正如拉赫曼所解释的，家庭—企业均衡的概念隐含在选择的逻辑之中。〔3〕一位经济行为人总是会根据他对现有资源和技术的了解，选择与其目标和排名相一致的行动方案。由于他的目的总是要（可能只是暂时的）带来一种更理想的状态，因此，他的行动总是保持了某种意义的平衡。

就货币分析法所处理的问题而言，这一分析概念的涵义是，除非一个国家不满意自己的货币存量水平，也就是说，除非国内出现货币供给过剩或需求过剩，否

---

〔1〕 Mises, *Theory of Money and Credit*, pp.184—185.

〔2〕 Ludwig M.Lachmann, *Capital*, *Expectations*, *and the Market Process*: *Essays on the Theory of the Market Economy*, ed. Walter E.Grinder(Kansas City: Sheed Andrews and McMeel, 1977), p.117.

〔3〕 Ibid., pp.117, 189.

174 则一国永远不会改变它的货币存量水平。另一个涵义是,所有的国际货币流动都将趋于均衡,这是各国为将其实际货币余额调整到预期水平而审慎采取各种步骤的结果。因此,从逻辑上讲,国际收支盈余和国际收支赤字总是与货币失衡的调整相关联。认为国际收支失衡(即使暂时的)可能是由与货币失衡无关的原因引起的,这种观点意味着经济行为人(在这种情况下是国家)已经抛开了经济理性。如果不是为了确保一个更有利的位置而故意选择的行为,为什么还要获得或去除自己的货币余额呢?因此,全球货币主义者准备否认,比如在国内货币供给过剩的情况下,相对需求从国内产品转向外国产品,甚至会造成国际收支的暂时赤字。

这就清楚地说明了,当货币理论家陷入方法论整体主义并将其应用于假设的实体(如国家概念)时所产生的混乱,这一概念的使用已经很不恰当地超出了个体行为领域。家庭—企业均衡概念只有在选择逻辑的框架内才有意义。选择逻辑本身也只有在个体行为的背景下才有意义。

凭借其彻底的方法论个人主义的长处,米塞斯在其国际收支分析中牢牢把握住了个体行为人均衡与个体行为人之间均衡的最重要区别。米塞斯分析法和货币分析法之间的这种差异,可以从他们对经济的“实体”面或“商品”面的变化对国际收支影响的不同分析中看出来。假设有一种国际纯金属货币,我们从货币和国际收支平衡的情况开始分析,现在我们假设国内消费者增加了他们在国外进口商品上的支出,支出的增长反映了相对于国内产品而言,外国产品估值上升的情况。我们进一步假设,对货币余额的总体需求保持不变,经济体系中的实际数据或货币数据没有发生其他变化。

175 在这些情况下,那些倾向于通过调整货币失衡的过程来确定国际收支顺差和逆差的货币分析法的支持者,自然会否认任何影响国际收支失衡的因素,因为根据假设,这个国家并不想改变其货币均衡水平,而仅仅是改变其消费者的消费品组合。因此,调整将完全在商品领域进行,该国只需增加需求不那么迫切的国内商品的出口,以支付现在更受推崇并增长的外国进口产品,并同时保持其货币余额水平不变。

但对米塞斯来说,事情并不简单,因为调整过程并不是由单一宏观经济主体相互一致的选择和行动构成的。相反,它涉及一系列代表众多微观经济主体且相互不一致的个体均衡的配置行为,这些微观经济主体在价格体系的引导下,其个体行为的相互协调越来越紧密,直至实现最终的个体间均衡。

相应地，在米塞斯的分析中，随着国内消费者将支出从国内产品转移到国外进口产品，确实会出现最初的国际收支逆差和相应的货币外流。现在，从这些国内个体消费者的角度看，从选择逻辑的意义上说，这种货币外流肯定是“均衡”的，因为这明显利于他们获得更有利的位置。然而，从整个经济体系的角度来看，这种货币流动非但没有起到调整先前存在的货币失衡的作用，反而破坏了货币余额在个体间分配的普遍均衡，因此最终会自我逆转。这样，那些需求下降商品的国内生产商的收入出现了缩水，这可能会使他们的货币余额不足。另一方面，由于外国厂商生产的产品之需求在增长，收入也在增加，随之而来的就是超额货币余额的积累。我们不必详细说明这两个群体为将其货币余额调整到所需水平而采 176
取的步骤，总之是要启动一个国际收支平衡调整程序，重新建立个人之间、进而是国家之间货币持有量最初的、均衡的分配。

因此，米塞斯得出了与货币分析法支持者相同的、长期比较静态结论，其大意是，上述变化不会导致一国货币存量发生任何变化。然而，米塞斯对个体经济主体的关注使他分析了动态的宏观经济过程，由此产生了相对静态的宏观经济结果。

在下结论之前，我想简单地指出米塞斯预先探讨的货币分析法的另外两个重要方面。第一个涉及的是货币分析法的全球视角，这与封闭经济宏观模型狭隘的国家观形成了鲜明对比，而封闭经济宏观模型是凯恩斯主义国际收支平衡方法的典型代表。货币分析法将世界经济视为一个单一市场，不同国家的商品和资本次级市场彼此充分融合，并服从于一价定律规则。因此，套利确保了一个特定国家的价格和利率严格地由世界市场上的供求力量决定。

全球视角的分析彻底改变了现代国际收支分析，米塞斯完全理解其重要性：

> 现在很少受到关税等立法规定或其他障碍限制的资本品的流动，导致了同质化的世界资本市场的形成。在参与国际贸易的各国的信贷市场上，净利率不再是根据各国的国内因素来考虑，而是根据国际因素来确定。利率水平不是由一国国内的自然利率决定，而是由**所有**国家的自然利率决定……到目前为止这么长时间内……一个国家参与国际贸易，这个国家的市场就只能是世界市场 177
> 的一部分；价格就不是由国内市场决定的，而是由国际市场决定。[1]

---

〔1〕 Mises, *Theory of Money and Credit*, pp.374—375.

我还想补充一点，米塞斯的个人主义和主观主义的分析关注点使他能够比货币分析法学者更有效地处理反对货币分析法的意见，比如以国际非贸易商品和服务形式存在的诸如住房、理发和冰淇淋筒等，就严重限制了一价定律运行并破坏了统一的世界价格水平。货币分析法支持者如雅各布·弗兰克尔(Jacob Frankel)和哈里·约翰逊(Harry Johnson)的反应是一种经验主义断言，即在消费和生产两个方面，贸易和非贸易商品类别之间的替代弹性接近无穷大，这一条件对两类商品之间的相对价格变动范围做出了极为严格的限制。[1]

另一方面，米塞斯从理论上对这一不同意见进行了分析。[2]他的论点基于这样一个重要的见解，即一件商品在空间上的位置是制约其效用的一个因素，因此，也是制约个体经济主体的主观价值的一个因素。出于这个原因，技术上完全相同、在空间上占据不同位置的商品实际上是不同的货物。如果市场参与者对这些物理上完全相同的商品的总体估价和需求因其所在位置不同而有所不同，那么它们的价格自然不会趋于均衡。因此，米塞斯才能逻辑地得出结论，国际上存在价格差异的所谓非贸易商品的存在，并不构成对世界范围内每一种商品实行一价定律的合理反对，也不构成对世界货币单位购买力完全均等化的必然趋势的合理反对。

178 米塞斯可以被视为货币分析法先驱的最后一个方面，是他对持续性国际收支失衡的原因的分析和提出的解决办法。对米塞斯和货币分析法而言，长期的国际收支逆差只能来自通货膨胀的货币政策，这种政策通过银行的信用创造，不断地将过剩的货币余额引入国内经济。赤字和相应的黄金外流，反映了国内货币持有者一再试图摆脱这些过剩的货币余额，而货币当局的通胀干预，正在一次又一次地重新创造这些过剩余额。只有当通胀性货币政策停止或黄金储备耗尽之时，逆差才会终止。

米塞斯在以下段落中，对通货膨胀主义者、干预主义货币政策与长期国际收支失衡之间的关联做了描述：

> 如果政府在贸易中引入了大量不可兑现的纸币或政府票据，那么，必然

〔1〕 Jacob A.Frenkel and Harry G. Johnson, "The Monetary Approach to the Balance of Payments: Essential Concepts and Historical Origins," in *The Monetary Approach to the Balance of Payments*, eds. Jacob A.Frenkel and Harry G.Johnson(Toronto: University of Toronto, 1976), pp.27—28.

〔2〕 Mises, *Theory of Money and Credit*, pp.170—178.

> 导致货币贬值。货币单位的价值下降。然而，这种贬值只会影响不可兑现票据。黄金货币在国际上保留了全部或几乎全部的价值。但由于国家有权运用法律的力量，宣布价值较低的纸币与价值较高的金币具有同等的购买力，并禁止以高于纸币的价格交易黄金，因此，金币一定会从市场上消失。黄金可能会消失在国外，也可能被熔化后用于国内工业，或者也可能会被囤积起来……
>
> 不需要政府的特别干预就可以保持贵金属在一国之内的流通。对一个国家来说，放弃一切借助于印刷机来缓解财政困难的企图已经足够了。为了维护货币，国家不需要做更多的事情。要实现这个目标，国家只需这样做就行了。所有命令和禁令，所有限制外汇交易的措施都毫无用处且毫无目的。〔1〕

总之，米塞斯对国际收支分析的贡献不仅应被誉为货币分析法发展过程中的一个理论上的里程碑，更重要的是，它是货币理论中方法论个人主义的光辉典范。〔2〕

参考文献

Akhtar, M.A. 1978. "Some Common Misconceptions about the Monetary Approach to International Adjustment." In *The Monetary Approach to International Adjustment*, Bluford H. Putnam and D.Sykes Wilford, eds. New York: Praeger.

Frenkel, Jacob A., and Harry G.Johnson. 1976. "The Monetary Approach to the Balance of Payments: Essential Concepts and Historical Origins." In *The Monetary Approach to the Balance of Payments*, Jacob A.Frenkel and Harry G.Johnson, eds. Toronto: University of Toronto.

Humphrey, Thomas M. 1980. "Dennis H.Robertson and the Monetary Approach to Exchange Rates." Federal Reserve Bank of Richmond *Economic Review* 66(May/June).

---

〔1〕 Mises, *Manipulation of Money and Credit*, p.55.

〔2〕 由于篇幅所限，本章排除了米塞斯对汇率分析的讨论。无论是他对购买力平价理论的开创性解释（早于卡塞尔），还是他将预期融入对短期汇率变动的解释，都足以说明米塞斯早就提出了汇率的货币分析法。此外，米塞斯的分析体现了他的全球视角，即两国货币的汇率应按照与在同一国家流通的平行货币之间的汇率相同的原则来解释。

Lachmann, Ludwig M. 1977. *Capital, Expectations, and the Market Process: Essays on the Theory of the Market Economy*, Walter E.Grinder, ed. Kansas City: Sheed Andrews and McMeel.

Mises, Ludwig von. 1971. *The Theory of Money and Credit*, new enl. ed. H.E.Batson, trans. Irvington-on-Hudson, N.Y.: Foundation for Economic Education.

____. 1978. *On the Manipulation of Money and Credit*, Percy L.Greaves, Jr., ed. Bettina Bien Greaves, trans. Dobbs Ferry, N.Y.: Free Market Books.

第二编
通货膨胀、通货紧缩和大萧条

第7章

奥地利学派宏观经济学的协调概念*〔1〕 181

罗杰·加里森(Roger Garrison)在其论文的结论部分指出，协调的概念“可以作为统一的宏观经济学的组织原则”，就像它现在“为宏观经济学提供宏观经济基础”一样。具体而言，加里森提出的“组织主题”正是奥地利学派的跨期协调概念，即重构和统一当前宏观经济学、增长理论和商业周期理论的标准理论。

鉴于加里森和其他现代奥地利学派经济学家对协调概念的重视，我们有必要澄清这一概念的涵义和用途。加里森论文重点研究的是跨期协调作为扩展标准宏观经济学手段的作用，以涵盖凯恩斯主义和奥地利学派关于市场力量在不同程度的资源闲置中发挥作用的观点。正如加里森对此术语的用法，即跨期协调是指
市场力量引导企业家构建并维持一个完整的投资活动时间结构，而这个投资活动 182
正好对应于市场参与者表示的跨期消费偏好或“时间偏好”。我打算把重点放在包括跨期协调在内的可以称之为“价格协调”的更宽泛的概念上，我认为这是独特的奥地利学派宏观经济理论方法的起点。

---

* From: “The Concept of Coordination in Austrian Macroeconomics,” in *Austrian Economics: Perspectives on the Past and Prospects for the Future*, ed. Richard M. Ebeling(Hillsdale College Press, 1991), pp.325—343.

〔1〕 本章是对罗杰·加里森(Roger Garrison)《奥地利学派资本理论和宏观经济学的未来》(Austrian Capital Theory and the Future of Macroeconomics)一文的评论，于1990年4月提交“奥地利学派经济学会议：对过去和未来的展望”(Conference on Austrian Economics: Perspectives on the Past and Prospects for the Future, Hillsdale College, Hillsdale, Mich.)。但可以作为一篇独立的文章来阅读。

价格协调不能与最初由弗里德里希·冯·哈耶克提出的计划协调概念相混淆。在对现代奥地利学派学者产生重大影响的《经济学与知识》(Economics and Knowledge)一文中,哈耶克提出了基于"计划协调"〔1〕的均衡概念,以替代基于"数据稳定性"的均衡概念。相反,正如我在下文要详加阐述的那样,价格协调是对基于稳定数据的均衡循环经济概念的不可或缺的补充。正如路德维希·冯·米塞斯反复强调的那样,在历史的市场进程中,均衡循环经济虽然是一种永远无法实现的假想状态,但对于现实世界的企业家职能的识别和分析却是不可或缺的。〔2〕然而,企业家只能在一个可以进行经济计算的世界里制定和执行生产计划,也就是说,商业交易竞争会产生市场清算价格,在日历时间的每一个时刻,都会毫无疑问地反映、促进和协调被认为是最受消费者重视的、可利用的稀缺资源的使用。因此,无论均衡状态是如何设想出来的,价格协调并不是一种与无法实现的均衡状态相关联的现象;相反,价格协调具有一般静止状态的基本特征,正如
183 米塞斯告诉我们的那样:"……这不是一个虚构的结构,而是对市场上反复发生的事情的充分描述。"〔3〕

价格协调的概念产生于对市场过程的一种特殊观点,这一观点在威廉·H.赫特〔4〕、米塞斯〔5〕、菲利普·H.威克斯蒂德〔6〕和美国心理学派的经济学家,尤其是在赫伯特·J.达文波特〔7〕的著作中得到了最充分的发展。

---

〔1〕 事实上,哈耶克从未在文章中使用过这个术语,但在文章的几个地方,他在表达他的概念时提到了计划的"相互兼容"(mutual compatibility)或"互通性"(intercompatibility)。

〔2〕 For an insightful analysis and defense of Mises's view of the nature and uses of the evenly rotating economy, see J.Patrick Gunning, "Mises on the Evenly Rotating Economy," *The Review of Austrian Economics* 3: pp.123—135.

〔3〕 Ludwig von Mises, *Human Action: A Treatise on Economics*, 3rd ed.(Chicago: Henry Regnery Company, 1966), p.245.

〔4〕 William H. Hutt, *Keynesianism-Retrospect and Prospect: A Critical Restatement of Basic Economic Principles*(Chicago: Henry Regnery Company, 1963); idem, *A Rehabilitation of Say's Law*(Athens, Ohio: Ohio University Press, 1974); idem, *The Keynesian Episode*(Indianapolis: Liberty Press, 1977).

〔5〕 Mises, *Human Action*.

〔6〕 Phillip E.Wicksteed, *The Common Sense of Political Economy and Selected Papers and Reviews on Economic Theory*(New York: Augustus M.Kelley, 1967).

〔7〕 Herbert J.Davenport, *The Economics of Enterprise*(New York: Augustus M.Kelley, 1968).

按照这些经济学家的看法，市场应该被理解为一个社会评估过程，[1]在这个过程中，经济中的生产资料的货币价格，是根据其对实现经济体系目标（即消费者偏好）的重要性而确定的。[2]正如米塞斯在社会主义计算辩论中所做的贡献告诉我们的那样，对生产资料的价格评估是市场的特殊社会功能，因为，在没有企业家竞价收购私有资源存量的情况下，经济计算以及社会分工下资源的合理配置是不 184
可能的。[3]

在对社会评估过程的分析中，我们发现，这一过程本质上是一种具有创业精神、竞争能力和协调性的过程。我们依次来考察这些品质。

由于所有生产过程都需要耗费时间来完成，因此，他们的目标是一个不确定的未来，任何为市场而进行的生产行为，都是基于对计划产出价格的推测性评估，以企业竞价购买生产性投入为前提。在预测未来的市场状况时，企业家可以依靠的只有他的经验和他的领悟。[4]他的出发点是他对当前（实际上是刚刚过去的）市场价格结构和产生这种结构的经济数据模式的经验。基于这一经验，企业家运用其理解力预测在所考虑的生产期内，定性经济数据将发生的连续变化，并评估由这些估计数据变化所决定的未来数量价格比率结构。

因此很明显，生产决策不能仅仅基于对已实现的市场价格的了解，也不能仅仅基于过去的市场价格。作为面向未来的生产过程的塑造者，企业家需要有关定性或非价格数据的详细信息，以履行其作为预测者和未来价格估价师的动态

---

〔1〕 米塞斯所使用的“估价”这个词，有两种不同的涵义。从第一种涵义上说，它是指个体企业家所做的一种推测性判断。米塞斯对这个词的用法体现在下面这段话中，他说“估价是对预期事实的预期，它的目的是确定特定商品在市场上的价格……”（Mises, *Human Action*, p.332）。米塞斯使用这个词的第二个涵义是指一个社会市场过程。因此，米塞斯（*Human Action*, p.333）写道：“生产要素是根据产品的价格进行评价的，并由此得出它们的价格。”接下来，我们将从上下文中清楚地看出这一术语的涵义。

〔2〕 继赫特（*Keynesian Episode*, p.300）之后，我使用“消费者偏好”这个词来包括休闲偏好、风险偏好、时间偏好和流动性偏好。

〔3〕 关于米塞斯对社会主义计算辩论的贡献的回顾和分析，见Joseph T.Salerno, “Ludwig von Mises as Social Rationalist,” *The Review of Austrian Economics* 4: pp. 26—54; idem, “Why a Socialist Economy Is ‘Impossible,’” A postscript to *Economic Calculation in the Socialist Commonwealth* by Ludwig von Mises(Auburn, Ala.: Praxeology Press, 1990b) pp.53—71。

〔4〕 On the role played by experience and understanding in forecasting the uncertain future, see Mises, *Human Action*, pp.112, 118, 337—338, 678.

功能。

赫特尤其认识到了企业家的预测和估价对生产过程的重要性,他强调指出:“生产……是对经济目的的预测表达的反应……企业家的决策由持续的预测所主
185 导(除非另有说明,重点均为作者所加)。”〔1〕

赫特也明白有关过去定性经济数据结构的详细信息在企业家的预测中所起的关键作用,他认为:“……重要决策是根据详细的和普遍的知识做出的……自由企业制度下的‘计划’是深思熟虑的、有目的的,并且是基于对当地达成目的之手段的详细而专业的了解,以及对目的本身的仔细观察做出的。”〔2〕同样,赫特赞同并引用了威克斯蒂德强调的他所说的“商业管理的‘计划方面’,也就是说,那些能够意识到改变目的和手段的具体事实的企业家之有意识和有目的的行为”。〔3〕

米塞斯也强调了详细的非价格信息对于商业预测的重要性,他说:“任何商人都不会忽视任何可用的信息来源。因此,任何商人都不会不去密切关注报纸的报道。”〔4〕事实上,对米塞斯来说,对市场未来状态的判断的准确性取决于对交易获利经验许多细节的细读,因此,企业家“……从法律、统计和技术领域的专家那里获取有关过去事态的信息……”〔5〕

最后,威克斯蒂德点明了一点,即使在一个新的市场交易日开始之时,哪怕生产商已经生产出了一批货物并准备好出售,生产商也不能从昨天的市场价格机械地推断出今天的均衡价格,他必须根据现有市场状况的详细信息对今天的价格进行投机性估价。威克斯蒂德以一国市场为例写道:

186 ……摊贩们部分基于对市场的实际考察,部分基于他们在进入市场之前所掌握的各种信息来源和推测,比如说根据某种水果的数量以及当天市场上最明显的替代品的情况,摊贩们将形成一个总体估计。此外,他们还将根据前几天或前几年的经验,对与这个数量相对应的均衡价格做出估算……

---

〔1〕 Hutt, *The Keynesian Episode*, p.300.

〔2〕 Ibid., p.76.

〔3〕 Ibid., p.74.

〔4〕 Ludwig von Mises, *On the Manipulation of Money and Credit* (Dobbs Ferry, N.Y.: Free Market Books, 1978), p.165.

〔5〕 Mises, *Human Action*, p.307.

> 在卖方不能总是回答价格是多少的情况下，一个有意思的迹象表明，卖方在报出价格时，受到决定价格的最终资料(the ultimate facts)的一系列推论和推测的引导。在小国的市场上经常发生这样的情况：当顾客在一天的早些时候询问某件东西的价格时，摊主会回答说她不知道。她觉得自己无法对市场上的存货数量、潜在购买者的偏好范围以及最终将支配市场的价格做出明智的估算。[1]

在威克斯蒂德对价格均衡过程的描述中，卖方积极地寻求所需的详细信息，以形成对预期均衡价格的评估。对这一过程的解释与那些将价格体系视为更经济地使用信息的手段的人所作的解释形成了对照，他们认为，卖方在不了解基本经济数据的情况下，通过修改他们的预期和计划来被动应对与实际市场价格相关的盈余和短缺。

因此很明显，与弗里德里希·冯·哈耶克[2]和伊斯雷尔·M.柯兹纳[3]相比，上述社会评估经济学家(social appraisement economists)并不认为知识的发现是竞争的社会结果，而是竞争的必要前提条件。也就是说，在竞争过程开始之前，企业家们相互竞价，以获得实施面向未来的生产计划所需的稀缺资源，在这个过程中，获得威克斯蒂德在上述引文中所说的"最终资料"的信息，对每个参与者来 187
说都非常必要。这种与过去和未来市场状况有关的非价格知识的"发现"，是企业家评价未来产出价格的依据和条件，因此，也就产生了对生产资源的交易性竞争。因此，知识发现的过程必须被定性为竞争的非社会先决条件，因为它在很大程度上取决于人类个体思维对解释性理解的运用。

另外，竞争的结果是对生产要素进行价格评估，并随之产生一个统一的价格结构，在这种结构中，每种类型和订单的商品和服务都被赋予了一个可以在经济计算过程中有目的地加以利用的基数。因此，市场的价格结构可以称为"社会"现象，因为尽管它是由社会中每个成员以消费者和生产者的双重身份的心理活动所

[1] Wicksteed, *The Common Sense of Political Economy*, p.22.

[2] Friedrich von Hayek, "Competition as a Discovery Procedure," in *Individualism and Economic Order* (Chicago: Henry Regnery, 1972), pp.179—190.

[3] Israel Kirzner, "The Primacy of Entrepreneurial Discovery," in *Discovery and the Capitalist Process* (Chicago: University of Chicago Press, 1985) and "The Economic Calculation Debate," *The Review of Austrian Economics* (1987).

产生的,但它仍然不可能通过一个在人类个体头脑中运作的过程来复制。[1]

最后,我们来看协调的概念及其与社会评估过程的关系。这一过程的协调功能在赫特的作品中得到了最清晰的分析。[2]

在赫特看来,通过社会评估过程建立的价格结构,每时每刻都在协调多种资源的使用和组合,并将它们整合到一个设计好的单一生产结构中,并倾向于以最
188 佳方式服务于消费者的偏好。这一结果由这样一个事实所保证,即企业家对其计划生产过程投入品的出价,必须根据他们对这些过程中预期产出的未来价格的评估进行调整。因此,所有资源的价格,包括所有的中间品或资本品的订购,最终都与消费品的预期价格相协调,也与消费者的偏好相协调。因此,赫特认为,定价过程是"……使人们所追求的各种经济目标保持一致的过程,并且通过这个过程可以实现针对这些目标的同步合作"[3]。

由于每个资源市场的清算价格代表了生产结构中资源的预期边际收益产品,这些价格的市场清算性质确保了企业生产计划在充分利用稀缺资源的同时得以实施。在这种情况下,企业家们唯一没有利用的资源是那些没有价值的资源,比如贫瘠的土地,或者那些对资源所有者的直接效用高于其边际收益产品产生的效用的东西,比如,当一个人选择休闲而不是他最喜欢的就业机会时,就是这种情况。当然,在市场清算价格制度下,目前没有工作但积极找工作的个人,并不是经济意义上的无所事事,而是赫特所谓的"找工作"中的自由职业者。[4]在拒绝了以现行工资标准提供的已知就业机会并转而寻求更高报酬的工作机会时,这个人"……实际上是在没有直接报酬的情况下,出于自身考虑而对自己的投资"[5]。

赫特用下面的文字描述了市场清算价格对社会评估过程协调运作的重要性:

> 189 如果任何特定最终商品的生产产出率与整个系统完美协调,市场价格将使消费者能够并愿意购买未来全部的持续产出量……如果在任何一个阶段,

[1] 米塞斯的《人类行为》第335—338页对社会评价过程在竞争和企业家精神方面做了最好的总结和描述。达文波特(Davenport)的《企业经济学》(*Economics of Enterprise*, pp.109—113)中也有类似的描述。

[2] Hutt, *Keynesianism*; idem, *A Rehabilitation of Say's Law*; and idem, *The Keynesian Episode*.

[3] Hutt, *The Keynesian Episode*, p.151.

[4][5] Hutt, *The Theory of Idle Resources: A Study in Definition*, 2nd ed.(Indianapolis: Liberty Press, 1979), p.83.

一种材料或中间产品的价格下降，在同等条件下，该阶段的产出量将趋于增加，如果需求保持不变，**最终产量可能增加**；如果价格上涨，持续产出量将趋于下降……因此，直接消费的服务和在制品在整个生产阶段的持续产出量以及作为最终产品进入消费的量，是由在市场清算水平上所要求的价格决定的……但是，如果每一个特定的价格被调整到其他所有当前和预期的价格水平，并且所提供的服务并非因任何原因而**毫无价值**，那么通过定价，任何一个所需东西的持续产出量都可以与所有互补的东西的持续产出量同步……因为除非服务是无价值的，否则一定有对它们的需求，而且在没有约束的情况下，它们所包含的潜在产品将通过生产阶段进入消费阶段。

当价格协调确定时，不仅最终价格与货币收入和消费者偏好有关，而且生产各阶段的服务价格和中间产品价格也要根据下一阶段的需求预期而确定。下一阶段需求的预期价格，继而又根据后续阶段的需求预测得出，包括对最终产品的最终需求。[1]

因此，不可夸大企业家预测在社会评估过程中的重要性。但是，如果生产计划是建立在预测和价格评估的基础上，而这些预测和价格评估在随后出现的市场状况中被证明是错误的（这是现实世界中经常出现的情况），那会怎样呢？宝贵资源的不协调和"非自愿"失业，不就是这种企业家错误的结果吗？答案是"否"；只要保持价格弹性，社会估价过程在任何时间点和任何情况下都能有效协调。市场清算价格结构所体现的对资源的社会评估，实际上总是反映了企业家对必然是暂 190
时遥远的消费者偏好模式的推测性判断。企业家对未来的理解不可避免地存在导致事后滥用资源的缺陷，用赫特的话来说："……没有解释不使用有价值的（即潜在需求）服务。它解释了错误的使用。"[2]

即使面对最严重的企业家预测错误，在所有社会分工的参与者面对合法或非法胁迫的情况都能畅通无阻地进入市场时，由此产生的市场清算价格就保证了充分就业和稀缺生产资源的有效协调。正如赫特所说："在协调经济中，至关重要的是所有资源和服务进入市场的权利；而在货币经济中，这就要求定价能满足买卖

---

〔1〕 Hutt, *The Keynesian Episode*, pp.137—138.

〔2〕 Hutt, *A Rehabilitation*, p.96 fn.

双方的要求。‘市场’对生产商整体而言是‘有保证的’，除此别无选择。”[1]

事实上，如果对资源进行定价可以充分反映错误的预测，由此产生的损失才是企业家的期望值需要调整的方向指标。因此，赫特强调：“……建立合理的企业家期望的途径是工资（和构成成本的其他价格）这一原则的重要性，无论企业家预测是否在一开始就可能不合时宜地悲观，但工资是根据企业家预测进行了灵敏调整的。”[2]

因此，一些企业家事后发现他们的行为导致了经济损失，这并不妨碍协调。相反，如果他们预计将继续由现有资源组合进行生产，那么亏损的经历将刺激企业家对企业预测、生产计划和生产投入投标的修正，从而导致中间商品之间价格
191 关系的重构。基于这一修订，继续不间断地充分而协调地利用生产资源，但仍然进行推测性的社会评估。

估价过程的协调运作也不会因为投入或产出的合同固定价格的存在而受到丝毫阻碍，这些价格可能最终是在错误预期的基础上进行谈判的。正如赫特强调的那样，这种价格并不构成扭曲资源配置的刚性市场价格。[3]事实上，在合同确立之后，支配未来交易的价格就失去了市场价格的性质和功能，开始仅仅作为生产结构中由价格波动产生的投机损益在买卖双方之间分配的条款，例如，工人和雇主、材料供应商和材料使用者、零售商和批发商，等等。

甚至在一些奥地利学派经济学家的著作中，也有对社会评估过程的协调能力的表述，最普遍的和反复出现的疑问可能来自对公众流动性偏好上升的影响的考虑。[4]按照传统观点，在市场参与者试图增加现金余额的情况下，货币单位购买力上升的过程可能包含了包括资源的“非自愿”失业在内的经济活动的严重不协调。[5]然而，提出这一观点的那些人从来没有领会到赫特的要旨，即社会估价过

---

〔1〕 Hutt, *A Rehabilitation*, p.150.

〔2〕 Ibid., p.97.

〔3〕 Hutt, *The Keynesian Episode*, p.144.

〔4〕 流动性偏好的上升相当于默里·N.罗斯巴德的著作《人、经济和国家：经济学论文集》(2 vols., Los Angeles: Nash Publishing, 1970, p.662)中所称的货币的“保留需求”(reservation demand)，也可以大约等同于费雪交易方程中流通速度项的下降。罗斯巴德区分了保留需求与货币的“交换需求”，后者由费雪交易方程中的交易数量项表示。

〔5〕 奥地利学派持这种观点的人是 George A.Selgin, (*The Theory of Free Banking: Money Supply under Competitive Note Issue*, Totowa, N.J.: Rowman & Littlefield, 1988, p.55)。

程中产生的资源价格结构是根据消费者偏好的全部类型确定的。[1]因此，作为消 192
费者偏好的一种类型，流动性和时间偏好并不像人们常说的那样，妨碍了估价过程的进行，而是有助于为估价过程指明方向和意义。事实上，在生产结构的每个阶段，生产资源的竞争性投标最终受到消费品预期货币价格的高度限制，再加上流入企业家手中的储蓄资金总量，确保了资源价格的总体规模和内在关系能够根据流动性和时间偏好一起进行自然调整。

因此，如果在某种程度上企业家事先预计到了货币的现金余额需求会增加，那么，货币的即期价值和(预期的)未来价值之间可能会出现不协调的差异，从而形成赫特所说的"不稳定的价格刚性"[2]。现行投入价格将暂时超过预测的产出价格，因此按现行价格进行生产将无利可图。然而，察觉到货币价值跨期差异的企业家会立即做出反应，降低他们目前对资源的出价，并投资于投机性现金余额。

这种投机性的"囤积"将导致现行投入品价格的下降，价格下降将一直持续到这一价格与企业对未来产出价格的评估完全一致为止。在货币的价值与未来价值具有差异的情况下，投机动机导致的货币需求变化不仅不会破坏社会评估过程的协调运作，而且对于维持价格协调是不可或缺的，在一个企业代理人的企业家远见天生不平等的世界里，这种差异会不断重复发生。

只要市场出清价格在资源市场占主导地位，那么，在调整流动性偏好的过程中，经济仍将保持充分协调。这并不是否认在这一过程中，由于没有预见到货币即将升值的劳动者拒绝接受降低的名义工资，可能会出现辞职、裁员，甚至企业破 193
产的现象。尽管如此，这种情况并不表示就可以将没能使用宝贵资源的事情归咎于协调失败，相反，它表示(回顾过去会发现的情况)在预测流动性偏好变化的影响时，由于企业家的预测错误，资源被不经济地转移到了找工作上。当然，这种预测错误和由此产生的资源配置不当，与流动性偏好的变化并无具体关联，而是消费者偏好变化调整过程中不可或缺的一部分。

为了让我们相信市场评估过程中协调力量之强劲，现在让我们考虑在更不利的条件下，对现金余额需求变化的调整。我们假设，企业家和资源所有者都完全没有意识到这种变化，而且，每个企业家都将其销售价格的下降误解为对其产品

〔1〕 Hutt, *The Keynesian Episode*, p.300.
〔2〕 Ibid., p.147.

的相对需求永久性减少的证据。根据这些不切实际的假设进行推理，大多数经济学家得出的结论是，公众流动性偏好的增加，如果不能通过及时向经济注入新货币来完全抵消，很可能导致经济活动的不协调，从而导致就业和实际产出出现或多或少的长期低迷。

因此，在讨论货币需求意外增加对工薪阶层的影响时，乔治·塞尔金(George Selgin)写道：

> 相对于生产要素支出，企业的名义收入变得不足——这一差额代表着工薪阶层从流通中撤出的货币。由于每个企业家只注意到自己收入的不足，而不认为这是包括要素价格在内的价格普遍下跌的前奏，所以他认为，对自己产品需求的下降象征着(至少在一定程度上)他所在行业的盈利能力持续下
> 194 降。如果所有企业家都减少产出，结果就是经济普遍低迷，只有当价格普遍下跌，货币的实际供应量达到预期水平时，经济衰退才会结束。[1]

尽管塞尔金的假设让人疑惑，即企业家莫名其妙地无法预测经济中货币方面的变化，然后，当这种变化确实发生时，通常会错误解读伴随这些变化而来的支出和收入流的变化，但仍然可以证明，由于社会评估过程会随着流动性偏好的增加而调整，这一过程能够保持对稀缺资源的充分协调使用。

流动性偏好上升的初始影响，是那些向决定增加库存现金的个人进行直接销售的公司之收入和现金余额的减少。作为对他们错误地认为对其产出的相对需求永久性下降的回应，这些公司立即对投入品需求设立了限制。因此，按现行价格计算，劳动力市场和其他资源市场出现了暂时的盈余。具体到生产过程中亏损企业的土地和资本资源所有者，尽管他们对货币的未来价值有错误预期，但他们别无选择，只能接受市场均衡的资源价格削减。然而，对于非特定资源，比如劳动力，市场上的情况则有不同。如我们假设的那样，如果劳动者没有预见到货币购买力即将提高，他们会拒绝接受将他们的名义工资降低到与当前雇主对其边际收入产品的预测相一致的水平，并因此而寻找其他就业机会。因此，劳动力市场的过剩供给，最初通过减少劳务供给来解决，即劳动力从市场上退出，并在寻找工作的过程中转为了自谋职业者。

这些早期的求职者迟早会发现，他们的最佳就业机会是那些销售价格尚未因

---

[1] Selgin, *The Theory of Free Banking*, p.55.

货币调整过程而改变的企业，因此，这些企业能够吸收少量的额外劳动力，而名义工资水平仅略低于先前的规定水平。然而，随着调整进程的进行，首先受到货币 195
需求增加影响的行业的企业家和特定资源所有者，最终会被迫削减开支，从而削减对其他行业产品的需求，以阻止和扭转现金余额的耗减。其结果是产品价格的普遍下跌，从而进一步限制了企业利润和对资源市场的需求，并导致越来越多的特定资源价格的下降，也鼓励了越来越多的劳动者投入寻找工作的活动中。这样，随着时间的推移，销售价格尚未因货币需求增加而降低的企业数量逐渐减少，同时，积极寻求其他就业机会的劳动者不断得到补充，甚至扩大，因而导致名义工资水平迅速下降。

当整体价格结构处于调整到流动性偏好提高的最后阶段时，最终会出现产品价格下降的情况，因为这些公司的销售价格维持得最久，所以他们的劳动力扩张幅度最大。结果却是这些企业的劳动边际收益产品和企业给予劳动力的名义工资水平的暴跌。这种情况会导致工资水平差异的突然逆转(失衡)，那些最先感受到货币需求变化影响的企业现在提供的是相对最高的工资水平，这也使得他们现在的人手相对不足。随着这一发展，人们终于清楚地认识到，劳动者被错误地投资于寻找工作，并错配于那些扩张中的产品价格最终下跌的行业和企业。

因此，事实已经证明，完全出乎意料且最初被市场参与者误解的流动性偏好的上升，会导致企业家和资源所有者在生产组合中利用现有的投入存量，产生出包括惹人注目的求职服务生产过剩在内的非最优的产出组合。但这也证实了赫特的观点，即只要资源价格能使市场出清并适应企业家的竞价，无论企业家的预期和评价多么缺乏信息或极度短视，稀缺的生产资料总是得到充分利用，并与经 196
济体系的预测目标相协调。因此，这不是协调理论，而是均衡理论，它与企业家是否倾向于错误预测和曲解经济中货币方面的变化有关。

通过对社会评估过程协调性的分析，我在结束我的评论时，肯定并重申赫特所阐述的“伟大的行为学真理”：

> ……在竞争条件下，在满足任何一系列非传统偏好的过程中，对稀缺资源的自我协调利用从无任何障碍……“经济动荡”……的起源[以稀缺资源的非自愿闲置为特征]，必须……完全归因于阻碍价值体系执行其协调任务的因素。因为没有经济目的，就没有不符合“充分就业”的企业家手段。如果允

许价格机制发挥作用，企业家永远不会忘记利用充分流动的生产资源……〔1〕

参考文献

Davenport, Herbert J. [1913] 1968. *The Economics of Enterprise*. New York: Augustus M. Kelley.

Garrison, Roger W. 1990. "Austrian Capital Theory and the Future of Macroeconomics." Paper presented at Conference on Austrian Economics: Perspectives on the Past and Prospects for the Future, Hillsdale College, Hillsdale, Mich., April 1990.

Gunning, J.Patrick. 1989. "Mises on the Evenly Rotating Economy." *The Review of Austrian Economics* 3: pp.123—135.

Hayek, F.A. [1937] 1972. "Economics and Knowledge." In *Individualism and Economic Order*. Chicago: Henry Regnery Company.

____. 1978. "Competition as a Discovery Procedure." In *New Studies in Philosophy, Politics, Economics and the History of Ideas*. Chicago: University of Chicago Press.

197 Hutt, William H. 1963. *Keynesianism-Retrospect and Prospect: A Critical Restatement of Basic Economic Principles*. Chicago: Henry Regnery Company.

____. 1974. *A Rehabilitation of Say's Law*. Athens, Ohio: Ohio University Press.

____. 1977. *The Theory of Idle Resources: A Study in Definition*, 2nd ed. Indianapolis: Liberty Press.

____. 1979. *The Keynesian Episode: A Reassessment*. Indianapolis: Liberty Press.

Kirzner, Israel M. 1985. "The Primacy of Entrepreneurial Discovery." In *Discovery and the Capitalist Process*, pp.15—39. Chicago: University of Chicago Press.

____. 1987. "The Economic Calculation Debate: Lessons for Austrians." *The Review of Austrian Economics* 2: pp.1—18.

Mises, Ludwig von. 1966. *Human Action: A Treatise on Economics*, 3rd ed. Chicago: Henry Regnery Company.

____. 1978. *On the Manipulation of Money and Credit*, Percy L.Greaves, Jr. ed., Bettina Bien

〔1〕 Hutt, *The Keynesian Episode*, p.338.

Greaves, trans. Dobbs Ferry, N.Y.: Free Market Books.

Rothbard, Murray N. 1970. *Man, Economy, and State: A Treatise on Economic Principles*, 2 vols. Los Angeles: Nash Publishing.

Salerno, Joseph T. 1990a. "Ludwig von Mises as Social Rationalist." *The Review of Austrian Economics* 4: pp.26—54.

____. 1990b. "Why a Socialist Economy Is 'Impossible.'" A postscript to *Economic Calculation in the Socialist Commonwealth* by Ludwig von Mises, pp.53—71. Auburn, Ala.: Praxeology Press.

Selgin, George A. 1988. *The Theory of Free Banking: Money Supply under Compctitive Note Issue*. Totowa, N.J.: Rowman & Littlefield.

Wicksteed, Phillip H. [1910] 1967. *The Common Sense of Political Economy* and *Selected Papers and Reviews on Economic Theory*, 2 vols. New York: Augustus M.Kelley.

第8章

米塞斯论通货膨胀与预期* 199

1. 导言

路德维希·冯·米塞斯对货币理论最重要的贡献之一，是他对通货膨胀的社会后果以及通货膨胀预期的形成和演变所做的缜密分析。[1]米塞斯对通货膨胀过程之解释的特点是强调与货币的长期中性不一致的相对价格效应。也许正是 200
因为这个原因，现代货币数量论的支持者普遍忽视了米塞斯的理论。尽管最近现

---

* From: "Ludwig von Mises on Inflation and Expectations," *Advances in Austrian Economics* 2(1995): pp.297—325.

〔1〕 米塞斯对通货膨胀的开创性分析，源于他将奥地利学派边际效用理论与卡尔·门格尔(Carl Menger)对货币需求的现金余额分析以及18世纪和19世纪经济学家理查德·坎蒂隆(Richard Cantillon)、大卫·休谟和J.E.凯尔恩斯(J.E.Cairnes)等经济学家创立的货币过程分析相结合。关于米塞斯在货币理论领域的贡献和理论影响，见 Murry Rothbard, "The Austrian Theory of Money", in *Foundations of Modern Austrian Economics*, ed. E.G.Dolan(Kansas City: Sheed & Ward, Inc., 1976), pp.168—184; idem, *The Essential Ludwig von Mises*, 2nd ed.(Auburn, Ala.: Ludwig von Mises Institute, 1980), pp.14—23; Joseph Salerno, "Commentary: The Concept of Coordination in Austrian Macroeconomics," in *Austrian Economics: Perspectives on the Past and Prospects for the Future*, ed. R.B.Ebeling(Hillsdale, Mich.: Hillsdale College Press, 1991): pp.367—375; J.R.Edwards, *The Economist of the Country: Ludwig von Mises in the History of Monetary Thought* (New York: Carlton Press, Inc. 1985); L.Robbins, *Money, Trade and International Relations* (London: Macmillan, [1952] 1971)。与他获得了广泛认可的对通胀调整过程的分析形成鲜明对比的是，米塞斯对预期的创新分析法几乎没有引起任何关注，甚至在奥地利学派经济学家那里也没有引起关注。

代数量理论家[1]开始讨论米塞斯的分析，但他们在很大程度上误解了米塞斯关于这些效应的性质和持久性的看法。

现代奥地利学派经济学家则普遍忽视米塞斯的通胀预期理论。有些人要么否认米塞斯提出过这样一个理论，要么否认他成功地将其与他对经济进程的总体设想结合了起来。比如，已故的路德维希·拉赫曼就强烈暗示米塞斯没有提出过预期理论。[2]即使像理查德·M.埃伯林[3]这样细心的米塞斯学者，虽然承认米塞斯"确实试图对预期以及预期在市场过程中的形成提出一个建设性理论"，但最后也得出结论认为，米塞斯未能将其预期形成理论与其货币理论和企业家精神理论完全整合起来。[4]然而，至少有一位富有同情心的新古典主义货币理论家[5]
201 注意到了米塞斯对通货膨胀历史时期货币未来购买力预期发展的分析，并批评它是理性预期与适应性预期理论的不一致因素混合体。

在本章的下一部分，我简要回顾了米塞斯独特的"递进"分析法，即对货币供给变化的序贯分析，并证明了这种分析如何表示货币在长期和短期内都是非中性的。在第三部分，我将米塞斯对通货膨胀过程及其影响的描述与现代货币数量理论家的描述进行了对比。我认为，近来货币主义者对米塞斯描述的预期之外的通胀后果的批评，是基于他们未能充分理解米塞斯分析的微妙之处。我还描述了米塞斯的分析方法如何引导他解释最初未预料到的通货膨胀的积极就业效应，这一解释与弗里德曼—菲尔普斯自然利率假说的解释明显不同。在本章第四部分，我

---

〔1〕 Edwards, *The Economist of the Country*; T.J.Humphrey, "On the Nonneutral Relative Price Effects in Monetarist Thought," Federal Reserve Bank of Richmond *Economic Review* 70 (May/June): pp.13—19.

〔2〕 L.M.Lachmann("From Mises to Schackle: An Essay on Austrian Economics and the Kaleidic Society," *Journal of Economic Literature* 14(March): p.58)宣称："米塞斯几乎没有提到过预期，尽管企业家和投机者经常出现在他的字里行间。因此，从1939年起，沙克尔不得不或多或少地、单枪匹马地承担起对预期的讨论，并且没有得到奥地利学派太多的支持。"

〔3〕 R.M.Ebeling, "Expectations and Expectations Formation in Mises's Theory of the Market Process," *Market Process* 6(Spring): pp.12—18.

〔4〕 根据埃伯林("预期和预期形成"，第16页)，"米塞斯关于货币理论的著作……没有融入他的预期形成理论，甚至在《人类行为》中也没有。他的理论在他自己的体系中并没有得到完全的发展和应用"。撇开这种误解不谈，埃伯林的文章是对米塞斯发展其预期理论的影响和方法的一个有价值的概述。

〔5〕 Edwards, *The Economist of the Country*, p.104.

全面介绍了米塞斯的预期理论，说明了预期是如何与他的经济理论行为学方法相结合的，阐明了在他分析持续的通货膨胀影响时，预期在分析中的关键作用。[1]我还试图从宏观经济预期形成机制的角度来解释米塞斯关于通货膨胀预期的著述。第五部分回顾了米塞斯对德国恶性通货膨胀的论述，以说明他的预期理论是 202
如何融入其经济分析的。最后，我总结了当代经济学家可以从米塞斯对通货膨胀过程的分析中学到什么。

2. 米塞斯的分析方法与货币的长期非中性

米塞斯在 1940 年撰写但直到 1978 年才出版的自传《札记与回忆》[2]中，对他在 1912 年的著作《货币与信用理论》中提出的分析货币现象的"递进"分析法作了如下描述：

> 递进分析必须考虑时间的推移。在这种分析中，因果之间的时滞成了单一连续后果之间的多维度时滞。对这些时滞的反思导致了关于货币购买力变化的社会后果的精确理论。

正如米塞斯[3]接着指出的那样，这种分析"不可避免地产生了货币非中性理论"，这里的意思是："……货币购买力的变化导致不同商品和服务的价格既不同步也不均匀地变化。认为货币数量的变化会同时导致价格'水平'发生成比例变化，这是不正确的。"

米塞斯因此认为通货膨胀是一个跨时过程（a time-spanning process），在这个过程中，货币存量的增加必然导致价格的连续调整，这必然会改变相对价格，并导

[1] 这里应该指出的是，默里·N.罗斯巴德对预期的处理方式隐含有米塞斯的味道。因此，罗斯巴德事实上没有对米塞斯的预期分析法进行过正式解释，但这并不意味着罗斯巴德没有像埃伯林（第 12 页）所说的那样，"认真对待预期形成的问题"。一旦我们考虑到罗斯巴德在《人、经济与国家》两卷本中阐述的一些最著名的学说，埃伯林的涵义在逻辑上是没有根据的，而且很容易被证明是错误的（Losangeles：Nash Publishing，[1962] 1970）。在对定价过程的分析中，罗斯巴德和奥地利学派伟大的价格理论家庞巴维克和威克斯蒂德一样，重点在于确定实际的、即时的价格，其决定因素包括卖方的投机性保留（"库存"）需求。罗斯巴德还对投机预期对市场供求曲线形成的影响、内在的现金余额的投机性货币需求的影响，以及名义利率购买力的确定，进行了清楚明白的扩展分析。最后，罗斯巴德认可了承受不确定性并进行价格评估的资本家—企业家在推动市场进程中的关键作用。

[2][3] Ludwig von Mises，*Notes and Recollections*（South Holland，Ill.：Libertarian Press，1978），p.59.

致生产资源的重新分配以及实际收入和财富的再分配。价格调整的具体时间顺序，以及那些经历收益或损失的市场参与者的身份，并不能从经济学理论中推导
203 出来。确切地说，这取决于新货币注入经济的具体时间点，以及接受和花费新货币的人的边际效用列表。

持赞同意见的新古典主义经济学家詹姆斯·罗尔夫·爱德华兹指出："[米塞斯]对通货膨胀过程的描述，比经济学家们过于沉迷其中的'直升机撒币分析'（涉及现金余额奇迹般地等比例增长）更复杂，也更实际。"[1]不幸的是，爱德华兹错误地得出结论，米塞斯把这种"滞后的价格调整过程"想象为"只有在恢复了原来的价格关系之后"才能完成。然而，正如我在第2章中所说，米塞斯竭尽全力地否认，在动态的现实世界，无论是瞬时需求曲线还是名义现金余额的帕廷金市场均衡曲线，都可能呈现矩形双曲线的形状。此外，爱德华兹[2]在基本价格理论上犯了一个错误，他坚持认为，在通货膨胀过程的后期，收到新货币的卖方群体的相对地位，在通货膨胀过程结束时恢复，尽管他们"在过渡期间遭受的损失得不到补偿"。从逻辑上讲，正是这种得不到补偿的损失（和收益）永久性地改变了个人财富持有模式、市场需求和相对价格的格局，从而导致一场革命，而不是在新的长期均衡或米塞斯所称的"最终静止状态"中，恢复不同卖方群体的相对地位。

因此，正如米塞斯所说："正是因为价格上涨并没有同时影响到所有的商品，财富与收入关系的变化会对个人商品和服务的供求产生不同的影响。因此，这些转变必然导致市场和市场价格的新方向。"[3]此外，正如米塞斯在批评欧文·费
204 雪关于货币数量论的表述时所主张的那样，费雪在货币理论和价值理论之间人为地设计了一种二分法，以此作为对基本逻辑错误指控的临时辩护。米塞斯[4]写道：

> 只有一件事可以解释费雪是如何维持他的机械数量理论的。在他看来，货币数量论似乎是专门针对货币价值的学说；事实上，他将其与其他经济商

〔1〕 Ludwig von Mises, *Notes and Recollections* (South Holland, Ill.: Libertarian Press, 1978), pp.92—93.

〔2〕 Ibid., p.92.

〔3〕 Ludwig von Mises, *On the Manipulation of Money and Credit*, Percy L.Greaves, ed., trans. B.B. Greaves(Dobbs Ferry, N.Y.: Free Market Books, 1978), p.96.

〔4〕 Ludwig von Mises, *The Theory of Money and Credit*, 2nd ed.(Irvington-on-Hudson, N.Y.: The Foundation for Economic Education, [1952] 1971).

品的价值法则做了鲜明的对比……就像费雪和布朗的货币价值机械公式一样合理，任何商品的价值都可以用类似的公式来计算，并从中得出类似的结论。[1]

事实上，新古典主义货币理论家继帕廷金之后“整合货币与价值理论”的努力没有抓住重点，因为他们的目的是修复费雪的二分法，而不承认中性货币学说所体现的价值理论错误。

3. 通货膨胀过程：米塞斯与货币数量论者

在分析通货膨胀的社会后果时，米塞斯认识到，预期之外的通货膨胀会改变债权人和债务人的相对财富状况。米塞斯也认可费雪关于货币购买力预期下降对名义利率调整的初步分析。事实上，米塞斯[2]认为，强调货币价值波动与利率形成之间的联系是“费雪对货币理论最重要的贡献”。此外，米塞斯提出了这样一个论点：[3]通货膨胀导致利润虚增的资本会计造假，并导致社会资本存量的非预期消耗。之所以会出现这种情况，是因为在通货膨胀期间，资本货物的折旧配额 205
仍然是根据其历史成本而不是其（必然更高的）重置成本来计算的。企业家可以通过增加自己的消费，向消费者降价，或提高工人的工资来处理这些“会计”利润。在后两种情况下，财富从一个群体到另一个群体的一次性再分配伴随着“资本的消耗”。

然而，米塞斯显然认为，通货膨胀最重要的影响是收入和财富的永久性再分配，这种再分配是由于货币存量增加而导致连续且不均衡的价格调整所形成的。对米塞斯而言：“……货币价值变化的社会后果，并不仅限于改变未来货币给付的内容。”[4]事实上，正如米塞斯[5]所说，在公众或多或少正确预测到的

---

〔1〕 Ludwig von Mises, *The Theory of Money and Credit*, 2nd ed.(Irvington-on-Hudson, N.Y.: The Foundation for Economic Education, [1952] 1971). pp.144—145.

〔2〕 Mises, *On the Manipulation of Money and Credit*, p.93.

〔3〕 Ludwig von Mises, *Nation, State, and Economy: Contributions to the Politics and History of Our Time*, trans. L.B.Yeager(New York: New York University Press, 1983), pp.160—163.

〔4〕 Mises, *On the Manipulation of Money and Credit*, p.95.

〔5〕 Ibid., p.94.

持续通胀中，对短期信贷交易的影响通过纳入贷款合同的费雪通胀溢价得以缓解。在长期信贷的情况下，预测货币单位的精确贬值程度更加困难，因此要用价值相对稳定的商品，如黄金或外币，代替贬值的货币作为"延期支付的标准"。米塞斯[1]还建议，调整耐用设备的会计程序以反映重置成本而不是历史成本，是一种切实可行的方法，这种方法可以大大减少或消除通货膨胀期间资本的非预期消耗，以及与之相关的由资本家—企业家向社会其他群体再分配收入的行为。

因此，米塞斯[2]认为（与现代货币数量理论家形成鲜明对比），"……由于各种商品和服务价格变化的时间不均等"，货币购买力变化的最重要的社会后果是
206 收入和财富所发生的"无法补偿的变化"。由此，货币数量的每一次变化都会在相对价格结构上留下不可磨灭的印记，从而影响财富和收入分配的格局。

近来，托马斯·J.汉弗莱[3]（Thomas J.Humphrey）提出，"奥地利学派认为货币主义者总是忽略货币机制中的相对价格和实际产出效应"是基于一种误解。然后，汉弗莱接着出色地证明了货币主义者，比如米尔顿·弗里德曼以及包括费雪和克拉克·沃伯顿（Clark Warburton）在内的先驱者，确实考虑了"货币变化对实际经济部门造成的暂时的非中性的影响"（重点是我加上的）。当然，只承认短期相对价格和实际产出效应在货币调整过程中莫名的完全逆转产生了货币的长期中性，并不是解决奥地利学派货币理论家认同费雪货币数量理论问题的关键所在。

汉弗莱误解了米塞斯命题的基础，即对货币调整过程的任何解释，都必须以符合一般价值理论和价格随时间顺序调整这一不可回避的事实的方式进行。因此，汉弗莱[4]吹捧费雪提到的[这些]使得个别价格具有黏性的"合同约束、法律禁止以及习惯惯性"，是对货币变化必然伴随的"实际"影响的完整而令人信服的解释。

---

〔1〕 Ludwig von Mises, *Human Action: A Treatise on Economics*, 3rd ed.(Chicago: Henry Regnery Company, 1966), pp.425—426.

〔2〕 Mises, *On the Manipulation of Money and Credit*, p.97.

〔3〕 T.M. Humphrey, "On the Nonneutral Relative Price Effects in Monetarist Thought," Federal Reserve Bank of Richmond *Economic Review* 70(May/June): pp.13—19; p.13.

〔4〕 Ibid., p.15.

汉弗莱[1]进一步声称,奥地利学派忽视了通货膨胀对劳动力和产出的相对价格,即对实际工资水平的暂时扭曲所造成的就业增加的影响,而弗里德曼特别强调了这一影响。这种指责充其量就是无知。在 1958 年发表的一篇文章[2]中, 207
也就是菲利普斯(A.W. Phillips)发表他的名文[3]的同一年,以及弗里德曼在美国经济学会主席就职演说中公开提出"自然利率"假说整整 10 年之前,米塞斯就预见到了弗里德曼文章的要点。根据爱德华兹[4]的说法,米塞斯阐述了"……弗里德曼后来在主席就职演说中提出的几乎所有基本论点。以实际工资状况为条件的自然失业率的存在显然隐含其中……通货膨胀和失业之间短期权衡的存在,以及由于某种预期调整而不存在的长期权衡这两个问题,都是显而易见的论据"。在提到米塞斯[5]更早的一篇文章时,爱德华兹说:"米塞斯甚至更清楚地预见到了菲利普斯和加速论者的观点。"[6]

更重要的是,与弗里德曼和自然利率理论家截然不同,米塞斯认为,可归因于通货膨胀的"实际工资/就业效应"并不取决于这样一种推测:"产品的销售价格对名义需求意外增长的反应,通常比生产要素价格的反应要快"[7],何况还加了一个临时提出的假设,即劳动者根据货币贬值的经验,对货币未来购买力的预期的 208
调整速度,通常相对较慢。事实上,在米塞斯对通胀调整过程循序渐进的阐述中,

---

〔1〕 T.M. Humphrey, "On the Nonneutral Relative Price Effects in Monetarist Thought," Federal Reserve Bank of Richmond *Economic Review* 70(May/June): p.18.

〔2〕 Ludwig von Mises, "Wages, Unemployment and Inflation," in *Planning for Freedom and Sixteen Other Essays and Addresses*, 4th ed.(South Holland, Ill.: Libertarian Press, [1958] 1980), pp.150—161.

〔3〕 A.W.Phillips, "The Relation between Unemployment and the Rate of Change of Money Wage Rates in the United Kingdom, 1861—1957," in *Macroeconomic Readings*, ed. J.Lindauer, pp.107—119. (New York: The Free Press, [1958] 1968).

〔4〕 Edwards, *The Economist of the Country*, p.100.

〔5〕 Ludwig von Mises, "Economic Aspects of the Pension Problem," in *Planning for Freedom and Sixteen Other Essays and Addresses*, 4th ed.(South Holland, Ill.: Libertarian Press, [1950] 1980), pp.83—93.

〔6〕 Edwards, *The Economist of the Country*, p.100.

〔7〕 M.Friedman, "The Role of Monetary Policy," in *The Essence of Friedman*, ed. K.R.Leube(Stanford, Calif.: Hoover Institution Press, [1968] 1987), p.395. 关于现有历史证据不支持通货膨胀期间工资通常落后于价格的假设的证明,见 A.A.Alchian and R.A.Kessel, "The meaning and Validity of the Inflation-induced Lag of Wages behind Prices," in *Economic Forces at Work*, ed. A.A.Alchian(Indianapolis, Ind.: Liberty Press, [1960] 1977), pp.413—450。

一个行业可能会发现,它必须支付的实际工资是减少还是增加,取决于增加的货币数量首先影响到个人的价值等级和随后启动的个人现金余额调整的确切顺序。因此,以商业投资为目的的银行贷款扩张所引致的通货膨胀会导致实际工资上升而不是下降,因此,对低阶资本(lower-order capital)和消费品行业,即在新创建的信用媒介消费链中处于下游的行业,会产生负面的就业效应。

正如米塞斯〔1〕所解释的那样:"……在银行业务的正常过程中,银行只向生产者和商人发放信用贷款……这些信用媒介首先用于生产,即购买生产要素并支付工资。因此,由于这种信用媒介的发行和货币数量的增加,最先上涨的是原材料、半成品以及其他高阶商品和工资。只有这些上涨之后,便利品[即消费品]的价格才会随之上涨。"这种现象在现代经济中仍然经常发生的情况下,由于工资的上升先于消费品价格的上涨,非预期通货膨胀不会产生弗里德曼的实际工资/就业效应。

此外,米塞斯〔2〕确实意识到,通过银行信贷向企业扩张而发行新的信用媒介,会引发一个货币贬值的过程,这一过程通常会"走一条不同的道路,而且这条道路产生的副作用与新发现贵金属或者新发行纸钞产生的社会副作用截然不同"。就后两种新货币的来源而言,随后的贬值过程可能会出现工资普遍滞后于
209 商品价格上涨的现象,从而导致实际工资普遍下降,并出现"强制储蓄"现象,也就是说,出现财富和收入从工薪阶层到企业家的再分配。米塞斯〔3〕甚至认为,"如果货币贬值是由信用媒介的问题引起的,如果工资由于某种原因没有及时跟上商品价格的上涨",就极有可能对实际工资产生影响。

因此,米塞斯〔4〕在结论中坚定地指出,在一个劳动力市场不受阻碍的经济体中:

> ……强制储蓄可以是通货膨胀的结果,但并不具有必然性。工资的上涨是否滞后于商品价格的上涨,这取决于每一次通货膨胀的具体数据。实际工资下降的趋势并不是货币单位购买力下降的必然结果。名义工资可能比商品价格上涨多多少少更快一些。

---

〔1〕 Mises, *On the Manipulation of Money and Credit*, pp.120—121.

〔2〕 Ibid., pp.121—122.

〔3〕 Ibid., p.121.

〔4〕 Mises, *Human Action*, p.549.

米塞斯的分析导致他寻求从另一个方向解释观察到的通货膨胀对劳动力就业的积极影响。他的解释首先从劳动力市场供给过剩的初始状况开始，这一状况受到最低工资法和享有法律特权的工会的限制政策的阻碍。这就是自20世纪20年代以来，大多数工业经济体普遍存在的状况，即银行信贷扩张带来的意外通货膨胀会降低市场清算水平的实际工资率，并增加劳动力就业。正如米塞斯[1]所说：

> 在[通货膨胀]繁荣条件下，在信贷扩张之前对市场状况来说有些过高并因此而造成了一部分潜在劳动力失业的名义工资，现在已经不高了，因而失业者可以重新找到工作。然而，只有在货币和信贷条件发生变化的情况下，物价上涨，或者换句话说，货币的单位购买力下降……通货膨胀才能通过削减工薪阶层的实际工资来解决失业问题。

米塞斯和弗里德曼都认识到，当劳动者发现他们的实际工资已经被通货膨胀 210
所侵蚀时，名义工资空间中的劳动力供给曲线就会向左移动，从而推动实际工资上升到以前的水平。对弗里德曼来说，通货膨胀的货币力量已经取代了实体经济的力量，因此，这种反向运动代表着实体经济回到了"自然失业率"的准一般均衡状态，按照弗里德曼的说法，"如果把劳动力和商品市场的实际结构特征嵌入其中，这就是瓦尔拉斯一般均衡方程组所能达到的水平"[2]。相反，在米塞斯的分析中，实际工资下降的逆转是因为"……工会要求增加工资，以跟上生活成本的上涨，而我们又回到了以前的水平，也就是说，只有进一步扩大信贷才能防止大规模失业"[3]。

那么，与芝加哥价格理论家不同的是，米塞斯和现代奥地利学派的米塞斯一派并不认为市场经济永远处于或逼近于长期一般均衡。[4]相反，奥地利学派认为，已实现的市场清算价格结构是根据企业对不断变化的未来市场状况(包括消费者偏好)的预测，再不断协调可用资源的使用和技术组合而实现的，尽管它具有

---

[1] Mises, "Wages, Unemployment, and Inflation," p.154.

[2] Friedman, "The Role of Monetary Policy," p.394.

[3] Mises, "Wages, Unemployment, and Inflation," pp.154—155.

[4] 正如我在其他地方所说的(Joseph T. Salerno, "Mises and Hayek Dehomogenized," *The Review of Austrian Economics* 6(2): pp.113—146)，在这个问题上，当代米塞斯一派与当代哈耶克一派的观点截然不同。

211 非一般均衡的特征。[1]因此,对米塞斯来说,与弗里德曼形成直接对比的是,这就是不可预见的通货膨胀导致的实际工资向市场清算水平的下降,这种下降是均衡的——尽管是笼统的和暂时的;另外,由于再次兴起的工会限制政策恢复了原有的实际工资水平,这也标志着普遍而长期的不均衡状况的复归,在这种情况下,劳动力市场甚至无法建立一个哪怕是暂时的供需平衡,而市场形成最终均衡工资和劳动力优化配置结构的长期趋势,却遭到了永久性遏制。

在批评货币主义者淡化工会在形成通货膨胀过程中的作用时,戈特弗里德·哈伯勒[2](Gottfried Haberler)对他所认为的由货币推动的"工资推动型通货膨胀"[3]进行了一次米塞斯式分析,并针对货币主义者的隐喻性假设进行了争辩,即"在一片竞争激烈的海洋中有几个垄断岛屿;在存在垄断的地方,工资和价格就
212 会更高,生产和消费就会更低,但失业将是暂时的和适度的,因为从垄断岛屿解放出来的劳动力和其他生产性资源,将以较低的工资在大片激励竞争的部门找到就

---

〔1〕 因此,米塞斯(*The Ultimate Foundation of Economic Science*: *An Essay on Method*, 2nd ed. [Kansas City: Sheed Andrews and McMeel, Inc., 1978], p.65)将市场描述为"所有供需要素协调的本质"。对以"价格协调"为基础的奥地利学派宏观理论的基础的分析,见"Coordination in Austrian Macroeconomics"。也见威廉·H.赫特开创性的讨论(*A Rehabilitation of Say's Law* (Athens: Ohio University Press, 1975); *The Keynesian Episode*: *A Reassessment* (Indianapolis, Ind.: Liberty Press, 1979), pp.137—177)。赫特命名并正式确立了"价格协调"概念,并首次阐述了它与宏观经济学主题的相关性,尽管它长期以来一直是古典经济学和奥地利学派微观经济学的重要组成部分。约瑟夫·T.萨勒诺("William H.Hutt")概述了赫特对经济理论的贡献。

〔2〕 Haberler, *Economic Growth & Stability*, p.105.

〔3〕 对哈伯勒来说(同上书,第101—102页),"需求拉动型"和"成本推动型通胀""……最重要的是货币,它们需要货币来扩张……就我所知,这里从来没有,确实从来没有出现过一个没有M上升的持续性通货膨胀"。关于奥地利学派对美国学者哈伯勒后期研究和研究方向的持续影响,见约瑟夫·T.萨勒诺:"Gottfried Haberler"。对于工会、失业和通货膨胀之间的关系,冯·A.哈耶克也给出了类似的解释("The Use of Knowledge in Society", in *Individualism and Economic Order* (Chicago: Henry Regnery Company, [1945] 1972), pp.53—97)。认为工会在促进和调节通货膨胀过程中起着重要作用的观点,被弗里德曼描述为"哈伯勒主义",被莱昂内尔·罗宾斯(Lionel Robbins)称为"庇古的/哈耶克的/哈伯勒的"(Pigovian/Hayekian/Haberlerian), Robbins, et al., *Inflation*: *Causes*, *Consequences*, *Cures*: *Discourses on the Debate between the Monetary and Trade Union Interpretations*, (Levittown, N.Y: Transatlantic Arts, Inc., 1974, p.44)。然而,这两个标签都掩盖了上面提到的米塞斯的贡献和事实,即米塞斯早在1931年就在一本德文著作中(《关于货币和信贷的操纵》,第173—203页)概述了这一论点,探讨了大萧条空前深重和长久持续的原因。支持奥地利学派反对弗里德曼关于工会对失业影响的观点的证据,见R.K.Vedder and L.E.Gallaway, *Out of Work*: *Unemployment and Government in Twentieth-Century America* (New York: Holmes & Meier, 1993)。

业机会”。即使考虑到美国经济在20世纪70年代初的普遍状况，哈伯勒[1]也对这一假设的实证有效性提出了质疑，但对我们在这里讨论的重点而言，货币主义分析确实仅适用于上述假设成立的情况。米塞斯[2]避开了货币主义者所关注的一般均衡，基于他所称的由鼓励工会“限制政策”和刚性工资的政治政策所造成的“制度性”劳动力失业的存在，明确陈述了他对现代通货膨胀调整过程的分析。

米塞斯[3]在提出其与众不同的工会活动理论时认为，工会并不关心其产品的需求曲线配置，因为它们“……不以垄断工资为目标”。工会是“限制主义者”，而不是垄断性组织，因为它们“……并不关心它们阻止进入市场的部分供给可能会发生什么事情”。而垄断定价政策只有在垄断价格下获得的总收入等于或超过在竞争价格下获得的总收入时才是有利的（或者如果在竞争价格和垄断价格之间总成本的下降速度超过总收入），“限制性行动……对特权群体总是有利的，而对被排除在市场之外的人则不利。它总是提高每单位的价格，从而提高特权群体的总净收益。被排除群体的损失不被特权群体考虑在内”[4]。

米塞斯分析的一个重要涵义是，工会限制劳动力市场供给的能力，要比它们仅仅从事垄断定价的能力大得多，也不太容易预测，因为在限制主义的情况 213
下，供给曲线向左移动的期望值，不能仅仅根据总收入和总成本曲线的配置来解释。因此，如果我们接受米塞斯对工会活动的解释，那么在交易经济中，在一个严格的可以推导出自然失业率概念的一般均衡模型中，实际工资可能无法确定。这就意味着，经济学家将不得不从交易经济学理论体系之外，即从历史分析中对工会的目标和计划做出假设。接下来，他们必须做好承认的准备，因为这些目标很容易，或许很快就会在自然速率上产生相应变化，从而削弱这一概念的实际效用。

货币非均衡论学者丹·E.伯奇（Dan E. Birch）、艾伦·A.拉宾（Alan A. Rabin）以及利兰·B.耶格尔（Leland B.Yeager）已经意识到了米塞斯的货币立场并

---

[1] Haberler, *Economic Growth & Stability*, p.106.

[2] Ludwig von Mises, *Theory and History*: *An Interpretation of Social and Economic Evolution* (Auburn, Ala.: Ludwig von Mises Institute, [1957] 1985), pp.76—81.

[3] Ibid., pp.87—81.

[4] Mises, *Human Action*, pp.376—377. An illuminating discussion of the "restrictionist pricing of labor" can be found in Rothbard(*Man*, *Economy*, *and State*, vol.2, pp.620—629).

发起了挑战。[1]尽管他们也反对弗里德曼关于通货膨胀对就业和实际产出的积极影响的解释，但他们不接受赫特[2]所做的解释，而赫特的解释基本上就是上述米塞斯—哈伯勒(Mises-Haberler)的观点。事实上，他们对赫特的解释不以为然，因为这一解释居然暗示说，在定价过程中，“邪恶行为”正在以工会和政府对劳动力实行限制性定价的形式出现。[3]

赫特驳斥了耶格尔早些时候的一篇文章，该文认为，低于其潜在产出的实际
214 产出萎缩，通常是由于货币总支出的意外变化，并因此而产生了克洛尔—莱琼霍夫德类型(Clower-Leijonhufvud type)的非均衡“收入约束”。赫特认为：“……无论货币政策是灵活还是僵化，是通胀性的还是紧缩性的，[市场清算过程的]关键连续性始终取决于估值和定价，也就是说，与决定货币单位购买力的因素无关。”[4]在其他地方，赫特驳斥了莱琼霍夫德的一个类似论点，他指出：“……在工资等于‘边际预期产品’的情况下，所有劳动力都可以立即就业。”[5](重点是作者加的)

4. 米塞斯的预期理论

米塞斯分析预期形成和调整理论的方法，以及他对预期在以实际变量调整通货膨胀过程中所起作用的看法，给我们带来了一个棘手的问题。爱德华兹[6]认为，“米塞斯在《货币和信用理论》中关于预期调整和预期效应的阐述，似乎包含两

---

[1] Dan E.Birch, Alan A. Rabin, and Leland B. Yeager, “Inflation, Output, and Employment: Some Clarifications,” *Economic Inquiry* 20(April): pp.209—221.

[2] 赫特对成本推动或工资推动通货膨胀的分析，见 W.H.Hutt, *The Strike-Threat System: The Economic Consequences of Collective Bargaining* (New Rochelle, N.Y: Arlington House, 1973), pp.252—270。

[3] Ibid., pp.213—214.在这个问题上，赫特似乎独立于米塞斯和奥地利学派的直接影响而形成了自己的立场。20 世纪 20 年代和 30 年代，在赫特成长为经济学家的这一时间段内，他受到了他的老师埃德温·坎南(Edwin Cannan)和伦敦经济学院其他经济学家的影响。伦敦经济学院的经济学家强调，市场过程的协调运作是解决资源失业和实际总产出持续低迷的解决方案。见 Joseph T. Salerno, Reply to Leland Yeager on “Mises and Hayek on Calculation and Knowledge”, *The Review of Austrian Economics* 7(2): pp.111—125。

[4] Hutt, *A Rehabilitation of Say's Law*, p.64.

[5] Hutt, *The Keynesian Episode*, p.284.

[6] Edwards, *The Economist of the Country*, p.100.

个不同但有些矛盾的态度和相关机制。”他还征引了米塞斯在这部著作中，在适应性预期和理性预期方法之间来回转换的证据。事实上，米塞斯在他的著作中似乎还有一种设想，即对未来货币购买力变动的预期，相对于已实现价格的当前变化而言，是“刚性无弹性的”，因此预计在代理人的计划期内，这种变动将完全逆转。[1]米塞斯还在其他地方[2]提出，预期显然与近期客观市场状况的经验“脱节”，因此，在价格稳定的长期间歇期之后，货币数量的小幅增加就可以迅速将货 215
币需求推向零，并引发价格的爆炸性上涨。米塞斯还指出，在不同市场上行动的不同群体的同时行动，往往受到不同类型通胀预期的支配。尽管如此，爱德华兹[3]在米塞斯关于通货膨胀预期的各种说法中发现的“矛盾”只是表面现象，在对预期性质和预期形成所做的综合行为学—历史学解释中得到了解决。

根据米塞斯的观点，任何人类行为的目的都是用更令人满意的状态（从行为人的角度来看）来代替没有行动将会出现的状态。由于每一个行动的开始和结果之间都有一段流逝的时间，我们永远无法确定一个行动将影响和改变的未来条件，但代理人必须进行预测。因此，人类行为本质上是企业家的行为，或者正如米塞斯所说：“每一个行动都是一种推测，也就是说，以对未来不确定状况的明确意见为行动的指南。”[4]

然而，尽管行为学可以无可争辩地将预期确立为每一个选择行为的逻辑前提，但它不能解释预期的内容或时间演变。行为学研究的是行为的逻辑结构和涵义，因此，“……与人的灵魂、思想或大脑在A和B之间做出明确的决定无关……它的主题不是这些选择行为的内容，而是它们产生的结果：行动”[5]。为了深入了解预期形成的具体过程，米塞斯[6]将我们引向具体理解（*Verstehen*）的方法，实际上历史学科中就使用这种方法，并且，“每个人在其所有的人际关系和行为中，

---

〔1〕 关于希克斯对预期弹性概念的分析，见J.R. Hicks, *Value and Capital: An Inquiry into Some Fundamental Principles of Economic Theory*, 2nd ed.(New York: Oxford University Press, [1946] 1968), pp.206—240。

〔2〕 Ludwig von Mises, “The Great German Inflation,” in *Money, Method, and the Market Process*, ed. R.M.Ebeling(Norwell, Mass.: Kluwer Academic Publishers, [1932] 1990), pp.102—103.

〔3〕 Edwards, *The Economist of the Country*, p.104.

〔4〕 Mises, *Foundation of Economic Science*, p.51.

〔5〕 Mises, *Theory and History*, p.271.

〔6〕 Ibid., p.310.

都在实践这种方法”。

历史学家解释过去事件时所运用的具体理解是一种心理过程，这个过
216 程“……一方面确立了这样一个事实，即人们在一定的价值判断的激励下，进行明确的行动，并运用一定的手段来达到他们所追求的目的。另一方面，它试图评估一项行动的效果和影响的强度，以及它对事件进一步发展的影响”〔1〕。这种基于对实验心理学家过去常常嘲笑地称为“文学心理学”的见解，米塞斯〔2〕则提出了用以替代的“情意学”(thymology)。“情意学”一词是古希腊术语的一个派生词，意指思想、意志和情感之源泉的一种精神能力。按照米塞斯〔3〕的说法，情意学本身是一门历史学科，它：

> ……从历史经验中获得的知识，既来自观察他人的选择，也来自观察者自己的选择……这是一个人所了解的有关人们评价不同环境的方式的知识，关于他们的愿望和期望以及他们实现这些愿望和期望的计划。这是对一个人的生活和行动所处社会环境的了解，或者对历史学家来说，这是他通过研究特殊资料而了解到的国外环境知识。

情意学的方法使历史学家能够在列举其原因的双重意义上“理解”一个复杂的历史事件，只要他们是从人类的价值观和意志出发，并权衡每一个原因对观察结果的贡献。当然，各种因果关系因素的权重无法用定量和机械的方法来确定，而是由历史学家的主观“关联判断”来决定。〔4〕正如情意学经验是历史学家解释过去事件的基础那样(只要这些事件取决于社会原因而不是自然原因)，这种经验也限制了行为人“对未来事件的具体理解”，或者用现在的术语来说，限制了他对未来预期的形成。

217 与历史学家一样，个体行为人必须基于对产生未来结果起作用或可能起作用的两个因素的理解，以及这些因素对最终结果的影响程度，对未来状况做出预测。但这两个问题，即“列举事实”和“权重”，正是历史学家试图解释同样的情况出现时必须解决的问题。此外，正如米塞斯指出的：“预测的不稳定性主要是由于第二个问题(权重)的复杂性。这不仅仅是在预测未来事件时一个相当令人费解的问

〔1〕 Mises, *Theory and History*, pp.264—265.

〔2〕 Ibid., p.265.

〔3〕 Ibid., pp.272, 266.

〔4〕 Mises, *Human Action*, pp.56—57.

题。回想起来，对历史学家来说也同样令人费解。”[1]这是为了强调这样一个事实：历史学家和个体行为人都必须使用情意学的方法来解决米塞斯[2]分别称为“过去的历史学家”和“未来的历史学家”的同一类型的问题。

如前所述，因为所有行动都面向未来，都是在不确定的情况下发生的，所以所有那些关于预期的考虑都可以逻辑地从行动公理（指个人有目的地通过使用手段达到目的的行为）推断出来，都属于一般的行为范畴。行动公理的逻辑推理中，没有给经济学家提供关于预期的内容和调整的信息；从米塞斯的观点来看，经济学家也不允许为了对观察到的经济变量产生可检验的假设而简单地“假设”一种预期调整机制。在推导交易原理过程中用来补充行动公理的预期假设，就像许多行为学推理的辅助假设一样，必须从理论家的一般情意学经验或更正式的历史研究中得出。米塞斯[3]强调，将这种基于经验的假设纳入一连串的行为学推论，并不会改变经济理论的僵化形式和先验性，而是使其有助于理解现实生活中的具体现 218
象和行为。如果没有对假设进行如此严格的界定，行为学——因此也包括经济学——将失去其作为科学的功能，而单纯成为一种“心理体操或逻辑消遣”。

因此，比如说一个基于理性预期假设的通货膨胀调整过程，也就是“个人不可观察的主观预期，正是（联立方程宏观经济）模型本身所隐含的真正的数学条件预期”，[4]如果我们闲来无事，做一下行为学练习，可能会为我们提供一个有趣的结论，但也可能无法提供关于现实世界通胀过程的科学真相。这个假设与一个最普遍且重要的情意学结论相矛盾，该结论被接受为经济学理论的基准，即人与人之间在预测和适应变化的能力方面，存在着广阔而不可预见的差异。[5]理性预期方法也否定了情意学的观点，即错误的经济学理论可能会极大地影响公众（包括银行家和企业家）对未来的预测。当这些理论受到流行的政治意识形态的影响时，它们对经济活动的影响尤其巨大，汇率的“廉价货币谬论”和“国际收支理论”过去和现在都仍然如此。同样，一个外行对长期交易经验的肤浅解读，也可能助长误

---

〔1〕 Mises, *Theory and History*, p.314.

〔2〕 Ibid., p.320.

〔3〕 Mises, *Human Action*, pp.65—66.

〔4〕 D.K.H.Begg, *The Rational Expectations Approach in Macroeconomics: Theories and Evidence* (Baltimore: The Johns Hopkins University Press, 1982), p.30.

〔5〕 Mises, *Human Action*, p.255.

导性经济理论的流行。比如,考虑一下这个理论,即货币购买力的变化完全是由经济过程中商品方面的特殊事件引起的。这个理论是商品货币本位古老经验的沉淀,一直到16世纪中叶,这一理论都在经济学著作中占据了主导地位,在第一次世界大战后的通货膨胀之前,这一观点被束之高阁,但在20世纪70年代的通货膨胀之前,这一理论成了传统会计模式的基础。

219 因为情意学的功能是向行为个体提供正在或将要起作用的社会因素的有关信息,以促进或阻碍其目标的实现,但这与适应性预期的假设不符,后者假设经济行为主体会回避所有溯因考察,并试图通过从预测同一变量的过去误差中,机械地推断出一个经济变量的未来值。对米塞斯[1]来说,一个人一旦开始寻找特定的方法来达到明确的目标,就变成了"情意学中的人",并开始研究社会和自然环境中各种因素之间的因果关系。因此,所有依据自身企业家能力的市场参与者,在形成了对未来的具体理解并用于指导他们的交易活动时,在某种程度上,就是意识到了决定预期经济数量的因果因素。因此在市场上,就像在社会交往的每个部门一样,"所有人都渴望获得他人估价和计划的信息,并对其进行正确估价"[2]。

预期的情意学分析法也与拉赫曼[3](Lachmann)所宣称的立场背道而驰,拉赫曼是沙克尔"激进主观主义"的晚期倡导者,他认为预期和人类偏好一样,具有"自主性",因此,经济学家"无法假设任何具体的变化模式"。拉赫曼[4]认为,事实上,在这样一个充满分歧和不可预测变化的预期、供求曲线不断发生投机性变化的世界里,实际价格持续市场出清的"意义不大"。这种对市场经济价格协调特性的极端虚无主义观点,是由于忽视了个人预期来自情意学和交易经济学的经验这一事实造成的。很久以前就被阿瑟·W.马吉特[5]用以下措辞反驳过这一观点:

220 除非我们将所谓的"预期方法"变成一种机械的方法……从而导致"作为科学的经济学的彻底清算",否则我们必须继续假设[这一假设得到情意学的

---

〔1〕 Mises, *Ultimate Foundation of Economic Science*, p.49.

〔2〕 Mises, *Theory and History*, p.265.

〔3〕 Lachmann, "From Mises to Schackle," p.129.

〔4〕 Ibid., p.130.

〔5〕 A.W.Marget, *The Theory of Prices: A Re-Examination of the Central Problem of Monetary Theory*, 2 vols.(New York: Augustus M.Kelley, [1938—1942] 1966), pp.228—230, 238 fn. 34, 456.

支持]预期在很大程度上是经济过程经验的结果,就像过去实际实现和目前正在实现的结果一样。

因此,“预期”有助于确定“已实现”价格。**但由此“实现”的价格有助于确定对未来价格走势的预期**……所以如果有人说“均衡”是“不确定的”,只要“最终位置取决于所遵循的路线”,这种说法意味着,对经济过程实际运作的任何描述,都不能被视为是完整的,**除非在研究任何经济进程之实际实现的连续步骤的基础上**,确定可能决定企业家应对市场形势变化性质的各种考虑,**包括旨在帮助实现这些反应目标的可能变化之性质**……为了使这些**已实现过程**可以尽可能精确地与制约它们的预期以及从这一过程中产生的预期相关联,我们始终坚持,有必要在强调“预期”的同时,巨细靡遗地描摹已实现的过程(这段话中所有的重点都是马吉特所加)。

与拉赫曼的观点相反,虽然已实现价格的即时结构(moment-to-moment)可被解释为过去的并总是容易出错的过往投机性预期的协调结果,但在解释影响市场未来进程的当前企业家预测和价格评估方面,仍然是一个有意义的因素。因此,预期并不具有“自主性”,预期受到行为人所选择目标及其在追求这些目标与之前目标的过程中获得的成败经验,还有他的创业能力的严格限制,这就是说,行为人善于从自己的经历中挑选信息并推断出与他未来行动有关的可能影响。不过,也不是“不可能从一个群体的知识状态中推断出他们的预期状态”;[1]作为人 221
类选择过程的一个组成部分,预期可以通过日常生活和历史研究中经常使用的情意学方法来发现,因此经济学家也可以使用这些方法。相应地,在前面那段引文的最后一句话中,马吉特就敏锐地指出,关于预期形成过程的信息只能从情意学经验或“已实现”市场过程的历史调查中获得。

具有讽刺意味的是,尽管拉赫曼[2]大力宣扬自己的反实证主义和激进主观主义,并宣称行为人的情意学知识“……一定始终存在问题,因为在某种意义上,(行为人)并不具有对分子学、机器或人体的知识”[3]。但正如米塞斯所强调的那

---

[1][2] M.Lachmann, *The Meaning of the Market Process*(New York: Basil Blackwell Inc., 1986), p.29.

[3] 汉斯·赫尔曼·霍普(Hans Hermann Hoppe)在 *Praxeology and Economic Science* (Auburn, Ala.: Ludwig von Mises Institute, 1988), p.48 fn. 37)中,揭示了拉赫曼一再重申的“未来是不可知的”逻辑错误,尤其是未来的知识状态和行动。

样，尽管基于经验的情意学知识与实验所确认的自然科学“事实”是“截然不同的”，但这是行动计划所不可或缺的真正的知识。“了解他人未来的反应是行为人的首要任务。”[1]

情意学对未来事件的知识并不是从统计概率或者“类别”概率产生的，而是根据排序的可能性或者“案例”概率产生的。[2]比如，我“知道”（我写这个词是在
222 1993年）1994年发生下列事件的可能性微乎其微：我应召接替查尔斯王子成为英国王位继承人，美利坚合众国被重建为君主制国家，或者美国的职业橄榄球被职业足球取代，这肯定比克林顿医疗计划未经修改就在国会获得通过的可能性低得多。我和其他人在计划未来的行动时，定期成功地将这些非统计的但情意学上已知的可能性考虑在内了。

从情意学的角度来看，不仅拉赫曼派的立场，而且在伊斯雷尔·M.柯兹纳[3]（Israel M. Kirzner）的著作中得到如此精辟地阐述的哈耶克关于预期的立场，都必须予以摒弃。对未来产出价格和资源价格之间的利润差距的预期，不仅仅是基于对过去价格结构信息的“警觉”而形成的；我们仅仅通过被动或警觉地吸收有关已实现市场过程的结果的信息，无法直接了解未来。[4]企业家对未来价格结构的评估是对未来市场状况具体理解的结果，这个结果一定是通过有意地将自己的情意学经验和见解与过去的价格信息联系起来而产生的。因此，这种关于未来盈利机会的“知识”并没有集中体现在近期的客观（失衡）价格信号中；它的来源是相当内在的，且基于情意学的洞察力，只有通过它所激发的行动才能影响外部事件。

通过对市场或其他地方的人类活动进行情意学探究所产生的知识，体现在

---

[1] Mises, *Theory and History*, p.311.

[2] 在这方面，米塞斯的风险和不确定性理论与凯恩斯相似。关于凯恩斯理论这方面的讨论，见 Joseph T.Salerno, “The Development of Keynes's Economics: From Marshall to Millennialism,” *The Review of Austrian Economics* 6(1): pp.9—10, 46—47。

[3] Israel M. Kirzner, *Competition and Entrepreneurship* (Chicago: The University of Chicago Press, 1973), idem, *Perception, Opportunity, and Profit: Studies in the Theory of Entrepreneurship* (Chicago: University of Chicago Press, 1979).

[4] 关于这场争论的方方面面，见 Joseph Salerno(“Ludwig von Mises as Social Rationalist,” *The Review of Austrian Economics* 4: pp.26—54) and Salerno(“Mises and Hayek Dehomogenized,” *The Review of Austrian Economics* 6(2): pp.113—146)。

米塞斯[1]所说的“理想类型”中。比如，对 20 世纪 20 年代初期德国恶性通货膨胀的理论解释，可以根据经济分析师对包括自身直接经验在内的历史记录，再采用“德国工业劳动者”、“德国企业家”、“德国外汇投机者”等截然不同的理想类型 223
来进行解读。每一种理想类型在经验、反应和对德国马克贬值的评价方面，都不同于其他类型。只有基于经验的理解和对史料的仔细研究，才能决定在理论演绎的行为学链条中，在不同的节点引入理想类型的内容和数量是否合适。比如，为了考虑不同的经验和意识形态对给定货币供给增加的信息做出反应而形成的预期，对“1919 年的德国企业家”和“1922 年的德国企业家”，或者“普鲁士公务员”和“巴伐利亚农民”做出区分，可能会对我们有所帮助。在对恶性通货膨胀最后阶段新发行的纸币对货币需求的影响进行理论分析时，经济学家可能会意识到通胀预期会蔓延到最不具企业家精神且在思想意识方面最迟钝的人群，因此，会对单一理想类型的“德国低收入人群”进行分析。

这一讨论指向了米塞斯派和哈耶克派之间持续争议的解决办法，即经济理论能否产生关于人类学习和个体间知识扩散过程的知识。作为行为学的一个分支，经济理论本身不能也不必就这些过程建立一个单一的命题；就人类的目标和价值而言，经济理论接受市场参与者能够从历史市场过程中学习的具体细节（如理想类型所概括的）作为其推理的已知数据。市场参与者获取和解释信息的学习过程并不是从普遍和永恒的行为学范畴中推理出来；它们必须被“理解”或从历史经验中进行情意学重建，然后应用于先验行为学分析的补充前提中，以产生既具有逻辑真理又具有实质真理的经济学定理。[2]

正如米塞斯[3]指出的那样，这种“将先验理论和对历史现象的解释交织在一 224
起”来分析经济现象的“奇特且逻辑上有点奇怪的程序”，会导致严重错误。事实上，主流货币理论中对预期不满意和似乎不可调和的分析方法，正是由于未能认识到情意学和历史学在建立经济推理的辅助性假说方面不可或缺的作用。

---

〔1〕 L.v. Mises, *Theory and History: An Interpretation of Social and Economic Evolution* (Auburn, Ala.: Ludwig von Mises Institute, [1957] 1985), pp.315—320; *Human Action*, pp.59—64.

〔2〕 这与柯兹纳的观点形成了鲜明对比，柯兹纳认为，“警觉”或者注意到或“发现”环境中那些有可能对自己有利的变化的能力，是人类行为中固有的一种倾向，并且构成了有目的行为本质（Kirzner, *Perception*, pp.13—33）。从米塞斯的角度批判柯兹纳的观点，请参阅 Salerno, “Mises and Hayek”。

〔3〕 Mises, *Human Action*, p.66.

将米塞斯的预期观与哈耶克的预期观做一个简单的比较是很有启发性的。在《经济学与知识》一书中，哈耶克[1]呼吁将均衡分析应用于现实世界，方法是将“关于获得知识的命题”纳入“经验要素”，以充分解释在实际经济中可以观察到的均衡趋势，从而使均衡分析适用于现实世界。他接着概括地指出，解决办法在于将“理想类型”引入正式经济理论，意即“关于人们应该在什么条件下获得相关知识，以及他们应该通过什么过程获得相关知识的具体假说”[2]。在他思考的这个阶段，在他选择经验相关的理想类型作为补充性假说之前，哈耶克的计划似乎与米塞斯的计划相似。然而9年后，在《知识在社会中的运用》一文中，哈耶克[3]明确指出了经济分析中要使用的最主要的理想类型，即价格总是接近均衡值，因而能向分散的决策者传递有关经济系统分散数据准确知识的一种经济体。[4]我在
225 其他地方称之为“近点均衡”的哈耶克假说，在两个方面与米塞斯的预期理论有很大的不同。第一，它从经济分析中排除了真正的不确定性和企业家对未来价格进行预测和评估的必要性，因为这意味着，“当前价格是相当可靠的未来价格的指标”[5]。第二，米塞斯明确否认，实际经济中存在着一种接近长期均衡、甚至暂时向这种状态发展的经验趋势。[6]

5. 通货膨胀预期与德国恶性通货膨胀

米塞斯对通货膨胀历史事件的分析，尤其是对第一次世界大战后德国恶性通货膨胀的分析，清楚地表明了米塞斯的情意学预期分析法。比如，1914年德国爆发战时通货膨胀之初，理想型德国马克持有者就包括工人、企业家和银行家。基

[1] Hayek, “Economics and Knowledge.”

[2] Ibid., pp.47—48.

[3] F.A.Hayek, “The Use of Knowledge in Society,” in *Individualism and Economic Order* (Chicago: Henry Regnery Company, [1945] 1972), pp.77—91.

[4] 这种心理构念是否可以被称为“理想类型”是另一个问题；哈耶克本人在后面的文章中没有再使用这个术语。

[5] F.A.Hayek, *Denationalisation of Money—The Argument Refined: An Analysis of the Theory, and Practice of Concurrent Currencies*, 2nd ed.(London: The Institute of Economic Affairs, 1978), p.82.

[6] 关于哈耶克的“近点均衡”概念及其与米塞斯的企业家理论和评价的不一致，见 Salerno(“Mises and Hayek”) and Salerno(Reply to Leland Yeager on “Mises and Hayek on Calculation and Knowledge,” *The Review of Austrian Economics* 7, no.2(1994): pp.111—125)。

于他们关于金本位制的长期经验，他们以根深蒂固的无弹性预期来应对价格的普遍上涨，乔治·克纳普(Georg Knapp)关于国家权力是货币价值来源的学说也得到了普遍认可。米塞斯[1]认为：

> 战时通货膨胀爆发时，没有人知道货币单位价值的变化意味着什么。商人和工人都相信，马克收入的增加是收入的真正增加。他们继续以马克来计算而不考虑它的贬值。他们把商品价格的上涨归因于封锁造成的商品短缺。[2]

预期最终开始了调整，但即便是德国企业家，也“花了数年时间”才认识到并 226 调整自己的预期，并使之适应物价上涨的真正原因，但工人的调整速度仍然较慢。[3]即使在贷款市场，预期的调整也非常缓慢。在通货膨胀的早期阶段，在人们摆脱通胀前长期具有的商品货币经验的束缚之后，我们可以不严谨地称之为适应性预期的东西，取代了无弹性预期。在此期间，名义利率的通货膨胀溢价滞后于通货膨胀率，“……因为引发通货膨胀的不是货币供应量的变化……而是这些变化对价格结构必然产生的后期影响”。[4]

随着通货膨胀的发展，具有最大程度的企业家远见的人开始清楚地认识到，通货膨胀在未来很可能持续下去，甚至会加速，而且这种情况会带来经济上的收益。所谓的“理性预期”首先在外汇市场上发展起来，然后出现在股票市场和商品市场。外汇市场投机者开始预测当前和未来货币供应量的增加对国内价格，从而对汇率的影响，因此，在国内商品价格上涨和外汇价格上涨之间，形成了实质性的“反向”滞后。与此同时，投机者在外汇市场上赚取的高额利润，吸引了以前在股票市场和证券市场运作的其他投机者进入外汇市场。不幸的是，这些投机者在其他市场的经验、知识和技术，并不适用于外汇市场。按照米塞斯的看法，这一时期股票市场的理想型投机者，对“货币价值形成的基本原理”一无所知，“并将货币单位看作是政府的股份”[5]。因此，他倾向于在暴跌之后买进马克，因为他相信，政府保持着稳定，经济同样富有成效，所以马克将同样大幅升值。这样一来，在他们 227

[1] Mises, “The Great German Inflation.”

[2] Ibid., pp.101—102.

[3] Mises, “The Great German Inflation,” p.100.

[4] Mises, *Human Action*, p.545.

[5] Mises, *On the Manipulation of Money and Credit*, p.20.

从经验中吸取教训之前，这些转移过来的股票投机者的行为会减缓，甚至可能暂时阻止国内贬值货币在外汇市场上的下跌。

然而，只要大多数工薪收入者没有摆脱他们意识形态的盲目性，没有意识到他们对商品货币的过往经验与此无关，他们就无法从目前的经验中得出正确的结论。这种情况导致了国内物价上涨滞后于货币供应量的增长和马克对外币值的下降。最终，经过多年的通货膨胀经验，广大工薪阶层和农民终于认识到，物价上涨与纸币供给的增加有直接关系，他们对马克购买力长期稳定的信心彻底动摇了。一旦公众根据来之不易的对货币与物价关系的洞察，形成了“理性预期”，他们最终会意识到，通货膨胀是政府蓄意采取的政策，不太可能很快扭转，恶性通货膨胀就在眼前。

米塞斯[1]用戏剧性的语言描述了这种经验驱动的通货膨胀预期的演变，以及公众从无弹性预期到理性预期的突然转变：

> 通胀过程的第一阶段可能会持续很多年。在通货膨胀持续期间，许多商品和服务的价格还没有随着货币关系（即货币供给与货币需求）的变化而调整。这个国家还有一些人并没有意识到，他们面临着一场价格革命，这场革命最终将导致所有价格的大幅上涨，尽管在各种商品和服务中，价格上涨的程度将不尽相同。这些人仍然相信，价格总有一天会下降。为了这一天的到来，他们限制自己的购买行为，并同时增加自己的现金持有量……

但公众最终还是觉醒了。他们突然意识到，通货膨胀是一种蓄意而为的政
228 策，而且将永远持续下去。衰退即将发生。崩溃热潮将要出现……在短短的几周甚或几天之内，曾经用作货币的东西不再被用作交换媒介，而是成了废纸……

> 一旦人们亲身经历了恶性通货膨胀的货币崩溃，他们的认识和预期就会永久改变。现在，即使货币供应量稍有增加，所有阶层的民众都会预测，政府当局将再次动用蓄意性通货膨胀政策，并最终导致另一场灾难性的货币崩溃。基于对客观发展的经济形势的任何合理评价“脱节”的预期，公众出于恐慌而试图减持现金，将使经济迅速陷入失控的物价上涨局面。

正如米塞斯[2]观察到的：

---

〔1〕 Mises, *Human Action*, pp.427—428.

〔2〕 Mises, “The Great German Inflation,” p.102.

一个经历过通货膨胀直至货币最终崩溃的国家，在对前一次的记忆消失之前，不会再甘于忍受第二次这样的尝试……通货膨胀一开始，他们（即1923年通货膨胀的受害者和见证者）就会开始恐慌。物价的上涨与纸币数量的增加完全不成比例……

我们仍然需要将米塞斯关于恶性通货膨胀过程中预期演变的讨论，与他关于商业周期理论中，将关键作用归因于预期的讨论相协调。米塞斯〔1〕本人已经意识到有一个重要的问题必须解决。他想知道，为什么在公众充分吸取了恶性通货膨胀的经验教训，并能够采取行动防止这种不兑现货币现象再次发生的同时，在谈到如何避免与银行信贷扩张相关的周期性涨跌时，"人们还是不可救药"〔2〕。用米塞斯的话来说："尤其需要解释的是，为什么一次又一次地试图通过扩大流通信贷（即以信用媒介形式提供的银行信贷）来改善总体经济状况，尽管过去所有这些努力都遭到了重大的失败。"〔3〕 229

米塞斯认为，这个问题的答案是双重的。首先是意识形态因素。长期以来，错误的经济学说一直在银行家和企业家的头脑中根深蒂固，他们认为，物价上涨和低利率是有利的商业环境和经济繁荣的先决条件，因此应成为经济政策的目标。〔4〕其次，这种意识形态因素使未经技术经济学训练的企业家更难理解因银行信贷扩张而降低的利率、繁荣时期的资本不当投资以及随之而来的危机和萧条之间的联系，这些危机和萧条是这些恶意行为突然暴露和清算的结果。此外，正如米塞斯〔5〕所指出的那样，理解这些联系，需要比掌握印刷机运行和价格上涨之间的联系更为深奥的知识和更为缜密的思维。米塞斯的观点得到了一个事实的支持，即在信贷扩张的初始阶段之后，由于不断上升的通胀溢价逐步推高了名义利率，因此利率并没有显得异常低，对企业家来说，利率甚至可能显得异常高。因此，即使企业家吸取了避免在利率降至异常低的水平时扩张业务的基本教训，但随着通货膨胀的加剧和名义利率的上升，其仍会被诱使进行不当投资。

---

〔1〕 Mises, *On the Manipulation of Money and Credit*, pp.132—136.

〔2〕 Mises, *Human Action*, p.578.

〔3〕 Mises, *On the Manipulation of Money and Credit*, p.136.

〔4〕 Ibid., pp.138, 146.

〔5〕 Ludwig von Mises, "'Elastic Expectations' and the Austrian Theory of the Trade Cycle," *Economica* 10(August): pp.251—252.

米塞斯总结道："只有完全熟悉经济理论，仔细研究货币和信贷现象，才能使人免于上当，被诱骗进行不当投资。"[1]当然，情意学的分析向经济学家揭示出，
230 所谓当代企业家掌握了奥地利学派商业周期理论的假说显然是错误的，会导致错误的理论推断。但米塞斯也批评"许多经济学家"在处理信贷扩张的具体实例时"想当然"，认为未来会像过去一样，所以理论家不必考虑学习对企业家预期的影响。因此，米塞斯认为："在未来，企业家对信贷扩张的反应可能与过去不同。他们可能会避免使用容易获得的资金来扩大业务，因为他们将牢记经济繁荣不可避免的结局。某些迹象预示着这样的变化。"[2]

在紧接米塞斯上述引文之后的一段文字中，米塞斯在《人类行为》第 3 版(1966)[3]而不是第 1 版(1949)中指出，公众和金融媒体已经吸取了奥地利学派商业周期理论的主要教训，即繁荣导致了随后的萧条，而繁荣则是由先前银行信贷的扩张引起的。基于这种认识而形成的预期，现在迫使货币当局在经济繁荣的最初迹象出现时即限制信贷。正因如此，米塞斯将观察到的 20 世纪 50 年代周期性波动持续时间和严重程度显著缩短的现象，归因于这些因素。

米塞斯的情意学预期分析法，似乎非常适合于指导对 20 世纪 80 年代和 90 年代初期美国经济发展的应用研究。比如，在所谓的"里根复苏"期间，明显较高的实际长期利率可能部分，甚至主要解释为实际利率的高通胀溢价，这反映了公众尤其是债券市场在卡特年代经历过两位数通胀率之后所形成的持续通胀预期。这种米塞斯式的解释与凯恩斯主义者和其他人提出的解释相矛盾，凯恩斯主义者
231 将居高不下的实际利率归因于"宽松财政、紧缩货币"的政策立场。此外，即使在短期利率大幅下降和货币供给增长越来越快的情况下，从 1990—1991 年经济衰退中复苏仍然缓慢，这可以解释为企业家和投资者不愿利用额外的银行信贷为长期资本项目融资，因为他们预计投资回报率("自然利率")会被克林顿的增税、增加的监管，以及即将出台的医疗保健立法成本所侵蚀。

从纯理论的角度来看，结合了奥地利学派商业周期理论的情意学预期分析法提供了一个周期性波动的解释，与基于理性预期的真实商业周期理论不同，这个

---

〔1〕 Ludwig von Mises, "'Elastic Expectations' and the Austrian Theory of the Trade Cycle," *Economica* 10(August): p.252.

〔2〕 Mises, *Human Action*, p.797.

〔3〕 Ibid., p.798.

解释严格地坚持了这样一个假说，即完全不必援引未必可靠的大规模技术衰退冲击和跨期劳动力替代模型（难以置信地依赖于劳动力供给对实际工资短暂波动的弹性反应）来进行证明，市场就会瞬间出清。

6. 结论

米塞斯关于通货膨胀过程的理论，因以奥地利学派价格理论为基础，被主流货币理论家忽视或误解。这一理论试图解释在不断变化和不平衡的现实世界中实际实现的价格的决定和作用，其成果应更多地归功于庞巴维克和威克斯蒂德的学术工作，而不是马歇尔和瓦尔拉斯的研究。在这种情况下，货币不仅仅是一个基准，而且是市场定价过程中的一个成因，米塞斯的递进分析法是唯一适合分析这种动态经济的方法。

然而，尽管经济具有非均衡性，但市场清算过程在稀缺资源的定价和配置中起着重要的作用，赫特[1]恰当地将这一功能描述为“价格调整的动态协调效应”。232 米塞斯认为，市场协调的社会评估过程确保每一种稀缺资源的现行价格等于其预期的边际生产收益量（按利率折现），因此，鉴于企业家对技术可能性的了解和包括他们对预期产出价格的估价在内的对未来市场状况的预测，全部现有的生产资源总会被充分使用在企业家认为最有价值的用途上。

正如我在其他地方所说的，[2]根据米塞斯的看法，市场协调过程极其艰难，与经济体系“真实”数据的变化相比，更容易被市场引发的货币流动的变化（比如囤积、抛售囤积，以及黄金开采的生产成本的变化）所扰乱。但正如米塞斯所说，这一过程可能会受到外部干预的阻碍和扭曲，外部干预会削弱或抵消这一过程在资源市场上的市场清算属性，这一属性也可能会被一次使劳动力和其他资源的实际价格降低至均衡水平的意外通货膨胀暂时生硬地复原。因此，米塞斯的分析以一种完全符合奥地利学派货币理论微观基础的方式，解释了通货膨胀对就业和产出的影响，且不会对市场参与者的行为提出特别不切实际的假设。

米塞斯提出了通货膨胀预期和一般预期的理论，但这一理论在很大程度上未

〔1〕 Hutt, *The Keynesian Episode*, p.285.

〔2〕 Salerno, “Commentary: The Concept of Coordination in Austrian Macroeconomics”.

得到当代奥地利学派学者的重视,主要是因为他们趋向于将米塞斯和哈耶克的观点混为一谈。在哈耶克"近点均衡"假设下——即单个计划的事前协调近乎完美,价格通常接近其长期均衡值——预期是从过去的价格中汲取的知识的一个微不足道的副产品。对哈耶克来说,预期并不需要单独进行解释。

233 柯兹纳在一些重要方面追随哈耶克的观点,他认为,对价格体系传递的信息保持警觉,是人类行为固有的一种倾向。在他看来,企业家会机警地发现过去的资源价格和产出价格之间的差距,并毫无成本地利用这些获益机会。柯兹纳的分析步骤有效地将企业生产者转变为专注于当前市场状况且对未来几乎没有兴趣的套利者。这一分析步骤避免了关于企业家如何根据其情意学经验和知识,来制定对不确定未来的预期的讨论。[1]

或许,经济学家可以从米塞斯的预期分析法中学到的最有价值的东西,就是现实的辅助性假设对于正确推导和运用行为经济学的法则来分析现实世界的经济事件和政策的重要性。更宽泛地说,米塞斯的预期理论为理解历史和情意学研究在经济理论阐述中的适当作用,开辟了一条途径。

参考文献

Alchian, A.A., and R.A. Kessel. [1960] 1977. "The Meaning and Validity of the Inflation-Induced Lag of Wages behind Prices." In *Economic Forces at Work*, A.A.Alchian, ed., pp.413—450. Indianapolis, Ind.: Liberty Press.

Begg, D.K.H. 1982. *The Rational Expectations Approach in Macroeconomics: Theories and Evidence*. Baltimore: The Johns Hopkins University Press.

Birch, D.E., A.A.Rabin, and L.B.Yeager. 1982. "Inflation, Output, and Employment: Some Clarifications." *Economic Inquiry* 20(April): pp.209—221.

Davenport, H.J. [1913] 1968. *The Economics of Enterprise*. New York: Augustus M.Kelley.

Ebeling, R.M. 1988. "Expectations and Expectations Formation in Mises's Theory of the Market Process." *Market Process* 6(Spring): pp.12—18.

Edwards, J.R. 1985. *The Economist of the Country: Ludwig von Mises in the History of Monetary*

[1] 最近一个尝试彻底区别米塞斯和哈耶克/柯兹纳范式的讨论,见 Salerno, "Mises and Hayek"。

Thought. New York: Carlton Press, Inc.

Ellis, H.S. 1934. *German Monetary Theory, 1905—1933*. Cambridge, Mass.: Harvard University Press.

Friedman, M. [1968] 1987. "The Role of Monetary Policy." In *The Essence of Friedman*, K.R. 234
Leube, ed., pp.387—403. Stanford, Calif.: Hoover Institution Press.

Haberler, G. 1974. *Economic Growth & Stability: An Analysis of Economic Change and Policies*. Los Angeles: Nash Publishing.

Hayek, F.A. [1937] 1972. "Economics and Knowledge." In *Individualism and economic Order*, pp.33—56. Chicago: Henry Regnery Company.

____. [1945] 1972. "The Use of Knowledge in Society." In *Individualism and Economic Order*, pp.77—91. Chicago: Henry Regnery Company.

____. 1972. *A Tiger by the Tail: A 40-Years' Running Commentary on Keynesianism by Hayek*. Sudah A Shenoy, comp. London: The Institute of Economic Affairs.

____. 1978. *Denationalisation of Money—The Argument Refined: An Analysis of the Theory, and Practice of Concurrent Currencies*, 2nd ed. London: The Institute of Economic Affairs.

Hicks, J.R. [1946] 1968. *Value and Capital: An Inquiry into Some Fundamental Principles of Economic Theory*, 2nd ed. New York: Oxford University Press.

Hoppe, H. 1988. *Praxeology and Economic Science*. Auburn, Ala.: Ludwig von Mises Institute.

Humphrey, T.M. 1984. "On the Nonneutral Relative Price Effects in Monetarist Thought." Federal Reserve Bank of Richmond *Economic Review* 70(May/June): pp.13—19.

Hutt, W.H. 1973. *The Strike-Threat System: The Economic Consequences of Collective Bargaining*. New Rochelle, N.Y.: Arlington House.

____. 1975. *A Rehabilitation of Say's Law*. Athens: Ohio University Press.

____. 1979. *The Keynesian Episode: A Reassessment*. Indianapolis, Ind.: Liberty Press.

Kirzner, I.M. 1973. *Competition and Entrepreneurship*. Chicago: University of Chicago Press.

____. 1979. *Perception, Opportunity, and Profit: Studies in the Theory of Entrepreneurship*. Chicago: University of Chicago Press.

Lachmann, L.M. 1976a. "From Mises to Schackle: An Essay on Austrian Economics and the Kaleidic Society." *Journal of Economic Literature* 14(March): p.58.

____. 1976b. "On the Central Concept of Austrian Economics: Market Process." In *The Foundations of Modern Austrian Economics*, E.G. Dolan, ed. pp.126—132. Kansas City: Sheed and Ward, Inc.

____. 1986. *The Meaning of the Market Process*. New York: Basil Blackwell, Inc.

Marget, A.W. [1938—1942] 1966. *The Theory of Prices: A Re-Examination of the Central Problem of Monetary Theory*, 2 vols. New York: Augustus M.Kelley.

Mises, L. von. 1943. "'Elastic Expectations' and the Austrian Theory of the Trade Cycle." *Economica* 10(August): pp.251—252.

____. 1966. *Human Action: A Treatise on Economics*, 3rd ed. Chicago: Henry Regnery Company.

235 ____. [1953] 1971. *The Theory of Money and Credit*, 2nd ed. Irvington-on Hudson, N.Y.: The Foundation for Economic Education.

____. 1978a. *Notes and Recollections*. South Holland, Ill.: Libertarian Press.

____. 1978b. *On the Manipulation of Money and Credit*, B.B.Greaves, trans. Dobbs Ferry, N.Y.: Free Market Books.

____. 1978c. *The Ultimate Foundation of Economic Science: An Essay on Method*, 2nd ed. Kansas City: Sheed Andrews and McMeel, Inc.

____. [1950] 1980. "Economic Aspects of the Pension Problem." In *Planning for Freedom and Sixteen Other Essays and Addresses*, 4th ed., pp.83—93. South Holland, Ill.: Libertarian Press.

____. [1958] 1980. "Wages, Unemployment and Inflation." In *Planning for Freedom and Sixteen Other Essays and Addresses*, 4th ed. South Holland, Ill.: Libertarian Press.

____. 1983. *Nation, State, and Economy: Contributions to the Politics and History of Our Time*, L.B.Yeager, trans. New York: New York University Press.

____. [1957] 1985. *Theory and History: An Interpretation of Social and Economic Evolution*. Auburn, Ala.: Ludwig von Mises Institute.

____. [1932] 1990. "The Great German Inflation." In *Money, Method, and the Market Process*, R.M.Ebeling, ed., pp.96—103. Norwell, Mass.: Kluwer Academic Publishers.

Moss, L.S. 1976. "the Monetary Economics of Ludwig von Mises." In *The Economics of Ludwig von Mises: Toward a Critical Appraisal*, pp.13—49. New York: New York University Press.

Patinkin, D. 1965. *Money, Interest, and Prices: An Integration of Monetary and Value Theory*, 2nd ed. New York: Harper and Row Publishers.

Phillips, A.W. [1958] 1968. "The Relation between Unemployment and the Rate of Change of Money Wage Rates in the United Kingdom, 1861—1957." In *Macroeconomic Readings*, J.Lindauer, ed., pp.107—119. New York: The Free Press.

Robbins, Lord. [1952] 1971. *Money, Trade and International Relations*. London: Macmillan.

Robbins, L., S.Brittan, A.W.Coats, M.Friedman, F.A.Hayek, P.Jay, and D.Laidler. 1974. *Inflation: Causes, Consequences, Cures: Discourses on the Debate between the Monetary and Trade Union Interpretations*. Levittown, N.Y.: Transatlantic Arts, Inc.

Rothbard, M.N. [1962] 1970. *Man, Economy, and State: A Treatise on Economic Principles*, 2 vols. Los Angeles: Nash Publishing.

____. 1976. "The Austrian Theory of Money." In *The Foundations of Modern Austrian Economics*, E.G.Dolan, ed., pp.160—184. Kansas City: Sheed & Ward, Inc.

____. 1980. *The Essential Ludwig von Mises*, 2nd ed. Auburn, Ala.: Ludwig von Mises Institute.

Rousseas, S.W. 1972. *Monetary Theory*. New York: Alfred A. Knopf.

Salerno, J.T. 1990. "Ludwig von Mises as Social Rationalist." *The Review of Austrian Economics* 4: pp.26—54.

____. 1991. "Commentary: The Concept of Coordination in Austrian Macroeconomics." In 236
Austrian Economics: Perspectives on the Past and Prospects for the Future, R.B.Ebeling, ed., pp.325—343. Hillsdale, Mich.: Hillsdale College Press.

____. 1992. "The Development of Keynes's Economics: From Marshall to Millennialism." *The Review of Austrian Economics* 6(1): pp.3—64.

____. 1993. "Mises and Hayek Dehomogenized." *The Review of Austrian Economics*, 6(2): pp.113—146.

____. 1994. Reply to Leland Yeager on "Mises and Hayek on Calculation and Knowledge," *The Review of Austrian Economics* 7(2): pp.111—125.

. 1995a. "William H.Hutt." Available at http://mises.org/daily/3915.

____. 1995b. "Gottfried Haberler." Available at http://mises.org/resources/3232.

Vedder, R.K., and L.E.Gallaway. 1993. *Out of Work: Unemployment and Government in Twentieth-Century America*. New York: Holmes and Meier.

第9章

战争与货币机器：237
隐藏在通货膨胀面纱下的战争成本*

在每一次大战中，货币计算都因通货膨胀而中断……交战双方的经济行为因此被引入歧途；战争的真正后果从他们的视野中消失了。我们可以毫不夸张地说，通货膨胀是军国主义不可或缺的手段。缺了这个手段，战争对个体福利的影响会越来越明显，也越来越深刻；厌战情绪会更早出现。〔1〕

> [政府]知道他们的年轻人愿意牺牲自己的生命和四肢，知道老人愿意牺牲他们的儿子和孙子的生命及四肢，知道他们的妇女愿意牺牲她们的丈夫、儿子和兄弟的生命及肢体，因为他们相信这是一项崇高的事业，但他们有一种致命的恐惧——实际上是有时候，但并不总是这样——女人和老人会因为战争让他们和孩子受饥饿之苦而退缩，因此，如果人们知道战争与 238
> 丰衣足食联系起来是一种错觉，而“和平与富足”的古老格言仍然有道理，那么好战的热情就会衰退……诚然，这种被高物价而不是被小笔收入和高税收掐住的做法，首先使人们对那些本来就获利并且经常获利的人非常愤怒（他们中的大多数都是无辜的），虽然这些人往往是通过物价上涨而不是

* From：“War and the Money Machine：Concealing the Costs of War beneath the Veil of Inflation，” *Journal des Economistes et des Etudes Humaines* 6(March 1995)：pp.153—173.

〔1〕 Ludwig von Mises，*Nation*，*State*，*and Economy*：*Contributions to the Politics and History of Our Time*，trans. Leland B. Yeager(New York：New York University Press，1983)，p.163.

通过政府来牟利。[1]

战争的真正成本在商品领域：废弃的货品，一国部分地区的破坏，人力的损失，这些都是战争给经济带来的真正成本……战争像一场大火吞噬了我们国家的大部分财富，经济也日渐穷困……然而，以货币计算，经济并没有变得更穷困。这怎么可能呢？简而言之，对国家和代用货币的要求已经取代了私人经济中的商品库存。[2]

“啊，战争有何好处？绝对没有。

除了让人心碎，别无其他

战争唯一的朋友，就是殡仪馆的承办人……

战争不能带来生命，只能夺走生命。”[3]

1. 导言

战争的成本巨大，正如上述引文清楚地表明的那样，通货膨胀是政府试图（或多或少成功了）向其公民隐瞒这些成本的一种手段。战争不仅摧毁士兵的生命和肢体，而且通过逐渐消耗交战国积累的资本，最终缩短了平民的生命并使平民肢
239 体萎缩。如果政府别无选择，只能在敌对行动发生时立即增税，战争对生产性财富的巨大破坏将立即显现；政府随意扩张货币供给的能力，使他们能够借助物价、利润和工资上涨，以及利率稳定和股市繁荣的面纱，掩盖这种破坏性。

在下一节中，我将解释战争是如何从经济上毁灭资本（除了它的物质破坏性之外）和随之而来的劳动生产率、实际收入和生活水平的下降。这一部分的论述借鉴了路德维希·冯·米塞斯和默里·罗斯巴德的著作中所阐述的奥地利学派资本理论。第三节分析了为什么不同的战时融资方式对公众的参战经济动员成

---

〔1〕 E.Cannan, *An Economist's Protest* (New York: Adelphi Company, 1928), p.100; idem, *Money: Its connexion with Rising and Falling Prices*, 6th ed.(Westminster: P.S.King & Son, Ltd., 1929), p.99.

〔2〕 J.A.Schumpeter, "The Crisis of the Tax State," in idem, *The Econmics and Sociology of Capitalism*, ed. Richard Swedberg(Princeton, N.J.: Princeton University Press, 1991), pp.118—119.

〔3〕 E.Starr, "Recording of 'War'," written by N.Whitfield and B.Strong, from the album *War & Peace* (Detroit: Motown Record Corporation, 1970).

本认知会有不同的影响。本节的分析很大程度上得益于米塞斯[1]对通货膨胀战争融资的经典讨论。第四节简要说明了通货膨胀如何构成了法西斯经济计划道路上的第一步,而法西斯经济计划通常是在大规模战争过程中强加给资本主义经济的。

2. 战争经济学

战争的进行需要将以前分配给生产资本或消费品的稀缺资源,重新分配到国家武装力量的提高、装备和维持上。新入伍或者已在职的军人,必须放弃私营经济中的工作,但是除了武器和其他战争装备外,他们还需要食物、衣服和住所。在实践中,这就意味着,包括劳动力和"可转换"资本货物(包括钢铁、电力、卡车等)在内的"非特定"资源这些不属于单一生产过程的资源,必须从民用生产转为军事生产。鉴于民间劳动力规模的缩小以及剩余劳动力和资本大量转移到武器装备制造业,总的结果是消费品更加稀缺,实际工资和平民生活水平下降。

然而,经济向战争状态的转变,不仅仅意味着从消费品到军事生产的要素的 240
"横向"再分配。它还要求资源从"较高"生产阶段向"较低"生产阶段"垂直"转移,即从暂时远离最终消费者服务的资本货物的生产和维护,转向现在要使用的战争物资的生产。这是因为,正如米塞斯[2]所指出的,"战争只能用现有的货物来发动"。但是,在用坦克、炸弹和小型武器的生产代替采矿和石油钻探设备的更换和修理,以维持未来消费品的流通的过程中,经济正在缩短其生产的时间结构,从而"消耗"其资本。一开始,这种资本消耗表现为不能直接转化为战争生产的闲置固定资本品,比如生产石油钻采机械的厂房和设备;以及同时可以转化但被过度使用的固定资产,比如现在用于生产军用车辆的汽车装配厂。那么短期内,即使面对一部分劳动力因兵役而流失的情况,以战争物资和消费品的形式存在的商品流动实际上可能会增加,"实际收入"也可能会上升。但随着时间的推移,工业和农业的设备破旧磨损,无法更换,实际收入不可避免地下降(可能是急剧下降)到低于和平时期的水平。

---

[1] Mises, *Nation*, *State*, *and Economy*, pp.151—171.

[2] Ibid., p.168.

熊彼特[1]对战争经济的紧急情况引起的资源的横向和纵向转移，以及纵向转移对资本存量的有害影响做了生动的总结：

> 第一，"战争经济"本质上是指，将为了和平生活的需要而生产的经济，转向为了战争需要而生产的经济。这首先意味着，某些可用的生产资料被用来生产不同的最终产品，当然主要是战争物资，而且在大多数情况下，生产的产品和以前一样，只是在为其他客户生产而不是为和平时期的客户生产。而且
> 241 这意味着，现有的生产资料主要是用来生产尽可能多的供直接消费的商品，从而损害了生产资料的生产，尤其是机械和工业设备的生产，所以在和平时期占据了很大空间的那部分生产，即为维护和扩大生产设备而进行的生产，越来越减少。这样做有一个可能性，即用于直接消费的商品、劳动力和资本，都是以前用来制造生产者商品的商品，从而间接地促进了消费品的生产（用技术术语来说，它制造的是"未来"的商品而不是"现在"的商品），这种可能性是我们的巨大储备，迄今为止，它拯救了我们，也阻止了消费品流的完全干涸……只有在战争结束后，我们才在最大程度上体会到了贫困。只有到那时，毁坏的机器、破旧的建筑物、疏于照顾的土地、惨遭扑杀的牲畜、被毁坏的森林，才能充分见证战争的影响。

在评论第一次世界大战对英国经济的影响时，埃德温·坎南[2]还提请注意资源垂直转移和资本消耗这一关键事实，他指出：

> ……战争期间，国内物资装备和国外财产的添置完全停止了。因此，解放出来的劳动力可用于战争生产和用于直接消费的和平物资的生产。
>
> [此外]熟悉商业的每个人都知道，所有生产部门的更新换代（如果不是修缮的话）都被严重推迟，而且所有产品的库存都大幅下降。平时用来维持物资装备的劳动力被转移到战争生产和直接消费的和平物资的生产上……对这些资源的开发，使整个国家能够以如此少的匮乏度过这场战争。

242 可能有人会反对说，从经验上讲，资源的垂直转移可能是微不足道的，因为"投资"只占实际产出的一小部分，因此，军需品产量的增加一定主要来自消费品行业转移的资源，以及通过增加加班时间和劳动参与率减少了平民人口的休闲时

---

〔1〕 Schumpeter, "The Crisis of the Tax State", p.127.

〔2〕 Cannan, *An Economist's Protest*, p.183.

间。比如，1994 年第四季度，美国实际私人投资总额为 9 397 亿美元，略高于实际国内生产总值的 17%，而同一季度的实际个人消费支出为 36 296 亿美元，几乎相当于实际国内生产总值的67%。[1]

可惜，为避免“重复计算”，在这个框架中，对“中间投入”的投资被扣除。这些中间投入在很大程度上正是由原材料库存、半成品以及能源投入构成的，这种类型的资本货物最容易转而用于生产无论是军用还是消费的现有产品。正如米塞斯[2]所观察到的，这是第一次世界大战期间德国资本消耗的一种形式：“德国经济进入战争的时候，各种原材料和半成品库存都很充足。在和平时期，无论这些库存是使用还是消费，都会定期填补。战争期间，库存被消耗殆尽，无法补充。这些库存从经济中消失了；国民财富因价值缩水而减少。”由于先前投资于再生产的资源已被撤回，用以增加战争物资的生产，这些未来或更高阶段的货物永久地“消失”了。

事实上，在一个现代资本使用型经济体中，在和平时期的任何特定时刻，较高生产阶段用于生产和维护资本货物的资源总值都远远超过生产过程的最后阶段 243
直接为消费者服务的资源的价值。比如，1982 年美国经济的中间投入加上私人投资总额的商业支出总额为 31 967 亿美元，而个人消费支出总额为 20 464 亿美元。因此，在政府部门之外，超过 60%的可用生产资源被用于生产资本或未来商品，而不是消费品或现有商品。[3][4]

3. 战时财政

政府有三种战时财政工具：征税、向公众借贷、通货膨胀或创造新货币。政府也可以采取强制征用的办法，即没收其认为必要的物质资源，无偿获取或者以低于市场的价格和工资水平换取战争所必需的劳务。在历史上的大规模战争中，这

[1] Federal Reserve Bank of St. Louis, *National Economic Trends* (May 1995), pp.4, 18—19.

[2] Mises, *Nation*, *State*, *and Economy*, p.162.

[3] M. Skousen, *The Structure of Production* (New York: New York University Press, 1990), pp.191—192.

[4] 关于使用“总投资”概念分析资本结构的重要性，该概念既包括对固定资本的投资，也包括对所有生产阶段的中间投入的投资，见 M.N.Rothbard, *Man*, *Economy*, *and State*: *A Treatise on Economic Principles*, 2nd ed.(Auburn, Ala.: Ludwig von Mises Institute, [1962] 1993), vol.1, pp.339—345.

些方法的组合通常被用来实现资源从民用到军用的转移。但从技术经济理论的角度来看，政府完全可以通过增加税收和资本市场上的非通货膨胀借贷来实现其战争目的所需的资金。正如熊彼特[1]在第一次世界大战之后就奥地利问题所指出的那样："很明显……严格地说，我们本可以从私营经济中挤出必要的资金，就像从私营经济中挤出商品一样。本来，我们可以通过看上去令人压抑的征税来实
244 现这一切，但事实上，这不会比他们选择的货币贬值更具压迫性。"[2]

如果严格的财政措施能够产生足够的收入并按市场价格为战争所需的一切资源进行支付，为什么交战国政府几乎总是求助于通货膨胀和直接掠夺商品和服务的方法呢？答案在于，战争是一项极其昂贵的事业，后两种方法虽然方式迥异，但在一定程度上掩盖了这些成本，使公众不得而见。[3]如果公众准确地得知了战

---

〔1〕 Schumpeter, "The Crisis of the Tax State," p.121.

〔2〕 尽管熊彼特（"税收国家的危机"第121页）总体上反对使用通货膨胀作为战时财政工具，但他也承认"……从政治和财政技术的角度来看，用税收支付战争费用，在任何国家都基本不可能"。米塞斯（《民族，国家与经济》，第151—171页）和坎南（Cannan）（《货币与物价涨跌的关系》，第93—102页）的观点甚至比熊彼特更坚定，他们认为，从技术上讲，通货膨胀并不是为一场重大战争提供资金的必要条件。对后两位而言，无论通胀型融资能从私营经济中提取多少资源，都可以通过税收和非通胀性借贷来挪用。但应当指出的是，米塞斯（《民族，国家与经济》，第165页）坚持认为，市场激励在实践中永远不可能具有足够的吸引力，以吸引足够的人力在战争条件下为武装部队服务，因此，征兵是对税收和借贷融资的市场交易的必要补充。米塞斯不仅认为应征者的供给曲线是无弹性的，而且还隐含假设它在所有情况下都固定不变，米塞斯似乎忽视了，如果战争是为了保家卫国，或者被人们普遍而热情地认为是为正义的事业而进行的战争，供给曲线会具有自动右移的可能性。

〔3〕 并不是所有的前凯恩斯主义经济学都同意米塞斯、熊彼特和坎南的观点，即通货膨胀在理论上或实际上都不是为一场重大战争提供资金的必要条件。他们的两位同时代的著名学者 A.C.Pigou（*The Political Economy of War*, 2nd ed. [New York: Macmillan, 1941]）and Lionel Robbins（*The Economic Problem in Peace and War: Some Reflections on Objectives and Mechanisms* [London: Macmillan, 1950]）坚持认为，通胀性筹款和政府直接控制，是战争经济中不可避免的一部分。从第二次世界大战初期开始，新凯恩斯主义经济学家包括凯恩斯本人，对资本理论完全无知，他们颠覆了以往的战争经济学研究方法，认为战争开支和其他任何类型的开支一样，通过乘数过程运作，会自动产生充分就业，因而经济繁荣，并有可能在宏观经济中造成"通胀缺口"。因此，他们得出结论认为，战争本身就是通货膨胀，政府必须对价格、生产和劳动力市场进行广泛的控制，以抑制通货膨胀，防止其破坏战争经济。关于"国防"经济学的新凯恩斯主义方法的例子，见 A.G.Hart（*Defense without Inflation* [New York: The Twentieth Century Fund, 1951]）and D.H.Wallace（*Economic Controls and Defense* [New York: The Twentieth Century Fund, 1953]）. Robert Higgs（"Wartime Prosperity? A Reassessment of the U.S. Economy in the 1940s," *The Journal of Economic History* 52 [March]: pp.41—60）provides a superb and long-overdue demolition of the Keynesian claim that World War II brought prosperity to the U.S. economy。

争的全部成本，战争就变得越来越不得人心，民众的热情和劳动的努力就会减弱， 245
动乱甚至积极的抵抗可能会在国内发生并蔓延到前线。第一次世界大战期间，俄国布尔什维克成功煽动的“革命失败主义”运动就是这种大规模抵抗的一例。

正如罗伯特·希格斯[1](Robert Higgs)在谈论政府在战时和其他所谓的国家紧急情况下，部分采用指令—控制型经济取代常规财政机制的趋势时所指出的：

> 显然，如果公民不知道他们所承担的代价，他们是不会做出反应的。在实际成本和公众所感知的成本之间制造一个篱墙的可能性，给在国家紧急情况下推行高成本政策的政府带来了强烈的诱惑。除了牺牲的生命，没有任何成本可以轻易算作金钱成本。每个人不仅可以计算(他自己的税单)，而且可以很容易地为整个社会(政府的总税收)进行汇总。如果政府希望维持一项导致成本突然上升的政策，就应该设法用非金钱成本代替金钱成本。这种替代方法可能会使公民意识到他们的牺牲是多么伟大，从而减少他们的抗议和抵抗。

如果我们所讨论的是不可再生的资源，直接征用资源最为有效，比如劳动力。政府通过法律强制公民按照远低于市场水平的工资水平服兵役，政府就可以极大地降低战争的预算成本，从而减少必须增加的税收数额。这种做法有助于隐藏成 246
本，这也解释了从法国大革命开始的几乎所有现代大众民主国家广泛采用的大规模征兵手段。然而，无偿没收可再生资源面临着一个无法克服的困难：虽然它确实可以获得现有的存量资源，但破坏了私人和公司再生产这些资源的动机。

工业生产过程的继续需要按市场的决定给予生产者经济补偿，除非政府愿意彻底废除交换，实施完全无货币(且特别混乱)的社会主义交换形式，在这种形式中，资源和产品的分配按官僚机构的政令进行。1918 年至 1921 年，布尔什维克在苏俄所谓 “战时共产主义”时期进行了这种尝试，其结果是惨败。[2]事实上，在

---

〔1〕 Robert Higgs, *Crisis and Leviathan: Critical Episodes in the Growth of American Government* (New York: Oxford University, 1987), p.65.

〔2〕 F.H. Carr(*A History of Soviet Russia*, Vol.2, *The Bolshevik Revolution, 1917—1923* [Hammondsworth, Middlesex, England: Penguin Books Ltd., 1971], pp.151—268)和 Alec Nove(*An Economic History of the U.S.S.R.* [Baltimore: Penguin Books, Inc., 1972], pp.46—82)。这两部著作全面描述了战时共产主义时期的政策和事件。Paul Craig Roberts(*Alienation and the Soviet Economy: Toward a General Theory of Marxian Alienation, Organizational Principles and the Soviet Economy* [Albuquerque: University of New Mexico Press, 1971], pp.20—47)令人信服地论证了修正主义者的观点，即战时共产主义并不是倒霉的苏联当局在战时肆意采用的权宜之计，而是对马克思学说的刻意运用。

20世纪两次世界大战期间，民主国家政府在用中央计划经济或统制经济的实质要素取代市场激励和过程方面，做了很大的努力，至少在敌对行动开始时，他们仍然需要一种隐藏成本的手段，使他们获得货币收入，用以从仍在运行的货币兑换经济中购买实际资源。为此目的，他们巩固了中央银行发行货币的权力。因此，在第一次世界大战爆发后的几天内，每一个交战国政府都暂停了金本位制的运作，实际上是在本国领土上垄断了货币供给。

247 为了弄清楚新货币的发行是如何掩盖和扭曲战争的真实成本的，我们首先必须分析一个例子，即通过增加税收和向公众借贷来为战争筹款。在增加税收和发行政府债券以增加战争收入之前，国民经济运行的总资本结构，是由消费者—储蓄者的"时间偏好"或跨期消费选择决定的。公众的时间偏好越小，其成员就越愿意将消费从近期推迟到更遥远的未来，当前收入中用于建立完整的资本品结构的储蓄和投资比例就越大。资本品的存量越大，劳动生产率就越高，各级工人的实际工资水平也就越高。〔1〕

从资本结构中的个人投资者(企业所有者、股东、债券持有人、保险投保人)的角度来看，所有权价值和对资本品的债权是通过货币计算，尤其是资本会计来揭
248 示的，因此被认为是货币财富的总和。〔2〕假设货币的购买力大致稳定，资本的积累或消耗总是显而易见的，至少在某些个人不断变化的货币财富状况中是如此。这种情况尤其表现在主要用于资本品总量的所有权交换之股票和房地产市场的

〔1〕 关于时间偏好利息理论的详细解释，见 Rothbard(*Man*, *Economy*, *and State*, vol.1., pp.313—386)和 Ludwig von Mises(*Human Action*: *A Treatise on Economics*, 3rd ed.[Chicago: Henry Regnery Company, 1966], pp.479—536)。最近，柯兹纳(I.M.Kirzner)对这一理论作了最新的辩护和澄清，见"The Pure Time-Preference Theory of Interest: An Attempt at Clarification," in *The Meaning of Ludwig von Mises*: *Contribution in Economics*, *Sociology*, *Epistemology*, *and Political Philosophy*, J.M. Herbener, ed.[Norwell, Mass.: Kluwer Academic Publishers, 1993], pp.166—192)，而 R.W.Garrison("Professor Rothbard and the Theory of Interest," in *Man*, *Economy*, *and Liberty*: *Essays in Honor of Murray N.Rothbard*, W.Block and L.H.Rockwell, Jr., eds.[Auburn, Ala.: Ludwig von Mises Institute, 1988], pp.44—55)，为我们提供了一个富有启发性的简明概述。

〔2〕 正如米塞斯(《人类行为》，第230页)所解释的那样："在资本账目上，货币计算的运用达到了完满的程度。它可以确定可用资源的货币价格总额，并将其与行为和其他因素作用带来的变化进行比较对比。这种比较可以显示出行为人方面的变化及变化的程度；使得成败益损一目了然。"

变动上。[1]此外，资本存量的增加或减少将表现为当期收入的波动——经济中的总利润以及工资和工资总体水平的波动。

如上所述，大规模战争使得人们对现有商品的偏好显著增加，这就要求社会生产工具彻底从未来商品转向当前商品。在货币兑换经济中，由于消费和军费开支相对于储蓄性投资而言会上升，要实现这种暂时的生产结构调整，货币支出的比例必须发生根本性变化。无论采用何种技术来实现相对支出的这种转变，在向战争经济过渡的过程中，都必然导致“经济倒退”。经济倒退是以资本存量的下降为特征。它的开始是一场“危机”，包括总体商业损失、利率上升、股票、债券和房地产市场暴跌，以及金融资产价值的通缩。[2]

一旦提高税收为战争筹款，危机立即显现。为了支付他们增加的税收负担，公民们在消费的同时也在减少储蓄。事实上从比例看，他们减少的储蓄大于减少的消费，原因有二。首先，假设所得税增加，投资的净利息回报率会降低，这就意味着，投资者现在可以预期未来消费会减少，以换取一定数量的储蓄或对当前消费的节制。如果他的时间偏好不变，现在商品和未来商品之间贸易条件的恶化，249
会鼓励纳税人通过增加当前消费支出和减少储蓄来逃避税收，从而减少他对未来消费的展望。随着所有储蓄者—投资者都以这种方式做出反应，储蓄的总供给将减少，利率将上升，以反映投资所得税的增加。

其次，由于增加的税收总是落在他的当期收入和货币资产上，这就使得纳税人得不到足够的现在商品。当他的现在商品的供给逐渐减少到仅够维持最低生计水平时——在这一点上，他对现在消费的重视几乎无限地超过了对未来消费的重视——个人的时间偏好逐渐上升，现行（税后）利率已不足以作为对未来的充分补偿，以维持他当前的储蓄—投资水平。因此，他进一步降低了收入中用于储蓄—投资的比例。[3]

最后，在大规模战争初期，作为快速产生一般所需巨额收入的手段，除当期收入

---

〔1〕因此，正如 M.N.Rothbard（*America's Great Depression*［Kansas City: Sheed and Ward, Inc.,［1963］1975］, pp.75, 316 fn. 29）所指出的“股票……是大量资本货物的所有权单位”，以及“……不动产转让的土地所有权单位”。

〔2〕关于经济衰退和随之而来的危机概念的解释，见 Rothbard（*Man*, *Economy*, *and State*, vol.1, pp.483—486）and Mises（*Human Action*, pp.250—251, pp.298—300）。

〔3〕关于所得税的这两种效应，见 Rothbard, *Man*, *Economy*, *and State*, vol.2, pp.797—799。

外，政府可能会寻求利用累积的资本。这很可能会涉及对每户家庭征收财富税，即按其所拥有财产的市场价值，尤其包括其现金余额的一定比例，征收财富税。如果对所有类别的财富统一征税，将迫使资本家—企业家变卖其实际资产或发行债务，以履行他们的纳税义务。从本质上讲，财富税直接导致了资本消耗。此外，尽管这种税赋征收的是过去积累的净财富，但它的作用极大地增加了时间偏好，并进一步减少了储蓄，而且纳税人必须从当前收入和货币资产中拿钱交税，因而通过完全消费所得收入和消费剩余的私有资本，很容易排除这种情况再次发生的可能性。〔1〕

250 虽然战争税的负担不成比例地落在私人储蓄—投资和财富上，但所拨付的税收主要由交战国政府用于当下所需的军用物资和装备。正如社会时间偏好的自动提高将导致消费/储蓄比的提高一样，构成风险调整贷款利率和投资回报率结构的“纯”利率或“实际”利率也将被推高。更高的贷款利率以及随之而来的债务和权益证券的市场估价下降，阻碍了企业借贷，抑制了维持和重建现有资本结构的投资。其结果是对资本品的需求收缩，“危机”状况突然出现。

随之而来的资本品相对于消费品/军用品的价格下降，反映了在较高的利率下未来商品相对于现在商品的更大折扣，这就会给处于较高生产结构阶段的企业造成损失。总的来说，生产资本品的公司的损失超过了那些因增加军费而受益的公司所获得的利润。在资本耗散或经济倒退中出现的总损失，归根结底是由于军事支出的增加，从而资源从资本品生产中转出，引发劳动生产率和实际收入的连
251 续下降。商业公司遭受的这些过渡阶段损失虽然十分明显，却是将资本存量的耗散所引起的边际生产率下降归为劳动和自然资源收入过程的第一步。〔2〕

---

〔1〕 对累积资本或财富征税的分析，见 Rothbard，*Power and Market*：*Government and the Economy*，(Menlo Park，Calif.：Institute for Humane Studies，Inc.，1970)，pp.83—84，87—88。作为战时财政的一项重要措施，庇古(*The Political Economics of war*，2nd，ed. [New York：Macmilin 1941]，p.84)主张，对个人财富征收累进税，广义上包括耐用消费品和“人的精神和体力的资本化价值”。米塞斯(《民族、国家和经济》，第 166—167 页)认为，短期政府借款是个人财富税的一个更好的替代方案。庇古还认为，从经济上讲借款可以替代财富税，但出于公平考虑，他更倾向于后者，即迫使“富人”承担更大比例的战争负担。顺便说一句，庇古说：“战争的成本不能用资本来支付……筹集资金的来源必须是国家的实际收入”并没有抓住重点(Pigou，*The Political Economy of War*，p.84，fn.1)。财富税所导致的资本消耗的结果，正是由于可转换资本货物和劳动力转向生产现有货物，以牺牲未来实际收入为代价的当前实际收入的增加。

〔2〕 关于这一耗散过程，见 Rothbard(*Man*，*Economy*，*and State*，vol.2，pp.483—484)和 Mises(*Human Action*，pp.294—300)。

资本贬值危机还表现为股市崩盘，因为如上所述，股票代表了对被称为“商业公司”的现有资本补充品拥有相应的股权。这恰好是企业生产性资产，尤其是固定资本品的未来预期产出的价值，在评估企业资本价值时突然大幅降低，尤其是自己生产耐用资本品或使用这些资本投入品的公司。市场对各种商业资产资本化价值的总体估值下降，是由权益性证券和债务性证券的价值下降表现出来的，当然，下降不仅反映了当前的商业损失，也正好反映出货币计算是如何揭示资本贬值的事实的。由于工商建筑和土地是耐用型资源，其资本价值对未来商品的较高贴现率极为敏感，因此房地产市场的下跌也会发生在采用税收融资向战争经济过渡的初期。即使这些资本品可以转为当前的军事生产，它们的价值仍然必须记下来，以反映其在建设中所涉及的资本浪费。换言之，如果对战争的紧急情况早有预料，劳动力和其他非特定资源就不会被“锁定”在如此漫长的时间里了。[1]

与经济周期危机相类似，战争动员危机也会具有某些次要但非常明显的金融和货币方面的特征。许多处于较高生产阶段的高杠杆企业，面对不断下滑的产出价格，会试图通过“争夺流动性”来规避债务违约的可能性，这种做法将推高短期 252
利率，提高资金需求，并大幅降低那些为了快速变现而倾销到市场上的大宗商品的价格。这种情况将导致价格普遍下跌，并加剧和扩大流动性争夺。银行贷款和其他证券的实际违约和潜在违约，也会开始削弱人们对金融体系健全性的信心。即使部分准备金银行体系承受住了压力，使经济免于货币供给崩溃和“二次萧条”，但众目睽睽之下银行和企业的破产，以及私人金融财富和税后收入的大幅下降，会很快消除民众对战争孕育繁荣的任何看法。

政府将无法避免危机，甚至可能因为采用借贷来代替较高税收的方式，从而恶化了动员危机。这里的原因是，与税收不同，税收必须从现有收入和货币资产中支付，从而减少了私人消费和储蓄（根据纳税人的时间偏好），政府借贷则直接影响储蓄。在出售证券时，政府与企业为公众的储蓄资金进行竞争，而且由于政府能够无限制地提高它愿意支付的利率，它有能力获得它所需要的所有资金。正如罗斯巴德[2]总结的那样：“公共借贷对个人储蓄的打击，甚至比征税更为有效，

---

〔1〕 正如米塞斯（《人类行为》，第503页）所指出的那样，一些资本品“……可以不经任何改动就用于新工艺；但如果在生产它们时就知道它们将以新的方式使用，那么就有可能以较低的成本制造其他可以提供相同服务的商品”。

〔2〕 Rothbard, *Man*, *Economy*, *and State*, p.881.

因为它专门诱惑储蓄，而不是针对收入。”

凭借我们稍后会提到的一个限定条件，政府通过“挤出”私人投资来获取战争经费，政府借贷确保了调整战争经济的全部负担，完全由资本品生产行业承担。这种调整完全是垂直调整，由于消费没有减少，因此避免了资源的横向再分配。因此，米塞斯[1]将政府借贷比作一种会对资本结构产生毁灭性影响的积累资本
253 税：“如果当前的支出是通过征收遗产税或者通过借债，将高收入中原本用于投资的那部分拿走实现的，那么无论人们认为它多么有利，政府都变成了一个消耗资本的机构。”[2]

政府举债引发了更严重的危机，因为举债比赋税融资造成更大的资本消耗。例如在第一次世界大战爆发前夕的7月23日至31日，在潜在的交战国家“取消”金本位制并开始扩张各自国家的货币供给之前，从圣彼得堡、维也纳到多伦多和纽约的所有主要证券交易所，都因为恐慌性抛售而被迫关闭。当然，股票市值的这种大幅度下跌，部分原因是未来普遍存在的不确定性，部分是对流动性的需求增加。[3]但是，这也正好代表了在金本位制无通胀条件下，对政府大量借贷以资助战争动员之预期的回应。

英国经济学家拉尔夫·G.霍特里[4](Ralph G.Hawtrey)对这场动员危机的最初阶段，以及政府通过迅速采取法定债务延期和银行信贷扩张来抑制危机的疯狂尝试，做了恰如其分的描述：

> 政府大规模强制借贷的前景将抑制对现有证券交易所的证券需求，证券交易所的运营商和承销商将会发现，他们手中满是可出售的证券，也会是一种巨大的牺牲。企业遭到的破坏大到只有采取特别措施中止债务人的债务，才能避免几乎普遍性的破产，就像1914年欧洲兴盛一时的延期偿付法令一样。
>
> 254 事实上，政府面对一场大战，不能让全国半数的企业破产，而且……通过给予大量的预付款安排，或者通过一项特别法定延期偿付，给予经济困窘的

[1] Mises, *Human Action*, p.850.

[2] 有关将遗产税作为纯资本税的分析，见 Rothbard, *Power and Market*, pp.84—85。

[3] B.M.Anderson, *Economics and the Public Welfare: A Financial and Economic History of the United States, 1914—1946* (Indianapolis: Liberty Press, [1949] 1979), pp.28—29.

[4] R.G.Hawtrey, *Currency and Credit* (New York: Arno Press, [1919] 1979), pp.210—211.

商人以支持。〔1〕

如前所述，我们的结论有一个重要的限定条件，即政府用借贷取代税收将加剧战争动员危机。即使战争的货币成本完全靠借贷来支付，实体经济由此产生的调整也不会完全是垂直调整，因为储蓄的供给或多或少具有“弹性”，或者对利率的变化很敏感。因此，当政府的财政机构提高利率的时候，会诱使一些公众自愿或者多多少少地减少当前消费，以便从高收益证券所承诺的放弃每一元钱的当期消费而从未来消费增加的溢价中获益。事实上，如果公众的时间偏好结构使他们在决定消费/储蓄比率时对利率上升足够敏感，那么可以想象，消费品行业将承担比税收融资更大的调整负担。

无论如何，我们的结论是，在不受通货膨胀影响的情况下，无论采用何种财政 255
手段或不同手段的组合，经济计算都能清楚、迅速地向无论是单个还是整体的市场参与者揭示，在大规模战争动员过程中，实际财富会遭到巨大破坏，实际收入也会下降。基于真实市场价格的货币计算是这一结论的切实保证。事实上，正如米塞斯〔2〕指出的：“市场经济是真实的，因为它可以计算……经济计算的主要任务是确定收入、储蓄和资本消耗的数量。”

单个的资本品乃至所谓固定资本设备，都会在生产过程中产生磨损，在一个不断变化的世界里，必须有物理上不同的商品来替代。所以，资本结构每时每刻都在经历一场物理上的变革。这就意味着，资本家—企业家必须不断调整其控制下的生产过程，以适应不断变化的消费者偏好、技术创新和资源可用性，他们还必须依靠一个共同点，以确定他们过去的生产决策的结果，并评估他们目前可以处

---

〔1〕 米塞斯研究所国际货币理论家迈克尔·海尔佩林（Michael A. Heilperin）在对“一战”后通货膨胀的研究中，也暗示了赤字财政与战争动员危机之间的联系。他写道：“赤字财政与货币流通的发展过程密切相关。战争的爆发不仅导致了赤字财政的需要，同时也引起了公众的恐慌。为防止恐慌破坏国内货币环境，从而对战争造成不利影响，几乎立即宣布暂停银行业务……金本位制也被暂停。”奇怪的是，海尔佩林于 1943 年至 1944 年在国家经济研究局（NBER）的主持下进行的这项有价值的、并“分发给了当时一大批美国顶尖专家”的研究，却从未被国家经济研究局发表过。事实上，当国家经济研究局同意将版权归还给海尔佩林，以便他将此文收入其论文集（1968 年出版）的时候，还希望不要在他的致谢中提及国家经济研究局（Heilperin, “Post-War European Inflations, World War I: A Study of Selected Cases,” in idem, *Aspects of the Pathology of Money: Monetary Essays from Four Decades*[London: Michael Joseph Limited, 1968], p.97）。我手上有这篇文章的油印原件，封面上印有“初级机密”（Preliminary and Confidential）及“国家经济研究局，金融研究局”字样。

〔2〕 Mises, *Human Action*, p.261.

置的生产资源的数量,以此作为未来决策的起点。

> 换句话说,只有市场定价过程才能为企业家提供计算成本、收益、利润和资本数量所需的有意义的基数。考虑到市场条件的不断变化促使实际资本结构的不断调整,以及构成这一结构的互补资本品具有的巨大物理异质性,在没有利用真实市场价格进行货币计算的情况下,对一个生产者来说,不仅要定量评估自己的资本和收入,还要有目的地构想出两者之间的区别,基本上是不可能的事。因此,如果没有资本核算的指引,就不可能知道企业家在
> 256 不消耗资本的情况下,能够将企业总收入中的多少分配到当前的消费中,因此也就无法说明他是否有能力满足未来的需求。[1]

正如我们从社会主义计算辩论中所了解到的那样,在没有使用真实市场价格之货币计算的情况下,资源的合理配置是不可能的。社会主义中央计划通过禁止所谓的“生产资料”私有财产,有效地杜绝了资本品的市场和价格,从而废除了货币计算,也必然破坏了现有的资本结构。[2]虽然货币膨胀对经济计算的影响不像彻底的社会主义化那样具有明显的破坏性,但至少在最初阶段,它还是会在伪造利润和资本计算方面进行暗中操作。通货膨胀扭曲货币计算的主要原因之一,是会计核算必须假设货币价值的稳定性,而这在现实中并不存在。尽管如此,在货币购买力波动不大的情况下,如历史上以市场为基础的商品货币,尤其是在金本位制为代表的情况下,这一假设实际上并不影响企业家的货币计算和评估。在19世纪的金本位制下,一个庞大而复杂的资本品结构正是用这种计算方法建立起来的。

---

〔1〕 正如米塞斯(《人类行为》,第210—211页)所说:“经济计算要么是对未来行动之预期结果的估计,要么是对过去行动之结果的确定。但后者并不仅仅是为了达到历史和说教的目的。它的实际意义是在不损害未来生产能力的情况下,表明一个人可以自由消费多少。正是因为这一问题的存在,才形成了经济计算的基本概念——资本与收入、利润与亏损、支出与储蓄、成本与收益。”另见,第230、260—262、491和514—517页。

〔2〕 最近关于社会主义计算辩论的观点强调了米塞斯的原创性论断,即社会主义之所以“不可能”,正是因为它缺乏经济计算的手段,参见Joseph T.Salerno, “Ludwig von Mises as Social Rationalist,” *The Review of Austrian Economics*, vol.4: pp.26—54; idem, “Why a Socialist Economy Is ‘Impossible’,” Postscript to Ludwig von Mises, *Economic Calculation in the Socialist Commonwealth*, trans. S. Adler(Auburn, Ala.: Praxeology Press, 1990), pp.51—71; idem, Reply to Leland B.Yeager on “Mises and Hayek on Calculation and Knowledge,” *The Review of Austrian Economics*, vol.6, no.2: pp.111—125 and Murray N. Rothbard, “The End of Socialism and the Calculation Debate Revisited,” *The Review of Austrian Economics*, vol.5, no.2: pp.51—76。

然而,如果政府为了战争或其他任何目的,通过中央银行的运作故意安排巨额不兑现货币膨胀,情况就大不相同了。由此导致的货币购买力的大幅下降,如果不能在会计程序中予以确认并立即加以调整,将不可避免地使商业计算出现错误。此外,一般情况下,物价不会因货币供给的增加而立即向上调整;相反,货币总体购买力的下降是一个耗时的、循序渐进的调整过程的最终结果,这一调整过程涉及包括利率即现在商品和未来商品之间价格比在内的相对价格的扭曲。[1]这两种效应都掩盖了早期资本消耗的过程。 257

在现代条件下,通胀性战争融资涉及政府通过直接或间接地向中央银行出售证券来"货币化"其债务。由此获得的资金随后用于装备和维持国家武装部队所需的物品。其结果是军事和消费品行业的产品需求突然扩大,而资本品行业之产品的货币需求却没有减少。繁荣由此而生,其特点是原来行业的价格、利润、股票价格不断上涨;由于在通货膨胀期间,价格会按时间顺序上涨,这些行业的繁荣尤其让人眼花缭乱。因此,价格和名义收入最初只对那些在第一轮支出中获得新资金的卖方来说是上涨和增加的,而且是在他们自己通常购买的生产性投入品和消费品的价格还没有来得及上涨之前。正如米塞斯[2]所总结的那样:"因此,战争供应者……不仅得益于享受一般意义上的好生意,而且得益于额外的资金首先流向了他们。他们带来的商品和服务价格的上涨是双重的,首先是由于对劳动力的 258
需求增加,然后是由于货币供给的增加。"

由于以财政部发行证券为代表的信贷需求的增加是由新增的银行信贷来满足的,因此一方面,市场利率最初并没有上升;另一方面,消费品和战争物资价格的上涨最终会蔓延到生产结构的环节上,从而导致上游企业生产的资本投入品价格上涨。正如海尔佩林[3]在谈到"一战"时期的通货膨胀时所说的那样:"价格上涨的浪潮往往会为所有持有商品库存的人创造利润,并增加生产者的现有利润。更高的当前利润反过来又会促使市场对未来利润前景进行重新评估,当以不变利率贴现时,资本品公司的股本价值也会上升。战争似乎孕育了普遍繁荣。"

---

〔1〕 关于货币调整过程的长期非中性,见 Mises, *Theory of Money and Credit*, pp.160—168 和 Joseph T. Salerno, "Ludwig von Mises on Inflation and Expectations," *Advances in Austrian Economics*, vol.2: pp.297—325[在本书中作为第 8 章重刊]。

〔2〕 Mises, *Nation*, *State and Economy*, p.158.

〔3〕 Heilperin, "Post-War European Inflations," p.105.

尽管如此，资本消耗仍在快速发展，尤其是整体上正在遭受实际损失的上游企业。这些公司之所以没有意识到自己的亏损和资本的逐步减少，是因为在战前的物价基本稳定时期，他们的会计实务对他们非常有利。因此，尽管货币单位不断贬值，但他们继续以历史成本在账簿上记录固定资本设备，并据此计算相应的折旧限额。尽管他们的某些成本尤其是工资，不断被军需品和特定消费品生产商的相互竞价推动上涨，但是，由于产出价格持续上涨，资本品公司似乎获得了利润，虽然有一定的滞后。

只有在更换工厂和机器的时候——可能是几年后——在反映货币贬值的更高的"重置成本"下，他们的资本减少才会最终显现出来。而且在很多情况下，企业家们会发现，他们自己也在不经意间加剧了这种资本消耗，他们把虚幻的货币
259 利润（实际上是他们折旧限额的一部分）花在了提高生活水平和其他形式的当前消费上。

奥地利学派经济学家弗里茨·马赫卢普[1]（Fritz Machlup）用第一次世界大战期间奥地利通货膨胀过程中的一个显著例子，说明了营运资本的资本消耗过程：

> 一个商人买了一千吨铜。随着价格的上涨，他卖掉了铜并获得了可观的利润。他消费了一半利润，存下了另一半。他又投资于铜，这次买了几百吨。物价一涨再涨。商人获得了巨额利润；现在他负担得起旅行、买得了汽车和乡村别墅，以及其他东西。他还是存了钱并再次投资于铜。现在他的货币资本已经是他初始资本的好多倍了。经过反复的交易——他一直过着奢侈的生活——他把自己的全部资本都投资到了铜上，投资额达到了天文数字。虽然他和公众都认为他是收入最高的投机商，但事实上，他已经耗尽了他的资本。

4. 战争通货膨胀与经济法西斯主义之路

即使在货币通胀表现为物价普遍上涨之后，公众仍然可能被误导，认为这些价格上涨是基本材料暂时短缺的结果，或者是肆无忌惮的战争投机商和价格欺诈

---

〔1〕 F.Machlup, "The Consumption of Capital in Austria," *The Review of Economic Statistics* (January): pp.13—19.

者的阴谋。然而，在军工企业之外的工人和投资者开始认识到货币单位贬值是战争经济的永久特征之前，他们被侵蚀的实际工资和虚幻的利润被清晰而痛苦地集中摆到眼前，只是一个时间问题。为了再次延迟准确计算战争成本的日期，政府开始实施价格管制。由于价格管制不可避免地造成短缺和低效率，政府开始疯狂并迅速地扩大对生产、分配和劳动力的控制，直至市场经济及其资本结构所剩无几。这一进程的最终结果是，尽管生产性资源名义上仍然是私有的，但国家实际 260
上已经有效地把所有重要的生产决策权僭取到了自己手里。无所不包的战争经济最终不可避免地成为了法西斯经济。[1]

古恩特·雷曼[2](Guenter Reiman)为他撰写的关于纳粹德国法西斯经济体系的著作起了个恰当的书名：《吸血鬼经济》(*The Vampire Economy*)，因为作为一种永久性的战争经济，它系统地、疯狂地消耗着资本，也即消耗着资本主义经济的命脉。为了强制公民屈从于这场痛苦的自我毁灭过程，一个全能的国家是不可或缺的。正如雷曼[3]所说："我们不可能预测一个军事系统何时会因为粮食、原材料或其他经济因素的短缺而崩溃。只要国家机器运转正常，它就有能力削减公众的消费，并减少(几乎消除)工业机器的更新支出……即使原材料供应减少，也有可能增加武器弹药的生产。这一切都可以通过大幅限制消费品的生产、对民众实施口粮配给并大量报废经济部门来实现。"例如在德国，尽管由于对被征服国家生 261
产财富的掠夺和被征服人民的迁移和强迫劳动，总产量比战前水平有所增加，但

---

〔1〕 正如夏洛特·特威特(Charlotte Twight)在 *America's Emerging Fascist Economy* (New Rochelle, N.Y.: Arlington House Publishers, 1975, pp.16—17)中敏锐地指出的那样，"法西斯主义在选择资本主义作为名义经济伙伴的集体主义制度中，是独一无二的制度，但资本主义在这个不太可能的联盟中被彻底颠覆了……法西斯主义容忍政府乐意的私有制形式，但它排除了任何有意义的私有财产权。法西斯资本主义是管制资本主义；是政府对经济的大规模干预。"阿夫拉罕·巴尔凯(Avraham Barkai)在 *Nazi Economics: Ideology, Theory, and Policy* (trans. Ruth Hadass-Vashitz[New Haven, Conn.: Yale University Press, 1990], p.248)中用类似的术语描述了纳粹经济的特征："市场仍然存在，但并不是一个自由市场，企业所有者所做的大多数决策也不是'自由'的。'有组织的资本主义'一词适用于这种经济方法，唯一的保留是，该组织是由外部经济因素，即政治因素强加的；正是这些因素导致政府基本上按照非经济因素来指导经济。因此，这是一个资本主义经济，尽管资本家享有特权地位，但与所有其他公民一样，他们并不自由，他们的活动自由度有限，但只要他们接受政治至上的理念，就能够积累巨额利润。"

〔2〕 G.Reimann, *The Vampire Economy: Doing Business under Fascism* (New York: The Vanguard Press, 1939).

〔3〕 Ibid., p.xi.

到1944年,重要的建筑业的产出已经萎缩到战前水平的25%,而消费品的产出下降到仅有15%。[1]通货膨胀初期暗中造成的资本消耗,要求一个专制的法西斯国家长期致力于维护战争成果。

美国记者约翰·T.弗林[2](John T. Flynn)写道:“坏的法西斯主义是在战争中反对我们的法西斯政权。好的法西斯政权是站在我们这边的。”但我要重申,所有战争经济最终都是而且一定是法西斯经济。希格斯[3](Higgs)生动地描述了这样一个过程:为了向公民隐瞒第二次世界大战的代价,美国政府在经济理论的铁律逻辑的驱使下,不慎采用了严酷的法西斯经济方案:

> 庞大的陆军和海军部队相应地需要大量的装备、物资、生活必需品和交通运输工具。当政府采购官员的口袋里充满了新创造的购买力,发动了一场可能会把价格推高到惊人水平的竞标战,从而透露出政府计划的全部成本,并引发政治反应和抵抗,政府采取了通过价格控制来隐藏成本的措施……但是,在工资继续不受约束地上涨的情况下,对商品和服务的价格控制无法有效实施。因此,在适当的时候,对劳动报酬的控制也随之而来。市场经济是一个庞大而微妙且相互依存的交易体系,总是让实施部分管制的管理者感到惊讶和困惑。作为回应,政府逐步扩大和加强了指挥体系,直到战争的最后
> 262 两年,全面的驻军经济开始运作。从根本上说,是政府而不是市场决定了在这个体制下,经济将生产什么、如何生产以及为谁生产。

因此,我们得出结论,通货膨胀是政府试图向其国民隐瞒与战争有关的巨大成本,尤其是国家生产性财富的逐渐破坏过程中至关重要的第一步。具体而言,为了掩盖战争动员所引发的资本流失危机,通货膨胀过程必不可少,否则货币计算会迅速向所有人揭示这一危机。在没有通胀给实体经济进程蒙上面纱的情况下,公众对所谓战争荣耀的热情将因利率飙升、股票和债券市场暴跌、大规模企业破产和银行挤兑而迅速且明显减弱,更不用提财产充公和税赋水平了。具有讽刺意味的是,货币本身并不是“面纱”——古典经济学家曾经这样宣称,许多当代数量理论家现在仍然这样断言——正是货币计算,使市场参与者评估他们的财富和

---

[1] Barkai, *Nazi Economics*, p.238.

[2] J.T.Flynn, *As We Go Marching* (Garden City, N.Y.: Doubleday, Doran and Co., Inc., 1944), p.165.

[3] Higgs, *Crisis and Leviathan*, pp.234—235.

收入,及评估其他资源配置的结果才具有意义。相反,正是中央银行对货币供给的操纵,才使经济总量的计算出现了偏差,扭曲了公民对他们为这项事业所付出的真正经济牺牲的见解。

最后,值得强调的是,将通货膨胀定性为掩盖战争实际成本的手段,是严格意义上的无价值经济理论的推论,因此,在逻辑上并不意味着战争应该由非通货膨胀的财政方法来提供资金的价值判断。战争应该如何筹措资金,是否应该发动战争,都是只能根据政治伦理理论来解决的同样的问题。当然,这样说并不是否认这个理论应该是广义的"结果论",而且在它的表述中还要考虑经济学以及其他所有相关科学关于各项政府政策结果的肯定的结论。事实上,鉴于奥地利学派经济理论的结论,"公共物品"概念是站不住脚的,国防可以而且将会像其他任何需要 263
的商品一样,由市场最有效地供给,构建政治伦理理论的道路已经扫清,保护人身和财产不受当地罪犯和外国侵略者的侵害的任务,应该留给自由市场。[1]

参考文献

Anderson, B.M. [1949] 1979. *Economics and the Public Welfare: A Financial and Economic History of the United States, 1914—1946*. Indianapolis: Liberty Press.

Barkai, A. 1990. *Nazi Economics: Ideology, Theory, and Policy*, Ruth Hadass-Vashitz, trans. New Haven, Conn.: Yale University Press.

Cannan, E. 1928. *An Economist's Protest*. New York: Adelphi Company.

---

[1] 关于奥地利学派对"公共物品"概念的批评,见 Rothbard, *Man, Economy, and State*, vol.2, pp.883—890 and H.H.Hoppe, *A Theory of Socialism and Capitalism: Economics, Politics and Ethics* (Boston: Kluwer Academic Publishers, 1989), pp.187—210。法国自由派的一位著名经济学家于 1848 年撰写了一篇经典文章《捍卫私营企业国防服务的竞争性生产》,见 Gustave de Molinari, *The Production of Security*, trans. J.Huston McCulloch(New York: The Center for Libertarian Studies, 1977)。关于自由市场将如何提供国防和其他公共产品的更多最新论述,见 Morris and Linda Tannehill, *The Market for Liberty*(Lansing, Mich.: Morris and Linda Tannehill, 1970), p.107; Rothbard, *Power and Market*, pp.1—7; M.N.Rothbard, *For a New Liberty: The Libertarian Manifesto*, 2nd ed.(New York: Collier Books, 1978), pp.215—241; J.R.Hummel, "National Goods Versus Public Goods: Defense, Disarmament and Free Riders," *The Review of Austrian Economics*, pp.88—122; and J.R.Hummel and D.Lavoie, "National Defense and the Public-Goods Problem," *Journal des Economistes et des Etudes Humaines* 5, nos.2/3(June/September): pp.353—377。

____. 1919. *Money：Its Connexion with Rising and Falling Prices*, 6th ed. Westminster：P.S.King & Son, Ltd.

Carr, F.H. 1971. *A History of Soviet Russia*, Vol.2, *The Bolshevik Revolution, 1917—1923*. Hammondsworth, Middlesex, England：Penguin Books Ltd.

Federal Reserve Bank of St Louis. 1995, National *Economic Trends*(May).

Flynn, J.T. 1944. *As We Go Marching*. Garden City, N.Y.：Doubleday, Doran and Co., Inc.

Garrison, R.W. 1988. "Professor Rothbard and the Theory of Interest." In *Man, Economy, and Liberty：Essays in Honor of Murray N.Rothbard*, W.Block and L.H.Rockwell, Jr., eds., pp.44—55. Auburn, Ala：Ludwig von Mises Institute.

264 Hart, A.G. 1951. *Defense without Inflation*. New York：The Twentieth Century Fund.

Hawtrey, R.G. [1919] 1979. *Currency and Credit*. New York：Arno Press.

Heilperin, M.A. 1968. "Post-War European Inflations, World War I：A Study of Selected Cases." In idem, *Aspects of the Pathology of Money, Monetary Essays from Four Decades*, pp.97—152. London：Michael Joseph Limited.

Higgs, R. 1987. *Crisis and Leviathan：Critical Episodes in the Growth of American Government*. New York：Oxford University.

____. 1992. "Wartime Prosperity? A Reassessment of the U.S.Economy in the 1940s." *The Journal of Economic History*, 52(March)：pp.41—60.

Hoppe, H.H. 1989. *A Theory of Socialism and Capitalism：Economics, Politics, and Ethics*. Boston：Kluwer Academic Publishers.

Hummel, J.R. 1990. "National Goods Versus Public Goods：Defense, Disarmament, and Free Riders." *The Review of Austrian Economics*：pp.88—122.

Hummel, J.R. and D.Lavoie. 1994. "National Defense and the Public-Goods Problem." *Journal des Economistes et des Etudes Humaines*, 5, nos.2/3(June/September)：pp.353—377.

Kirzner, I.M. 1993. "The Pure Time-Preference Theory of Interest：An Attempt at Clarification." In *The Meaning of Ludwig von Mises：Contribution in Economics, Sociology, Epistemology, and Political Philosophy*, J.M.Herbener, ed., pp.166—192. Norwell, Mass.：Kluwer Academic Publishers.

Machlup, F. 1935. "The Consumption of Capital in Austria." *The Review of Economic Statistics* (January)：pp.13—19.

Mises, L. von. 1966. *Human Action：A Treatise on Economics*, 3rd ed. Chicago：Henry Regnery Company.

____. 1981. *The Theory of Money and Credit*, 3rd ed. H.E.Batson, trans. Indianapolis: Liberty Classics.

____. 1983. *Nation, State, and Economy: Contributions to the Politics and History of Our Time*, Leland B.Yeager, trans. New York: New York University Press.

Molinari, G. de. 1977. *The Production of Security*, J.Huston McCulloch, trans. New York: The Center for Libertarian Studies.

Norwell, M.A., Kiuwer Academic Publishers. pp.166—192.

Nove, A. 1972. *An Economic History of the U.S.S.R*. Baltimore: Penguin Books, Inc.

Pigou, A.C. 1941. *The Political Economy of War*, 2nd ed. New York: Macmillan.

Reimann, G. 1939. *The Vampire Economy: Doing Business under Fascism*. New York: The Vanguard Press.

Robbins, L. 1950. *The Economic Problem in Peace and War: Some Reflections on Objectives and Mechanisms*. London: Macmillan & Co., Ltd.

Roberts, P.C. 1971. *Alienation and the Soviet Economy. Toward a General Theory of Marxian Alienation, Organizational Principles and the Soviet Economy*. Albuquerque: University of New Mexico Press.

Rothbard, M.N. 1970. *Power and Market: Government and the Economy*. Menlo Park, Calif.: 265
Institute for Humane Studies, Inc.

____. [1963] 1975. *America's Great Depression*. Kansas City: Sheed and Ward, Inc.

____. 1978. *For a New Liberty: The Libertarian Manifesto*, 2nd ed. New York: Collier Books.

____. 1991. "The End of Socialism and the Calculation Debate Revisited." *The Review of Austrian Economics*, 5, no.2: pp.51—76.

____. [1962] 1993. *Man, Economy, and State: A Treatise on Economic Principles*, 2nd ed. Auburn, Ala.: Ludwig von Mises Institute.

Salerno, J. T. 1990a, "Ludwig von Mises as Social Rationalist." *The Review of Austrian Economics* 4: pp.26—54.

____. 1990b. "Why a Socialist Economy Is 'Impossible'." Postscript to Ludwig von Mises, *Economic Calculation in the Socialist Commonwealth*, S.Adler, trans., pp.51—71. Auburn, Ala.: Ludwig von Mises Institute.

____. 1994. Reply to Leland B.Yeager on "Mises and Hayek on Calculation and Knowledge." *The Review of Austrian Economics* 6, no.2: pp.111—125.

____. 1995. "Ludwig von Mises on Inflation and Expectations." *Advances in Austrian Economics*, vol.2：pp.297—325.

Schumpeter，J.A. 1991. "The Crisis of the Tax State." In idem，*The Economics and Sociology of Capitalism*，Richard Swedberg，ed.，pp.99—140. Princeton，N.J.：Princeton University Press.

Skousen，M. 1990. *The Structure of Production*. New York：New York University Press.

Starr，E. 1970. "Recording of 'War'，" written by N.Whitfield and B.Strong，from the album *War & Peace*. Detroit：Motown Record Corporation.

Tannehill，M.and L.Tannehill. 1970. *The Market for Liberty*. Lansing，Mich.：Morris and Linda Tannehill.

Twight，C. 1975. *America's Emerging Fascist Economy*. New Rochelle，N.Y.：Arlington House Publishers.

Wallace，D.H. 1953. *Economic Controls and Defense*. New York：The Twentieth Century Fund.

第 10 章

奥地利学派通货紧缩分类法及其在美国的应用* 267

过去的两年中，通货紧缩一直是新闻的焦点。财经记者、市场专家、商业预测师、经济专栏作家以及美联储理事和主流宏观经济学家，都被美国价格通缩的幽灵吓坏了。在这段时间里，美国的许多文章充斥着对可能发生灾难性通货紧缩前景的可怕警告，文章的标题有："通货紧缩怪物还活着""通货紧缩的幽灵""通货紧缩的妖怪困扰着美联储""美国经济面临的最大威胁：通货紧缩"，以及"为什么我们会害怕通货紧缩"和"通货紧缩：确保'通货紧缩'不会在这里发生"，等等，类似这样的文章充斥着金融媒体以及美国企业研究所（American Enterprise Institute）和布鲁金斯学会等严肃而乏味的经济智囊团的出版物中。[1]最近，国际货币基金组织（IMF）举办了一个题为"我们是否应该担心'通货紧缩'?"的经济论坛，讨论该组织委托撰写的一份关于全球通货紧缩 268

---

* From: "An Austrian Taxonomy of Deflation—With Applications to the U.S.," *The Quarterly Journal of Austrian Economics* 6, no.4(2003):81—109.

〔1〕 例如，见 John H. Makin, "The Deflation Monster Lives," *Economic Outlook* (December 2001); Robert J.Samuelson, "The Specter of Deflation," *Washington Post Online* (November 21, 2001); Donald L.Luskin, "The Greatest Threat Facing the U.S. Economy: Deflation," *Capitalism-Magazine.com* (November 23, 2001); J.Bradford DeLong, "Why We Should Fear Deflation," *Brookings Papers on Economic Activity* (Spring 1999). http://www. j-bradford-delong. net; Richard W. Rahn, "Defeating Deflation," *Wall Street Journal* (November 19, 2001); and Bruce Bartlett, "The Deflation Dilemma: To Be Concerned or Not to Be?" *National Review Online Financial* (November 20, 2001)。

风险的报告。[1]

正如标题所示，这些文章勾勒出了美国经济面对的令人不寒而栗的情景。这些文章都声称，通货紧缩就在眼前，近在咫尺，其中有些文章断言或暗示了另外两个附加命题：其一，通货紧缩的影响对经济活动和民众福利将是十足的灾难；其二，美国联邦储备体系需要迅速采取行动，避免经济遭受严重的破坏。文章的作者特别指出，美联储必须灵活转变策略，不能继续过去二十年来一直担当的坚定而勇敢的通胀斗士角色，要转变成为通货紧缩的斗士。有些作者甚至质疑，美联储现在是否有能力做出这样的转变，因为即使有最蹩脚的借口，任何一家中央银行都不愿意、也无法大量创造新货币。

越来越多的通货紧缩恐惧者谨慎地把即将到来的通缩崩溃的确切细节留给我们来想象，其中模糊而不祥地提到了20世纪30年代初的美国大萧条或1998年以来日本的经历。但另一些人，比如市场专家唐纳德・L.拉斯金（Donald L. Luskin），一位自称“顽固守旧的供给派学者”，则幸灾乐祸地描绘出可怕的通货紧缩情景。根据拉斯金[2]的说法，通货紧缩：

> 会是一个让人受伤的世界。如果你认为通货膨胀是一场噩梦，那就等着看看通货紧缩吧。所有东西的价格最终都会下跌——股票、房地产、工资……所有的一切。你一天比一天穷一点点。……如果你负债累累，那你就真的有麻烦了。即使你的房子每个月都在贬值，你也必须支付同等数额的抵押贷款……但这并不意味着对放贷者来说通货紧缩就是一个好兆头。
> 269 当然，当价格暴跌时，锁定一笔能为你买来更多苹果、回形针和房子的资金流是件好事。但因为所有的借款人都会违约，所以你永远拿不到这笔钱。[3]

但不管他们是沉溺于这种夸张的言辞还是冷静地用正规的学术术语陈述自己的观点，当代的通货紧缩恐惧症患者通常都无法区分在“通货紧缩”的标题下混杂的几种不同现象。由于现代宏观经济学诞生于约翰・梅纳德・凯恩斯的强迫

---

[1] Kenneth Rogoff, Manmohan S. Kumar, Laurance Ball, Vincent Reinhart, and Kim Scoenholtz, Transcript of an IMF Economic Forum: "Should We Be Worried About 'Deflation'?", Washington, D.C. (May 29, 2003). Available at: http://www.imf.org.

[2][3] Luskin, "The Greatest Threat."

性通货紧缩恐惧症，[1]学界的宏观经济学家最有可能被通货紧缩搞得一头雾水。他们不愿意或没有能力对被标明为“通缩”的独立经济过程进行连贯的解释；也无法确定哪些类型的通缩过程是“良性的”，代表着经济效率和福利的改善，哪些类型是“有害”的，会通过扭曲货币计算损害经济生产力和福利。

幸运的是，由路德维希·冯·米塞斯和默里·N.罗斯巴德发展起来的奥地利学派货币理论，为我们提供了一种方法，使我们能够摆脱最近被炮轰的反通缩主义谬论的纠结，并对不同类型的通货紧缩进行梳理。[2]本章的其余部分分为以下几节。通货紧缩的定义见第 2 节，第 3 节运用奥地利学派货币理论对不同类型的通货紧缩进行识别和分析，区别了因不断发展的自由市场经济的自然和良性趋 270
势而产生的通货紧缩，与由于政府及其中央银行恶意干预经济并削弱货币交易和计算而产生的通货紧缩。第 4 节包含了对现代通货紧缩恐惧症犯下的最常见谬误的批判。最后，我们分析了美国经济目前或即将陷入通货紧缩衰退的可能性。

1. 通货紧缩的定义

第二次世界大战之前，当“通货膨胀”和“通货紧缩”这两个词被用于学术讨论或日常演讲时，它们通常分别意味着货币存量的增加或减少。物价普遍上涨被视为货币供给膨胀的若干后果之一；同样，总体价格的下降也被视为货币供给紧缩的若干后果之一。然而，在 20 世纪 30 年代中期凯恩斯革命的影响下，这些术语

---

〔1〕 John Maynard Keynes, *The General Theory of Employment, Interest, and Money*, New York: Harcourt, Brace and World, [1936] 1964, p.269.

〔2〕 Mises's *Theory of Money and Credit*, 2nd ed., trans. H.E.Batson(Indianapolis, Ind.: Liberty Classics, [1953] 1980).是奥地利学派货币理论的开创性著作。米塞斯对货币理论更成熟的表述见 *Human Action: A Treatise on Economics*, Scholar's Edition (Auburn, Ala.: Ludwig von Mises Institute, [1953]1980), pp.395—475。罗斯巴德对米塞斯货币理论的全面复述和阐述，见 *Man, Economy, and State: A Treatise on Economic Principles*, 2nd ed. (Auburn, Ala.: Ludwig von Mises Institute), pp.160—200, 661—764。对奥地利学派货币理论的两个简短而清晰的论述，见 Murray N.Rothbard, *What Has Government Done to Our Money*? 4th ed. (Auburn, Ala.: Ludwig von Mises Institute); idem, "The Austrian Theory of Money," in *The Logic of Action One: Method, Money, and the Austrian School*(Cheltenham, U.K.: Edward Elgar, 1997), pp.297—320。

的涵义开始发生根本性的变化。到了20世纪50年代,通货膨胀是指物价的普遍上涨,通货紧缩是指物价的普遍下跌,这一定义在学术著作和大众语言中根深蒂固。在这里,我们可以忽略这样一个问题:在探讨货币问题时,这种用法的改变是否增强了概念的清晰性和分析的精确性。[1]问题是,在今天,当专业经济学家和非专业人士说出或写下"通货紧缩"这个词的时候,它们总是意味着用消费者物价指数(CPI)表示的"普通"消费者购买的商品和服务的总体价格下降。消费品价格的变动与确定通货膨胀或通货紧缩的存在和程度有关,因为消费品是所有经济活动的最终产出,因此也是所有经济活动的理由。此外,正如奥地利学派经济学创
271 始人卡尔·门格尔告诉我们的那样,生产过程中大致分为资本品、劳动力和自然资源的大量中间投入品与原始投入品的价格,最终是通过企业市场过程从消费品价格中"估算"出来的。因此,在经济学家、商业预测师和艾伦·格林斯潘仔细研究诸如生产者物价指数(PPI)或原材料价格指数之类的投入价格指数时,他们这么做是因为他们错误地认为,这些指数的变化预示着未来一般消费价格的变化,就好像投入品价格决定了产品价格,而不是相反。

通货紧缩被定义为消费价格的普遍下跌,意味着货币单位价值或购买力的增加——在美国,1美元可以购买的消费品数量增加。这种情况下也有很多因素会使美元升值。这些通缩因素及其引发的过程对生产效率和消费者福利的影响可能是良性的,也可能是有害的,这取决于它们是由劳动者、资本家、企业家和消费者的自愿选择造成的,还是源于美联储等政府中央银行的强制干预。正如我们将看到的,虽然通货紧缩恐惧者一直在哀叹通货紧缩的想象的恶,但这种想象的恶并没有发生,如果真的发生了,实际上会给消费者带来净收益。他们完全忽视了在过去20年里反复出现的一种通货紧缩,这种通货紧缩对消费者主权和福利确实是一种有害的影响。

2. 好通缩与坏通缩

根据奥地利学派的理论,货币的价值是总体消费价格的倒数,是由供求关系

---

〔1〕关于通货膨胀和通货紧缩这两个词的涵义如何逐步转变的讨论,见 Joseph T.Salerno, "Money and Gold in the 1920s and 1930s: An Austrian View," *Freeman* 49(October, 1999), pp.31—33[在本书中作为第16章重刊]。Mises(*Human Action*, pp.419—421)认为,这些术语的现代定义不符合科学论述的目的。

决定的，就像其组成的消费品的个别价格一样。因此，美元价值的增加和美元总价格的相应下降，可能来自货币需求的扩大或货币供给的收缩，或两者兼而有之。272
通货紧缩有四个基本原因——两个在“货币关系”[1]的需求方面起作用，两个在“货币关系”的供给方面起作用。与这些因素相关的经济过程可分为“增长型通货紧缩”“现金积累型通货紧缩”“银行信贷型通货紧缩”和“没收型通货紧缩”。下面依次对每一种通货紧缩进行分析，并评估其对经济效率和消费者福利的影响。

（1）增长型通货紧缩

我们从需求方面谈起。货币需求的一个组成部分是卖方提供给市场以换取货币的各种商品和服务的总量。因此，商品的总供给构成了奥地利学派经济学家所称的货币的“交换需求”，因为通过销售包括自己的劳务在内的商品，人们正在行使获取和持有货币的需求。[2]因此，如果经济体中某些商品的供给增加，如历史上的市场经济中通常发生的那样，由于储蓄和投资增加，或由于技术进步，在其他所有条件相同的情况下，商品生产商受竞争的影响，将提供更多的产品来换取美元。由于我们假设美元的供给保持不变，美元的兑换价值将被抬高。这就意味着，买方获得既定的商品只需提供较之前更少的货币，价格将下跌。

这正是过去三十年来在消费电子产品和高科技行业中发生的过程，例如手动计算器、电子游戏机、个人电脑和 DVD 播放器，等等。由于技术的快速进步及其在追加资本投资中的具体体现，这些行业的劳动生产率显著提高，因而降低了单位生产成本，提高了利润率。由于这一时期，这些行业的商品供给增长超过了美 273
元供给的增长，结果是高科技产品价格大幅下跌，美元对这些产品的购买力也相应上升。比如在 1970 年，一台大型计算机的售价为 470 万美元；如今，人们可以用不到 1 000 美元的价格购买速度快 20 倍的个人电脑。[3]高技术产业的价格大幅紧缩并没有削弱这一行业，却实际上促进了这些行业的利润、生产力和产出的巨大扩张。这种情况还反映在这样一个事实上：1980 年，计算机企业总共出货 49 万台个人电脑，而 1999 年他们的出货量超过 4 300 万台，尽管质量调整价格同

〔1〕 这个词是米塞斯（*Human Action*，p.408）发明的，作为货币供给和需求关系的简短表达。

〔2〕 货币总需求组成部分的“交换需求”的讨论，见罗斯巴德，*Man，Economy and State*，p.662。

〔3〕 W.Michael Cox and Richard Alm，*Myths of Rich and Poor：Why We're Better Off Than We Think*（New York：Basic Books，1999），p.45.

期下降了90%以上。[1]

然而在过去三十年,在某些高增长行业中观察到的价格通缩并非史无前例,也并不非同寻常。事实上从历史看,在黄金这种商品货币的作用下,工业市场经济的自然趋势是,随着资本积累和工业技术的进步,商品供给不断增加,总体价格水平持续下降。由于商品供给的快速增长超过了古典金本位制下货币供给的逐步增长,在整个19世纪直至第一次世界大战之前,工业化国家普遍存在着温和的通缩趋势。例如在美国,从1880年到1896年,批发价格水平下降了大约30%,或者说每年下降了1.75%,而实际收入增长了大约85%,或者说每年大约5%。[2]除了很少发现新的重要黄金来源以外,这种通货紧缩的趋势只在大规模战争时期中断,比如欧洲的拿破仑战争和美国内战,战时政府总是通过印刷纸币来提供战争经费。

近年来,我们已经看到了中国持续发展的通货紧缩趋势。从1998年到
274 2001年的4年中,实际国内生产总值以年均7.6%的速度增长。而一般零售价格的平均值在这些年里每年都在下降;下降幅度从0.8%到3.0%。[3]

消费品的销售价格和平均生产成本在增长过程中的下降,并不一定意味着劳动的销售价格下降。如果劳动的供给固定,那么货币工资或"名义"工资水平将保持不变。随着消费品价格的下降,每一块钱的购买力都在上升,"实际"工资水平的上升反映了边际生产率的提高和雇主对劳动的需求。

毋庸讳言,健全的经济学和普遍常识都告诉我们,增长型通货紧缩对经济活动和消费者福利的影响是完全良性的,因为这是资源所有者、资本家—企业家和消费者自愿交换产权的结果。作为对实际财富和收入增长的必要补充,这些货币交易使货币价值自然增长,人类的欲望得到了更大程度的满足。

(2) 现金积累型通货紧缩

尽管少数主流宏观经济学家可能会相信,与经济增长相关的价格通缩是良性

---

〔1〕 W.Michael Cox and Richard Alm, "The New Paradigm," in Federal Reserve Bank of Dallas *1999 Annual Report*.

〔2〕 Milton Friedman and Anna J.Schwartz, *A Monetary History of the United States: 1867—1960* (Princeton, N.J.: Princeton University Press, 1971), pp.94—95.

〔3〕 Federal Reserve Bank of Cleveland, "Deflation," *2002 Annual Report*, p.10. Available at http://www.clevelandfed.org/annual02/Essay.pdf.

的，但如果说“囤积”这一导致价格通缩的第二个因素能够提高经济繁荣和福祉，却会遭到他们的嘲讽。[1]当个人刻意选择将其当前在消费品和投资资产上的支出减少到当前收入以下，且倾向于将未动用收入添加到以货币和支票形式持有的现金余额，或其他即时存取的银行存款，就出现了囤积现象。囤积只不过是个人“现金余额”的增加，也就是说，个人在一段时间内手头持有的资金量增加。这种 275
被描述为囤积的行为称为“现金积累”可能更贴切，这是一个具有额外优点的术语，可以不受“囤积”一词负面涵义的影响。

现金积累通常源于对未来更悲观或不确定的态度，这种态度可能是由经济衰退、自然灾害或迫在眉睫的战争造成的。它甚至可能是由于对经济增长或其他原因导致价格在不久的将来下跌的美好前景的猜测。在这种情况下，相对于目前可以用美元购买的消费品的服务或投资品的利息收益，市场参与者对手中一美元所提供的服务价值的评价比以前更高。在包括现存美元数量和其他条件相同的情况下，持有货币需求的增加将导致美元在所有商品中的市场价值被抬高。普遍的价格紧缩将造成每一时期收入中所花费和收到的美元总流量的收缩。

然而，尽管美元总收入减少，但由现金积累引起的通缩过程是良性的，还能产生更大的经济福利。现金积累引起的通缩过程，是由某些货币持有者，为避免在市场上以相同数量交换货币资产的所有权，基于自愿和提高效用的选择而引发的。但在美元供给不变的情况下，满足这种不断增长的货币持有需求的唯一方法，是使每一美元变得更值钱，从而使现有货币供给所代表的总购买力增加。这正是通货紧缩的结果：货币总财富的增加或“实际”货币供给的增加，以满足那些希望获得更多现金余额的人。

我们应该注意到，伴随这一过程而来的货币支出的减少，意味着名义工资水平和消费品价格的下降，尽管实际工资水平——劳动者用货币工资可以购买的商品和服务的数量——基本保持不变。不过，如果劳动力市场上财产所有权的自由交换受到干扰，使劳动力的货币价格下行无弹性，比如最低工资法或赋予工会作 276
为具体企业或行业谈判代理人的专属特权的法律，等等，就会导致失业和经济活

[1] 例如，在 2002 Annual Report of the Federal Reserve Bank of Cleveland(“Deflation,” p.8)，我们发现了以下惊人的陈述：“在生产力驱动的繁荣时期，通货紧缩可以成为健康经济的特征。”

动的下滑。但随之而来的经济衰退或萧条并不是由现金积累的通货紧缩本身造成的,而是源于从政治上强制阻碍财产所有权交换的企图,使得消费者所期望的货币价值增加。

(3) 银行信贷型通货紧缩

① 银行挤兑

历史上还有两个影响货币供给的主要因素会导致通货紧缩。第一个是由于银行信贷的收缩导致货币供给减少。这种情况可能是因为在金融危机期间,存款人要求银行用现金兑现他们的活期存款和票据,或者是因为中央银行为了阻止正在发展中的通货膨胀繁荣,或者是为了消除先前失控的通货膨胀的影响,使贬值的货币恢复到一个具体的标准,采取了收缩银行信贷的审慎政策。我们先分析银行挤兑。

在第二次世界大战之前,银行挤兑通常与经济衰退的开始有关,也是造成"银行信贷通缩"的主要原因,而这种通货紧缩几乎总是以衰退为特征。银行挤兑通常发生在储户对银行能否继续兑现委托银行保管的财产(以银行票据和活期存款为代表)失去信心之时,而银行根据合同规定,有义务按要求兑现这些财产。这些财产通常是黄金和银币,而部分准备金银行在其贷款业务过程中,已经针对这些财产创造出了多笔财产权,因此无法立即履行其对所有合法所有人的合同义务。这种做法意味着,即时可赎回票据、支票存款和储蓄存款的未偿存量已经扩大到
277 银行现有商品货币储备的很高倍数。金融危机期间,银行挤兑导致许多银行彻底倒闭,破产暴露了这些银行大部分票据和存款的实质是对不存在的财产的无价值所有权。其他银行因受到储户要求整体现金支付的威胁,促使他们为避免破产而减少放贷业务,并提高自己的贵金属储备与票据和存款负债的比率。这两个因素加在一起导致了货币供给的大幅收缩,考虑到货币需求的不断增加,货币的价值也随之增长。

即使由于银行信贷紧缩而导致的银行倒闭,我们的判断还是:通货紧缩对经济产生了有益的影响,并提高了市场参与者的福利。因为这种紧缩是由银行储户自愿和契约性地赎回财产所有权而启动的,这些储户认为,部分准备金银行不再能够安全可靠地存储他们的现金余额。任何一家以自身信誉为基础进行交易的公司,无论是金融服务公司、运钞车公司还是律师事务所,一旦失去了消费者或客

户的信任，不被认为是在为自己的最佳利益而运营，通过重新分配资源和改善消费者福利的调整过程，这家公司将被迅速从市场上清除出去。银行信贷紧缩正是这样一个良性的、净化性的市场调整过程。

事实上，在20世纪30年代之前的那个时代，价格和工资水平的自然弹性占了上风，也没有法律限制方面的阻碍，美国的银行信贷紧缩迅速，并没有造成严重的经济混乱。这样一个简短的回顾是很有启发性的。

1839年秋天，美国发生了一场金融危机，这场危机是19世纪30年代由享有法律特权的美国第二银行(Second Bank of the United States)发起的大规模货币供给扩张的结果。从1839年经济周期的顶峰到1843年的谷底，货币供给收缩了大约三分之一(34%)，包括美国银行在内的几乎四分之一的银行倒闭(23%)，批发价格下跌了42%。尽管——或者更确切地说，由于大规模的通货紧缩，实际国 278
民生产总值和实际消费在这一时期分别增长了16%和21%。但在此期间，实际投资确实下降了23%，这是因为之前通货膨胀繁荣时期的不良投资需要清算，所以这是一个良性发展。〔1〕不幸的是，在大萧条之后，这种拯救财产的良性事件已经被人遗忘了。尽管1929年至1933年发生的银行信贷紧缩对名义货币供给的影响与1839年至1843年大致成正比，但胡佛和罗斯福政府初期的"稳定"政策导致的物价和工资水平的僵化，阻碍了通货紧缩调整过程的运作，从而影响了财产所有人所需资源的重新分配。由于产权的自由交换受到阻碍，1929年至1933年期间，经济收缩了大约三分之一，消费下降了五分之一。〔2〕

② 紧缩性或通缩性货币政策

各国央行一旦最终获得了公众黄金存款的合法监管权，就超越了最初的金融危机期间"最后贷款人"的职能，掌握了操纵国家货币供给的自由裁量权，即"实施货币政策"的自由裁量权。这件事情就发生在1917年的美国。〔3〕作为国家黄金 279

〔1〕这一段文字中的数据见 Peter Temin, *The Jacksonian Economy*(New York: W.W.Norton, 1969), pp.155—165。

〔2〕关于胡佛政府阻碍银行信贷通缩和经济衰退调整进程的政策描述，见 Murray N.Rothbard, *America's Great Depression*, 5th ed. (Auburn, Ala.: Ludwig von Mises Institute, 2000), pp.209—337。

〔3〕1917年6月21日的《联邦储备法修正案》规定，只有在联邦储备银行持有的储备存款才被算作成员银行的法定储备，这导致了美联储黄金储备的集中化。见 C.A. Philips, T.F. McManus, and R.W. Nelson, *Banking and the Business Cycle: A Study of the Great Depression in the United*(转下页)

储备的保管人，中央银行为了避免或减轻由其先前的通货膨胀政策所引发的迫在眉睫的金融危机，有时会故意制造银行信贷紧缩。这种“紧缩性”或“通缩性”[1]货币政策通常是在银行信贷扩张后实施的，目的是阻止和扭转国有黄金储备的外流，防止储户对银行体系失去信心，因此将不可避免地导致上述可怕的银行挤兑。这项政策最初是通过提高中央银行对商业银行的抵押贷款的贴现率来实施的，后来又通过公开市场向公众出售政府证券来实施。政策的结果是未偿银行信贷和存款的收缩，以及总体货币供给的减少。

我们如何对中央银行故意减少货币供给的行为进行分类呢？从表面看，这似乎是对市场运作的恶意和任意干涉，与导致资源配置不当并降低了财产所有人福利的货币扩张不相上下。但在评估政策时，我们必须考虑到具体的制度环境。一个在金本位制框架内运作的中央银行，实际上已经把公众黄金储存的垄断权攫取在自己手中了。中央银行以银行票据和准备金存款形式存在的所谓“负债”，本身并不是货币，而仅仅是在其金库中存放的货币商品的可即时赎回的财产所有权。通过发行超过黄金储备的存款和票据，中央银行正在创造和扩大对没有实物对应物的财产的虚构债权，从而扰乱了市场进程并任意重新分配实际财富和收入。销
280 毁货币商品这种伪所有权，与根除其他任何不存在的财产的伪所有权一样，是一种良性的发展。

毫无疑问，价值无涉经济分析的一个无可争议的结论是，一旦禁止创造和交换非货币性商品库存的伪财产权，市场才能更有效地为消费者服务。例如，一家声誉良好的大型土地开发和房地产管理公司可能会与多个买家签约销售偏远地区家具齐全的度假别墅，因为他们相信，多个买家永远不会同时入住同一套房子。

（接上页）*States* [New York：Arno Press，[1937] 1972]，pp.24—25；和 W.P.G. Harding，*The Formative Period of the Federal Reserve System：During the World Crisis*（New York：Houghton Mifflin，1925），pp.72—74。正如 Benjamin Anderson（*Economics and the Public Welfare：A Financial and Economic History of the United States，1914—1946*，2nd ed. [Indianapolis，Ind.：Liberty Press，1979]，p.56）指出，这一修正案的理论基础“不是很清楚”，但“在 1916 年和 1917 年初，有一个非常明确的实际考虑，即我们可能会卷入战争，而且重要的是，作为战争财政的基础，这个国家的黄金集中在一个中央金库里”。因此，黄金储备集中在美联储的明确意图就是推动通货膨胀的货币政策。

〔1〕在这种情况下，我们将交替使用这两个术语来描述政策导致的货币供给减少或“收缩”，从而导致价格下跌或“通缩”。这两个术语描述了一个单一经济过程中与因果关系或手段和目的相关的方面。

然而，这种做法仍将改变这一市场及相关市场的价格，并改变整个经济中收入和财富的分配以及消费者的需求结构。这个骗局的发现和消除将重新调整价格和数量，以更准确地反映混凝土制品的短缺。因此，经济学家将严格守住价值无涉原则（Wertfreiheit）底线，对新的市场结果在社会福利方面优于旧的市场结果进行评估。同样，在实施紧缩性货币政策的过程中，中央银行仅仅是不再违反其合同义务，即保持存款人对其存款余额所有权的完整性，因此，货币购买力对货币商品实际稀缺性的相应调整，意味着社会福利得到提高的价值中立判断。

有些人会反驳说，货币扩张导致的经济扭曲只有在新的货币注入经济时才会发生，因此，随后的货币紧缩没有必要，只会给经济带来进一步的扭曲。但这一反对意见没有考虑到这样一个事实，即通货紧缩的货币政策通常是在经济仍处于通胀繁荣时实施的，因此，政策的作用旨在抵消和扭转尚未完善的不当投资和任意再分配财富的倾向。此外，更重要的是，通货紧缩期间可能发生的任何经济混乱，都是向最初的纯商品货币制度过渡过程中必然的伴随现象。考虑到其发展过程 281
中的历史市场过程，这一制度显然符合财产所有人的偏好，以及真正财产所有权的互利交换，并增进（事前）社会福利。通货膨胀问题和过渡性通货紧缩问题的根本原因，首先是中央银行促进和鼓励创造无担保银行票据和存款。

此外，这些过渡性通货紧缩问题的性质和严重性经常被视为理所当然，需要接受更仔细的审查。虽然紧缩性货币政策将导致货币价值随着总体价格的下降而上升的趋势，但只要允许市场在没有政治当局干预的情况下出清，这种情况在经济理论或经济史上并不构成严重问题。第一次世界大战后的美国大萧条就是一个很好的例子。从1915年到1919年，美联储引发了巨大的通货膨胀泡沫。其中部分原因是基于1913年的《联邦储备法案》（Federal Reserve Act, 1913）降低了法定存款准备金率的结果；部分原因是美联储努力为与“一战”及其后果相关的巨额支出提供赤字融资。

在这5年期间，货币供给（M2）以年均15.5%的速度增长。从1916年到1920年，以国民生产总值（GNP）价格平减指数衡量的价格以每年15.4%的速度增长，而从1917年到1920年，消费物价指数以每年14.1%的速度增长。1919年，美联储开始认识到其政策具有危险的通货膨胀性质，并将贴现率从4%提高到1919年12月的4.75%，1920年1月又提高到6%，1920年6月再次提高到7%，并一直持续到1921年5月。其结果是货币供给年增长率的急剧下降，1920年为

2.9%，1921年为－7.5%，导致国内生产总值(GDP)平减指数在1921年下降了16.6%，在1922年下降了8.1%，而消费物价指数在1921年和1922年分别下降了10.9%和6.3%。批发价格更是急剧下滑，1921年下降了36.8%，从1920年年中到1921年年中则暴跌了56%。名义工资水平的下降虽然较为温和，但正如一位
282 凯恩斯主义观察家[1]指出的那样，“工资下降不仅普遍，而且幅度很大”，在1921年至1922年的两年时间内，农业部门以外的工资水平下降了近11%。然而，尽管(或因为)有这种规模庞大、基础广泛的价格通缩，1921年8月，也就是从1920年1月价格开始下降的18个月之后，经济开始复苏。[2]

关注1920—1921年大萧条的现代评论员们在某种程度上已经注意到了这一点，考虑到随之而来的剧烈的政策性通货紧缩，以及政治和货币当局极不愿意采取刺激措施来减轻其严重性，所以评论员们往往惊讶于时间的短暂。凯恩斯学派研究“经济波动”的权威之一，罗伯特·A.戈登(Robert A.Gordon)对这次大萧条作了如下描述：

> 下降趋势……非常严重……但相对较短。显著的特点是价格急剧下降……政府缓和经济萧条和加速经济复苏的政策，效果微乎其微。美联储当局在很大程度上很被动……财政政策也没有发挥任何作用……简言之，联邦预算处于紧缩状态，而经济正在下滑……然而，尽管没有刺激性的政府政策，复苏并没有拖延多久。[3]

货币主义宏观经济历史学家肯尼思·韦伊尔[4](Kenneth Weiher)不出所料地指责美联储是此次大萧条的罪魁祸首，他辩称：“自那以来，美联储因无所作为
283 而饱受批评。面对如此严重的紧缩，以及随之而来的前所未有的通货紧缩，美联

---

[1] Robert Aaron Gordon, *Economic Instability and Growth*: *The American Record*(New York: Harper and Row, 1974), p.22.

[2] 关于1920—1921年大萧条和之前的通货膨胀繁荣的描述，可以见 Kenneth Weiher, *America's Search for Monetary Stability*: *Monetary and Fiscal Policy Since 1913*(New York: Twayne Publishers, 1992), pp.26—37; Robert A.Degen, *The American Monetary system*: *A Concise Survey of Its Evolution Since 1896*(Lexington, Mass.: D.C. Heath, 1987), pp.30—40; Gordon, *Economic Instability and Growth*, pp.21—22; and Anderson, *Economics and the Public Welfare*, pp.61—89。

[3] Gordon, *Economic Instability and Growth*, pp.21—22.

[4] Weiher, *America's Search for Monetary Stability*, p.34.

储什么也没做。”然而，韦伊尔[1]似乎对这样一个事实感到困惑：美联储策划的“历史性的收缩性通货紧缩”并没有导致金融和经济的全面崩溃，经济迅速而平稳地恢复了繁荣。正如韦伊尔[2]被迫承认的那样：“美联储并没有真的被要求充当银行体系的最后贷款人，因为该体系从未真正面临过重大的流动性危机。与早期经济紧缩时期的情况相比，这种相对平静的局面为何仍在持续，目前尚不清楚。”

如果存在于古典金本位制制度框架内的中央银行实施的紧缩性货币政策是良性的，我们将如何评价这种在纯不兑现货币体系中实施的政策？比如说，当前的美元与特定重量的黄金或其他任何市场生产的商品没有任何功能性联系，纯粹就是一个名字。当然，在这个体系中，美联储纯粹随心所欲设计的货币供给收缩，无法与社会福利的改善产生千丝万缕的联系？但这种情况并不像看上去那么简单，在我们做出明智的福利判断之前，还需要更深入的分析。

为了便于讨论，我们先假设：通货紧缩与同等规模的通货膨胀一样具有破坏性。那么在同等条件下，也就是说，在一个对现金余额需求不变的“静止”或不增长的经济体中，法定美元存量每年萎缩3%应该不会比美元存量扩张3%更令人担忧。由于经济效应被暂时置于一边，政治和心理因素总是使人感觉通货膨胀比通货紧缩危险得多，正如哈耶克在1960年凯恩斯主义鼎盛时期勇敢地警告的那样：

> 但从长期来看，通货紧缩是否真的比通货膨胀更有害，这一点相当令人怀疑。实际上，从某种意义上讲，通货膨胀具有无限危险性，需要更谨慎地加以防范。在这两个错误中，通货膨胀是最可能犯错的一个。究其原因，温和的通胀总体上令人愉快，而通货紧缩则是立竿见影产生痛苦……通胀和通缩 284
> 的区别在于，前者首先带来的是惊喜，其他反应要靠后；而后者对商业的第一个影响就令人沮丧。虽然几乎没有必要对任何会立即强烈感受到其不良影响的做法采取预防措施；但那些马上令人愉快或缓解暂时困难的行动涉及更大的危害，而且只有在以后才会感受到这种危害的情况下，就需要采取预防措施……因为即使是小规模通货膨胀其有害后果也只能通过大规模通货膨胀来抵消。一旦这种情况持续了一段时间，即便是防止通胀进一步加速，也

[1] Weiher, *America's Search for Monetary Stability*, p.37.

[2] Ibid., p.36.

将造成难以避免的自发性通货紧缩的局面……由于通货膨胀在心理上和政治上比通货紧缩更难预防,同时,从技术上讲,也更容易预防,经济学家应该始终强调通胀的危险。[1]

哈耶克的论点清楚地解释了为什么在不兑现货币制度下,垄断性中央银行永远不可能选择紧缩性货币政策,以及为什么在当前条件下,对通货紧缩的恐惧完全没有根据。此外,假设我们的前提是,程度相等的通货膨胀和通货紧缩具有同样有害的经济影响,那么可以根据哈耶克的论点证明一种情况,即央行应该在通货紧缩方面犯错,因为从长远来看,温和通缩的货币政策远没有当代经济学家一
285 致建议的"通胀目标制"的温和通胀政策那么危险。[2]当然,哈耶克本人反对通货紧缩,并在上面引述的段落中称之为"错误"。在这里,我们的目的并不是根据一项特定的不兑现货币政策的长期成本和收益来为其构建一个案例。更准确地说,我们通过阐述蓄意减少不兑现货币供给所产生的(甚至被奥地利学派主要货币理论家所忽视)纯经济优势,挑战最初的前提,即通缩和通胀货币政策的福利效应是对称的前提。

米塞斯[3]在 1949 年的《人类行为》一书中,强调了"通货膨胀和扩张"这一广受欢迎的大众诉求背后的心理原因,以及其措辞与哈耶克非常相似的对"通缩和收缩"的更广泛和强烈的反对。然而,在他稍早时期的《货币与信用理论》

---

〔1〕 Friedrich A.Hayek, *The Constitution of Liberty* (Chicago: Henry Regnery, [1960]1972), pp.330, 332, 333.

〔2〕 关于通货膨胀目标制,见 Ben S.Bernanke, "A Perspective on Inflation Targeting," Presented at the Annual Washington Policy conference of the National Association of Business Economists. Washington, D.C. (March 25, 2003); Ben S.Bernanke and Frederic S.Mishkin, "Inflation Targeting: A New Framework for Monetary Policy?" *Journal of Economic Perspectives* 11(Spring 1997); and Laurence H.Meyer, "Inflation Targets and Inflation Targeting," Federal Reserve Bank of St. Louis *Review* 83(November/December 2001)。在最近的一次国际货币基金组织会议上,也有类似主张。见 Kenneth Rogoff, et al. (Transcript of an IMF Economic Forum: Should We Be Worried About 'Deflation'? Washington, D.C. [May 29, 2003], p.14. http://www.imf.org.)的主张,即将通胀目标控制在 2%到 4%之间,且宣称,"绝对没有证据表明这一水平的通胀有任何我们需要担心的经济成本"。值得注意的是,在 20 世纪 60 年代,保罗·萨缪尔森(Paul Samuelson)等"老"凯恩斯主义者(*Economics: An Introductory Analysis*, 7th ed. [New York: McGraw-Hill, 1967], p.135)认为,"新凯恩斯主义货币政策所针对的通货膨胀是'一种新的疾病'——任何类似于充分就业的做法都会导致'爬行式通货膨胀'"。

〔3〕 Mises, *Human Action*, pp.564—565.

中(本书出版之前,由于凯恩斯主义对大萧条的曲解,人们对价格下跌的恐惧已经根深蒂固并普遍化),米塞斯认为,因为统治阶级或"种姓"的狭隘经济利益,抵制货币紧缩的力量要大得多,其成员:第一,控制或者有权使用国家拨付的资金;第二,倾向于成为债务人而不是债权人。正如米塞斯敏锐地指出的:

> 如果要通过停止纸币流通(例如通过发行有息债券或通过税收)以及取消银行票据来实施限制政策,限制政策[或者"通货紧缩政策"]则要求国家财政做出积极牺牲;至少要求国家财政放弃潜在的收入,在货币需求增加的时候禁止发行纸币。这一点就足以解释为什么限制政策从来不能与通货膨胀政策相抗衡……更进一步地说……货币价值的增加并没有为统治阶级带来 286
> 什么好处。从货币价值增加中直接受益的人,是那些有权得到固定数额货币的人。债权人获得的利益是以牺牲债务人的利益为代价的。诚然,随着货币价值的上升,赋税变得更加繁重;但是,这种做法的大部分好处是由债权人获得的,而不是国家获得。有利于债权人而牺牲债务人利益的政策从来就不受欢迎……一般来说,在任何国家和任何时候,全部收入或主要收入都是从借给他人的资本利息中获取的人并不是很多,也不具有特别大的影响力。[1]

米塞斯[2]像哈耶克一样也反对通货紧缩政策,他接下来指出,即使是在国家试图让贬值的货币升值,以恢复到之前铸币平价的金本位制情况下,这一政策也是极其错误的,就像英国在拿破仑战争和第一次世界大战后所做的那样。为了避免货币紧缩,米塞斯主张恢复金平价,或接近当前的黄金现价。即使是罗斯巴德,尽管他热衷于支持银行自发挤兑导致银行信贷紧缩的说法,但他一般也不主张在现有的不兑现货币制度下,有意收缩央行设计的货币供应量。因此,他提到了在20世纪20年代英国按战前平价回归金本位制的"重大错误"和"对未来有重大影响的决定"。对罗斯巴德[3]来说:"明智的做法应该是承认现实情况,即英镑、法郎、马克等贬值的事实,并以重新认定的汇率回到金本位:即一个认可现有货币供

〔1〕 Mises, *Theory of Money and Credit*, pp.263—264.
〔2〕 Ibid., pp.265—268.
〔3〕 Rothbard, *What Has Government Done to Our Money?*, pp.94—95.

给和价格水平的汇率。”此外，在他关于在美国恢复百分之百金本位制的提议中，他明显回避了对作为过渡政策的不兑现美元供给收缩的讨论。〔1〕

287 尽管如此，结合米塞斯对统治精英反对货币紧缩的解释，罗斯巴德对通货紧缩的分配效应进行了实证分析，揭示了货币扩张和货币紧缩之间的非对称福利效应，分析表明，后者确实可以在从不兑现货币向足值商品货币过渡过程中发挥良性作用。根据罗斯巴德的说法，通缩性银行信贷紧缩：

> 从广义上讲，是从最初的强制获益者（从信贷扩张中）手中夺走，并使最初受胁迫的输家受益。虽然肯定并非每一种情况都是这样，但从广义上讲，同样的群体会有受益或受损，但顺序与信贷扩张的再分配效应的顺序相反。固定收入群体，比如寡妇和孤儿将获益，而先前从通货膨胀中获利的企业和原始要素所有者将蒙受损失。〔2〕

罗斯巴德在这里指的是商业周期下行期间银行挤兑导致的银行信贷紧缩的后果。但他的分析可以根据上述米塞斯描述的情况，即通过清算构成财政盈余的中央银行票据来收缩货币供给。现代奥地利学派对这种情况的福利分析可称之为“财政紧缩”，这个分析非常有意思，因为它提供了一条从现在的不兑现美元回到百分之百黄金美元的潜在途径。

为了在当代制度背景下分析这种情况，有必要在这里提供有关美国财政部和美联储关系的一些技术细节。财政部维持在美联储和商业银行的存款余额。后者被称为“税收和贷款账户”，是财政部用于收纳债券发行收入和各类税收收入的临时国库。财政支出则是通过其在地方联邦储备银行一般账户中的周转余额进
288 行。一旦需要对周转资金进行补充，就会从商业银行税收和贷款账户中转出资金。在其他条件相同的情况下，当国库资金从商业银行存款账户转移到美联储存款账户，就会减少商业银行系统的准备金，并因此对货币供给施加收缩压力。为了避免出现这种情况，财政部支出的接受者很快会将资金转存到商业银行，从而补充银行准备金，所以财政部力图对美联储一般周转余额的支出与商业银行的税

---

〔1〕 如何将目前的美国不兑现美元转变为百分之百的黄金美元，罗斯巴德提出了两个不同方案，分别见罗斯巴德，*The Mystern of Banking*（New York：Richardson and Snyder，1983），pp.263—269，and idem，*The Case Against the Fed*（Auburn Ala.：Ludwig von Mises Institute，1994），pp.145—151。罗斯巴德在此对两种提案分别做了概述。

〔2〕 Rothbard，*Man*，*Economy*，*and State*，p.865.

收和贷款账户汇票进行协调。[1]

现在，财政紧缩要求将税收和贷款账户中收取的一部分资金转移到美联储，资金在那里要么被注销，要么按比例分配给商业银行在美联储的存款准备金，"花"在商业银行存款法定准备金的计划增加上。无论是哪种情况，货币供给都会减少，但我们的兴趣是分析后一种情况，即恢复百分之百黄金美元的可能方法。

例如，我们假设不兑现货币存量为1 000美元，全部为商业银行活期存款，法定存款准备金率为10%。如果所有银行存款都被全部贷放出去，商业银行在美联储的存款储备金账户中就持有100美元的法定准备金。当财政部将结余资金(比如20美元)转入其在美联储的一般账户时，商业银行就只剩下80美元的准备金，最终货币供给只有800美元，减少了200美元。随后，美联储要求将法定存款准备金率上调至12.5%，同时，财政部将把结余资金转移到商业银行的存款准备金中"花掉"，允许他们满足新的存款准备金要求，银行准备金总额再次达到100美元，但现在只支持800美元的活期存款。下一年，财政部又出现了20美元的结余(按新的更高的货币购买力计算，实际超过了上一年的结余)。按照同样的处理财政结余的程序，货币供给又收缩了20%，即减少了160美元，剩下640美元，美联储将法定存款准备金率上调至100/640或15.63%。下一轮，同样假设结余为 289
20美元，货币供应量将收缩128美元或20%，剩下512美元，法定存款准备金率提高至19.53%。[2]这种不兑现货币存量的财政紧缩将继续下去，直到活期存款得到100%的储备支持，届时可以废除美联储，美元将按照罗斯巴德[3]的建议转换为黄金，从而产生出纯金美元。

上述说法的目的并不是要提出恢复纯商品货币的最佳方案，而是强调货币紧缩和通缩政策的某些特征，这些特征对于区分通货紧缩福利效应与经济扩张和通货膨胀政策的福利效应至关重要。首先，目前几乎所有的宏观经济学教科书都把

---

[1] 关于财政部活动对货币供给之影响的清晰和全面的讨论，见John G.Ranlett, *Money and Banking: An Introduction to Analysis and Policy*(New York: John Wiley and Sons, 1977), pp.218—234。

[2] 财政结余名义上的恒定仅为说明的目的而假设，对下文中得出的社会福利推断并不重要。在这种情况下，它保证了货币供给每年收缩20%。更现实和温和的紧缩，比如每年收缩2%或3%，不会改变福利分析的结论。然而，应当指出的是，固定的货币收缩率要求固定的名义美元结余，从而会不断增加实际结余。相比之下，实际价值不变的年度经常性结余将导致货币紧缩率不断下降。

[3] Rothbard, *Mystery of Banking*, pp.263—269.

"铸币税"或"通过印刷钞票获得的收入"描述为对货币持有者征收的"通货膨胀税"，这种税增加了私营部门现有的税收负担。[1]与此形成鲜明对比的是，至少自"二战"以来，通货紧缩货币政策一直被认为是无稽之谈，因此很难找到一本现代宏观经济学教科书能够认识到(更别提命名)相反的影响，即国家通过财政紧缩来摧毁货币时所产生的结果。米塞斯和罗斯巴德在上述各自的著作中，一般也承认这一影响，但没有为之命名或阐述其对福利的影响。

我们可以用法语词 *rabattage*(减低、压低了)来说明这种影响，它意味着在这种
290 情况下，政府对私营经济财政负担的缩水或减轻。在上述财政紧缩的想象场景中，*rabattage* 效应是通过以下方式产生的。财政部被剥夺了通过税收拨付的一部分资金。结果，政府支出(无论是名义还是实际美元)减少，因为支出发生在财政紧缩导致的货币购买力提高之前。同样，纯粹从政府获得转移支付的接受者和向政府提供资源的提供方，其名义补贴和销售价格立即下降，而他们购买商品的价格却保持在原有水平上下，从而导致他们的实际收入下降。假设其他条件不变，随着这些源自政府的独立支出和收入在整个经济中相互交叉、相互加强，面对越来越多的商品，货币需求下降，商品价格也随着货币存量的减少而逐渐调整。这一通货紧缩调整过程的最终结果是，实际收入来自净"消费税纳税人"，也就是说，从政治官僚机构及其补贴选区和特权资源提供者，回到最初在自愿市场活动中产生收入的纳税人身上。

相比之下，通货膨胀财政的铸币税效应增加了政府及政府慷慨解囊购买的直接受惠人的实际收入，正是这些群体在通胀调整过程开始时就获得了新创造的货币。"支付"铸币税的人有固定收入的接受者，也有不向政府出售产品的企业家和资源所有者，因此，一直要到销售价格在这个过程中开始上涨，在此之前他们都不得不忍受不断上涨的购买价格。[2]

在改变收入分配从而有利于纳税人而不利于政治消费税的过程中，财政通货
291 紧缩的 *rabattag* 效应，导致了新的消费需求结构和资源定价与配置模式，从而更准确地反映那些在市场上通过生产和交换商品获得收入的人的偏好。从奥地利学

---

〔1〕 N.Gregory Mankiw, *Macroeconomics*, 5th ed. (New York: Worth Publishers, 2003), p.88.

〔2〕 对奥地利学派来说，铸币税只是通胀调整过程中分配效应链的第一个环节。Mises, *Theory of Money and Credit*, pp. 153—168; idem, *Human Action*, pp. 408—411; Rothbard, *Mystery of Banking*, pp.47—53; idem, *Man, Economy, and State*, pp.709—712, 850—853.

派福利经济学的观点看，这一结果代表着社会福利和经济效率的提高，因为即使精确的税前收入和财富分配格局没有恢复，在社会分工中从生产者那里榨取的资源以及所有政府活动中固有的经济计算失真都会减少或降低。[1]换言之，所有政府干预措施对目标受害人的效用产生直接影响，或是对货币计算和整体经济效率产生间接影响，从分析上讲，这些影响是可以分开的。[2]因此，*rabattag* 效应虽然可能无法恢复干预前原纳税人的财富和收入状况，但通过迫使政治税消费者吐出一些被征用的资源，并允许市场重新分配生产资源，为那些以生产为生计进行自愿交换的消费者提供服务，确实可以提高经济效率。[3]

根据 *rabattag* 效应，与财政紧缩相关的货币紧缩对社会必定是良性的。相反，
在所有其他条件相同的情况下，因为通胀型金融允许非生产性、高税收的政治部 292
门进一步侵占财产，并导致相应的资源配置不当，所以铸币税效应具有社会危害性和对经济效率的破坏性。简言之，在一定的税收水平下，财政紧缩减轻了市场经济的财政负担，减少了政府支出不可避免地引发的计算混乱，而通胀型金融则加剧了财政负担，促进了计算混乱的蔓延。

财政紧缩还有另一个社会良性效应，它的适用范围显然比 *rabattag* 效应要窄，但仍然很重要。在上述财政紧缩的例子中，货币紧缩意味着不断提高法定存款准备金率，使之接近 100%。这种通货紧缩的过程实际上包括取消货币商品的虚假产权，在这里也包含不兑现美元在内的纸币。如前所述，对任何商品虚拟产权的抑制可以结束经济计算的扭曲，并根据实际潜在的资源短缺情况调整生产活动模式。

值得重申的是，通货紧缩的货币政策并不是唯一的，或者说最好的，可以使不

---

〔1〕罗斯巴德在《权力与市场》[*Power and Market*: *Government and the Economy*(Menlo Park, Calif.: Institute for Humane Studies, 1970), pp.125—149]一书中，阐述了所有政府支出都会在市场过程中引入计算混乱和经济效率低下的情况，这些阐述都与税收的影响分开并做了补充说明。见约瑟夫·T.萨勒诺("Mises and Hayek Dehomogenized," *Review of Austrian Economics* 6(2): pp.130—131)，对社会分工参与者的"偏好和需求"必须成为社会有效利用资源的唯一和最终标准，以及消费税的市场需求篡改了货币计算并导致"社会生产资源再分配效率低下"进行了讨论。

〔2〕关于政府干预的直接影响和间接影响之间的区别的表述，及其在对各种政府干预措施的综合分析中的应用，见 Rothbard, *Power and Market*。

〔3〕米塞斯针对货币紧缩的论点，因为"那些因货币价值的增加而致富的人，和那些在通货膨胀过程中因货币贬值而受伤的人是不一样的"，故而不成立，因为它只考虑了直接效用效应而忽略了间接 *rabattag* 效应(Mises, *Theory of Money and Credit*, p.266)。

兑现货币返回到以商品为基础的货币的政策。但这是一条路径,而且是在历史上取得了成功的一条路径,例如拿破仑战争后的英国和内战后的美国。后者的这段经历需要特别仔细研究。据詹姆斯·金达尔(James Kindahl)的估计,从1875年初开始一直到1879年1月1日恢复硬币支付,美国的货币存量收缩了约8.6%。[1]然而从1876年到1879年,实际国内生产总值平均每年增长5.20%,超过1876—1913年的年平均增长率25%。[2]由于货币紧缩和实际产出增长并
293 存,1876—1879年,消费者物价指数每年下降3.96%,而国内生产总值平减指数则以每年3.82%的速度下降。[3]

在货币紧缩和物价下跌的时期(美国国家经济研究局认为这是美国历史上最长的经济萎缩时期),实际产出增长率非常高,甚至导致弗里德曼和施瓦茨[4]对价格下跌与实际产出之间的传统关系提出了质疑:

> (1873—1879年)的收缩时间很长,而且很严重——这一点毫无疑问。然而,相较于对实物变量的行为,金融变量的急剧下降更加明显,记录也更加充分,很可能导致当时的观察家和后来的学者高估了经济收缩的严重程度,甚至可能高估了它的持续时间。当时的经济观察家们(不亚于现在的观察家)理所当然地认为,价格的急剧下降与产出的急剧上升是不相容的。由于这些现象与我们坚决秉持的观点背道而驰,这一时期值得更多的研究。

或许在这里我们可以说,这一时期与财政通缩和银行倒闭有关的 *rabattag* 效应促成了实际产出的急剧增长。过去被政府用于浪费性用途或支持因银行信贷扩张而导致的商业不良投资的实际资源,现在通过通货紧缩的 *rabattag* 效应释放出来,并由企业家更有效地分配,以满足社会分工中其他生产者的预期需求。

---

〔1〕 诚然,正如弗里德曼和施瓦茨(Friedman and Schwartz, *Monetary History*, p.82)所指出的那样,货币存量的减少不仅仅是由于财政部的财政紧缩,因为在此期间,由于金融危机和银行倒闭,存款/准备金和存款/货币比都下降了。尽管如此,"高能货币"存量确实在减少,因为银行作为储备持有的不可兑现的绿背纸储备和公众持有的通货,从1874年的4.14亿美元缩减到了1878年的3.82亿美元。见 James K.Kindahl, "Economic Factors in Specie Resumption: The United States, 1865—1879," in *The Reinterpretation of American Economic History*, eds. Robert W.Fogel and Stanley L.Engerman (New York: Harper and Row, [1961] 1971), p.475。

〔2〕〔3〕 James B.Bullard and Charles M.Hokayem, "Deflation, Corrosive and Otherwise," Federal Reserve Bank of St. Louis *National Economic Trends*(July 2003): p.1.

〔4〕 Friedman and Schwartz, *Monetary History*, pp.87—88.

最后，尽管我们上面假设的财政紧缩的例子主要是为了强调 *rabattag* 的社会 294 良性效应和对货币余额虚假所有权的抑制，但它确实指出了破坏国家货币而不是创造货币的另一个社会优势。尽管膨胀性金融从来不会让我们更接近商品货币（如果政府对铸币税收入的渴求超过一定的限度，就有可能出现恶性通货膨胀和取消货币交易的风险），财政紧缩如果实施得当，我们就可以想象不兑现货币制度回到其最初的市场商品的原初根源的场景。

（4）没收型通货紧缩

如上所述，并非所有类型的通货紧缩都是良性市场过程的结果。确实存在一种由政府及其中央银行强制实施、侵犯财产权、扭曲了货币计算并破坏了货币交易的严重恶性通货紧缩。如果长时间无休止地实施通缩政策，甚至有可能把经济推回到原始的易货状态。这种形式的通货紧缩意味着政治和官僚精英彻底没收了人们的现金余额。然而，当前我们对通货紧缩的恐惧，几乎使我们完全忽视了没收型通货紧缩，尽管在过去的二十年里，通缩事实上已经发生了多次——20 世纪 80 年代在巴西、苏联和阿根廷，90 年代末在厄瓜多尔，以及最近在阿根廷。事实上，将没收型通货紧缩视为对经济效率、消费者福利和财产权的恶性攻击的唯一一位经济学家，是默里·罗斯巴德。〔1〕

没收型通货紧缩通常是由政府当局作为阻碍银行信贷紧缩的一种手段施加于经济，并有可能对建立在部分准备金银行体制基础上的非健全金融体系进行清算。其实质是废除银行存款人对其储存在可立即兑现支票和储蓄存款中的现金的财产所有权。

阿根廷最近发生了一个引人注目的没收型通货紧缩的例子。1992 年，在又一 295 轮恶性通货膨胀之后，阿根廷将其新货币比索与美元挂钩，汇率为 1 比 1。为了维持比索与美元的这一盯住汇率，阿根廷央行承诺按需用比索自由兑换美元，并几乎以 100%美元背书包括比索纸币和商业银行以比索计价的存款准备金在内的所有自身债务。不幸的是，这种安排（得到了国际货币基金组织的批准，具有其隐性的救助担保，因而激发了国际贷款机构的信心）并没有阻止大规模的、通货膨胀的

〔1〕 Murray N.Rothbard, "Deflation: Free or Compulsory," in *Making Economic Sense* (Auburn, Ala.: Ludwig von Mises Institute, 1995).

银行信贷扩张。随着投资资金大量涌入阿根廷并进入了中央银行，央行随之扩大了商业银行可动用的准备金数额。作为部分准备金融机构，商业银行反过来又通过将银行存款乘以每一新的美元或比索的储备来扩大银行信贷。因此，从1991年到1994年，阿根廷的货币供给（M1）以平均每年60%的速度增长。[1]货币供给的增长率在1995年下降到不足5%之后，1996年又上升到15%以上，1997年达到近20%（阿根廷货币总量增长图，见附录A）。国内产品价格上涨导致比索被高估，而且外国投资者迅速丧失了对比索不会贬值的信心，1998年，由于货币供给只增加了约1%，经济陷入衰退，美元流入停止，通货膨胀繁荣戛然而止。1999年，货币供给转为负增长，到了2000年，货币供给收缩了近20%。

截至2001年6月，货币供给继续以每年两位数的速度收缩。2001年，国内储户开始对银行体系失去信心，银行信贷紧缩开始时，银行系统已经失去了17%或145亿美元的存款。仅在2001年11月30日星期五，阿根廷银行就有7亿美元至20亿美元的存款被取走（报道各不相同）。甚至在周五银行挤兑之前，央行只有
296 55亿美元的储备，最终却要支持价值700亿美元的美元和可转换比索存款。阿根廷总统费尔南多·德拉鲁阿（Fernando de la Rua）和他的经济部长多明戈·卡瓦洛（Domingo Cavallo）在12月1日（星期六）对这种情况做出了回应，宣布了一项相当于没收型通货紧缩的政策，以保护金融体系并维持与美元的固定汇率。具体而言，在未来90天内，每位存款人每周从银行提取的现金不得超过250美元，所有超过1 000美元的海外现金转账都将受到严格监管。任何企图乘船或飞机携带现金出境的人都将被禁止出境。最后，银行不再获准发放比索贷款，只允许发放美元贷款，以恢复人们对比索的信心，并通过暗示经济即将“美元化”来防止比索贬值，但事实证明，这是一个徒劳和绝望的策略。存款人仍然可以通过支票或借记卡获取他们的银行存款进行对外支付。不过，这项政策对阿根廷没有借记卡或信用卡的穷人是一个沉重的打击，他们主要持有的是不能凭支票取款的银行存款。

可以预见的是，卡瓦洛的恶性没收型通货紧缩对现金业务造成了严重打击，据一份报告称，“使零售业陷入了停滞”[2]。这项政策使经济衰退进一步恶化，暴

---

[1] 阿根廷货币供给的数据由弗兰克·肖斯塔克（Frank Shostak）提供，Ord Minnett Jardine Fleming Futures Daily Report (July 20, 2001)。

[2] Reuters, “Riots and Looting in Argentina as Austerity Plan Bites,” *New York Times on the Web* (December 19, 2001). http://www.nytimes.com.

乱和抢劫事件很快爆发，并最终造成 27 人死亡，私营企业损失数百万美元。阿根廷政府因这些事件而宣布全国戒严，最终，德拉鲁阿总统被迫提前两年辞职。

到了 2002 年 1 月 6 日，时任总统爱德华多·杜哈尔德（Eduardo Duhalde）和经济部长豪尔赫·雷梅斯·莱尼科夫（Jorge Remes Lenicov）承认，再也不能让膨胀和高估的比索以 1 比 1 的汇率盯住美元，阿根廷宣布比索贬值 30%，至 1 美元兑 1.40 比索。然而，即使按照这个官方汇率，比索似乎仍然被高估了，因为在黑市上，比索兑换美元的汇率要高得多。阿根廷政府认识到了这一点，但政府不允许汇率贬值到能反映过去通货膨胀和目前对比索缺乏信心的现实水平，反而强化了 297
早些时候强加给经济的没收型通货紧缩。首先将所有 3 000 美元以上的储蓄账户冻结一年，这项措施至少影响了银行体系中 670 亿美元存款中的三分之一，其中 435 亿美元以美元计价，其余以比索计价。持有不超过 5 000 美元的美元账户储户，可以从以后一年开始分 12 个月提取现金，而那些持有大量美元存款的储户，要到 2003 年 9 月才能开始提款，而且只能在两年内分期提取。比索存款自第一次被强制冻结以来，已经损失了三分之一的美元价值，并且可能面临进一步贬值，因此比索存款可能会得到更为宽松的处理，将在两个月内付给储户，但这笔还款也将分阶段进行。与此同时，正如一位观察家所言："像兑现工资支票或支付信用卡账单这样简单的银行交易，仍然是普通阿根廷人无法企及的。"〔1〕

莱尼科夫先生公开承认，最新一轮的没收型通货紧缩是为了保护本已破产的部分准备金制度，他宣称："如果银行破产，没有人能收回存款。手头的钱已不足以偿还所有存款人。"〔2〕与莱尼科夫急于阻止的银行信贷紧缩不同，银行信贷紧缩还允许少部分价值较高的比索继续进行货币交换，没收性通货紧缩倾向于废除货币交换，推动经济回到极度低效和原始的易货贸易和自给自足的生产条件，从而破坏社会分工。

事实上，到 2002 年底，没收型通货紧缩制度开始使阿根廷经济"非货币化"。玉米、大豆、向日葵和小麦"成为阿根廷首选的法定货币，因为它们是以美元计价的，通常比现金更受欢迎"。2002 年，汽车销量下降了 61%，为了维持生计，农村

---

〔1〕 Larry Rohter, "Argentina Is Still Shaky Despite Currency Measures," *New York Times on the Web* (January 11, 2002). http://www.nytimes.com.

〔2〕 Quoted in Ibid.

298 经销商开始使用以货易货(trueques)的粮食交易合约。福特汽车公司、通用汽车公司和丰田汽车公司在全国范围内开展销售宣传和项目,教他们的员工如何用汽车换粮食。在阿根廷的粮食之都罗萨里奥(Rosario),福特经销商在3个月内用50辆车换了粮食。戴姆勒—克莱斯勒(Daimler-Chrysler)推出了一项“谷物计划”,允许阿根廷客户使用谷物购买奔驰、克莱斯勒、吉普和道奇等汽车。一家农业设备制造商用价值950万美元的农业机械换了玉米、高粱、大豆和小麦,并用收到的部分粮食为其车队购买了丰田皮卡。甚至有几家保险公司也在考虑接受粮食保险费。不出所料,农民开始扣缴他们的部分产品,实际上,是把囤积在粮仓里的粮食当成了现金余额。因此,2002年有25%的未售出大豆作物,而前一年只有10%。〔1〕

有意思的是,学术界、媒体和跨国官僚机构中的许多通货紧缩恐惧者,将阿根廷没收型通货紧缩称为负责任的“紧缩措施”,对其毁灭性的经济影响却视而不见。这一点非常不幸,因为有一种有效和良性的通货紧缩补救办法可以解决这个问题。对阿根廷政府而言,解决办法是承认和调整其政策以适应财产的现实——现实是,银行存款不再是(实际上从来都不是)固定数量的比索和美元的面值产权。在部分准备金银行体系中,任何地方的货币都不可能达到偿付存款人所需的数量。在经济现实中,银行存款是对其贷款和投资组合(包括现金储备)的债权。因此,阿根廷的每一家银行都应立即移交给其储户,也就是说,转变为管理型共同基金。每家共同基金的所有权或“股权”,将根据前存款人在前机构存款余额中所占份额按比例分配。其结果将是银行信贷紧缩,这将导致货币供给一次性迅速而剧烈地收缩到货币
299 基础的水平,即公众持有的比索和美元货币量加上银行持有的比索和美元储备。虽然名义价格和工资水平将不得不大幅下调,但比索的价值会相应上升,货币兑换和计算得到恢复后,资源配置和财产权分配将再次由市场进程决定。〔2〕

---

〔1〕 这一段中引用的例子,见 Leslie Moore, “For Wary Argentines, The Crops Are Cash,” *New York Times on the Web*(December 1, 2002). http://www.nytimes.com。

〔2〕 关于这一提议的更多细节,见 Joseph T.Salerno [“Understanding Argentina”, Daily Article (May 28, 2002). http://www.mises.org]。迈克尔·S.伯恩斯坦(Michael S.Bernstam)和阿尔文·拉布什卡(Alvin Rabushka)(“Capital Swap à la Russe for Argentina”, Hoover Institution Public Policy Inquiry. *Russian Economy* (June 6, 2002), http://www.russianeconomy.org/(comments/060602.html)也提出了类似的改革俄罗斯银行体系的方案。

3. 通货紧缩谬论

通货紧缩恐惧者虽然轻率地无视对公众银行存款的强制政治征用，但却表现出对自愿的、由市场驱动的通货紧缩的执着和错位的担忧。尽管通货紧缩恐惧症在当前的宏观经济学派中广泛存在，但当代对通货紧缩有恐惧症的人中，人数最多、呼声最高的群体是财经记者、经济顾问、市场专家和保守的智囊团政策专家，这些人或多或少都与供给学派经济学相关。唐纳德 · L.拉斯金（Donald L. Luskin）、布鲁斯 · 巴特利特（Bruce Bartlett）、理查德 · 拉恩（Richard Rahn）和拉里 · 库德洛（Larry Kudlow）都是曾撰文反通货紧缩的供给学派人士。供给学派反通货紧缩方案可以归结为三个基本议题，每一个议题都建立在错误的假设之上。

第一个议题是，黄金和其他原材料的价格对货币状况的变化极为敏感，因此是一般消费品价格未来走势的良好预测者，而一般消费品价格对这种变化的反应往往要慢得多。布鲁斯 · 巴特利特[1]写道："当人们看到敏感商品价格——那些导致一般价格水平发生变化的商品价格——持续下跌时，人们就可以预测，这一趋势最终将在整个经济中发挥作用"。根据拉恩[2]的说法，由于 2001 年所有主 300
要商品指数均以两位数的百分比下跌，许多商品价格也远低于十年前的水平，一场可能与日本同样严重的通货紧缩迫在眉睫。2001 年第四季度 CPI 和 PPI 指数的下降，被认为是这场汹涌的通货紧缩的第一波迹象。

这个议题背后的错误假设是，原材料价格的变动和消费价格的变动之间，总是存在着正相关关系。然而，正如奥地利学派的商业周期理论所教导的那样，消费品"价格和资本品价格"（包括原材料价格在内）在周期的不同阶段会相对变化，在经济衰退期间，价格很可能会朝着完全相反的方向变化。

自第二次世界大战以来，经济衰退通常是由美联储降低银行准备金增长率、进而降低货币供给而非绝对收缩银行储备和货币引起的。在其他条件相同的情况下，直接的结果是银行信用创造的减少，这就直接导致利率上升，从而打消了企业为投资项目借贷的想法。随后的投资支出紧缩导致资本品价格既绝对于又相对

[1] Bartlett, "The Deflation Dilemma."

[2] Rahn, "Defeating Deflation."

于消费品价格的下跌。在经济衰退开始时,由于过去注入的新资金只有在企业投资者花掉之后才会到达消费者手中,在这种压力下,消费品价格通常仍在上涨。随着资本品行业的利润转为负值,这些行业中计划完成和部分完成的投资项目的盈利前景突然黯淡,对工业原材料和资本品生产专用的其他投入的需求急剧下降,其价格进一步下跌。风雨飘摇的资本品企业也争相通过清算适销对路的工业品库存来获取现金避免财务违约和破产,这就给工业品价格带来了额外的下行压力。

301 与此同时,由于美联储通常在战后衰退期间继续扩张银行信贷和货币(尽管速度较慢),随着"货币化"政府赤字和增长缓慢的银行贷款和投资持续不断地向消费者注入新资金,消费品价格从未停止上涨。美国自 1969 年以来经历的一系列通胀衰退或"滞胀"一再说明了这一重要教训,在此期间,尽管大宗商品价格暴跌,但消费品价格在整个周期的衰退阶段一直不断上涨。

不幸的是,供给学派从未从理论和历史中吸取教训,尽管他们本该多关注一下默里·罗斯巴德。罗斯巴德在 20 世纪 80 年代中期的通货紧缩恐惧时代撰文,对包括供给学派在内的各方给出了明确的回应,这些人当时声称,少数工业品价格的下跌预示着通货紧缩的来临:

> 工业品价格大幅下跌的事实,对通胀或通缩的现实或前景而言,都毫无意义。经济衰退时期工业品价格总是在下跌。它们在 1973—1974 年的急剧衰退中下降,在 1980 年和 1981 年的整体衰退期间都在急剧下降……商品价格对通货膨胀或通货紧缩有什么影响?准确地说是零影响。关键在于,不管怎样,在经济衰退期间以及从 1980 年到 1983 年这段普遍低迷的时期,消费者价格一直在上涨……大多数非专业人士和经济学家认为,工业品或批发价格是消费品价格变动的先兆,而消费品价格本应是"黏性"的,却朝着同一个方向移动。但他们错了……商业周期分析中被忽视的一个最重要的事实是,消费品价格、资本品价格或生产者价格的变动方向不同。具体而言,在繁荣时期,资本品价格或生产者价格相对于消费品价格上涨,而在经济衰退时期,消费品价格相对于生产者价格上涨。因此,工业品价格一直下跌丝毫不预示着消费品价格会在以后下跌。事实恰恰相反。[1]

---

〔1〕 Rothbard, "What's Ahead: Resurging Inflation or Sudden Deflation," Jerome Smith's Investment Perspectives(November 1984).

供给学派方案的第二个议题涉及美联储在避免本轮通货紧缩中的适当角色。302
正如拉斯金(Luskin)对这个角色的生动描述：

> 美联储的职责是扮演一个货币金发姑娘——为经济提供适当数量的货币。正确的数量不是任意的M1或M2水平，也不是其他所谓的货币供给指标。事实上，货币的供给与其他任何供给——苹果的供给或回形针的供给——一样，"正确"的量就是满足需求的量……因此，随着货币需求的波动，以及经济对交易需求的波动，美联储这位金发女郎的职责就是提供适当数量的货币，以保持货币价格不变。[1]

首先，拉斯金无意中找到了美联储的完美类比。事实上，金发姑娘偷偷地把一个不幸而毫无戒心的熊家庭的财产，再分配给了自己，而且没有提供任何财产来换取她肆意征用的食物和住所。这也正是美联储出于无论何种原因创造新的不兑现货币时所发生的情况：这些新增货币的第一批接受者，无论是政府还是其补贴对象，或是放贷新创造美元的银行，还是按照人为低利率借款的客户公司，都能够获得财产所有权，而无需先在市场上生产和交换财产。其结果是，以牺牲企业和工人为代价，对实际收入和财富进行了隐蔽而任意的、有利于那些在价格上涨之前接受和消费新货币的人的再分配，而企业的销售价格和工人的工资水平只是在他们购买的大多数商品的价格已经上涨一段时间后才上升。即使美联储只是创造足够的追加货币来抵消增长型通货紧缩，并维持消费价格基本不变，仍然会扭曲市场的财产分配，有利于那些直接接受货币注入并能够利用价格下跌的人。迟来的新货币接受者，尤其是那些靠固定货币收入生活的人，将不得不以不 303
变的价格购买，因此，如果允许消费者价格随着生产率的提高而下降，他们将被剥夺额外的实际收入份额。

另一个隐含在美联储"金发姑娘"比喻中的谬误，与拉斯金对定价过程在确保生产最佳数量商品方面的作用的误解有关。像拉斯金那样，断言任何商品，比如回形针或苹果的"正确"数量是按原有价格满足需求的量，是不正确的。事实上，正如我们在前面提到的计算机行业，个人电脑的最佳数量取决于行业内竞争对手的利润最大化决策。当生产率快速增长，单位成本迅速下降时，试图最大化预期利润的做法，会导致以原有市场价格计算的商品供给过剩。自由市场会确保价格

[1] Luskin, "The Greatest Threat."

下跌,并再次精确地调整供给量和需求量。换言之,每时每刻都是价格的不断变化才确保市场始终供给“正确”数量的任何商品;市场经济的运作并不是为了确保供给的变动总是按照先前一劳永逸固定下来的价格完全满足需求。货币供给也是如此:如果经济增长导致对货币的过度需求,那么增长型通货紧缩的市场现象将保证货币购买力的上升,从而增加货币总财富,并因此完全满足对货币的额外需求。金发姑娘美联储为了保持货币购买力永久不变而不断变化货币供给——即使这样做值得信赖——与计算机企业只按照(比如说)1980 年固定的价格水平提供个人电脑数量一样,都是非最优选择。

最后应该指出的是,哈耶克[1]出色地驳斥了 20 世纪 20 年代末由更早、更杰
304 出的一代通缩恐惧症者提出的有利于金发姑娘央行的论点。[2]尽管哈耶克[3]从未使用过“通货紧缩恐惧症”这个词,但他确实提到了“那些对今天如此普遍的价格下跌不加批判的恐惧的受害者们,为所有更精致的通货膨胀主义披上了外衣”——这是对当代通缩恐惧症的完美描述。哈耶克在他基于奥地利学派商业周期理论的评论文章中指出,在技术进步和资本投资迅速发展的时期,中央银行通过增加货币数量来稳定消费品价格水平的任何尝试,都不可避免地将利率压低到相当于自愿储蓄的供给与企业对投资资金的需求相等的水平之下。央行向信贷市场注入的新创造的货币所体现的转瞬即逝的“强制储蓄”,填补了这一缺口。然而,一旦银行信贷扩张停止或放缓,强制储蓄就会消失,利率重新回到与消费者跨期消费偏好相一致的较高水平。与此同时,人为降低利率扭曲了企业家的利润计算,扭曲了他们的投资决策,因而产生了不可持续的实际投资繁荣——或者当代术语所说的“泡沫”——当利率再次上升时,不可避免地会出现泡沫破灭的现象。正是在经济衰退期间,一系列的不良投资才被揭露出来并遭到清算,资本和消费品的生产则会根据自愿储蓄的数量进行调整。哈耶克最后警告说,任何试图通过荒谬地操纵货币数量来阻碍伴随经济增长的良性通缩进程的行为,都会导致经济

---

[1] F.A. Hayek, “the Paradox of Saving,” in *Profits, Interest, and Investment and Other Essays on the Theory of Industrial Fluctuations* (New York: Augustus M.Kelley, [1939] 1969).

[2] 哈耶克的开创性论文《储蓄悖论》(1969)最初于 1929 年以德文发表,1931 年首次以英文发表,论文至少提前 5 年用当时两种最重要的科学语言,有效地驳斥了凯恩斯提出的“总需求不足”和“节俭悖论”的论点。

[3] Hayek, “The Paradox of Saving,” pp.253—254.

崩溃，而每个时代的通缩恐惧者都极力避免：

> 只要流通中的货币量不断变化，我们就无法摆脱产业波动。尤其是每一项旨在稳定货币价值并涉及随着生产增加而增加其供给的货币政策，都必定 305 会带来它正试图防止的那些波动。[1]

供给学派反通货紧缩方案的第三个也是最后一个部分是制定一个规则，引导美联储发挥其金发姑娘的作用。这是一个关注敏感商品(还能有什么呢?)价格水平的规则。根据拉恩的说法：

> 美联储需要明确表示，它将再次采取价格水平目标制，它将把敏感商品价格作为价格走势的指标，而不是 CPI 和其他滞后指标。美联储应该关注一篮子商品；如果这一篮子商品的价格上涨超过预定范围，美联储就要减少货币供给，反之亦然。[2]

不幸的是，这一规则有时可能会促进大规模通货膨胀，因为正如我们上文所见，在经济衰退和金融危机期间，工业品价格和消费价格的走势正好相反。按照这一规则，美联储很可能会加速推高货币供给增长率，并因此加剧美国的通货膨胀，与此同时，还要应对比如 1997 年和 1998 年亚洲金融危机等境外金融危机造成的工业品价格的急剧下跌。例如，2002 年 2 月初的道琼斯—AIG 商品指数(DJ-AIG Commodity Index)比 1991 年的水平低 10%，比一年前的水平低近 20%，尽管 2001 年 MZM 货币(“零期限货币”)总量增长了 15.8%，而 AMS(奥地利学派定义的货币供给)增长了 12.3%。[3]在这种情况下，如果美联储听从了声称不关心货币供给增长的供给学派的建议，即立即将货币增长率从本已很高的水平提高到 306 足以使商品价格迅速上涨 10%至 20%的水平，他们会为恶性通货膨胀埋下伏笔。而这一切都是以避免通货紧缩为名，而通货紧缩的唯一证据是 2001 年第四季度的消费者物价指数(按年计算为 -0.6%)出现了小幅下降，在这一年里，消费者物

[1] Hayek, “The Paradox of Saving,” pp.262—263.

[2] Rahn, “Defeating Deflation.”

[3] 除非另有说明，本章引用的统计数据是根据美国联邦储备委员会经济数据库(FRED)中的数据计算得出的，网址：www.stls.frb.org/fred2。DJ-AIG 商品指数可以在道琼斯公司找到，2000 年。AMS 总供给由弗兰克·肖斯塔克(Frank Shostak)计算。有关 AMS 总供给量的描述和理由，见 Josep Salerno, “The ‘True’ Money Supply: A Measure of the Supply of the Medium of Exchange in the U.S. Economy”, *Austrain Economics Newsletter* 6(Spring 1987)。该文可在 www.mises.org 下载。

价指数上升了1.8%，而消费者物价指数中位数上升了3.9%。[1]当然，2002年的消费者物价指数上升了2.2%，消费者物价指数中位数上升了3.0%，令人担忧的通货紧缩从未实现。

如上所述，供给学派绝不是当前唯一一个深受通货紧缩恐惧症困扰的宏观经济学派。最近，货币主义的元老米尔顿·弗里德曼[2]写道："作为对紧缩的防御和对'9·11事件'的反应，目前超过10%的货币增长率是可持续的，甚至可能是可取的。"[3]另外，温和的凯恩斯主义者约翰·H.马金[4]，一位与共和党智库美国企业研究所有关系的经济学家，最近在2001年10月生产者物价指数大幅下降和2001年9月至11月一年期通货膨胀预期下降的基础上，将目前的衰退称为"通缩性衰退"。马金接着指出：

> 307 美联储别无选择，只能赶快以高于通胀和通胀预期的速度削减短期利率……毕竟，应对衰退，尤其是这次通缩，需要美联储的实际利率为零，而在预期通胀率为1%或更低的情况下，1%的联邦基金名义利率是将实际利率降至零的必要条件。[5]

所以马金非常担心，即使短期实际利率为零，也不足以阻止和扭转这场想象中的通货紧缩衰退，因此他还主张扩大布什总统的财政刺激计划规模，并邀请民主党人参与这场耗资巨大而无意义的工作。根据马金[6]的说法，总统"应该建议将一揽子计划扩大到2 000亿美元，允许民主党人指明他们最倾向增加的1 000亿美元开支，共和党人可以指定价值1 000亿美元的减税措施"。通货紧缩谬论层出不穷，为了说明奥地利学派通货紧缩分类法的相关性，我们在这一节中只讨论了

---

[1] 消费者物价指数中位数由经济学家迈克尔·布莱恩(Michael F.Bryan)和斯蒂芬·G.塞切蒂(Stephen G.Cecchetti)提出，由克利夫兰联邦储备银行计算。关于总供给和基本原理及其时间序列的简要说明，可在克利夫兰联邦储备银行(2003)中找到。从奥地利学派的角度来看，这一统计数字使人们对货币购买力的波动有了更好的"理解"，因为它比标准消费者物价指数的总量要小，也更符合奥地利学派关于个别价格和特定价格在不断变化相对位置的同时"一窝蜂"涨跌的概念。蜂群的整体高度变化在其每个个体成员身上都有不同程度的反映，这一比喻与"价格水平"的隐喻截然相反，后者就像一个水体的水位一样不断变化，至少自20世纪初欧文·费雪的著作以来，这个误导性隐喻就已经在主流货币思想中根深蒂固。

[2] Milton Friedman, "The 1990s Boom Went Bust. What's Next?" wsj.com(January 22, 2002).

[3] 公平地说，弗里德曼(同上)确实补充了一条警告："货币增长率的这种持续，将确保通货膨胀再次抬头。"

[4][5][6] Makin, "The Deflation Monster Lives."

当前最严重的一些谬误。一个更微妙、但同样似是而非的关于担心通货紧缩，尤其是预期通货紧缩的观点，是学界宏观经济学家关于通货紧缩的几乎全部近期著作的主要内容，也是隐含在上文所引马金的评论中的内容。根据这种观点，“担心通货紧缩的根本原因是名义利率被限制在零以下”。[1]在这里详细地讨论这一观点会使我们走得太远。不过，我只是想说，这一观点完全错误地将关注点放在作为实际利率基本决定因素的“可贷资金”市场，却完全忽视了贷款利率仅仅是“自然”利率或投入与产出之间价格差的一种偶然现象。后者构成了一体化生产结构各个过程和阶段对资本家投资的时间偏好回报。在同等条件下，任何对货币购买力上升的普遍预期，将立即反映在企业对投入品的出价和价格的降低上，这些降
低的价格将立即重新确立先前存在的名义（和实际）投资回报率，并因此确定借贷 308
给资本家—企业家资金的投资回报率。[2]

4. 结论：美国通货紧缩的前景

消费品价格的持续下跌让许多当代宏观经济分析师和预测家感到恐惧，那么，美国出现通货紧缩的前景如何呢？我们对通货紧缩的理论分析得出的答案是：事实上并没有通货紧缩。2001 年实际国内生产总值的同比增长率仅为 0.1%，对经济衰退的年份来说，这个数据并不奇怪，2002 年达到了 2.9%。2002 年最后一个季度和 2003 年第一季度，经济复苏速度大幅放缓，实际国内生产总值两个季度的年增长率均为 1.4%。由于普遍预期经济缓慢复苏将持续到 2003 年，这就意味着，在一段时间内增长型通货紧缩的因素可以忽略不计。

确实也有一些证据表明，一个现金积累型通货紧缩过程正在运行。按名义国内生产总值（NGDP）计算的当前生产的名义总收入与 AMS 定义的货币供给的比率，下降了 6.5%，从 2000 年第四季度的 6.48%下降到 2001 年第四季度的 6.06%。NGDP/AMS 比率在 2002 年又下降了 2.3%，2003 年第一季度略为上升了 0.7%。

---

〔1〕 DeLong, “Why We Should Fear Deflation.”

〔2〕 对名义利率的溢价（折扣）来自预期通货膨胀（通货紧缩）以维持实际利率这一论点的批判，见 Rothbard, *Man*, *Economy*, *Start*, pp.693—698。

2001 年，NGDP/MZM 比率下降了 15.7%，2002 年下降了 3.9%。这一比率在 2003 年的第一季度趋于稳定。这表明，在经济衰退和经济复苏停滞的早期阶段，人们将大部分收入用于持有现金余额，这通常是由于经济衰退和相关金融崩溃，比如安然公司（Enron）的破产，对他们的未来收入前景造成了更大的不确定性和
309 悲观情绪。相对于其他处置货币的机会而言，更高的现金价值给消费品价格带来了下行压力。不过，这只是一个短期现象，随着经济衰退接近尾声，收入前景明朗化，这一趋势往往会逆转，就像 2003 年发生的那样。

现在我们来考虑货币关系的供给方面。2000 年，在前三年平均每年上升 6.47%后，AMS 供给总量实际收缩了 1.29%。在 1998 年和 1999 年以平均每年 12%的速度增长之后，MZM 在 2000 年增长了 8%（美国货币总量增长曲线，见附录 2）。毫无疑问，货币增长的突然下降促成了当前的经济衰退。但美联储 2001 年的积极降息导致 2001 年的货币供给爆炸式增长，其中，AMS 定义的货币供给增长了 12.33%，MZM 增长了 15.78%。2002 年，货币扩张虽然有所放缓，但仍在快速增长，AMS 增长了 6.38%，MZM 增长了 12.78%。在 2003 年的前 6 个月，AMS 的年增长率为 4.22%，但在这一时期的最后 4 个月，年增长率为 12%，而 MZM 的年增长率为 6.56%，在最后的 4 个月里，年增长率接近 8%。因此，从 2000 年相对紧缩的货币政策和 2001 年货币需求的大幅度增长来看，任何通货紧缩趋势都被美联储转向大规模扩张性货币政策所淹没。

最后，没有证据表明美国人对银行体系失去信心，甚至到了会引发类似阿根廷银行急需的信贷通缩的地步。2001 年，货币/支票存款比率略有上升，从0.96 上升至 0.98，这意味着，存款人从银行提取走了少量存款。即使在脆弱的经济复苏失败、美国经济陷入二次衰退、美国企业和金融机构再次出现高调崩溃，因而确实发生银行挤兑的情况下，格林斯潘的美联储顺其自然发展的可能性仍然很小。美联储会很快安排一个“银行假日”，即阿根廷式的没收型通货紧缩，以便争取时间，策划一场大规模的针对通胀的金融体系救助。

310 无论当前的复苏势头增强（这似乎是目前的共识），还是金融领域的意外事件打乱了复苏，在未来几年里，我们都将看到消费品价格的大幅上涨。换言之，美国现在存在或即将出现通货紧缩，是那些不熟悉奥地利学派健全货币理论的人的一个幻觉。

附录 A

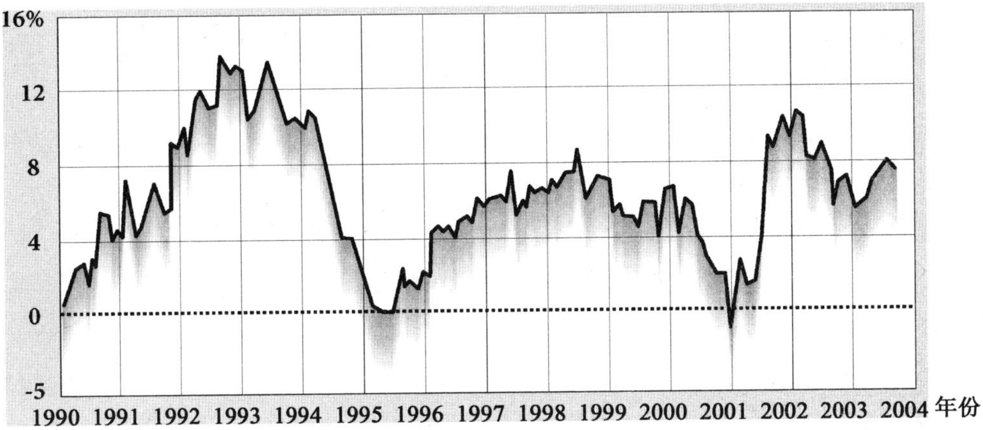

图 10-1　美国货币增长

资料来源:澳大利亚曼氏金融服务有限公司的弗兰克·肖斯塔克。

附录 B

311

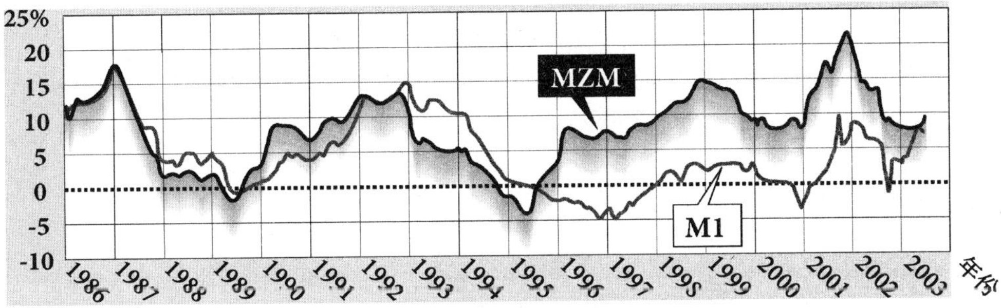

图 10-2　MZM 和 M1 的同比变化百分比

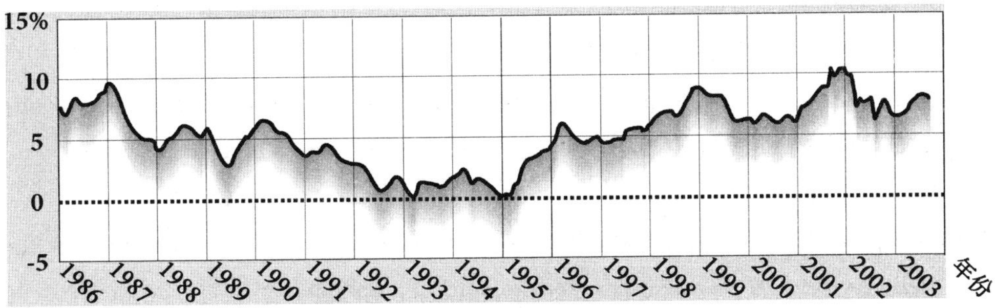

图 10-3　M2 的同比变化百分比

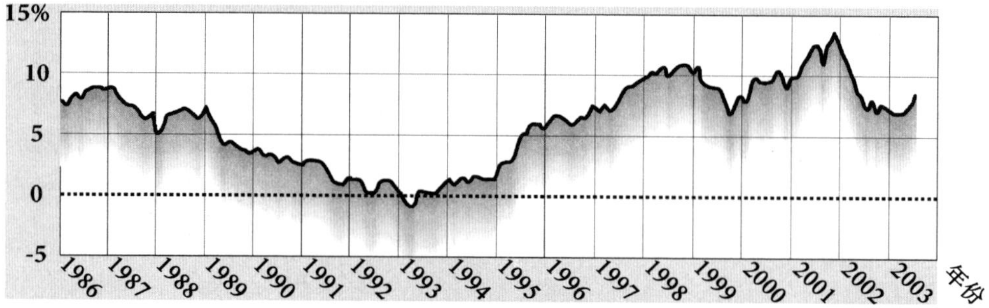

图 10-4　M3 的同比变化百分比

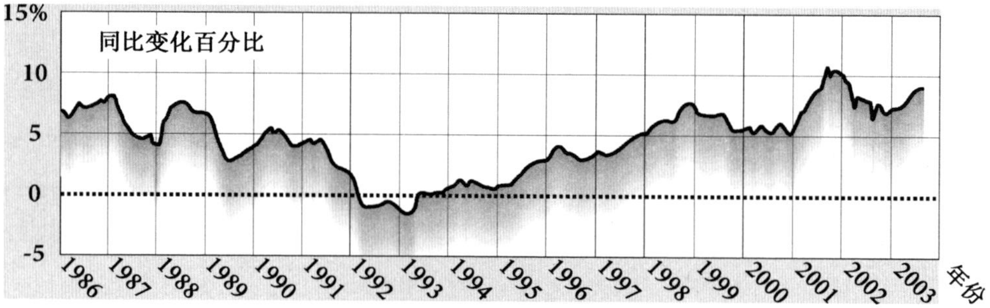

图 10-5　货币服务指数——M2

资料来源:圣路易斯联邦储备银行,货币趋势(2003 年 8 月):4;亦见于 www.stls.frb.org./fred.

312 参考文献

Anderson, Benjamin M. 1979. *Economics and the Public Welfare: A Financial and Economic History of the United States, 1949—1946*, 2nd ed. Indianapolis, Ind.: Liberty Press.

Bartlett, Bruce. 2001. "The Deflation Dilemma: To Be Concerned or Not to Be?" *National Review Online Financial* (November 20).

Bernanke, Ben S. 2003. "A Perspective on Inflation Targeting." Presented at the Annual Washington Policy Conference of the National Association of Business Economists. Washington, D.C. (March 25).

Bernanke, Ben S., and Frederic S.Mishkin. 1997. "Inflation Targeting: A New Framework for Monetary Policy?" *Journal of Economic Perspectives* 11(Spring).

Bernstam, Michael S., and Alvin Rabushka. 2002. "Capital Swap à la Russe for Argentina."

Hoover Institution Public Policy Inquiry. Russian Economy(June 6). Http://www.russianeconomy.org./comments/060602.html.

Bullard, James B. and Charles M.Hokayem. 2003. "Deflation, Corrosive and Otherwise." Federal Reserve Bank of St. Louis *National Economic Trends*(July): p.1.

Cox, W.Michael, and Richard Alm. 1999a. *Myths of Rich and Poor: Why We're Better Off Than We Think*. New York: Basic Books.

____. 1999b. "The New Paradigm." In Federal Reserve Bank of Dallas *1999 Annual Report*.

Degen, Robert A. 1987. *The American Monetary System: A Concise Survey of Its Evolution Since 1896*. Lexington, Mass.: D.C. Heath.

DeLong, J.Bradford. 1999. "Why We Should Fear Deflation." *Brookings Papers on Economic Activity*(Spring). http://www.j-bradford-delong.net.

Dow Jones and Company. 2002. "Markets Diary." *Wall Street Journal*(February 5): p.C1.

Federal Reserve Bank of Cleveland. 2002. "Deflation." *2002 Annual Report*. http://www.clevelandfed.org/Annual02/Essay.pdf.

____. 2003. Economic Research and Data. http://www.clevelandfed.org.

Friedman, Milton. 2002. "The 1990s Boom Went Bust. What's Next?" wsj.com(January 22).

Friedman, Milton, and Anna J.Schwartz. 1971. *A Monetary History of the United States: 1867—1960*. Princeton, N.J.: Princeton University Press.

Gordon, Robert Aaron. 1974. *Economic Instability and Growth: The American Record*. New York: Harper and Row.

Harding, W.P.G. 1925. *The Formative Period of the Federal Reserve System: During the World Crisis*. New York: Houghton Mifflin.

Hayek, Friedrich A. [1939] 1969. "The Paradox of Saving." In *Profits, Interest, and Investment and Other Essays on the Theory of Industrial Fluctuations*. New York: Augustus M.Kelley.

____. [1960] 1972. *The Constitution of Liberty*. Chicago: Henry Regnery.

Keynes, John Maynard. [1936] 1964. *The General Theory of Employment, Interest, and Money*. 313
New York: Harcourt, Brace and World.

Kindahl, James K. [1961] 1971. "Economic Factors in Specie Resumption: The United States, 1865—1879." In *The Reinterpretation of American Economic History*, Robert W.Fogel and Stanley L.Engerman, eds. New York: Harper and Row.

Luskin, Donald L. 2001. "The Greatest Threat Facing the U. S. Economy: Deflation." *Capitalism-Magazine.com*(November 23).

Makin，John H. 2001. "The Deflation Monster Lives." *Economic Outlook*(December).

Mankiw，N.Gregory. 2003. *Macroeconomics*，5th ed. New York：Worth Publishers.

Meyer，Laurence H. 2001. "Inflation Targets and Inflation Targeting." Federal Reserve Bank of St. Louis *Review* 83(November/December).

Mises，Ludwig von. [1953] 1980. *The Theory of Money and Credit*，2nd ed.，H.E. Batson，trans. Indianapolis，Ind.：Liberty Classics.

____. 1998. *Human Action*：*A Treatise on Economics*，Scholar's Edition. Auburn，Ala.：Ludwig von Mises Institute.

____. 1993. *Man*，*Economy*，*and State*：*A Treatise on Economic Principles*，2nd ed. Auburn，Ala.：Ludwig von Mises Institute.

Moore，Leslie. 2002. "For Wary Argentines，The Crops Are Cash." *New York Times on the Web* (December 1). http://www.nytimes.com.

Philips，C.A，T.F. McManus，and R.W. Nelson. [1937] 1972. *Banking and the Business Cycle*：*A Study of the Great Depression in the United States*. New York：Arno Press.

Rahn，Richard W. 2001. "Defeating Deflation." *Wall Street Journal*(November 19).

Ranlett，John G. 1977. *Money and Banking*：*An Introduction to Analysis and Policy*. New York：John Wiley and Sons.

Reuters. 2001. "Riots and Looting in Argentina as Austerity Plan Bites." *New York Times on the Web*(December 19). http://www.nytimes.com.

Rogoff，Kenneth，Manmohan S. Kumar，Laurance Ball，Vincent Reinhart，and Kim Scoenholtz. 2003. Transcript of an IMF Economic Forum：Should We Be Worried About 'Deflation'? Washington，D.C. (May 29). http://www.imf.org.

Rohter，Larry. 2002. "Argentina Is Still Shaky Despite Currency Measures." *New York Times on the Web*(January 11). Http://www.nytimes.com.

Rothbard，Murray N. 1970. *Power and Market*：*Government and the Economy*. Menlo Park，Calif.：Institute for Humane Studies.

____. 1983. *The Mystery of Banking*. New York：Richardson and Snyder.

____. 1984. "What's Ahead：Resurging Inflation or Sudden Deflation." *Jerome Smith's Investment Perspectives*(November).

____. 1990. *What Has Government Done to Our Money*? 4th ed. Auburn，Ala.：Ludwig von Mises Institute.

314 ____. 1993. *Man*，*Economy*，*and State*：*A Treatise on Economic Principles*. 2nd ed. Auburn，Ala.：

Ludwig von Mises Institute.

____. 1994. *The Case Against the Fed*. Auburn, Ala.: Ludwig von Mises Institute.

____. 1995. "Deflation: Free or Compulsory." In *Making Economic Sense*. Auburn, Ala.: Ludwig von Mises Institute.

____. 1997. "The Austrian Theory of Money." In *The Logic Of Action One: Method, Money, and the Austrian School*. Cheltenham, U.K.: Edward Elgar.

____. 2000. *America's Great Depression*. 5th ed. Auburn, Ala.: Ludwig von Mises Institute.

Salerno, Joseph T. 1987. "The 'True' Money Supply: A Measure of the Supply of the Medium of Exchange in the U.S. Economy." *Austrian Economics Newsletter* 6(Spring). This article can be downloaded from www.mises.org.

____. 1993. "Mises and Hayek Dehomogenized." *Review of Austrian Economics* 6(2).

____. 1999. "Money and Gold in the 1920s and 1930s: An Austrian View." *Freeman* 49 (October).

____. 2002. "Understanding Argentina." Daily Article(May 28). http://www. mises.org.

Samuelson, Paul A. 1967. *Economics: An Introductory Analysis*, 7th ed. New York: McGraw-Hill.

Samuelson, Robert J. 2001. "The Specter of Deflation." *Washington Post Online*(November 21).

Shostak, Frank. 2001. *Ord Minnett Jardine Fleming Futures Daily Report*(July 20).

Temin, Peter. 1969. *The Jacksonian Economy*. New York: W.W. Norton.

Weiher, Kenneth. 1992. *America's Search for Monetary Stability: Monetary and Fiscal Policy Since 1913*. New York: Twayne Publishers.

第11章

评塔洛克“奥地利学派对大萧条的解释为何有误”一文* 315

在我发表评论之前，请允许我提出以下忠告：我对一篇学术期刊文章的价值持怀疑态度，该文试图批判性地评价一种经济理论的“规范版本”，尤其是该理论涉及像经济周期这样的复杂现象。除此之外，令我不安的是，作者选用来批评的文章[1]旨在对这一理论进行通俗的说明。这种做法对奥地利学派商业周期理论的深刻性或默里·N.罗斯巴德的学术成就有失公允。如果有人想对奥地利学派经济周期理论的要旨做一个扼要的批评，更合适的做法是对米塞斯等人的文集进行坦率的评论。[2]在表达了这些保留意见之后，下面我继续我的评论。

戈登·塔洛克(Gordon Tullock)在他的文章[3]开头提到的三个问题值得 316
评，因为这三个问题证实了我在上文提到的担忧。首先，作者正确地指出，在评论的特别小册子中，“罗斯巴德从来没有解释，为什么作为他的理论组成部分的通货

---

* From: Comment on Gordon Tullock, “Why Austrians Are Wrong about Depressions,” *The Review of Austrian Economics* 3(1988): pp.141—145.

〔1〕 Murray Rothbard, *Depressions: Their Cause and Cure*(Lansing, Mich.: Constitution Alliance, 1969).

〔2〕 Ludwig von Mises, Gottfried Haberler, Murray N.Rothbard, abd Friedrich A Hayek, *The Austrian Theory of the Trade Cycle and Other Essays*, ed. Richard M.Ebeling(Auburn, Ala.: Ludwig von Mises Institute, 1983).

〔3〕 Gordon Tullock, “Why Austrians Are Wrong About Depressions,” in *The Review of Austrian Economics* 2(1987).

膨胀确实不能持续更不用说加速”。当然,这个问题在奥地利学派周期理论许多高深的论述中都有涉及。作为众多例子之一,罗斯巴德本人[1]以“终极限度:失控的繁荣”为题讨论了这个问题。

此外,塔洛克的个人见解是,恶性通货膨胀“无可否认是令人不快的,但并非真正的灾难”[2],这个说法虽然肯定具有挑衅性,但与这个问题无关。策划了通胀繁荣的政治当局和货币当局对恶性通胀的可能性感到恐惧,并采取行动加以防范,这就够了。举例来说,1980—1982 年美国经济大萧条的直接原因是沃尔克领导的美联储(Volcker Fed)广为人知的决策造成的,即通过控制货币和银行信贷的增长,使经济摆脱不得人心的两位数通胀水平。

作者的第二个问题[3]涉及据称罗斯巴德未能抓住的一个问题:即为什么企业家未能最终了解、正确预测和调整他们的投资活动以适应经济周期。用目前的行话来说,作者在质疑,为什么奥地利学派的周期理论家不假设市场参与者有能力制定“理性预期”,即纳入正确的经济关系理论并排除系统性预测错误。我不想
317 在这里给出问题的答案,我只想说,对这个问题包括米塞斯[4]、奥德里斯科[5](O'Driscoll)和加里森[6](Garrison)在内的许多奥地利学派周期理论家讨论过了。再者,作者决定避免纠缠于大量的理论文献,这就导致他提出了一个根本不存在的理论缺陷。

塔洛克挑出来的[7]最后一个问题源于他明显误解了奥地利学派商业周期理论的方法论背景。因此,他责怪罗斯巴德忽略了统计检验的结果,统计检验结果

---

[1] Murray Rothbard, Man, Economy, and State (Los Angeles: Nash Publishing, 1970), vol. 2, pp.875—877.

[2] Tullock, “Why Austrians Are Wrong About Depressions,” p.73.

[3] Ibid., p.73.

[4] Ludwig von Mises, “‘Elastic Expectations’ and the Austrian Theory of the Trade Cycle,” *Economica* 10(August): pp.251—252.

[5] Gerald P.O'Driscoll, Jr. *Economics as a Coordination Problem: The Contributions of Friedrich A.Hayek* (Kansas City, Kan.: Sheed, Andrews and McMeel, 1977), pp.106—108 and “Rational Expectations, Politics and Stagflation,” in *Time, Uncertainty, and Disequilibrium: Exploration of Austrian Themes*, ed. Mario J.Rizzo(Lexington, Mass.: Lexington Books, 1979), pp.166—168.

[6] Roger W.Garrison, “Hayekian Trade Cycle Theory: A Reappraisal,” The Cato Journal 6(Fall 1986): pp.445—447.

[7] Tullock, “Why Austrians Are Wrong About Depressions,” 1987, p.74.

表明，萧条和繁荣并非遵循一个周期，而是遵循所谓的"随机游走"。但这种说法与本题无关，因为奥地利学派并不把商业周期这个术语解释为在历史上公开表现出来的机械的或统计的规律，而是一种只有运用理论才能从历史数据中发现的抽象经济现象反复出现的定性序列。米塞斯〔1〕在早期的一篇文章中写道："无论是繁荣与萧条之间的联系，还是商业环境的周期性变化，都不是一个可以独立于理论来确定的事实。只有理论，即商业周期理论，才允许我们在纷繁复杂的事件中发现周期的波浪形轮廓。"其实，作者本可以在罗斯巴德的著作中找到关于奥地利学派周期理论的方法论基础的简明论述。〔2〕

塔洛克对这一理论的"主要异议"，他的论点〔3〕同样由于明显不熟悉这一理 318
论的高深表述而不成立。我在这里不打算对作者的主要论点逐一点评，〔4〕作者认为在典型的奥地利学派商业周期中，"过渡时期的失业率较低，[而]国民生产总值的测算值会因此而较高"。这足以说明，作者的结论是基于对奥地利学派资本理论和生产结构分析的根本误解。

首先，作者似乎忽视了生产结构中跨期互补的重要概念。因此，即使人为压低利率导致的更高阶段投资项目和生产过程在技术意义上最终完成，但在经济萧条调整阶段，这些项目和生产过程仍有可能未得到充分利用或完全放弃。其原因是，这些中间阶段生产过程生产的产品面临着严重收缩的市场需求，这是由于突然暴露出的时间上必须与低阶段生产过程结合的"非特定"投入的稀缺性（以及由此而产生的货币成本）的结果。

比如，一个新建成的铁矿可能会被废弃，因为在任何技术上可行的产出率下，铁矿石的价格已经低于矿山运营的"边际成本"，包括工资、燃料价格、发电机和运输车辆的租金。劳动力和其他相对非特定投入或"可转换"资本品的服务价格上涨，是因为这些资源的可用存量中有太大比例被错误地投资于"不可转换"商品或"特定"中间商品的生产，如铁矿竖井及其相关"固定"投资。在某些较高阶段的生产过程中，继续使用较高货币成本的非特定资源是不经济的，这种情况亦发反映

〔1〕 Ludwig von Mises, *On the Manipulation of Money and Credit*, ed. Percy L.Greaves, Jr., Bettina Bien Greaves, trans. (Dobbs Ferry, N.Y.: Free Market Books, 1978) p.117.

〔2〕 Murray Rothbard, America's Great Depression, 3rd ed. (Kansas City: Sheed and Ward), pp.1—7.

〔3〕 Tullock, "Why Austrians Are Wrong About Depressions," pp.3—10.

〔4〕 Ibid., p.74.

319 出这样一个事实,即在通胀繁荣时期,这些资源在较低阶段的生产过程中具有较高的边际收益,而在通货膨胀繁荣的最初时期,这些资源被改变了用途。因此,在萧条调整阶段,采矿业和采矿设备行业的破产和得不到使用的资源,是劳动力和其他非特定要素投入重新分配到制成品生产和批发以及零售之过程的一部分。这是比喻性的“生产结构”本身——不一定是指具体的工厂或者建筑——无法完成的事,因为在经济萧条调整阶段会突然出现资本短缺。

作者的第二个基本混乱是,他显然认为奥地利学派周期理论表明,由于货币通胀而暂时降低的利率将导致资本和消费品行业的普遍过度投资。[1]但是,奥地利学派周期理论的主要观点是,通货膨胀的繁荣导致了“不当投资”,这就意味着,稀缺要素和货币资本从消费品行业转移到资本品行业,或者更广泛地说,转移到“更高阶段”产业,例如,投资于为特定研发项目而专门设计的计算机和软件,扩大野猫井(即初探井——中译者注)石油钻机设施的供给,新建水电站的场地规划,等等。随着稀缺资源以此方式被重新分配到更高层次的生产结构中,最终消费品的生产数量必然(至少)出现暂时性减少。

此外,在发现可用的劳动力投入存量不足以补充从过度建设的更高阶段开始流出的全部产品时,劳务和其他非特定资源向包括工业建筑和设备等在内的相对不可转换高阶段商品生产扩张的不经济承诺,最终将在较低阶段开始的不可预见的提高工资的竞价中显现出来。这种跨期的价格变动导致劳动力和可转换资本
320 品转移到相对人手不足和装备不足的较低阶段产业,也解释了资本过剩的高阶段生产企业相应的破产和裁员。其结果是,对不可转换高阶段资本品的许多投资,不管技术上是否完成,都会被放弃。即使后者构成了完全沉没成本,它们仍然可能被完全放弃,因为它们在任何产出水平上的持续利用,都无法产生足够的收入来弥补其互补的非特定因素(比如劳动力)的“机会成本”。

正是那些被废弃或未充分利用的工厂、设备、发电站、矿山和研发项目,代表了繁荣时期以人为降低利率为特征的“不当投资”资本。考虑到这种滥用的资本投资,如果稀缺生产资源的投资和生产结构的“长度”是由真正的市场时间偏好决定的,那么可以预期,经济的总资本/劳动比以及劳动的边际生产率和实际工资水平可能会更低,这种情况反映在不可操纵利率或“自然”利率上。因此,与塔洛克

---

〔1〕 Tullock, “Why Austrians Are Wrong About Depressions,” pp.75—77.

的观点相反，[1]奥地利学派周期理论确实解释了大萧条期间观察到的“国民生产总值”和劳动者生活水平的下降。

在文章的最后，[2]塔洛克重复了他早先对奥地利学派理论相对于理性预期的解释力的异议。这是一个重要而及时的问题，作者本来可以干一件有价值的事情，即采用奥地利学派理论家在这个问题上已经采用过的方式来阐述自己的反对意见（有关贡献见引于本章第三段），但作者没有选择这样做，因此作者的讨论没有在这个问题上引出任何新的或有意思的想法。

参考文献 321

Garrison, Roger W. 1986. “Hayekian Trade Cycle Theory: A Reappraisal.” *The Cato Journal* 6(Fall): pp.437—453.

Mises, Ludwig von. 1943. “ ‘Elastic Expectations’ and the Austrian Theory of the Trade Cycle.” *Economica* 10(August): pp.251—252.

____. 1978. *On the Manipulation of Money and Credit*, Percy L.Greaves, Jr., ed., Bettina B., Greaves, trans., Dobbs Ferry, N.Y.: Free Market Books.

Mises, Ludwig von, Gottfried Haberler, Murray N.Rothbard and Friedrich A.Hayek. 1983. *The Austrian Theory of the Trade Cycle and Other Essays*, Richard M.Ebeling, ed. Auburn, Ala.: Ludwig von Mises Institute.

O'Driscoll, Gerald P., Jr. 1977. *Economics as a Coordination Problem: The Contributions of Friedrich A.Hayek*. Kansas City, Kans.: Sheed Andrews and McMeel.

____. 1979. “Rational Expectations, Politics and Stagflation.” In *Time, Uncertainty, and Disequilibrium: Exploration of Austrian Themes*, Mario J.Rizzo, ed. pp.153—176. Lexington, Mass.: Lexington Books.

Rothbard, Murray. 1969. *Depressions: Their Cause and Cure*. Lansing, Mich.: Constitutional Alliance.

____. 1970. *Man, Economy, and State: A Treatise on Economic Principles*, 2 vols. Los Angeles: Nash.

____. 1975. *America's Great Depression*, 3rd ed. Kansas City: Sheed and Ward.

Tullock, Gordon. 1987. “Why the Austrians Are Wrong About Depressions.” In *The Review of Austrian Economics*, vol.2. Lexington, Mass.: Lexington Books.

〔1〕 Tullock, “Why Austrians Are Wrong About Depressions,” p.74.

〔2〕 Ibid., pp.76—77.

第三编
金本位制度

第 12 章

100%金本位：对货币改革的建议* 323

1. 前言：当前对黄金的争论

1981 年 6 月 22 日，美国财政部下设机构联邦黄金委员会成立，同年 10 月 26 日，联邦黄金委员会召开了成立以来的第三次会议。[1]该委员会由 17 名杰出的经济学家、立法者、商人和里根政府内阁官员组成，负责研究和报告黄金在美国货币体制中发挥更大影响力的可行性。该委员会的主要成员、曾三次出任前共和党总统经济顾问的保罗·麦克拉肯教授，在 7 月 16 日委员会第一次会议上注意到，这是过去 75 年来第一次由专门的委员会进行政府重大货币政策的研究。当然，更重要的是，该委员会的研究对象是金本位制。[2]

回顾 20 世纪 70 年代早期，如果有一个政府机构认真考虑重建金本位制的诸 324
多好处，人们会认为不可想象。第二次世界大战之后的几年，绝大多数经济学家和经济政策制定者同普通大众一样，越来越强烈地认为，黄金不过是野蛮旧时代

---

* From: "The 100 Percent Gold Standard: A Proposal for Monetary Reform," in *Supply-Side Economics: A Critical Appraisal*, ed. Richard H.Fink(Frederick, Md.: University Publications of America, 1982), pp.454—488.

〔1〕 *See* "Return to an International Gold Standard Opposed by U.S. Panel Majority at Debate," *Wall Street Journal*, October 27, 1981, p.16.

〔2〕 罗兰德·埃文斯和罗伯特·诺瓦克报道了麦克拉肯的意见，"Gold Standard Rears Its Head Again," *New York Post*, August 5, 1981, p.29。

的遗物而已,不适合在现代工业经济中发挥货币职能。遍观经济学界内外,只有极少数金本位制的倡议者被人们视为愚蠢得无可救药的经济学榆木脑袋,或者少有的恋物狂般的守财奴。

然而,世界经济最近的发展却使得人们不约而同地重新深入思考关于金本位制的一些流行观点。特别是从 20 世纪 70 年代早期以来,北美、西欧和日本这些以市场经济为导向的经济体开始陷入长期经济停滞,而这一冷酷的现实后来被证实是正统凯恩斯主义的需求管理政策在财政和货币政策调整上的失灵。而且,高达两位数的通货膨胀率和衰退级别的失业率前所未有地同时出现,令人痛苦不堪,这表明教科书中的凯恩斯主义理论框架已经无法解释目前出现的滞胀现象。因此,人们最近对凯恩斯主义的宏观经济稳定政策已经彻底丧失了信心,并开始寻求替代方案也就不足为奇了。诸种替代方案的一种来自米尔顿·弗里德曼和"货币学派",他们认为,货币当局应该采取"一种稳定和可预期的货币增长规则"。但英国的玛格丽特·撒切尔夫人大张旗鼓地试图推行货币主义主张的尝试,造成了极其不稳定的货币增长,并伴随有物价持续不断地螺旋式上升和大萧条以来的失业率新高。例如,1980 年,货币供给增长出现了惊人的波动,全年四个季度货币
325 供应量的增长率分别为 10%、-4.1%、11%和 17.8%,全年货币供给平均增长率为 8.4%。[1]此次通货膨胀的影响就是消费品零售价格上涨了 12.7%,工业品批发价格上涨了 10.9%。[2]与此同时,由于 1980 年前三个季度实际国内生产总值和就业率分别下降了 3.4%和 4.1%,英国经济进一步陷入衰退。[3]

美国的情况也与英国类似。1979 年 10 月,美国联邦储备委员会公开表示,打算放弃进一步控制利率的尝试,转而实施货币主义者为维持货币供给稳定增长而开出的药方。虽然美联储在这一方向上的种种努力并未明显缓解滞胀的各种症状,但是它却发现自己最近所承担的任务极其复杂,货币供应增长的各种计量方法传递出不同的经济信号,让美联储无所适从。例如,在 1981 年 4 月 1 日后的四个月中,尽管 M1A 和 M1B 表明货币增长总体不足,实际上也确实是负增长,但是同一时期,M2 的年增长率却达到 7.2%——在美联储设定的货币供给总量的目标

[1] Federal Reserve Bank of St. Louis, *International Economic Conditions* (August 15, 1981), p.50.

[2] Ibid., p.51.

[3] Ibid., pp.52, 53.

增长范围内。[1]实际上，在 7 月和 8 月，在 M1B 的增长率（调整后的数据）低于美联储目标范围时，M2 的增长率实际上超过了其目标范围。[2]结果是，一方面，以米尔顿·弗里德曼为代表的货币学派只关注 M2，力劝美联储在货币供给增长上守住底线，甚至要急刹车，而另一方面，美国财政部副部长贝利尔·斯普林克尔则根据 M1B 数据，指责美联储过于严格的货币政策将导致经济衰退的加剧。[3]

正是由于凯恩斯主义和货币学派的这两种替代方案未能让我们摆脱目前的 326
经济困境，导致人们对黄金越来越多的支持，以及在再度展开的有关宏观经济稳定政策的辩论中，人们对金本位的赞同之声。虽然金本位制的新的拥护者绝不属于一个统一的学派，但是其中最杰出的学者仍倾向于将彼此称为"供给学派经济学"。这些人包括阿瑟·拉弗（Arthur Laffer）、裘德·万尼斯基（Jude Wanniski）、乔治·基尔德（George Gilder）、欧文·克里斯托（Irving Kristol）、众议员杰克·肯普（Jack Kemp）和荣·保罗（Ron Paul），参议员杰西·赫尔姆斯（Jesse Helms）和罗杰·W.耶普森（Roger W. Jepsen），甚至里根总统本人在其执政生涯早期也属于这一阵营。另外一些人虽然不是发起人，但仍参与到供给学派运动中，其中包括著名的货币经济学家罗伯特·蒙代尔和商人兼作家刘易斯·莱尔曼（Lewis Lehrman）。

然而，对于金本位制的支持并不局限于供给学派经济学的拥护者。以黄金为基础的货币本位同样得到众多"主流"经济学家的青睐。例如，受人尊敬的货币理论家罗伯特·J.巴罗（Robert J.Barro）就在其最近的研究中总结道：

> 就不兑现货币机制而言，作为商品本位的关键因素在于不兑现货币能够自动调整，其结果就是难以对货币数量和绝对物价水平进行政治控制……对于不同货币制度的选择——例如金本位制，商品储备本位或者与货币数量挂钩的不兑现本位——可能远不如决定采取某种货币制度重要。另一方面，金本位制实际上在相当长时间一直盛行（即使是从"历史偶然"而非制度选择进程开始），而全世界并未看到不兑现货币制度具有显而易见的"稳定"属性的不兑现货币体系。[4]

---

[1] Federal Reserve Bank of St.Louis, *Monetary Trends* (September 25, 1981), pp.2, 5.

[2][3] Editorial, "Blaming Volcker," *Wall Street Journal*, October 14, 1981, p.28.

[4] Robert J.Barro, "Money and the Price Level under the Gold Standard," *Economic Journal* 89 (March 1979): p.31.

327 另外,罗伊·W.贾斯特拉姆(Roy W.Jastram)教授对金本位制的研究也做出了值得注意的历史性贡献。[1]就在近期,贾斯特拉姆在《华尔街日报》上归纳了这一研究的主要发现:

> 从1792年到20世纪30年代,英国实行金本位制,同时美国实行复本位制或单一金本位制。在这段时间内,两国的价格上涨和随后的下跌平均来说几乎为零。结果是:对英国和美国两国而言,批发价格指数在金本位制结束时仅处于1800的水平。[2]

贾斯特拉姆接着指出:"由于金本位制在起作用,这一结果并非不可预见。"因此,他得出结论:"随着货币供给表现出失控的预测性信号,我们必须认真考虑采用一种新的货币约束机制,而这一新机制应该来自古老的经验。"[3]

进一步的迹象表明,人们并没有对恢复金本位制的提议掉以轻心,这一点可以从越来越多的反对金本位的著名人士打破沉默并加入论战显现出来。例如,国际货币体系研究方面的权威爱德华·M.伯恩斯坦(Edward M.Bernstein),在久负盛名的、以新凯恩斯主义为导向的布鲁金斯学会的支持下,开始提笔反对金本位制。[4]最近,货币学派的坚固堡垒圣路易斯联邦储备银行在其每月评论上刊登了一篇关于古典金本位制的历史研究文章。[5]颇具影响力的美国企业研究院通常对货币学派政策主张表示赞同,该机构在最新出版的《当前经济
328 问题年度调查》(annual survey of current economic problems)中,收录了威廉·费尔纳(William Fellner)所写的对于金本位制的批判性分析。[6]最后,包括赫伯特·施泰因[7](Herbert Stein)、威廉·诺德豪斯[8](William Nordhaus)和亨

---

[1] Roy W.Jastram, *The Golden Constant: The English and American Experience, 1560—1976* (New York: John Wiley & Sons, 1976).

[2][3] Roy W.Jastram, "The Gold Standard: You Can't Trust Politics," *Wall Street Journal*, May 15, 1981, p.32.

[4] Edward M.Bernstein, "Back to the Gold Standard?" *Brookings Bulletin* 17(Fall 1980): pp.8—12.

[5] Michael David Bordo, "The Classical Gold Standard: Some Lessons for Today," Federal Reserve Bank of St. Louis *Review* 63(May 1981): pp.2—17.

[6] William Fellner, "Gold and the Uneasy Case for Responsibly Managed Fiat Money" in idem, ed., *Essays in Contemporary Economic Problems: Demand, Productivity, and Population* (Washington, D.C.: American Enterprise Institute for Public Policy Research, 1981), pp.92—97.

[7] Herbert Stein, "Professor Knight's Law of Talk," *Wall Street Journal*, October 14, 1981, p.28.

[8] William Nordhaus, "Gold in the Year of the Quack," *New York Times*, October 4, 1981, section F, p.3.

利·沃利希[1](Henry Wallich)在内的一些前任和现任高级经济顾问，也在大众媒体上发表了反对金本位制的意见。

尽管金本位制有了新的立足之地，但是它仍然蒙着一层难以看透的迷雾，而其始作俑者正是凯恩斯革命和“新经济学”时代。在很大程度上，这层迷雾至今仍然未被挑破。但其后果是，金本位制对大多数人——尤其是大部分接受过当代正统经济学教育的经济学家来说——已经超出了理性探讨的范围。事实上，如果就这一话题提出问题，许多外行和经济学家一样，都能够引经据典、连篇累牍地提出反对金本位制的理由。其结果是，通常在讨论货币政策的初期，金本位制就会被强行排除在外。这将金本位制的支持者置于极其不利的地位，因为他必须在开始提出其政策主张前，先除去金本位制的神秘色彩。

货币政策的改革者在为金本位制辩护时还面临着另一个问题，即金本位制一词本身的模糊性。造成这种模糊性的根源在于，在各种各样以黄金为关键要素的历史性货币制度和货币改革提案中，这一名词的使用过于宽松了。因为这些以黄金为基础的货币制度在细枝末节上差异巨大，为了避免曲解和错误的评论，货币 329
政策的改革者们有必要谨慎说明其所提出的“金本位制”的确切本质。

我将在接下来的文字中，围绕以100%金本位为代表的私有的、市场选择的纯商品货币本位，提出我的主要观点。在简要描述金本位制的本质和运作机制后，我将阐述对于上文所指金本位制和一般意义上的金本位制最常见的反对意见。

2. 为什么是商品货币

近60年前，路德维希·冯·米塞斯就明确而简洁地阐述了关于诸如黄金等自由市场商品货币的理由：

> 使用商品货币的原因正是为了防止政治因素对货币单位币值的直接影响……黄金成为本位币，主要是因为黄金的可用量的增加或减少与政治当局发布的指令无关。金本位制的显著特征是，它使货币数量随黄金生产盈利能

[1] Henry C.Wallich, “Should We(and Could We) Return to the Gold Standard?” *New York Times*, September 6, 1981, section E, p.4.

力的变化而变化。[1]

大约半个世纪以后，随着政府操纵的布雷顿森林体系虚金本位制不堪通货膨胀压力而濒临崩溃，米塞斯颇具说服力地重申了他的观点：

> 货币的数量是一个决定性的问题。黄金适合作为流通货币的性质就在于，黄金数量不能被政府所操控。这是金本位制的一种特性，也是一种优势，即黄金数量不能像纸币数量那样增加。金本位制的实行构成了这一事实，它使得货币供给仅仅依赖于黄金开采效率，从而避免了政府层面的大规模通货膨胀风险。
>
> 330 黄金不可能由于任何政府当局、委员会、机构、办公室、国际机构等的需要而被廉价生产出来。这是金本位制的唯一要义。人们总是一再寻找某种方法以某种其他方式来替代这些特性，但是所有的方法都失败了。
>
> 金本位制的过人之处体现在这样一个事实中，即金本位是货币单位购买力的唯一决定因素，独立于独裁者、政党的野心和活动，以及团体压力。[2]

简言之，商品货币的出现是基于这样一个事实，即它是抵御通货膨胀的唯一有效保障。

3. 100%金本位制

在纯粹的商品本位制下，货币单位是由市场选定作为一般交换媒介的商品的重量单位。假如市场选择黄金作为媒介（其实这本不必假定），则货币单位将是一盎司黄金或一克黄金。将货币商品转化为那些被买卖双方视为最有助于媒介交易的硬币等形状，是由私人造币厂在自由市场上为竞争利润而做的事情。无论市场参与者希望以何种形式在其货币余额中持有黄金，经济中的货币总量在任何时候都严格地由经济中所有个体持有的黄金重量来确定。尽管纯粹商品本位制也存在可能被替代的趋势，即在货币交换中作为代替实际货币商品而提出并被接受

[1] Ludwig von Mises, *On the Manipulation of Money and Credit*, ed. Percy L.Greaves, Jr. and trans. Bettina Bien Greaves(Dobbs Ferry, N.Y.: Free Market Books, 1978), p.22.

[2] Ludwig von Mises, *On Current Monetary Problems*(Lansing, Mich.: Constitutional Alliance, Inc., 1969), pp.29—30.

的货币债权,这也是千真万确的事实。

在人们选择将自己持有的一部分货币存放到私人的货币仓库,也就是"银行"中的时候,就会收到货币仓库作为交换的收据,收据有纸质票据形式或者是可以用来提取存款的支票,这使人们在需要的时候可以凭借这些仓库收据来兑换自己 331
的黄金。一般而言,如果货币仓库被看作信誉良好的公司,那么这些公司所发行的票据和活期存款就开始发挥货币替代品的职能,因为在一定条件下,个体交易者会发现,如果不出具真实的商品货币就能完成交易,完成交易的成本会更低。然而,货币替代品的使用不会对货币数量产生任何影响,因为作为真正的仓库收据,从法律上来说,必须可以随时用"足额"黄金满足持有人的赎回要求。但货币替代品并不是货币供给的净增加,而只是在表面上替代了流通中的等量黄金,而这些被替代的黄金现在被锁在各种货币仓库的金库里面。用一个不太恰当但我们更为熟悉的术语来说,法律上银行对所有活期负债都要保持 100%的储备金。〔1〕

与其他以黄金为基础的货币改革方案相比,人们偏爱 100%金本位制的基本原因在于,它是唯一能够彻底斩断政府干预货币供给的货币制度。在这种制度下,货币供给过程完全私有化:包括商品货币的开采、铸造、鉴定和储存,以及在自由市场上经营的私人公司进行的具有充分兑换义务的票据和存款的发行。因此,为了消除政府在货币供给上所有可能的垄断,纯商品货币本位提供了一种事实上 332
抵御通货膨胀影响的通货。人们越来越清楚地意识到,通货膨胀发生的唯一原因就在于,一些团体和机构会从中获益——几乎所有的案例中都是政府机构受

〔1〕关于纯商品货币的性质和运作机制的著作,详见 Murray N.Rothbard, *The Case for a 100 Per Cent Gold Dollar* (Washington, D.C.: Libertarian Review Press, 1974), reprinted from idem, "The Case for a 100 Per Cent Gold Dollar," in *In Search of a Monetary Constitution*, ed. Leland Yeager (Cambridge, Mass.: Harvard University Press, 1962), pp.94—136; Murray N.Rothbard, *What Has Government Done to Our Money?* (Novato, Calif.: Libertarian Publishers, 1978); Milton Friedman, *Essays in Positive Economics* (Chicago: University of Chicago Press, 1970), pp.206—210; idem, *A Program for Monetary Stability* (New York: Fordham University Press, 1959), pp.4—8; idem, "Should There Be an Independent Monetary Authority," in Yeager, *In Search of a Monetary Constitution*, pp.220—224; Jacques Rueff, "The Fallacies of Lord Keynes's General Theory," in *The Critics of Keynesian Economics*, ed. Henry Hazlitt (Princeton, N.J.: D.Van Nostrand Company, Inc., 1960), pp.242—246; Mark Skousen, *The 100 Percent Gold Standard: Economics of a Pure Money Commodity* (Lanham, Md.: University Press of America, Inc., 1980)。

益——它们成功地僭夺了对货币创造的合法垄断权。这一点还需要进一步解释。

在货币经济中，个人或组织能通过以下两种理想的典型方式之一获得货币："经济手段"或"政治手段"。经济手段是指自愿生产商品并在市场上交换对自己有用的物品。而政治手段则意味着征收生产者的收入——也就是征收生产者通过经济手段已经获得的收入。[1]对生产者收入征税是政治手段的一个例子，也是各国政府为确保其大部分收入而经常采用的方法。然而，无论税收在道义上或实践上有何正当理由，由于其本质具有强制性，所以在历史上公民对增税很少有好感。由于担心引起政治动荡，古往今来的政府都在寻找增加收入的替代方法。确保政府拥有货币供给的垄断权力就是出于这一考虑，难怪几乎所有的政府都采用通货膨胀的手段。正是通货膨胀向其实践者们提供了相对简单、成本低廉以及安全的"政治"途径来积累货币资产，避免了横征暴敛造成的不得人心的情况。实质上，所有政府增加其实际收入所需做的无非是在纸上涂点墨水，并把这些收入用于购买私人市场上的商品和服务。事实上，在现代银行业内，通货膨胀已经变成了不为普通大众所了解的更神秘的过程。这一事实很好地掩盖了通货膨胀发生的真正原因，使得政府可以将货币单位购买力萎缩的责任，以及实施通货膨胀所
333 带来的其他不良后果的责任，推卸给其他团体，比如欧佩克、垄断企业、强权国家，以及挥霍无度的消费者等。

因此，所有政府垄断的不兑现纸币都会表现出通货膨胀失序的症状，这一点也不奇怪，正如经济生活中的其他团体会利用关税、职业许可证、独家公共特许经营权等政治手段增加货币收入一样，同样没什么大惊小怪的。在任何经济领域拥有法定垄断权力的个人或团体都会利用这种权力为自己谋求最大的利益，这点无论从社会学还是从一般常识角度来说，都确实很常见。坦白地说，政府的天性就是搞通货膨胀，除非剥夺它的货币供给垄断权力，否则它将始终如此。

诺贝尔经济学奖得主 F.A.哈耶克最近有力地指出，一直困扰市场经济的宏观经济不稳定反复出现，是"政府长期垄断货币问题的后果"[2]。哈耶克的论述如下：

---

〔1〕"经济手段"和"政治手段"在获取收入上最大的区别，见德国社会学家和经济学家 Franz Oppenheimer, *The State*, trans. John Gitterman(New York: Free Life Editions, Inc., 1975)。

〔2〕F.A. Hayek, *Denationalization of Money—The Argument Refined: An Analysis of the Theory and Practice of Concurrent Currencies*, 2nd enl. ed. (London: The Institute of Economic Affairs, 1978).

从历史上看，政府垄断发行货币的现状毫无依据可言。从来没有一种观点认为政府会比其他任何人为我们提供更好的货币。自从发行货币的特权第一次被明确表示为君主特权以来，它能够一直延续下来只是因为货币发行权对政府财政是至关重要的——与其说是为了给我们更好的货币，不如说是政府通过造币控制货币源头以备不时之需。诸位，如果我们希望就此获得好的货币，无异于痴人说梦。将货币发行权交给没有竞争压力的机构，迫使我们接受货币，屈从于持续的政治压力，这样的货币当局永远不会给我们好的货币。〔1〕 334

当然，哈耶克的洞察力在政府插手货币政策的历史考察中得到了充分的证明，就任何实际目的而言，政府介入货币的历史就是通货膨胀的历史。即使那些不兑现货币和政府货币政策的坚定支持者如威廉·费尔纳，最近也不得不勉强承认："不兑现货币在所有国家的历史上都被滥用的说法中包含了大量的事实因素——即它总是导致货币问题上的腐败。"〔2〕(重点是本书作者标注的)

这就是货币主义者的计划中存在着的致命缺陷。除了从理论上反对货币学派的观点之外，货币学派的政策处方也完全没有考虑现在世界上出现通货膨胀的根本原因(词源学意义上的"根")，也就是说，每个国家都存在的政府对货币供给过程的垄断。货币主义者的"总量法则"根本不是一种反通货膨胀政策，而只是一种表面要求，即政府当局在行使该垄断权时应当有所克制，在货币主义者的计划下，这种垄断权实际上将保持不变。我可以补充说，从理论和历史的角度来看，这样的要求实在是太天真了。

相比之下，100%金本位制的优点恰恰在于它建立了货币供给的自由市场，彻底废除了政府在市场经济中最敏感和最重要领域中的垄断权。虽然米尔顿·弗里德曼确实认为纯粹的商品货币本位制因其高昂的资源成本而难以完全实现，但他对这一观点基本表示赞同。弗里德曼认为：

如果货币完全由一种实物商品构成……原则上，根本无需政府的控制……

---

〔1〕 F.A. Hayek, "Toward a Free Market Monetary System," *Journal of Libertarian Studies* 3, no.1 (1979): p.7.

〔2〕 Fellner, "Gold and the Uneasy Case for Responsibly Managed Fiat Money," p.99.

> 335 如果自发的商品货币本位制是可行的,那么将会为如何获得一个稳定的货币框架而不至于陷入不负责地行使货币权力的危险情况提供解决方案。一个完整的商品本位制,比如真正的金本位制要求货币由100%的黄金构成,对那些满脑子黄金神话和相信政府对货币运作进行了不道德和不恰当干预的民众而言,一定会受到他们的广泛支持,这种本位制对于政府胡乱修补通货和不负责任的货币行为是一种有效的控制手段。在金本位制下,政府的所有货币权力都只是补充而已。〔1〕

应该强调的一点是,虽然几乎所有类型的金本位制在通货膨胀效应上都远小于现行的国家不兑现货币制度,但是,只有100%金本位制能够在运行过程中免受政府或多或少的影响。正如我在下文将更详细地论述的那样,由于人们期望政府可以抓住一切机会,利用自己在货币体制中的主导地位,进一步淡化和削弱阻碍其不可避免的通胀倾向的障碍,这些缩水版的金本位制因而非常不稳定。从历史上看,西方国家的政府一步步地将相对具有非通货膨胀特性的古典金本位制转变成名义上以黄金为基础的通货膨胀性的布雷顿森林体系,政府在这一过程中发挥的作用证明了这一点。对金本位制的这种歪曲在1971年得以善终,但不久之后,一个波动的国家不兑现货币制度被强加给了世界经济。巧合的是,大多数资本主义国家的通货膨胀问题也在同一时期开始明显恶化。

当然,尽管政府有可能设计将100%金本位制转变成具有通货膨胀性,但这样做比对其他以黄金为基础的货币制度动手要困难很多。其原因在于,在纯商品货币本位制下,从采矿到银行业货币供给过程的每一个阶段,都掌握在私人手中。在此过程中,政府为取得权力的初始地位所采取的任何方法,都不能伪装成仅仅
336 是无伤大雅地修改"游戏规则"而已。这样的行为很容易被人们认清它的实质——它无非就是政府对私有财产权的自私侵犯,而这极有可能遭到部分民众的强烈抵抗。

我已经解释了100%金本位制的可取之处,现在我将试着简要描绘它的运行原理。这将有助于发现并破除一些对金本位制更普遍和持久的反对意见背后的迷思。

为了了解货币自由市场的运作功能,我们需要对久负盛名的供求机制的运作

---

〔1〕 Friedman, "Should There Be an Independent Monetary Authority?" pp.220—222.

有一个基本的了解,同时要能够洞悉货币在经济商品领域所占据的独特地位。起初,货币的功能可以定义为所有其他物品的交易中介。人们用自己生产的物品和服务来换取货币,目的是在未来的某个时候,用这笔货币换取更需要的物品和服务。这种媒介功能的实现并不必然要求取消实物货币形式。这一事实将货币与消费者的商品和生产者的商品区别开来——即将资本品和自然资源这两者区别开来,因为后两者在履行各自的职能时会被消耗殆尽。

另一方面,货币与其他稀缺商品一样,其价格在任何时候都是由供给与需求决定的。货币的价格是它对市场上想要交换的其他所有商品的购买力或支配力。比如,如果货币需求增加而货币供给保持不变,那么货币的购买力就会上升。也就是说,当经济生活中的商品货币价格出现普遍下跌时,给定一单位货币,例如一盎司黄金,其在市场上所换取的其他商品数量会增加。在货币需求不变的情况下,货币供应量的减少也会导致货币购买力的提高。反之,在其他条件不变的情况下,货币需求的下降或货币供给的增加,将导致货币单位购买力的下降,表现为 337
经济中货币价格的普遍上涨。

这使得我们对货币区别于其他经济商品的基本方面有所了解。随着经济生活中各种非货币商品的供给增加,人们的需要也得到更多的满足——无论是消费商品还是生产商品——但这种情况并不适用于货币供给的增加。经济中货币单位数量的增加,实际上并不能让货币更充分或迅速地履行其交换媒介的功能。现存货币数量足以满足社会对交易媒介充分履行其职能的需求。货币供给增加的唯一影响是降低了单位货币的购买力,或者货币价格的普遍上涨,两者其实是一回事。

接下来我们将集中分析一些更为普遍的反对金本位制的观点,以及揭露这些观点所固守的迷思。

对金本位制最常见的指责是,它不能提供经济增长所需要的货币数量。按照这一观点,随着经济增长而不断增加的商品和服务数量,对它们的购买必然要求货币数量的增加。而在金本位制度下,社会所要求增加的货币供给不能在适当的时间以适当的比例增加。货币短缺的后果是经济增长停滞不前,甚至有可能引发突然的经济萧条。正是因为这一暗藏的推理,才有人提出大萧条的根源在于世界范围内的黄金短缺。这一结论也成为各国政府实施货币政策的理由。这一政策导致金本位制的逐步衰弱,并在20世纪30年代最终崩溃。黄金相对不足成为经

济增长的障碍，这一观点在凯恩斯的论著中经常被提起，他认为：“当黄金以目前
338 的经验容易获取时，世界的实际财富迅速增加；当黄金难以获取时，我们的财富就增长缓慢，甚至减少。”[1]

这种推理貌似合理，却禁不起推敲，因为它忽略了在货币自由市场中发挥作用的供求机制。市场通过调整其购买力以适应基本的供求状况，确保了任何数量的货币都能够完成交换媒介所需的所有工作。经济增长时，卖方想要把不断增加的商品库存换成货币，这就代表了货币总需求的增加。因此，如果货币数量在实际产出增长时仍保持不变，结果就是经济中商品销售价格的普遍下降，同时货币购买力以同样比例增长。现在，由于每一单位货币能够发挥比以往更大的媒介作用，同样数量的货币将足以为增加的交易量提供资金。

需要补充的一点是，正是由于商品货币价格的下降，生产率提高和经济增长的成果才能够扩散到整个市场经济之中。比如，如果由于实际产出的增加导致价格的普遍下降，在其他条件相同的情况下，经济中所有个体的实际收入将增加，尽管事实是，他们的货币收入保持不变。如果政府错误地相信，实际产出的增加必然要求货币供给的增加，因而向经济中注入新的货币，这将与市场力量所带来的商品价格下降背道而驰，其后果是扰乱正常的市场进程，使得生产率提高的所得不能惠及全社会。结果是某些社会团体，尤其是那些能够最先获得新发货币的团体，例如从事政府合同的国防公司的股东和工人，将会过多占有收益份额，而其他团体，例如领取养老金的人、领取年金的人，以及其他固定收入者的收益份额会减少。

对金本位制的另一种反对意见也是出于同样的考虑，即认为金本位制不够灵
339 活，据说是不足以应对消费者和投资者在经济中自发形成的货币囤积行为。这种观点认为，如果经济中的货币短缺不能通过新货币的注入得到及时弥补，那么这种囤积会威胁到支出、收入和产出，它们的萎缩将会使经济突然陷入螺旋式下滑，并出现通货紧缩和萧条。但这些担忧是毫无根据的，因为“囤积”一词只表示经济中的个人自愿决定降低支出率，以增加他们手中的货币持有量。这些决定的结果是市场上货币总需求的增加。如果货币供给不变，那么货币需求的增加将导致货

---

[1] John Maynard Keynes, *The General Theory of Employment, Interest, and Money* (New York: Harcourt, Brace & World, Inc., 1964), p.132.

币价格的普遍下跌。较低的货币价格转变成更强的单位货币购买力，这一变化使得同样数量的货币就能够满足人们增加货币持有量的愿望。因此，“囤积”——或者更准确地说是货币的社会需求增加——非但没有对经济造成破坏，反而是对社会的一种利好。这是自由市场调整个人货币余额购买力，以适应他们自愿表达偏好的一种手段。同样道理，任何旨在抵消囤积效应的政府干预措施，都只会阻碍这一市场调整进程，从而与货币持有者的愿望背道而驰。

这就让我们想到了另外一个对于金本位制的批评，认为金本位制下的“价格水平”是不稳定的。除此之外，金本位还降低了货币作为“价值尺度”的有效性，并给经济带来普遍的低效率和不稳定。比如，货币价值或者购买力的不可预知的变化，会使得商人对于未来成本和价格的估算出现错误，对于稀缺资源的后续配置出现误判。而且，这种价值变化会影响债务人和债权人之间无法预见的财富再分配。

这种批判混淆了货币本质的基础。简言之，货币并不是某种度量工具，货币的价值不是、也不应该永久固定不变。事实上，货币是市场选择作为交换媒介的一种商品。同市场上其他商品一样，货币的价格会随着供求关系的变化而波动。对政府而言，不能以此为借口对货币价格进行干预而阻碍自由市场供求机制的运 340
行，对其他商品亦是如此。事实上，货币购买力的变化对市场有着非常重要的作用。正如上文我们所看到的，这也包括经济增长福利在全体社会成员间的重新分配，以及满足人们改变其货币余额的愿望。如果政府成功地冻结了货币的购买力——即“稳定物价水平”——那么货币将无法履行这些至关重要的职能。当然，在实践中，现代政府一直试图通过操纵货币供给来稳定价格水平，但却成功地严重破坏了经济的稳定（我们现在所出现的滞胀就是例证），同时，货币的购买力也比古典金本位制下更不稳定。

再则，对稳定“价格水平”的渴望暴露了对货币价值的根本误解。如前所述，以 1 盎司黄金为例，单位货币价值或者购买力是指 1 盎司黄金在市场上能够换得的一系列不同数量的商品和服务，例如一台彩色电视机、四套男士服装或者二十分之一的新车，等等。既然这些商品的数量和质量千差万别，那么就不能采用数学方法对其进行操作，从而得出一个诸如“价格水平”的单一价值。换言之，货币的价值体现在特定商品和服务的具体价格中——例如，每台彩电 1 盎司，一套男装 1/4 盎司，每辆汽车 20 盎司，等等。

如果脱离特定市场交易中特定商品的支付价格这一现实来谈货币价值，那么货币价值稳定从逻辑上来说就意味着冻结所有绝对市场价格和相对市场价格。因为正是通过表现为货币买卖，并作为同一过程之一部分的特定商品的供给与需求相互作用机制，每种商品对其他商品的交换价值，即相对价格，与每种商品的货币价值，即所谓的价格水平或货币购买力，才得以出现。其结果，“货币价值”与特
341 定的货币价格有着千丝万缕的联系，两者在概念上甚至不能分开。因此，就像那些稳定价格水平的倡导者们所主张的那样，一方面，货币价值或一般价格水平保持稳定；另一方面，特定价格可以根据供求关系自由波动，因此，这样做毫无意义。

当然，那些鼓吹货币价值稳定的人，也不希望看到每种商品的价格永远固定不变。相反，他们主张通过对货币供给的政治操纵，通过一些任意选择的商品价格统计指数——比如消费价格指数、国民生产总值平减指数等——保持商品价格不变。不幸的是，这种做法却暴露出另一个问题。因为即使政府有实施这种货币政策的倾向和能力，他们在这方面的成功也不能抑制货币币值的波动；这样做仅仅是改变和扭曲了市场上某种特定商品的价格结构，以及由它所反映的单位货币购买力。此外，这种相对价格的扭曲会影响投资和资源的重新配置，使其不能反映经济中消费者与储蓄者的真实偏好。如果持续推出这类货币政策，其结果就是不可持续的不正当投资和资源配置不当的堆积，最终将导致经济进入一个痛苦但必要的清算和调整期。总之，每一种试图通过政府货币政策“稳定价格水平”的努力，最终都不可避免地扭曲了相对价格的自由市场模式，使整个经济出现周期性不稳定，或者换成更现代的表述，即宏观经济活动出现了波动。

最后，在自由市场商品货币本位制下，如果债务人和债权人真正希望摆脱货币价值无法预期的改变所带来的不确定性，他们可以借助自发形成的物价指数标准所提供的指数方法。根据物价指数标准，债务或贷款合同中要求支付的款项，将根据双方商定同意的指数进行调整，这一指数记录了选定的一组商品和服务的
342 价格变化。事实是，这种自发形成的指数方案从未得到广泛使用（可能除了恶性通货膨胀时期），用默里·罗斯巴德的话来说，这一事实应该告知那些价格稳定论者：

> 对商人而言，与其采用某种武断的套期保值工具，不如自己到变幻莫测的商业世界寻找机会。股票交易中的投机者和期货投机者总是试图预测未

来的价格,所有企业家实际上都是在预测不确定条件下的市场走势。显然,在预测购买力和其他方面的变化上,商人们更愿意做企业家。[1]

另一种经常出现的对金本位制的批评认为,黄金供给,也就是货币供给,既然依赖于如发现新矿或者开采技术改进等偶然因素,那么它就是被“随意”决定的。这里用到“随意”一词,如果不是无意义的,那么确实是一个奇怪的说法,因为市场上每一种商品的供给,不管是土地还是苹果,都受到了生产所需特定资源禀赋的变化和技术进步的影响。实际上,这些批评真正反对的恰恰是金本位制最大的优点:货币供给的确定完全由市场力量决定,不受政治因素的影响。在这一情境下,对纯商品本位制的货币供给过程的审视,将有助于进一步说明金本位制对于政府垄断的不兑现货币的优越性。

在金本位制下,货币商品的供给完全取决于货币和非货币用途中对货币的需求,以及货币生产中涉及的成本。任何一个因素的改变都会带来经济中货币供给的变化。为了描述这一过程,我们将从一个均衡位置开始分析,在此均衡点,货币的供给和需求以及货币的购买力不变。在这种情况下,黄金开采公司每年的黄金 343
产量正好等于分配给非货币用途的年度数量,加上货币使用中消耗或毁坏的数量,从而达到货币利润最大化。

黄金开采技术的提高或者新的、更容易开采的金矿的发现会降低黄金的成本,从而打破初始均衡,因此,为了提高黄金生产的利润率,市场上年度黄金供应量会增加。如果货币需求保持不变,商品货币供给的增加会对黄金价格产生向上的推动力,从而降低黄金的购买力,每盎司黄金现在能够在市场上购买的商品和服务都会减少。令人高兴的是,单位货币购买力的降低并不是黄金供给增加的唯一结果。黄金货币价值的下降也降低了将黄金用于其他非货币用途的机会成本,例如珠宝业、牙科填充物、工业生产原材料等。其结果是,一部分黄金供给的增量被用于购买市场上的生产和生活用品,因此更好地满足了人们的需要。

在金本位制下,如果社会上仍然存在对黄金的非货币需求,那么商品货币供应量的增加就是社会净福利的增加。但从定义看,政府不兑现货币显然没有可选

---

〔1〕 Murray N. Rothbard, *Man*, *Economy*, *and State*: *A Treatise on Economic Principles*, 2 vols. (Los Angeles: Nash Publishing, 1970), Vol.2, p.742. 关于币值计算标准表和对它的批评,详见 Edwin W.Kemmerer, *Money*: *The Principles of Money and Their Exemplification in Outstanding Chapters of Monetary History*(New York: Macmillan, 1937), pp.103—107。

择的非货币用途。不兑现货币供应量的增加就像造假币的情况一样,主要有利于那些创造新货币的人,以及这些人将货币慷慨地赠与和消费出去的第一批接受者,但却以牺牲社会其他成员的利益为代价。然而,更为重要的是,即使在黄金完全丧失其在非货币用途中的价值的情况下——当然,这只是理论上可能,而不是实际上可能,商品货币仍将使用稀缺的、因此也是成本高昂的资源。其结果是,100%金本位制在货币供给上提供了天然的市场阀门,这实际上增强了对政府干预货币的免疫力。

此外,由于黄金是极为稀缺又极其耐久的商品,其年产量往往只占现有存量
344 极小的份额。因此,即使黄金生产成本出现相对较大的起伏,也不会引起货币年供应量的大幅波动。货币理论家埃德温·凯默尔(Edwin Kemmerer)对黄金的稀缺性和耐久性对于货币供给稳定性的重要意义,做了生动的描述:

> 主要是因为黄金美丽的外表,它在人类历史早期就成为人们非常热衷的物品,在装饰中得到广泛运用。然而,虽然黄金在全世界无论陆地还是海洋的几乎所有地方都能找到,但通常需要巨大的努力才能大量获得黄金,而且大自然在向人类提供黄金时非常吝啬,除了世界上少数地区之外,黄金都是非常稀缺的商品。今天[1935 年],全世界黄金储备总量是 120 亿美元,这些黄金仅仅是一个边长 42.1 英尺的正方体。全世界对黄金用于装饰和货币用途的总量数倍于这极其有限的供应量,这就意味着黄金的稀缺性和高价值。
>
> 黄金是一种非常稳定的金属,尤其是与铜等比较便宜的金属形成合金之后就更加稳定。今天人们使用的黄金,仍然包括公元前几千年人类从自然界提取的黄金。在世界主要博物馆里,我们仍能看到黄金制成的古代装饰品和钱币。黄金能够不断地熔化,从一种形状变成另一种形状。毫无疑问,今天世界上的金币和金表还包含着几千年前从地球获取的黄金。虽然磨损、海难和类似原因导致的黄金永久性损失非常巨大,但是我们应该记住,由于黄金的高价值,人们通常会小心地保管自己拥有的黄金。因此,世界上现存的黄金供给总量是所有时代累积的结果。黄金是一种经久耐用的物品,现有世界总量是几个时代的积累,每年的黄金产量占黄金总储量的比重非常小。再者,既然世界上大部分已知黄金储备——超过半数的黄金储备——是以诸如硬币和金条等相对非专业的形式存在,铸造所需劳动力非

常少，因此，世界上累积黄金中的大部分在任何时候对于市场都是潜在的供给。因此，黄金年产量的变化对于市场供应产生实际影响需要相对较长的 345
时间。〔1〕

在纯商品本位制下，货币供给也要考虑影响需求方的各种因素。例如，其他条件不变时，货币需求的增加会导致经济中商品价格的普遍下降，这其中包括黄金开采中所需资源价格的下降。其结果就是，黄金的再生产相对于其他商品和服务的生产变得更有利可图。企业家会增加现在运营金矿的产量，同时重新开采旧矿，以及首次开采那些之前就知道但品级较低的金矿。他们也会增加投资，用于新矿勘探，开发新的成本更低的提炼技术。另外，黄金货币价值的增加也使得个人将现有的黄金从非货币用途转为货币用途，因此，市场对货币需求的增加最初是由单位货币购买力的增加来满足的，这就要求货币供应量的逐步扩大，从长期来看，这种扩大趋向于抵消价格的最初下降，并使货币购买力恢复到原有的水平。

相反，货币需求的下降会导致价格的普遍上涨，这一过程使得与黄金开采有关的成本增加。随着成本增加，黄金开采公司的边际利润下降，黄金产量也趋于减少。此外，黄金货币价值的降低促使人们将一部分黄金从货币余额中转出，用于非货币用途，因为这些非货币用途黄金制品的购买价格下降了。这些因素相互作用的结果导致了市场上货币供给的紧缩，并最终扭转了价格最初的上涨，单位货币购买力的原有水平得以恢复。

综上所述，在金本位制下，货币供给并不会随意改变，而是与货币需求变化直
接相关，从而导致黄金购买力趋于长期稳定。而且从短期来看，由于黄金的自然 346
稀缺性和耐久性，货币供给不致出现大幅波动。当然，这并不是说金本位制能够、甚至应该确保货币价值的完全稳定。事实上，正如我在上文所述，这样的目标是荒唐的，现实世界中所有试图达成这一目标的努力，只会造成经济的普遍失调和动荡。然而，需要注意的是，如果在市场已经选择并将选择一种其品质使其购买力随着时间的推移而足够稳定的商品货币之时，放手市场作为，从而使市场参与者能够实现间接交换和经济计算的巨大利益，那么这种间接交换和经济计算会以扩大劳动分工和专业化范围的形式产生资本积累。正如冯·米塞斯对此所做的

〔1〕 Kemmerer, *Money*, pp.76—77.

论述:

> 自由市场已经成功地发展了符合非直接交易和经济计算要求的货币体系。货币计算的目的是使他们不会因为货币购买力缓慢并相对轻微的波动所造成的误差而感到沮丧。过去两个世纪以来,随着金属货币尤其是金币的使用引发的购买力变化在某种程度上已经发生,但并没有对商人的经济计算结果产生很大的影响,从而使这种计算失去作用。历史经验表明,对于商业行为的所有实际目的,人们能够很好地运用这些计算方法进行处理。〔1〕

事实上,历史记录清楚地表明,一种黄金货币即使掺入了信用媒介的成分,比如无担保的银行票据、存款和政府不兑现货币等,并且受到政府的各种干预,从长期来看,其购买力仍然保持着极大的稳定性。〔2〕此外,还必须认识到,任何试图改
347 善市场上自发产生的货币的努力,都涉及一个假设,即无数的个体交易人在评价不同交易媒介的相对成本和收益时,始终重复着同样的错误。事实上更有可能的是,数个时代以来,政府对货币的政治干预非但没有改善货币,反而严重阻碍原本应该在自由市场上自然发生的货币和货币制度的演化和改进。我们甚至不能确切地假设这种改进会朝着什么方向发展,因为货币制度本身是多重人类意志自由和自发相互作用过程的无意结果。用哈耶克的话来说:

> 政府对货币发行的垄断,不仅剥夺了我们使用良币的权利,而且也剥夺了我们找出什么是良币的唯一路径。我们甚至不知道我们想要的货币应该具有何种品质,因为在我们使用硬币和其他货币的两千年里,我们从未被允许在货币上做任何实验,我们也从来没有机会去发现什么才是最好的货币。〔3〕

这就引出了对金本位制最尖锐的反对意见。米尔顿·弗里德曼等人坚持认为,金本位制"并不可取,因为其商品货币生产需要使用大量的资源成本"〔4〕。令人惊讶的是,金本位制的许多坚定捍卫者,从亚当·斯密到路德维希·冯·米塞斯,向其对手承认,商品货币的实施使用稀缺资源对社会来说纯属经济损失,因为

---

〔1〕 Ludwig von Mises, *Human Action: A Treatise on Economics*, 3rd rev. ed. (Chicago: Henry Regnery Company, 1966), p.425.

〔2〕 关于英美货币经验中黄金购买力长期稳定的更多证据,详见 Jastram, *The Golden Constant*。

〔3〕 Hayek, "Toward a Free Market Monetary System," p.5.

〔4〕 Friedman, "Should There Be an Independent Monetary Authority?" pp.223—224.

这些资源原本可以用于满足人类的需要。然而，金本位制的倡导者如冯·米塞斯则认为："如果人们看到了纸币制度下恶性通货膨胀的灾难性后果，那么他不得不承认黄金生产的高昂成本就是小恶。"[1]另一方面，金本位制的反对者竭力主张， 348 采用"几乎无成本的"和"管理良好的"纸币替代黄金，将会对社会带来实质性的好处，因为黄金开采所占用的生产性资源，以及作为货币的黄金储存本身，现在可以配置给生产者和消费者商品的生产，这会使得人类需求的满意度得到净增加。

上述观点是最有说服力的一个论点，这一论点诱使很多优秀的经济学家脱离了合理的思维习惯。我们暂且不提社会学的观点，即货币的合法垄断具有内在的通货膨胀性，并且货币也永远得不到"妥善管理"的看法，仅是上述观点的缺陷就为我们提供了太多证明。因此，根据这种说法类推，自由市场上服装款式和颜色的巨大多样性涉及对稀缺资源的浪费，从而削弱了人类在其他领域的需求满足感。如果能够构建一个更"理性"的体系，即政府垄断的服装生产和分销体系，那么为民众提供服装的成本就会大大降低。毫无疑问，如果让所有人都穿上毛式灰色制服，全体民众统一着装将会减少经济中用于服装生产所使用的实际资源数量。但是任何称职的经济学家都会立即反对这一荒谬的论点，从经济学角度来看，这不会是最优选择。为什么呢？因为经济学家明白，从消费者角度看，灰色制服在质量上不及市场上其他款式的服装。换言之，与服装多样性相关的更高水平的资源使用在经济上比较合理，因为服装质量的提高所产生的结果，比通过替代性使用额外资源生产的产品更受消费者的重视。

但是，同样环环相扣的推理模式也是一样，就货币而言，货币所具有的性质本身就是一种有形经济利益。因此，市场对黄金的选择并不是武断的，而是取决于黄金是否具备某些品质：普遍可接受性、自然稀缺性、耐用性、便携性等，这些非常 349 适合作为一般交换媒介功能的品质。另一方面，由于市场从未认为某一机构发行的不可兑换的纸币适合作为货币加以使用，因此我们不得不得出结论，从相关的经济意义上讲，考虑到货币的性质，纸币在履行货币职能方面并不比黄金货币更有效。因此，用政府垄断的纸币代替自由市场的商品货币，必然会造成资源的错位，事实上，这会提高经济成本——除此之外，纸币垄断造成的通货膨胀几乎不可避免地导致分配不当。

---

〔1〕 Mises, *Human Action*, p.422.

虽然从资源成本高的角度反对金本位制的观点可能始于亚当·斯密的经济学,但它对于试图将其纳入一般均衡分析框架的现代经济学家却有着特别的吸引力。既然一般均衡涉及经济现象的概念化,与时间和经济变量无关的现象都不予考虑,因此它实际上排除了人们希望持有货币的基本原因,即不断变化和无法预测的经济变化带来的对于未来的不确定性。毋庸置疑,在此体系中的所谓"货币","并不是交换媒介;它根本不是货币;它只是一个数字,一个具有模糊而不确定特征的……虚无且不确定的会计单位……"[1]对以这种方式将货币设想成一种虚幻的会计虚构的人来说,很容易轻视或完全忽略构成现实世界一般交换媒介
350 的有形经济利益的定性方面。[2]因此,反对商品货币的资源成本论只有在一个高度不现实的理论建构的背景下才有效,正是在这一理论建构中,货币的存在条件已经被假定了。

还有另外一种对金本位制的批评也应该简单提及并做出回应,因为它显然被自由市场导向的经济学家所普遍接受。这种批评主要是利用自由市场的威望来反对国际金本位制,提出者通常是国家不兑现货币之间自由浮动汇率的支持者。这些批评者宣称,金本位制就是固定汇率制度,需要政府对市场进行干预,以便"固定"黄金和外币的本币价格。按照他们的说法,这种政府定价会扰乱外汇市场的自由波动和运作效率,不可避免地造成各国货币的盈余和短缺。旨在抑制这些外汇失衡症状的政府政策,如关税、配额、外汇管制等,只会让国际贸易和投资更加扭曲和无效。

这种观点从表面看来很有道理,但其基础却是基本概念的混乱。在真正的金本位制下,一国货币并非作为黄金以外的独立和独特实体而存在。例如,在1914年前的古典金本位制时期,各国政府并没有用本国货币来"固定"黄金价格;诸如"美元""英镑"和"法郎"等货币名称本身,只是货币商品黄金的一种特定重量

---

[1] Mises, *Human Action*, p.249.

[2] 很少有经济学家会从资源成本的角度来反对商品货币。我所关注的两位分别是19世纪美国货币经济学家和100%金本位制的倡导者弗朗西斯·阿马萨·沃克(Francis Amasa Walker),法国著名的货币理论家夏尔·李斯特(Charles Rist)。两位都曾明确反对这一观点,认为它忽略了货币的定性分析。参见 Francis Amasa Walker, *Money*(New York: Augustus M.Kelley Publishers, 1968), pp.521—528; and Charles Rist, *History of Monetary and Credit Theory: From John Law to the Present Day*, trans. Jane Degras(New York: Augustus M.Kelley Publishers, 1966), pp.80—90。

的名称而已。因此，美元被定义为 1/20 盎司黄金，英镑略低于 1/4 盎司黄金，如此等等。因此，美元和英镑的“汇率”是 5∶1，即 1 英镑约等于 5 美元，这并非政府“定价”的结果，而是因为根据算术规则，5/20 盎司黄金（5 美元）等于1/4盎司黄金（1 英镑）。事实上，严格说来，在描述美元和英镑的等价关系时，使用汇率这一概念并不恰当。其原因在于，汇率或者价格指两种不同商品的数量比率关系，而英镑和美元则是表示同一种商品（即黄金）的不同重量而已。

因此，有关国际金本位制涉及不同国家货币之间的固定汇率的说法，类似于 351
认为现在的美国货币体系中的 5 美分、10 美分和 1 美元之间的交换比率必须固定一样。这是古典金本位制某些特性的不幸结果，但这个结果并不能立即显现。正如我已经论述过的，在金本位制下，黄金货币单位在不同的国家有不同的名称，而不是以克或者盎司这样的重量单位来命名，这样的发展正是政府想要从中获利而积极推动的结果。[1]再者，纸币发行的垄断和黄金储备的集中是由政府控制的中央银行来完成的。这些事态的发展产生了一种假象，中央银行发行的纸币和私人银行以这些纸币标值的储蓄，并不要求真正的商品货币即黄金，而是要求这些纸币本身。结果，黄金被看成国家货币供给的“储备”或“后盾”，对它的“购买”和“出售”由中央银行按照该国货币单位标出的“固定价格”来进行。

应该强调的一点是，这种概念的混乱在完全私有化的 100%金本位制下是不可能发生的，因为在这种制度下，黄金的重量被用于表示货币单位，其结果就是，说 1 克黄金和 1 盎司黄金之间的“汇率”的荒谬性，立即变得显而易见。此外，由于纸币和存款完全是由私营的营利机构发行的，它们就不会具备很高的权威性，也不具有政府中央银行的威望，因此，人们不大可能认为这些私营金库收进黄金时开出的收据是一种与黄金不同的货币。

参考文献

Barro, Robert J. 1979. “Money and the Price Level under the Gold Standard.” *Economic Journal* 352
89(March).

〔1〕 关于政府采取的有助于推动以一国货币名称取代黄金重量单位的行动过程，见 Rothbard, *The 100 Percent Gold Dollar*, pp.12—19。

Bernstein, Edward M. 1980. "Back to the Gold Standard?" *Brookings Bulletin* 17 (Fall): pp.8—12.

Bordo, Michael David. 1981. "The Classical Gold Standard: Some Lessons for Today." Federal Reserve Bank of St. Louis *Review* 63(May): pp.2—17.

Evans, Rowland and Robert Novak. 1981. "Gold Standard Rears Its Head Again." *New York Post*(August 5): p.29.

Federal Reserve Bank of St. Louis. 1981. *International Economic Conditions*(August 15).

____. 1981. *Monetary Trends*(September 25).

Fellner, William. 1981. "Gold and the Uneasy Case for Responsibly Managed Fiat Money." In idem, ed., *Essays in Contemporary Economic Problems: Demand, Productivity, and Population*. Washington, D.C.: American Enterprise Institute for Public Policy Research.

Friedman, Milton. 1959. *A Program for Monetary Stability*. New York: Fordham University Press.

____. 1970. *Essays in Positive Economics*. Chicago: University of Chicago Press.

Hayek, F.A. 1978. *Denationalization of Money—The Argument Refined: An Analysis of the Theory and Practice of Concurrent Currencies*, 2nd enl. ed. London: The Institute of Economic Affairs.

____. 1979. "Toward a Free Market Monetary System." *Journal of Libertarian Studies* 3, no.1.

Jastram, Roy W. 1976. *The Golden Constant: The English and American Experience, 1560—1976*. New York: John Wiley & Sons.

____. 1981. "The Gold Standard: You Can't Trust Politics." *Wall Street Journal*(May 15).

Kemmerer, Edwin W.1937. *Money: The Principles of Money and their Exemplification in Outstanding Chapters of Monetary History*. New York: Macmillan.

Keynes, John Maynard. 1964. *The General Theory of Employment, Interest, and Money*. New York: Harcourt, Brace & World, Inc.

Mises, Ludwig von. 1966. *Human Action: A Treatise on Economics*, 3rd rev.ed. Chicago: Henry Regnery Company.

____. 1969. *On Current Monetary Problems*. Lansing, Mich.: Constitutional Alliance, Inc.

____. 1978. *On the Manipulation of Money and Credit*, Percy L.Greaves, Jr., ed., Bettina Bien Greaves, trans. Dobbs Ferry, N.Y.: Free Market Books.

Nordhaus, William. 1981. "Gold in the Year of the Quack." *New York Times*(October 4): section F, p.3.

Oppenheimer, Franz. 1975. *The State*, John Gitterman, trans. New York: Free Life Editions, Inc.

Reuff, Jacques. 1960. "The Fallacies of Lord Keynes's General Theory." In *The Critics of* 353
Keynesian Economics, Henry Hazlitt, ed. Princeton, N.J.: D.Van Nostrand Company, Inc.

Rist, Charles. 1966. *History of Monetary and Credit Theory: From John Law to the Present Day*, Jane Degras, trans. New York: Augustus M.Kelley.

Rothbard, Murray N. 1970. *Man, Economy, and State: A Treatise on Economic Principles*, 2 vols. Los Angeles: Nash Publishing.

____. 1974. *The Case for a 100 Per Cent Gold Dollar*. Washington, D.C.: Libertarian Review Press. Reprinted from idem, 1962. "The Case for a 100 Per Cent Gold dollar." In *In Search of a Monetary Constitution*, Leland Yeager, ed., pp.94—136. Cambridge, Mass.: Harvard University Press.

____. 1978. *What Has Government Done to Our Money*? Novato, Calif.: Libertarian Publishers.

Skousen, Mark. 1980. *The 100 Percent Gold Standard: Economics of a Pure Money Commodity*. Lanham, Md.: University Press of America, Inc.

Stein, Herbert. 1981. "Professor Knight's Law of Talk." *Wall Street Journal* (October 4): p.28.

Walker, Francis Amasa. 1968. *Money*. New York: Augustus M.Kelley.

Wallich, Henry C. 1981. "Should We (and Could We) Return to the Gold Standard?" *New York Times* (September 6): section E, p.4.

Wall Street Journal Article. 1981. "Return to an International Gold Standard Opposed by U.S. Panel Majority at Debate." *Wall Street Journal* (October 27): p.16.

Wall Street Journal Editorial. 1981. "Blaming Volcker." *Wall Street Journal* (October 14).

第 13 章

真假金本位制 *〔1〕 355

1. 真金本位制的基本特征

将赞同金本位制作为一个可能的有用手段来抑制对货币进行政治控制这一公然过激行为，不能算是对金本位制全部惯例的认可。提到金本位制，人们往往暗示它是一种理想的货币机制，在这一机制下，政府完全而且永远不能操纵货币供给。在理想的硬通货制度下，用作货币的实物商品的组成、数量和价值，完全由市场力量决定。事实上，严格说来，硬通货制度的倡导者本身并不赞成金本位制，但是认可由市场选择的任何实物商品作为一般交易媒介。硬通货制度倾向于表现为金本位制，其原因在于，黄金代表了过去几个世纪自由市场自然选择过程中产生的货币。

需要说明的是，我现在所讨论的"真实的"或者"真正的"金本位制的特征，是指在传统的情况下，或者在硬通货情况下，金本位所具有的特征。米尔顿・弗里 356
德曼对这种货币体系的特征做了明确界定。按照他的说法："真实的，纯正的金本位制……指的是，黄金确实为货币，货币确实为黄金，所有交易要么明确地由黄金

---

* From: "Gold Standards: True and False," in *The Search for Stable Money: Essays on Monetary Reform*, eds. James A. Dorn and Anna J. Schwartz (Chicago: University of Chicago Press, 1987), pp.241—255.

〔1〕 按 *Cato Journal* 3(Spring 1983): pp.239—267 重刊，并经修订。

本身完成,或者由100%的黄金储备担保的纸币完成。"〔1〕

因此,在真正的金本位制下,货币单位事实上和法律上都是黄金重量单位。无论货币单位使用重量单位如"克"或者"盎司",还是它有一个特定的名称,如"美元"或者"法郎",货币单位就是特指作为货币的商品的标准重量。

诚然,货币体系中某些类型的政府干预符合真实金本位制的基本标准,但同样真实的是,没有任何特定的政府政策对实施这种货币本位是至关重要的。事实上,正如弗里德曼所说:"如果一国国内货币由一种实物商品组成,如纯黄金本位或者珠贝本位,那么货币政策的原则就非常简单。基本不需要任何货币政策。商品货币本身就能自我调节。"〔2〕

357 因此,在典型的硬通货制度下,货币供给过程完全私有化。商品货币的开采、铸造、检验和储存,都由私人企业在完全无限制和无管制的市场上按照利润最大化原则进行。货币供给包括各种形状和重量单位的黄金,以及以纸币或支票活期存款形式存在的对黄金的索取权,后者在货币交易中以实物商品货币的替代品而为人们所接受。这些货币替代品实际上是货币发行机构为满足黄金提取需求而开具的仓单,表明其持有的黄金储备量与他们的活期负债量完全相等。除非存在

---

〔1〕 M.Friedman, "Has Gold Lost Its Monetary Role?" in *Milton Friedman in South Africa*, ed. M.Feldberg, K.Jowell, and S.Mulholland(Johannesburg: University of Cape Town Graduate School of Business and *The Sunday Times*, 1976), p.34. 1976年4月2日弗里德曼在开普敦大学的演讲。

〔2〕 M.Friedman, "Monetary Policy: Theory and Practice", *Journal of Money, Credit, and Banking*, 14(February 1982): p.99.关于纯实物货币本质与运行的详细著述,见 Murray N.Rothbard, "The Case for a 100 Per Cent Gold Dollar," in *In Search of a Monetary Constitution*, ed. Leland B.Yeager (Cambridge, Mass.: Harvard University Press, 1962), pp.94—136; idem, *Man, Economy, and State: A Treatise on Economic Principles*, 2 vols. (Los Angeles: Nash Publishing, 1970), vol.2, pp.66—764; idem, *What Has Government Done to Our Money?* (Novato, Calif.: Libertarian Publishers, 1978) Milton Friedman, "Real and Pseudo Gold Standards," in Dollars and Deficits(Englewood Cliffs, N.J.: Prentice-Hall, 1968), pp.247—265; idem, *Essays in Positive Economics*(Chicago: University of Chicago Press, 1970), pp.206—210; idem, *A Program for Monetary Stability*(New York: Fordham University Press, 1959), pp.4—9; idem "Should There Be an Independent Monetary Authority," in *In Search of a Monetary Constitution*, pp.220—224; Mark Skousen, *The 100 Percent Gold Standard: Economics of a Pure Money Commodity*(Lanham, Md.: University Press of America, 1980); and Joseph T.Salerno, "The 100 Percent Gold Standard: A Proposal for Monetary Reform," *in Supply-side Economics: A Critical Appraisal*, ed. Richard H.Fink(Frederick, Md.: University Publications of America, 1982), pp.458—474[在本书中作为第12章重刊]。

欺诈和造假，否则经济中货币的总供给总是等于非银行公众货币余额和银行储备中黄金的总量。

货币的总供给和公众对货币余额的总需求决定了货币相对于市场上其他商品和服务的价值或购买力。例如，如果货币需求增加而货币供给保持不变，则货币购买力增加。也就是说，一定单位货币，如 1 盎司黄金，所能换取的商品和服务数量增加；相应的，商品和服务的货币价格就出现普遍的下跌。货币购买力的增加也是由于货币需求不变而供给减少。另外，在其他条件保持不变时，货币需求的下降或者供给的增加会带来货币单位购买力的下降，这表明经济中货币价格的普遍上涨。

正如货币购买力一样，货币数量本身完全取决于影响黄金总需求和总供给的
市场条件。这包括货币和非货币用途对于黄金的总需求，以及黄金生产中所发生 358
的货币成本。任何一个因素的变化都会造成经济中货币数量的变化。

为了说明这一变化如何发生，我们可以从均衡状态开始，在均衡状态下，货币供给和需求不变，因此货币购买力也不变。在这种情况下，黄金开采公司为了最大化货币利润，其每年生产的黄金数量恰好等于用于非货币用途的黄金年使用量加上该年度货币所使用和损耗的黄金数量。在这一均衡状态下，工业化生产过程中所使用的单位黄金(如 1 盎司黄金)的净收益趋近于货币黄金的同等重量。

随着黄金开采和新矿勘探技术的提高，越来越多的黄金来源的发现会降低成本，提高黄金生产的盈利能力，从而破坏这种最初的平衡，导致黄金年产量的增加。在货币需求不变的情况下，商品货币供给增加对物价形成上涨压力，从而降低货币购买力，因为每 1 盎司黄金现在在市场上能够购买的商品和服务都减少了。

经济中价格的普遍上涨包括生产过程中以黄金作为投入原料的商品价格，例如珠宝、牙齿充填材料和各种电子产品。其结果是，用在工业生产过程中的一单位黄金，现在以货币黄金计算的净回报率大于其自身重量，这种情况鼓励企业家将更多的黄金用于生产各种消费品和资本品。黄金产品供给的增加最终导致黄金价格下跌，并因此消除了货币用途和非货币用途黄金价值之间的差异。因此，吸收部分新开采黄金用于非货币用途，有助于缓和黄金产量增加对货币供给的影响。然而，在新的均衡状态下，货币黄金的供给将上升，从而导致价格普遍上涨或货币购买力普遍下降。

359 相反,如果大部分旧有老金矿资源出现枯竭,黄金年生产率下降,货币金属生产成本就会增加。从长期来看,这种下降会减少工业生产中对于黄金的使用,减少货币供给,从而导致价格的普遍下跌或货币购买力的普遍提高。

因此,虽然生产黄金的货币成本的变化确实会对货币供给产生影响,但这种影响往往较小。其原因在于,黄金是一种极其稀缺而具有较高耐用性的商品,它的年产量在现有存量中所占比例往往很小。因此,即使黄金生产成本出现较大幅度的减少或增加,也不会在短期内造成货币供给的大幅波动。

货币数量也会随着作用于需求方的力量改变而改变。例如,其他因素不变,货币需求增加,则经济中价格会出现普遍下跌,其中包括用于黄金开采的各种资源的价格。因此,相对于其他商品和服务的生产而言,黄金生产变得更有利可图。企业家们的应对措施是提高目前运营的矿山的生产率,重新开采原来那些无利可图的旧矿,开始开发已知的、以前处于盈利标准以下的那些金矿。他们也会增加投资于寻找新的金矿资源,开发新的、成本更低的黄金提炼方法。此外,黄金货币价值的增加会促使个人将更多的现有黄金从工业和消费用途转向货币用途。因此,市场上货币需求的增加,虽然一开始可以通过单位货币购买力增加而得到满足,但会使货币供给出现逐步扩张的趋势,从长期来看,这种扩张倾向于抵消价格的最初下跌,并使得货币购买力恢复到最初水平。

相反,货币需求的下降会引发价格的普遍上涨,在此过程中,也会推高与黄金开采相关的成本。随着开采成本的上升降低了黄金开采公司的利润率,黄金的产
360 量会有下降。同样,经济中价格的普遍上涨也会波及包括黄金在内的全部工业投入品的价格,这会刺激货币余额中一定数量的黄金流向工业用途。这些力量最终导致货币供给的收缩,这种收缩会趋向于逆转最初的价格上涨,并重新确立货币单位原有的购买力。

上述关于纯商品货币本位制下影响货币数量和购买力的因素的分析,使得我们得以厘清关于金本位制的两种持久且相互关联的反对意见。

第一种批评认为,黄金供给,也就是货币供给,既然依赖于如发现新矿或者改进开采技术等偶然因素,那么它就是被"随意"决定的。这里用到"随意"一词,如果不说空泛,那么确实是一个奇怪的说法,因为石油、铜、小麦以及市场上所有的商品供给,都受到生产所需自然资源可用性的变化以及技术进步的影响。而且,就黄金这一具体情况而言,新的黄金矿藏纯属偶然的发现和提炼方法的改进,早

已不再对黄金的年产量产生重大影响。黄金生产的规范化是市场自身运行的结果。弗兰克·W.佩什(Frank W.Paish)在其具有开拓性但未受到重视的《黄金供给变化的原因》一文中写道:

> 加速或延缓现存黄金储备的枯竭,鼓励或阻止新的黄金矿藏的发现,对它们产生作用的经济力量现在是如此强大,以至于黄金产量的变化现在所具有的"偶然性"小得多,而"诱导性"却比半个世纪前要大得多。实际上,现在没有理由认为,黄金产出比其他商品产出对于成本变化的敏感性更小。[1]

第二种经常针对金本位制的批评是,金本位制不能满足经济增长所产生的货币需求。该观点宣称,为因经济增长而增加的商品和服务提供购买资金,货币供 361
给必须相应增加。金本位制不能在正确的时间、以恰当的比例提供所要求的货币供应增量。这种货币短缺的后果是阻碍经济增长,甚至有可能造成突然的经济衰退。

然而,不论这种观点听起来多么合理,但推理思路却站不住脚,因为它忽略了货币自由市场上发挥作用的需求供给机制。市场通过调整其购买力以适应需求和供给的基本条件,确保任何数量的货币都能够履行交换媒介所需履行的所有职能。在经济增长中,卖方想要用来换取货币的库存商品的增加意味着对货币需求的普遍增加。因此,如果货币数量保持不变而真实产出增加,那么整体价格将出现下降,货币购买力就会增加。随着每一单位货币能够履行更多的交易中介职能,同样数量的货币足以为增加的交易量提供资金。

但这绝不是调节过程的结束。货币需求增加带来的价格普遍下跌会直接刺激货币供给的增加。一方面,它使得金矿开采变得更为有利可图;另一方面,它会导致工业用途黄金价值的下跌。其结果就是多余的黄金从上述两个来源流向公众的货币余额。货币供给的这种扩张有助于减缓经济中价格的下跌。在真正的金本位制下,实际产出的增长往往会自然而然地增加货币供给。

最后,让我们转向一个专门针对100%金本位制提出的反对意见,这种反对意见通常是由以黄金为基础的私有部分准备金制度或"自由"银行体制的支持者提出的。这些批评者宣称,银行的100%储备要求是对真正自由市场银行体制的粗暴干涉,自由银行体制对利润和亏损的考虑决定了银行只需对其所持的部分债务 362

---

〔1〕 Frank W.Paish, *The Post-War Financial Problem and Other Essays*(London: Macmillan, 1950), p.151.

进行黄金储备。

这一观点的基本问题在于，它混淆了两种截然不同的机构。第一种我们称之为“银行”，银行的直接作用是货币供给。第二种我还找不到更合适的术语，所以称为“货币市场共同基金”，该机构通过影响货币需求而间接影响货币供给。这两种机构都可以甚至可能会同时并存，因为两种机构都是符合自由市场货币体制的纯私人契约安排的产物。认清这两种契约安排的确切实质是这里的关键问题。

以银行为例，100%储备金制度并非市场外部强加的，而是由银行这一货币仓库的性质所决定的。现在，我们或许不愿意使用“银行”这一名称来指代这一制度，但这无关宏旨。

重要的是，如果人们普遍认为，无论出于什么原因，需要将一部分货币余额存放在自己的家庭或企业以外的地方，那么企业家就会在自由市场上进行投资，建立这一货币仓库。为了获得一个有竞争力的市场决定价格，这类公司将接受黄金存款，并按照与存款人签订的合同协议规定的条件储存黄金。这种交易不是信用交易。储蓄者的黄金并非借贷给货币仓库，并让其（在规定的时间内）自行处置，而是出于特定的保管目的将其存入货币仓库。根据委托保管条款，委托人处于某一特定目的将其财产的实际占有权交给受托保管人。如果受托保管人将财产用于委托保管合同规定的特定目的以外的任何目的，受托人就违背了与委托人之间的合同，并构成了对委托人的欺诈。

因此，自由市场上运作的货币仓库在合同上有义务将储户的全部黄金储存在金库中。如果以某一利率水平将其一部分借贷给第三方，显然违反了双方的合同约定。

363 现在，事情不会因为公司向储户签发的仓单或货币凭证而发生变化，这些作为货币替代品的凭证使储户有权根据合同条款实际占有黄金。如果这些货币仓库印刷和借出超过其黄金储备的额外数量的（假）票据，并且以储蓄者的黄金来承兑这些票据，即使货币仓库采取了适当的谨慎措施，始终保证黄金储备足以满足所有的赎回请求，仍然是一种欺诈。同样，裁缝如果将顾客放在店里要改的燕尾服租给第三方使用，即使他采取一些必要的预防措施以保证燕尾服的主人凭证能够取走衣服，他还是欺骗了顾客。

简言之，在自由市场货币体制下，银行必须为其票据和存款持有 100%的黄金储备，正是因为这样的契约，货币替代物才得以发行。从这点来看，正如现今经济中的运钞车公司一样，自由市场银行也承担同样的法律义务。货币交给了运钞车公司，公司执行的是运输和临时保管的特定任务。我怀疑是否有人会严肃地提出，法律要求运钞车公司保留其出具收据的全部货币是对自由市场的粗暴干涉。

但是，还有第二类非银行机构，这类机构很有可能在欠缺管制的货币和金融服务市场中得以发展壮大，并有可能对货币供给产生重大（尽管是间接的）影响。这种类型的机构就是现在的货币市场共同基金。

与作为货币仓库的银行不同，货币市场共同基金并不从事货币储存业务。按照合同规定，货币市场共同基金的职能是为投资者或股东管理短期、固定收益的资产组合。实际上，每个股东都有权获得资产组合中按比例分配的份额，而不是特定数额的货币。因此，货币市场基金份额并不能对货币主张所有权，而是对每天到期的非货币金融资产主张所有权。货币市场基金所开具的支票，只能要求基 364
金经理清算投资者在投资组合中的特定份额，并根据基金经理和股东之间的合同协议条款向第三方付款。

在自由市场货币体制下，货币市场基金因为其存在和运行所依据的特定合同安排，完全没有法律义务保持 100%黄金储备或者其他储备。然而，一些基金出于某种目的，可能是为了吸引更愿意规避风险的那部分社会公众，会提供包括相当大比例的货币或货币仓单的投资组合。例如，一支基金可能将其资产组合的 20%投资于货币黄金。根据合同，基金管理人有义务始终以黄金形式持有基金资产的 20%。人们是否愿意将这种机构称为"部分准备金"银行并不是一个关键问题。对于 100%金本位制的倡导者而言，重要的是这种金融安排实际上是私人合同安排的结果，因此与货币自由市场相一致。

如果货币市场基金的一部分资产以货币形式存在，它的份额就代表了对基金货币余额和非货币金融资产主张所有权。实际上，该基金是货币仓库或银行的混合机构。因此，其货币资产应按比例计入其个人股东的货币余额，并计入货币供给总额。

纯粹或者混合型的货币市场基金不仅完全符合真正金本位制的原则，而且在非国有化货币体制下，不难想象，货币市场基金份额将成为经济中主要的支付手段。这将会造成货币需求的急剧下降，从而导致对货币用途黄金的需求急剧下

降，并最终导致大部分货币黄金转向非货币用途。在极端情况下，这种发展趋势
365 将导致现在用于货币用途的黄金存量仅剩很小的一部分，只是成为货币市场基金间余额的清算手段，而货币市场基金份额将成为公众使用的唯一支付手段。

虽然我不认为会发生这种极端情况，但它却说明了市场力量如何运行，才能大幅度降低纯正的金本位制下令人遗憾的“资源成本”。但在此情况下，与政府垄断的不兑现纸币相反，这是真正在节约成本，因为它是市场参与者的自愿选择所产生的结果。

2. 黄金定价规则：伪金本位

真正的金本位制支持者试图通过彻底取消货币供给过程的国有化来结束政府的货币政策，与他们形成鲜明对比的是黄金价格规则拥护者的主张，黄金价格规则拥护者则寻求将黄金纳入现有的不兑现货币安排，从而改进政府货币政策的效果。

例如，黄金定价规则货币政策的坚定支持者经济学家艾伦·雷诺兹（Alan Reynolds）提出：“金本位制的目的是通过提供一个灵活的信号和机制，来平衡稳定价格水平下的货币供给与货币需求，从而提高货币政策的效率和可预测性。”[1]雷诺兹还在另一个地方写道：“然而核心问题是，货币政策是由 M1 等笨拙的工具来判断还是根据结果来判断。当敏感价格[如黄金价格]下跌时，货币过于吃紧；当价格上涨时，货币又过于宽松。”[2]

另外两位黄金定价规则的著名支持者是阿瑟·拉弗（Arthur Laffer）和查尔斯·卡德莱克（Charles Kadlec），他们认为：“金本位制的目的不是将每一张美元钞
366 票都变成代表等值黄金的仓单，而是为央行提供一个有利于维持稳定的物价水平的操作规则。”[3]

---

〔1〕 Alan Reynolds, *Testimony before the United States Gold Policy Commission*, Political and Economic Communications(Morristown, N.J.: Polyconomics, Inc., 1981), p.15.

〔2〕 Alan Reynolds, “The Monetary Debate: Stabilize Prices, Not Money,” *Wall Street Journal*(29 June 1982): p.26.

〔3〕 Arthur B.Laffer and Charles W.Kadlec, “The Point of Linking the Dollar to Gold,” *Wall Street Journal*(13 October 1981): p.32.

在前面几段文字中，最重要的是将金本位制明确或隐含地定性为人为设计的、旨在实现政府资金管理者所制定的政策目标——比如稳定物价水平——的机制。因为正是这种对金本位制的定性中所隐含的关于货币本质和作用的基本概念，最终不可避免地将现代人与以黄金为基础的货币制度的传统倡导者区分开来。我在阐明为什么黄金定价规则并非真正的金本位制后，将更深入地阐述这一点。

弗里德曼恰当地将伪金本位制定性为“一种体制，在这种体制中，黄金不是货币，而是由政府定价从而决定一国政策的商品”〔1〕。虽然弗里德曼在这里所指的是 1934 年到 1971 年的国际货币体系，但他的描述适用于各种基于金价规则的货币制度方案。事实上，黄金定价规则的支持者自己也指出，布雷顿森林体系是他们所提方案的实质的历史体现。〔2〕

基本上，按照黄金定价规则，美联储负责确定黄金的美元价格。然而，黄金本身并非货币，而是美联储根据现有的不兑现美元来确定其价格的“外部标准”。美联储本身没有必要直接买卖美元来维持固定的金价。“干预资产”，也即美联储在市场上交易黄金的资产，也可能是美国政府证券，或外汇，或任何商品。美联储所要求的不过是当黄金价格上升时，它能够在公开市场上卖出某种资产买进美元，以此紧缩货币供给，将黄金价格降至“目标”水平。如果黄金价 367
格开始下跌，美联储将在市场上购买黄金或其他资产，扩大美元的供给，促使黄金价格回归目标水平。

以黄金价格作为一般价格水平的指标，黄金定价规则的倡导者因此希望稳定不兑现美元的购买力。虽然它的一些支持者含糊其辞地提到了铸造金币加以流通的有利条件，〔3〕但很显然，黄金定价规则并不意味着要提供真金白银。

事实上，黄金本身根本不需要在价格规则体系中发挥任何作用。正如阿瑟·

〔1〕 Friedman, “Has Gold Lost Its Monetary Role?” p.36.

〔2〕 例如，见 Robert A.Mundell, “Gold Would Serve into the 21st Century,” *Wall Street Journal* (30 September 1981): p.32。

〔3〕 Mundell, “Gold Would Serve,” p.32; Arthur B.Laffer, *Reinstatement of the Dollar: The Blueprint* (Rolling Hills Estates, Calif.: A.B. Laffer Associates, 1980), p.7.

拉弗和马克·迈尔斯所指出的，外部标准“可以是单一商品或一篮子商品（价格指数）”[1]。实际上，近来已经有人呼吁美联储针对一系列现货商品价格制定价格规则。[2]

除去其金本位制的术语，价格规则可以看作是一种旨在指导货币当局管理不兑现货币供给的技术。因此，从其性质而不是从技术细节来看，它与货币主义者所倡导的数量法则非常类似。这一点可以在拉弗和迈尔斯的观点中得到非常清楚的体现，他们承认“在一个所有信息都可以免费获取的不变世界中，当然会有一个与给定的‘价格规则’相对应的‘数量规则’”[3]。

那么，所谓的“价格规则货币主义”很容易受到批评，理由与更传统的数量规则货币主义完全相同。对这两种货币主义最严厉的批评是，他们未能解决通货膨
368 胀的根本原因，即政府对货币供给的垄断。政治进程中内生的通货膨胀偏好实际上注定了一旦数量和价格规则目标给政府货币管理者带来不便，这两种规则的目标都将被忽视或修改。

我们也可以从历史中寻找证据，表明黄金价格规则在遏制政府不兑现货币流通中所获得的成功。我们无需左顾右盼，只看无人惋惜的布雷顿森林体系（1946—1971）即可。在这一“固定汇率”体制下，美国货币当局遵循黄金价格规则，以每盎司35美元的官方固定价格买卖黄金。另一方面，其他国家货币当局按照美元价格规则，将本国货币与美元的兑换比例维持在固定水平。根据拉弗和迈尔斯的说法：“只要遵守这一体系的规则，所有货币的供给都会受到彼此之间以及与黄金之间的严格价格关系限制。”[4]

不幸的是，如果“体系规则”成为某些国家政府推行通货膨胀政策的障碍，体系规则便屡屡遭到公然违反和规避，包括经常对价格规则进行重新调整，如汇率贬值等。毋庸置疑，布雷顿森林体系并未阻止世界范围内通货膨胀的发展，1968年，这一体系陷入瘫痪，并于1971年最终崩溃。

---

[1] Arthur B.Laffer and Marc A.Miles, *International Economics in an Integrated World* (Oakland, N.J.: Scott, Foresman and Co., 1982), p.399.

[2] 见 Reynolds, “The Monetary Debate,” p.26；和 Laffer and Kadlec, “Has the Fed Already Put Itself on a Price Rule?” *Wall Street Journal* (28 October, 1982): p.30。

[3] Laffer and Miles, *International Economics*, p.401.

[4] Ibid., p.260.

3. 货币：政策工具还是社会制度?

从对黄金价格规则的简要回顾来看，其支持者显然接受了当前流行的货币作为政府政策“工具”的观点。按照这一观点，货币制度是并且应该是精心地和理性地设计，以便尽可能有效地达成政府计划者所追求的各种宏观政策目标。这些政策目标是根据独立于市场参与者的估价和选择制定的标准来制定和排序的，这些标准往往与市场参与者的估价和选择相冲突，因为这些标准是以自 369
由市场经济中自发出现的价格和数量模式来表示的。从这个角度来看，一项特定货币政策被判断为“最优”的程度，取决于它在多大程度上成功地改变了经济体自发的微观经济过程，从而产生与规划者所选择的政策目标相一致的宏观统计结果。

因此，那些从黄金作为货币政策手段所具有的优越性或最优性角度为金本位制辩护的人，与那些从同一角度支持不兑现货币的人，并没有多少区别。双方都将争论完全指向同一个问题，也就是说，什么样的货币政策最适合实现某些可识别和可量化的宏观政策目标，这些目标的可取性——除了在权重和统计表达方面可能存在的差异——是没有争议的。

一项成功的货币政策应该实现的并被广泛接受的目标包括：货币单位的稳定价值，或者更准确地说，某些选定的价格指数（如 CPI、GNP 平减指数，或即期商品价格指数）的稳定；通过稳定各种统计总量和平均值来缓和周期性波动，例如失业率、国民生产总值、工业生产指数等；保持实际产出的长期高速增长，并且这种增长能够以所选中的统计指标加以衡量；以及“实际”利率水平的稳定。

是否应该通过政府对货币供给的操纵来改变自由市场的进程，以实现这些额外的市场宏观政策目标——也就是说，政府是否应该实施货币政策——这是那些把货币视为专门为这种用途而设计的政治工具的人从未提出过的问题。

总的来说，政策导向性金本位制倡导者的论据建立在他们与反金本位的对手所共有的一个假定之上，而硬通货本位的支持者则断然反对这一假定。这一假定是，货币是一种有意识地设计和构建以满足某些已知目的的制度。这些目的是一小部分协同行动的人（即政府计划人员）的目的，因此数量有限，受制于统一和一 370
致的排名，并能随时传达给设计货币体系的人。按照哈耶克的观点，这一假定所引发的对货币机制的态度，可以称之为“建构主义”。[1]

对货币本质和功能的建构主义研究，在逻辑上与关于货币起源的一种特定观点相联系。根据这一观点，货币作为旨在克服直接交换所带来的问题和低效的有用约定，起源于一种额外市场社会契约或法律规定。

这里应该强调的是，货币建构主义者和采用门格尔观点[2]的金本位制支持者之间争论的基本点，并非货币*应该*是政策工具还是市场过程组成部分的规范问题，而是货币*是*此还是彼的存在主义问题。金本位制支持者断言货币实际上是一种市场制度，在此前提下，他们并不否认货币可以受政治控制，正如他们不想否认市场价格和利率可以由政治当局控制一样。实际上，门格尔本人也指出：“立法强制常常会侵蚀[货币出现的]这种‘有机’发展过程，从而加速或修改
371 结果。”[3]但这恰恰是硬通货支持者或者传统观点在金本位制问题上的症结所在。

正如价格控制会改变受影响价格的“质量”一样，政府货币政策也会影响货币制度的“质量”。由官僚机构制定的价格将不再向市场参与者提供有关当前和未来经济状况变化的相对快速和准确的信息，也不再提供根据这些信息采取行动所需的激励措施。这种控制价格只会带来市场经济的失调。这种失调最明显的例证就是买卖双方匹配失败，并体现在相关商品的过剩或短缺上。

现在看来，在价格控制的刺激下发展起来的状况，至少暂时与政府的政策目标一致，就像美国在20世纪70年代“石油短缺”时期的情况一样。然而，与政策工具的功能完全相反，从社会协调功能角度看，受控价格在质量上明显不如自由市场价格。换言之，政府计划人员试图故意将自发的市场价格转变为实现其额外市场目标的工

---

〔1〕 关于建构方法对社会现象批评的论述，见 Hayek, “Kinds of Rationalism”, in idem, *Studies in Philosophy, Politics and Economics*(New York: Simon and Schuster, 1969), pp.82—95; and idem, “The Errors of Constructivism,” in idem, *New Studies in Philosophy, Politics, Economics and the History of Ideas*(Chicago: University of Chicago Press, 1978), pp.3—22。

〔2〕 卡尔·门格尔证明了货币是一种“有机的”或“无意创造的”社会制度，是“经济主体追求个人利益的无数努力的意外结果”。Menger, *Problems of Economics and Sociology*, ed. Louis Schneider, trans., Francis J.Nock(Urbana: University of Illinois Press, 1963), p.158.对门格尔货币观的详细描述，见 Gerald P.O'Driscoll, Jr., “Money: Menger's Evolutionary Theory,” *History of Political Economy* 18(Winter 1986): pp.601—616。

〔3〕 Menger, *Problems of Economics*, p.157.

具，从而使得该价格不太适合为市场参与者追求多种多样的目标服务。

类似的，如果政治当局擅取了发行货币的合法垄断权，货币供给过程的性质就会发生根本性转变。政府不兑现货币管理人无法获得与自由市场货币供应商相同的信息，也不能根据情况做出改变来影响商品货币的需求和生产。对事实上的垄断者而言，即使他们能够奇迹般地获得相关市场信息，他们也不能在此刺激下引导自身行为做出回应。其结果是，市场参与者拿到的是质量低劣、难免充水 372
的交换媒介，这种媒介会极大地损害个体目标之间的协调，并进而最终影响目标的实现。即使我们假设政府的货币管理机构预见到了通货膨胀，并成功实现了他们公布的宏观统计政策目标，比如稳定的价格水平和“充分就业”，情况依然如此，仍是与理论和历史上的教训相矛盾。其原因在于，货币和货币政策作为宏观经济进程和整体经济的一部分并非“中性的”。因此，操纵货币供给以确保某一特定的总体统计结果，不可避免地会对这些过程和数量产生影响，将资源从与消费者偏好相符的用途中转移出去。

参考文献

Friedman, Milton. 1959. *A Program for Monetary Stability*. New York: Fordham University Press.

____. 1968. “Real and Pseudo Gold Standards.” In *Dollars and Deficits*. Englewood Cliffs, N.J.: Prentice-Hall.

____. 1970. *Essays in Positive Economics*. Chicago: University of Chicago Press

____. 1976. “Has Gold Lost Its Monetary Role?” *In Milton Friedman in South Africa*, M.Feldberg, K. Jowell, and S. Mulholland, eds. Johannesburg: University of Cape Town Graduate School of Business and *The Sunday Times*. (Friedman’s address was given at the University of Cape Town, 2 April 1976.)

____. 1982. “Monetary Policy: Theory and Practice.” *Journal of Money, Credit, and Banking* 14(February).

____. 1962. “Should There Be an Independent Monetary Authority.” In *In Search of a Monetary Constitution*, L.B. Yeager, ed. Cambridge, Mass.: Harvard University Press.

Hayek, A.K. 1969. “Kinds of Rationalism.” In idem, *Studies in Philosophy, Politics, and Economics*. New York: Simon and Schuster.

____. 1978. "The Errors of Constructivism." In idem, *New Studies in Philosophy*, *Politics*, *Economics and the History of Ideas*. Chicago: University of Chicago Press.

Laffer, Arthur B. 1980. *Reinstatement of the Dollar: The Blueprint*. Rolling Hills Estates, Calif.: A.B. Laffer Associates.

Laffer, Arthur B., and Charles W.Kadlec. 1981. "The Point of Linking the Dollar to Gold." *Wall Street Journal*(13 October): p.32.

373 ____. 1982. "Has the Fed Already Put Itself on a Price Rule?" *Wall Street Journal*(28 October): p.30.

Laffer, Arthur B., and Marc A. Miles. 1982. *International Economics in an Integrated World*. Oakland, N.J.: Scott, Foresman and Co.

Menger, Carl. 1963. *Problems of Economics and Sociology*, Louis Schneider, ed., Francis J.Nock, trans. Urbana: University of Illinois Press.

Mundell, Robert A. 1981. "Gold Would Serve into the 21st Century." *Wall Street Journal* (30 September): p.32.

O'Driscoll, Gerald P. 1986. "Money: Menger's Evolutionary Theory." *History of Political Economy* 18(Winter): pp.601—616.

Paish, Frank W. 1950. *The Post-War Financial Problem and Other Essays*. London: Macmillan.

Reynolds, Alan. 1981. *Testimony before the United States Gold Policy Commission*, Political and Economic Communications. Morristown, N.J.: Polyconomics, Inc.

____. 1982. "The Monetary Debate: Stabilize Prices, Not Money." *Wall Street Journal* (29 June): p.26.

Rothbard, Murray N. 1962. "The Case for a 100 Per Cent Gold Dollar." In *In Search of a Monetary Constitution*, Leland B. Yeager, ed. Cambridge, Mass.: Harvard University Press.

____. 1970. *Man, Economy, and State: A Treatise on Economic Principles*, 2 vols. Los Angeles: Nash Publishing.

____. 1978. *What Has Government Done to Our Money*? Novato, Calif.: Libertarian Publishers.

Salerno, Joseph T. 1982. "The 100 Percent Gold Standard: A Proposal for Monetary Reform." In *Supply-Side Economics: A Critical Appraisal*, Richard H.Fink, ed. Frederick, Md.: University Publications of America.

____. 1983. "Gold Standards: True and False." Reprinted, with revisions, from *Cato Journal* 3(Spring): pp.239—267.

Skousen, Mark. 1980. *The 100 Percent Gold Standard: Economics of a Pure Money Commodity*. Lanham, Md.: University Press of America.

第 14 章

金本位制：对最近几项提议的分析* 375

1. 引言

由真实金本位制提供的自由市场商品货币的理由虽然简单，却具有决定性。它基于这样一种认识，即现代社会通货膨胀的根本原因，是各国政府在其各自的政治管辖范围内几乎完全垄断了货币供给。这样的安排必然会产生通货膨胀，这并不难解释。

首先，几乎所有的政府都是通过税收获得大部分收入的，不管其具体形式如何，税收最终总要涉及——事实上一定会——对其公民（即净纳税人）的货币收入或资产强制征税。无论出于何种伦理或实际考虑来证明征税的正当性，因为增税本质上是强制性的，所以增税总是不受公民欢迎的。这样，由于担心引起公众的不满，各国政府自然而然地寻求其他途径来增加税收。正是出于这一目的，所有 376
国家政府最终都会将货币发行的法定垄断权力牢牢掌握在自己手中，这使得它们实质上可以随意制造通货膨胀，以此来创造新的货币。

尤其在今天各国不同的不兑现货币本位制下，通货膨胀为积聚货币资产提供了相对简单的、无成本的和安全的方法。实际上，政府为增加其实际收入所需要做的全部事情，无非就是在纸上刷刷油墨，将所得收入用于私人市场生产的商品

---

* From：The Gold Standard：An Analysis of Some Recent Proposals，Policy Analysis Occasional Paper（Washington，D.C.：Cato Institute，1982），28 pages.

和服务。利用这一方法,一国政府就能将稀缺资源从私人用途中转移出来,用于自己的目的,同时又能规避公然加税所造成的公众的不满。实际上,在现代货币和金融制度及其实践中,通货膨胀所涉及的过程比仅仅印刷和支出新的货币单位要复杂得多。这一事实掩盖了通货膨胀的真实原因,使得政府可以将货币单位购买力缩水,以及将通货膨胀的其他不良后果等责任,从其自身转移到其他群体或不受其控制的环境因素上:石油输出国组织、垄断企业、强势工会、挥霍无度的消费者、恶劣的天气条件,等等。

简言之,那些倡导金本位制的人认为,政府天生就是制造通货膨胀的机构,因此,通货膨胀问题唯一现实和持久的解决方法是将政府与货币彻底分开,将货币归还其最初起源的自由市场。近来,一些主流经济学家已经开始重新评价金本位制,将其作为遏制政府通货膨胀倾向的一种手段。其中一部分人甚至提议让黄金再次在美国货币体系中发挥作用。

2. 金本位制提案

我们现在对其中几个提案进行批判的考察。虽然这几个提案在基本概念和具体细节上有很大的不同,但是都或多或少存在一个基本相同的缺陷:这几种观点都完整地保留了政府对货币的垄断权。为了便于讨论,我们将这些货币改革建议分成四类:黄金权证储备、黄金"价格机制"、古典金本位制和平行私人金本
377 位制。

(1) 黄金权证储备

联合经济委员会高级经济学家罗伯特·E.温特劳布(Roberte E. Weintraub)曾提议恢复对美联储票据的黄金权证储备要求。[1]按照温特劳布的计划,美联储应像1968年以前那样,按照法定要求保留一笔黄金权证储备,按照规定的黄金法定价

[1] U.S. Congress, Joint Economic Committee, The Gold Standard: Its History and Record Against Inflation, by Roy W.Jastram, with an Appendix on "Restoring the Gold Certificate Reserve," by Robert E.Weintraub (Washington, D.C.: Government Printing Office, 1981), pp.21—24. Lindley H. Clark, Jr.("What Kind of a Gold Standard is Needed?" *Wall Street Journal* (August 18, 1981): p.33)也描述了温特劳布的计划。

格，黄金权证的价值将是未偿票据负债的一个固定比例。1968年以前，当时黄金的法定价值或"面值"为每盎司35美元，存款准备金率为25%，因此，实际上，流通中的每一美元货币都有25美分的黄金作为"后盾"。按照温特劳布的计划："要求美联储对每一美元的纸币债务永久保持至少9美分的黄金权证储备（按照1973年以来每盎司黄金42.22美元计算）。"[1]9%的准备金率反映了截至1980年底，美联储所持有的纸币债务所要求的黄金权证平价比率。

温特劳布写道：

> 通过立法，永久保持截至1980年底联邦储备券背后的法定黄金权证储备价值比率，以阻止未来的货币数量增长。而且，除非公众希望以支票存款的形式持有不断增长的交易余额（货币加储蓄机构的支票存款），否则阻止货 378
> 币增长将妨碍未来交易或货币交易媒介计量的任何增长。[2]

然而，温特劳布认为这一结果并不可取，因为他相信货币供给的增长是"适应我们经济的长期增长潜力"所必需的。[3]因此，他的提议包括了一项提高黄金法定价值的条款，起点设定在目前的每盎司黄金42.22美元，之后每月以规定比率增长。这一做法将有效扩大美联储的黄金权证储备，并使流通中的货币数量相应增加，从而造成货币总供给的增加。温特劳布赞成黄金票面价值的年增长率，这一增长率将最终促使货币供给以每年3%的速度增长。

此外，温特劳布坚信："该计划应该对货币主义者和金本位制的倡导者同样具有吸引力。"[4]实际上，我们有充分的理由相信，该计划对上述两方都没有吸引力。

一方面，温特劳布的计划实质上是试图通过立法实现货币主义者的目标，即在现有的不兑现货币框架内，货币供给的稳定和可预测的增长率。从货币主义者的角度来看，它的主要缺点是它要用一个无谓的复杂和繁琐的技术来达到预期的目标。为什么不能像货币主义者一直主张的那样，在法律上强制美联储推行一个直截了当的"数量规则"？温特劳布并没有给出这一问题的答案。

另一方面，金本位的倡导者也不应该对这一提议感到满意，因为黄金权证储

---

〔1〕 Weintraub, "Restoring the Gold Certificate Reserve," p.21.

〔2〕〔3〕 Ibid., p.22.

〔4〕 Ibid., p.24.

备要求根本不是真正的金本位制。在金本位制下，货币单位就是黄金的重量单位；而在温特劳布的计划中，黄金并非货币而是储备商品，其作用在于限制政府创造不兑现货币。而且，既然温特劳布的提议并未触动政府对货币供应的垄断，那
379 么，期待黄金权证储备要求一经颁布即能成为长期抵御通货膨胀的壁垒，也是不切实际的。最有可能出现的前景是，随着一系列“紧急情况”的发生，这种情况将逐渐减少并最终完全消除。实际上，温特劳布对这一前景已经有了充分认识，并且做好了准备，他宣称：“如果约束条件被证实有害，计划可以修改，并有可能在这一不太可能发生的情况下，在一两天内改变或终止计划。”[1]毋庸置疑，作为抵御通货膨胀的长期屏障，它显然没有任何优势。

而且，以往关于黄金权证储备的经验也让人们认为，它在抵御通货膨胀方面的作用十分微弱，并易于任人摆布。因此，到第二次世界大战之前，法律要求美联储对其持有的存款债务保持 35% 的黄金权证储备，对其票据债务保持 40% 的储备。为了促进战时通货膨胀，联邦储备券和存款负债的储备率都降至 25%。由于持续的通货膨胀引发的国际收支赤字，美联储存款负债的黄金权证储备要求于 1965 年被取消，而其储备券负债的储备要求最终在 1968 年被取消。

总之，温特劳布的提议并非金本位制，而是一种笨拙的、历史证明无效的权宜之计，不过是用于缓和政府不兑现货币的通货膨胀压力而已。

（2）黄金“定价规则”

黄金“定价规则”指包括阿瑟·拉弗[2]、罗伯特·蒙代尔[3]和裘德·万尼斯基[4](Jude Wanniski)等供给学派经济学家所提出的各种形式的货币改革提
380 议。拉弗制定的周详方案成为 1981 年 1 月杰西·赫尔姆斯(Jesse Helms)在参议

---

〔1〕 Clark, “What Kind of a Gold Standard Is Needed?”

〔2〕 Arthur Laffer, *Reinstatement of the Dollar*: *The Blueprint* (Rolling Hill Estates, Calif.: A.B. Laffer Associates, 1980).也见 Arthur B.Laffer and Charles W.Kadlec, “The Point of Linking the Dollar to Gold,” *Wall Street Journal* (October 13, 1982): p.32。

〔3〕 Robert A.Mundell, “Gold Would Serve into the 21st Century,” *Wall Street Journal* (September 30, 1981): p.33.

〔4〕 Jude Wanniski, *The Way the World Works* (New York: Simon and Schuster, 1978), especially pp.161—167.见 Wanniski, “A Job Only Gold Can Do,” *New York Times* (August 27, 1981): p.A31。

院提出的黄金储备法案的基础。[1]

按照拉弗的蓝图，在前面宣布的 3 个月过渡期的最后一天，美联储将根据“当天伦敦黄金市场的平均交易价格”，确定黄金的官方美元价格。[2]从那以后，美联储随时准备将美元自由兑换成黄金，并以官方价格将黄金兑换成美元。而且，“按照官方价格的估值，美联储会随着时间的推移建立相当于其负债的美元价值 40% 的黄金储备的平均美元价值”[3]。拉弗设计的这一黄金储备水平称为“目标储备数量”。

一旦拉弗的计划全面实施，那么美联储将通过贴息、公开市场操作等手段对货币政策的实施拥有充分自由裁量权，前提条件是：美元仍能以官方价格完全兑换成黄金；实际黄金储备量与目标储备量间的偏离比率不高于 25%，即实际黄金储备不低于 30%，也不高于美联储负债的 50%，后者也被称为“货币基础”。然而，如果黄金储备降至债务的 20% 到 30%，美联储将失去对货币基础的所有自由裁量权，其结果是，货币基础将在此水平上完全冻结。尽管如此，如果黄金储备继续下跌至美联储债务的 10% 到 20%，美联储将按照法律要求，以每月 1% 的速率削减货币基础。

如果这些措施对于阻止黄金储备的美元价值下跌不起作用，它将继续跌至美联储债务的 10%，那么：

> 美元的可兑换将暂时中止，黄金的美元价格在 3 个月的调整期中自由浮动。 381
>
> 在这暂时的不可兑换时期，货币当局将被要求暂停一切影响货币基础的行动。直到黄金价格重新回到原来的水平，自由兑换得以恢复为止。[4]

拉弗的计划还包括“一套对称的政策宣言”，当实际黄金储备超过目标储备量时，该政策组合将得以实行。

首先必须说明的是，拉弗的货币改革方案，无论有什么优点或缺陷，都不是金本位制的蓝图。更确切地说，这是一个精心策划的方案，旨在从法律上约束货币

---

[1] 赫尔姆斯法案的文本，见 Ernest P.Welker, “Plans to Revive the Gold Standard,” *Economic Education Bulletin* 20, no.10 (Great Barrington, Mass.: American Institute for Economic Research, 1980), pp.7—9。

[2][3] Laffer, *Reinstatement of the Dollar*, p.4.

[4] Ibid., p.5.

当局在决定经济体不兑现货币供给时需遵守的“价格规则”。事实上,正如拉弗自己最近所表明的那样,黄金在这一价格法则的运行中并非必不可少的角色。拉弗和迈尔斯写道:

> ……美联储将通过以外部标准稳定美元价值的方式确立其美元“价格规则”。这一标准可以是单一商品或一篮子商品(价格指数)……
>
> 无论具体选择哪种外部标准,美联储在价格规则下的行为应该遵循两个基本规则。首先,如果标准美元价格开始上升(美元开始贬值),美联储必须通过在公开市场出售债券、外汇、黄金或其他商品来减少美元数量。其次,如果美元价格开始下跌(美元升值),美联储必须通过在公开市场购买债券、外汇、黄金或其他商品增加美元数量。美联储有责任保持美元价值或价格在某一外部标准上的稳定。〔1〕

382 即使在价格规则体制中,黄金被选中成为“外部标准”,但它本身并不是货币,就像真正的金本位制的情况一样,黄金只是“干预资产”或“兑换美元的物品”。〔2〕

揭去拉弗方案的镀金表象,拉弗的价格规则不过是在现行不兑现货币本位下控制通货膨胀的技术而已。因此,它只是在技术细节上与货币学派提出的数量规则有所区别。拉弗和迈尔斯在论文中也承认:“在所有信息都可以自由获取的不变世界里,当然会存在与给定的‘价格规则’相对应的‘数量规则’。”〔3〕实际上,迈尔斯和拉弗更倾向于价格规则而非数量规则,因为他们相信,在目前的货币制度下,在“限制美元供给”方面,前者在技术上优于后者。〔4〕

经过进一步观察,拉弗方案本质上是一种“价格规则货币主义”,虽然其参照物为黄金。这两种货币主义最严重的缺陷在于,它们没有说清楚通货膨胀的深层次原因,即政府对货币供给的垄断。拉弗的计划也是如此,尽管有一套详尽的法律制裁措施,将针对货币当局违反价格规则的行为提起诉讼。因为归根结底,这种制裁即使严格实施,也不能防止通货膨胀,而仅仅是对既成事实的回应。拉弗也隐约认识到这一点,他在他的方案中列入了美元不可兑换的“临时时期”条款。在持续的货币通胀导致黄金储备跌破法定允许的下限后,这些措施将重新调整官

---

〔1〕 Arthur B.Laffer and Marc A.Miles, *International Economics in an Integrated World* (Glenview, Ill.: Scott, Foresman and Co., 1982), pp.399—400.

〔2〕 Ibid., p.400.

〔3〕〔4〕 Ibid., p.401.

方黄金价格。

此外，与黄金权证储备的情况一样，我们可以向历史寻求证据，证明黄金价格规则成功地阻止了政府不兑现货币的流动。我们只需看看已经解体但却无人惋惜的布雷顿森林体系（1946—1971）就知道了。一方面，在这种“固定汇率”制度 383
下，美国货币管理当局按照黄金价格规则，以每盎司 35 美元的官方固定价格买卖黄金。另一方面，外国货币管理当局按照美元价格规则，以固定价格保持本国货币与美元的可兑换性。按照拉弗和迈尔斯的说法：“只要遵守体系的规则，所有货币供给都会受到彼此之间以及与黄金之间严格的价格关系的限制。”[1]

不幸的是，“制度规则”遭到政府反复多次的违背和规避，包括频繁对价格规则进行彻底“调整”，例如，一旦制度规则成了某届政府推行通货膨胀政策的约束，汇率就会贬值。[2]毋庸置疑，布雷顿森林体系并未阻止通货膨胀在全世界的蔓延，1968 年，全球通胀使布雷顿森林体系陷入困境，并导致该体系于 1971 年最终崩溃。

在注意到布雷顿森林体系崩溃背后的政治操弄后，[3]拉弗和迈尔斯清楚地阐述了为什么政府更愿意取消对其扩张货币供给的所有限制并从中受益的原因：

> 为什么政府倾向于以更快的速度增加货币供给呢？存在两个基本动机——政治动机和财政动机。政治动机在于政治生存。很多政客，尤其是那些想要连任的政客，都比较熟悉增加货币供给促进消费、增加国民生产总值、降低失业率的理论。这些变化反过来又可以使得该国选民更信任现任政府。虽然这一理论有一定道理，但不幸的是，它经常在这种观念下得以实施，即如 384
> 果创造一些货币是好事，那么创造很多货币是更好的事。

印钞的财政动机在于这样一个事实，货币的生产虽然没有成本，但它可以用于购买商品和服务。由此产生的货币铸造税是政府的收入。用这种方式获得收

---

〔1〕 Arthur B.Laffer and Marc A.Miles, *International Economics in an Integrated World*(Glenview, Ill.: Scott, Foresman and Co., 1982), p.260.

〔2〕 对布雷顿森林体系崩溃的解释，见 Jacques Rueff, *The Monetary Sin of the West*, trans. Roger Glémet(New York: Macmillan Co., 1972); and Guillaume Guindey, *The International Monetary Tangle: Myths and Realities*, trans. Michael L.Hoffman(White Plains, N.Y.: M.E. Sharpe, Inc., 1977)。

〔3〕 Laffer and Miles, *International Economics*, pp.259—262.

入意味着,用另一种方式比如直接税获得的收入会少一些。

考虑到这些印钞动机,我们就可以理解,为什么取消对政府的货币限制往往会导致通货膨胀而不是通货紧缩。[1]

鉴于拉弗承认了政治过程中存在强烈的通货膨胀倾向,以及在历史上货币价格规则从未能遏制住这种倾向,他还主张重新制定黄金价格规则有点让人费解。

(3) 古典金本位制

过去几年,刘易斯·莱尔曼(Lewis Lehrman)以极大的热情和深刻的洞察力提出了重新恢复"古典"金本位制的主张。莱尔曼是一位商人,也是一位学者,他的观点曾对里根政府制定经济政策议程产生了重要影响,现在他是纽约州州长候选人。[2]莱尔曼的思想深受其以前的老师、已故法国经济学家、长期倡导金本位制的雅克·吕夫(Jacques Rueff)的巨大影响。[3]

385 莱尔曼像他的老师一样,倡导真正的金本位制,"将美元确立为黄金的重量单位"[4]。正如莱尔曼解释的那样:

> 在金本位制下黄金没有价格。美元成为货币本位,并由法律规定与一定重量的黄金等价。黄金的价格不复存在……在金本位制下,美元纸币是一种本票,是一种以法律界定为标准的真实财富的索取权。[5]

在莱尔曼的提议中,联邦储备券以及商业银行和其他存款机构以美元计价的活期存款,将再次成为(就像1933年以前)黄金仓单,只要持票人或存款人提出要

---

[1] Laffer and Miles, *International Economics*, pp.397—398.

[2] 莱尔曼在很多公开出版物中阐述了他对金本位制的看法,包括:Lewis E.Lehrman, *The Case for the Gold Standard: Reflections on the Struggle for Financial Order*(New York: Morgan Stanley & Co., Inc., 1981); idem, *Monetary Policy, the Federal Reserve and Gold*(New York: Morgan Stanley & Co., Inc., 1980); idem, "The Case for the Gold Standard," *Wall Street Journal*(July 30, 1981): p.33; idem, "Should We(and Could We) Return to the Gold Standard?" *New York Times*(September 6, 1981): p.4E。

[3] 吕夫对金本位制的看法,见Jacques Rueff, *The Age of Inflation*, trans. A.H. Meeus and F.G. Clarke (Chicago: Henry Regnery Co., 1964);和Rueff, *Balance of Payments: Proposals for the Resolution of the Most Pressing World Economic Problem of Our Time*, trans. Jean Clément(New York: Macmillan, 1967)。

[4] Lehrman, *The Case for the Gold Standard*, p.21.

[5] Lehrman, "Should We(and Could We) Return to the Gold Standard?"

求,可立即按面值兑换成黄金。银行存款的法定存款准备金将会多余,因为"在可兑换规则下,如果不能将多余的美元兑换成黄金,将使一家商业银行受到破产和解散的威胁"[1]。对金融管理当局来说,将"受法律的约束……按照规定的重量单位赎回多余的美元……"[2]或者换句话说,货币管理当局必须随时准备"……按官方汇率买进所有待沽的黄金或者向有需要的人卖出黄金"[3]。此外,美联储的公开市场操作将受到进一步限制,虽然它仍被允许以"无补贴"贴现率(即利率等于或略高于市场利率)向商业银行放贷准备金。

虽然没有提及更多细节,但是莱尔曼提出的货币体系显然非常接近于古典金本位制,并具备其全部的优点和缺点。古典金本位制和莱尔曼提议的最致命的弱点是莱尔曼本人所说的"垄断性中央银行"的主导作用。[4]莱尔曼愿意支持这一 386
机构的存在,实际上,只要中央银行采用"合理的自我否定条例",莱尔曼愿意向其让渡一些重要权力。[5]因此,预计美联储将不会操纵美元的黄金含量,也不会直接在公开市场购买资产。另一方面,在莱尔曼的计划中,美联储仍将保留其对票据发行的垄断地位,以及作为商业银行储备的中央仓库和清算所的地位。此外,美联储在贴现率政策方面的自由裁量权仍将允许其发挥"最后贷款人"的作用。

因此,货币体系如此之多的权力集中在政府机构手中,难怪莱尔曼一再将金本位制称为"政治制度",[6]而非"自由市场制度"。事实上,在某种程度上,莱尔曼近乎危险地将金本位制设想为价格规则货币主义,也就是说,金本位制仅仅是控制政府垄断货币供给的一种有效政治手段。因此,他写道:

> 诚然,货币主义者会声称,通过一个特定的货币存量规则来确定货币总量,以规范向市场提供现金余额的政府垄断机构(美国联邦储备委员会)。然而,更为简单的是,与市场相关的政策手段将保证单位货币价值等于单位黄金重量,以规范同样的垄断行为。[7]

无论如何,由于政府是一个天生的通货膨胀机构,因此不出所料,政府是金本

[1][2] Lehrman, *Monetary Policy, the Federal Reserve System, and Gold*, p.41.

[3] Lehrman, *The Case for the Gold Standard*, p.20.

[4][5] Ibid., p.6.

[6] Ibid., pp.8, 10, 17, 18.

[7] Lehrman, *Monetary Policy, the Federal Reserve System, and Gold*, p.40.

位制不共戴天的死敌。在这种情况下,授予政府机构,比如中央银行对金本位制运作的强大影响力,与邀请狐狸守卫鸡笼没什么两样。这样的教训在货币史上比
387 比皆是,尤其在当今时代,我们见证了西方国家政府运用一切手段,逐步将传统的金本位制转变为我们目前的、高度通货膨胀的国家不兑现货币体系的事实。米塞斯在描述这一事实时并未夸大其词:

> ……金本位制并未崩溃。政府取消金本位制无非是想为通货膨胀铺平道路。为了摧毁金本位制,整个压迫和强制的国家机构——警察、海关、法庭、监狱,在某些国家甚至是刽子手——都行动起来,背弃了庄严的承诺,公布了有追溯力的法律,公然挑衅宪法和人权法案的规定。〔1〕

米塞斯进一步驳斥了一个根深蒂固的迷思:将金本位制比作一场"政治游戏",参与游戏的政府必须遵守一些模糊规定的"游戏规则",而莱尔曼似乎接受了这个迷思。米塞斯写道:

> 但金本位制并非游戏;它是一种市场现象,也是一种社会制度。它的存续并不依赖于对某些特定规则的遵守。它只是要求政府不要有意破坏它。将这个条件作为所谓的游戏规则并不比宣称保罗的生命的存续取决于遵守保罗的生命游戏规则更为合理,因为如果有人刺死保罗,保罗就必须死。〔2〕

总之,没有令人信服的理由使我们相信,与第一次相比,古典金本位制将成为第二次政治操纵货币供给的更持久的障碍。

莱尔曼的提议除了其主要的政治缺陷外,还有严重的经济弱点。这些最终都
388 与以下事实有关:莱尔曼提出的金本位制就是哈耶克所称的"国家储备体系"。〔2〕这一体系的基本特征是部分准备金银行业务,再加上全国所有银行的最终现金储备在国家金融中心的集中,或者更可能是在政府中央银行的集中。

古典金本位制为国家储备体系的运行提供了一个历史案例。在这个体系下,中央银行通常持有整个国家银行系统的最终现金储备,在本例中即指黄金。黄金储备是中央银行票据和存款债务的直接担保,而票据和存款负债又构成商业银行

---

〔1〕〔2〕 Ludwig von Mises, *The Theory of Money and Credit*, trans. H.E. Batson, new enl. ed. (Irvington-on-Hudson, N.Y.: The Foundation for Economic Education, Inc., 1971), p.420.

〔2〕 关于一国储备制度的本质和运行的讨论,见 F.A. Hayek, *Monetary Nationalism and International Stability*(New York: Augustus M.Kelley, 1971), pp.1—34 passim。

票据和存款的储备基础。后者与中央银行票据和黄金本身一起成为公众的货币余额。既然中央银行和商业银行都对其负债持有部分准备金，因此经济中的货币和信用结构类似于一个倒金字塔，相对狭窄的黄金储备基础支撑更大规模的、最终可转换为黄金的银行票据和存款所构成的上层建筑。

因此，由于国际收支不平衡、公众持有黄金相对于银行票据和存款的偏好发生变化以及金融危机等，古典金本位制过去和现在极易受到货币紧缩和通货膨胀的影响。究其原因，银行系统黄金储备的任何损失或收益都会导致构成货币供给很大比例的纸币和存款的多次扩张或收缩。此外，频繁发生的货币扩张和紧缩很可能因为银行体系根据黄金储备基础的变化而进行调整的机制，涉及整个经济体利率结构的人为改变，这一事实可能会加剧这种情况，从而导致生产活动的扭曲。

一个简单的例子就足以说明这一点。假设中央银行面临着由于国际收支顺差而出现的大量的黄金回流，为了遏制和扭转这种流入，中央银行会降低贴现率，389
从而扩大对商业银行的贷款。其结果是，商业银行的准备金增加，在保持其惯常的或法定要求的准备金与负债比率的同时，银行将能够通过降低利率来增加贷款，从而获得利润。由于这些贷款的大部分用于投资目的，相对于消费支出，经济中的投资支出将上升。这自然会导致生产资源和货币投资从消费品行业流出，进入资本品行业。

不幸的是，利率下降和消费相对于投资的减少所产生的后果，并不能反映公众时间偏好的真正和自愿的转变，例如，有意选择增加收入中的储蓄份额和减少消费支出。因此，以消费品产业萎缩为代价的资本品行业的扩张，最终证明是不可持续的，当经济活动最终重新调整以更加真实地反映经济中消费者—储蓄者的时间偏好时，将导致普遍失业和企业倒闭。事实上，当中央银行推行的通货膨胀推升本国物价和收入达到一定程度，并足以使国际收支顺差转化为赤字、黄金开始流出的时候，清算的那一天就会到来。为了遏制黄金储备的流出，中央银行被迫提高贴现率，而贴现率又将储备抽离银行体系，导致银行贷款利率的上升，银行贷款相应收缩，最终导致货币供给的萎缩。当经济中的利率结构开始重新调整，以反映全社会总收入在消费与储蓄间的自愿分配时，在经济不景气的情况下，由先前的通货膨胀繁荣所造成的大量的不良投资和资源配置错误才能被揭露和纠正。

根据上述分析，我相信，莱尔曼恢复古典金本位制的计划，虽然不可否认会提供比现行不兑现货币制度下更大的货币价值长期稳定性，但不能使我们摆脱过去
390 两个世纪以来一直困扰市场经济中宏观经济活动的反复波动。我要立刻强调的一点是，这并非金本位制本身的缺陷，而是按照上述国家储备体系的思路组织起来的金本位制的缺陷。实际上，关于古典金本位制经常被提及的缺陷，正是在于其运行的领域与完全自由市场和100%金本位制有所不同。利兰·耶格尔对于这点已经进行了有力的论证：

> 对于金本位制的大部分责难，其真正根源是国家部分准备金制度……造成的困难在于混合国家货币——即一国货币中大部分是纸币，只有一小部分是黄金——不能够国际化。历史上实行的金本位制的主要缺陷是“保护”本国黄金储备的必要性……简而言之，无论中央银行是夸大了黄金流动的影响，还是对黄金流动无动于衷，或者“对冲”黄金流动，其行为都与完全的金本位制原则不相容……实际上，任何一种货币管理都与纯金本位制的原则背道而驰。[1]

另一方面，耶格尔指出：

> 在100%硬通货国际金本位制下，每个国家的货币全部由黄金（或者黄金加上以纸币和代币形式提供全额支持的黄金仓单）组成。政府及其机构不必担心储备的任何流失。黄金仓单不会因为用黄金兑换纸币而出现紧张，因为流通中的每一美元纸币都代表了实际存在的一美元黄金。不存在独立的国家货币政策；每个国家的货币量将由市场力量决定。世界黄金供给将按照各
> 391 国个人现金余额的需求在各国间分配。不会出现黄金在某些国家弃之不用而在另一些国家过度囤积的危险，因为每个人都会小心行事，不让自己的现金余额减少或扩大到一个他认为不适合自己的收入和财富的规模。
>
> 在100%金本位制下……各国将采用共同的货币制度，就像美国各州现在采用共同的货币制度一样。没有理由担心任何一个国家的国际收支失衡，

---

〔1〕 Leland B.Yeager, “An Evaluation of Freely-Fluctuating Exchange Rates” (Ph.D. dissertation, Columbia University, 1952)，引自 M.N. Rothbard, “The Case for a 100 Percent Gold Dollar,” in *In Search of a Monetary* Constitution, ed. Leland Yeager, pp.94—136(Cambridge, Mass.: Harvard University Press, 1962), rep. in *Case for a 100 Percent Gold Dollar* (Washington, D.C.: Libertarian Review Press, 1974), p.30。

就像没有理由担心纽约市的国际收支失衡一样。如果每个人(和机构)都小心行事,避免其个人账户的长期失衡,那就足够了……个人为保持现金余额的适当水平而采取的行动将“自动”照顾到各国货币供给的充足性。[1]

(4) 平行私人金本位制

建立黄金货币最具创新性的方案,涉及一个将与已经确立的政府不兑现货币本位并存的完全私有的“平行”金本位。该方案的变体由亨利·哈兹利特[2](Henry Hazlitt)和 R.H.廷伯莱克[3](R.H. Timberlake)教授提出。尽管我主要关注廷伯莱克的方案,因为他的讨论更为详细,但为了突出两者之间的一些实质性差异,我将同时参考哈兹利特的方案。

廷伯莱克的方案一开始就给我们带来了极大的希望,因为与之前已经考察过的三个方案不同,它是基于这样的认识,即通货膨胀“只有通过美联储的根本性变 392
革才能遏制”。[4]因此,廷伯莱克的计划“将从废除作为政策决策中央银行的联邦储备系统开始”[5]。

廷伯莱克预计,采取这一行动并不存在技术上无法逾越的障碍。他认为,美联储的监管职能很容易被免除,因为“与食品杂货店相比,银行没有更多的理由受到监管”,“应该任由自由市场制度决定银行的存亡”,[6]关于美联储向其成员银行提供的票据清算服务,廷伯莱克认为,私有化是一个简单而明智的解决办法。他写道:

> 联邦储备银行票据清算业务的技术性操作,仍然可以由现有实体机构处理。美联储可以重组为地区性银行清算所。由于联邦储备银行已经被不行使控制权或所有权的商业银行合法拥有,那么解决办法很简单:把联邦储备银行交给合法所有者,让成员银行经营它们。这一改变或许会在银行管理和

---

[1] Yeager, “Evaluation of Freely-Fluctuating Exchange Rates,” quoted in ibid., pp.30—31.

[2] Henry Hazlitt, “The Search for an Ideal Money,” *The Freeman* 25(November 1975): pp.660—672; Hazlitt, *Inflation Crisis, and How to Resolve It*(New Rochelle, N.Y.: Arlington House, 1978).

[3] R.H. Timberlake, Jr., “Solving the Monetary Crisis,” *Policy Report* 3(October 1981): p.9.也见 Timberlake, “Monetization Practices and the Political Structure of the Federal Reserve System,” *Policy Analysis*(Washington, D.C.: Cato Institute, August 12, 1981)。

[4][5][6] Timberlake, “Solving the Monetary Crisis.”

清算业务上带来许多有意思的创新和经济效率。[1]

这就让美联储仅留下了执行货币政策的职能。按照廷伯莱克的说法，美联储最不应该具有这种职能，具有这种职能的最坏结果是极易引发通货膨胀。至于存款准备金，廷伯莱克主张“银行能够管理自己的必要存款准备”，并且指出“世界上不存在采用存款准备制度来规制商业银行的其他体系”。[2]对于再贴现功能，廷伯莱克坚持“既无必要，也不可取”。再贴现率不仅在美联储执行货币政策中作用
393 不大，而且商业银行也能够在组织良好的私人联邦基金市场上，通过向其他银行借入资金来满足其储备需求。廷伯莱克写道：“因此，结束联邦储备再贴现制度，只不过是结束一个基本上属于宣传美联储作为银行家福利机构形象的广告噱头。”[3]

但公开市场操作是如何“保持货币存量以通货膨胀率增长的过程呢?”在回答这个问题时，廷伯莱克介绍了他提出的平行金本位制的建议。首先，美国财政部将向每位美国公民以硬币或者可兑换凭证的形式售出，或者按比例发放其全部的黄金储备(2.6亿盎司)。其次，“联邦储备系统的决策机构”将被废除。最后，美联储的未偿票据债务(流通货币)将被冻结，成员银行的储备账户将被转换为美联储票据。商业银行可以选择将后者存放在自己的金库中，或者存放在“新的”区域性票据清算所。

廷伯莱克预计，黄金一旦落入私人手中，将很快找到进入私人储蓄机构的路径，从而产生以黄金为基础的活期存款和根据存款人的选择以黄金或联邦储备券的形式赎回的票据。按照廷伯莱克的说法：

> 这一新的制度不是金本位制，因为政府不会宣布黄金或任何其他物品为法定货币……
>
> 以黄金为基础的存款和货币将与美国联邦储备委员会冻结的现有债券一起流通。以其他货币表示的黄金价格将很快由市场因素决定。[4]

廷伯莱克的提议包括两个要素，这两个要素对于建立稳定的商品货币制度绝对至关重要：即政府中央银行的彻底清算；以及黄金储备回归私人手中。在这方
394 面，廷伯莱克提案远远优于我分析的前三个方案，因为前三个方案都没有触及联邦储备系统的现有结构。而且在拉弗和莱尔曼的计划中，即使公众可以将美元兑

[1][2][3][4] Timberlake, “Solving the Monetary Crisis”, p.10.

换成黄金,但美联储仍可凭借其垄断性的“银行的银行”的地位,对国家的黄金储备保有战略性控制权。

不幸的是,廷伯莱克的提议存在两个缺陷。首先,廷伯莱克只规定了存款机构要按法定要求按需赎回其票据和活期存款,从而开启了一个以部分准备金为基础的“自由银行”体系的大门。尽管事实上,这一体系将产生比古典金本位制更健全和“更硬”的货币,但通货膨胀的潜力仍然存在,尽管严重受限。然而,比这种通货膨胀的直接经济影响更重要的是,政治当局会利用伴随着通胀繁荣而偶尔发生且征兆明显的金融危机和银行倒闭,作为“为了公共利益”监管银行的借口。在重新获得第一个至关重要的立足点之后,政府将很好地重新实施对货币的垄断。

该计划还存在另一个更为严重的缺陷。这个缺陷被廷伯莱克过于乐观的假设所掩盖,该假设认为,一旦黄金储备脱离政府控制,黄金将会由市场自动且顺理成章地重新视为通货,从而成为平行的私人货币的基础。但可悲的事实是,最终决定什么是货币、什么不是货币的公众,已经习惯于政府的不兑现货币,因此,不太可能自发地采取必要的行动,重新创造一种类似的商品货币。尽管现有的不兑现货币,比如美元,一度仅仅是某一特定重量黄金的名称而已,尽管更普遍的事实是,货币最初总是作为一种有用的商品出现在自由市场上。一旦政府成功地将公众多年来习以为常的货币单位名称与自由市场的商品货币分离开来,政府垄断的不兑现货币就会在公众中根深蒂固,货币商品也就实际上被非货币化了。这种情 395
况无疑已经由美元的历史给出了证明。美元最初是大约二十分之一盎司黄金的名称(从 1834 年到 1933 年),今天的美元是一个纯粹的名义实体,因此,任何法律上被指定为“美元”的东西都被公众接受为货币。黄金现在是许多非货币性商品中的一种,是不兑现美元的交易对象。

按照前述说法,一旦不兑现货币成为经济中的通货,恢复自由市场商品货币的唯一可靠的方法必然是重新在法律上把已在使用的货币名称定义为以前货币商品的某种确定的重量单位。当然,对当前经济现实的考虑——即自从黄金与美元的联系被切断以来,不兑现美元供给出现了大规模扩张——将决定如何才能在不引发严重经济混乱的情况下,启动和维持美元兑换黄金的确切比率。但这是一个复杂的问题,在这里无法解决。

根据上述讨论,廷伯莱克的提议中最为合理的部分,并不是自发出现一个平行金本位制,而是现行的统一不兑现美元本位,在此本位制下,比如体现为冻结的联邦储备债券存量的货币基础，仍然保持不变。按照廷伯莱克的提议，改革后的不兑现货币制度很可能具有潜在的通货膨胀风险，因此强调如下重要的两点。

第一，即使我们假设货币基础（相当于公众现金余额和私人银行储备中所持有的美联储票据总量）保持刚性固定，只要部分准备金银行制度存在（在廷伯莱克的方案中显然存在），通货膨胀和通货紧缩就仍有活动空间。因此，与美联储票据相比，公众更倾向于以活期存款或私人银行纸币形式持有货币余额，这种倾向将导致联邦储备券涌入私人银行储备，从而导致银行信贷对整个系统的多重扩张过
396 程。这一过程的最终结果将是私人银行票据和活期存款的膨胀性扩张。另一方面，由于公众将其持有的部分货币资产从其持有的联邦储备票据账户转移出来，货币供给将出现收缩。

第二，从长期来看更重要的是，尽管廷伯莱克方案令人称道地设想了联邦储备系统的解体和银行业的完全私有化，但构成"高能"货币或银行系统最终储备的美元，基本上仍然是一个名义上的实体，仍然受制于政府法令造成的通货膨胀。考虑到政府的通货膨胀倾向，政府不大可能会永远放弃通过扩张美元供给来增加财政收入的机会。

总之，无论是作为实现自由市场黄金货币的蓝图，还是作为通胀的长期治疗方案，廷伯莱克的提议都没有实现最初的承诺。这两个缺陷背后的原因是，这一提议甚至没有涉及有意义的货币改革最关键的问题：现有不兑现货币的非国有化。

亨利·哈兹利特关于私人平行金本位制的建议在概念上比廷伯莱克要温和得多，虽然他也希望"尽可能使政府脱离货币领域"〔1〕。哈兹利特计划的第一步也是最关键的一步，"是让我们的政府和法院不仅允许，而且强制执行自愿以黄金或以黄金价值支付的私人合约"〔2〕。

完整的计划将按如下方式完成：

> 政府应当被剥夺货币发行的垄断权力。各国的每位公民应该获得允许，以相互约定的形式，使用任一国家的货币进行彼此间的商务往来。另外，他
> 397 们还应该获准自己铸造金币或银币，并在相互商业活动中使用这些货币……此外，私人机构应获准发行此类金属货币的应付票据。但只能是可按需赎回

〔1〕〔2〕 Hazlitt, *The Inflation Crisis*, p.176.

指定数量金属的黄金或白银凭证。发行者应始终保持其所发行票据的充足金属储备，就像仓库所有者必须始终持有其签发的未付仓单的所有物品，违者将面临欺诈的法律惩罚。同时，法院应强制所有以私人货币结算的契约得到忠实履行。〔1〕

哈兹利特的提议虽然没那么雄心勃勃，但比廷伯莱克的提议更现实。因此，哈兹利特并没有立刻提出废除联邦储备制度，或将政府持有的黄金储备还给私人。相反，哈兹利特意识到，私人金本位制不会立即自动出现并与根深蒂固的不兑现美元本位并驾齐驱，他相信，按照他设定的法律框架，100%的金本位制肯定与不兑现美元不可避免的通胀破坏同步发展，这一过程虽然缓慢，但肯定会发生。根据哈兹利特的说法：

随着通货膨胀率的提升或者变得更不确定，美国人将越来越倾向于订立以黄金支付的长期合同。这是因为卖者和买者越来越不愿意制定以纸币或其他各种不可赎回货币支付的长期合同。

这种以黄金订立长期合同的偏好尤其适用于特定的国际合同。买者或债务人要么保持一定数量的黄金储备，要么签订购买黄金的远期合同，要么依赖于在合同到期日在公开现货市场用纸币购买黄金。随着时间的推移，如果通货膨胀持续下去，即使当前的交易也会越来越多地用黄金结算。

因此，与不兑现纸币并行的私人国内和国际黄金本位将逐渐形成。允许 398
上述情况发生的每个国家都将运行双重货币体系，两种货币间的市场关系每天都在变化。总有一天，私人黄金制度将完全替代政府纸币，后者将变得一文不值——就像 1923 年 11 月的德国和其他许多国家在不同时期所发生的那样。〔2〕

正如哈兹利特所描述的那样，在不兑现货币的恶性通货膨胀中向私人金本位制过渡的过程无疑是非常现实的。此外，必须承认的是，在主要不兑现货币本位寿终正寝后，如果人们不必求助于物物交换，而是利用已经发展起来的商品货币本位，那么经济将在极大程度上少承受恶性通货膨胀所带来的破坏性后果。尽管如此，哈兹利特的计划仍然有一个让人疑惑的问题，即为什么有意义的货币改革

〔1〕 Hazlitt, *The Inflation Crisis*, pp.187—188.

〔2〕 Ibid., p.177.

必须坐视恶性通货膨胀的肆虐，而经济要继续在更加糟糕的滞胀痛苦中挣扎？

事实上，哈兹利特本人预计，实施他的提议将有助于避免恶性通货膨胀的大灾难，因为这会约束政府放弃其不兑现货币的垄断地位，恢复真正的金本位制。不幸的是，哈兹利特并不十分清楚这一过程如何发生。他写道：

> 我也许应该说清楚一点。我并不认为允许公民以外国货币或私人金币从事商业活动，从长期来看，就意味着这些国家的公民将会以外国货币或私人货币从事大部分商业活动。我的假定是，所有政府实际上将继续发行官方货币，当政府消除通货膨胀时，他们将发行自己的金币和凭证。并且，我认为大部分公民到时将使用本国政府的货币和硬币。这是因为我预计，一旦允许自由选择货币，各国政府将开始改革自己的货币政策。重要的不仅仅是外国
> 399 货币或私人硬币的实际竞争，而是外国货币或私人货币从始至终一直存在的竞争可能性。〔1〕

在这篇文章中，哈兹利特暗示了私人金本位的潜在竞争是促使政府放弃通货膨胀方式，接受金本位制的关键因素。然而，这与他早先对从过度膨胀的不兑现货币向自由市场黄金货币过渡的分析相矛盾。正如哈兹利特所指出的，只有恶性通货膨胀迫在眉睫，公众才会考虑在当前交易和信贷交易中完全放弃现有的交换媒介，从而付出巨大的代价。简言之，在哈兹利特计划中的平行金本位制对政府不兑现货币构成激烈竞争之前，通货膨胀还会发展很长一段时间。同时，经济仍然要在恶性通货膨胀中痛苦挣扎。

3. 结论

通向长期货币稳定的道路最终将导致彻底废除政府的货币发行垄断权，同时，恢复自由市场提供货币供给的职能。在这条道路上，最关键和最困难的一步是将美元（现有的不兑现货币）重组为商品货币。这将通过恢复其原有的地位来实现，即恢复其对前货币商品黄金的固定重量的合法赎回权。只有采取这一步骤，才有希望实现完全“非国有化”货币的最终目标，货币供给和货币价值才能最终摆脱非市场垄断者的任意操纵。

---

〔1〕 Hazlitt, *The Inflation Crisis*, pp.189—190.

参考文献

Clark，Lindley H.，Jr. 1981. "What Kind of a Gold Standard Is Needed?" *Wall Street Journal* (August 18)：p.33. 400

Guindey，Guillaume. 1977. *The International Monetary Tangle：Myths and Realities*，Michael L. Hoffman，trans. White Plains，N.Y.：M.E.Sharpe，Inc.

Hayek，F.A. 1971. *Monetary Nationalism and Internation Stability*. New York：Augustus M. Kelley.

Hazlitt，Henry. 1975. "The Search for an Ideal Money." *The Freeman* 25 (November)：pp.660—672.

____. 1978. *Inflation Crisis，and How to Resolve It*. New Rochelle，N.Y.：Arlington House.

Laffer，Arthur. 1980. *Reinstatement of the Dollar：The Blueprint*. Rolling Hill Estates，Calif.：A.B. Laffer Associates.

Laffer，Arthur，and Charles W.Kadlec. 1982. "The Point of Linking the Dollar to Gold." *Wall Street Journal* (October 13)：p.32.

Laffer，Arthur B. and Marc A.Miles. 1982. *International Economics in an Integrated World*. Glenview，Ill.：Scott，Foresman and Co.

Lehrman，Lewis E. 1980. *Monetary Policy，the Federal Reserve，and Gold*. New York：Morgan Stanley & Co.，Inc.

____. 1981a. *The Case for the Gold Standard：Reflections on the Struggle for Financial Order*. New York：Morgan Stanley & Co.，Inc.

____. 1981b. "The Case for the Gold Standard." *Wall Street Journal* (July 30)：p.33.

____. 1981c. "Should We (and Could We) Return to the Gold Standard?" *New York Times* (September 6)：p.4E.

Mises，Ludwig von. 1971. *The Theory of Money and Credit*，H.E. Batson，trans.，new enl. ed. Irvington-on-Hudson，N.Y.：The Foundation for Economic Education，Inc.

Mundell，Robert A. 1981. "Gold Would Serve into the 21st Century." *Wall Street Journal* (September 30)：p.33.

Rothbard，Murray N. 1962. "The Case for a 100 Percent Gold Dollar." In *In Search of a Monetary Constitution*，Leland Yeager，ed.，pp.94—136. Cambridge，Mass.：Harvard University

Press, rep. In *The Case for a 100 Percent Gold Dollar*. Washington, D.C.: Libertarian Review Press.

Rueff, Jacques. 1964. *The Age of Inflation*, A.H. Meeus and F.G. Clarke, trans. Chicago: Henry Regnery Co.

____. 1967. *Balance of Payments: Proposals for the Resolution of the Most Pressing World Economic Problem of Our Time*. Jean Clément, trans. New York: Macmillan.

____. 1972. *The Monetary Sin of the West*, Roger Glémet, trans. New York: Macmillan.

Timberlake, R.H., Jr. 1981a. "Solving the Monetary Crisis," *Policy Report* 3(October): p.9.

401 ____. 1981b. "Monetization Practices and the Political Structure of the Federal Reserve System." *Policy Analysis* (August 12). Washington, D.C.: Cato Institute.

Wanniski, Jude. 1978. *The Way the World Works*. New York: Simon and Schuster.

____. 1981. "A Job Only Gold Can Do." *New York Times* (August 27): p.A31.

Weintraub, Robert E. 1981. Appendix on "Restoring the Gold Certificate Reserve." In *The Gold Standard: Its History and Record Against Inflation*, by Roy W.Jastram. Washington, D.C.: Government Printing Office.

Welker, Ernest P. 1980. "Plans to Revive the Gold Standard," *Economic Education Bulletin* 20, no.10. Great Barrington, Mass.: American Institute for Economic Research.

Yeager, Leland B. 1952. "An Evaluation of Freely-Fluctuating Exchange Rates." Ph.D. dissertation, Columbia University.

第 15 章

国际金本位制：新的视角* 403

1. 前言

早在 1923 年，约翰·梅纳德·凯恩斯就宣称，国际货币制度的选择陷入了令人不快的两难困境。凯恩斯认为："如果……外部价格水平超出我们的控制范围，我们要么服从于我们自己的内部价格水平，要么服从于我们的汇率所受到的外部因素的影响。如果外部价格水平不稳定，我们就不能同时保持我们自己的价格和汇率的稳定。我们不得不做出选择。"〔1〕

当然，凯恩斯观点最重要的实际涵义是一个国家要么选择通过参与国际金本位制来维持本国货币和外国货币之间的"固定"汇率，要么选择保持国内物价、产出和就业水平的合理稳定。继凯恩斯之后，今天大多数经济学家倾向于接受这样一种观点，即金本位的运行往往与维持国内宏观经济稳定不一致。实际上，布雷 404
顿森林体系时代的许多经济学家和见多识广的经济政策制定者主要基于这一考虑，才做出如下结论：浮动汇率制度优于固定汇率制度。

在这篇论文中，我认为，关于国际金本位制对一个国家国内经济稳定的影响，人们普遍接受的解释是基于对货币和国际收支理论的过度综合分析。这一方法

---

* From: "The International Gold Standard: A New Perspective," *Eastern Economic Journal* 10, (October/December 1984): pp.488—498.

〔1〕 John Maynard Keynes *A Tract on Monetary Reform*, (London: Macmillan, 1923), pp.154—155.

往往在重要问题上含糊其词，而不是阐明要义，但对这些问题的理解对于评估相互竞争的国际货币体系的相对优势至关重要。这些问题包括：第一，金本位制下调整国际收支失衡所必要的价格变动类型；第二，在“开放的”国民经济背景下“通货膨胀”和“通货紧缩”的涵义；第三，汇率波动下商业周期或“宏观经济不稳定”的国际传递。

在论述这些问题时，我将试图重现和拓展20世纪30年代某些经济学家的分析方法，这些经济学家是微观为导向的货币和国际收支现象的“过程分析”法的先驱者。[1]他们包括：著名的货币学派经济学家拉尔夫·霍特里[2](Ralph Haw-
405 trey)、弗里德里希·A.哈耶克[3]和莱昂内尔·罗宾斯（后来的罗宾斯勋爵）[4]以及鲜为人知的迈克尔·A.海尔佩林[5]和F.W.佩什[6]。

2. 金本位制下的价格变动和国际收支调整

人们相信，汇率的固定性与国内经济活动的稳定性之间存在两难的权衡，这种权衡在一定程度上可以追溯到传统的解释，即在金本位制下，国际收支失衡通常是如何调整的。按照这一解释，国际收支平衡调整机制的正常运作，必然会使参与国的货币供给反复出现通货膨胀和通货紧缩，以及价格的上下波动。

---

[1] 关于20世纪30年代货币过程分析发展的概括，见Arthur W.Marget, *The Theory of Prices: A Re-Examination of the Central Problems of Monetary Theory*. vol.2, (New York: Augustus M.Kelley, 1966), pp.346—403。近期专注于瑞典学派贡献的研究，见Björn A.Hansson, *The Stockholm School and the Development of Dynamic Method* (London: Croom Helm, Ltd., 1982)。

[2] R.G. Hawtrey, *Currency and Credit* (New York: Longmans, Green and Co., 1919); idem, “The Gold Standard and the Balance of Payments,” *The Economic Journal* 36(March 1926): pp.50—68.

[3] F.A.Hayek, *Monetary Nationalism and International Stability* (New York: Augustus M.Kelley Publishers, 1971).

[4] Lionel Robbins, *Economic Planning and International Order* (New York: Macmillan, 1937); and idem, *Money, Trade and International Relations* (New York: St. Martin's Press, 1971).

[5] Michael A.Heilperin, *International Monetary Economics* (London: Longmans, Green and Co., 1939); and idem, *Aspects of the Pathology of Money: Monetary Essays from Four Decades* (London: Michael Joseph Limited, 1968).

[6] F.W. Paish, “Banking Policy and the Balance of Payments” *Economica* 3(November 1936), pp.404—422 rep. in Howard S.Ellis and Lloyd A.Metzler, *Readings in the Theory of International Trade* (Homewood, Ill.: Richard d. Irwin, 1950): pp.35—55.

为了说明这一点,我们假设一个特定国家的重要出口产品的国外需求出现下降。从国际收支平衡的初始状态开始,该国出口减少的直接效应是对外支付出现赤字,并伴随有黄金的外流。黄金的流失导致本国货币储备的总量减少,因为在金本位制下,黄金既是手手相传的货币,也是银行票据和活期存款的储备。其他条件不变时,国内货币供给的收缩导致赤字国家价格水平的下跌。由于国内价格水平低于世界其他经济体的普遍价格行情,该国的出口受到刺激,而进口减少,国际收支平衡最终得以恢复。

然而,在均衡过程中,国内货币和价格的紧缩可能严重抑制了国内经济活动, 406
导致生产资源大量闲置和实际产出的损失。这种情况尤其可能在现代经济中发生,因为现代经济的特点是价格和工资水平都趋向于"黏性下滑"。

现在,人们普遍承认,教科书中关于"价格—铸币—流动"调整机制的描述,对金本位制下国际收支调整过程的描述过于简单化,必须大大丰富以接近对这一过程的切合实际的解释。但人们普遍没有认识到这绝对是一种误导。问题的根源是在国际收支的理论构建中,人们偏好使用"一国价格水平"这个概念。

正如海尔佩林所指出的,这种"统计结构"似乎

> ……为摆脱经济世界及其经济进程中正在发生的令人困惑的多样性和异质性,提供了一条捷径……但是多样性确实存在,如果忽略它,人们就会陷入对世界和经济进程错误的或无意义的陈述。平均数往往在掩盖现实而非揭露现实,对其使用要小心谨慎,即使在同质数据搜集时也是如此;在非同质数据搜集时平均数更是毫无意义。在现实经济世界中,并不存在诸如"一般价格水平"这样的东西;存在的是价格,价格变动和货币价值结构的变化(包括价格、收入、债务)才让人感兴趣,并对理解经济现象具有极其重要的意义。〔1〕

通过重点分析一国价格水平,人们自然会得出这一结论:在出现赤字(盈余)的情况下,需要的是国内价格的普遍通缩(通胀)。但这隐藏了一个事实,例如,在赤字情况下,恢复国际收支平衡真正需要的是特定价格的相对下降,这种下降很难被称为通货紧缩。

举个例子,假设全世界对美国小麦的需求减少,从而导致美国国际收支出现 407
赤字。这种走势将引发美国特定价格、收入和现金余额的下降。当然,第一个影

〔1〕 Heilperin, *International Monetary Economics*, p.13.

响包括小麦价格的下跌、麦农收入和现金余额的减少。随之而来的第二个影响是对农业机械和其他向麦农直接提供资本品或消费品的行业。因此，如果美国麦农的收入减少，他们会大幅减少国内啤酒的消费量，啤酒价格因此下跌，国内啤酒行业从业人员和股东的收入与货币资产会减少，产业开始萎缩。无需更多细节，赤字还将对国内经济产生第三波和进一步的影响。

正是这种价格和收入下降的有序过程，为个人提供了采取必要行动以调整赤字的动力。例如，这些商品的较低价格将诱使外国投资者增加购买小麦、农业设备和啤酒，从而扩大美国的出口。另一方面，由于收入下降和现金余额不足的威胁，刺激美国工业需求出现不利转变，从而削减对外国产品的开支，因此美国进口将出现萎缩。随着美国居民开始用相对便宜的本国产品替代外国产品，例如，用国内啤酒替代国外啤酒，进口将进一步萎缩。

重要的是要认识到，这些价格和收入连续变化的均衡过程并不受国界的限制。因此，某一特定商品价格的变动幅度甚至方向，并不取决于该商品在哪一国生产销售。在上述例子中，我们假设，外国的大麦种植者将从美国小麦需求减少中先获益，但却有可能对加利福尼亚州的葡萄酒（和其他美国产品）具有足够高的
408 “收入需求弹性”，因此，对国际收支不平衡更直接的反应之一是这些货物的需求和价格。而且，随着失衡过程在世界经济中的逐步扩散，收入的进一步再分配和支出再调整将发生，很可能会引起赤字国家生产的其他商品价格上涨。[1]

总之，正如哈耶克所解释的那样：

> 所有这一切的重点是，收入和价格在初始改变后的后续变化将取决于某一特定要素或服务的价值是否以及在多大程度上直接或间接取决于所发生的特定需求变化，无论这一变化是在同一“货币区”之内还是之外。如果我们把货币收入的一系列连续变化，即需求初始转移之后的一系列变化，作为一个单链，暂时忽略每个环节将会发生的后续影响，我们就可以更清楚地看到这一点。这样一条链条可能很快就会通往另一个国家，也可能持续相当长的国内传导过程。但是该国特定个人是否受到影响，则取决于他是否是这一特定链条上的一环，即他是否直接或间接服务于收入首先受到影响的人群，而

〔1〕关于这一情况发生的前提条件，见 Paish，“Banking Policy，” pp.45—48。

不是简单地看他是否在同一国家。[1]

哈耶克的结论是，国际收支分析的这种分类法揭示出："……认为一国价格和收入必然会齐头并进，甚至朝着同一个方向发展的论调，不仅肤浅，还会让人误入歧途。受到影响的正是特定产业的价格和收入，这些影响与不同行业或地区之间需求变化所产生的影响，不会有本质的区别。"[2]

事实上，正是对总量和平均数的过分关注，再加上统计数据的模棱两可，使经 409
济学家无法理解一个简单的事实，即一个特定国家的所有价格不必朝着同一个方向移动来平衡国际收支。正如哈耶克所指出的："一国范围内的价格形成价格水平'纯属偶然事件'，这就导致了一个错误的想法……在某种意义上，一国所有价格将相对于其他国家的价格一起变动。"毋庸置疑，"事实上，(多少是任意选择的)价格组的平均值在不同国家的变动不同，这当然不能证明一个国家的价格结构整体上相对于其他国家的价格有任何变动的趋势"[3]。

综上所述，作为金本位制下国际收支调整机制基础的特定价格、收入和现金余额的变动，并不构成货币和价格的全面通缩，例如像 19 世纪 70 年代美国美元贬值或 30 年代初期美国银行体系崩溃的情况那样。事实上，国外对一种国内产品的需求下降对价格和收入的影响，在性质上与对同一种国内产品的需求下降所产生的影响并无差别。两种情况都反映了市场对市场参与者(无论其居住在何处)对某一特定商品的相对需求减少的通常反应。给一种情况下的这一市场过程贴上"通货紧缩"的标签，而对另一种情况下的市场过程则否，不仅让人困惑，而且毫无用处。

3. 开放经济中"通货膨胀"和"通货紧缩"的涵义

由此引出了我的第二个问题，关于"通货膨胀"和"通货紧缩"两个术语在描述参与国际金本位制的国家之间通常发生的货币流动影响时的适用性。 410

在金本位制下，黄金实际上是一种同质的国际货币。因此，每一成员国并不

[1] Hayek, *Monetary Nationalism*, pp.21—22.

[2] Ibid., p.23.

[3] Ibid., p.45.

构成独立的“货币区”，而只是更大货币区的组成部分，包括那些以黄金作为一般交换媒介的国家。这一事实中极其重要但经常被忽视的涵义是，基于金本位制的特定国家货币数量的变化与存在于一个纯国家不兑现货币区内的某个州、城市甚至家庭的货币数量的变化同样重要。

除非世界黄金供应量发生变化，否则只有在两个地区货币总需求相对变化的情况下，才会出现资金从一个金本位制国家向另一个金本位制国家的长期净转移。但今天，美元余额在美国或者美元区内从一个地区向另一个地区的净转移也是如此。在后一种情况下，举例来说，我们很难把新泽西州美元的减少和纽约居民美元的获得分别等同于通货紧缩和通货膨胀。因此，在国际金本位制下断言一国货币存量的波动构成了通货膨胀或者通货紧缩，就是把作为统一货币区组成部分的“地区间货币再分配”与“封闭系统中货币数量”的变化混为一谈。[1]

罗宾斯勋爵对这一点做了特别精辟的说明。[2]他认为，在采取统一货币体系的封闭经济体中，供给或需求条件的变化，如发现了有价值的矿产资源或旅游业时尚的改变，都会使特定地区的产品和要素服务的相对价值增加。在这种情况
411 下，该地区的价格和收入普遍上涨是很自然的。给这种上涨现象贴上“通货膨胀”的标签，只能带来不便并造成困惑。“你只需把它发挥到极限，考虑到一个行业的价格上涨和随之而来的收入增加，是由于我提到的任何一个原因造成的，就会发现这是多么奇怪的事情。”[3]

但同样的道理也适用于金本位制下国际货币流动的影响。正如罗宾斯所说：

> ……同样的事情也会发生在作为世界经济一部分的国家范围内。如果对一国产品的需求相对于其他国家同样产品的需求增加，或者如果这些产品在需求弹性增长的市场的供应量增加，那么，在固定汇率制度下，当地工人和生产资源的所有者能够获得市场回报给他们的世界生产增加份额，方法就是：国内收入和本国产品价格按同一比例增加，而实际收入的增加是通过购买进口商品、含有进口成分的商品或各种外国服务的购买力的增加而实现的……因此，在整个世界价格水平变动不会导致通货膨胀的情况下，可以设

---

〔1〕 Hayek, *Monetary Nationalism*, p.24.

〔2〕 Lord Robbins, “Inflation: An International Problem,” in *Inflation as Global Problem*, ed. Randall Hinshaw(Baltimore: Johns Hopkins University Press, 1972), pp.16—17.

〔3〕 Robbins, “Inflation,” p.16.

想出现这种变动。〔1〕

对于上述讨论，有一种似是而非的反对意见指出，与一个国家货币区内各区域之间的货币余额再分配不同，主权国家间黄金储备的转移通常涉及一国货币存量的多次扩张或收缩。换句话说，失去黄金的国家，其货币存量减少的绝对数量大于黄金流出量。相反，获得黄金的国家的货币存量因黄金成倍流入而扩大。

虽然这确实是对于"传统"金本位制下国际黄金流动影响一国货币供应效应 412
的准确描述，但这绝不是金本位制本身运行的固有特征。相反，它只是 19 世纪大多数国家银行体系按照所谓"国家储备体系"设计运行的直接结果而已。〔2〕

在这一制度下，国家所有银行的最终现金储备和黄金都集中在中央银行手中。黄金储备是中央银行票据和存款债务的直接支持，反过来，中央银行票据和存款负债又是商业银行票据和存款的储备基础。后者连同中央银行票据和黄金本身都存放在公众的货币余额中。由于中央银行和商业银行通常只持有现金储备的一小部分负债，每个国家的货币和信贷结构类似于倒金字塔，相对狭窄的黄金基础支撑着更大的银行票据和可转换为黄金的存款上层结构。因此，每当从金库中拿出黄金用于弥补国际收支赤字时，中央银行就被迫采取措施制止黄金外流，以维持黄金储备与负债比率的惯例或要求。通过提高贴现率，从而抑制商业银行的贴现和借款，基本上实现了这一目标。因此，中央银行得以收缩其未偿票据和存款负债。这反过来又给商业银行带来压力，要求它们减少自身的票据和存款负债，因为金融体系中储备资产的供给已经减少。最终，由中央银行引发的货币通缩将影响国内价格，从而导致赤字和相关黄金外流的停止和逆转。

这种叠加在原有黄金外流的自然货币效应之上的"二次"和人为的货币紧缩 413
之所以有必要，是因为在国家储备体系下，相对于按需可转换为黄金的银行负债总量，中央银行通常只持有少量的黄金储备。显然，在一个货币供给仅由足金硬币、纸币和 100%黄金支持的活期存款构成的体系中，不具有这种二次通货紧缩产

---

〔1〕 Robbins, "Inflation," pp.16—17.

〔2〕 对国际金本位制在国家储备银行体系中的运行的描述，见 Hayek, *Monetary Nationalism*, pp.25—32。也见 Joseph T.Salerno, "The 100 Percent Gold Standard: A Proposal for Monetary Reform," in *Supply-Side Economics: A Critical Appraisal*, ed. Richard H.Fink(Frederick, Md.: University Publications of America, Inc., 1982), pp.481—482[在本书中作为第 12 章重刊]。

生的制度基础。在一个竞争激烈且没有最后贷款人的自由银行体系中，这种情况也不可能发生。在这种情况下，在与对手银行的竞争中，利润的争夺将导致每家银行确定并维持足以应付暂时不平衡的最低储备存量，以应对地区间国际收支的暂时不平衡，而无需对其向公众提供的票据和存款做出重大改变。〔1〕

综上所述，国际金本位制未必就与国内宏观经济稳定不可兼得。经由一国国际收支经常发生的黄金流动并不是通货膨胀或通货紧缩的外生原因。相反，这种黄金流动是金本位制下货币区内不同国家之间货币总需求相对变化的内生反应，因此，可以按照与不兑现货币的内部流动相同的原则予以解释。

这并不是要否认，在全系统范围内，货币价值的变化可以发展到迫使每个成员国都参与其中的地步。最有可能的情况是，当世界货币黄金储备在某一时期的增加超过或低于同期世界产出的增加时，便会出现通胀或通缩。然而，从长期来看，由于黄金产量与货币购买力直接相关，世界价格水平的整体波动具有自我调整趋势。〔2〕

414 4. 浮动汇率与国家货币政策自主性

我们反对国际金本位制的理由是其被指与国内宏观经济稳定不相容。假定金本位制的"正常"运行确保了世界经济中还算不错的长期价格稳定，它是否仍然促进了国内输入来自国外的随机冲击或货币政策的错误？例如，大国的非正常扩张性货币政策所产生的价格上涨，将导致奉行相对非通胀性货币政策的国家出现国际收支盈余和黄金流入。如果后者严格实行金本位制，将无法采取旨在抑制通胀对国内价格影响的"自主"或"独立"货币政策。相反，由于低迷的世界市场对该国的产品需求下降，海外经济活动的收缩将导致该国出现国际收支逆差和黄金储备的损失。由此导致的该国货币存量收缩将导致国内商品市场供应过剩，从而抑

〔1〕 对自由银行理论的现代解释，包括对决定单个银行最佳准备头寸的市场力量的讨论，见 Lawrence H.White, *Free Banking in Britain: Theory, Experience, and Debate, 1800—1845* (New York: Cambridge University Press, 1984), especially chapters 1 and 5。

〔2〕 Milton Friedman, "Commodity-Reserve Currency," in idem, *Essays in Positive Economics* (Chicago: University of Chicago Press, 1953), pp.206—208；和 Joseph T.Salerno, "Gold Standards: True and False," *The Cato Journal* 3, (Spring 1983): pp.251—255 [在本书中作为第 13 章重刊]提供了对这一问题的理论阐述。实例见 Michael David Bardo, "The Classical Gold Standard: Some Lessons for Today," Federal Reserve Bank of St. Louis, *Review* 63(May 1981): pp.2—17。

制国内价格、就业和实际收入。

现在人们普遍认为,通过国家不兑现货币自由浮动这一简单的工具,就能以极小的成本避免上述情况发生。在这一货币制度下,当一个国家受到来自国外的扩张性压力时,汇率将简单地向上浮动,从而无需通过国内货币和价格的通货膨胀来调整国际收支。相反,通过无痛苦的汇率贬值,就可以将国外的萧条阻挡在本国国境之外,而无需经历金本位制下的货币、价格和经济活动令人难以忍受的剧烈萎缩。〔1〕

尽管这一论据非常合理,但仍有可能受到质疑,因为它忽略了通货膨胀或通 415
货紧缩对相对价格的影响。诚然,一些主张浮动汇率的人士已认识到这一问题并试图加以解决。

例如,戈特弗里德·哈伯勒就承认:"……浮动汇率并不能完全保护一个国家免遭国外经济衰退的影响,它只能保护一个国家免遭可被定义为外国货币供给变动引发的纯货币动荡的影响。但浮动汇率并不能使一国免遭真正的干扰。而衰退的影响并非纯粹的货币性质。衰退的非货币(真实)原因会对一国不同的商品和行业(例如,对原材料和制造品,或者经常重叠的出口品和进口品)产生不同的影响……"〔2〕

以上所述是一个重要的限制条件,是对浮动汇率制进行更为根本性批评的开端。

这些批评是由海尔佩林在 20 世纪 30 年代开始的。他认为,只要该国居民能够自由从事各种国际经济活动,就不可能成功地完全摆脱外国货币政策的破坏性影响。浮动汇率制不能保证国内经济的稳定——尽管它们确实可以稳定一些任意选择的价格指数——因为一国的国内"价格结构"或实际相对价格模式主要由世界市场力量决定。

按照海尔佩林的说法:

> 国际贸易的事实应该向主张(在内部和外部稳定性之间)做出选择的人

---

〔1〕见一篇经典论文,Milton Friedman, "The Case for Flexible Exchange Rates," in Friedman, *Positive Economics*, pp.157—203。

〔2〕Gottfried Haberler, "The International Monetary System after Jamaica and Manila," in William Fellner, *Contemporary Economic Problems 1977* (Washington, D.C.: American Enterprise Institute for Public Policy Research, 1977), p.273.

> 发出警告！汇率的波动必然会影响到任何一个国家内部的价格形成，而且随
> 416 着对外贸易在一国经济中的地位越来越重要，这种影响也会越来越大。如果原材料出口国的汇率上下波动，使用进口原材料从事生产的国家很难维持国内价格的稳定。如果主张国内价格稳定而不是国际价格稳定，并且以价格结构而不是平均价格水平来阐述自己的观点，在这种情况下，这些人会立刻发现，他们的解释非常无力，当然，除非他们继续谴责整个对外贸易是一个令人不安的因素，并继续主张自给自足政策。〔1〕

在此基础上，海尔佩林反对这样一种观点，即“经济动荡和经济波动是外来的祸害，一个国家可以通过汇率波动抵御这种祸害。商业周期理论的主体就是建立在封闭经济假设之上的。国际关系将传播经济波动，并使其同步化……”〔2〕

作为路德维希·冯·米塞斯和哈耶克提出的“奥地利学派”商业周期理论或“货币过度投资”理论的支持者，海尔佩林强调了资本品价格和消费品价格之间的相对变化（由通货膨胀引起）在促成商业波动中的关键作用。〔3〕但是，浮动汇率制并不会干扰相对价格变动的国际传递；它只是抵消了作用于某个国家绝对价格水平的外部力量。实际上，支持自由浮动汇率制的自由市场支持者不知疲倦地宣称，他们的计划最大的优势在于，它并不排除相对价格的国际变化，这种变化是根据不断变化的比较优势的要求，重新安排生产活动所必需的。

417 这就是浮动汇率制不能成功地使一个国家免受国外宏观经济波动的影响的原因。虽然海尔佩林本人从未将其分析进行到这一步，但这一点可以通过奥地利学派经济周期理论建立一个模型序列来说明，模型表示出在一个汇率波动的世界里，单纯一国通货膨胀所产生的一系列影响。

外国货币当局大规模扩张其不兑现货币存量时，通常是通过向本国商业借款人提供银行贷款的方式，并因此抬高了资本品价格或“上游”产品价格——由于商品市场的国际一体化，这种情况不仅仅在通货膨胀国家发生，而且在全世界范围内发生。资本品价格相对于消费品价格的上涨标志着所有国家的相关行业企业

---

〔1〕 Heilperin, *International Monetary Economics*, p.12.

〔2〕 Heilperin, *Pathology of Money*, p.71.

〔3〕 对奥地利学派商业周期理论倾向于赞同的讨论，见 Heilperin, *Pathology of Money*, 153—162。对该理论的详细解释和批评，见 Gottfried Haberler, *Prosperity and Depression: A Theoretical Analysis of Cyclical Movements*(New York: Atheneum, 1963), pp.33—72。

要扩大资本品的产出,收缩消费品的产出。对资本品生产的刺激将持续到通货膨胀结束。这时,通货膨胀扭曲的相对价格将发生逆转,商人们最终意识到,在通胀繁荣时期,资本品行业的许多长期投资无利可图,必须进行清算。投资过度和生产性资源错配与全球经济衰退或萧条同时发生。

国际资本市场一体化为商业周期在国家间的传递提供了更便利的机制。因此,在银行信贷扩张的国家,货币和资本市场(人为地)降低利率的冲动将迅速蔓延到整个世界经济,因为不断扩大的利差诱使国内外投资者将资金转向收益更高的海外投资。而且,国外企业发现,将其有价证券出售到那些利率降低后证券价格高于世界平均水平的国家,是有利可图的,会减少在各自国家信贷市场的资金借入和证券出售。这种国家间资本市场(实际是次级市场)之间储蓄供求的均衡 418
变化,确保了严格意义上的一国银行信贷扩张将趋向于在整个世界经济中统一压低利率。因为低利率增加了长期厂房设备投资的价值,利率的下降将进一步推动上述资本品价格和生产的全球繁荣。另一方面,当通货膨胀的国家叫停银行信贷扩张时,利率上升的冲动也将在国际资本市场传播,并导致世界范围投资品的资本价值急剧下跌,由此开始了衰退。

因此,只要一国参与国际贸易,如果世界商品市场和资本市场出现了反过来的相对价格和利率变化,而这些变化是由外国货币当局策划的通货膨胀繁荣的结果,一国可能会经历一个繁荣与萧条的周期,但在浮动汇率保护下,一国价格水平完全"稳定"。

浮动汇率制度所宣称的好处是以摧毁国际货币的巨大成本换来的,因此,不过是宏观经济理论化的幻影而已。

参考文献

Bardo, Michael David. 1981. "The Classical Gold Standard: Some Lessons for Today." Federal Reserve Bank of St. Louis, *Review* 63(May): pp.2—17.

Friedman, Milton. 1953. "Commodity-Reserve Currency." In idem, *Essays in Positive Economics*. Chicago: The University of Chicago Press.

____. 1953. "The Case for Flexible Exchange Rates." In Friedman, *Essays in Positive Economics*. Chicago: University of Chicago Press.

Haberler, Gottfried. 1963. *Prosperity and Depression: A Theoretical Analysis of Cyclical Movements*. New York: Atheneum.

____. 1977. "The International Monetary System after Jamaica and Manila." In William Fellner, *Contemporary Economic Problems, 1977*. Washington, D.C.: American Enterprise Institute for Public Policy Research.

Hawtrey, R.G. 1919. *Currency and Credit*. New York: Longmans, Green and Co.

____. 1926. "The Gold Standard and the Balance of Payments." *The Economic Journal* 36 (March): pp.50—68.

419 Hayek, F.A. 1971. *Monetary Nationalism and International Stability*. New York: Augustus M.Kelley.

Heilperin, Michael A. 1939. *International Monetary Economics*. London: Longmans, Green and Co.

____. 1968. *Aspects of the Pathology of Money: Monetary Essays from Four Decades*. London: Michael Joseph Limited.

Keynes, John Maynard. 1923. *A Tract on Monetary Reform*. London: Macmillen.

Marget, Arthur W. 1966. *The Theory of Prices: A Re-Examination of the Central Problems of Monetary Theory*, 2 vols. New York: Augustus M. Kelley.

Paish, F.W. 1936. "Banking Policy and the Balance of Payments." *Economica* 3(November): pp.404—422, rep. in Howard S. Ellis and Lloyd A. Metzler, 1950. *Readings in the Theory of International Trade*, pp.35—55. Homewood, Ill.: Richard D. Irwin.

Robbins, Lionel. 1937. *Economic Planning and International Order*. New York: Macmillan.

____. 1971. *Money, Trade and International Relations*. New York: St. Martin's Press.

____. 1972. "Inflation: an International Problem." In *Inflation as Global Problem*, Randall Hinshaw, ed. Baltimore: Johns Hopkins University Press.

Salerno, Joseph T. 1982. "The 100 Percent Gold Standard: A Proposal for Monetary Reform." In *Supply-Side Economics: A Critical Appraisal*. Richard H. Fink, ed., Frederick, Md.: University Publications of America, Inc.

____. 1983. "Gold Standards: True and False." *The Cato Journal* 3(Spring): pp.251—255.

White, Lawrence H. 1984. *Free Banking in Britain: Theory, Experience, and Debate, 1800—1845*. New York: Cambridge University Press.

第四编
应　用

第 16 章

20 世纪二三十年代的货币和黄金：奥地利学派的观点* 421

理查德·廷伯莱克在《自由人》学刊上连续三期发表了一篇有意思的连载文章，文章阐述了货币学派对 20 世纪 20 年代和 30 年代美国货币政策的批评。[1]在第一期文章中，廷伯莱克对已故默里·罗斯巴德使用“奥地利学派”方式解释 20 世纪 20 年代和 30 年代的繁荣—萧条周期提出了异议。廷伯莱克认为，罗斯巴德根据“通货膨胀”一词“新的和不可接受的涵义”，以及对货币供给的人为定义，“发明”了美联储精心策划而事实上从未发生过的 20 世纪 20 年代的通货膨胀。此外，廷伯莱克声称，罗斯巴德的解释由于“对中央银行货币数据的错误估计”，以及对美联储控制并在这一时期创造美元的伪金本位制之实质和操作的误解而不成立。

在随后的两期文章中，廷伯莱克分别就美国财政部在抑制黄金流入方面的政 422
策和美联储在 30 年代中期大幅提高存款准备金率的政策进行了讨论，认为这些辅助性政策扼杀了刚刚开始的经济复苏，导致了 1937—1938 年的经济衰退。接下来，我将详细阐述廷伯莱克对罗斯巴德的主要批评，同时，对美联储在那些悲惨

---

* From：“Money and Gold in the 1920s and 1930s：An Austrian View，” *The Freeman*：*Ideas on Liberty* 49(October 1999). Available at the freemanonline.org [在本书中作为第 16 章重刊]。

[1] Richard H.Timberlake，“Money in the 1920s and 1930s，” *The Freeman*(April 1999)：pp.37—42；“Gold Policy in the 1930s，” *The Freeman*(May 1999)：pp.36—41；and “The Reserve Requirement Debacle of 1935—1938，” *The Freeman*(June 1999)：pp.23—29.

年份的经济事件中的过失做出与廷伯莱克观点相左的评价。

1. “通货膨胀”的涵义

首先，廷伯莱克认为，罗斯巴德给“通货膨胀”一词赋予了一个新的、不可接受的涵义。事实上，罗斯巴德把通货膨胀定义为“货币供给的增长不包括[1]黄金的增长，也就是说，不能由黄金的增长来补偿”，是一个古老而值得尊重的定义。这一定义是在19世纪中叶英国硬通货学派和通货膨胀主义的英国银行学派的理论论辩中形成的。按照论辩中获胜的一方奥地利学派第一代货币主义者的观点，金本位制不足以阻止商业周期的繁荣和衰退，尽管1821年英国恢复了金本位制，但大英帝国仍然受到商业周期的困扰。[2]

简言之，根据通货学派的观点，如果商业银行获准通过贷款或投资操作发行超过其黄金储备的银行票据，将增加货币供给，引发通货膨胀繁荣。其结果是造成国内货币价格和收入的上涨，最终导致黄金外流下的国际收支逆差。本国黄金储备的流出和国内银行挤兑导致国内黄金流出所带来的威胁，将促使银行大幅缩
423 减贷款和投资规模，导致银行未偿付票据或“信用媒介”严重收缩，国内货币供给下降，随之而来的是全面的经济大萧条。

为避免这种商业周期的重演，通货学派建议严格控制所有信用媒介的增发，从今往后，货币供给的变动严格按照基于一国国际收支的黄金的流入和流出而变化。后者为严格按照国际货币需求格局分配世界货币供给提供了一种自然的、非周期循环的生成机制。

随着通货学派理论的胜利和英格兰银行采纳其政策处方，通货学派的通货膨胀定义为英语世界所接受，尤其在美国，那里有一个更激进和更具分析洞察力的美国通货学派。“通货膨胀”一词现在被严格地用来表示货币供给的增加，包括创造没有黄金支持的货币和银行存款。例如，美国财经作家查尔斯·霍尔特·卡罗

---

〔1〕关于这次争论的评述，见 Murray N.Rothbard, *Classical Economics: An Austrian Perspective on the History of Economic Thought* (Brookfield, Vt.: Edward Elgar Publishing Company, 1995), vol. 2, pp.225—274。

〔2〕Charles Holt Carroll, *Organization of Debt into Currency and Other Papers*, ed. Edward C. Simmons (Princeton, N.J.: D. Van Nostrand Company, Inc., 1964), p.333.

尔(Charles Holt Carroll)在 1868 年写道："通货膨胀和商业危机的根源在于这种制度的虚假贷款性质，但却是在没有货币存在的情况下，通过贴现票据来创造货币。"早在 1858 年卡罗尔就写道，"银行并没有把黄金和白银作为货币，而是把它们作为银行最大可能制造通胀的基础"，"我们应当阻止任何人为的货币增加，以避免未来的……大灾难"。[1]因此，只有通过创造无担保的银行票据和存款"人为增加货币"才构成通货膨胀。

19 世纪最后 25 年，通货学派在美国的代表人物是弗朗西斯·A.沃克。他在 1888 年写道："一国的流通货币超过该国在商业世界中可分配份额的永久性过剩 424 称为通货膨胀。"[2]虽然这一定义适用于不可兑现纸币，但沃克还是认为，通货膨胀是发行缺乏黄金支持的可兑换银行票据和存款的固有特征。按照沃克的说法："即使在最严格的可兑换条款下，银行货币仍有可能短期造成当地的通货膨胀。"[3]

然而，不幸的是，由于英国通货学派的学者与其美国同行不同，他们忽略了银行存款是货币供给的一部分，他们在英国采取的政策未能阻止通货膨胀和商业周期。悲剧性的结果是，该学派的理论和政策主张在 19 世纪后期渐渐名声扫地，通货膨胀的定义也被其对手银行学派的定义所取代，银行学派认为，通货膨胀是货币供给超过贸易需求的一种现象。

继第一代货币主义者欧文·费雪之后的早期美国数量理论家，抓住了这一定义并使之适应于他们独特的分析视角。因此，埃德温·凯默尔(Edwin Kemmerer)在 1920 年写道："尽管现在讨论的'通货膨胀'一词有多种涵义，但这个词的大多数用法都有一个共同的概念，即流通媒介的供给超过贸易需求。"[4]凯默尔接着将通货膨胀定义为："在给定的价格水平上，一个国家的流通媒介——货币和存款货币——相对于贸易需求而增加。"从这一点上讲，这是向目前流行的、认为通货膨胀即价格水平上升的定义迈出的一小步。[5]

---

〔1〕 Charles Holt Carroll, *Organization of Debt into Currency and Other Papers*, ed. Edward C. Simmons (Princeton, N.J.: D. Van Nostrand Company, Inc., 1964), p.91.

〔2〕 Francis A.Walker, *Political Economy*(New York: Henry Holt and Company, 1888), p.151.

〔3〕 Ibid., p.171.

〔4〕 Edwin Walter Kemmerer, *High Prices and Deflation* (Princeton, N.J.: Princeton University Press, 1920), p.3.

〔5〕 Ibid., p.4.

因此,罗斯巴德的理论肯定不是新论,说它是“不可接受的”只是表示同意正
425 统数量理论家,包括当代货币主义者,长期固有的对银行学派而非货币学派的偏爱。

2. 定义货币

廷伯莱克还质疑罗斯巴德对包括储蓄和信贷股本以及寿险责任准备金净额的货币供给的统计学定义,他声称,罗斯巴德为了使货币增长率看起来比 20 世纪 20 年代的实际增长率更高而设计了这一定义。廷伯莱克认为,这里提到的两项并非货币,因为“它们不能被用于普通商品和服务的支出。需要将其变现成其他货币,如现金或银行汇票,才能使用”[1]。我们分别看一下这两项。

关于储蓄和信贷股本,我们需要对廷伯莱克做出两点回应。首先,储蓄和贷款协会提供的“股金账户”在经济上无法与商业银行的储蓄存款区分开来,而商业银行所提供的储蓄存款包含在早期(1980 年以前)的 M2 定义中,廷伯莱克显然认为,早期的定义是关于货币供给的适当定义。[2]实际上,储蓄者能够在需要时从商业银行提取储蓄存款,是因为人们很少援引允许银行面临提现需要时坚持一个等待期的法律条款。同样,虽然储蓄和贷款协会在合同上有义务根据股东的要求按票面价值“回购”其“股份”,但他们可以按照各自的章程,从法
426 律上或长或短地推迟回购的时间。然而,这种延迟很少发生,并且“多年来,储蓄和贷款协会一直以此为自豪,吹嘘‘每一笔提现都能按需给付’或者类似的表示”[3]。

此外,虽然廷伯莱克提出,“持股者”在购买商品和服务之前,必须先将股本账

---

[1] Timberlake, “Money in the 1920s and 1930s,” p.38.关于罗斯巴德对其广义货币供给定义的解释和辩护,见 Murray N.Rothbard, *America's Great Depression* (Los Angeles: Nash Publishing Corporation, [1963] 1972), pp.83—86。

[2] 我说“显然”的原因在于,他认为“没有比 M2 更具包容性的货币存量的基础了”(Ibid., p.42, fn.3)。应该指出的是,从 1980 年 2 月开始,储蓄和贷款协会以及信用社的储蓄账户,连同商业银行和共同储蓄银行的储蓄存款一起,都被纳入新的 M2 之中,美联储的这一官方统计数据,今天被许多经济学家认为是衡量货币供给变动最可靠的指标。

[3] John G.Ranlett, *Money and Banking: An Introduction to Analysis and Policy* (New York: John Wiley & Sons, Inc., 1969), p.251.

户兑换为现金或银行汇票(按票面价值和需求)，这一说法虽然正确，但商业银行的储蓄者同样也要这样做。因此，公众总是将储蓄和贷款股金账户中的美元以及储蓄账户中的美元，看成与商业银行储蓄存款中的美元一样，随时可用于支出。

其次，廷伯莱克并不反对罗斯巴德将共同储蓄银行的储蓄存款纳入货币供给，这有些让人费解，尽管他青睐的 M2 定义中也不包括这些存款。[1]更加令人费解的是，廷伯莱克认为互助储蓄银行实际上在经济功能上与储蓄和贷款协会相同，而且在技术上也是由储户“共同”拥有的。[2]那么，为什么廷伯莱克如此强烈地坚持要区别对待这两家机构的债务呢？

谜底或许就在米尔顿·弗里德曼和安娜·施瓦茨的著作中，他们将储蓄和贷款协会(以及信用社)的股金账户排除在货币供给定义之外，理由是这些机构在技术上不是“根据联邦银行监管机构商定的银行定义”所定义的银行，因为“这些机构的资金持有人从技术上讲，大部分是股东，而不是储户”。然而，尽管存在这种法律上的技术性，就连弗里德曼和施瓦茨也不得不承认，那些将资金存入这些机 427
构的人“显然……可能会将此类基金视为银行存款的近似替代品，正如我们所定义的那样”[3]。

3. 寿险准备金

由此我们讨论寿险责任准备金净额的问题。罗斯巴德坚持认为，寿险公司的保险退保解约金，即保单持有人对于寿险公司的即时现金赎回权，在统计上与这些公司的寿险责任准备金净额近似，是日前可消费美元的来源，应包括在货币供

[1] Paul A.Meyer, *Monetary Economics and Financial Markets* (Homewood, Ill.: Richard D.Irwin, Inc., 1982), pp.31—32.

[2] Walter A.Haines, *Money, Prices, and Policy* (New York: McGraw-Hill Book Company, Inc., 1961), pp.249—250.

[3] Milton Friedman and Anna Jacobson Schwartz, *A Monetary History of the United States, 1867—1960* (Princeton, N.J.: Princeton University Press, 1963), p.4, fn.4.早在弗里德曼和施瓦茨就这一问题著书立说前的很多年，林霖(Lin Lin)曾于 1937 年发表了一篇十分精彩却为人所忽略的文章，文章论述了商业银行存款与各类非存款或储蓄机构的各种可即时兑现的储蓄账户之间最为本质的经济学区别——而非技术法律区别。“Are Time Deposits Money?” *American Economic Review* [March 1937]: pp.76—86。这篇文章并没有为弗里德曼和施瓦茨所引用，但却对罗斯巴德产生了极大影响。

给中。再次提出这一问题,不在于保险公司表面上是否与银行相似,或者从技术上讲,是否可以根据某些强制性监管定义将其归类为银行。关键在于它们是否在本质上像存款机构一样运作,从公众那里获得贷款和投资的资金,同时在合同中承诺,此类资金可根据投保人的要求提取。在罗斯巴德看来,从经济角度看,保单持有人与银行存款人(以及储蓄机构股东)在持有可立即兑现的美元票面价值债权方面处于完全相同的地位。

现在不可否认的是,罗斯巴德将这一项目列入货币供给是有争议的,而且比他将储蓄和贷款本金账户纳入货币供给更具争议性。然而,他并非唯一一位持这种立场的人。20 世纪 60 年代和 70 年代货币银行学教科书的一些主流作家都认识到,可赎回的寿险准备金具有货币的某些特征。例如,沃尔特 · W.海恩斯
428 (Walter W.Haines)将保险公司定性为"储蓄机构",并指出这些储蓄"能够随时提取",只需要允许保单失效即可,这一特征标志着保险单准备金是与储蓄账户一样的"准货币"。[1]M.L.布尔斯坦(M.L. Burstein)认为,寿险保单的现金价值提供了"随时可兑换"为现金的条件,其"流动性几乎与一张铺满钞票的床垫一样",满足了人们持有除了储蓄贷款账户和储蓄债券之外的其他流动资产的"预防性动机"需求。[2]阿尔伯特 · 哈特(Albert Hart)和彼得 · 凯南(Peter Kenen)将"人寿保险的净现金价值"列入广义金融资产,认为其具有"货币"属性。而托马斯 · F.卡吉尔(Thomas F.Cargill)则将它们的流动性紧紧排在包括在当前货币供给 M3 定义中的大额存单之后。[3]

然而更重要的是,即使我们出于论证的需要,同意将寿险责任准备金净额排除在货币供应之外,我们也发现,这种做法对罗斯巴德将 20 世纪 20 年代描述为通货膨胀的十年之影响甚微。如果包括该项数据,罗斯巴德得出的结论是,从 1921 年年中到 1928 年年底,M 增长了大约 61%,在这期间,货币年增长率达到 8.1%;即使刨除该项数据(但包括储蓄和贷款股本账户),在这期间的货币供给也

---

〔1〕 Haines, *Money*, *Prices and Policy*, pp.253—254, 31—32.

〔2〕 M.L. Burstein, *Money*(Cambridge, Mass.: Schenkman Publishing Company, Inc., 1963), p.111.

〔3〕 Albert Gaylord Hart and Peter B.Kenen, *Money*, *Debt*, *and Economic Activity*(Englewood Cliffs, N.J.: Prentice-Hall, Inc., 1961), pp.4—6; Thomas F. Cargill, *Money*, *the Financial System and Monetary Policy*(Englewood Cliffs, N.J.: Prentice-Hall, Inc., 1979), p.11.

增加了55%，年增长率为7.3%。[1]说来奇怪，如果基于对银行的法律监管定义莫名其妙的坚持，通过使用货币存量定义，在加入共同储蓄银行存款的同时，去除储蓄和借入股本，事实证明，正是廷伯莱克（以及弗里德曼和施瓦茨）错误地估算了20世纪20年代的货币供给增长。

4. 有缺陷的制度 429

廷伯莱克还批评罗斯巴德"忽视了金本位制和中央银行创造货币的制度框架缺陷"，以及"对中央银行货币数据的错误估算"。[2]但这无疑是对深谙货币学派理论的罗斯巴德吹毛求疵。事实上，罗斯巴德很清楚，20世纪20年代和30年代的美国货币制度并不是真正的金本位制，在此制度下的货币供给也并非完全由市场力量决定，也就是说，货币供给并非完全取决于国际收支和黄金开采，而是依靠一个混合体系，在这个体系中，美联储凭借其拥有的强大力量，通过银行纸币储备与黄金储备的混合储备制度，操纵了货币供给。实际上，罗斯巴德比廷伯莱克做得更好，他严格彻底地将那些受美联储控制的影响货币供给的因素，从美联储无法控制的领域剥离了出来。[3]

在分析央行货币数据时，廷伯莱克从货币基础或者相当于流通中的货币量加上成员银行储备的"美联储总额"入手，再从这一总额中适当地减去主要是黄金储备的美联储法定货币储备，黄金储备的规模取决于国际收支流动，因此并不在美联储直接控制之下。剩下的即为美联储"净货币债务"或"美联储净值"，按照廷伯莱克的说法，这是"美联储政策意图的忠实反映"[4]。从1921年到1929年，这一总量数据每年下跌8%，廷伯莱克由此得出结论，美联储在这一时期明显具有通货紧缩政策意图。廷伯莱克认为，这种通货紧缩政策倾向的动机是帮助英国重建和维持黄金对英镑的可兑换性。

然而，同样重要的是，黄金库存并不是美联储无法控制的唯一因素。正如罗

〔1〕 基于罗斯巴德的数据，我也曾做过这样的计算。见Rothbard, *America's Great Depression*, p.88。

〔2〕 Timberlake, "Money in the 1920s and 1930s," p.38.

〔3〕 Rothbard, *America's Great Depression*, pp.94—100.

〔4〕 Timberlake, "Money in the 1920s and 1930s," p.40.

430 斯巴德所指出的，廷伯莱克所说美联储净值中的流通中的货币量，根本不受美联储的控制，而是受制于银行业。每当储户从银行取款时，流通中的货币就会增加，而银行的储备则会减少，两者此消彼长。在部分准备金银行体系下，储备的减少会导致银行存款的多重收缩，并远远超过最初引起这种收缩的货币流通量的增加，从而导致货币供给的净紧缩。相反，公众持有货币数量的减少会引起银行储备的整体增加和货币供给的全面膨胀。

但这并非全部——廷伯莱克还忽略了一个事实，即在现行政策制度下，银行本身可以通过故意减少对美联储的债务，自主地减少银行准备金的数量，从而减少现有货币量。在此期间，美联储选择的政策是以低于市场利率的利率或“贴现”率，向所有银行提供大量持续的贷款。虽然从法律上讲，美联储有权向其成员银行发放此类贷款，但它未被授权这样做。此外，美联储还保留有对这些贷款设定“贴现率”的全部权力。因此，如果美联储做出这种选择，它本可以将其贷款仅限于紧急情况，并收取远高于市场实际利率的惩罚性利率，这样就会使除出现严重经营困难的银行之外的所有银行不再申请贷款。简言之，美联储本可以几乎完全抵消其贴现业务对通货膨胀的影响。这一“紧急贷款”政策在美联储创建初期就曾经由几位知名官员提出过。[1]

事实上，美联储选择推行“持续放贷”政策，意味着美联储通过商业票据再贴现或银行本票抵押贷款向成员银行发放新贷款而导致的银行准备金增加，完全由美联储控制。但这也意味着美联储无法控制因净偿还贴现票据而导致的银行准备金减少，因为这完全取决于银行的决定。鉴于美联储不加选择、低于市场利率
431 的贴现政策，如果银行愿意的话，只要向美联储贴现额外的票据，就可以维持或增加对美联储的债务。因此，正如罗斯巴德总结的那样，当“票据偿付”超过“新增贴现票据”时，银行有意地、自主地减少其对美联储的负债水平，这必须看成是对银行准备金无法控制的通缩影响。

5. 美联储的真实意图

如果我们遵循罗斯巴德的观点，那么，在确定流通货币与银行对美联储负债

〔1〕 关于美联储在20世纪20年代的贴现政策，见Rothbard, *America's Great Depression*, pp.111—116。

的减少以及黄金库存是影响银行储备的主要“不受控制”因素时,我们就可以了解到美联储在20世纪20年代和30年代初与廷伯莱克的观点大相径庭的真实意图。实际上,我们发现,通货膨胀萌芽从1921年年中开始到1928年年底结束,其间,“不可控储备”减少了14.3亿美元,而可控储备增加了22.17亿美元。既然成员银行储备总量在期初为16.04亿美元,这就意味着这七年半的时间里,可控储备激增138%,年增长率为18.4%,同时不可控储备减少了89%,或每年按11.9%的速度下降。因此,罗斯巴德正确地得出结论:20世纪20年代是通货膨胀的10年,美国联邦储备体系的真实意图就是如此。[1]

而且,美联储的通货膨胀意图与其帮助英国重建和维持战前黄金与英镑兑换平价的动机完全契合。虽然廷伯莱克正确地认识到了美联储政策背后的动机,但他认为美联储有必要采取通货紧缩政策的这个观点并不正确。事实恰恰相反。20世纪20年代中期,英镑相对于黄金和美元被高估,导致世界市场上英国产品的价格相对显得过高。其结果是,英国的进口长期超过出口,同时伴随着持续的国际收支逆差和黄金储备外流。如果美联储紧缩了美国的货币供给,从而相对于英 432
国的产品价格而言,美国产品的价格更低,这就会如廷伯莱克声称的那样,将加剧而不是缓解英国的黄金流失问题。显然,美联储如果希望帮助英国扭转国际收支逆差,重建黄金储备,就需要采取旨在推高美国产品价格的通货膨胀政策,从而使英国产品价格相对便宜,进而提高世界市场对英国产品的需求。[2]

关于美联储在20世纪20年代推行宽松货币政策动机的讨论,并非只有罗斯巴德提过,其他经济学家也有所提及,其中包括如肯尼思·韦伊尔等货币学派学者。韦伊尔认为:

> [1924年]英国呼吁援助,本杰明·斯特朗(纽约联邦储备银行行长)也听到了这一呼吁。美国扩张性的货币政策将推动美国的物价上涨和利率下降,这将使黄金流向价格更低、利率更高的英国。这些变化有助于美国的盟友增加黄金储备……毫无疑问,如果不是出于对金本位制和英国困境的担忧,美联储是不会采取行动的……到了1927年,处于困境的英国经济需要美国和

---

〔1〕 关于20世纪20年代通货膨胀发展的因素分析,见Rothbard, *America's Great Depression*, pp.101—125。

〔2〕 帮助英国在不必承受经济紧缩后果的情况下,以高估的黄金平价恢复金本位制,这是20世纪20年代推动美联储通胀性货币政策的一个重要动机。这方面的论述见Ibid., pp.131—145。

> 其他欧洲国家的帮助……正如1924年所发生的一样,为了帮助英国恢复金本位制,货币政策转为扩张性政策。[1]

罗斯巴德对货币数据的重新解释也削弱了廷伯莱克的说法,即美联储“在货
433 币问题上使国家陷入有史以来最严重的经济危机”[2]。相反,从1929年末到1932年,美联储控制的诸种因素继续对银行储备和货币供给施加高通货膨胀影响,虽然在此期间,美联储极力试图避免它在20世纪20年代策划的银行信贷扩张终止而引发大萧条。

因此,货币供给的紧缩完全是由美联储无法控制的因素造成的。首先,国内公众和外国投资者对美联储主导的伪金本位制失去了信心。结果,流通中的货币增加而美联储黄金储备减少,两者导致银行储备减少。其次,美国的银行业审慎地试图通过限制对投资过剩和失败企业的贷款,将资金用于偿还其对美联储的债务来自救和保护储户利益,这种做法进一步加剧了银行储备的“不可控”下降。第三,在1932年第二季度,银行也开始将其流动性储备增加到法定最低限额以上。这种所谓“超额储备”的累积构成了一个单独的不受控制的因素,加剧了银行储备失控下降对货币供给的通货紧缩影响。

从1929年12月底到1931年12月底,银行储备从23.6亿美元减少到19.6亿美元,导致RM(罗斯巴德的货币供给)从735.2亿美元减少到682.5亿美元,年减少3.6%。但这种通货紧缩并非美联储造成的,美联储在此期间增加了6.72亿美元的可控储备,年增长率高达17%,而不可控储备减少了10.63亿美元,或每年减少27%。1932年,RM继续下降至647.2亿美元,降幅为5.2%。但在这一年,由于美联储疯狂地扩大可控储备,银行储备从19.6亿美元大幅增加到25.1亿美元。在这一年的最后10个月,可控储备令人震惊地增加了11.65亿美元,年增长率高达76%。幸运的是,这种试图大规模扩张货币供给的通货膨胀被国内公众、国外投资者和银行化解了,其原因在于,银行由于不可控储备减少了4.95亿美元,开始大量积累超额储备。

434 1933年的情况与此十分相似,美联储在这一年早些时候进行了一场坚决的通

---

[1] Kenneth Weiher, *America's Search for Economic Stability: Monetary and Fiscal Policy Since 1913* (New York: Twayne Publishers, 1992), pp.48—49.

[2] Timberlake, “Gold Policy in the 1930s,” p.36.

胀运动——仅2月份可控储备就增加了7.85亿美元——还是被公众和银行击败,RM下降幅度超过30亿美元,降幅近5%。[1]

因此,一旦数据得到正确的使用和解释,美联储显然不应为1930—1933年的银行信贷紧缩而受到赞扬。这项荣誉应该授予试图从中央银行操纵和通货膨胀的金融体系中收回他们合法财产的国内外私人美元持有者,这是一个一再背叛他们信任的伪金本位制。

6. “中性”黄金

廷伯莱克在接下来的两期文章中,进一步抨击了他所认为的20世纪30年代中期美国财政部和美联储推行的“通货紧缩”货币政策。他尤其批评了造成1936年底至1938年初黄金流入并影响到银行储备的财政部“中立”或“中性”政策,以及美联储在1936年和1937年提高存款准备金率的政策。但这两项政策都没有导致货币供给的收缩。他们只是暂时中断了罗斯福当政期间废除金本位制和随后美元贬值引起的大规模通货膨胀。

重要的是要认识到,这种黄金流入并不是1933年废除的金本位制“失控”运行的结果。相反,这是美国财政部和复兴金融公司(Reconstruction Financial Corporation)有意稳步提高黄金价格的结果。到1934年1月,按照1934年通过的《黄金储备法案》正式将黄金与美元挂钩,黄金价格从每盎司20.67美元提升到35美元,升幅将近70%。现在,财政部获得了法律授权,可以通过自由购买以这个价格 435
提供给它的所有黄金来维持黄金和美元之间的这一贬值汇率。实际上,财政部的黄金购买在当时与美联储扩张性公开市场操作在经济上完全一致,都是以非货币黄金替代政府有价证券。因此,与黄金价格超过世界价格的这种单边上涨相对应,出现了大量黄金涌入美国的现象——当时称之为“黄金雪崩”,这种情况极大地增加了银行储备。其结果是,1934年、1935年和1936年的货币供给(M2)空前扩张,年增长率分别为14%、14.8%和11.4%。[2]

---

〔1〕关于导致20世纪30年代早期货币通货紧缩的因素,见Rothbard, *America's Great Depression*, pp.186—295。

〔2〕Weiher, *America's Search for Economic Stability*, pp.75, 79—82.

考虑到非货币化黄金对银行储备和货币供应的影响，非货币化的黄金库存因此已转变为(财政部)货币政策“控制”的一个因素。鉴于公众对黄金货币的使用和所有权已经在法律上被禁止，黄金实际上已经非货币化，财政部继续购买黄金纯粹是一个相机抉择的货币政策问题。因此，与廷伯莱克的说法相反，1937 年财政部开始出资购买黄金，以此中和黄金对银行储备的影响，所以财政部当时并没有进行通货紧缩。为这种购买行为筹集资金而同时进行的有价证券出售，只是简单而恰当地消除了非货币化资产对货币供给的任何外部影响。

然而，即使允许黄金继续发挥其货币功能，廷伯莱克对中和黄金影响银行储备政策的批评仍是错误的。因为按照货币学派的真正金本位制，一国的货币供给的增加量应该正好等于从国外流入的黄金量。这是该国居民为满足其持有更多货币的愿望而减少购买外国进口商品并增加出口销售有意为之的结果，所以这并不是通货膨胀，恰恰表达的是货币供给应该增加的恰当数量。这种国际收支平衡
436 机制是市场经济的一个自然组成部分，它在各个层面(包括地区、州、城镇，乃至家庭)持续发挥作用，以便有效地使货币供给适应货币需求的相对变化。

然而，当这些良性的、由货币需求驱动的黄金流入被用作银行储备以创造无担保票据和存款时，问题就出现了，就像 20 世纪 20 年代和 30 年代初一样。在此情况下，就像 F.A.哈耶克所贴切描述的，国际黄金流动经常会严重扭曲受影响国家的自由市场利率和投资模式，从而导致商业周期。[1]其原因在于国家货币供给的上升或下降所需的调整，现在是通过扩张或收缩银行贷款来创造或消除信用媒介，这个过程完全没考虑经济体消费者和储户的偏好。因此，在部分准备金银行体系占主导地位的情况下，中央银行采取中和黄金流动对银行储备影响的政策，并不构成对金本位规则的严重违反；相反，它倾向于促进在真正的金本位制度下盛行的自然货币供给机制的运作。

在三期文章的最后一期中，廷伯莱克也反对美联储在 1936 年和 1937 年为消除银行系统的巨额储备而提高存款准备金率的政策，这一反对意见并不让人感到惊讶。廷伯莱克对这项政策提出了两点批评。首先，这一政策并非必要，因为即使政策实施前夕存在的所有超额储备随后都被银行全部贷放出去，通胀的可能性

---

〔1〕 F.A.Hayek, *Monetary Nationalism and International Stability* (New York: Augustus M.Kelley, [1937] 1971), pp.25—32.

也相对较小。廷伯莱克引用了银行学派对通货膨胀的定义，宣布 52%的货币供给增长只会导致温和的通货膨胀，因为如果按 1929 年的价格计算，更多的货币供给将会超过充分就业经济体贸易需求的 5.6%，而当时的价格水平比 1936 年 6 月的一般价格水平高出了 25%。[1]通俗地讲，由于将通货膨胀当成扩大就业和产出以及使经济从萧条中解脱出来的权宜之计，廷伯莱克实际上是从字面上定义了一个巨大的潜在货币和价格膨胀。但是，正如廷伯莱克本人在脚注中承认的那 437 样——就像罗斯巴德和其他奥地利学派学者从未停止的争论那样——阻碍美国经济从大萧条中自然而非通货膨胀复苏的原因是，“十年来一直在积极对抗货币价格下跌的政府计划”的存在。[2]

7. 不断增长的货币供给

廷伯莱克在第二个批评中声称，上调存款准备金率不仅切断了经济复苏的潜在途径，而且“将持续复苏的局面变成了另一场周期性灾难”。但是，如果我们再看一下廷伯莱克的数据，就会发现从 1936 年 6 月 30 日至 1937 年 6 月 30 日，即该政策实施期间，货币供给（M2）持续增长，总量从 433 亿美元增加到 452 亿美元，增幅为 4.4%，正是在这一年，储备要求提高的政策得以实施。即使我们把注意力集中在这一时期的最后 6 个月，由于货币供给以每年 0.8%的速度增长，基本上也没有出现严重的通货紧缩。[3]即使从廷伯莱克的货币学派立场看，也很难将 1937—1938 年的“大萧条中的衰退”归咎于美联储的通货紧缩政策。

不幸的是，廷伯莱克牵强而偏狭地将美联储的通货紧缩政策看成是 20 世纪 30 年代所有灾难的根源，这使他忽略了“奥地利学派”对 1937 年旧病复发的合理解释。正是由于 1935 年高等法院对《全国劳动关系法》的支持，1937 年前三季度货币工资飙升了 13.7%，工会活动大规模爆发。劳动力价格的突发性上涨远远超过产出价格的增加，由于劳动生产率基本上并没有变化，从 1937 年底开始，就业

---

〔1〕 这些数字是根据廷伯莱克的数据计算出来的。见 Timberlake, “The Reserve Requirement Debacle,” p.27。

〔2〕 Ibid., p.29, fn.11.

〔3〕 Ibid., p.27.

438 率急剧下降。[1]我们可以在廷伯莱克 1937 年 6 月 30 日到 1938 年 6 月 30 日的数据中,观察到超额储备的大幅上升和与此相伴的货币供给下降,可以将这两种现象解释为经济衰退的结果,而不是经济衰退的原因。[2]由于企业利润受到劳动力成本上升的挤压,经济陷入衰退,银行开始审慎地收缩贷款,并积累流动准备金,以防范可能出现的贷款违约和银行挤兑。为了抵消货币供给的不可控下降,从 1938 年年中开始,美联储(和财政部)再次采取通货膨胀政策,扭转了提高存款准备金率的趋势,并再次允许黄金流入以增加银行储备。因此,M2 在 1938 年、1939 年和 1940 年分别增长了 5.9%、10.1%和12.5%。[3]

由此,我们的结论是,除了 1929 年和 1936 年至 1937 年的很短时期内,美联储的货币政策转为温和的反通货膨胀政策外,在整个 20 世纪 20 年代和 30 年代,美联储一直保持通货膨胀货币政策不变。这种通货膨胀政策是大萧条的起因,也是大萧条持续如此长时间的原因之一。

参考文献

Anderson, Benjamin M. [1949] 1979. *Economics and the Public Welfare: A Financial and Economic History of the United States, 1914—1946*. Indianapolis: Liberty Press.

Burstein, M.L. 1963. *Money*. Cambridge, Mass.: Schenkman Publishing Company, Inc.

Cargill, Thomas F. 1979. *Money, the Financial System and Monetary Policy*. Englewood Cliffs, N.J.: Prentice-Hall, Inc.

Carroll, Charles Holt. 1964. *Organization of Debt into Currency and Other Papers*, Edward C. Simmons, ed. Princeton, N.J.: D. Van Nostrand Company, Inc.

439 Friedman, Milton and Anna Jacobson Schwartz. 1963. *A Monetary History of the United States, 1867—1960*. Princeton, N.J.: Princeton University Press.

---

〔1〕 Richard K. Vedder and Lowell E. Gallaway, *Out of Work: Unemployment and Government in Twentieth-Century America* (New York: Holmes and Meier, Publishers, Inc., 1993), pp.129—136。对 1937 年经济衰退的类似解释,见 Benjamin M.Anderson, *Economics and the Public Welfare: A Financial and Economic History of the United States, 1914—1946*, Indianapolis: Liberty Press, [1949] 1979, pp.432—438。

〔2〕 Timberlake, "The Reserve Requirement Debacle," p.27.

〔3〕 Weiher, *America's Search for Economic Stability*, pp.75—86.

Haines, Walter A. 1961. *Money, Prices, and Policy*. New York: McGraw-Hill Book Company, Inc.

Hart, Albert Gaylord, and Peter B. Kenen. 1961. *Money, Debt, and Economic Activity*. Englewood Cliffs, N.J.: Prentice-Hall, Inc.

Kemmerer, Edwin Walter. 1920. *High Prices and Deflation*. Princeton, N.J.: Princeton University Press.

Lin, Lin. 1937. "Are Time Deposits Money?" *American Economic Review*(March): pp.78—86.

Meyer, Paul A. 1982. *Monetary Economics and Financial Markets*. Homewood, Ill.: Richard D. Irwin, Inc.

Ranlett, John G. 1969. *Money and Banking: An Introduction to Analysis and Policy*. New York: John Wiley & Sons, Inc.

Rothbard, Murray N. [1963] 1972. *America's Great Depression*. Los Angeles: Nash Publishing Corporation.

____. 1995. *Classical Economics: An Austrian Perspective on the History of Economic Thought*, vol.2. Brookfield, Vt.: Edward Elgar Publishing Company.

Timberlake, Richard H. 1999a. "Money in the 1920s and 1930s." *The Freeman* (April): pp.37—42.

____. 1999b. "Gold Policy in the 1930s." *The Freeman*(May): pp.36—41.

____. 1999c. "The Reserve Requirement Debacle of 1935—1938." *The Freeman* (June): pp.23—29.

Vedder, Richard K., and Lowell E.Gallaway. 1993. *Out of Work: Unemployment and Government in Twentieth-Century America*. New York: Homes and Meier, Publishers, Inc.

Walker, Francis A. 1888. *Political Economy*. New York: Henry Holt and Company.

Weiher, Kenneth. 1992. *America's Search for Economic Stability: Monetary and Fiscal Policy Since 1913*. New York: Twayne Publishers.

第 17 章

通货膨胀与货币：答廷伯莱克* 441

理查德·廷伯莱克对我发表在 1999 年 10 月《自由人》学刊上一篇文章的回应中，未能阐明或曰曲解了我在评论其早些时候三篇文章时提到的大部分实质性问题。因篇幅所限，我只能就他所涉及的"通货膨胀"一词的演变和货币的定义这些更重要的论点做出回应。

1. "通货膨胀"一词的演变

读者应该还能回想起，廷伯莱克本人在他的第一篇文章中指出，为了"发现"一个 20 世纪 20 年代不存在的通货膨胀，罗斯巴德"赋予了通货膨胀一个*新的*和不可接受的涵义"(重点是我标的)。我在文章中花了大量篇幅回应了他的错误指责，并论证了罗斯巴德意义上的通货膨胀在货币思想史上悠长而令人肃然起敬的历史。

现在，廷伯莱克改变了立场，认为"通货膨胀"的一系列定义"在很大程度上与实质性问题无关"。无论后一种说法是否属实，他都是在对一个与他自己首先提出的当前问题无关的问题作结论。但几句话过后，廷伯莱克又一次改变立场，现 442
在他将罗斯巴德的定义与一些不知名的"古代经济学家"的定义联系起来，他认为

---

* From: "Inflation and Money: A Reply to Timberlake," The Freeman: Ideas on Liberty 50(September 2000). Available at thefreemanonline.org.

那些人“使用‘通货膨胀’这一术语表示纸币数量的增加和价格的上涨”。罗斯巴德的通货膨胀定义到底是新发明的花招还是旧时的谬论？廷伯莱克不能一脚踏两船。

廷伯莱克认为，只有在19世纪中叶发明价格指数之后，经济学家才能够“将货币价值描述成货币价格的倒数”，或“正确区分货币数量的增加与货币价格的普遍上涨”，这种说法并不正确。实际上，早在此之前，廷伯莱克引用的英国古典经济学家，即桑顿（Thornton）、李嘉图和穆勒，已经在不借助价格指数的情况下准确解决了上述问题。正如伟大的古典经济思想史学家雅各布·瓦伊纳（Jacob Viner）在很久以前就指出的：“［古典经济学家］在没有明确限定的情况下谈论货币价值或价格水平时，他们指的是具体的商品和服务的价格序列，并不具有任何统计学意义上的平均值概念。”[1]换言之，古典经济学家认识到，货币的价值是由货币单位可购买的“一系列”特定商品组成的，例如，两根糖果棒，或一个冷冻酸奶甜筒，或十分之一顶棒球帽，等等。如果我们假设货币单位是美元，那么这些商品的数量中的每一个都代表了相应商品的美元价格倒数——每根糖果棒0.5美元，每根酸奶甜筒1美元，每顶棒球帽10美元。而且，这些一流的古典经济学家有足够的洞察力认识到这一点，构成货币价值的单个因素，也就是说，特定货币价格的相互作用是异质的，并且彼此之间的关系不断变化。这使得他们中的一些人故意回避或明确批评价格指数的使用，而第一个价格指数直到1798年才在英格兰出现。[2]

这使我注意到廷伯莱克对现代奥地利学派反对价格指数的错误描述。按照
443 廷伯莱克的说法，奥地利学派反对价格指数的要点在于，价格指数是“非主观的”。但这根本不是奥地利学派反对价格指数的理由。恰恰相反，奥地利学派经济学家和古典货币理论家一样，认为客观现实中任何时刻存在的东西，以及市场参与者由此在经济计算中所使用的，正是已经支付或未来将要支付的特定商品的货币价格。如上所述，货币价值植根于单个货币价格结构之中，不能脱离价格设想价值。任何试图将这种结构平均化为统一价格水平的做法都过于随意，因为这需要统计学家在构建指数的各种可用方法中进行主观选择。因此，无论家庭还是企业在计

〔1〕 Jacob Viner, *Studies in the Theory of International Trade*（New York: Harper & Brothers Publishers, 1937）, p.314.

〔2〕 Ibid., pp.312—314.

划其日常交易所需货币价值时,都不会参照这一衡量变化的统一指数来进行。正如路德维希·冯·米塞斯所指出的:

> 一个精明的家庭主妇对影响其家计生活的价格变化的了解,要比统计平均值所反映的多得多。那些平均值的计算忽略了她所能或计划购买之物品在品质及量上的变化,因而对她而言毫无用处。如果她仅选择两三种商品的价格作为度量尺度来“度量”其个人偏好之变化,那么,在选择处理市场数据的方法时,她并不逊于那些老练的数学家,也不比他们的“科学性”和“任意性”差多少。〔1〕

因此,从真实的立场出发,罗斯巴德和奥地利学派反对将通货膨胀定义为消费者物价指数(CPI)或国内生产总值平减指数的普遍上涨,因为这一定义掩盖了货币供给扩张导致的价格结构的相对变化。换句话说,货币供给的增加将导致物价的不均衡上涨,一些商品的价格比其他商品价格上涨更早,幅度也更大。事实 444
上,“价格水平”这个概念本身就是一个误导性极强的比喻,因为它暗示着一个水体的水位瞬时、一致地上升和下降。更具启发性的比喻应当是将价格比作一个蜂群,蜂群中飞舞的蜜蜂随着飞行高度的变化,不断改变它们在蜂群中的相对位置,但永远不会失去与蜂群的联系。同样,当“价格群体”因货币供给的变化而上涨或下跌时,个别价格的相对位置以及由此而来的个人收入和需求分配,都会不断地发生变化,即使在价格群体调整到新的水平之后,个体的变化仍将永久持续下去。〔2〕

货币购买力的任何变化都不可避免地伴随着价格结构的变革,20世纪20年代的经验很好地说明了这一点。正如廷伯莱克所认识到的,在这十年间,由生产力提高驱动的商品和服务供给的增长超过了货币供给的增长,消费价格和批发价格逐渐下降。但他没有提到,由于货币最初是注入信贷市场,因而相对于消费品

〔1〕 Ludwig von Mises, *Human Action*: *A Treatise on Economics*, Scholar's Edition (Auburn, Ala.: Ludwig von Mises Institute, 1999), pp.223—224.最近在讨论如何改变消费者物价指数来提高其对通货膨胀的“衡量”效果时,米塞斯的观点得到了说明。毋庸讳言,正如早先以所谓的“波动性”为由将食品和能源价格排除在外一样,这些建议的改变本身也是基于经济学家和统计学家的主观偏好。当然,认为美国的家庭和企业在安排支出时,仅仅因为汽油价格波动性大,就对油价上涨不予理会,这也是荒谬的。

〔2〕 认为价格蜂群观优于价格水平观,这种看法源于杰出的、但却被忽略的货币理论家Arthur W. Marget, *The Theory of Prices*: *A Re-examination of the Central Problem of Monetary Theory*, 2 vols. (New York: Augustus M.Kelley Publishers[1938—1942] 1966), vol.2, pp.330—336。

价格，货币供给扩张也提高了资本品价格。资本品价格的相对上涨在交换资本品所有权的房地产市场和股票市场的繁荣中得以放大。此外，从1921年到1928年，反映资本品价格和消费品价格差异的长期利率和短期利率被压低。[1]廷伯莱克和货币主义者只信赖并不存在的价格水平意义上的“通货膨胀”概念，对实际货币价格的变动却视而不见，而实际价格的变动才是对企业家的经济计算和计划，进而对经济的实际生产过程产生重要影响的关键因素。

445 最后，廷伯莱克莫名其妙地引用了一个毫不相关的“思想实验”来反驳罗斯巴德关于20世纪20年代发生了一次大的通货膨胀的说法。按照廷伯莱克的说法，通货膨胀不可能在1921年到1929年之间发生，因为既然1929年的物价低于1921年的物价，那么，所有人都会想要1929年2 000美元的收入，而不愿意要1921年的相同收入。虽然这是事实，但就像教科书案例一样，通过假设需要证明的东西而回避了问题的实质。[2]很显然，如果罗斯巴德的定义从一开始就被认为是错误的，如果通货膨胀被定义为价格的普遍上涨，而现实中价格确实在下跌，由此就可以有效地推断出没有发生通货膨胀的结论。然而，廷伯莱克反对罗斯巴德的通货膨胀定义之有用性的观点，已被证明毫无意义。我也可以毫不费力地说，如果美联储在20世纪20年代没有“扩张”货币供给，那么1929年的货币价值会比实际情况更高，在这个反事实的世界里，人们更喜欢要1929年的2 000美元收入，而不是以1929年实际美元计算的相同名义收入。尽管我对上面的推理过程深信不疑，但这也很难证明廷伯莱克的通货膨胀定义毫无意义。

2. 货币的定义

廷伯莱克在讨论货币供给的定义应包括哪些项目的问题时，提到了利兰·耶格尔为识别具有一般交换媒介功能的资产时采用的实证检验。根据这一检验，当人们觉得自己持有的货币过多时，他们会试图通过在各种商品和服务上的支出来摆脱过剩的货币，从而导致这些市场的商品价格开始上涨。在整个经济体中，额

---

[1] Sidney Homer, *A History of Interest Rates*, 2nd ed. (New Brunswick, N.J.: Rutgers University Press, 1977), pp.354, 372.

[2] Antony Flew, *Thinking Straight* (Amherst, N.Y.: Prometheus Books, 1977), pp.65—66.

外的支出和不断上涨的物价将持续下去,直到货币价值被压低到人们对持有全部现有货币量感到满意为止,因为他们的预期交易现在将需要更多价值较低的货币。因此,对耶格尔而言,货币供给包括通常用于支出并在所有市场上都可接受 446 为最终支付手段的货币和活期存款。

然而,仅仅因为活期存款支票可用于消费,或者活期存款具有与货币相同的独立的交换媒介运作功能,活期存款就不能通过耶格尔的检验。相反,因为活期存款可以按面值和按需兑换成货币,即兑换成在现存制度下作为一般交换媒介最终体现的美联储票据,活期存款就可以被视为货币供给的一部分。一旦我们认识到这一点,我们马上就会明白,商业银行和储蓄银行的非活期储蓄以及储蓄贷款协会股金券,在运作上同样是一种按照一定数量的票面价值可即时兑换的货币。[1]在 20 世纪 20 年代,一笔储蓄存款的所有人不能将其一部分存款余额以支票的形式直接转给第三方用于消费,而是在支出前步行或驾车到银行提现,当然这只是一个技术细节,并不会影响经济交易的本质。因此,储蓄存款和储蓄贷款协会的股金券与活期存款一样,都提供了无条件可获得并立即使用的美元,从而符合耶格尔提出的货币供给标准。

罗斯巴德用下面的例子阐明了这一点。我们假设,由于非银行公众对数字 5 出现了突然而广泛的文化厌恶,因而 5 美元面值的美钞在交易中不再作为交换媒介被接受。一旦某人想要支付其 5 美元面值的纸币,他必须先到银行将其兑换成其他面值的纸币。现在,只要这些纸币在面值上能够按照需求兑换成其他面值的纸币,就没有人有理由反对将其纳入到货币供给。实际上,他们将通过耶格尔 447 的检验:因此,如果美联储派出一架直升机,向美国额外投放数十亿美元的 5 美元面值钞票,随着民众争相花掉他们的剩余现金余额,商品价格和收入很快就会开始普遍上涨。但是正如罗斯巴德所指出的,储蓄存款与本例中的 5 美元纸币的情况完全相同:在其他条件相同的情况下,货币总量的增加将导致经济中可花费美元的过剩,从而启动一个降低货币价值的调整过程。事实上,在 20 世纪 20 年代,银行信贷扩张导致"定期"存款,或者相对于活期存款的储蓄存款不成比例的增

〔1〕 正如我在上一篇文章中所指出的,无论从意图上还是目标上,储蓄存款和储蓄贷款协会的股金券都可以有效地按需兑换成货币。而且,正如活期存款一样,1934 年以后,储蓄存款和储蓄贷款协会的股金券与货币之间的面值兑换,由联邦政府机构提供担保。1971 年后的信用合作社也是如此。

长，其原因是，商人们受到储蓄存款利息的诱惑，愿意持有较不活跃类型的银行账户存款。〔1〕

廷伯莱克提出的第二种检验据称可以支持其对货币供给的狭义定义。根据这一计量经济学检验，如果某一特定类型的资产的纳入提高了被测货币总量与美元在最终商品和服务或国民生产总值上的总支出间的正相关关系，则应将其纳入货币供给的定义中。这一检验的逻辑意味着，如果将花生酱的供给加到被测货币总量中，并改善了对总支出的“解释”，那么花生酱将被视为货币供给的一部分。但是这一实证检验与耶格尔的检验有直接的冲突，耶格尔检验的目的只是将这些资产的基本功能确定为一般交换媒介的货币，也就是说，预期在未来能够为购买其他商品而再次售出的商品。因此，耶格尔的本质主义检验将排除花生酱，因为至少在我们的经济中，花生酱是一种消费品，其供给过剩导致自身货币价格的下
448 跌，而不是直接造成其他商品货币价格的上涨。事实上，在廷伯莱克引用的同一篇文章中，耶格尔对廷伯莱克所维护的定义货币的纯粹实证方法提出了强烈批评。

参考文献

Anderson, Benjamin M. 1979. *Economics and the Public Welfare: A Financial and Economic History of the united States, 1914—1946*, 2nd ed. Indianapolis: Liberty Press.

Flew, Antony. 1977. *Thinking Straight*. Amherst, N.Y.: Prometheus Books.

Homer, Sidney. 1977. *A History of Interest Rates*, 2nd ed. New Brunswick, N.J.: Rutgers University Press.

Marget, Arthur W. [1938—1942] 1966. *The Theory of Prices: A Re-Examination of the Central Problem of Monetary Theory*, 2 vols. New York: Augustus M.Kelley.

Mises, Ludwig von. 1999. *Human Action: A Treatise on Economics*, Scholar's Edition. Auburn,

〔1〕关于20世纪20年代通货膨胀历史中被忽略的部分，见 C.A.Phillips, T.F. McManus and R.W. Nelson, *Banking and the Business Cycle: A Study of the Great Depression in the United States* (New York: Arno Press[1937], 1972), pp.95—101; Benjamin M.Auderson, *Economics and the Public Welfare: A Financial and Economic History of the United States, 1914—1946*, 2nd ed. Indianapolis: Liberty Press, 1979, pp.139—143。无独有偶，这两本书的作者都受到奥地利学派货币和商业周期理论的极大影响。

Ala.：Ludwig von Mises Institute.

Phillips，C.A.，T.F. McManus，and R.W.Nelson. [1937] 1972. *Banking and the Business cycle：A Study of the Great Depression in the United States*. New York：Arno Press.

Viner，Jacob. 1937. *Studies in the Theory of International Trade*. New York：Harper & Brothers Publishers.

第 18 章

奥地利学派应用经济学对 10 月股市崩盘的货币学解释*

本章的目的是将 1987 年 10 月 19 日的“黑色星期一”事件放在一个正确的角度，解释这一事件如何与奥地利学派构想的广义范围的繁荣—衰退周期的一系列现象相符合。被称为 TMS 的货币总供给最初是在默里·罗斯巴德的著作中提出的，这一术语将在我的解释中发挥关键作用。[1]尤其是，我认为 10 月股市崩盘是不可避免的结果，也就是说，10 月股市崩盘不是新型计算机交易程序的结果，而是旧式通货膨胀引起的虚假繁荣的结果。与所有通货膨胀一样，1982—1987 年的大通胀从根本上说是一种货币现象。它是由美联储精心策划的，是长期的、大量的货币供给增长的结果。

1. 准备阶段：1982—1987 年的通货膨胀繁荣

在分析通货膨胀繁荣发展的过程中，我依次关注了货币供给、消费品市场、资本市场和外汇市场的发展。

---

* From: “A Monetary Explanation of the October Stock Market Crash: An Essay in Applied Austrian Economics”, *Austrian Economics Newsletter 9* (Spring/Summer 1988): pp.2—6.

〔1〕 TMS 指“真实货币供给”(true money supply)——从理论上讲，货币作为一般交换媒介的定义是正确的。关于 TMS 的讨论和其构成，见本书第 3 章。

450 ### （1）货币供给

1982年夏季，宾州广场银行倒闭，墨西哥及其他欠发达国家拖欠国际贷款的威胁，凸显出世界金融体系的不稳定性，其中尤以美国货币中心银行为最。这些事件连同美国经济的持续衰退（其持续性一再挑战官方预测）促使美联储在当年7月启动了一项强有力的货币扩张政策。

这轮通货膨胀推动美国经济从1981—1982年的衰退转向快速复苏，其规模可以从调整后银行储备的急剧增长中看出。[1]从1982年的第三季度到1983年的第四季度，调整后的银行储备从493亿美元增加到542亿美元，年增长率高达9.94%，而1980年第四季度到1982年第三季度共计七个季度的储备年增长率只有3.31%，前者是后者的3倍。[2]为了补充其创造储备的公开市场操作，并着重向市场表明其重新扩张经济的决心，美联储在1982年的最后两个季度七次下调了贴现率。在银行存款准备金的快速增长和引入货币市场存款账户的推动下，货币总供给从1982年第三季度平均9 298亿美元，飙升至1983年第三季度平均13 552亿美元，相当于45.76%（未经证实的）年增长率。诚然，公众急于将高利息
451 收入和货币市场存款账户中的联邦保险金加入其现金余额，因此，在货币总供给大幅增长的同时，货币持有的整体需求出现了反常的一次性增长。由于（个人的）货币市场存款账户无需法定准备金的支持，其扩张并没有吸收现有的银行储备，因此，银行体系有可能在不收缩货币总供给其他组成部分的情况下满足这一需求。尽管如此，从货币总供给中扣除货币市场存款账户和储蓄存款后，货币总供给仍以每年14.17%的显著膨胀水平扩张。同期，活期存款加上其他支票存款的总和，也以年均14.45%的速度增长。[3]

---

[1] 我重点关注调整后储备，目的是衡量美联储政策的预期目标，因为调整后储备的变化与货币总存量的变化直接相关，而且，美联储拥有控制储备总量增长的短期或者中期（以季度为单位）手段。另外，自1979年以来，美联储的决策部门一直在使用储备目标来指导自己的行动，以实现政策目标。为了确定货币政策的短期变化，我分析了美联储政府证券存量的月度变化，这些变化完全由美联储公开市场操作决定，尽管联邦储备信贷，甚至调整后的货币基础的变化也可以用于此目的。

[2] 与储备调整和美联储政府证券存量有关的所有统计资料，都来自圣路易美联储银行的月刊《货币趋势》。

[3] 20世纪80年代引入的关于不同种类银行存款准备金率新结构对货币供给的影响的讨论，见R. Alton Gilbert, "A Revision in the Monetary Base", Federal Reserve Bank of St. Louis *Review* 69 (August/September): pp.24—29。

截至 1983 年第四季度，美联储已经转向更为严格的货币政策，从 1983 年第三季度到 1983 年第四季度，美联储将调整后的储备固定在 542 亿美元的水平。储备增长的限制使货币总供给在同一季度的年增长率降至 2.7%。美联储扩张性政策的收紧在 1984 年第四季度继续发挥作用。从 1983 年第三季度到 1984 年第四季度的五个季度中，调整后的外汇储备以每年 6.05% 的速度增长，从 542 亿美元增加到 583 亿美元，与前四个季度相比，其年增长率下降了 3.5 个百分点以上。同期，货币总供给年增长率为 4.27%，从 13 552 亿美元增加到 14 276 亿美元。

1984 年第三季度，货币创造速度出现下降，并开始“侵蚀”实体经济，导致“增长放缓”并引发了对即将到来的衰退的担忧。到 1984 年第四季度，国民生产总值实际增长率已降至 1.7%，而 1984 年第一季度和第二季度这一数字分别为 10.7% 和 5.5%。[1]由于国际比较优势的持续变化和美元在外汇市场上的持续走强，除
了经济衰退的隐忧外，美联储还面临局部萧条，尤其是美国进出口竞争行业的萧 452
条。因此，早在 1984 年 8 月，负责政策制定的美联储公开市场委员会的一些成员就主张恢复强有力的货币刺激措施，称之为“放松储备约束的程度”[2]。在美联储公开市场委员会 11 月和 12 月的会议期间，公开市场操作“……旨在狭义货币供应量增长滞后、经济增长普遍乏力、通胀有所抑制、外汇市场美元持续走强的背景下，在一定程度上减轻银行储备的压力”[3]。最终，在 1984 年 12 月的会议上，官方委婉地宣称，通货膨胀的繁荣即将恢复，因为“……大多数成员表示倾向于引导公开市场操作进一步放宽准备金条件，以鼓励 M1 的令人满意的增长，并改善 1985 年经济增长的前景”[4]。

因此，1985 年初，美联储对美国经济发动了新一轮持续的通货膨胀，目的是阻止即将到来的衰退和世界货币市场上美元的贬值，经济繁荣的第三个阶段，也是最后一个阶段到来了。从 1984 年 12 月到繁荣结束的 1987 年 5 月，调整后的储备增长超过 24%（从 584 亿美元增长到 730 亿美元），或者以略高于 10% 的年增长率增长。结果造成了这段时间内货币总供给的激增，增速几乎达到 34%（从 14 520 亿美元增加到 19 422 亿美元），年增长率高达 14%。

---

〔1〕 Federal Reserve Bank of St. Louis, *National Economic Trends* (December 1987), p.12.

〔2〕 Hafer, 1985, p.27.

〔3〕〔4〕 Ibid., p.28.

（2）消费品价格

美联储之所以大力重启通货膨胀，是因为事实上，通货膨胀效应在美国的
453 消费品市场上被掩盖了，尤其是在1985年和1986年。例如，在1983年到1986年，消费者物价指数（CPI）的年增长率分别为3.8%、4.0%、3.8%和1.1%。同样在这四年里，第四季度货币总供给同比增长率分别为38.8%、4.62%、13.44%和12.7%。

货币超发与物价上涨间的巨大差异是许多不确定因素同时作用的结果。这些因素包括外汇市场上美元的持续升值，这一升值过程始于1980年，并推动美元兑德国马克和1985年2月一篮子外汇的贸易加权汇率达到战后的峰值。这种情况对国际贸易商品的美元价格，进而对美国整体价格水平造成了下行压力，同时，又因影响到世界各商品市场的供给而强化了事态的发展。

例如，粮食生产的技术进步向发展中国家的扩散，导致美国市场食品供给增加，价格下降。石油输出国组织（OPEC）和国际锡业协会（ITA）卡特尔协议的破裂导致供给过剩，石油和锡以及替代能源和金属的价格大幅下跌。而且，西欧举步维艰、步履迟缓的复苏，也抑制了世界市场对初级产品的进口需求，同时，那些迫切需要外汇，尤其是需要美元来偿还债务的初级产品生产国，正加紧向世界市场提供这些产品。

这些汇率和供给因素严重影响了国内的投入品价格，1983—1986年四年间，美国原油生产者价格指数的年变化率就是一个例证。该指数在1983年增长了4.7%之后，接下来三年的指数变化是：-1.6%、-5.6%和-9%。[1]用米塞斯的
454 术语来说，经济“货币方面”产生的消费价格上涨趋势，部分被经济“货物方面”同期暂时降价因素所抵消。通过比较服务业国民生产总值平减指数和制造业国民生产总值平减指数，我们可以就商品因素对美国总体物价上涨的调节作用谈一些看法，因为制造业的生产成本和价格受到世界货币和商品市场波动的影响更为直接。1982—1985年，服务业国民生产总值平减指数年均增长率为5.4%，而制造业国民生产总值平减指数年均增长率仅为1.9%。另外，我们也注意到，1983—1986年，按除粮食和能源之外的所有项目计算的CPI年平均增长率，超过了按所

〔1〕 Federal Reserve Bank of Cleveland 1988.

有项目计算的 CPI 年平均增长率 1.3 个百分点(即 4.5%对3.2%)。[1]

通货紧缩对消费品价格的另一个影响是美元持有的总需求增加,在其他条件不变的情况下,货币需求的增加会增加商品市场上美元的购买力。这种增长的需求,一部分可以追溯到美国金融市场交易量的巨额扩张,出于各种原因,这种增长在 20 世纪 80 年代一直在进行。为了给这部分交易的增长提供资金,国内和国外投资者都必须收购和持有更多的美元现金余额。此外,从墨西哥和阿根廷这种发生恶性通货膨胀和货币崩溃的国家外逃的资本,在美国银行存款和现金账户中找到了"避风港"。实际上,正如默里·罗斯巴德所指出的那样,大量的美元货币从美国流向国外,进入国外储备,为外国尤其是拉丁美洲和亚洲的地下经济交易提供资金,数量根本无法估算。也有证据表明,世界范围内不断增长的毒品交易,目前估计年交易额高达 1 000 亿美元,这笔交易也吸收了数额巨大的美元,从而造成全球对美元的需求上升。

(3) 资本市场

按照奥地利学派商业周期理论,我们预期相较于消费品市场,通货膨胀对资本市场的影响更早发生,且更为强烈。原因有二。第一个原因,在现代经济中,大 455
部分新创造货币最初是通过商业银行增加对企业的贷款而进入经济的,这就直接导致了利率的下降。新增的贷款资金被借款企业用于增加生产性资产的投资,尤其是用于生产耐用设备和商业结构等长期资本品的固定投资。投资支出的增加反过来导致资本品(相对于消费品)的价格上涨,以及生产这些商品的公司的收益和资本价值的提高。而且,通过信贷市场流入的新货币带来的利率下降,将会提高现有资本品和生产性土地要素的资本价值和市场价格,这表现为拥有这些生产性资产的公司的市场价值增加。由此,股票、信贷(债券、商业票据、商业银行贷款)和房地产市场对货币扩张的反应最为敏感,因为这些市场正是资本品所有权交换的场所。

消费品市场的价格上涨通常以资本市场的繁荣为前兆,所以第二个原因涉及通货膨胀预期的性质和形成。正如米塞斯所指出的,在通货膨胀发生过程中,通货膨胀预期并不会突然影响到所有市场参与者,而是从那些对通货膨胀发展影响

[1] Federal Reserve Bank of Cleveland, *Economic Trends* (February 1987).

未来市场价格状况最敏感的人群向其他人群逐步扩散，最终成为公众的共识。尤其是反映信贷市场普遍存在的通货膨胀预期的利率升水："……首先只有少数参与者，然后有越来越多的参与者意识到，市场上出现了由现金引起的货币关系的变动（即货币的供给和需求）这一事实，并因此产生了倾向于某一方向的趋势时，它就一步步出现了。"〔1〕

456 从经验上讲，那些最先预测到货币单位购买力下降并相应调整其购买和出售决定的人，往往是"企业家—发起人"，他们经常在资本市场进行成功的运作，他们的生计取决于根据未来市场状况的预期变化迅速而正确地调整其当前的活动。

因此，"发起人"概念成为通货膨胀预期理论的核心：

> 因为它指的是人性的一种普遍特征，这种特征出现在所有市场交易中，并让他们留下了深深的印记。面对同一个变化，不同的人反应的速度和方式都不一样，这是一个事实。人与生俱来的差异和后天环境不同而带来的人与人的不平等，也以这种方式表现出来。市场上，有些人是先行者和引路人，而有的人只能步这些身心敏捷之人的后尘……市场的驱动力，即某种趋向于不断创新和进步的因素，是由发起人自强不息的精神和他急于尽可能多地追求利润的冲动提供的……〔2〕

此外，在现代经济中，企业活动的主要场所已经趋于超越企业组织的狭窄范围，更加集中于资本品产权市场，即资本市场。正如米塞斯所解释的：

> 企业家和资本家……的所作所为遍及资本市场和货币市场的全部活动。正是这些发起人和投机者所进行的金融交易主导着生产……这些交易本身构成了市场。如果废除了由这些交易构成的市场，就不可能保持住市场的任何部分……投机者、发起人、投资者和放贷者（决定了）证券交易和商品交易以及货币市场的结构……〔3〕

457 这些理论上的考虑解释了 1982—1987 年通货紧缩式繁荣期间资本市场的价格加速上涨现象。

---

〔1〕 Ludwig von Mises, *Human Action*: *A Treatise on Economics*(Chicago: Henry Regnery, 1966), p.544.

〔2〕 Mises, *Human Action*, p.255.

〔3〕 Ibid., p.708.

例如，从 1982 年中期的通胀繁荣开始，债券市场反弹，短期利率稳步下降，最终在 1983 年趋于平稳。在 1985 年初结束的货币增长放缓时期出现走势不明的波动之后，利率在随后两年再次爆发的货币扩张中呈急剧下降趋势。从 1985 年 3 月 15 日到 1987 年 1 月 23 日，三月期的商业票据利率下跌了近 3 个百分点，从 8.77%下降到 5.87%。大约在同一时期，AAA 级公司债券的收益率从 12.64%下跌至 8.31%，最优惠利率从 10.5%降至 7.5%。作为债券价格指数之一的道琼斯 10 种工业品指数，从 1982 年的年内低点 57.36 上涨到 1987 年的年内最高点 93.10，增长了 62%。

至于股票市场，20 世纪 80 年代的大牛市几乎与 1982—1983 年和 1985—1986 年的货币加速扩张相吻合。从 1982 年 8 月底到 1983 年 10 月的 15 个月里，标准普尔 400 种工业股指数从 122.49 升至 189.00 点，涨幅约 54%。在经历了一段时间的停滞、下跌和复苏（一直持续到 1984 年）之后，1985 年牛市得以恢复，并推动该指数在 1987 年 3 月上升至 334.65。在此期间，该指数上涨了 173%。与此同时，400 种工业股指数的平均年收益率（市盈率的倒数）从 1982 年 7 月的 5.91%下降到 1987 年 3 月的 2.51%。

（4）外汇市场

早在 1912 年，米塞斯就清楚地阐述了研究外汇市场的最新方法，即将外汇市场看作有效资产市场，在这一市场中，当前价格和汇率根据各种货币相对购买力 458
未来发展的预期变化而迅速调整。米塞斯对这一分析法的阐述比现代分析法的阐述更具现实性。现代分析法是假设“理性预期”，而米塞斯的方法论则建立在关于预期形成和修正的现实理论基础上，分析侧重于上述企业家—发起人。无论是米塞斯分析法还是理性预期理论，汇率的资产市场分析法的一个重要涵义是，汇率对通货膨胀的调整非常迅速，而且这种调整发生在消费价格和货币的内部购买力完全调整之前。正如米塞斯在 1919 年所解释的那样：

> 货币数量增加所造成的物价上涨并不是一夜之间发生的。一定要经历一定时间才会出现。增加的货币会在某一时刻进入经济。只有从那时开始，增加的货币才逐步扩散开来。货币首先只是进入经济中某些个人手中和某些生产部门。因此，在一开始，它只会增加对某些商品和服务的需求，而不是增加对所有商品和服务的需求。只有到后来其他商品和服务的价格才会上

> 涨。然而，外汇报价是投机汇率，也就是说，它们是在商人的交易中产生的，商人在经营活动中不仅要考虑目前的情况，而且要考虑未来市场的潜在发展。因此，货币的贬值在外汇市场的外汇报价中很快就会显现出来——早在其他商品和服务的价格受到影响之前……[1]

在经济繁荣的第一阶段，美元对包括日元和德国马克在内的外国货币继续普遍升值，并于1985年2月达到峰值。美元升值的原因是，1985年之前，美国的物价上涨速度并没有明显高于德国和日本，同时，美国政府大量举债为联邦预算赤
459 字融资而导致的相对较高利率吸引了大量外资的涌入。但在1985年初，美联储决定通过故意压低美元的外汇汇率来弥补美国不断扩大的贸易逆差，从而引发了通胀预期，美元持续通胀的征兆终于开始出现在世界货币市场上。

其结果就是，德国马克的美元价格稳步提升，从1985年2月历史低点的大约0.31美元上涨到1987年4—5月繁荣结束时的0.55美元，价格上涨了7.42%。同一时期，美元兑日元汇率也从略低于0.004美元升至略高于0.007美元，美元兑一篮子贸易加权外汇的价格上涨了75%，[2]美元在此期间贬值约40%。

2. 通货紧缩和崩盘

1987年的通货紧缩是由美联储遏制美元外部价值连续两年下跌的愿望推动的。1月下旬，美国和日本对外汇市场进行了"协同干预"，以支持美元。根据2月底签署的《卢浮宫协议》，包括美国在内的6个工业国的货币当局同意"……密切合作，以促进汇率在当前水平上的稳定"[3]。

为阻止美元在外汇市场进一步贬值，并将美元与马克和日元汇率稳定在《卢浮宫协议》规定的"狭窄区间"内的决定，使通货膨胀在1987年2月骤然停止，即使只是暂时停止。在此日期之前的6个月内，调整后储备和货币总供给的年增长
460 率分别为18.27%和19.59%。美联储出售总额为84亿美元政府有价证券的行为

---

〔1〕 Ludwig von Mises, "Balance of Payments and Foreign Exchange Rates," in idem, *On the Manipulation of Money and Credit*, ed. Percy L.Greaves, trans. Bettina Bien Greaves(Dobbs Ferry, N.Y.: Free Market Books, 1978), p.51.

〔2〕 Federal Reserve Bank of St. Louis, *International Economic Conditions*(January 1988): pp.2—3.

〔3〕 Federal Reserve Bank of St. Louis, *National Economic Trends*(December 1987): p.58.

突然逆转了货币政策，使得当月的总储备大幅减少 4%。这种行为实际上终止了银行储备的增长，导致货币总供给下滑，2 月份的货币总供给年增长率为 -29.4%，从 1 920.4 亿美元跌至 1 873.3 亿美元。其结果是，从 1 月底到 3 月初，美元汇率保持坚挺。

尽管美联储的行为倾向于在 3 月份继续保持货币紧缩政策（公开市场操作略有扩张，调整后的储备增长缓慢），但是货币总供给继续以每年 13.8% 的速度螺旋上升，应提准备金存款部分 9% 的增长弥补了货币总供给其他部分的净减少。然而，随着 4 月份债券市场的崩盘，美联储又转向扩张性政策，政府有价证券存量增长了 4%，使得调整后储备和货币总供给的年增长率分别达到了 24.6% 和 27.7%。可以预计的是，尽管美国和各国央行采取了积极有力的干预措施，但从 3 月中旬到 4 月，美元在外汇市场再次大幅贬值。从 3 月中旬到 4 月底，美元对日元已经贬值了 8.38%，对德国马克也贬值了 4.38%。[1]

惊讶于美元自由落体式的加速贬值，保罗·沃尔克（Paul Volcker）在 4 月底宣布，美联储已经“收紧”货币政策，以抵消汇率压力。[2]因此到了 5 月，储备增长实际上停止了，货币总供给的年增长率降至 2.2%，美元兑日元的汇率跌至近 40 年低点，美元兑德国马克的汇率跌至 7 年来低点，之后，美元在 5 月底又开始大幅升值。美联储在接下来 3 个月里继续努力支撑美元的对外价值，通过逆向公开市场操作使政府有价证券组合缩水了 4.2%。结果出现了 3 个月的通货紧缩，货币总供给减少了 210 亿美元，6 月、7 月和 8 月的年增长率分别为 -4.6%、-1.0%
和 -7.0%。9 月份，美联储恢复了扩张性公开市场操作（尽管调整后的储备当月 461
有所下降），通货紧缩政策结束，主要受美国政府存款大幅增加的推动，货币总供给的年增长率达到了 6.3%。

如上所述，债券市场在 4 月初开始大幅下跌，并一直持续到 5 月份。从 3 月 27 日到 5 月 22 日，AAA 级公司债券的利率从 8.36% 升至 9.49%，涨幅超过 1 个百分点。其他信贷市场紧随其后，商业票据利率和优惠利率分别从 6.29% 升至 6.96%，从 7.5% 升至 8% 以上。在经历了 6 月、7 月和 8 月大部分时间的相对稳定之后，信贷市场坚信通货膨胀已经结束，利率又开始大幅攀升，这一过程一直持续到 10 月份的股市崩盘。截至 10 月 16 日，AAA 级公司债券利率已经达到

[1][2] Federal Reserve Bank of St. Louis, *National Economic Trends* (December 1987): p.62.

10.73%,比8月28日的利率高出1个百分点以上。同样,短期利率在这两个日期也迅速上升,商业票据利率从6.64%跃升至7.86%,而优惠利率则从8.25%升至9.25%。

与信贷市场不同,股票市场在1987年表现出不同的发展模式。在3月—5月利率大幅攀升期间,股票市场却经历了短暂的停顿,标准普尔400指数3月和5月的平均值分别为334.65点和336.10点。虽然在夏季的几个月里,信贷市场状况稳定,但股票市场却延续了之前的繁荣,8月的标普指数比5月高出14.53%。夏季数月的通货膨胀政策终于在8月结束了股市的繁荣。然而,又过了一个半月,在经历了一系列事件后,股票市场通货膨胀预期的回归才被彻底打破。从8月初开始,美元在外汇市场上再度贬值,并引发了9月初的贴现率上调,但这并没有使美元暂时走强。在10月初美元继续走弱的背景下,美国财政部长詹姆
462 斯·贝克(James Baker)在危机发生前一周对联邦德国提高贴现率的做法进行了猛烈的抨击和威胁,这最终促使投资者认识到,紧缩的货币政策将继续存在,美联储不会再次推出经济刺激政策。

1987年4月到9月,信贷市场和股票市场的不同走势导致债券收益率和股票收益率之间的差异越来越大。因此,1981年和1987年春期间,股票和债券价格及收益率呈现出密切相关的走势。[1]但从1987年4月到9月,标准普尔400只工业股的平均收益率从2.52%下降到2.33%,同时,AAA级公司债券的收益率却从8.85%升到10.18%。由于通货膨胀预期不再盛行于股票市场,这种前所未有的收益率差异变得不可持续。在经济繁荣时期,尤其是从1985年初开始,由于投资者预期低利率将持续下去,通货膨胀即将到来,企业盈利也将不断增长,股票市盈率因此被推高到令人目眩的水平。美联储对货币政策的强硬态度最终迫使牛市投资者对预期进行了痛苦的调整,现在他们确信,利率将在可预见的未来仍保持高位,这种较高的利率也让他们下调了对未来企业盈利的预期。

因此,黑色星期一股市崩盘时的暴跌代表了市场对美联储引发的通胀繁荣结束的基本理性调整,尽管这一调整姗姗来迟。所以,解决股票市场波动的方法并不只存在于布雷迪委员会新卢德派的提议中,他们只是试图严重阻碍甚至摧毁股

---

〔1〕 Federal Reserve Bank of Cleveland, *Economic Trends* (December 1987).

指交易、投资组合保险和计算机程序交易等新兴生产性机制。只有成功地防止通货膨胀才能达到防止股市崩盘的目的。而且，只有恢复真正金本位制的硬通货，彻底结束对美元供给的政治操纵，才能实现这一目标。

463

3. 结语：危机之后〔1〕

自 10 月股市崩盘以来，尤其是 1988 年初以来，美联储一直奉行积极的通货膨胀政策，并成功地重新激发了经济繁荣，推迟了 1988 年第四季度刚刚开始实施的衰退性调整。自 3 月以来，利率一直稳步攀升，这一事实误导了某些财经作家和经济学家，所以他们宣称美联储一直在逐步收紧货币政策。但让我们来看看货币供给的数据。

从 1987 年 12 月到 1988 年 3 月，调整后储备以每年 7.36%的速度增长，而 M1 的年增长率为 6.5%，货币总供给为 2.78%。从 1988 年 3 月到 1988 年 6 月，通货膨胀加速，调整后的储备、M1 和货币总供给的年增长率快速提升到 10.56%、7.05%和 7.36%。作为对通货膨胀货币政策的回应，美国经济在 1988 年第二季度出现了明显的价格上涨，CPI 在 1988 年第一季度年增长率为 3.4%，而同年第二季度就飙升到 4.8%。信贷市场对扩张性货币政策的反应是从 1988 年年初至 3 月初，利率一直稳步下降。这一下降趋势在 3 月出现大幅逆转，尤其是短期利率，这并不是因为美联储声称要收紧货币政策，而是因为市场参与者越来越认识到近期最有可能出现的前景是通货膨胀，而不是衰退。1988 年前 5 个月，10 月股市崩盘造成的创伤让紧张不安的股市坐上了过山车，但通胀预期最终在 5 月底站稳脚跟，并推动股市（以道琼斯 30 种工业股票平均价格衡量）在 6 月下旬达到崩盘后的高点。1988 年上半年，在商业银行系统创造的信贷扩张的刺激下，实体经济部 464
门，尤其是投资领域的实体部门，也恢复了强劲的势头。从 1987 年 12 月到 1988 年 6 月，商业银行的企业贷款以每年 10.22%的速度增长，尤其是在此期间的后三个月，年增长率更是超过了 17%。商业企业新增银行存款的爆炸式增长成功

---

〔1〕 结语部分节选于 1987 年 10 月股市崩盘一年后发表的一篇文章，见 Joseph T. Salerno, "The October Stock Market Crash: Causes and Consequences," *The University of Baltimore Business Review*, 8, no.5 [September/October 1988]: pp.1—3, 6—8)。

地重启了自 1987 年第四季度之后几乎绝迹的投资热潮。企业固定资产投资年增长率在 1987 年第四季度只有区区 1.7%,但在 1988 年第一季度和第二季度却分别增长到 7.6%和 15.65%。投资繁荣也表现在 1988 年第二季度公司税后“利润”(净收入)大幅飙升,这些企业集中于基础行业或“上游”行业,如汽车和设备制造、林产品、工业和农业机械、有色金属、石油、管道、铁路和钢铁行业。整个第三季度,越来越多的证据表明美国经济正处于新一轮通货膨胀繁荣之中。例如,以消费者物价指数衡量的价格水平在 7 月和 8 月的年增长率都超过了 5%。自 3 月以来,通货膨胀预期推动短期利率上升了 100—150 个基点。这次繁荣能否持续以及能持续多久,不可避免的衰退能否推迟以及能推迟多久,在很大程度上取决于美国决策者的行动,尤其是美联储的行动。

美联储在 8 月初将贴现率从 6.0%提高到 6.5%,以此表明了对通货膨胀的担忧。联邦公开市场委员会 8 月中旬的会议记录显示,其成员“发现了通货膨胀压力加剧带来的潜在风险”,并“认为可能有必要在相对较短的时间内进一步收紧货币政策”。不过截至那时,美联储并未大幅收紧货币政策。美联储也不太可能在总统大选前冒着让金融市场恐慌的风险收紧货币政策。

然而,大选后的几个月内,美联储将被迫出手。作为对 1988 年货币供给快速增长的反应,消费价格上涨加剧,达到了年增长率 6%到 8%的水平。这将强化通
465 货膨胀预期,导致利率更大幅度上升。无论新总统是谁,他都希望在任期的头一两年里控制住不断加速的通货膨胀,以避免在 1992 年大选前的那一年经济受到拖累而出现衰退。

但推动美联储放缓货币增长的最大压力并非来自国内物价的飙升。随着通货膨胀预期充斥外汇市场,有几个方面的现实因素造成美元近期的升值趋势将出现逆转。随着美元兑日元和德国马克的汇率狂泄,触碰到“官方”交易波幅的底线,美国的政策制定者可能会敦促德国和日本通过加速本国货币的升值来支持美元。然而,美国很有可能更多的是从这些国家获得口头上或象征性支持而已。外国资本将开始撤离美国资本市场,这将进一步加剧利率上升的压力,并导致长期债券市场的崩溃。

这时,美联储将面临巨大的压力,被迫向金融市场提供更多的“流动性”以压低利率,从而避免最不发达国家(LDC)债务违约,给仍然十分脆弱的美国储蓄和银行系统造成新一轮冲击。如果美联储屈服于这种压力而提高货币增长速度,那

么它将只会加剧通货膨胀预期，加速美元贬值，并促使美国经济出现全面的资本外逃。

如果美联储还没有意识到这一点，那么它将很快发现，要恢复人们对美元未来购买力的信心并阻止美元在货币市场上的下跌，唯一可行的选择就是严格限制甚至停止货币和信贷的增长。当这种情况发生时，20世纪80年代的扩张将彻底结束，经济衰退即将开始。在这种情况下，一个乐观的部分就是股票市场。因为股票市场在10月崩盘中已经降低了下一次经济衰退的风险，那么实体经济活动的走弱不应该伴随着整体股价的大幅度下跌。

基于奥地利学派的商业周期理论，我对明年美国经济的展望如下，在1989年 466
前两三个季度，伴随着利率的上升和美元的贬值，物价上涨将加速。虽然这些利率和汇率趋势可能会因美国和外国政府为协调美元对货币市场的支持而暂时中断，但美联储将被迫在年底前大幅收紧货币政策。这一行为将导致1989年底或1990年年初的经济衰退，衰退对美国经济的打击将对储蓄和银行业造成极其严重的影响。

参考文献

Federal Reserve Bank of Cleveland. 1987a. *Economic Trends*(February).

Federal Reserve Bank of Cleveland. 1987b. *Economic Trends*(December).

Federal Reserve Bank of Cleveland. 1988. *Economic Trends*(January).

Federal Reserve Bank of New York. 1987. "Treasury and Federal Reserve Foreign Exchange Operations: February-April 1987." *Quarterly Review* 12 (Spring 1987). Available at http://www.newyorkfed.org/research/quarterly_review/1987v12/v12n1article5.pdf.

Federal Reserve Bank of St. Louis. 1987. *National Economic Trends*(December).

____. 1988. *International Economic Conditions*(January).

Gilbert, R.Alton. 1987. "A Revision in the Monetary Base," Federal Reserve Bank of St. Louis *Review* 69(August/September): pp.24—29.

Hafer, R. W. "The FOMC in 1983—1984: Setting Policy in an Uncertain World." Federal Reserve Bank of St. Louis *Review* 68(April): pp.15—37. Available at http://research.stlouisfed.org/publications/review/85/04/FOMC_Apr1985.pdf.

Mises, Ludwig von. 1966. *Human Action: A Treatise on Economics*. Chicago: Henry Regnery.

____. 1978. "Balance of Payments and Foreign Exchange Rates." In idem, *On the Manipulation of Money and Credit*, Percy L Greaves, ed., Bettina Bien Greaves, trans. Dobbs Ferry, N. Y.: Free Market Books.

Salerno, Joseph T. 1988. "The October Stock Market Crash: Causes and Consequences." *The University of Baltimore Business Review* 8, no.5 (September/October): pp.1—3, 6—8.

第19章

摆脱计算混乱：健全货币和前东欧社会主义 467
国家对资本主义和自由的追求*

1. 导言：社会主义计算论战的教训

虽然本书中的论文在论证中有时或许很复杂，但它们给出的教训却简单而直接：要想成功地将前社会主义国家经济体转变为全面的、生产性的市场经济体，关键在于实施制度改革，以确立经济核算的先决条件。其中包括：(1)所有种类的商品和服务，尤其是资本品的完全私有产权；(2)在不受限制的市场上以确定的价格交换这些财产所有权的自由；(3)健全货币。上述条件缺一不可，否则将导致默里·罗斯巴德[1]所说的“计算混乱”，计算混乱将造成经济资源普遍的、无法弥补 468
的配置错误。如果“生产资料”中的私有产权被废除，在社会主义中央计划经济体制下，资本品和自然资源市场就无法形成，计划者也不可能计算生产成本。经济上的不合理和混乱也是普遍价格管制削弱交易自由的主要原因，这是国家社会主义和国家资本主义战争经济的一个主要特征。[2]在价格由政府法令任意确定的

---

* From: “Beyond Calculational Chaos: Sound Money and the Quest for Capitalism and Freedom in Ex-Communist Europe,” *Polis* 5, no.1 (1998): pp.114—133.

〔1〕 Murray N.Rothbard, *Man, Economy, and State: A Treatise on Economic Principles*, 2nd ed. (Auburn, Ala.: Ludwig von Mises Institute), p.825.

〔2〕 George Reiman, *The Government against the Economy*(Thornwood, N.Y.: Caroline House Publishers, 1979); Guenter Reimann, *The Vampire Economy: Doing Business under Fascism*(New York: The Vanguard Press, 1939).

情况下,资本家—企业家的利润计算毫无意义,也绝对不能表示稀缺资源尽其最有价值之用。最后,中央银行或政府对货币供给的任意操纵扭曲了货币计算,在恶性通货膨胀的后期阶段,这种货币操纵使其完全无法计划持续数天以上的生产过程。

苏联和其他社会主义经济体的崩溃迫使一些主流经济学家开始吸取这一教训,因为他们几十年来一直坚持认为,经济计算问题可以在没有私有财产、没有自由市场和健全货币制度的情况下得到解决。因此,主流经济学期刊上的文章现在承认,"私有化""市场化"和"货币约束"是经济改革道路上不可或缺的步骤。〔1〕虽然现在经济学家基本认识到,合理分配资源需要进行体制改革,将资源归还私人手中,并恢复生产性投入的真正市场,但对于健全货币对经济计算过程的重要性
469 以及为实现这一目标而必须进行的彻底的制度重建,人们并没有这样的理解。通过按照西方的路线重组现有的中央银行(多数西方经济学家—顾问对前社会主义国家政府的首选解决方案)〔2〕来实施"货币纪律"或"货币约束"的方案,并不能取代健全货币制度。

西方大多数经济学家未能吸取经济计算辩论全部教训的原因与奥地利学派货币理论与主流货币理论之间的巨大鸿沟有关。〔3〕尽管奥地利学派和新古典微观经济学在 19 世纪 70 年代的边际革命中有着共同的遗产,但奥地利学派货币理论和新古典货币理论在 20 世纪 30 年代关于资本、储蓄和投资以及商业周期的辩论中,虽然有一段短暂的相互交融时期——其成果后来被凯恩斯主义革命所扼杀——但是在相互独立的情况下发展起来的。在这种情况下,就健全货币的性质、它在经济计算中的作用,以及实现它的途径发表几句评论应该不会不妥。

---

〔1〕 Samantha Carrington, "The Remonetization of the Commonwealth of Independent States," *AEA Papers and Proceedings* 82(May): pp.22—26; Jeffrey Sachs, "Privatization in Russia: Some Lessons from Eastern Europe," in *AEA Papers and Proceedings* 82(May): pp.43—48; Ronald I.McKinnon, "Financial Control in the Transition from Classical Socialism to a market Economy," in *Journal of Economic Perspectives* 5(Fall): pp.107—122.

〔2〕 Jeffrey Sachs, *Poland's Jump to the Market Economy* (Cambridge, Mass.: The MIT Press, 1993), pp.49—54.

〔3〕 Joseph T.Salerno, "Two Traditions in Modern Monetary Theory: John Law and A.R.J.Turgot," in *Journal des Economistes et des Etudes Humaines* 2(June/September): pp.337—380 [在本书中作为第 1 章重刊]; idem, "Ludwig von Mises's Monetary Theory in Light of Modern Monetary Thought," in *The Review of Austrian Economics* 8, no.1(1994): pp.71—115[在本书中作为第 2 章重刊]。

2. 健全货币和货币计算

经济计算要求有可以在算术运算中操作的同质单位。因为货币是一般交换媒介，是市场参与者普遍接受的一种商品，所以它总是被算作每个市场上交换的两种商品之一种。结果，所有经济变量——成本和收益、利润和亏损、资本和收入——都可以在货币项下得以表述和计算。因此，经济计算始终是并且必 470
须是货币计算，即利用实际交换产生或预期产生的货币价格进行的计算。因此，家庭经济或易货经济的原始生产过程是不同种类商品集合的主观评价结果，而不是利润和亏损的客观计算结果。此外，虽然资本品或许存在于这些经济中，但我们无法单独或综合地确定它们的资本价值。如果没有对这种生产性财富的综合表达，一个在自给自足或直接交换中从事生产的个体行为人永远无法准确地确定某一特定行为是否会（或确实会）导致其未来的生产来源（即资本积累或资本消耗）的扩大或减少。他所能预测（或记录）的不过是在生产过程中用作投入品的、不同种类且不可度量的商品和服务的集合，以及不同种类的商品，或是接收过来用于交换生产产出的物品。没有货币交易，在资本计算中就不可能使用统一利率或社会时间偏好率。[1]简言之，没有货币就没有经济数量，也没有经济计算。这一观点是路德维希·冯·米塞斯重新阐释的古典健全货币理论的基础。

米塞斯[2]用以下术语阐述了这一理论：

> 经济计算所需要的是一个不因政府干预而导致其功能受损的货币体系。为了增加政府支付能力或为了暂时降低利率而增加货币流动量的企图，都会造成货币活动的崩溃和经济计算的紊乱。货币政策的首要目标必须是避免政府引发通货膨胀，以及防止它为鼓励银行扩张信用而创造条件。

---

〔1〕 Joseph T.Salerno, "Monetary Neutrality vs. Monetary Calculation: The Problem of Deflation," 1997 Austrian Scholars Conference Working Paper 27(Auburn, Ala.: Ludwig von Mises Institute), pp.21—23; Ludwig von Mises, *Economic Calculation in the Socialist Commonwealth*, trans. S.Adler (Auburn Ala.: Praxeology Press, 1990), p.65; Ludwig von Mises, *Human Action: A Treatise on Economics*, 3rd ed. (Chicago: Henry Regnery Company, 1966), pp.210—211.

〔2〕 Mises, *Human Action*, p.224.

471 因此在某种程度上,货币并不健全,它篡改企业的价格评估和利润计算,导致货币投资和生产要素的系统性错误配置,从而导致了计算混乱。我们以恶性通货膨胀的极端情况为例,在这种情况下,"价格水平",即总体价格,开始以不可预测的速度迅速上升。由于无法提前几周或几天对产出价格进行合理评估,企业家在要素市场上的出价只能反映生产过程中资源使用的价值,以满足近期的消费者需求,例如在消费服务业、批发和零售业,以及从事各种商品投机活动的企业。如果企业的评估过程无法考虑长期生产过程中的资源贡献价值,经济的生产结构就从根本上"缩短",并且在现在和将来不再与消费者偏好的基本结构相协调。随着计算混乱的盛行,产业过程,尤其是涉及企业结构、耐用资本品和原材料生产的过程将陷入停顿,失业率飙升,一场全面的大萧条就在恶性通货膨胀中形成。[1]当恶性通货膨胀到达最后一个阶段时,就会产生盲目的"追逐真实价值"的情况,在这种情况下,市场参与者渴望通过立即消费来摆脱不断贬值和几乎毫无价值的货币,尽管在任何条件下都几乎没有人愿意接受这种货币来换取"真正的"货物。企业并没有将注意力集中在改进生产和降低成本上,而是成为商品和外汇的投机
472 者。从这点来看,除非随时可以获得相对健全的外国货币或实物货币,否则货币计算完全无效,经济将陷入以物易物的计算混乱。[2]

但是我们无需等到恶性通货膨胀的"崩盘潮"和取消货币交易之后就能看到计算混乱的开始。正如默里·罗斯巴德[3]所指出的那样:"……每家政府性企业都是造成经济混乱的一分子;它无需等到整个社会陷入混乱才开始发挥作用……任何政府行为都会给经济注入一个混乱点;由于经济中所有市场都是相互关联的,政府的每一项活动都会扰乱和扭曲定价、要素配置、消费/投资比率,等等。"如

---

〔1〕 As Costantino Bresciani-Turroni(*The Economics of Inflation*: *A Study of Currency Depreciation in Post-War Germany*, trans. Millicent E. Savers [London: George Allen & Unwin Ltd., (1937) 1968], p.220).关于德国恶性通货膨胀的观察,书中说:"……货币价值的持续而巨大的波动使计算生产成本和价格变得非常困难,因此也使任何合理的生产计划都变得困难。企业家并没有把注意力集中在改进产品和降低成本上,而是经常成为商品和外汇的投机者。"布雷西亚尼-图罗尼(Ibid., pp.222—223)接着描述了 1923 年 10 月和 11 月在恶性通货膨胀最严重的时候出现的销售停滞和大规模失业。

〔2〕 Ludwig von Mises, *On the Manipulation of Money and Credit*, ed. Percy L.Greaves, trans. Bettina Bien Grieves(Dobbs Ferry, N.Y.: Free Market Books, 1978), pp.5—16.

〔3〕 Rothbard, *Man*, *Economy*, *and State*, p.826.

果在整个经济中真是这种情况,那么在货币领域就更是如此了。货币作为一般交易媒介和经济计算工具的功能,确保了即使在膨胀性货币制度开始之时,它对定价、计算和资源配置的扭曲影响也能迅速和直接地传导到所有市场。

一个恰当的例子是,货币供给扩张是通过部分准备金银行体系释放无担保票据和存款(被称为"信用媒介")而发生的。

今天,当中央银行为了降低国内利率而增加国内银行体系的准备金时,通常就会发生这种情况。如果商业银行获得了这些新的准备金,就会通过创造新的支票存款将其借贷出去,在此过程中暂时增加了信贷供给,降低了利率。不幸的是,利率的下降并没有反映出市场参与者的潜在跨期消费或"时间"偏好的变化。而且,一旦银行信贷扩张停止,这种利率变动就会自我逆转。然而,如果企业家被利率的初始下降所误导,认为这是一种长期发展趋势,他们就会借入额外的资金作 473
为增加资本品库存的投资。他们这样做是因为他们使用较低利率进行的计算表明,特定资本品未来产出的折现值超过了其当前购买价格,因此他们采取上述行动,尽管消费者对更遥远未来消费的总体偏好实际上并未增强。资本品需求增加将导致资本品价格相对于消费品价格的更大幅度上涨。如果预计这种相对价格变动在某种程度上会长期存在甚至增强,将进一步歪曲利润计算,并误导资本家—企业家为了扩大产出而增加对资本品行业的货币投资和生产性投入。

随着人为压低的利率和资本品生产企业的高收益,促成了股票、债券和房地产市场的繁荣,实体经济的表面繁荣将会在金融部门反映出来。只有在对通货膨胀的担忧迫使中央银行限制或阻止新的货币通过信贷市场流入时,非健全银行信贷扩张造成的计算混乱才会显现出来。此时,定价过程的扭曲消失了,货币计算再次准确而敏感地在最大程度上反映了稀缺资源最具价值的用途。一般来说,随之而来的是利率急剧上升和金融崩溃,随后迟早会出现实体经济活动的萧条,失业率居高不下和以资本品行业为中心的企业破产。所谓"萧条"或"衰退"是指在银行信贷扩张导致的计算混乱中所犯的错误和错误投资被揭露以及纠正的时期,在这一时期中,经济令人痛苦地重新协调了消费品和资本品的相对产出与公众的消费/储蓄偏好。

因此,健全货币是一种不会导致经济计算的系统性歪曲或无效的货币。按照米塞斯的说法:"经济计算所需的无非就是避免货币供给大幅的、突然的波动。"因 474

此，健全货币计划不是一个无法实现的理想，而是一个可以通过将货币供给过程与国家完全分离来实现的理想。这里包括：废除中央银行和不兑现纸币，恢复由市场选择并完全服从市场的商品货币。从历史上看，古典金币本位制提供了一种健全货币：黄金的天然和不可改变的稀缺性完全排除了恶性通货膨胀的可能，并严格限制部分准备金银行扩张信用媒介的程度。正如米塞斯[1]所解释的：

> 直到19世纪中叶，黄金和白银都很好地满足了所有经济计算的目的。贵金属供求关系的变化以及由此引起的购买力改变如此缓慢，以至于企业家的经济计算完全可以将其忽略不计。

但是古典金本位制，尤其是在那些中央银行作为公认的“最后贷款人”或“紧急流动性”提供者而坐在商业银行体系顶端的国家，仍然允许一定范围内的信用扩张和在商业周期中呈现出的系统性计算混乱。米塞斯本人也认识到：“货币政策的首要目标必须是阻止政府发动通货膨胀，并创造条件鼓励银行部门的信贷扩张。”因此，一个完全健全的货币政策不仅要废除不兑现货币和中央银行，而且要严格禁止部分准备金银行业务。换句话说，健全货币要求银行产生的所有活期负债，无论是票据还是活期存款，都必须有百分之百商品货币储备做“支持”。更准确地说，无论在法律和经济上，健全货币都要求银行票据和存款必须代表货币商
475 品的真正财产所有权，银行票据和存款与银行的黄金存款的关系，就像小麦的仓单和存放在粮仓里的小麦的关系一样。这意味着，作为部分准备金银行体系本质的对不存在财产的所有权的创造和交换[2]必须努力加以制止，如果其他任何企业像这样行事都会被认为是不当行为。只有在这种情况下，银行体系才能不再成为计算混乱的来源。

3. 健全货币与“稳定货币”和“中性货币”

再次重申，健全货币是一种行为学上可以达成而历史上已经实现的理想；它

[1] Mises, *Human Action*, p.224.

[2] 对部分准备金银行体系的阐述，见 Hans-Hermann Hoppe, Jörg Guido Hülsmann and Walter Block, “Against Fiduciary Media,” in *The Review of Austrian Economics* 11, no.1(1998): pp.15—20。对建立在类似部分准备金银行概念基础上的活期存款合同的法律定性，见 Jesús Huerta de Soto, “Critical Note on Fractional/Reserve Free Banking,” unpublished manuscript, pp.29—39。

只需限制政府干预市场的货币供给过程，并在银行业严格实施标准合同法。健全货币计划的唯一目的是防止货币计算受到市场以外力量的扭曲；它的目的不是“稳定”一个特定的经济数量，例如货币购买力，也不是使货币对于真实经济数量的影响尽量保持“中性”。后一个目标是不可能实现的，因为正如上文所述，经济过程的可计算性是以货币交换为前提的，因此，完全不受货币影响的纯粹实际经济数量的概念本身是矛盾的。结果，在健全货币计划中，“通货膨胀”和“通货紧缩”这两个术语并不适用于货币价值的波动，就像它们现在的用法一样；相反，这两个术语表示的是货币供给的变化，而这两个变化并没有严格和准确地对应于市场所选择的货币商品的存量变化，也就是说，它们只适用于扭曲了货币计算和价格评估过程的货币供给的变化。〔1〕这正是健全货币具有可行性的原因：它只寻 476
求将货币的购买力从政府的操纵和控制中解放出来，使其能够根据市场需求和供给情况自由波动。正如米塞斯〔2〕所强调的那样：“[健全货币]计划与混乱而自相矛盾的稳定购买力计划截然不同。”

因为货币是一种在市场上交易的有形商品，它本身天生就具有供给和需求的变化，所以它的“价格”或购买力永远无法保持不变或稳定。然而，与价格几乎总是以单位数量的货币来确定和表达的非货币商品不同，货币的购买力本身就体现在货币单位在某一时刻交换的非货币商品的各种替代性数量中。换言之，货币购买力只是由经济中所有实际货币价格的相互作用形成的一系列非平均交换率。因此，货币购买力不可避免地随着经济中不断变化的相对价格结构而发生变化。那么，严格意义上的稳定购买力就意味着永久冻结相对价格，有效地废除货币计算和市场经济。

---

〔1〕罗斯巴德在为“通货膨胀”和“通货紧缩”这两个具有实践意义的术语用法做辩护时（*Man, Economy and State*, p.878）写道：“商品供给和货币需求的变动都是市场偏好自愿调整的结果。市场上金银供给的增加也是这个道理。但是，信用媒介或不兑现媒介的增加是对市场的不正当干预行为，这个行为扭曲了自愿偏好和自愿决定的收入和财富模式。因此，对‘通货膨胀’的最恰当定义是我们在上文提出的定义：货币供给的增加超过了所有铸币的增加。”Mises（*Human Action*, p.422; Ludwig von Mises, “Summary Statement,” in *Defense, Controls, and Inflation: A Conference Sponsored by the University of Chicago Law School*, ed. Aaron Director, [Chicago: University of Chicago Press, 1952], p.333）也坚持认为，“通货膨胀”和“通货紧缩”是指货币购买力的变化，“不是情意学概念”，并主张将“通货膨胀”一词限制为“增加流通中的货币和纸币的数量，以及增加银行支票存款的数量”。

〔2〕Mises, *Human Action*, p.224.

477 一些当代宏观经济学家，例如那些与货币学派或现代自由银行学派有关联的经济学家，正是因为健全货币计划没有试图稳定某个宏观经济统计结构而对其进行指责。例如，米尔顿·弗里德曼等货币学派经济学家认为，在健全货币制度下，货币购买力的长期升值或“价格紧缩”都有可能发生，因为实际产出的长期增长往往会超过黄金供给的增长，从而抑制投资，产生一个次优的经济增长率。此外，他们声称，由于生产黄金的成本和非货币用途黄金需求的变化，货币的购买力会受到不可预测的变化的影响。货币供给的这些突然变化很可能会造成货币购买力变化后实际产出的短期波动。因此，货币主义者提出了一个稳定货币购买力的方案，简称“稳定货币”方案，但他们实际上并不打算冻结经济中的所有价格。相反，他们的目标是稳定“价格水平”，即通过某种任意选择的统计方法得出特定价格的平均值。[1]他们正确地认识到，对相对价格结构的任何政治干预都会造成计算混乱。然而，为了规避这一观点，他们假设货币的“长期中性”，这就意味着价格的总体水平最终由一个在宏观经济领域中运行的货币过程决定，这一宏观经济过程与决定相对价格体系的实际过程或微观经济过程并不相同。

478 因此，根据交易方程式，即 $MV = PQ$，货币主义者主张，中央银行有责任在法律上遵循“数量”规则，即通过增加货币存量 M 来稳定价格的统计平均值 P，使其变化大致与实际产出的长期增长率 Q 减去表示货币流通速度长期稳定增长的 V 相匹配。货币主义者意图通过央行，即通过对由其不兑现货币和银行发行的信用媒介组成的货币供给具有绝对垄断控制权的中央银行，来实施他们的方案。[2]

---

〔1〕关于无法度量货币购买力变化的可能性以及所有统计构建的价格指数的任意性和分析上的无意义，见 Mises, *Human Action*, pp.219—223 和 Michael A.Heilperin, *International Monetary Economics*(Philadelphia: Porcupine Press, [1939] 1978), pp.259—269。正如米塞斯所总结的：“一个精明的家庭主妇，对影响其家计生活的价格变化所知道的，要比统计平均数所提示的多得多。……如果她仅选择某两种或三种物品的价格，作为‘度量其个人偏好之变化的尺度，那么，与那些选择自己的方法分析市场资料的统计人员相比，她既不显得‘更不科学’，也不显得更随意。”(*Human Action*, pp.222—223)

〔2〕关于货币学派观点的概述，见 Phillip Cagan, “Monetarism”, in *The New Palgrave*: *Money*, John Eatwell, Murray Milgate and Peter Newman, (New York: W.W.Norton & Company, Inc., 1989, pp.195—205), and Allan H.Meltzer, “Monetarism”, in *The Fortune Encyclopedia of Economics*, ed. David R.Henderson, (New York: Warner Books, Inc., 1993, pp.128—134)；货币学派改(转下页)

亚瑟·拉弗和罗伯特·蒙代尔在 20 世纪 70 年代创立的货币学派的分支——供给学派，提出了一个有别于稳定货币方案的方案。供给学派也主张将稳定价格水平作为货币政策的首要目标，但对货币主义者关于货币流通速度增长率长期稳定的假设提出了质疑。他们认为，如果 V 受到突然和不可预测的变化的影响，那么，M 的固定增长率的数量规则将导致 P 和 Q 的周期性波动。供给学派由此要求中央银行遵循“价格规则”。按照这一规则，中央银行将固定某些广泛交易的商品(或一篮子商品)的货币价格，限制其波动幅度。被选作为外部标准的商品——假设是黄金——将成为价格水平即将波动的敏感指标。因此，当 V 增加从而导致经济中的总支出(MV)增加时，黄金价格就会迅速上升，而中央银行通 479
过公开市场操作减少 M 的行动，将阻止黄金价格超过其上限，从而阻止价格总水平的上涨。相反，如果金价下跌至其下限，则表明价格水平出现了初步的紧缩，这会提示中央银行买入证券，从而增加货币供给 M。尽管供给学派谈论过金本位制，但供给学派并不主张真正的金本位制，他们主张的是布雷顿森林体系式的伪金本位制。实际上，他们提出的是“价格规则货币主义”。按照这一制度：黄金实际上并没有被公众用作交易的流通媒介；中央银行仍享有货币供给的垄断特权；商业银行体系按照中央银行的要求创造信用媒介的能力并未受到影响。〔1〕

(接上页)革方案的详细阐述见 Michael D.Bordo and Anna J.Schwartz, “The Importance of Stable Money: Theory and Evidence,” in *The Search for Stable Money: Essays in Monetary Reform*, eds. James A.Dorn and Anna J.Schwartz, (Chicago: University of Chicago Press, 1987) pp.53—72 and Allan H.Meltzer, “Monetary Reform in an Uncertain Environment,” in *The Search for Stable Money: Essays in Monetary Reform*, eds. James A. Dorn and Anna J. Schwartz, (Chicago: University of Chicago Press, 1987) pp.201—220. For a critique of monetarism from the perspective of Austrian monetary theory, see Salerno, “Two Traditions in Modern Monetary Theory.”

〔1〕 黄金价格规则的经典提案见 Arthur Laffer, *Reinstatement of the Dollar*, *The Blueprint*(Rolling Hill Estates, Calif.: A.B. Laffer Associates, 1980)。Marc A.Miles, *Beyond Monetarism: Finding the Road to Stable Money*(New York: Basic Books, Inc., 1984)，用一本书的篇幅论述了供给学派的货币理论和政策。与拉弗不同的是，迈尔斯完全放弃了黄金，而是主张将基于一篮子选定大宗商品的“远期指数价格规则”与针对长期利率的“利率价格规则”结合起来。根据这项提议，央行将保留其对货币供给过程的实质垄断，买卖商品指数期货合约和长期政府债券。对供给学派提出的货币改革建议的批评，见 Joseph T.Salerno, “The Gold Standard: An Analysis of Some Recent Proposals,” Cato Institute *Policy Analysis*(September 9) pp.7—11 and idem, “Gold Standards: True and False,” in *The Search for Stable Money: Essays on Monetary Reform*, eds. James A.Dorn and Anna J.Schwartz(Chicago: University of Chicago Press, 1987), pp.249—252[在本书中作为第 13 章重刊]。

与货币主义者不同的是，无论在数量规则还是在价格规则方面，现代自由银行学派都不主张货币购买力的稳定。相反，它认为货币购买力的升值（贬值）速度应该等于经济中要素生产力的增长（下降）速度。当然，这种“生产力标准”的支持
480 者实际上并没有真正要求现存货币购买力序列的每一个要素都有同比例变化，这就相当于冻结了相对价格水平。相反，他们的方案与货币学家的方案一样，关注的是代表某种虚构的一般价格水平的任意选择的价格平均值的最优变动上。〔1〕

如果生产力标准有效，那么劳动生产率的提高将导致 P 的下降与“生产力创新”带来的 Q 值的上升应该相等。在名义工资水平保持不变的情况下，由于实际工资的增长与 P 的下降持平，劳动力将获得生产力进步的成果。如果不深入探讨生产力标准的基本原理，与生产力创新成反比的价格水平相对于稳定的价格水平的优越性，在于前者在抵消“不合理”即纯粹由货币引起的相对价格变化方面取得了更大的成功。为了实现所谓的中性货币，货币制度只能且必须运行以保持经济中总支出，即 MV 的稳定。稳定 MV 相当于稳定名义收入或 PQ，并确保生产力驱动的 Q 值增长总是引起 P 值的反向和等比例变化。实际上，名义收入的稳定只会导致生产力标准的近似值，严格地说，这意味着 Q 值的变化（不是由生产力的变化引起的，而是由要素供给的变化引起的）完全可以由 MV 的增加或减少而不是 P 的下降或上升来调节。这将防止在劳动力和资本服务供给扩大的情况下，名义价格水平的下降。因此，生产力标准也与名义工资水平和租金的稳定性相一致。

中性货币主义和自由银行制度有什么联系呢？根据著名的自由银行理论家乔治·塞尔金〔2〕的观点：

481 ……一个全面放松管制或“自由”银行体系[有助于]在总支出量（中央银行需要控制的一项）和中央银行创造的基础货币量（中央银行绝对可以控制的一项）之间建立一个相对稳定的关系……简言之，一个自由银行体系只要有一定数量可供运作的基础货币，就会自动稳定名义收入。让名义收入以某

---

〔1〕 关于生产力标准的讨论，见 George Selgin, *Praxeology and Understanding: An Analysis of the Controversy in Austrian Economics*(Auburn, Ala.: Ludwig von Mises Institute, 1991); idem, “The ‘Productivity Norm’ vs. Zero Inflation in the History of Economic Thought,” *History of Political Economy* 27(1995): pp.705—735; and idem, *Less Than Zero: The Case for a Falling Price Level in a Growing Economy*(London: The Institute of Economic Affairs, 1997)。

〔2〕 Selgin, *Less Than Zero*, pp.67—69.

个预定的速度增长就变成了一个相对简单的问题，只要中央银行按照这一速度扩张基础货币存量即可。

那么，货币稳定论者（货币学派）和货币中性论者（自由银行学派）的共同点在于，他们坚信货币在正常运转时会与实际经济过程完全隔绝，这一点是完全错误的。这就是他们的货币改革方案都涉及宏观经济交易方程式中的稳定因素，如 P 或者 PQ 的原因。这种分析方式的使用模糊了货币购买力形成中不可回避的微观经济学涵义。因此，稳定和中性货币论支持者们不能理解，作为同一定价过程的一部分，正是市场决定了一般价格水平以及它们之间相互关系的复杂结构。在这一制度中，货币在特定时点上供给或需求的任何变化，都会产生连续和不均衡的调整过程，这种发生在调整过程每时每刻的变化，都将改变商品的销售价格、收入、现金余额和需求计划。随着这一货币调整过程的逐步展开，实际收入和财富必然会在个人之间重新分配，这与他们在此过程中所处的地位以及始发原因的性质有关，例如货币供给是增加还是减少。因此，在这一过程结束的时候，不仅名义价格和收入会提高或下降，更为重要的是，相对价格和收入结构也将完全而永远地彻底变革。因此，有助于概念化货币购买力变化的恰当比喻，不是平 482
稳改变其水位的同质水体，而是随着单个蜜蜂的相对位置不断变化，蜂群的上升或下降。〔1〕

如果我们进一步考虑到实际货币需求的新变化在随后的每一个时刻，在体系的许多不同点都在同时发生，这里既有自主变化，也有由于实际数据先前变化而导致的收入和财富分配的不断变化所引起的变化，那么我们就不能逃避这样一个结论：货币对于相对价格和资源配置的影响从来都不是中性的，永远不能通过稳定宏观经济总量或平均水平来抵消。正如米塞斯所解释的：

> 可能发生的情况是，货币需求或供给变化的影响可能会遇到同时发生的、程度相同的相反变化的影响；这两种相反的运动结果可能导致价格结构不会出现明显的变化。但即便如此，对不同情况下的个体也并非不产生影响。货币关系的每一次变化都有其自身的过程，并产生自己独有的效果。如

---

〔1〕 我相信，"价格蜂群"的比喻出自美国货币理论家亚瑟·W.马吉特（*The Theory of Prices: A Re-Examination of the Central Problems of Monetary Theory*, 2 vols. New York: Arthur M.Kelley Publishers, [1938—1942]1996），尽管我没有找到这一用法的确切位置。

果通货膨胀和通货紧缩同时发生,或者如果通货膨胀紧接着通货紧缩,从而使得价格并没有太大的变化,两者分别产生的社会后果也不会互相抵消。通货紧缩的社会后果会紧跟通货膨胀的社会后果而显现。[1]

严格来说,"中性货币"和"稳定货币"这两个术语是自相矛盾的。

货币,就其作为在所有市场上买卖换手的一般交换媒介本质而言,其价值会
483 受到持续的、不可消除的波动的影响。不可否认,货币购买力的不断变化确实产生了"表面上"的盈与亏,人们很难将其与反映"实体"经济供求变化的"真实"损益区别开来。尽管如此,这并不影响货币在市场演化的主张,因为人们可以接受的每一种货币,其购买力都会发生变化。此外,在市场中发展成长的健全货币体现出了最适合作为交换媒介和经济计算工具的品质。因此,出于货币计算的目的,企业家可以——而且事实上总是这样——放心地忽略购买力相对微小的变化,这些变化在历史上一直是健全货币的特征。例如,从 19 世纪初到 1914 年,黄金价值的变化并未能阻止私人和企业在西方建成复杂而强大的资本结构。在这一时期,西欧和美国新兴工业经济体周期性地遭受金融恐慌和萧条的折磨,这种情况可以归因于各国在国际金本位基础上建立的部分准备金银行制度反复进行通货膨胀式信贷扩张而造成的结果。[2]

与健全货币形成鲜明对比的是,以稳定物价水平或名义收入等宏观经济结构的绝对水平为目标的货币制度,徒劳地试图否定纯粹的货币对经济计算的影响,最终却严重破坏了相对价格的结构,使现实世界的货币计算出现错误。如上所述,无论是由于其所谓的内部运作,还是为了应对主张稳定的中央银行创造的现
484 金储备净流入的刺激,当一个部分准备金银行体系通过创建信用媒介来扩大其信

---

[1] Mises, *Human Action*, pp.417—418.哈耶克(*Prices and Production*, 2nd ed. New York: Augustus M. Kelley, [1935]1967, p.124)也认识到了这一关键点,他写道:"为了消除货币对于价格形成和生产结构的所有影响,仅仅只从数量上使货币供给适应(货币)需求的变化是不够的,我们必须确保货币落入那些真正想要它的人的手中……。"

[2] 正如诺贝尔奖得主 Maurice Allais 在"The Credit Mechanism and Its Implications" (in *Arrow and the Foundations of the Theory of Economic Policy*, ed. George R. Feiwel [New York: University Press, 1987] pp.491—561)所说:"归根结底,(部分准备金银行)制度的唯一效果,就是制造出道德上站不住脚的'虚假债权'和'非劳动收入',掠夺一部分人来使另一部分人受益。……这一制度造成了经济失衡、对于金融回报的不健康关注和肆无忌惮的投机行为。……18 世纪、19 世纪和 20 世纪的所有重大危机,都是付款承诺激增及其货币化的结果。"

贷的时候，它所导致的利率下降不能保证会受社会时间偏好变化的影响。这种情况导致企业家的跨期价格评估和经济计算普遍出现偏差，并推动了系统性资本的不良投资和资源配置不当。关于宏观经济稳定还有很多其他批评，但就我们的目的而言，重要的一点是，稳定货币和中性货币的目标都与保护货币计算的完整性基本不符。只有在完全自由的私有财产和自由交换的基础上实施健全货币计划，才能让前东欧社会主义国家摆脱挥之不去的计算混乱。

4. 通向健全货币之路

米塞斯在1953年提出的观点仍然有效："今天，健全货币仍然意味着它在19世纪的涵义：金本位制。金本位制的卓越之处在于，它使货币单位购买力的决定不受政府措施的影响。金本位制从'经济沙皇'手中夺走了他们最强大的工具。它使通货膨胀变得不再可能。"因此，健全货币理想是与国家完全分离的完整的金本位制。不幸的是，与实施经济计算的另外两个先决条件私有财产和自由市场不同，这两个先决条件可以而且应该迅速实现（如果可能的话，就在一天之内），健全货币制度的建立需要更长的过渡期。[1]但这并不意味着不能立即朝着理想迈出快速而有意义的步伐。

事实上，米塞斯[2]在20世纪50年代早期提出了一个战后欧洲货币重建的 485
过渡方案，该方案可以很容易地适应当下前社会主义欧洲的情况。实际上，近年来，一些稳定货币的支持者提出了货币局制度的方案，这一方案无非是米塞斯方案的有缺陷变体而已。[3]米塞斯式的改革有两个目的：禁止一国政府通过债务货

〔1〕 Ludwig von Mises, *The Theory of Money and Credit* (Indianapolis, Ind.: Liberty Classics, [1952] 1981), p.480.关于这个问题，见 Murray N. Rothbard, "How and How Not to Desocialize," in *The Review of Austrian Economics* 6, no.1(1992): pp.70—71。此外，罗斯巴德支持尤里·N.马尔采夫提出的脱离社会"一日计划"，见 Yuri N.Maltsev, "The Maltsev One-Day Plan," in *The Free Market* 8(November 1990): p.7。

〔2〕 Mises, *Theory of Money and Credit*, pp.485—490.

〔3〕 Owen F. Humpage and Jean M.McIntire, "An Introduction to Currency Boards," Federal Reserve Bank of Cleveland *Economic Review* 31 (2nd Quarter 1995): pp.2—11.对货币局的性质和运作做了很好的讨论并包含了最新文献。Currency boards have been suggested for countries such as Lithuania (Kurt Schuler, George Selgin and Joseph Sinkey, Jr., "Replacing the Ruble in(转下页)

币化手段弥补未来财政赤字,以及防止银行信贷扩张必然导致的利率结构和跨期价格体系的系统性扭曲。正如米塞斯[1]所解释的那样:“最主要的是,政府不应该再增加流通中的货币数量以及不能由公众存款完全覆盖(即 100%)的支票数量。不能为通货膨胀留下可以偷偷进入的后门。”

这项改革的第一步是禁止现有中央银行或政府本身参与未来任何扩大货币供给的交易,包括中央银行公开市场操作和贷款,以及财政部的“紧急”货币发行。其次,商业银行和其他金融机构也必须严禁贷出新的活期存款;换言之,所有在货币改革开始后的活期存款,包括不可兑换的可按要求赎回的“储蓄”存款,都必须
486 严格遵守 100%的准备金规定。为确保遵守这一规则,银行在法律上有义务将自身分为“存款”和“储蓄”两个部门,前者被严格禁止将其非现金资产扩大至超过其在改革实施之日的未偿活期负债总额。换言之,所有新发行的信用媒介将被严格排除在外。储蓄部门可以自由发行合法定期存款(bona fide time deposits),如合同规定期限的定期存单,而且这类负债不受任何有关准备金要求的法律约束;银行的储蓄部门和其他机构也可以自由提供货币市场和其他类型的共同基金股票,而不受法定准备金要求的限制,因为这些也是真正的储蓄和投资工具。这两项措施结合起来将成功冻结国内货币供给。

与前两个步骤同时出台的第三个步骤是开放外汇市场,使国内货币充分有效地转换为所谓的“硬通货”,例如美元、德国马克和瑞士法郎这类历史上较少通货膨胀的不兑现货币。随着外汇市场中的交易商和投机者越来越相信这些改革措施的可信度和持久性,国内货币的贬值——我们假设其为罗马尼亚列伊(leu)——将最终停止;随着列伊存量的严格冻结,列伊的购买力相对于外币的购买力开始上升(即使是最硬的货币,中央银行很可能会不断增加其数量),列伊将开始升值。一旦列伊的大范围升值开始显现,列伊和选定的硬通货如美元之间的现有汇率将

(接上页)Lithuania: Real Change versus Pseudoreform," in *Policy Analysis* 163 [October 28, 1991], Washington D.C.: The Cato Institute), Russia (Steve H. Hanke and Kurt Schuler, "Currency Boards and Currency Convertibility," in *The Cato Journal* 12 [Winter 1993]: pp.687—705)和 Steve H. Hanke, Lars Jonung and Kurt Schuler, *Russian Currency and Finance: A Currency Board Approach to Reform*[New York: Routledge, 1993], and Mexico (Owen F. Humpage, "A Mexican Currency Board?" Federal Reserve Bank of Cleveland *Economic Commentary*[March 15, 1995])。

[1] Mises, *Theory of Money and Credit*, p.481.

被确立为新的法定平价。两国货币之间充分的和无条件可兑换条件可以有效地维持这一平价。

为了实现列伊和美元的自由兑换，第四步必不可少：成立一个兑换机构，其唯一的职责是保证列伊对美元的买卖按照法定平价（且只能按法定平价）进行。为 487
了达到确立法定平价为有效市场汇率这一目的，该机构将获得合法授权创造具有100%美元支持的列伊。该机构还需要一笔美元储备为初始存量，以便按法定平价赎回任何和所有提供给它的列伊。这些储备可以由中央银行或政府财政部门永久性按零利率出借给兑换机构。必须强调的是，兑换机构在获得初始外汇储备贷款后，将不再与中央银行或财政部门有任何进一步的接触。此外，法律严格禁止中央银行通过贷款或资产购买创造列伊，这一规定将一直持续到向古典金本位制的转轨完成，中央银行废除为止。[1]政府除了铸造辅币之外，不会再获准继续发行列伊。然而，为了防止政府试图通过向市场注入小额钱币来弥补赤字的做法，硬币的铸造也要遵守两个法律条件：首先，硬币将对除了政府本身以外的任何受款人拥有完全的法定货币权；其次，政府有责任迅速将所有列伊纸币或存款兑换为硬币，且不收取任何费用。最后，兑换机构在处理外汇问题上不会享有任何垄断特权；它将和外汇市场上其他代理机构一样，在无限制市场上买卖货币。

一旦采取了这四个步骤，该国将实际上采用美元汇兑本位制。在这一货币制度下，只要美元兑列伊的汇率保持不变，套利行为将确保列伊的购买力持续快速 488
调整，从而维持与美元的“购买力平价”。因此，整体价格的上涨率和以列伊和美元计算的相对价格结构将趋于一致。这意味着不可能出现用一种货币购买某种商品要比世界上另一种货币便宜的情况。

这也意味着没必要制定国内货币政策：列伊的供给将根据国际收支的变化而自动调整，这也是维持购买力平价的关键部分。因此，如果经济中列伊的需求增加，家庭和企业增加其货币持有量的尝试将导致对非货币性商品和服务的需求减

〔1〕 中央银行在过渡期内可以存续，继续收取和处置资产利息，并向商业银行提供支票清算服务（如果它在过去履行过这一职能）。但在任何情况下都不应该允许中央银行保留其监管银行制度的职能，尤其是监督和执行该体系遵守新的100%活期存款准备金规则的职能。中央银行的基本理念是鼓励和支持部分储备银行扩张信贷的自然愿望，这也是其历史职能。因此，允许那些其工作主要是破坏健全货币的官员对新兴健全货币制度行使任何影响力，将是一件非常荒唐的事情。

少。随着列伊价格的下跌,列伊的购买力将高于美元平价,这使得用列伊购买货品比用美元购买更便宜。这将导致罗马尼亚出口增加而进口减少,造成国际收支顺差和美元的净流入。这部分超额美元会被送入兑换机构,并按平价汇率兑换成列伊。由于流通中的列伊供给由此增加,列伊的价格将回落至购买力平价,由此恢复国际收支平衡。

尽管货币供给会通过国际收支的变化自发地调整以适应对货币的需求,但是这也表明,不管结果如何,这一制度促进了美国通货膨胀的"输入"。为了看清这种情况是如何发生的,我们可以考虑一下由美联储推动的美元供给的扩张,这一扩张过程与持有美元需求的增加并不相符。这一举动首先推高了美国的价格水平,使得美元和列伊的购买力比率跌至列伊—美元固定汇率之下。由于现在用列伊购买商品更便宜,在法定固定汇率下美元就会出现过剩,这就要求兑换机构用列伊赎回美元。由于这些新发行的列伊增加了货币存量,罗马尼亚的总体价格水平将被抬高以重建与美国的平价。只要美国继续扩大其国内货币存量,美元汇率
489 制度的运行将确保列伊购买力的损失大致与美元相同。此外,随着通货膨胀调整的进程,实际收入和财富将从在这一过程的后期(即在美国大部分价格已经上涨后)才得到新增美元的罗马尼亚人那里重新分配给美国居民和组织,尤其是美国政府和其他最初收到新货币的人。[1]这种实际收入和财富从列伊使用者向美元使用者的转移,体现在罗马尼亚对美国的国际收支顺差上,因为罗马尼亚向美国销售的产品出现的盈余并不是通过从美国进口实际商品和服务来补偿,而是通过纸币来补偿的。这里应该注意,输入型美元通货膨胀对国内收入和财富分配的具体影响不会因为兑换机构可能以生息资产的形式持有美元储备而改变。[2]

---

〔1〕 只有当罗马尼亚人确实在这一过程的后期收到了新创造的美元时,这种情况才是正确的。然而,尽管情况通常会如此,但并非必然如此。如果新增货币最开始的接受者,如美国政府或美国进口企业,将其大部分新获得美元用于直接购买罗马尼亚出口商品,而罗马尼亚出口商转而将这部分意外之财主要用于购买国内商品,那么罗马尼亚会先于美国出现物价上涨,美元通货膨胀引起的真实收入重新分配会以损害美国人的利益为代价,而使罗马尼亚人普遍受益。

〔2〕 换言之,即使罗马尼亚兑换机构通过将其美元储备投资于生息证券,从发行列伊中征收"货币铸造税",也不能否认美联储美元创造所占用的铸币税会对罗马尼亚个人的收入和财富造成损失的可能性。

然而，罗马尼亚不仅会输入美国所经历的所有价格通胀；套利还将确保美国信用媒介造成的利率和相对价格结构的扭曲也会迅速和全面地传导至罗马尼亚。这就意味着罗马尼亚将以同样的方式经历美国商业周期的繁荣与萧条，就像美国 490
本土“货币区”内的一分子，如德克萨斯州或缅因州一样。至少在目前，罗马尼亚的经济命运将在很大程度上取决于美国联邦储备体系（或者其他外国中央银行，视具体情况而定）的政策。

我在此详细讨论了这一制度的诸多弊端，该体系涉及固定本币与历史上“较坚挺”的——但仍是由中央银行发行的——不兑现货币之间的汇率，其目的在于强调它只能被严格视为一种过渡性权宜之计。然而，在这一功能下它确实有几个实质性的优点。首先，也是最重要的，它使货币数量控制权脱离国内政府和中央银行，因此立即摆脱了恶性通货膨胀造成的极端计算混乱的危险，这也是当前无限制债务货币化制度下确实存在的一种威胁。其次，通过严格限制国内所有信用媒介的进一步发行，消除了政府重建对银行体系的控制的诱因，防止政府在（输入性）周期性衰退期间，将其作为干预信贷市场以降低利率并在短期内促进就业和实际产出的一种手段。[1]同时，它还根除了金融恐慌的根本原因：资产和负债期限结构的不匹配是部分准备金银行制度的固有特征。随着日益迫近的金融崩溃威胁的消除，政府再也不能抓住向金融体系注入“紧急流动性”这根稻草，以此作 491
为再次要求中央银行释放流动性以扩张货币供给的借口。

自由银行家和一些货币主义者所青睐的货币局制度解决方案并没有米塞斯过渡计划的最后一个特点。在货币局制度下，尽管货币发行局的票据本身将百分之百（或更多）由以外汇储备货币计价的债权做担保，就像米塞斯的兑换机构的票据一样，但是商业银行将自由贷出存款，甚至发行仅由货币局票据部分

---

〔1〕 当然，这种国内“廉价货币”政策在应对通常伴随着周期性衰退而出现的失业率暂时上升的问题上，是完全无效的。这种失业本质上具有投机性和自我清偿性，因为在一个生产结构和资源配置模式正在彻底改变以反映消费者真正的时间偏好的经济体中，那些先前被错误分配劳动服务的工人将他们的时间和其他资源投入到“找工作”中，以寻求最佳的就业机会。但是，只要在劳动力市场上严格执行交易自由，这一过程就会迅速有效地进行，不会造成永久性的大规模失业。劳动者很快就会发现，他们别无选择，只能接受由于输入性信用膨胀而导致的资本非法投资和破坏所必需的较低的实际工资率。扩张性的国内货币政策只是推迟了劳动力市场的必要调整，并且在已有的不当投资之上叠加了新的不当投资。

支持的票据。[1]这就使该制度容易受到金融恐慌的影响,尤其受到由“资本外逃”引发或涉及由本币到外币的“资本外逃”的影响。[2]在这种情况下,罗马尼亚企业和证券的国际和国内投资者为了变现其投资,将手中的列伊兑换成美元用于国外投资,这将首先引起列伊存款与货币局列伊纸币间的大规模兑换。进而将会威胁到部分准备金银行制度,无疑会对货币局造成不可抗拒的压力,使其承担起作为“最后贷款人”的中央银行职能。[3]

492 米塞斯建议的过渡制度的最后一个优点是,迈向完全的健全货币,即百分之百金本位制的最后一步将是简单而没有任何痛苦的。不幸的是,这最后一步只有在美国自己决定恢复美元的黄金基础后才能够实现。[4]但是,一旦美元重新被定

---

〔1〕 Schuler et al.,“Replacing the Ruble”, p.17; George Selgin,“The ECU Could Stabilize Eastern Currencies,” in *The Wall Street Journal*(January 9, 1992): p.A12.

〔2〕 这一点得到了阿兰・H.梅尔策(Allan H. Meltzer)的认可(“The Benefits and Costs of Currency Boards,” *The Cato Journal* 12, Winter 1993: p.709),他是货币局制度的温和支持者。关于部分准备金银行在20世纪30年代促进资本外逃所起的关键作用,见 Mises, *Economic Calculation*, pp.107—109。

〔3〕 在我1997年9月写这篇文章的时候,这种情形似乎正在中国香港出现。资本从东南亚大规模(但还不仓促)外流正开始导致信贷紧缩,并导致香港银行同业拆借利率(HIBOR)大幅上升,香港货币发行局(类似货币当局)通过降低美元储备来捍卫香港和美国美元之间的固定汇率。如果该地区的大型放贷机构,比如日本银行,对本币的稳定失去信心,就会出现资本的突然外逃,HIBOR将攀升到极高点,实力较弱的香港银行将不能从市场上融资以满足其面临的持续不断的偿债需求。此时,香港金融管理局将放弃其作为一个严格的货币发行局的角色,开始向即将破产的银行提供资金,以抵御银行挤兑和大面积爆发的金融恐慌。关于东南亚金融危机的爆发,见 Erik Guyot,“Hong Kong's Rates Rise, Prompting Fears of Slowdown,” in *Wall Street Journal* 230,(September 10, 1997): p.A16, and Jathon Sapsford,“Japan's Banks Will Keep Asian Spigot Flowing and Help Avoid Credit Crunch,” in *The Wall Street Journal* 230 [September 8, 1997]: p.A15。

〔4〕 如果像罗马尼亚这样的小国试图单方面恢复其货币的黄金可兑换性,那么它将面临价格水平的突然和无法预料的波动问题。这一结果的原因并非因为黄金的任何固有属性,而是由于政府货币当局在海外的行为。如果政府开始大幅提高本国不兑现货币供给的增长率,这可能会促使本国公民恐慌性地购买黄金,以此作为对付通货膨胀的保值手段。这将使黄金相对于其他商品的价值上涨,从而导致以罗马尼亚黄金货币标价的商品价格突然紧缩。或者外国政府可能会决定抛售其部分黄金储备,以暂时支撑其不断贬值的不兑现货币的兑换率,增加其经常账户收益,或者惩罚那些黄金投机者。这种抛售将压低黄金的价值,引起列伊价格的上涨。但是,与单方面建立黄金可兑换货币相关的风险,必须与捆绑美元等“更硬”的不兑现货币(如美元)所带来的通胀风险相比较,后者的储备量随时可能因武断的政治决定而以两位数的速度膨胀。如果在评估这些风险时,罗马尼亚人认为黄金可兑换货币是过渡时期更安全的做法,那么文中的提议很容易为这一决定做出调整,只需用“黄金”和“黄金市场”替换“美元”和“外汇市场”即可。

义为特定重量的黄金,假如为1/2 000盎司,那么,罗马尼亚兑换机构届时将有能力以每盎司2 000美元的价格将其纸币储备转换成黄金,并计算新的列伊黄金的含金量。〔1〕然后,使用获得的黄金立刻赎回列伊纸币并关门了事。既然罗马尼亚公众是以列伊为单位进行思考和计算的,那么,对兑换机构来说,将黄金储备铸造成以列伊标价的硬币,然后再向公众发放,可能才是明智之举。这种一劳永逸的铸币业务可能需要专项基金的支持,基金可以由该机构的美元储备所获利息建立。但是不管是这样做,还是以金条和美元计价的硬币的形式支出黄金,让收款人聘请私人造币厂自费将黄金转换成他们喜欢的大小和面额的硬币,公众都必须实际拥有并熟悉金币。在任何一种情况下,每位列伊持有者都将决定他们的现金 493 余额中有多少是以金币形式存在,有多少以可即时赎回的黄金索偿形式(例如银行票据和活期存款)存在。后者将是文字货币凭证,将成为交易中实物黄金的替代品,并且证明交易中接受这些票据的人实际上获得了其所标出的具体数量的黄金所有权。为了使这些票据和存款能够以其所表示的黄金真实所有权的形式发挥作用,它们的发行机构将有法律义务持有百分之百的黄金储备以应对所有的即期负债。〔2〕

当然,正如健全货币的批评者孜孜不倦地提醒我们的那样,如果一个政府决定不继续遵守"游戏规则",那么即使金本位制也可能失效。当然,这种反对完全 494 是空谈,因为它同样完全适用于任何旨在恢复市场经济和经济计算的改革。政府

---

〔1〕如果列伊和美元间的兑换比率固定在1美元兑换7 000列伊,那么,假定美元等于1/2 000盎司黄金,则每一黄金列伊将等于1/1 400万盎司黄金(=1/2 000乘以1/7 000)。

〔2〕执行100%准备金不需要延续过渡体制的行政使命,即将银行分成存款和储蓄两个部门。据推测,到美国政府或者其他七国集团政府决定恢复金本位制时,罗马尼亚将制定财产法,其中包括承认银行票据和活期存款的真实经济属性,即只不过是货币商品——黄金的财产权。事实上,将要求100%活期存款准备金的法律条文写进适用于西方市场经济制度的物权法体系,并不是难事,因为正如德索托(de Soto,"A Critical Analysis of Central Banks", pp.29—30)所指出的,这种普遍的法律原则包含在欧洲大陆的司法传统中,这种传统从古罗马法延伸到20世纪初的法国和西班牙法典。在向完全的健全货币过渡期间需要解决的第二个问题是,转轨期之前银行发行的,并且其准备金已经遭到冻结的信用媒介的处置问题。虽然这些媒介的继续存在并不一定会扰乱货币计算,但它们仍将成为金融制度的一处软肋——因此也会成为政府干预的长久诱因。清算这部分资产的一种可能方法是在中央银行解散时,将出售资产所得的收益转给商业银行。然后,商业银行将利用这些资产购买必要的黄金储备,将其未担保的需求负债的保证金转换为100%的黄金担保货币凭证。这当然也意味着,这些银行的股东将获得意外的资本收益。

将来可能会选择实行全面的价格管制,或者生产资料的再次集体化。这种对"游戏规则"的违背,或更准确地说对私人产权和交易自由的践踏,无疑将使经济再次陷入计算混乱。关键是健全货币也是经济计算的一项基本制度要求,而政府破坏财产权就可能破坏经济计算。然而这也意味着如果一国希望生存下去并繁荣发展,恢复和保护健全货币就势在必行。

参考文献

Allais, Maurice, 1987. "The Credit Mechanism and Its Implications." In *Arrow and the Foundations of the Theory of Economic Policy*, George R. Feiwel, ed., pp.491—561. New York: New York University Press.

Bordo, Michael D., and Anna J. Schwartz. 1987. "The Importance of Stable Money: Theory and Evidence." In *The Search for Stable Money: Essays on Monetary Reform*, James A.Dorn and Anna J.Schwartz, eds., pp.53—72. Chicago: University of Chicago Press.

Bresciani-Turroni, Costantino. [1937] 1968. *The Economics of Inflation: A Study of Currency Depreciation in Post-War Germany*, Millicent E. Savers, trans. London: George Allen & Unwin, Ltd.

Cagan, Phillip. 1989. "Monetarism." In *The New Palgrave: Money*, John Eatwell, Murray Milgate, and Peter Newman, eds., pp.195—205. New York: W.W. Norton & Company, Inc.

Carrington, Samantha. 1992. "The Remonetization of the Commonwealth of Independent States." *AEA Papers and Proceedings* 82 (May): pp.22—26.

De Soto, Jesús Huerta. 1995. "A Critical Analysis of Central Banks and Fractional/Reserve Free banking from the Austrian Perspective." *The Review of Austrian Economics* 8, no. 2: pp.25—38.

____. 1997. *A Critical Note on Fractional/Reserve Free banking*, unpublished MS.

Guyot, Erik. 1997. "Hong Kong's Rates Rise, Prompting Fears of Slowdown." In *The Wall Street Journal* 230(September 10), p.A16.

Hanke, Steve H., and Kurt Schuler. 1993. "Currency Boards and Currency Convertibility." In *The Cato Journal* 12(Winter): pp.687—705.

____, and Kurt Schuler. 1993. "Currency Boards and Currency Convertibility." *The Cato Journal* 12(Winter): pp.687—705.

Hayek，F.A. [1935] 1967. *Prices and Production*，2nd ed. New York：Augustus M. Kelley.

____. 1978. *Denationalisation of Money — The Argument Refined*. London：The Institute of Eco- 495
nomic Affairs.

Heilperin，Michael A. [1939] 1978. *International Monetary Economics*. Philadelphia：Porcupine Press.

Hoppe，Hans-Hermann，Jörg Guido Hülsmann，and Walter Block. 1998. "Against Fiduciary Media." *The Review of Austrian Economics* 11，no.1：pp.15—50.

Humpage，Owen F. 1995. "A Mexican Currency Board?" Federal Reserve Bank of Cleveland *Economic Commentary*(March 15).

____，and Jean M. McIntire. 1995. "An Introduction to Currency Boards，" Federal Reserve Bank of Cleveland *Economic Review* 31(2nd Quarter)：pp.2—11.

Laffer，Arthur. 1980，*Reinstatement of the Dollar*：*The Blueprint*. Rolling Hill Estates，Calif.：A.B. Laffer Associates.

Maltsev，Yuri N. 1990. "The Maltsev One-Day Plan." *The Free Market* 8(November)：p.7.

Marget，Arthur W. [1938—1942] 1996. *The Theory of Prices*：*A Re-Examination of the Central Problems of Monetary Theory*，2 vols. New York：Augustus M.Kelley.

McKinnon，Ronald I. 1991. "Financial Control in the Transition from Classical Socialism to a Market Economy." *Journal of Economic Perspectives* 5 (Fall)：pp.107—122.

Meltzer，Allan H. 1987. "Monetary Reform in an Uncertain Environment." In *The Search for Stable Money*：*Essays in Monetary Reform*，James A. Dorn and Anna J. Schwartz，eds.，pp.201—220. Chicago：University of Chicago Press.

. 1993a. "The Benefits and Costs of Currency Boards." *The Cato Journal* 12(Winter)：pp.707—710.

____. 1993b. "Monetarism." In *The Fortune Encyclopedia of Economics*，David R.Henderson，ed.，pp.128—134. New York：Warner Books，Inc.

Miles，Marc A. 1984. *Beyond Monetarism*：*Finding the Road to Stable Money*. New York：Basic Books.

Mises，Ludwig von. 1952. "Summary Statement." In *Defense*，*Controls*，*and Inflation*：*A Conference Sponsored by the University of Chicago Law School*，Aaron Director，ed.，pp.331—335. Chicago：University of Chicago Press.

____. 1966. *Human Action*：*A Treatise on Economics*，3rd ed. Chicago：Henry Regnery Company.

____. 1978. *On the Manipulation of Money and Credit*，Percy L.Greaves，ed.，Bettina Bien

Greaves, trans. Dobbs Ferry, N.Y.: Free Market Books.

____. [1952] 1981. *The Theory of Money and Credit*. Indianapolis, Ind.: Liberty Classics.

____. 1990. *Economic Calculation in the Socialist Commonwealth*, S.Adler, trans. Auburn, Ala.: Ludwig von Mises Institute.

Reimann, Guenter. 1939. *The Vampire Economy: Doing Business under Fascism*. New York: The Vanguard Press.

Reisman, George. 1979. *The Government against the Economy*. Thornwood, N.Y.: Caroline House Publishers, Inc.

496 Rothbard, Murray N. 1992. "How and How Not to Desocialize." *The Review of Austrian Economics* 6, no.1: pp.65—77.

____. 1993. *Man, Economy and State: A Treatise on Economic Principles*, 2nd ed. Auburn, Ala.: Ludwig von Mises Institute.

Sachs, Jeffrey. 1992. "Privatization in Russia: Some Lessons from Eastern Europe." *AEA Papers and Proceedings* 82(May): pp.43—48.

____. 1993. *Poland's Jump to the Market Economy*. Cambridge, Mass.: The MIT Press.

Salerno, Joseph T. 1982. "The Gold Standard: An Analysis of Some Recent Proposals." Cato Institute *Policy Analysis* (September 9).

____. 1987. "Gold Standards: True and False." In *The Search for Stable Money: Essays on Monetary Reform*, James A.Dorn and Anna J.Schwartz, eds., pp.241—255. Chicago: University of Chicago Press.

____. 1991. "Two Traditions in Modern Monetary Theory: John Law and A.R.J.Turgot." In *Journal des Economistes et des Etudes Humaines* 2(June/September): pp.337—380.

____. 1994. "Ludwig von Mises's Monetary Theory in Light of Modern Monetary Thought." *The Review of Austrian Economics* 8, no.1: pp.71—115.

____. 1997. "Monetary Neutrality vs. Monetary Calculation: The Problem of Deflation." Austrian Scholars Conference Working Paper, 27. Auburn, Ala.: Ludwig von Mises Institute.

Sapsford, Jathon. 1997. "Japan's Banks Will Keep Asian Spigot Flowing and Help Avoid Credit Crunch." *The Wall Street Journal* 230(September 8): p.A15.

Schuler, Kurt. 1996. *Should Developing Countries Have Central Banks? Currency Quality and Monetary Systems in 155 Countries*. London: Institute of Economic Affairs.

____, George Selgin, and Joseph Sinkey, Jr. 1991. "Replacing the Ruble in Lithuania: Real Change Versus Pseudoreform." *Policy Analysis* 163 (October 28). Washington, D.C.: The

Cato Institute.

Selgin, George. 1991. *Praxeology and Understanding: An Analysis of the Controversy in Austrian Economics*. Auburn, Ala.: Ludwig von Mises Institute.

____. 1992. "The ECU Could Stabilize Eastern Currencies." *The Wall Street Journal* (January 9), p.A12.

____. 1995. "The 'Productivity Norm' vs. Zero Inflation in the History of Economic Thought." *History of Political Economy* 27 (1995): pp.705—735.

____. 1997. *Less Than Zero: The Case for a Falling Price Level in a Growing Economy*. London: The Institute of Economic Affairs.

Walters, Allan. 1992. "A Hard Ruble for the New Republics." *National Review* (February 3): pp.34—36.

第20章

防范货币危机：货币局制度与货币规则*

497

1. 前言

从20世纪90年代中期开始，由于在遏制阿根廷恶性通胀、恢复爱沙尼亚和立陶宛的有序货币状况，以及抑制中国香港地区通货膨胀方面取得了明显的成效，货币局制度越来越受到主流经济学家的青睐。最后，曾在20世纪90年代早期强烈反对在阿根廷、印度尼西亚和波罗的海国家实行货币局制度的国际货币基金组织也突然转变态度，据传，他们甚至要求在保加利亚设立货币局制度，以作为向其发放信贷的先决条件。[1]

1997年以及当年晚些时候，东南亚货币危机的影响危及了香港货币局制度和金融体系的基础，在1998年货币危机再次卷土重来之后，市场对货币局制度的不满出现了反弹。2001年阿根廷货币危机导致其货币局制度全面崩溃，坚定了人们 498
反对这一货币制度的理由，并刺激人们重新开始信奉在新兴经济体中实行中央银行和IMF正统政策的信心。从那时起，对发展中国家实施所谓“盯住汇率制”的批评甚嚣尘上，这种论调最近甚至渗透进了大学课本。[2]

---

* From：Reventing Currency Crises：The Currency Board Versus the Currency Principle，Indian Journal of Economics and Business 6，no.1(2007)：pp.161—183.

〔1〕 Nikolay Gertchev，“The Case Against Currency Boards”，*The Quarterly Journal of Austrian Economics* (Winter 2002)：p.66.

〔2〕 Stephen G.Cecchetti，*Money*，*Banking*，*and Financial Markets*(New York：McGraw-Hill Irwin，2006).

主流批评人士主张,新兴市场经济体政府应实施由中央银行主导的传统的浮动汇率制度,而不是设立货币局制度。他们声称,此类安排将预防货币危机,并为积极的货币稳定政策提供缓冲空间。少数直言不讳的经济学家和国际政策制定者甚至提议,限制有新兴市场经济体参与的国际资本流动。然而,正是这些政策在过去的屡次失败,才使发展中国家陷入了周期性的恶性通货膨胀和衰退,并抑制了资本积累,阻碍了通向物质繁荣的长期进程。

本章认为,货币局制度确实存在一种内在的缺陷,从而易受货币危机的影响,但由于主流批评家错误地解释了此类危机的性质和原因,所以他们也没能正确地认识这一缺陷。此外,也有人认为,以"货币原则"为基础的"硬盯住"安排,并没有分担货币局应对经常性危机的脆弱性。"货币原则"是19世纪中期英国通货学派最先提出的,但并不完善。直到20世纪初路德维希·冯·米塞斯对其进行重新阐释之前很长时间,该原则早已声名扫地。20世纪30年代米塞斯和其他货币学家提出的完整货币危机理论,就是以货币原则为起点的。米塞斯[1]还基于货币原则,为其货币在
499 20世纪30年代因国际货币秩序崩溃而受损的小国制定了战后货币改革建议。[2]

本章的第二部分介绍了可以称之为新通货学派的货币危机理论,这一理论是为解释国际金本位在两次世界大战期间的崩溃而发展起来的。第三部分阐述了货币局制度的结构和运行,指出了容易导致货币危机的体制缺陷。在第四部分,新货币学派(NCS)货币危机理论被用于解释20世纪90年代末席卷中国香港的金融风暴。之所以选择中国香港作为分析对象,是因为中国香港的货币局制度通常被支持者誉为是最正统、最成功的货币局制度。[3]

2. 新通货学派货币危机理论

新通货学派货币危机理论形成于20世纪30年代,旨在解释货币史上一个前

---

〔1〕 Ludwig von Mises, *The Theory of Money and Credit*, 3rd ed. (Indianapolis, Ind.: Liberty Classics, 1981), pp.485—490.

〔2〕 关于米塞斯建议在东欧国家转型经济体中的现代应用,见Joseph T.Salerno, "Beyond Calculational Chaos: Sound Money and the Quest for Capitalism and Freedom in Ex-Communist Europe," *Polis: Revistã de "tinke Politice,"* 5, no.1: pp.114—133[在本书中作为第19章重刊]。

〔3〕 Steve H.Hanke, Lars Jonung and Kurt Schuler, *Russian Currency and Finance: A Currency Board Approach to Reform* (New York: Routledge, 1993), p.82.

所未有的事件：所有主要工业化国家在和平时期几乎同时放弃了金本位制。货币危机的新通货学派分析法，是由其货币和金融理论观点深受米塞斯的开创性著作《货币与信用理论》（该著作最初于 1912 年在德国出版）影响的一批经济学家发展并阐述的。[1]除了米塞斯[2]，新货币理论的其他著名支持者还包括弗里德里 500
希·哈耶克[3]、莱昂内尔·罗宾斯[4]（Lionel Robbins）、戈特弗里德·冯·哈伯勒[5]、弗里茨·马赫卢普[6]（Fritz Machlup）和迈克尔·A.海尔佩林[7]。

20 世纪 30 年代出现的新通货学派，源于 19 世纪中叶的英国通货学派（BCS）。[8]

---

〔1〕 Mises, *Theory of Money and Credit*.

〔2〕 Ludwig von Mises, "Senior's Lectures on Monetary Problems," in *Money, Method, and the Market Process: Essays by Ludwig von Mises*, ed. Richard M.Ebeling, pp.104—109(Norwell, Mass.: Kluwer Academic Publishers, 1990); idem, *Human Action: A Treatise on Economics*, Scholar's Edition, Introduction by Jeffrey M.Herbener, Hans-Hermann Hoppe, and Joseph T.Salerno(Auburn, Ala.: Ludwig von Mises Institute, 1998); idem, "A Noninflationary Proposal for Postwar Monetary Reconstruction," in *Selected Writings of Ludwig von Mises: The Political Economy of International Reform and Reconstruction*, ed. Richard M.Ebeling (Indianapolis, Ind.: Liberty Classics, 2000), pp.71—118.

〔3〕 Friedrich Hayek, *Monetary Nationalism and International Stability*(New York: Augustus M.Kelley, [1937] 1971).

〔4〕 Lionel Robbins, *Economic Planning and International Order*(London: Macmillan, 1937).

〔5〕 Gottfried von Haberler, *Theory of International Trade*, trans. Alfred Stonier and Frederic Benham (Clifton, N.J.: Augustus M. Kelley, [1936] 1968).

〔6〕 Fritz Machlup, "Foreign Debts, Reparations, and the Transfer Problem," in *International Payments, Debts, and Gold: Collected Essays by Fritz Machlup*(New York: Charles Scribner's Sons, 1964), pp.396—416; idem, "My Early Work on International Monetary Problems," *Banca Nazionale Del Lavoro Quarterly Review* 133(June 1980): pp.115—146.

〔7〕 Michael A.Heilperin, "Economics of Banking Reform," *Political Science Quarterly* 50(September 1935): pp.359—376; idem, *Aspects of the Pathology of Money: Monetary Essays from Four Decades* (London: Michael Joseph Limited, 1968); idem, *International Monetary Economics*(Philadelphia: Porcupine Press, [1939] 1978).今天，海尔佩林已经几乎被人淡忘，但他在国际货币经济学领域是一位多产的作者和重要的思想者，他的职业生涯从 20 世纪 30 年代早期一直持续到 60 年代早期。他的著作和文章以三种不同的文字出版，即他的母语波兰语，以及法语和英语，他还曾在日内瓦高级国际研究院与米塞斯共事。关于对其著作的概述和评论，见 Joseph T.Salerno, "Gold and the International Monetary System: The Contribution of Michael A.Heilperin," in *The Gold Standard: Perspectives in the Austrian School*, 2nd ed., ed. Llewellyn H.Rockwell, Jr. (Auburn, Ala.: Ludwig von Mises Institute, 1992), pp.81—111。

〔8〕 Murray N.Rothbard, *Classical Economics: An Austrian Perspective on the History of Economic Thought*, vol.2(Brookfield, Vt.: Edward Elgar Publishing Company, 1995), pp.225—274 provides a comprehensive discussion of the British Currency School and its origins, doctrines, and opponents.

英国通货学派已经意识到,英国在中断了近四分之一世纪之后于 1821 年恢复金本位制,并没有使经济摆脱最终会反复导致金融危机的通货膨胀繁荣。英国通货学派的理论认为,1825 年、1836 年及 1839 年英国经济遭受的金融危机及随之而
501 来的通货紧缩式萧条,正是之前部分准备金银行制度下货币的膨胀式“超发”的结果,在该制度下,黄金储备集中在一家享有特权的私人银行,即实际上执行中央银行职能的英格兰银行手中。英国通货学派的理论家们认识到,金本位制能够缓和并约束这种超发行为,但这样做有一段时间的时滞,只有在区域性或全国性价格水平相对于世界价格出现上涨,并导致国际收支赤字和黄金储备外流后,才能做到这一点。这反过来又为国内银行票据持有人和存款人的恐慌提供了舞台,导致银行挤兑的威胁,从而促使中央银行提高贴现率,收缩货币供给和银行信贷,以扭转储备的流失。正是这种通货紧缩政策导致了金融危机和衰退的发生。

英国通货学派提出了著名的“货币原则”以解决这一问题。根据这一原则,包括流通中黄金和银行票据在内的英国“混合”货币的数量和价值的变动,应该与货币供给完全由金币构成时的变化完全一致。实践中,这一原则规定,银行票据供给的变化与黄金供给的变化严格挂钩,超过限额的票据发行,必须有 100%的黄金保证。由于货币供给随着国际收支状况的变化而变化,货币超额发行将被完全抑制,国内价格将与世界价格同步变化。

不幸的是,英国通货学派的理论有两个致命的缺陷,这导致在政策层面上无法正确运用货币原则。首先,货币原则并不适用于银行存款,因为银行存款并不包括在英国通货学派的货币供给定义之中。其次,英国通货学派并未认识到,在整个体系的黄金储备都集中在中央银行的货币制度下,实施基于这一原则的政策涵义。因此,虽然 1844 年以法律形式颁布了以通货学派理论为根据的银行法,即“皮尔法案”,但未能达到其颁布之初想要实现的消除货币危机的目的,也使得英国通货学派及其货币原则在 19 世纪后期声名扫地。

502 在复兴货币原则的过程中,米塞斯[1]指出并纠正了英国通货学派理论范式中最重要的缺陷,即将货币原则拓展到了覆盖银行存款的范围。此外,所有新通

〔1〕 Ludwig von Mises, “The ‘Austrian’ Theory of the Trade Cycle,” in Richard M.Ebeling, *The Austrian Theory of the Trade Cycle and Other Essays*, 2nd ed. (Auburn, Ala.: Ludwig von Mises Institute, [1978] 1996), pp.25—27.

货学派的学者都或多或少地认识到货币原则与一国中央储备体系之间的矛盾，这一问题哈耶克阐述得最为清楚，我们将在下一个部分看到。然而，由于英国通货学派与新通货学派所处的政治经济环境极其不同，因此两者在其他方面也相去甚远。新通货学派学者并不是将货币原则仅仅定义为货币政策中的技术手段。相反，他们认为，货币原则是在私有产权制度和契约规则中重新整合并锚定货币供给过程的一种方法。因此，新通货学派理论将货币危机定义为，政府旨在规避或废除古典金本位对信贷扩张施加的相对刚性的限制而实施一系列干预措施的必然结果。事实上，这一理论作为门格尔将商品货币作为一般交换媒介的起源理论的逻辑延伸，对货币逐步转变为政府的"政策工具"做了解释。按照门格尔的历史逻辑方法，20 世纪 30 年代的新通货学派对货币危机做出了丰富和"深刻"的解释，认为货币危机是在特定政治、意识形态和制度环境下，受到阻碍的市场进程的逻辑结果。

3. 国家储备体系：起源和影响

按照新通货学派理论，货币危机发生于部分准备金银行体系的制度框架内，在这一制度下，私人银行的现金储备被国有化并集中在中央银行。该体系通常被称为"单一储备体系"[1]，但哈耶克却提出一个更具有描述性的名字"国家储备体系"。这 503
一体系并非市场力量的结果，而是政府强加于商业银行，"目的使中央银行更易于从事信贷扩张"[2]。例如，美国在 1917 年实际上已实现了银行储备国有化了。1917 年 6 月 21 日通过的《联邦储备法》修正案规定，只有在联邦储备银行持有的储备存款才会被计入成员银行的法定储备，从而导致黄金储备在联邦储备体系的集中。[3]

---

〔1〕 Mises, *Human Action*, p.462; Hayek, *Monetary Nationalism*, p.12.

〔2〕 Mises, *Human Action*, p.262.

〔3〕 C.A. Phillips, T.F. McManus, and R.W. Nelson, *Banking and the Business Cycle: A Study of the Great Depression in the United States* (New York: Arno Press & The *New York Times*, [1937] 1972), pp.24—25; W.P.G. Harding, *The Formative Period of the Federal System (During the World Crisis)* (New York: Houghton Mifflin Company, 1925), pp.72—74. 正如本杰明·安德森(Benjamin Anderson, *Economics and the Public Welfare: A Financial and Economic History of the United States, 1914—1946*, 2nd ed. Indianapolis, Ind.: Liberty Press, 1979, p.56)所指出的，这一修正案依据的理论虽然"不甚明确"，但是，"在 1916 年和 1917 年初，有一个非常明确的现实考虑，即我们或许会卷入战争，所以重要的是，国家的黄金必须集中于中央储备库，作为战时财政的基础"。因此，将黄金储备集中于美联储，其明确意图是推动通胀性货币政策。

在欧洲诸国,中央银行早在 17 世纪晚期就开始出现,在古典金本位制度下,储备的国有化甚至开始得更早。[1]第一次世界大战之后,其他国家也开始采用金汇兑本位制以实现国家储备体系,目的在于节约手中持有但不产生收益的黄金储备。这种残缺版金本位制,自然地以附息外国证券的形式将储备集中于中央银行,并因此将“轻易操纵本国货币的权力掌握在政府手中”[2]。战后“节约黄金”的另一种机制是金块本位制,在这一制度下,货币仅能兑换大块的、昂贵的金条,
504 这就有助于将黄金储备集中于中央银行,并且“使得超过现有黄金全部产量的流通媒介的增加成为可能”[3]。

国家储备体系给金融市场的制度框架带来了两个重要变化。首先,商业银行的经营方式出现了根本性变化。当中央银行获取了法定的或事实上的公众黄金储备垄断权时,其票据和存款就不再被视为其金库内实际商品货币的可即时赎回的财产所有权了。黄金作为中央银行发行即将到期“负债”,即票据和存款的“储备”,现在归属于中央银行的大类“资产”类别。这些纸币和存款被公众普遍接受为货币本身,而不是它们的实质意义:即在交易中方便地替代了商品货币的货币所有权或“货币凭证”。

这一发展反过来导致商业银行只持有(现在以中央银行票据和存款的形式)能够满足其自身即时负债的日常净赎回所需的最低储备金额。这不仅包括他们的活期存款,还包括计息储蓄存款,尽管事实上,这两类资金已经被企业借款人投资于经济生产结构中的短期或长期生产,但提款通知却被逐渐推迟。[4]在部分准备金银行负责持有自有黄金储备的情况下,商业银行的资产和负债期限结构的
505 错配,只在有限范围内存在,在国家储备体系下,当银行发现自己缺乏储备时,实际上可以无限期地从中央银行获得贷款,这种错配因此进一步加剧。

---

[1] 按照米塞斯的说法,“为了使中央银行更易于进行信贷扩张,欧洲政府早已开始将国家黄金储备集中于中央银行”。见 Mises, *Human Action*, p.462。

[2] Ibid., p.780.

[3] Phillips et al., *Banking and the Business Cycle*, p.49.

[4] 有关导致定期存款转变为即时负债的法律和制度条件的变化,及其在 20 世纪 20 年代和 30 年代产生银行信贷通胀和金融不稳定的作用的讨论,见 Heilperin, *Aspects of the Pathology of Money*, pp.267—268 and idem, *International Monetary Economics*, pp.92—93; Mises, “Senior's Lectures on Monetary Problems,” pp.107—108; Phillips et al., *Banking and the Business Cycle*, pp.29, 95—101。

米塞斯[1]简明地总结了由国家储备体系导致的银行业的巨大变化：

[银行]不再为每日到期的债务保留准备金。他们认为没必要以这种方式平衡到期日的债务和资产，因为他们已经准备好在任何一天无条件履行其对于债权人的义务。他们依赖于中央银行。当债权人想要提取超过“正常”金额的资金时，私人银行会向中央银行借入所需资金。私人银行认为，如果它拥有足够数量的抵押品，那么就可以从中央银行借款，或者它拥有足够数量的交易票据，以此向中央银行进行再贴现，这样商业银行就认为自己具有流动性。

国家储备体系对两次世界大战之间的金融体系进行了第二次革命性的变革。这次变革将不同的货币——更准确地说，是货币替代品——做了分层，使货币之间的相互可接受范围逐渐缩小，因此，一国的货币结构变成了建立在普遍接受的货币，即一个狭窄的黄金基础上的倒金字塔。哈耶克[2]是第一位全面阐释了这一制度结构涵义的人，他解释道：

普通人将只持有一种可直接用于向同一银行客户付款的货币；他这样做的假设前提是，他的银行将为其所有客户保留一笔可用于向他人付款的准备金。而商业银行只会持有流动性更强或更能被广泛接受的货币储备，用于国内的银行间支付。但对于持有可用于海外支付的储备，甚至公众希望将相当一部分存款转换为现金所需的储备，银行在很大程度上要依赖中央银行……
只有随着中央银行体系的发展，一国所有居民才开始……依赖于为他们共同 506
持有的、相同数量的、流动性更强的资产作为国家储备。[3]

哈耶克对国家储备体系的分析，为研究不同制度安排下国际货币流动的影响

---

[1] Mises, *Human Action*, p.462.

[2] Hayek, *Monetary Nationalism*, pp.10, 12.

[3] 有两个小错误损害了哈耶克的分析，即忽视了米塞斯在“货币”和“货币替代品”之间的关键区别，混淆了门格尔的“可接受性”或“市场性”概念，以及凯恩斯学派的“流动性”概念。不同种类的货币替代品或多或少都可以被广泛接受，但一旦任何一种货币被认为不完全具有“流动性”，就会被剥夺其货币功能。关于从不同角度对这两个概念之间的差别进行具有启发性的讨论，见 Heilperin, *International Monetary Economics*, pp.93—94。关于米塞斯对货币分类的解释，以及他在货币和货币替代品区别上所进行的辩护，见 Joseph T.Salerno, “Ludwig von Mises's Monetary Theory in Light of Modern Monetary Thought”, *The Review of Austrian Economics* 8, no.1: pp.75—77[在本书中作为第 2 章重刊]。

提供了重要依据。在一国货币领域内,货币的地区间流动不管规模多大,多么突然,都不会对整个金融体系造成压力,因为它们不会对一国货币金字塔的黄金基础造成任何干扰。尤其是它们不需要中央银行提高贴现率以"保护"其"黄金储备",因为货币转移完全是通过同一国家储备体系之内银行资产和负债的变化来完成的。这一点尤为重要,因为正如哈耶克[1]所指出的,"并非每一次货币流动……都是资本转移"[2]。也就是说,并非每个地区之间的货币净流动都是对可投资基金市场供求变化的反应。货币的某些流动,要么是由于某一区域的进出口之间暂时的和可逆的差异,要么是由于货币需求的区域间格局更为持久的重新配
507 置。因此,在这两种情况下,由于不涉及实际资本的转移,一般而言,贴现率或利率都不会发生变化。

当我们只考虑属于不同国家储备体系的两个地区间的单纯货币流动时,只要这些流动是贸易差额的正常波动或者相对货币需求的偶然性变化的结果,那么情况并不会有太大区别。在这些情况下,随之而来的黄金从一国流向另一国的变动将相对较小,并将迅速结束或被古典价格—铸币流动机制所描述的、两个国家价格结构的相对变动所逆转。为了使这一机制发挥作用,各国中央银行只需履行合同义务,按面值和按需赎回其发行的黄金所有权,严格限制新开收据的数量,使之仅限于带到他们那里储存的新增黄金的实际数量,也就是说,要以诚实和简单的受托人的身份经营货币商品的仓储业务。如果中央银行以这种方式运作,顺差国的货币供给扩张与逆差国的货币供给收缩,将完全等同于通过国际收支实现的黄金净转移。这种结果在经济上与货币在属于同一国家储备体系的两个地区之间的转移完全相同。

4. 中央银行的(错误)行为

按照新通货学派的分析,当中央银行按照"货币原则"行事时——即保证国家货币供给的变化与黄金跨国流动一一对应——该国的货币就不可能遭遇危机状

〔1〕 Hayek, *Monetary Nationalism*, p.31.

〔2〕 Heilperin(*International Monetary Economics*, pp.92—93)也进行过类似的区分:"'资本'是用作投资的具有购买力的资金。它和货币资金是有区别的,货币资金的去向尚未由所有者决定。人们必须注意,信贷组织不可能对这两类资金进行明确的区分——这是经济不稳定的重要因素之一。"

态。然而，当中央银行试图通过单方面扩大银行信贷来降低国内利率时，事情就会变得完全不同。这会导致金字塔形的货币替代品相对一国的黄金储备量不断扩大，并导致国内价格逐步上涨。国内价格的上涨和国内利率相对于国外通行水平的下降，将导致经常账户和资本账户出现赤字。[1]在廉价货币政策结束之前， 508
国际收支的整体逆差将一直持续下去。同时，赤字将由扩张主义中央银行不断减少的“黄金储备”来弥补。由于国内外投资者和广大公众争先恐后地将央行和商业银行发行的数量不断增加的货币替代品兑换成黄金，黄金的这种“外部流失”最终会导致人们对本国货币失去信心，从而引发黄金的“内部流失”。当危机来临时，如果中央银行希望维持金本位，将被迫大幅提高贴现率，以收缩银行信贷并补充其耗尽的黄金库存。[2]

黄金储备的外流和贴现率的上升标志着商业周期的转折点，中央银行信贷扩张带来的国内利率下降，毕竟不能长久低于国际资本市场上自愿储蓄数量所决定的自然利率水平。因此，贴现率的提高并非紧随其后的衰退的外因，而是调整过程中的一个必要阶段，它向企业家表明，已经没有足够的储蓄和实际资本品来维持他们在廉价资金刺激下启动的投资项目。

新通货学派理论家强调，用不恰当的战争辞令来描述导致储备损失的一系列事件，导致经济学家对这一过程所涉及的因果过程和中央银行在这一过程中的作用产生了严重的误解。米塞斯[3]破除了这一说法，他确定，真正的原因是违约：

> 事实是，中央银行为免于其黄金储备消失所做的一切，都是为了保全其 509
> 自身偿付能力。开始进行信用扩张已经危及央行的财务状况，现在必须停止其之前的所有行为，以避免灾难性后果……“保护”一国的货币制度，并不需要一个“守卫者”……当英格兰银行赎回了一张根据合同条款发行的钞票时……它所做的不过是每一位家庭主妇在支付杂货店账单时都会做的事情。那种认为中央银行在履行其自愿承担的责任时会有某些特殊优点的观点，可

[1] 当然，如果有关国家的实际产出增长相对较快，信贷扩张可能不会表现为消费品价格上涨，而是仅仅表现为利息率的下降和金融与房地产市场的泡沫膨胀。这种情况发生在 20 世纪 20 年代和 90 年代的美国。

[2] 中央银行在 20 世纪 20 年代开始进行公开市场操作后，也开始通过向商业银行和公众出售证券来紧缩货币和避免货币危机。

[3] Mises, *Human Action*, pp.456—457.

能只是源于政府一次又一次地赋予这些银行拒绝向其顾客支付其拥有合法所有权的款项的特权。

尤其要强调的是，赤字(盈余)国家的中央银行不需要提高(降低)贴现率，收缩(扩张)国家货币供给，使货币供给数倍于国际收支平衡表的黄金损失(收益)。因此，赤字国家的中央银行提高贴现率也并非金本位制下的“游戏规则”之一。[1]它不过是央行停止信用扩张的副产品，之前央行一直徒劳地试图将国内利率结构保持在低于全球资本市场现行利率的水平。换言之，是合同的基本规则，而非随意和可改变的游戏规则，决定了央行维持其按面值要求偿还债务的可赎回性。

事实上，对新通货学派理论的拥护者而言，金本位制的出现，是对政府几个世纪以来一直坚持(金银)复本位制的专断规则的挑战，是为了稳定黄金与白银兑换率的徒劳无功的尝试。[2]按照他们的观点，国际金本位制并非政策规则的创造，
510 而是市场经济的有机产物，其运行像所有市场制度一样，都是被“不可抗拒的经济规律的运行所控制”[3]。

5. 反通货紧缩政策与“热钱”问题

随着金本位制在20世纪20年代的日渐式微，大多数中央银行力图避免国内货币金字塔由于对外支付赤字而产生的通货紧缩。他们开始将货币看作一种政策工具，而不是简单地视为存款人和票据持有者的财产，这两种人按照合同确定拥有完全的和无障碍的、用于国内外交易的黄金处置权。新通货学派理论家指出，中央银行在战后有意实施反倾销政策的努力，不仅与它们的合同义务相冲突，而且阻碍了在金本位下运作的国际收支调整进程，这一过程本来可以持续调整货币的空间分布以适应不断变化的国际货币均衡条件。

马赫卢普[4](Machlup)在回顾其对国际货币理论的早期贡献时强调，均衡

---

〔1〕 正如米塞斯(*Human Action*, p.459)所解释的：“可以断言，通过提高贴现率来阻止外流的‘传统’方法已经不再有效，因为国家不再准备遵守‘游戏规则’。现在金本位制并非游戏，而是一种社会制度。它的运作并不取决于任何人是否准备好遵守某些专断的规则。”

〔2〕 Mises, *Human Action*, pp.468—470.

〔3〕 Ibid., p.459.

〔4〕 Machlup, “My Early work on International Money Problems”, pp.118—119.

的货币流动是国际金本位制的一个内在特征,创造国内信贷以取代因支付赤字而损失的黄金和外汇储备的政策,只会重新造成货币不平衡,并导致黄金的进一步外流:

> 在金本位制下……任何过剩的货币存量都会导致国际收支的赤字,进而导致黄金储备的外流,并造成货币存量的相应收缩,从而恢复均衡……但是所有这一切都是以国内信用创造不会造成货币存量过剩和价格上涨为前提的……我会尽量阐明,这些通过扩大国内信贷来抵消官方售汇收缩效应的政策,正在破坏调整机制。在为支付赤字融资过程中,货币供给的自动收缩正 511
> 是这一调整过程的本质,而抵消这种收缩阻碍了调整过程,并使赤字长期存在。[1]

罗宾斯认识到,古典金本位制本质上与中央银行的政治制度相冲突,并且注定会被与之同时成长但又与之分离的中央银行政治体制所破坏。中央银行是专门为向政府提供贷款即扩大信贷而设立的。因此,央行被有意设计成用专断的政策规则来取代财产和合同的一般规则。如上所述,国家储备体系正是由政府强加的,目的是通过中和国内竞争性银行的黄金内部流失,从而促进中央银行扩张主义的一种手段。但是,这一制度无法阻止黄金外流至扩张性较弱的海外央行,因此就出现了所谓的"国际收支问题"。正如罗宾斯[2]所强调的:

> [当]政府倾向于利用[中央银行]作为积极政策的工具时,它们已经成为普遍经济民族主义的最重要原因。如果某一地区的政府强迫管辖范围内的银行实施扩张政策,而该地区又没有实施扩张政策的机会,那么……国际平衡将被打破。因而维持国际平衡的"问题"立刻产生——随之而来的是所有旨在解决这一问题的政策也产生了。

对国际货币均衡的政策性破坏的证明之一,是 20 世纪 30 年代初期"热钱"的突然出现。新通货学派理论家认为,这一现象是由于中央银行在国家储备体系下运作时的行为所导致的,中央银行的这种行为为商业银行创造了一种鼓励存款资金突然流动的特殊激励机制。一个因实施相对通货膨胀货币政策而导致其国际 512

[1] 在这段文字中,马赫卢普结合了他 1923 年的文本与他在 1980 年对这一文本的评论。我去掉了他插入的括号。

[2] Robbins, *Economic Planning*, p.302.

收支持续出现赤字的国家，该国最终将面临越来越多的对其维持黄金平价能力的怀疑。这是因为在两次世界大战期间，人们最终预期，各国央行将不再会像第一次世界大战之前那样实施传统的贴现率政策，以应对其试图单方面压低国内利率而不可避免地造成严重的黄金/外汇外流。为了解决这一问题，中央银行不得不推出贴现率政策。现在，与当时情形相反，人们预期中央银行将实行更进一步的通胀性信贷扩张政策，以防止国内货币存量的必要收缩，而这只会加剧黄金的外流。[1]

外汇投机客和外国投资者是第一个表达并体现这些悲观预期的人，他们沽空货币，从国内银行撤出短期资本，并将资本送往海外的避风港。通过资本账户流动的这些热钱将进一步加剧整体赤字，并对汇率造成“压力”。如果中央银行继续其创造过剩货币供给的政策，那么热钱的流动将加剧，政府很快将面临全面的货币危机。唯一的解决方法要么是贬值货币，实施外汇管制；要么干脆放弃金本位制。

新通货学派理论的一个重要观点是，热钱现象并非由金本位制的正常运行产生的。实际上，它的出现标志着为取代金本位调整机制而建立的通胀型国家储备体系的崩溃。通常被人们贴上“资本外逃”标签的资本流动，并不代表在健全的国
513 际货币体系下的真正资本流动。正如海尔佩林[2]所指出的，20 世纪 30 年代期间大多数短期资金的国际流动，都是“以现金及活期存款进行的业务……是与其他国际经济业务分离的纯粹的金融交易”。海尔佩林[3]继续解释道：“当对未来的预期不确定时，当悲观情绪在国内盛行时，家庭投资就会推迟，现金余额也会增加。具有购买力的资金等待合适的时机进行投资，随着这一时刻的推迟，非投资性储蓄（或囤积）也在不断累积。正是这些资金轻易就在不同国家之间以及货币与货币之间引发了或多或少的恐慌性波动。”

热钱问题的根源在于国家储备体系。在这一制度下，商业银行开始将投机性

---

〔1〕有关 1914 年后对中央银行在金本位制运作中所起作用的观点发生根本性转变的历史、政治、智识和意识形态因素所进行的深入讨论，见 Melchior Palyi, *The Twilight of Gold, 1914—1936: Myths and Realities* (Chicago: Henry Regnery Company, 1972), pp.45—60, 101—106。另见 Anderson, *Economics and the Public Welfare*, pp.182—189。

〔2〕Heilperin, *International Monetary Economics*, pp.97—98.

〔3〕Ibid., p.100.

现金余额的累积视为真正的储蓄，并将它们贷给了国内企业，对这部分资金只保留了最低限度的准备金。正如上文所说，他们以这种方式运作的原因在于，每家银行只要拥有中央银行通常愿意再贴现或接受作为贷款抵押品的证券，就认为自身具有充足的流动性。但集中在中央银行的黄金和外汇储备——金融体系赖以生存的最终现金基础——数量严重不足，无法覆盖所有商业银行的即期存款，从而导致整个体系始终缺乏流动性。从制度上来看，这些即期存款主要采取储蓄或定期存款等形式，银行要给付利息，随着银行对国家储备体系产生的不正当激励措施的回应，其法定的"提款通知"时间逐渐缩短，最后实际上已经完全放弃。[1]

米塞斯[2]总结了国家储备体系和中央银行廉价货币政策的相关作用，以及这两种制度性因素在引发货币危机中为商业银行创造的道德风险条件。他指出，"短期债务"，尤其是储蓄存款，已经在20世纪30年代的银行体系中占据了主导地位。债权国银行大量投资于债务国银行的生息存款，他们的理解是，他们可以在接到通知后立即提取这种"储蓄存款"。但是，对所有或者大多数贷款银行来说，因为这些资金反过来又借给了债务国的企业作为资本投资，这些银行不可能立刻收回全部债权。因此，"国际信贷关系建立在对流动性的错误假设之上"，债务国银行"面临恐慌性危险"，因此，危及货币稳定的并不是"资本外逃"。投资于工业厂房、公司股票和房地产的储蓄并不能直接逃往其他国家；在没有银行信贷扩张的情况下，每一个拥有这种不动产所有权的卖方都必须由一个买方（无论是外国的还是国内的）取代，以便卖方实现其收益并将其投资到国外。其结果是，资本从一国的撤出"永远不会是大规模流动"。 514

对米塞斯而言，这一规则的"一个明显的例外"是"能够随时或在短时间内从银行提取的储蓄存款"。但即使在这种情况下，如果中央银行不扩大信贷来帮助那些行为不当的银行，"热钱"问题也不会接踵而至。如果没有来自中央银行的扩张性信贷，商业银行将被迫与其国内和国外债权人签订一般性"停止偿债协议"，

---

〔1〕关于银行体系误将投机性现金余额处理为真正储蓄所造成的一般影响的最新分析，见 John P.Cochran and Steven T.Call, "The role of Fractional-Reserve Banking and Financial Intermediation in the Money Supply Process: Keynes and the Austrians", *The Quarterly Journal of Economics* 1(Fall 1998): pp.29—40; also see Jesús Huerta De Soto, *Money, Credit and Economic Cycles*, trans. Melinda A.Stroup(Auburn, Ala.: Ludwig von Mises Institute, 2006), pp.167—295。

〔2〕Mises, "Senior's Lectures on Monetary Problems," pp.107—109.

承认现金余额与投资储蓄之间的区别，以及“因应收账款而调整的付款”现实。

米塞斯[1]总结道：

> 515 很明显，不是资本外逃，而是有利于储蓄银行的信用扩张，才是万恶之源……问题的核心在于存款政策。没有来自中央银行的特别援助，银行不会承诺其职责范围之外的事情，也就永远不会威胁该国货币的稳定。即使是那些轻率的承担其无法偿还债务的其他银行（原文如此），也只有在中央银行试图帮助他们时才会造成危害。如果中央银行放任他们不管，他们自身的特殊困难也不会对外汇交易产生任何影响。[2]

米塞斯[3]还认为，如果中央银行没有默认承担起了国家储备体系所要求的最后贷款人的角色，那么商业银行将被迫谨慎地应对热钱的涌入，并保持“足够量的黄金和外汇储备，以备突然提款时能够偿还全部金额”。当然，这就需要他们“向客户收取费用以保证资金安全”，而不是向客户支付利息。

米塞斯[4]运用货币危机理论解释了1936年瑞士法郎贬值的原因。那年的
516 9月底，法国法郎贬值，导致人们普遍预期瑞士将效仿法国使瑞士法郎贬值。在20世纪30年代初，瑞士商业银行已经积累了大量的热钱存款，银行承诺可以按需兑付，但同时又将这些钱贷给了企业。这些贷款中有很大一部分流向了外国公司，而这些国家此后都实施了外汇管制，因此实际上阻止了这些贷款的偿还。瑞士银行唯一的办法就是向瑞士国家银行寻求紧急贷款，以支付储户的利息。但是这些储户会立即要求瑞士国家银行将这些纸币兑付成黄金和外汇，以便将他们的资金转移到英国、美国，甚至法国，因为这些国家的货币已经贬值，所以短期内不

---

〔1〕 Mises, “Senior's Lectures on Monetary Problems,” p.109.

〔2〕 马赫卢普（“My Early Work on International Monetary Problems,” p.133）在提到他本人对于20世纪30年代的资本外逃所做的研究时，对于资本外逃的本质和必要前提显然也得出了类似的结论：“我发现，资本外逃存在着‘天然的’限制——除非中央银行允许扩大国内信贷，从而为资本输出提供资金。在这种情况下，央行提供或补充想要兑换为外汇的国内资金，其结果是不会发生资本输出（因为货币储备的损失构成了官方的资本输入），当然，也没有真实资源的转移”。有意思的是，马赫卢普（出处同上）透露道，他拒绝将其关于资本外逃的文章纳入其英文文集中，“主要是因为其隐含的政策建议，即中央银行永远不要帮助面临突然收回外国贷款的商业银行”。虽然他承认，这种“强硬的立场”“作为一个一般性原则”在这里或许较为“合理”，但他也担心自己1932年的立场显得过于教条和麻木不仁。

〔3〕 Mises, *Human Action*, p.462.

〔4〕 Ibid., pp.462—463.

会面临再次贬值的威胁。瑞士国家银行因此会失去大部分储备。这种情况反过来又会引发国内的恐慌，其剩余储备也会流入瑞士国内储户的现金余额，从而导致货币体系崩溃。然而，如果瑞士国家银行拒绝了私人银行提出的援助请求，那么该国的主要金融机构将面临破产。因此，瑞士政府立刻将瑞士法郎贬值 30%，并暂停国内黄金兑付以解决这一危机，由此缓解了对其外汇储备造成的压力。[1]

因此，按照新通货学派的理论，货币危机不是一个突如其来的神秘灾祸，而是由可识别的政治经济体制和政策组合而成的可预测的事件模式。

6. 作为国家储备体系的货币局制度

当代货币局制度实际上是(如果不是人为设计的)一种国家储备体系，只是在形式上与两次世界大战期间的金汇兑本位制有所区别。正如新通货学派货币危机理论所指出的，国家储备体系是一种自行清偿体制。它注定要因其内在的固有 517
缺陷而退化为“浮动”汇率制度或严格的外汇管控制度。

在货币局制度下，尽管货币局的票据和存款负债本身 100%(或更多)由以外汇储备货币计价的债权担保，但是商业银行仍能自由发放只有货币局发行的小部分票据和存款支持的活期存款和即时到期“储蓄”存款。换言之，货币局制度只为国内基础货币提供 100%的有时称为“高能货币”的储备支持。[2]而且，正如两次

---

〔1〕 关于瑞士的货币贬值，见 Palyi，*The Twilight of Gold*，pp.290—291 and Leland B.Yeager，*International Monetary Relations*：*Theory*，*History*，*and Policy*，2nd ed. (New York：Harper & Row Publishers，1976)，pp.258—263。

〔2〕 关于货币局制度的设计和运作，见 Steve H.Hanke and Kurt Schuler，*Currency Boards for Eastern Europe*. The Heritage Lectures 355(Washington，D.C.：The Heritage Foundation，1991)；idem，“Currency Boards and Currency Convertibility，” *The Cato Journal* 12(Winter)：pp.687—705；Hanke et al.，*Russian Currency and Finance*；Anna J.Schwartz，*Do Currency Boards Have a Future?* (London：Institute of Economic Affairs，1992)；Owen F.Humpage and Jean M.McIntire，“An Introduction to Currency Boards，” Federal Reserve Bank of Cleveland *Economic Review* 31(Quarter 2)：pp.2—11；Charles Enoch and AnneMarie Guide，“Making a Currency Board Operational，” *Paper on Policy Analysis and Assessment of the International Monetary Fund* (November 1997)；Richard W.Kopcke，“Currency Boards：Once and Future Monetary Regimes，” *New England Economic Review* (May/June 1999)：pp.21—37 以及所引用的文献。有关从新通货学派角度对货币局制度进行的最彻底的批判性分析，见 Gertchev，“The Case Against Currency Boards”。以上某些文章以及从各个方面对货币局制度进行讨论的文章，见“货币局”主页 http://politics.ankara.edu.tr/～kibritci/curboard.html。

世界大战期间的金汇兑本位制一样，整个银行体系的最终现金储备也都集中在政府机构手中。因此，货币局管理下的国内货币供给类似于哈耶克提出的可接受范围逐渐缩小、且由不同种类货币（例如货币局票据和商业银行存款）构成的倒金字塔，这个倒金字塔坐落在薄弱的外汇储备基础上，而这一外汇储备就是该制度的最终现金储备。

这就使得该体系容易受到由“资本外逃”引发或涉及外币引发的金融恐慌的
518 影响。尤其是在新兴市场经济体，大量外资流入可迅速扩大国内的货币基础和货币供给，从而将国内价格提高到使得国内货币按现行汇率计算被高估的水平。正如哈耶克所说，在接收国的货币需求没有相应增加的情况下，资本流入并不意味着国内货币供给的永久性扩张。货币资本的初始流入只是资本转移实际发生过程的第一步。一旦这一过程完成，国际收支平衡将重新建立，两国间的共同货币分布将恢复其原有的模式。

然而，在国内货币供给的扩张是初始资本流入的一倍时，结果就大不相同——按照马赫卢普的说法，新货币是在“国内信贷”的基础上发行的——货币局制度下就是这种情况。货币购买力的持续下降和外汇储备的持续损失，刺激了外国投机者和投资者从国内银行提取自己的存款，并清偿自己持有的国内证券，将所得款项转换为储备货币投资于国外。这种情况加剧了储备货币的流失，给本已经陷入银行恐慌中的国内储户雪上加霜，并同时导致外汇储备的“内部”流失。最近，鲁比尼[1]（Nouriel Roubini）也表述了类似的观点：

> 由于货币基础得到一国外汇储备的充分支持，因此货币局制度不会崩溃，这一观点显然并不正确。如果货币受到冲击，国内居民可能会试图通过减少中央银行的……外汇储备来摆脱国内金融资产并购买外国资产。可用于购买外币的国内金融资产并不仅限于货币基础（即由中央银行的外汇储备
> 519 全额支持），而是通常有货币基础的数倍之多的流动性货币资产的全部存量。

如果不加以控制，这些事件不仅会耗尽外汇储备，而且会破坏部分准备金银行体系。显然，一旦出现第一次货币外逃的迹象，货币局制度就将面临几乎不可

---

〔1〕 Nouriel Roubini, “The Case Against Currency Boards: Debunking 10 Myths about the Benefits of Currency Boards,” Working Paper. Stern School of Business, New York University. Available at http://www.geocities.com/Eureka/Concourse/8751/jurus/vs-cbs.htm.

抗拒的压力，并迫使其承担起“最后贷款人”的中央银行职能，以避免出现银行业恐慌。向金融系统大量注入信贷和流动性，即使没有紧随而来的货币贬值，也会使货币局变成一个中央银行，并明显损害其承诺在未来维持固定汇率的信誉。

在下一个部分将详细叙述最近在中国香港发生的事件，它说明了货币局制度的内在不稳定性，这种不稳定性表现在这次货币危机中以及危机期间货币局制度出现的自然转为中央银行的趋势。

7. 香港货币局制度的近期经验

（1）中国香港的货币局制度

中国香港的货币局制度被官方称为联系汇率制度，于 1983 年 10 月开始运作，实行的是港币兑美元的固定汇率制度，即 1 美元兑换 7.8 港元。在香港金融管理局（HKMA）管理的这一制度下，货币基础包括以下各项：所有流通货币（其中大部分由三家私人发钞银行发行），以及在金管局持有的商业银行结算账户，均由以美元计价的短期债务工具形式的外汇储备完全支持。[1]因此，货币基础的任何变动均与现行汇率下外汇储备的变动完全相符，而货币基础的波动完全取决于也仅 520
依赖于香港地区美元的净流入和流出。这意味着，货币基础的流量和存量都得到了美元储备的充分支持。例如，从 1998 年 12 月到 2005 年 11 月，货币基础存量从 1 937.18 亿港元增加到 2 768.59 亿港元，同时，货币局“支持性资产”存量从 2 096.84 亿港元增加到 3 089.89 亿港元。因此，美元储备对货币基础的“支持率”从 108.24%略微上升至 111.61%。在此期间，货币基础流量为 831.41 亿港元，而美元支持资产的流入则相当于 993.05 亿港元。[2]

然而，按照新通货学派理论，用于分析货币危机的重要存量和流量比率，将外

---

〔1〕 关于香港货币局制度的历史和运作详情，见香港金融管理局，*HKMA Background Brief No.1*：*Hong Kong's Linked Exchange Rate System*（11 月）。网址：hkma/eng/public/hkmalin/index.htm。需要注意的是，香港没有存款准备金要求，银行只需与金管局维持一笔足以支付银行同业结算的结算结余（曾澍基[Tsang Shu-ki]，“Is a Currency Board System Optimal for Hong Kong”，May 18，1998. 网址：http://www.hkbu.edu.hi/～econ/web986.html）。

〔2〕 除非另有注明，否则所有与香港货币局制度相关的统计数据均可在金管局网站查到，网址：http://www.info.gov.hk/hkma/index.htm。

汇储备与更广泛的货币供给指标联系了起来，这一指标包括了交易媒介的总存量。〔1〕如果我们计算同一时期美元资产对港元 M3 的支持率，我们会发现，这一比率在 1998 年 12 月为 11.4%，当时的港元 M3 为 18 408.24 亿港元，到了 2005 年 11 月，这一比率上升为 13.2%，当时 M3 总量为 23 315.78 亿港元。〔2〕因此，在同
521 一时期，M3 的流量是 4 907.63 亿港元，几乎相当于 993.05 元港元的支持资产流入量的 5 倍。由于包括在 M3 中的大部分项目可按面值以美元即时兑换，那么，中国香港的货币局制度与 20 世纪 30 年代以金本位制为基础的国家储备体系一样，很容易受到货币危机的影响。由于在国家储备体系下，货币基础本身通常被可接受程度较低的货币资产的总供给所超过，那么，货币基础是由超过 100%的外汇来支持的这一事实，就完全无关紧要了。

现在，有一种观点可以而且已经被提出，支持港币 M3 的外汇资产远远大于金管局资产负债表上记录的支持资产。原因在于，从 20 世纪 70 年代中期开始，香港当局一直以外汇形式积累起财政储备，并把它们转拨至外汇基金，而外汇基金亦持有金管局的支持资产。〔3〕如果我们将这些累积的财政盈余连同金管局持有的支持资产计算在内，外汇储备占基础货币和货币供应量的比率都会大幅上升。例如，外汇储备对货币基础的比率在 1998 年 12 月达到 3.61，在 2005 年 11 月则为 3.45。然而，同样是在这两个月，外汇储备/M3 的比率分别为 0.53 和0.41。也是在此期间，M3 的流量达到 4 907.63 亿港元，而外汇储备的流量则为 2 558.56 亿港元，前者是后者的大约 2 倍。因此，尽管“支持资产”的定义被模糊地扩大，外汇储

〔1〕 当代一些批评货币局制度的人士也指出，在面对货币危机时，用广义货币供给与外汇储备的比率来衡量外汇储备的充足性较为适当。见 Roubini，“ The Case Against Currency Boards”。

〔2〕 M3 是衡量中国香港货币供给的一个尤为适当的指标，与其他发达国家对于 M3 总量计算不同，中国香港 M3 不包括回购债券协议和货币市场共同基金，而这些基金并非按货币和银行存款的面值进行交换的一般交易媒介。此外，与美国的货币统计数字不同，例如，美国的货币总量将外国官方机构持有的银行存款排除在外，中国香港的货币总量并不能适当区分居民实体和非居民实体持有的存款（Hong Kong Monetary Authority，“Definition of Money Supply，” *Quarterly Bulletin*[May 2002]：pp.16—23.网址：http：//www.info.gov.hk/hkma/eng/public/index.htm，p.16）。关于对美国货币总量包括 M3 统计的评论，见 Robert Batemarco and Joseph T.Salerno，“SME：A new Measurement of the U.S. Money Supply，” *The Mid Atlantic Journal of Business* 29（March 1993）：pp.109—131。Available at http：//www.highbeam.com/librarydocFree.asp?drjcid = 1G1：14332205&key = 0C177A 56741C1460120D001A026A06087D07740B74ZR7aUG72on.

〔3〕 Shu-ki，“Is a Currency Board System Optimal for Hong Kong.”

备的存量和流量对 M3 的比率仍然违反了货币原则,这就反映出香港货币局制度存在的系统性缺陷,使其很容易受到货币危机的影响。

此外,应该反对将政府财政行为产生的外汇储备包括在货币供给的支持资产 522
中,原因有几点。首先,正是因为这部分外汇储备不是私人商业活动的结果,因此它们并非金管局资产负债表的组成部分,与确定货币供应量、利率结构变动及货币购买力波动并无直接的因果关系。因此,这些外汇储备在产生导致货币危机的经济状况方面没有直接作用。其次,由于金管局的支持资产在货币危机期间几近枯竭,本币大幅贬值的可能性将随着外汇储备的相应升值而增加。政府是否会迫不及待地动用其更具价值的财政储备,以试图平抑已在发展中的货币危机,这至少是一个合理的疑问。〔1〕

因此,新通货学派理论意味着,考虑到中国香港经济的高度"开放性",在香港地区实施的这种货币体系,将会通过其国际收支所带来的外汇储备流动,受制于通胀和衰退、繁荣和衰退的周期性影响。例如,外部支付盈余产生的净流入,会造成货币总存量的均衡和非均衡扩张。货币存量的增长部分与外汇储备的净增长恰好匹配,有助于将物价提高到一个水平,从而使本币的购买力和国内利率结构与储备货币国家的价格和利率保持一致。这一结果就是国际收支平衡。然而,在新增外汇储备的基础上,地区内银行信贷的倍增和积累所产生的货币存量的进一 523
步扩大,将使地区内价格上升至与国际收支平衡不符的水平。地区内利率结构也将被压低到与可用于地区内投资的国际和地区内自愿储蓄总额相适应的水平。只要外汇净流入持续下去,就像 20 世纪 90 年代开始直到 1997 年最后一个季度期间香港的情况一样,金融部门和实体生产机构的失衡将被掩盖并最终恶化。

这种失衡只能持续到头条新闻事件(通常是国外处境相似的经济体发生货币危机)发生为止,突然间,投资者、货币投机者和广大公众就意识到了国内货币被高估这一事实。然后,尽管——或因为——货币局制度的存在,人们认识到,盯住汇率制可能不可持续,国内货币贬值的威胁已经迫在眉睫。至此,出现了向外国

〔1〕 大卫・F.德罗莎(David F. DeRosa, *In Defense of Free Capital Markets*: *The Case Against a New International Financial Architecture*(Princeton, N.J.: Bloomberg Press, 2001), p.120)在讨论中国香港 1997 年的货币危机时曾提出类似的观点:货币局在强迫条件下进行的一系列操作,是行政当局愿意牺牲其硬通货储备的功能。总有一天,该行政当局可能会认识到,该适可而止了,维持足够的外汇储备比维持钉住汇率更为重要。

货币和金融资产流动的“资本外逃”。按照新通货学派的理论，资本外逃采用的是热钱外流的形式，而不是投资于实体经济部门的实际资本金的形式。随着国内银行大规模提取按即期固定汇率兑换成外汇储备的无担保国内银行存款，国家储备体系面临极大压力，利率飙升，银行信贷收缩，国家货币存量快速收缩。对实体经济的第一个影响是投资大幅缩减，以及基于错误预期继续人为降低利率的基础上进行的不当投资项目的清盘。投资的下降导致新的资本品建设的需求出现意想不到的下降，以及劳动力向资本密集度较低的生产线进行耗时的重新分配。因此，实际国内生产总值下降，失业率上升，以及随之而来的投资下降。此外，资本
524 不良投资和资本品价格暴跌的披露，导致了股票、债券和房地产等资本品总类所有权交易的金融资产市场的下跌。

（2）1997—1998年的香港货币危机

在20世纪90年代，中国香港经历了金融的繁荣，伴随而来的是强劲但并非势不可挡的实际产出增长。[1]从1990年到1996年，“广义货币增长”平均每年是13.8%，而CR1的年均增长率是9.1%。[2]在此期间，以1984年为基准年的恒生指数年平均股价由1990年的300.18点升至1997年的1 406.6点，增长逾4倍。[3]更为明显的是，在1990年的第一个交易日，恒生指数收报2 838.1点，并于1997年8月7日收盘时升至16 673点，后者是前者的将近6倍。真实的投资繁荣刺激了金融市场的泡沫，固定投资总额占国内生产总值的比重从1990年的26.4%上升到1997年的33.6%，增幅超过7个百分点。[4]

中国香港经济繁荣的破灭和货币危机的全面爆发始于1997年10月。[5]

---

〔1〕 1990—1997年，中国香港实际国民生产总值年增速为5%，而20世纪80年代、70年代和60年代分别为6.8%、8.9%和7.9%。曾澍基（“货币局制度是香港的最佳选择吗”）由此评论道：“人均国内生产总值的实际增长率下降尤为令人失望，因为香港本不应该‘成熟得’这么快。”

〔2〕 这些统计数据是根据电子数据库计算所得，见 Atish R.Ghosh, Anne-Marie Gulde and Holger C. Wolf, *Exchange Rate Regimes: Choices and Consequences*, Cambridge, Mass.: The MIT Press, 2003)。1997年之前的几年，金管局并没有公布有关货币总额的数据，因此很难判断香港货币局制度的运作在多大程度上违反了货币原则，并导致1997年和1998年的货币危机。

〔3〕 Shu-ki, “Is a Currency Board System Optimal for Hong Kong.”

〔4〕 Ghosh et al., *Exchange Rate Regimes*.

〔5〕 以下解释来自 DeRosa, *In Defense of Free Capital Markets*。

1997 年 7 月 2 日泰铢贬值及东南亚危机开始之时，香港地区并未受到危机的影响。随后，中国台湾地区“中央银行”于 10 月 20 日突然停止了新台币支持计划， 525
新台币立刻贬值 9%。夏季刚刚开始的时候，台湾“中央银行”已经积累了大量的外汇储备，超过了陷入危机的东南亚诸国所持有储备的几个数量级。尽管香港经济与台湾经济并无紧密联系，但台湾“中央银行”即使拥有如此庞大的外汇储备也无力“捍卫”其货币，这一点立即引发了人们对港元的质疑。香港几乎立刻就卷入了自身迅速加剧的货币危机之中。在接下来的两天内，本地居民和外国人开始恐慌性抛售港元和港股。截至 10 月 23 日，由于恒生指数由 10 月 17 日的 13 601 点（新台币贬值前的最后一个交易日）下跌至 10 月 23 日的 10 426.3 点，套期保值者和投机性卖空者将短期利率推高到 280%，而股价暴跌 23.3%。数月后，股市在 11 000 点区间部分回升并持续萎靡不振后，股市开始缓慢下滑，1998 年 7 月下旬，随着恒生指数跌破 8 000 点并持续下行，香港股市开始螺旋式缓慢下跌。

由于货币局制度和联系汇率制保持不变，中国香港在危机中幸免于难，只是在 1998 年 8 月俄罗斯的违约行为后，中国香港才面临了对其货币的更为严重的“攻击”。与任何一个试图推卸货币估值过高责任的传统中央银行行长一样，香港金融管理局总裁任志刚说：“投机者利用极其复杂的形势，对我们的金融市场发起了配合默契、计划周密的攻击。”〔1〕这一次，联系汇率在第二轮股市大跌中崩盘，香港金融管理局动用自己的资产在市场上购买股票。据估计，在两周时间里，香港金管局大概动用了其持有的 965 亿美元外汇储备（包括香港当局财政盈余）中的 150 亿美元。虽然这些操作避免了股市的第二次崩盘，但政府却吸收了股市总流通量的 5%。〔2〕在危机爆发前的 1998 年 7 月，香港外汇储备总额为 965 亿美 526
元，但到了当年 9 月，总额减少到 884 亿美元。

1997 年和 1998 年的金融危机启动了实体经济部门的衰退—调整进程。1997 年，投资占地区生产总值比重为 33.6%，但在 1998 年和 1999 年则骤降到 30.2% 和 25.6%。〔3〕后一个数字甚至低于 1990 年通货膨胀开始时 26.4% 的投资/GDP 比率。繁荣时期不良投资的清算也反映在实际地区生产总值的年度增长

〔1〕 Quoted in DeRosa, *In Defense of Free Capital Markets*.

〔2〕 Ibid., p.144.

〔3〕 Ghosh et al., *Exchange Rate Regimes*.

上,这一指标从 1997 年的 4.9%下降至 1998 年的 −0.5%和 1999 年的 0.3%。

在 1998 年的金融危机中,香港金管局干预股市,为股市提供“流动性”,显示出其作为传统“中央银行”的真实面目。此后,为了重建和提高货币局制度的公信力而采取的多项措施,实际上暴露了货币局制度的致命缺陷。例如,按照兑换保证的承诺,香港金管局宣布,将保证持牌银行结算账户(储备)的美元价值。基本上这就意味着,一旦放弃联系汇率制度并使港币贬值,银行将有权就其部分以港元计值的资产蒙受的损失向政府提出可依法强制执行的申索。2005 年,金管局根据 7.80 港元兑 1 美元的固定汇率,设立了一个正负 0.05 港元的兑换区,在此兑换区内,“金管局可以选择进行符合货币局原则的公开市场操作,以促进货币及外汇市场的平稳运行”[1]。此外,由贴现窗口机制提供的“流动性缓冲”,允许银行以外汇基金票据及债券(银行持有的货币发行的担保)作为抵押品,通过回购协议向
527 金管局借入资金。这种做法实际上为金融危机情况下的货币基础提供了双重保证。[2]

8. 结论

随着阿根廷货币局制度的彻底瓦解和中国香港联系汇率制度的微妙转变,关于这种特殊货币制度的真实性质,当下的观点依然是既有洞见又混合着某种困惑。一方面,一些经济学家在未能充分认识到其影响的情况下,将货币局的缺陷认定为是允许银行进行信贷创造。例如德洛萨[3]就曾撰文指出:

> 无论货币局持有多少外汇储备,外部冲击都有可能足以损害市场对这一制度的信心。这种情况就发生在 1997 年 10 月的香港……尽管当时已有足够规模的储备,1998 年 8 月这种情况再次发生。

货币局制度的阿喀琉斯之踵在于,公众对其具有持久性的看法可能会在一瞬间消失。如果货币局的诚信或政府维持货币局制度的意图受到质疑,那么在本地

---

〔1〕 Hong Kong Monetary Authority, *HKMA Background Brief*, p.38.

〔2〕 Ibid., p.39; Kenneth Kasa, “Why Attack a Currency Board?” Federal Reserve Bank of San Francisco *Economic Letter* (November 26, 1999), p.4. Available at http://www.frbsf.org/econrsrch/wklyltr/wklyltr99/el99-36.html.

〔3〕 DeRosa, *In Defense of Free Capital Markets*, pp.162, 163—164.

公民、外国投资者和外汇交易员试图出售本币之时，类似于银行恐慌的情况就会发生。

遗憾的是，德洛萨并未确切指出该体系易受银行恐慌影响的根本原因：商业银行创造的国内信贷产生了一个国家储备体系这一事实。[1]一些观察者实际上已经明确否认，国内信贷创造是在货币局的领导下进行的。因此，吉尔勒莫·卡 528
尔沃[2]评论道："近期经济危机的一个共同特征是，中央银行大幅扩张国内信贷。……事实上，正如 1994—1995 年墨西哥遭遇的龙舌兰危机所证明的那样，在大多数情况下（阿根廷和中国香港特别行政区除外），国际储备的损失几乎完全是由国际储备本身造成的。"尽管卡尔沃对现代金融危机的诊断，是根据新通货学派的货币危机理论对大多数传统的盯住汇率制度的诊断，但从本章讨论的角度看，他将阿根廷和中国香港的货币局制度看成一种例外，确实有些不合理。事实上，没有中央银行的国家储备体系完全有能力持续扩大国内信贷，并重新创造过剩的货币供给。最终，这种持续的银行信贷扩张过程会导致货币单位价值被严重高估，进而引发银行恐慌和经济危机。

最后，我们或许应该关注一下两位主要的货币局制度的支持者对 1995 年初阿根廷货币危机的反应。汉克和舒勒[3]最初坦率地承认，货币局制度实质上就是国家储备体系。尽管如此，他们却对指向健全货币的货币原则不屑一顾，他们坚持认为，即使货币供给和国际收支出现反向变动，也完全符合货币局制度的稳定性：

> 在货币局制度下，货币供给的变动甚至可能与国际收支的变动相反。但这完全可以接受。如果其他因素同时使货币供给向另一个方向移动，那么在一个现代部分准备金银行体系中，货币供给与国际收支之间并没有严格的联系。中国香港和新加坡数十年来一直存在国际收支逆差，但由于吸引了大量外国投资的流入，其货币供给仍然稳步增加。

---

〔1〕见 Carlos E. Zarazaga, "Can Currency Boards Prevent Devaluations and Financial Meltdowns?" Federal Reserve Bank of Dallas *Southwest Economy* (July/August 1995)：p.9，对此问题更早、更清晰的叙述。

〔2〕Guillermo A.Calvo, *Emerging Capital Markets in Turmoil：Bad Luck or Bad Policy*? (Cambridge, Mass.：The MIT Press, 2005), p.341.

〔3〕Hanke and Schuler, *Currency Boards for Eastern Europe*, p.15.

529 汉克和舒勒一直认为，只要货币局保持“完全被动”，并根据公众和银行的需求将“纸币和硬币兑换为储备货币或从储备货币兑换为纸币和硬币”，则“盈亏的市场力量”将决定货币供给的相应变化。在这种情况下，当实施货币局制度的国家的投资回报率（经风险调整并扣除交易成本）超过国外利率时，外国投资将源源不断地流入银行储备，从而导致银行贷款和货币供给的多重扩张。一旦银行贷款的进一步扩张“不再比投资外国基金更有利可图时”，货币供给将停止扩张。因此，货币供给将由一种含糊不清的利率套利机制内在决定。

至少，当汉克[1]被迫就阿根廷1995年以国内银行挤兑为标志的货币危机发表看法时，他似乎放弃了货币局制度下货币供给过程稳定这一观点。现在，汉克[2]对“健全货币”和“稳健的信用体系”做了区分，并且声称，危机反映的是后者的稳健而非前者的健全。这种说法与他早先关于市场力量决定最优货币供给的观点相矛盾。汉克武断地将货币供给过程分为货币局制度下的有效货币供给和私人银行存款的不规范行为。因此，汉克[3]将阿根廷的困境归咎于这一事实，即该国缺乏防止“内部流失”或国内银行挤兑的四项“经典政策”：存款保险、最后贷款人的存在、暂停银行存款提现的能力，以及有100%准备金的全准备金银行制度。因此，他支持由银行强制缴款资助的存款保险制度，各银行需缴纳的保费根据阿根廷中央银行进行的资产风险评估计算得出。或许是意识到货币原则的好
530 处，他还建议道：“值得进一步探索的一条途径是100%准备金银行制度。”无论如何，汉克实际上承认了新通货学派理论的观点：缺乏对商业银行信贷扩张的额外约束，纯粹的货币局制度无法阻止货币危机的爆发。

本章的结论有二。首先，20世纪30年代发展起来的新通货学派货币危机理论，为新兴市场经济体实施货币局制度的可能性提供了宝贵的启示。其次，以中国香港为例，即使在最严格的货币局制度下，按此理论的解释也会暴露出一个重要的结构性缺陷。

---

〔1〕 Steve H. Hanke, "Argentina, the 'Germany' of South America?" in *The Contributions of Murray Rothbard to Monetary Economics*, ed. Clifford F. Thies (Winchester, Va.: Durell Institute at Shenandoah University, 1996), pp.19—30.

〔2〕 Ibid., p.28.

〔3〕 Ibid., p.29.

参考文献

Anderson, Benjamin M. 1979. *Economics and the Public Welfare: A Financial and Economic History of the United States, 1914—1946*. 2nd ed. Indianapolis, Ind.: Liberty Press.

Batemarco, Robert and Joseph T.Salerno. 1993. "SME: A New Measurement of the U.S. Money Supply." *The Mid-Atlantic Journal of Business* 29(March): pp.109—131. Available at http://www.highbeam.com/doc/1G1-14332205.html

Cochran, John P., and Steven T.Call. 1998. "The Role of Fractional-Reserve Banking and Financial Intermediation in the Money Supply Process: Keynes and the Austrians." *The Quarterly Journal of Economics* 1(Fall): pp.29—40.

Calvo, Guillermo A. 2005. *Emerging Capital Markets in Turmoil: Bad Luck or Bad Policy?* Cambridge, Mass.: The MIT Press.

Cecchetti, Stephen G. 2006. *Money, Banking, and Financial Markets*. New York: McGraw-Hill Irwin.

Currency Board Homepage at http://kisisel.cc.ankara.edu.tr/politics.ankara.edu.tr/kibritci/curboard. html

DeRosa, David F. 2001. *In Defense of Free Capital Markets: The Case Against a New International Financial Architecture*. Princeton, N.J.: Bloomberg Press.

De Soto, Jesús Huerta. 2006. *Money, Credit and Economic Cycles*, Melinda A.Stroup, trans. Auburn, Ala.: Ludwig von Mises Institute.

Enoch, Charles and Anne-Marie Gulde. 1997. "Making a Currency Board Operational." *Paper on Policy Analysis and Assessment of the International Monetary Fund*(November).

Gertchev, Nikolay. 2002. "The Case Against Currency Boards." *The Quarterly Journal of Austrian Economics* 5(Winter): pp.57—75.

Ghosh, Atish R., Anne-Marie Gulde, and Holger C.Wolf. (2003). *Exchange Rate Regimes:* 531
Choices and Consequences. Cambridge, Mass.: The MIT Press.

Haberler, Gottfried von. [1936] 1968. *Theory of International Trade*. Alfred Stonier and Frederic Benham, trans. Clifton, N.J.: Augustus M.Kelley Publishers.

Hanke, Steve H. 1996. "Argentina, the 'Germany' of South America?" In *The Contributions of Murray Rothbard to Monetary Economics*, Clifford F.Thies, ed., pp.19—30. Winchester,

Va.: Durell Institute at Shenandoah University.

Hanke, Steve H., Lars Jonung, and Kurt Schuler. 1993. *Russian Currency and Finance: A Currency Board Approach to Reform*. New York: Routledge.

——, and Kurt Schuler. 1991. *Currency Boards for Eastern Europe*. The Heritage Lectures 355. Washington, D.C.: The Heritage Foundation.

——, and Kurt Schuler. 1993. "Currency Boards and Currency Convertibility." *The Cato Journal* 12(Winter): 687—705.

Harding, W.P.G. 1925. *The Formative Period of the Federal System (During the World Crisis)*. New York: Houghton Mifflin Company.

Hayek, F. A. [1937] 1971. *Monetary Nationalism and International Stability*. New York: Augustus M.Kelley Publishers.

Heilperin, Michael A. 1935. "Economics of Banking *Reform*." *Political Science Quarterly* 50 (September): pp.359—376.

____. 1968. *Aspects of the Pathology of Money: Monetary Essays from Four Decades*. London: Michael Joseph Limited.

____. [1939] 1978. *International Monetary Economics*. Philadelphia: Porcupine Press.

Hong Kong Monetary Authority. 2002. "Definition of Money Supply." *Quarterly Bulletin* (May). pp.16—23. Available at http://www.info.gov.hk/hkma/eng/public/index. htm.

____. 2005. *HKMA Background Brief No.1: Hong Kong's Linked Exchange Rate System* (November). Available at http://www.info.gov.hk/hkma/eng/public/hkmalin/index.htm.

Humpage, Owen F. and Jean M.McIntire. 1995. "An Introduction to Currency Boards." Federal Reserve Bank of Cleveland *Economic Review* 31(Quarter 2): pp.2—11.

Kasa, Kenneth. 1999. "Why Attack a Currency Board?" Federal Reserve Bank of San Francisco *Economic Letter* (November 26). Available at *http://www.frbsf.org/econrsrch/wklyltr/wklyltr99/el99-36.html*.

Kopcke, Richard W. 1999. "Currency Boards: Once and Future Monetary Regimes." *New England Economic Review* (May/June): pp.21—37.

Machlup, Fritz. 1964. "Foreign Debts, Reparations, and the Transfer Problem." In *International Payments, Debts, and Gold: Collected Essays by Fritz Machlup*. pp.396—416. New York: Charles Scribner's Sons.

____. 1980. "My Early Work on International Monetary Problems." *Banca Nazionale Del Lavoro Quarterly Review* 133(June): pp.115—146.

Mises, Ludwig von. 1981. *The Theory of Money and Credit*. 3rd ed. Indianapolis, Ind.: Liberty Classics. 532

____. 1990. "Senior's Lectures on Monetary Problems." In *Money, Method, and the Market Process: Essays by Ludwig von Mises*, Richard M. Ebeling, ed., pp. 104—109. Norwell, Mass.: Kluwer Academic Publishers.

____. [1978] 1996. "The 'Austrian' Theory of the Trade Cycle." In *The Austrian Theory of the Trade Cycle and Other Essays*, 2nd ed. Richard M.Ebeling, ed., pp.25—35. Auburn, Ala.: Ludwig von Mises Institute.

____. 1998. *Human Action: A Treatise on Economics*, Scholar's Edition, Introduction by Jeffrey M.Herbener, Hans-Hermann Hoppe, and Joseph T.Salerno, Auburn, Ala.: Ludwig von Mises Institute.

____. 2000. "A Noninflationary Proposal for Postwar Monetary Reconstruction." In *Selected Writings of Ludwig von Mises: The Political Economy of International Reform and Reconstruction*, Richard M.Ebeling, ed., pp.71—118. Indianapolis, Ind.: Liberty Classics.

Mishkin, Frederic S.2004. *The Economics of Money, Banking, and Financial Markets*, 7th ed. New York: Pearson Addison Wesley.

Palyi, Melchior. 1972. *The Twilight of Gold, 1914—1936: Myths and Realities*. Chicago: Henry Regnery Company.

Phillips, C.A., T.F. McManus, and R.W. Nelson. [1937] 1972. *Banking and the Business Cycle: A Study of the Great Depression in the United States*. New York: Arno Press & *The New York Times*.

Robbins, Lionel. 1937. *Economic Planning and International Order*. London: Macmillan.

Rothbard, Murray N. 1995. *Classical Economics: An Austrian Perspective on the History of Economic Thought*, vol.2. Brookfield, Vt.: Edward Elgar Publishing Company.

Roubini, Nouriel. 1998. "The Case Against Currency Boards: Debunking 10 Myths about the Benefits of Currency Boards." Working Paper. Stern School of Business, New York University. Available at http://www.dse.unive.it/summerschool/papers/rubini.htm.

Salerno, Joseph T. 1992. "Gold and the International Monetary System: The Contribution of Michael A.Heilperin." In *The Gold Standard: Perspectives in the Austrian School*, 2nd ed., Llewellyn H.Rockwell, Jr., ed., pp.81—111. Auburn, Ala.: Ludwig von Mises Institute.

____. 1994. "Ludwig von Mises's Monetary Theory in Light of Modern Monetary Thought." *The Review of Austrian Economics*, vol.8, no.1: pp.71—115.

____. 1998. "Beyond Calculational Chaos: Sound Money and the Quest for Capitalism and Freedom in Ex-Communist Europe." *Polis: Revistă "tinke Politice,"* 5, no.1: pp.114—133.

Schwartz, Anna J. 1992. *Do Currency Boards have a Future?* London: Institute of Economic Affairs.

533 Shu-ki, Tsang. 1998a. "The Hong Kong Government's Review Report: An Interpretation and a Response" (May 4). Available at http://sktsang.computancy.com/attrachment/web985.html.

____. 1998b. "Is a Currency Board System Optimal for Hong Kong" (May 18). Available at http://sktsang.computancy.com/attrachment/web986.html.

____. 1998c. "Handling Credit Crunch under Hong Kong's Currency Board System" (August 6). Available at http://sktsang.com/Archivel/web987.html.

Yeager, Leland B. 1976. *International Monetary Relations: Theory, History, and Policy*, 2nd ed. New York: Harper & Row Publishers.

Yu, George. 1998. "Is Hong Kong Ready to Delink the Currency?" Reprinted from *HKCER Letters*(March). Available at http://www.hku.hk/hkcer/articles/v49/george.htm.

Zarazaga, Carlos E. 1995. "Can Currency Boards Prevent Devaluations and Financial Meltdowns?" Federal Reserve Bank of Dallas *Southwest Economy* (July/August): pp. 2—9. Available at www.dallasfed.org/research/swe/1995/swe9504.pdf.

第五编
评　论

第21章

格林斯潘的空谈* 535

2001年2月1日，在联邦公开市场委员会(FOMC)将联邦基金利率下调0.5个百分点之后第二天，《华尔街日报》在头版刊登了一篇题为“心理测试：美联储最新降息与市场信心低迷蔓延”的文章。文章的开场白是这样写的：“随着昨天美联储降息0.5个百分点，美联储主席艾伦·格林斯潘希望在经济陷入衰退之前提振国民信心。”[1]文章报道称，在宣布降息的声明中，联邦公开市场委员会提到“消费者和企业信心”已经“遭到进一步侵蚀”。[2]

文章评论说：“与往常相比，这位美联储主席似乎在玩心理游戏，与其说他是为了重振奄奄一息的经济，不如说是为了恢复美国消费者和企业的信心。他仍然坚信，新经济是真实的，而且有望在未来几年实现高于平均水平的经济增长。但是，最近的调查显示人们已经对此丧失了信心。”[3]

文章接着郑重警告说：“对经济衰退的恐惧会很快带来真正的结果。英国经
济学家约翰·梅纳德·凯恩斯写道，‘动物精神’是决定企业投资等重要经济变量 536
的关键。”[4]文章还援引华尔街显贵和学术界知名人士基于相似立场支持格林斯潘领导下美联储的最新举措的观点。纽约高盛集团首席经济学家威廉·达德利(William Dudley)认为：“保持信心是防止暂时的经济放缓如滚雪球一样迅速发展

---

* From: “Greenspan’s Empty Talk,” Mises Daily(February 28, 2001). Available at Mises.org.

[1][2][3][4] Greg Ip and Nicholas Kulish, “Psychology Test: Latest Fed Rate Cut Combats a Contagion of Low Confidence,” *The Wall Street Journal*(February 1, 2001): p.A1.

成更严重衰退的关键。”

前美联储副主席、凯恩斯学派著名宏观经济学家艾伦·布林德(Alan Blinder)表示,格林斯潘如此积极地降息,其中一个原因是“市场已经更善于提前考虑美联储将要采取的行动了。其结果是,他以前的担心——如果你一下子动得太多,就会扰乱市场——现在已经不让人担心了”〔1〕。文章在最后一段让读者思考,美联储的这项举措是否能达到缓解美国家庭和企业的集体忧虑这一目标:“美联储的行动是否足以重振低迷的经济仍有待观察。”不过,这篇文章最后还是以一种乐观的态度引述了美国全国制造商协会主席杰里·贾西诺夫斯基(Jerry Jasinowski)的话,他声称:“美联储最近两次利率变动的明智时机……很可能已经防止了整个经济的衰退。”

本章阐述了艾伦·格林斯潘在担任美联储主席期间,是如何成功地误导了包括许多财经记者和职业经济学家在内的几乎所有人的,让他们接受了一种对商业周期的奇怪和特殊的看法。在格林斯潘担任美联储主席的整个职业生涯中,他一直坚持不懈地宣传一种观点,即商业周期是一种神秘现象,是无法估量的力量在市场经济深层次运行的结果,是人类理性无法理解的现象。

因此,对格林斯潘来说,商业周期是一个让人惊叹的话题,而不是一个应进行严格逻辑分析的主题:“总有一些不一样的东西;有些事情看起来与以前的事情并
537 不一样。从来没有什么完全相同的事物,总有让人困惑的事情。”〔2〕当然,这一观点的涵义与格林斯潘作为美联储主席的地位一点也不矛盾。因为美联储扮演着市场经济的警觉并不可或缺的保护者角色,其持续运作是为了监控和遏制那些总是威胁经济复苏的诸如通货膨胀和衰退等不可控制的力量。此外,格林斯潘所声称的商业周期运作的神秘力量,让美联储在其遏制经济的努力出了差错以及商业周期对经济造成损失的情况下,为美联储提供了一个现成的借口来免除其所有的责任。

然而,令人不安的问题立即暴露出来:如果商业周期确实超出了理性分析范畴,那么,我们如何才能依赖美联储来控制或缓解这种情况呢?按照格林斯潘的

〔1〕 Greg Ip and Nicholas Kulish, “Psychology Test: Latest Fed Rate Cut Combats a Contagion of Low Confidence,” *The Wall Street Journal* (February 1, 2001): p.A8.

〔2〕 Alan Greenspan, quoted in Bob Woodward, *Maestro: Greenspan's Fed and the American Boom* (New York: Simon & Schuster, 2000), pp.35—36.

说法，解决之道是完全无视经济理论，专注于每日甚至每小时的经济数据，信赖自己的直觉，从不断涌出的数据所隐藏的信号中，洞悉经济的未来走势。

鲍勃·伍德沃德在其具有启发性的著作《格林斯潘的美联储和美国经济繁荣》中，对他所谓的格林斯潘"对经济数据近乎痴迷"进行了描述。[1]例如，即使是 538
在和平宁静的一天，格林斯潘也会每隔半个小时就在电脑上检查50个不同的实时图表。[2]在格林斯潘出任美联储主席的时候，他花了大量的时间定期联系商界的朋友和熟人，急切地寻找当前行业甚至公司层面的数据。事实上，在他发现美联储主席这一身份使他能够获得那些他以前作为普通公民禁止获取的信息，甚至可以从他的咨询公司客户的竞争对手那里获取信息时，他感到异常兴奋。

最后，伍德沃德告诉我们，格林斯潘被迫"建立了一个制度，规定美联储工作人员每周都要按一长串公司名单分别致电，要求这些公司提供实时经济数据"[3]。格林斯潘对于数据的沉迷程度，可以从他1998年兴高采烈地对克林顿总统的汇报中看出："这是我50年来每天研究经济所看到的最好的经济。"[4]伍德沃德将格林斯潘的超经验主义和彻底的反理论方法精辟地总结如下："与许多经济学家不同的是，他从未受到规则或理论的驱动。他只受数据的驱动。"[5]

然而，如果没有逻辑—演绎经济理论的帮助，过去历史的原始数据似乎不可能推动格林斯潘或其他任何人对未来的经济走势做出任何结论。但按照格林斯潘的说法，毕生对数据的密切接触使他发展出一种非理性的、几乎本能的靠直觉洞察经济关系一般知识的能力。他声称，他虽然无法完整地表达这些知识，但这些知识却有助于他预测经济。伍德沃德生动地讲述了一个实例，说明了格林斯潘如何利用这种直觉知识，说服联邦公开市场委员会适度上调联邦基金利率的：

> "如果我们考虑到公告效应和冲击效应，再加上0.5%的涨幅，我告诉你们，这些市场不会停滞不前的。"然后他使出浑身解数说道："我从1948年开

---

〔1〕 Alan Greenspan, quoted in Bob Woodward, *Maestro: Greenspan's Fed and the American Boom* (New York: Simon & Schuster, 2000), p.54.

〔2〕 Ibid., p.102.

〔3〕 Ibid., pp.60—61.

〔4〕 Ibid., p.195.

〔5〕 Ibid., p.227.

始从事经济预测工作,从 1948 年开始就在华尔街工作,我告诉你们,我现在觉得心里不安……”格林斯潘的这种不安,是他曾多次经历过的一种身体意识(physical awareness)。他觉得他对这个问题——他头脑中的全部知识和整个价值体系——有更深入的理解,这种理解只可意会不可言传……美联储主席继续说,“我告诉你们,我已经看到了市场,现在不是这么做的时候……我真的请求大家我们不要这样做。”[1]

539 (令人惊奇的是,委员会成员竟然被格林斯潘的内心不安所劝服,一致投票赞同他所提出的 0.25%升息提议。)因此事实证明,尽管格林斯潘声称商业周期的原因是未知的,但他并不是一个不可知论者。一旦涉及商业周期,他事实上就成了诺斯替教徒(a Gnostic),或者一个声称拥有内在的、深奥的知识来源的人,这种知识使他能够神秘地直觉到商业周期的内在涵义,并预测其未来的发展方向。

但是,尽管格林斯潘发自肺腑地确信他自己对商业周期的直觉认识,但一旦涉及那些每个人似乎都会接触到的日常事务的实用知识时,他就成了一个激进的认识论怀疑论者,并坚持认为没有什么事情是能够确定的。因此,按照伍德沃德的说法,格林斯潘作为 20 世纪 50 年代艾因·兰德(Ayn Rand)圈子的内部成员,他认为:“他自己的存在毫无疑问是不能证实的。绝对存在肯定不可能证实。所有你能指望的只有可能的程度。”当格林斯潘后来放弃这种荒唐和虚无的立场时,他得意洋洋地对兰德说:“猜猜谁存在?”[2]

然而,尽管格林斯潘顿悟了自己的存在,但在其经济咨询业务中,格林斯潘仍然坚持不懈地重复“未来是不可知的”。而“他是以最可能的结果和可能性说话”[3]。但是,如果几乎没有什么事情是可以确定的,而真实世界事物间的所有关系都是有概率的,那么,这些概率的分布依据是什么呢?在回答这一问题时,我们可以清楚地看到格林斯潘的诺斯替主义和他的激进的认识论怀疑论并不矛盾。

对格林斯潘来说,逻辑推演出的经济理论命题以及它们伪装出的普遍性和绝对确定性,在当前事物的未来结果判断中提供的知识毫无用处,因为这些命题没

---

〔1〕 Alan Greenspan, quoted in Bob Woodward, *Maestro: Greenspan's Fed and the American Boom* (New York: Simon & Schuster, 2000), p.120.

〔2〕 Ibid., p.56.

〔3〕 Ibid., p.34.

有考虑那些突然开始运行的隐藏力量，这些力量彻底改变了看似已经建立的经济 540
关系，伪造了经济规律。然而，这些新的力量会产生之前在数据中看不见的和意想不到的模式或者波折，如果一个人有能力对此进行辨别和解释，就会对经济关系提出新的、更准确的概括。按照格林斯潘的类比，冥王星的发现是因为海王星的运行没有严格遵循万有引力定律。伍德沃德认为，格林斯潘用这个比喻向克林顿总统解释了，为何 20 世纪 90 年代末的经济快速增长和随之而来的失业率下降，不仅与经济学家的预期背道而驰，也没有引发物价上涨。伍德沃德将格林斯潘的观点总结如下：

> 与[海王星]的情况类似，经济也不是必然遵循经济规律。他没有任何确凿的证据证明为什么会发生这种情况——这在经济学家看来也很难证明。他确实只有观察性证据。科技以及来自我们自身开放市场的全球竞争和美国国内的竞争环境，都在压低价格。〔1〕

由于经济科学被传闻中的经验主义所质疑，格林斯潘的直觉知识成为解释和预测经济事件的唯一手段。说得直白些，这意味着，只有艾伦·格林斯潘本人能够权衡和分配经济进程预期结果的可能性。伍德沃德还列举了一些例子，在这些例子中，格林斯潘显然很乐意基于他自己的直觉而不是事实为不确定的未来事件指派数字概率。例如，就格林斯潘自己的职业生涯而言，当他在 1987 年得知他正被里根总统内阁考虑为美联储主席候选人时，伍德沃德说，格林斯潘估计了自己获得这一任命的可能性，“得到任命的最低可能性估计十分之一左右。最大的可能性或许在四分之三”〔2〕。

在格林斯潘成为美联储主席后，他经常表现出对本质上不确定的未来事件指 541
派数字概率的倾向。因此，当格林斯潘在 1993 年 5 月察觉通货膨胀抬头的迹象时，他向联邦公开市场委员会表示：“历史告诉我们，如果利率增长幅度没有达到 2%、3%或 4%，在当前形势下遏制通货膨胀的可能性是零。”〔3〕在 1994 年的一次联邦公开市场委员会会议上，格林斯潘认为，如果委员会现在将联邦基金利率

〔1〕 Alan Greenspan, quoted in Bob Woodward, *Maestro: Greenspan's Fed and the American Boom* (New York: Simon & Schuster, 2000), p.196.

〔2〕 Ibid., p.22.

〔3〕 Ibid., pp.105—106.

提高0.5个百分点,那么跟到年底前都不升息相比,“经济形势好转的概率超过50%”。[1]当长期资本管理(LTCM)对冲基金在1998年接近破产时,格林斯潘计算出,“长期资本管理公司破产导致整个世界金融体系崩溃的概率远远低于50%”。[2]此外,格林斯潘认为,“准确率为95%”的计算显示,20世纪90年代美国经济中的劳动生产率增长超过了先前的预期。[3]

鉴于格林斯潘对经济领域的独特见解,即除他自己外,所有人都对未来一无所知,因此他对美联储在经济中的角色持极其不落常套的态度。正如伍德沃德告诉我们的,早在20世纪90年代初,格林斯潘就认为,“美联储多年来一直无法控制,甚至无法准确计量货币供应量”。格林斯潘甚至认为,可能计量和控制货币的概念已经“过时了”。[4]事实上,格林斯潘几乎从他1987年就任美联储主席那一刻起,就从根本上淡化了货币供给在指导美联储政策决策中的作用。最终,在1993年2月,他正式宣布,美联储正在“减少货币总量作为政策指导的权重”。[5]
542 格林斯潘手下的前美联储副主席艾伦·布林德称这一声明是“夸张的说辞”,他最近表示:“减少了?零怎么样?格林斯潘的言论让学术界和金融市场上都感到乏味,因为它早已是老生常谈了。”[6]

因此,对格林斯潘来说,美联储的首要任务不是管理它无法控制甚至无法计量的货币供应量,而是管理市场参与者不守规矩和不知情的认知和预期。这一任务要求美联储尤其是美联储主席要预测经济的意外变化,并小心翼翼地塑造公众的认知和期望,以便在不扰乱公众信心的情况下考虑这些即将发生的变化。一方面让公众成为“非理性繁荣”的牺牲品,另一方面又让公众成为“信心低落蔓延”的牺牲品,从而激发出隐藏在市场现象表面下的通货膨胀或衰退的隐藏力量。

伍德沃德列举了一些例子,这些例子证明了格林斯潘的观点,即美联储操纵联邦基金利率的首要目的,不是直接和系统地操作货币供给、投资或总支出等经

---

〔1〕 Alan Greenspan, quoted in Bob Woodward, *Maestro: Greenspan's Fed and the American Boom* (New York: Simon & Schuster, 2000), p.130.

〔2〕 Ibid., p.206.

〔3〕 Ibid., p.170.

〔4〕 Ibid., p.88.

〔5〕〔6〕 Alan Greenspan, quoted in Alan S.Blinder, *Central Banking in Theory and Practice* (Cambridge, Mass.: The MIT Press, 1999), p.29.

济变量，而是为了安抚和塑造公众尤其是资本市场对美联储控制通货膨胀或衰退的看法。例如，1990 年 8 月，在经济衰退和波斯湾危机带来的不确定性中，格林斯潘向联邦公开市场委员会宣布："我认为仅凭我们的力量不足以创造繁荣或阻止衰退，我认为，也许我们能为这种特殊的混乱状态施加的最大积极影响不是采取行动，而是让人们以为我们（通过避免降低利率）提供了某种程度的稳定性。"[1]

格林斯潘在 11 月的联邦公开市场委员会会议上指出，"通货膨胀的放缓现在终于变得可信了"。但他继续说道："我非常清楚，如果我们被认为对所有可能导致中央银行宽松政策的迹象都反应过度的话，那么系统崩溃的风险对我们的打击就更加危险了。"[2]在原计划于 1991 年 2 月召开的联邦公开市场委员会会议之 543
前，格林斯潘召集了一个委员会电话会议，通知他们要单方面调低联邦基金利率 0.5 个百分点。所以，他更倾向于采取单边行动，而不是由委员会投票表决，因为按照伍德沃德的说法，格林斯潘担心"联邦公开市场委员会的正式投票……会产生比美联储主席平静的单方面行动更大的影响"[3]。格林斯潘在 1993 年的一次联邦公开市场委员会会议上竭力主张："我们应该首先设法找到一种方法来区分不同的政策，然后再讨论我们希望人们如何看待我们的问题。"[4]

实际上，在格林斯潘的政策考虑中，完全忽视了人们为了达到目的而生产和交换有形财产的实体经济。1994 年 2 月，格林斯潘在联邦公开市场委员会的一次会议上发表讲话，表现出他更倾向于联邦基金利率的小幅上调，而不是更大幅度上调的偏好，理由是："既然我们要调高利率，那么市场上的预期可能会非常有帮助，因为这将抑制股市的投机行为；在这个特殊阶段，市场对我们可能会再次采取行动的预期很快就会出现非常有用的效果。如果我们有能力在市场上拥有一把达摩克利斯剑，那么我们就能阻止市场的失控。"[5]在 1994 年 11 月的联邦公开市场委员会会议上，格林斯潘指出，市场已经将预期利率上调超过 0.5 个百分点的因素考虑在内了，他警告说："我们在现阶段必须非常谨慎，因为我们已经超出了

---

〔1〕 Greenspan, quoted in, p.69.

〔2〕 Ibid., p.72.

〔3〕 Ibid., p.76.

〔4〕 Ibid., p.167.

〔5〕 Ibid., p.119.

普遍预期。我认为我们可以调高 0.75 个百分点。”[1]

伍德沃德说，格林斯潘越来越相信，他作为美联储主席的工作，“就是预测意外情况。他越来越确信，这种或那种形式的意外情况总是会发生。他知道起初看
544 似不可能的事情往往就是要发生的事情，因此，准备应对各种匪夷所思的事情就成为他工作的必要组成部分”。格林斯潘尤其提及了 20 世纪 70 年代长期潜伏并危害经济的通货膨胀力量，他担心这股力量会在毫无预警的情况下出现，从而对 90 年代初脆弱而缓慢的经济复苏造成严重破坏。

格林斯潘尤其担心 20 世纪 70 年代以来的通胀预期的后遗症。他认为，1992 年的长期利率中仍然包含了这些预期因素，一旦出现通货膨胀迹象这些因素就会被唤醒，并立即引发通胀，从而进一步推高长期利率，最终导致恶性的工资—物价螺旋式上升。[2]不过，格林斯潘认为，如果能够引导公众意识到，美联储会采取强有力的反通货膨胀立场，先发制人地持续提高短期利率，那么通货膨胀预期会被打消，长期利率将开始下降，因此经济复苏得以强化。这就是美联储在 1994 年至 1995 年的 12 个月里将短期利率提高了 3%的策略背后的理由。

即使像艾伦·布林德这样“头脑冷静的”学院派经济学家，显然也部分接受了格林斯潘的古怪观点，即货币政策包括管理公众对经济前景的看法，尤其是对债券市场的看法。在谈到格林斯潘 1995 年 2 月发表的一份声明时，布林德含糊地暗示，在联邦基金利率连续一年上涨后，未来将放松货币政策，布林德宣称：“事实上，这一声明本身就相当于放松货币政策，因为早在美联储[1995 年 7 月]开始降息之前，它就推动了债券市场的反弹。”[3]

然而，格林斯潘也认识到，通货膨胀的根源，或者他所说的“通胀的力量”，已经超出了印象、焦虑、认知和预期的元经济(meta economy)范围——即这些主观
545 因素本身最终是从真实商品和服务的市场交易中衍生出来并通过市场交换来表达的。问题是，格林斯潘具有反理论和极端经验主义倾向，对支配现实世界市场过程运行的因果规律的把握非常糟糕，因此，家庭和企业都在不断对其结果做出反应并试图进行预测。他关于通货膨胀的因果“理论”，包括了从历史中推断出的

---

〔1〕 Greenspan, quoted in, p.136.

〔2〕 Ibid., p.102.

〔3〕 Blinder, *Central Banking*, p.19.

印象主义概论大杂烩。不足为奇的是，这些概括很难构成一个逻辑上连贯的理论体系，但我们可以用一句话概括为："除了美联储以外的任何东西。"

尽管格林斯潘认为政府的过度开支和预算赤字是通货膨胀的潜在原因，[1]但他认为私有经济是通货膨胀力量的温床。因此，当 20 世纪 70 年代中期房价开始飙升时，他推断房价上涨是通货膨胀的一个来源，因为他注意到这些房屋的销售商将利润用于消费品的消费，[2]但这当然是无稽之谈。

首先，自 20 世纪 60 年代中期开始，货币供给迅速增加，而公众对货币供给将持续增长的预期越来越强烈，从而引发了房价上涨。不断扩大的通货膨胀预期导致消费者对房屋及其他耐用消费品的需求进一步增加，以对冲未来的价格上涨。

其次，如果房价上涨纯粹是由消费品的相对需求变化引起的，而且没有伴随美元供给的膨胀和持有贬值美元的需求下降，那么其他消费品和服务的价格将会下降而不是上升。在这种情况下，格林斯潘观察到的房屋销售商在消费品上支出的利润，基本上会被消费者的有限支出所抵消，这种抵消所造成的损失，被强加到了那些由于相对需求的改变所引起的需求下降的商品销售商身上。因此，与格林斯潘的经验观察相反，健全的经济理论绝对肯定地告诉我们，住房价格上涨本身不会引发普遍的物价上涨。

格林斯潘还担心，20 世纪 90 年代的股票价格上涨让人们感到更富裕了，而这 546
种"财富效应"可能会导致消费支出增加和随之而来的物价上涨。[3]但是，经济理论又一次给出确定的结论，即不断上涨的股票价格本身并不是通货膨胀压力的来源。因为假设货币的供给和需求保持不变，那么股票价格上涨只能是人们决定将更多的收入用于储蓄和投资的结果，这种情况反映了他们的偏好从现在消费品向未来消费品的相对转移。这种人们称之为"降低时间偏好"的现象，会降低对消费品的当前支出。因此，在其他条件不变的情况下，股票市场的上涨一定伴随着消费价格的下跌。

然而，格林斯潘最担心的通货膨胀力量可能是经济增长，至少直到最近还是如此。按照格林斯潘的说法，当公司想要投资于新的和生产率更高的资本品和技

---

〔1〕 Woodward, *Maestro*, pp.56, 99—100.

〔2〕 Ibid., pp.60—61.

〔3〕 Ibid., pp.28, 195.

术流程时,他们会要求银行增加贷款,当这笔新增贷款用于原计划的投资项目时,包括工资在内的投入品价格就开始上涨。由于生产成本上升,企业开始提高其产品价格,推高生活成本,促使工人要求更高的工资。这反过来又进一步推高了生产成本和产品价格,引发潜在的大规模工资—物价螺旋式上涨,并导致失控的通货膨胀。[1]

上述理论存在彻头彻尾的缺陷,并多次被奥地利学派和货币学派的经济学家所驳斥。[2]首先,这一解释的第一步就是错误的。如果一些公司需要更多的贷款用于投资新技术——除非经济中真实储蓄供应出现暂时增加——那么利率将上
547 升,其他公司将被迫减少借贷。现在,如果美联储决定“适应”信贷需求的增长,那么它只能通过向系统注入更多的银行储备和扩大货币供给来实现。换句话说,在货币供给不增加的情况下,信贷供给也不可能出现膨胀式增长。其次,当家庭选择将当前收入的更大份额用作储蓄时,经济增长的过程通常会就此启动。这些额外的储蓄为企业提供资金,用于投资建设更多的资本品,包括实施创新的和生产率更高的技术过程所需的新的、不同的资本品。最终,在这些资本投资完成和新的技术流程就绪后,劳动生产率提高,从而使企业能够以较低的单位成本提供更多的消费品。

在经济增长期间,各种消费品涌入市场带来的供给扩张,导致价格下跌。由于平均生产成本的下降是因为更多资本品的积累和劳动生产率提高的结果,所以尽管销售价格下降,但是增长行业的利润仍然保持高位,商业企业仍然保持繁荣。这正是过去三十年来高科技产业所发生的事情。1970 年,一台大型计算机的售价为 470 万美元,而今天,人们可以用不到 1 000 美元的价格购买速度快 20 倍的个人电脑。[3]1980 年,计算机厂商总共出货 49 万台个人电脑,而在 1999 年,这一数字为 4 300 万台,尽管经过性能改进的个人电脑价格同期下跌了 90%以上。[4]

---

〔1〕 Woodward, *Maestro*, pp.51, 104—105.

〔2〕 例如,见 Henry Hazlitt, *The Inflation Crisis and How to Resolve It* (New Rochelle, N.Y.: Arlington House Publishers, 1978), pp.23—26;和 J.Huston McCulloch, *Money and Inflation: A Monetarist Approach*, 2nd ed. (New York: Academic Press, 1982), pp.34—36。

〔3〕 W.Michael Cox and Richard Alm, *Myths of Rich & Poor: Why We're Better Off Than We Think* (New York: Basic Books, 1999), p.45.

〔4〕 Idem, “The New Paradigm,” in the Federal Reserve Bank of Dallas 1999 *Annual Report*, p.22.

因此，格林斯潘又一次完全错了：经济增长是通货紧缩的力量，而非通货膨胀的力量。

从 1996 年到 1999 年，美国经济的增长率达到了历史最高水平；同时，股票市场和房屋价格也上升到了最高点。然而，尽管出现了这些情况，美国的物价上涨 548 速度实际上却下降到 20 世纪 60 年代初期以来的水平，而 1998 年和 1999 年的消费者物价指数分别仅上升了 1.6%和 2.2%。[1]现在这种情况似乎意味着，格林斯潘所宠爱的通货膨胀理论已经被他所精通和钟爱的经济数据证实为错误的。你大概也是这样想的。然而，在 20 世纪 90 年代末，格林斯潘改变了立场，开始提倡这样一种观点，即技术的迅速进步带来了新经济的诞生并导致经济规律发生了改变。

新经济的第一条定律是，快速的技术变革大幅降低了劳动者的工作保障。结果，格林斯潘所说的“心理受到创伤的工人”(traumatized worker)突然出现了，他们不愿意提出大幅增加工资的要求，工人的忍耐使通货膨胀在经济增长过程中无法遵循其自然上升的过程。[2]然而，这几乎算不上是一个新的经济定律；相反，这是上文已经提到的一种古老且经常被驳斥的经济谬论，即生产成本推动价格水平。其次，格林斯潘突然发现了一个奥地利学派经济学家早就知道且很难成为新的经济学定律的事实，即经济增长期间的劳动生产率提高和单位成本下降，导致消费品供应的扩大，从而对价格总水平产生了通缩式影响。[3]

不幸的是，格林斯潘从数据中没有发现、而从路德维希·冯·米塞斯到默里·罗斯巴德的奥地利学派商业周期理论家一直知道的事实，即经济增长对物价的通缩影响，可以掩盖货币供给迅速扩张对经济产生的扭曲效应。这种情况在 20 世纪 20 年代曾经发生过，当时为了稳定价格水平，美联储错误地试图迅速扩大货币供给。

尽管由于十年来资本积累和技术进步的迅速发展，货币供给的持续扩张并没 549 有表现为消费价格的上涨，但通货膨胀确实人为降低了利率，扭曲了资本市场，造

[1] The Federal Reserve Bank of St. Louis National *Economic Trends* (January 2001): p.26.

[2] Woodward, *Maestro*, pp.168—169.

[3] Ibid., pp.167, 172—174, 195, 223.

成了不可持续的股票市场投资和房地产繁荣。

当时,包括多数经济学家在内的大多数人都被与实体经济明显的强劲增长相伴随的稳定的物价所蒙蔽,他们相信美联储已经避免了通货膨胀式繁荣,商业周期已被彻底废止,新的"无限期繁荣时代"已经来临。[1]就像今天一样,出于同样的原因,大多数权威专家、企业界领袖以及许多经济学家,都在鼓吹新经济的到来,在新经济中,美联储掌舵并熟练地引导着一个快速增长的经济体安全地渡过通货膨胀和衰退的泥潭,实现了"软着陆"。

在当时或现在都没有受到蒙蔽的一派经济学家就是奥地利学派。今天,已经从米塞斯、哈耶克和罗斯巴德的经验总结中学到了知识的经济学家、投资者和财经作者们明白,通货膨胀并非由经济增长或股票价格高企引起,他们也知道,经济衰退的根本原因既不是"信心低落的蔓延",也不是"缺乏对新经济的信心"。他们
550 意识到,在美国唯一能够引发通货膨胀的机构就是美联储——就是著名的大师本人——因为美联储是唯一有合法资格创造货币的机构。奥地利学派的商业周期理论告诉我们,美联储通过公开市场操作向银行系统注入新增储备,会增加银行信贷和货币供给,扭曲利率结构,并引发不可持续的投资热潮,最终不可避免地导致衰退和萧条。事实上,奥地利学派对经济繁荣—萧条或商业周期的解释,恰好与美国经济在 20 世纪 90 年代的表现不谋而合。

20 世纪 90 年代初,美国陷入了衰退的泥潭,随后由于经济复苏乏力,最终导致老乔治·布什的总统连任失败。1992 年和 1993 年,为推动经济更快复苏,美联

---

[1] 罗斯巴德精彩地讲述了这个时代的故事,见 Murray N.Rothbard, *America's Great Depression*, 5th ed. (Auburn, Ala.: Ludwig von Mises Institute, 2000)。近来货币主义者和奥地利学派经济学家就 20 世纪 20 年代和 30 年代事件的解释所进行的交流,见以下一系列文章:Richard H.Timberlake, "Money in the 1920s and 1930s," The Freeman: Ideas on Liberty 49(April 1999): pp.37—42; Richard H.Timberlake, "Gold Policy in the 1930s," The Freeman: Ideas on Liberty 49(May 1999): pp.36—41; Richard H.Timberlake, "The Reserve Requirement Debacle of 1935—1938," The Freeman: Ideas on Liberty 49(June 1999): pp.36—41; Joseph T.Salerno, "Money and Gold in the 1920s and 1930s: An Austrian View," The Freeman: Ideas on Liberty 49(October 1999): pp.31—40 [reprinted here as Chapter 16]; Richard H.Timberlake, "Austrian 'Inflation', Austrian 'Money', and Federal Reserve Policy," Ideas on Liberty 50(September 2000): pp.38—43; Joseph T.Salerno, "Inflation and Money: A Reply to Timberlake," Ideas on Liberty 50(September 2000): pp.43—47 [reprinted here as Chapter 17]; Richard H.Timberlake, "Final Comment on Salerno's Monetary Program," Ideas on Liberty 50(September2000): pp.47—48。

储加速扩张货币供给，使其年增长率达到两位数。[1]1994 年，美联储改弦易辙，将货币增长率维持在较低水平并一直保持到了 1995 年。1996 年，美联储又一次改头换面重回原路，大幅提高货币扩张并一直保持到 1999 年。正如奥地利商业周期理论所预测的那样，实际私人投资从 1991 年占国内生产总值 12%的低点，飙升到 2000 年年中占国内生产总值 20%的新高，其中只在 1994—1995 年因银根紧缩而有所收手。值得注意的是，在通货膨胀的 20 世纪 70 年代，这一比率也从未超过 16%，而在 20 世纪 80 年代末的繁荣时期，该比率也只是徘徊在 14%左右，之后直到 1990—1991 年的经济低谷时期才降至 12%。[2]

尽管这种表面的投资繁荣直到最近才几乎完全被忽略，但它却代表了 20 世 551
纪 90 年代股票市场牛市的真实一面。与股市泡沫一样，投资泡沫也是由货币扩张驱动的，每当格林斯潘认为经济数据预示着物价上涨即将来临，便猛踩货币增长的刹车，投资泡沫就注定要破裂。去年就发生过这种情况，当时消费者物价指数飙升到年增速近 4%，从而促使格林斯潘和联邦公开市场委员会上调短期利率。实际上，货币供给只减少了 200 亿美元，其年增长率（同比）却从 1996—1999 年的平均 6.23%暴跌至 2000 年的 −1.24%。[3]

这一货币紧缩政策摧毁了新经济，纳斯达克指数暴跌，从 2000 年 3 月的最高点下跌了 50%以上。但更为重要的是，它也让实体经济领域的投资热潮戛然而止。这一重大消息在我之前引用的一篇《华尔街日报》文章中得到了应有的关注，该文章写道："从昨天[2001 年 1 月 31 日]发布的新数据来看，去年第四季度的投资确实有所下降……企业在设备和软件上的投资实际上以 5%的速度下降——与

〔1〕我使用的货币总量最初是由默里 · N.罗斯巴德和我自己拟定的。它等于美联储的 MZM（零期限货币）减去旅行支票和货币市场共同基金，再加上美国政府、外国政府和官方机构的存款。现在，这个货币总量被称为 AMS（即奥地利学派货币供给），并由金融经济学家弗兰克 · 肖斯塔克（shostak@one.net.au）对该指标进行了跟踪。AMS 和 MZM 的变动在 20 世纪 90 年代相当接近。关于 AMS 的解释和辩护，见 Joseph T.Salerno, "The 'True' Money Supply: A Measure of the Supply of the Medium of Exchange in the U.S. Economy," *Austrian Economics Newsletter* 6（Spring 1987）：1—6 [reprinted here as Chapter 3].对 MZM 的定义和数据，见 The Federal Reserve Bank of St. Louis *Monetary Trends*（available electronically at http//www.stls.frb.org/publications/mt）。

〔2〕The Federal Reserve Bank of St. Louis National *Economic Trends*（January 2001）：p.14.

〔3〕这是指 AMS 总量。The MZM aggregate dropped from an average annual rate of growth of 12 percent for the years 1998—1999 to 7.86 percent in 2000（The Federal Reserve Bank of St. Louis *Monetary Trends*[February 2001]，p.18）。

2000年第一季度21%的增长率相比，出现了戏剧性的逆转。上周公布的资本品（不包括飞机和国防）订单大幅下降，表明资本紧缩并未结束。”[1]

这一消息应该让格林斯潘深受打击。不幸的是，这也不太可能对经济有任何好处，因为格林斯潘和他用空谈误导的大批经济学家、记者和企业领袖都认为，经济放缓只是情绪低落和丧失信心的简单问题，可以通过降低短期利率——例如再
552 次拧开货币供给水龙头这样的心理把戏就可以治好这种病。然而，这一做法似乎不起作用。尽管格林斯潘在1月3日的第一次降息似乎给了纳斯达克市场一个刺激，但是在1月31日的第二次降息却使纳斯达克指数回落到年初的低迷状态。因此，我非常希望在今年年底之前，随着全面衰退的到来，所有人最终都将看到，大师不过穿着皇帝的新装——他绝对没有经济运行方面的真才实学。我想知道在这种情况下，他引咎辞职的可能性有多大？

参考文献

Cox, W.Michael, and Richard Alm. 1999. *Myths of Rich & Poor: Why We're Better Off Than We Think*. New York: Basic Books.

Federal Reserve Bank of Dallas. 1999. "The New Paradigm." *Annual Report*.

Federal Reserve Bank of St. Louis. 2001. *Economic Trends* (January 2001).

____. 2001. *Monetary Trends* (February).

____. *Monetary Trends*. Available at http://www.stls.frb.org/publications/mt.

Greenspan, Alan. 1999. Quoted in Alan S.Blinder, *Central Banking in Theory and Practice*. Cambridge, Mass.: The MIT Press.

____. 2000. Quoted in Bob Woodward, *Maestro: Greenspan's Fed and the American Boom*. New York: Simon & Schuster.

Hazlitt, Henry. 1978. *The Inflation Crisis and How to Resolve It*. New Rochelle, N. Y.: Arlington House Publishers.

Ip, Greg, and Nicholas Kulish. 2001. "Psychology Test: Latest Fed rate Cut Combats a Contagion of Low Confidence." *The Wall Street Journal* (February 1): p.A1.

McCulloch, J.Huston. 1982. *Money and Inflation: A Monetarist Approach*, 2nd ed. New York:

[1] Ip and Kulish, "Psychology Test: Latest Fed Rate Cut Combats a Contagion of Low Confidence," p.A1.

Academic Press.

Rothbard, Murray N. 2000. *America's Great Depression*, 5th ed. Auburn, Ala.: Ludwig von Mises Institute.

Salerno, Joseph T. 1999. "Money and Gold in the 1920s and 1930s: An Austrian View." *The Freeman: Ideas on Liberty* 49(October): pp.31—40.

____. 1987. "The 'True' Money Supply: A Measure of the Supply of the Medium of Exchange in the U.S. Economy." *Austrian Economics Newsletter* 7(Spring): pp.1—6.

Timberlake, Richard H. 1999a. "Money in the 1920s and 1930s." *The Freeman: Ideas on Liberty* 49(April): pp.37—42.

____. 1999b. "Gold Policy in the 1930s." *The Freeman: Ideas on Liberty* 49(May): pp.36—41.

____. 1999c. "The Reserve Requirement Debacle of 1935—1938." *The Freeman: Ideas on* 553
Liberty 49(June): pp.36—41.

____. 2000. "Austrian 'Inflation,' Austrian 'Money,' and Federal Reserve Policy." *Ideas on Liberty* 50(September): pp.43—47.

____. 2000. "Final Comment on Salerno's Monetary Program." *Ideas on Liberty* 50(September): pp.47—48.

第22章

支持格林斯潘连任值得吗？* 555

2003年4月22日，乔治·W.布什总统在回答记者提问时宣布："我认为艾伦·格林斯潘应该再干一届。"[1]在格林斯潘美联储主席2004年6月任期到期的前一年，小布什就表示支持他在下一个四年连任。不管格林斯潘决定接受或拒绝连任，但鉴于格林斯潘对美国经济在21世纪初几年的表现有着重要影响，是否值得支持格林斯潘连任这个问题，确实需要深思熟虑。

首先，我对这个问题的回答就是一个响亮的"不"字！对于这样一个否定回答，我有两个理由。首先，在格林斯潘担任美联储主席的整个任期内，美联储的表现令人吃惊地糟糕。其次，或许更糟糕的是，格林斯潘一直在为这种糟糕的表现辩解和开脱，一直在推广他的经济谬论。不幸的是，他高高在上的职位加上他那
无与伦比的回避问题和混淆问题的能力，导致媒体、市场甚至许多专业经济学家 556
都把他的谬论看成是对经济过程的深刻见解。令人惊讶的是，媒体引发的对格林斯潘主席的狂热追捧延续了整个20世纪90年代，尽管他最著名的几次故弄玄虚的论断，与他在几个月之前表达的观点完全相反。例如，格林斯潘著名的"发现"，即新经济的生产力增长导致20世纪90年代末的股票市场繁荣，紧随其后的就是

---

* From: Did Greenspan Deserve Support for Another Term? *The Independent Review: A Journal of Political Economy* 9 no.1(2004): pp.117—126.

〔1〕 Peter Maer and Associated Press, "Greenspan Gets Bush's Blessing," CBSNEWS. com, April 22. Available at: www.cbsnews.com/stories/2003/04/23/politics/printable550803.shtml.

他那自相矛盾又同样著名的声明,即"非理性繁荣"正推动股票市场走高。[1]

1. 奥地利学派关于经济衰退的观点

在几年前的一次演讲中,我对格林斯潘公开发表的关于货币和经济的言论进行了详细的分析和评论。我得出的结论是,这些言论只不过是些空谈,目的在为克林顿时代美联储的廉价货币政策提供掩护,这一政策已经造成了实体经济中大规模且不可持续的不良投资,以及金融市场的通货膨胀泡沫。[2]我在此无需重复这一分析。但格林斯潘最近的一些言行与我演讲中的结束语有关,因此我引用如下。2001 年 2 月的时候,我写道:

> [2000 年的]这一货币紧缩政策摧毁了新经济,纳斯达克指数暴跌,从2000 年 3 月的最高点下跌了 50%以上。但更为重要的是,它也让实体经济领域的投资热潮戛然而止。这一重大消息在我之前引用的一篇《华尔街日报》的文章中得到了应有的关注,文章写道:"从昨天[2001 年 1 月 31 日]发布的新数据来看,去年第四季度的投资确实有所下降……企业在设备和软件上
> 557 的投资实际上以 5%的速度下降——与 2000 年第一季度 21%的增长率相比,出现了戏剧性的逆转。上周公布的资本品(不包括飞机和国防)订单大幅下降,表明资本紧缩并未结束。"
>
> 这一消息应该让格林斯潘深受打击。[3]不幸的是,这也不太可能对经济有任何好处,因为格林斯潘和他用空谈误导的大批经济学家、记者和企业领袖都认为,经济放缓只是情绪低落和丧失信心的简单问题,可以通过降低短期利率——例如再次拧开货币供给水龙头这样的心理把戏就可以治好这种病。然而,这一做法似乎不起作用。尽管格林斯潘在 1 月 3 日的第一次降息

---

[1] Bob Woodward, *Maestro*: *Greenspan's Fed and the American Boom* (New York: Simon and Schuster, 2000), pp.172—174, 179—182, 195—196, 223.

[2] Joseph T.Salerno, Greenspan's Empty Talk. Speech given February 3, 2001. Published as Mises.org Daily Article, February 29, 2001. Available at: www.mises.org/fullarticle.asp?record = 620&month = 29[在本书中作为第 21 章重刊]。

[3] 这段话指的是格林斯潘的看法,即他在仔细研究经济数据时所感受到的发自内心的不适是经济恶化的一个很灵的预兆(Woodward, *Maestro*, p.120)。

似乎给了纳斯达克市场一个刺激,但是在 1 月 31 日的第二次降息却使纳斯达克指数回落到年初的低迷状态。因此,我非常希望在今年年底之前,随着全面衰退的到来,所有人最终都将看到,大师不过穿着皇帝的新装——他绝对没有经济运行方面的真才实学。我想知道在这种情况下,他引咎辞职的可能性有多大?

请允许我夸耀一下我作为一名逆向经济预测者的预测能力。就在我写下这些话的一个月后,根据美国国家经济研究局(NBER)的官方定义,美国经济陷入了衰退。事实上,当几乎所有人都被格林斯潘所说的"软着陆"言论所误导时,我基于奥地利学派商业周期理论,预测经济正处于衰退的边缘。奥地利学派商业周期理论告诉我们,2000 年发生的膨胀性货币政策逆转导致的实际投资下降,预示着经济衰退不可避免的开始。此外,这一理论让我们将注意力集中在经济中实际投资的模式上,该模式因美联储持续操纵利率而被扭曲。一旦这种扭曲日积月累并最终体现在实物资本品的经济结构中,就需要经过经济的长期重新调整(非奥派人士称之为"衰退")才能纠正。不幸的是,大多数经济学家和市场权威人士忽略 558
了这一观点,他们只关注金融市场,不关注隐藏在股票和债券下面的具体资本品组成的不同企业,而股票和债券只不过是财产所有权的证明而已。因此,他们被格林斯潘的断言所迷惑,即美联储可以通过缓慢释放股市泡沫的空气,引导经济安全实现"软着陆"。

普遍的共识都忽略了一个事实,即货币供给增长的停止甚至放缓会造成利率回升至反映经济中自愿储蓄和风险偏好的水平,并在此过程中向企业家揭示许多资本投资的不可持续性。这一被揭露的真相导致了旷日持久的清算过程和各种资本—劳动组合解体,并将这些资源尤其是劳动力重新分配到更有价值的用途上。因此,当利率突然上升时,继续建设和使用生产石油钻井设备的新工厂的投资可能会因无利可图而被放弃。参与这些项目建设和生产的工人会遭到裁减,不得不到其他消费品生产工厂或零售部门寻找就业机会,而闲置的原材料库存、发电能力和运输设备,也将被转用于消费品的生产和分配。

2. 通缩恐惧症和美联储

现在让我们回到关于格林斯潘的讨论上来。随着 2003 年的到来,美国经济已经陷入衰退和“失业型复苏”长达两年时间了，格林斯潘的声誉也随着他长期鼓吹的新经济的瓦解而声名狼藉。他那晦涩难懂的陈词滥调越来越遭到媒体和市场的质疑，起码不再那么轻信了。他作为严肃的货币大师的光辉形象，正逐渐被一位狡猾但又愚笨的幻觉大师的形象所取代，他所有的招数突然都失灵了。但格林斯潘确实长袖善舞，他又打出了通货紧缩的牌——并且把这一招数发挥得淋漓尽致。

559 2001 年下半年，消费者物价和生产价格在个别月度的下跌在美国引发了人们的通货紧缩恐惧症。几乎与此同时，大量突然涌现的文章开始警告说，如果美联储不能立刻并大幅度降息，美国可能随时出现灾难性的、日本式的通缩性衰退。这些文章的第一波作者以财经专栏作家和与供给学派有关的智库经济学家为主，当然少数凯恩斯学派经济学家也提出了严厉的警告。到 2001 年底，在消费价格指数(CPI)和生产价格指数(PPI)分别较上年同期高出了 2.8%和 2.0%之后，通货紧缩的恐慌有所缓解。值得称道的是，美联储忽略了这一波通货紧缩恐惧的最初萌芽。

随着经济衰退/失业复苏的徘徊不前，以及格林斯潘的声望和就业人数的不断下滑，美联储的态度开始发生改变。2002 年 11 月，前普林斯顿大学教授、著名宏观经济理论家、美联储理事本·伯南克，[1]在华盛顿特区久负盛名的国家经济学家俱乐部发表了题为“确保‘通货紧缩’不会在这里发生”的讲话。现在，考虑到伯南克美联储理事的身份，他讲话的主题、内容以及讲话的场合，都需要获得格林斯潘的批准；实际上，格林斯潘甚至可能积极地对这次演讲提出建议。

伯南克在讲话开始时重申了自己的信念，即“在可预见的未来，美国出现严重通货紧缩的可能性极低”。他进一步表示，相信“美联储将采取一切必要手段，防止美国出现严重通货紧缩，此外，美联储将根据需要与政府其他部门合作，利用足够多的政策工具确保任何可能发生的通货紧缩得到缓解和限制”。伯南克还使用
560 格林斯潘式模棱两可的言辞补充道：“因此，尽管美国出现通货紧缩的可能性极低，但如果完全排除这种可能性也不明智。”接下来，他采用标准的凯恩斯主义术语解释了通货紧缩的原因，即“在几乎所有情况下，通缩都是总需求萎缩的副效

---

〔1〕 Ben S.Bernanke, Deflation: Making Sure “It” Doesn't Happen Here. Speech before the national Economics Club, Washington, D.C., November 21, 2002. Available at: http://www.federalreserve.gov.

应——消费下跌如此严重，以至于生产厂商必须持续降价才能找到买家”。[1]伯南克在讲话的其余部分详细阐述了美联储可以采取的预防通货紧缩发生的措施，以及在这些预防性措施失败的情况下可以采取的补救措施。不出所料，所有这些预防措施和补救措施都围绕着货币创造而采取的传统和非传统的指导方针和技术。

例如，伯南克建议，为防止总需求意外下降引发通货紧缩，美联储需要建立“通胀率缓冲区”，这就意味着，美联储有意保持美国每年 1% 到 3% 的物价上涨率。此外，美联储应持续保持警惕，以防金融机构和市场出现任何疲弱迹象，并随时准备在例如股市暴跌，甚至恐怖袭击导致信心受到冲击的情况下，通过信贷扩张向金融体系注入流动性。最后，即使通货膨胀率处于缓冲区的安全范围内，但如果美联储注意到宏观经济基本面出现突然的恶化，例如投资下降或消费支出减少，那么它必须采取“比往日更抢先和更积极的行动”来阻止通货紧缩。

如果这些行之有效的预防措施未能避免令人担忧的价格下跌，而美联储已将联邦基金利率下降至零，伯南克向我们保证，美联储还有一个拥有大量武器的军火库，有能力实现预期的积极通货膨胀。这些非传统的货币创造技术包括：

（1）承诺美联储将以与目标收益率一致的固定价格无限量购买中长期债券，以此降低和限制中长期债券的收益率。

（2）在外国政府债券市场上也采取了同样的策略，美联储自 1980 年以来就获 561
得了购买外国政府债券的法律授权，其未偿存量是美国政府债券的数倍。

（3）为了规避美联储购买私人证券的限制，美联储向银行发放零利率贷款，接受商业票据、公司债券甚至抵押贷款作为抵押，从而有效地压低了这些债务工具的收益率。

（4）为财政部大幅削减财政税收提供所需的美元融资，方法是将由此产生的赤字全部货币化，或将财政部直接购买现有商品和服务或私人金融和实物资产的行为货币化。[2]

正如伯南克所指出的，最后一种选择无异于用米尔顿·弗里德曼著名的假想直升机向全国撒钱。毋庸置疑，美联储理事将纯粹而简单的通货膨胀——而且分量十足——作为解决受价格水平下跌困扰的经济问题的灵丹妙药。伯南克在下

---

〔1〕〔2〕 Ben S.Bernanke, Deflation: Making Sure “It” Doesn’t Happen Here. Speech before the national Economics Club, Washington, D.C., November 21, 2002. Available at: http://www.federalreserve.gov.

面这段文字中清楚阐明了这一事实：

> 在不兑现货币制度下，通货紧缩始终是可逆转的结论基于一个简单的经济学推理。下面这个寓言故事可能会有用：今天，一盎司黄金的售价大约为300美元。现在，假设一位现代炼金术师解决了他这一领域最古老的问题，即找到了一种方法可以几乎无成本地无限量生产纯金。而且，他的发明被广泛宣传并得到科学验证。他宣布，他打算在几天内开始大规模生产黄金。
>
> 那么黄金价格将如何变化？据推测，廉价黄金潜在的无限供应将导致黄金市场价格暴跌。实际上，如果黄金市场在某种程度上是有效市场，那么黄金价格会在这一发明宣布后立即暴跌，即使那时候炼金术师还没有生产和销售出一盎司的黄色金属。
>
> 562 这与货币政策有何关系？与黄金一样，美元只有在严格限制供给的条件下才有价值。但美国政府拥有一种称为印刷机(或今天的电子等价物)的技术，这使得美国政府能够在基本上不产生任何成本的情况下生产任意数量的美元。通过增加流通中的美元数量，甚至只是令人信服地威胁说要这么做，美国政府就能降低以商品和服务表示的美元价值，这相当于提高了这些商品和服务的美元价格。因此，我们得出结论，在纸币制度下，一个有决心的政府总是能够产生更高的支出，进而制造积极的通货膨胀。

这段文字既真实又令人不寒而栗。伯南克的类比是基于正确的经济分析：美联储确实有能力导致美元价值暴跌。更让人恐惧的是，美联储理事伯南克这位被共和党政府任命的温和的自由市场主义宏观经济学家，竟敢提出使用这一力量作为货币价值轻微上升的补救措施。毕竟，从1999年年中开始，日本消费品价格的通缩，每年平均价格涨幅只有微不足道的1%，而这就是伯南克决心要在美国极力避免的通缩。〔1〕

现在，有人或许会振振有词地反驳我，认为我曲解了伯南克的说法，认为这

〔1〕 按照美联储官方出版物的说法，从1999年到2002年，日本消费者价格指数的年下降率分别为0.3%、0.7%、0.8%和0.9%(Federal Reserve Bank of Cleveland, “Deflation,” in *2002 Annual Report*(May 9, 2003): pp.6—14. Available at: www.clevelandfed.org/Annual02/Essay.pdf)。Also see James B.Bullard and John Seiffert, “Japanese Deflation Loses Something in the Translation,” Federal Reserve Bank of St. Louis *National Economic Trends*(September 2003): p.1. Available at: research.stlouisfed.org.

些话原本仅仅适用于理论推测范畴，而且，没有一个完全有理智的人真的期望日本式的通缩衰退会在美国发生。然而，这一反对意见忽略了这番言论的背景，伯南克只是在为幻觉大师本人的最新表演搭建舞台而已。美联储的一位重要成员在如此引人注目的对一个商业集团发表讲话的场合，将重点放在通货紧 563
缩问题上，这一事实表明，这位身陷困境的美联储主席正在展开一项新的战略方针。

果然，几个月后的 2003 年 4 月，当格林斯潘在国会作证时，他宣称，通货膨胀的进一步下降是“不受欢迎的事态发展”，这种说法让市场感到震惊，[1]也巧妙地加深了人们对通货紧缩的忧虑。几周以后，联邦公开市场委员会跟进格林斯潘的爆炸性言论，发布了一份典型的格林斯潘式语意含糊的声明，表示“一个不受欢迎的通货膨胀大幅下降”的“小”概率，超过了通货膨胀上升的风险。[2]一周后，联邦公开市场委员会这一间接警告似乎得到了证实，当时发布的数据表明，4 月份的消费者物价指数和零售额出现了小幅回落，虽然这些事态的发展在很大程度上是由于美国对伊战争结束后的油价下跌所致。尽管如此，对通货紧缩的担忧再次升温。几天后，当这些担忧变成极度恐惧之时，格林斯潘勇敢地挺身而出，在国会听证组面前郑重宣布：“我们认为，在任何时候我们都不可能……在解决通货紧缩问题上弹尽粮绝。”[3]尽管 5 月份的数据并没有证明 4 月份数据中普遍认为的通缩即将来临的威胁，但联邦公开市场委员会却在随后的 6 月下旬将联邦基金利率下调至 1958 年以来的最低水平。

尽管有了降息和大师的宽慰之词，但就业人数继续减少，失业率也一直处于 9 年来的最高水平，工业生产继续以缓慢的速度增长——这些都出现在国家经济研究局宣布经济衰退正式结束整整 20 个月之后。此外，越来越多的经济学家开 564
始质疑美联储莫名其妙地突然担忧通货紧缩是否明智。正如芝加哥学派经济学

---

〔1〕 U.S. House of Representatives, Committee on Financial Services. Testimony of Chairman Alan Greenspan, Follow-up to the Semiannual Monetary Report to the Congress, before the Committee on Financial Services. 108th Congress, 1st session, April 30, 2003. Available at: http://www.federalreserve.gov/boarddocs/hh/2003/april/testimony.html.

〔2〕 John M.Berry. “Fed Fears a Spiral of Falling Prices: Deflation Risk May Prompt Rate Cuts,” *Washington Post*(May 7, 2003). Available at: http://www.washingtonpost.com.

〔3〕 Quoted in Martin Wolk, “Fed Ready to Fight Deflation,” *MSNBC News*(May 21, 2003). Available at: www.msnbc.com/news.

家戴维·黑尔(David Hale)所说:“他们让通货紧缩搞得昏了头,这让他们陷入了降息的境地,而现在他们可能不想也不需要降息。”〔1〕

尽管如此,格林斯潘仍不放弃要将美联储改造成一个反通货紧缩圣战者的初衷,只要有必要,就可以依靠逐步向经济体注入更廉价的货币,从而消灭虚拟的通货紧缩恶魔。实际上,美联储货币事务主管文森特·莱因哈特(Vincent Reinhart)在2003年6月降息前一个月所做的一次不起眼的讲话中,阐明了格林斯潘这一战略的基本原理。莱因哈特认为,中央银行可以通过“塑造预期”而不是降息来实施货币政策,从而提振市场和振兴经济。按照莱因哈特的说法:“中央银行只要鼓励投资者相信,未来短期利率的水平将低于他们目前的预期水平,就可以在短期利率不变的情况下为经济提供动力。”〔2〕换言之,格林斯潘的策略是有意误导市场对未来利率走势的判断。因此,格林斯潘本人在7月中旬向国会提交的半年度货币政策报告中,再次明确使用了通货紧缩这张牌,提到了“特别有害的,尽管是微乎其微的,在总需求疲弱的背景下通胀率会转为负值的情况”。并强调,“在取得令人满意的经济表现之前,联邦公开市场委员会随时准备保持高度宽松的政策立场”〔3〕。铤而走险的大师无意中吐露——媒体屏住呼吸高度关注——在6月份的会议上,美国联邦公开市场委员会详细讨论了利用包括购买长期证券在内的
565 “替代”方法降低利率的可能性,但委员会得出的结论是,这些非常规措施“不太可能”具有必要性。因此,从伯南克关于潜在通货紧缩的理论思考,到格林斯潘主席的“替代性”实际政策,在一场可能发生但被认为是“微乎其微”的通货紧缩对抗战中,这是一个飞跃。

如果我们进一步分析格林斯潘的证词,我们就会发现,在他自私地企图操纵市场的时候,他表现出自相矛盾的一面。他一方面指出通货紧缩的可能性“微乎其微”,另一方面却纵容房地产市场的泡沫。因此,他注意到“自有住房存量价值稳步

〔1〕 Quoted in Peter G.Gosselin, “Confusion as Fed Talks Up Deflation,” latimes.com(June 23, 2003).

〔2〕 Vincent Reinhart, Conducting Monetary Policy at Very Low Short-Term Interest Rates. Speech given May 29, 2003. Available at: www.imf.org/external/np/tr/2003/pdf/tr030529.pdf.

〔3〕 U.S. Senate, Committee on Banking, Housing and Urban Affairs. Statement of Alan Greenspan, Chairman Board of Governors of the Federal Reserve System, Before the Committee on Banking, Housing and Urban Affairs. 108th Cong., 1st sess., July 16, 2003. Available at http://wwwbanking.senate.gov/_files/greenspan2.pdf.

上升”，认为“技术进步和抵押借贷市场的发展，已经将累积的房屋资产从流动性极低的资产变成了另一种，即家庭资产负债表管理和支出决策中不可分割的一个部分”[1]。用大白话来说，这意味着随着人们从不断膨胀的房地产泡沫中变现部分所获收益，网络购物提供的廉价抵押贷款也在刺激消费支出。

对格林斯潘而言不幸的是，媒体和市场最终明白了他的花言巧语，不再被他对通货紧缩幽灵的咒语所蒙蔽。格林斯潘希望通过严肃地讨论潜在通货紧缩的威胁和美联储打击通缩的决心，来刺激投资性支出和经济复苏，以此让市场产生积极降息的预期。然后，美联储在 6 月将联邦基金利率小幅下调四分之一个百分点，以此让市场对预期大失所望。但是，这一策略却适得其反，正如一位记者在 8 月下旬所写的：“格林斯潘现在发现自己成为债券市场备受嘲笑和质疑的话题。过去几个月债券价格的大幅度波动让投资者感到不安，他们谴责格林斯潘和美联储在通缩威胁及央行可能采取的应对措施方面误导了市场。”[2]即使一些地区性 566
联邦储备银行，例如相对具有“硬通货”理念的圣路易斯储备银行和克利夫兰储备银行，也试图通过区分良性通货紧缩和恶性通货紧缩，悄无声息地与格林斯潘的通货紧缩臆想撇清关系。[3]

截至 2003 年 9 月底，十年期国债收益率和传统抵押贷款利率上升了将近一个百分点。这表明，随着美联储继续快速扩大货币供给以促进经济重回正轨，市场对未来通货膨胀的预期已在蔓延。[4]实际上，一位感觉敏锐的记者伊恩·坎贝尔(Ian Campbell)一针见血地指出了经济面临的真正和现实风险：在联邦预算赤字爆炸性增长的情况下，还在无限制地创造货币以维持低利率。坎贝尔写道：

> 对我们来说，危险在于，格林斯潘的“稳健发展”一点也不稳健。所有这一切都是基于市场流动性泛滥，在他的朋友乔治政府债台高筑的情况下，降

---

[1] Quoted in Ian Campbell, “Analysis: Greenspan's New Paradigm,” *United Press International* (July 15, 2003). Available at: http://www.upi.com.

[2] Rich Miller, “Greenspan's Credibility Gap,” *Business Week Online* (August 29, 2003). Available at: http://www.businessweek.com/bwdaily/dnflash/aug23/nf20030829_9263_db016.htm.

[3] 例如，见 Federal Reserve Bank of Cleveland, “Deflation” as well as James B.Bullard and Charles M. Hokayem, “Deflation, Corrosive and Otherwise,” *National Economic Trends* (July 2003): p.1. Available at: research.stlouisfed.org。

[4] 当前货币和利率数据，见 the Federal Reserve Bank of St. Louis' *Monetary Trends*, available at http://www.research.stlouisfed.org。

低了储蓄存款利率,迫使抵押贷款利率降到了极低的水平,鼓励越来越多的债务发生,鼓励基于权益的消费行为,而这些权益恰是来自那些价格疯狂上涨、但最终也会像股市那样下跌的资产和房产。

3. 结论

因此,在幻想大师一系列表演中我们又见证了一次拙劣的表演,这应该足以取消他的连任资格。不幸的是,格林斯潘的离任并不会让健全货币的支持者们感
567 到喜悦,因为尽管他那种极端让人恼火的个人风格或许具有唯一性,但他的通胀"行为"和"业绩"最终是由他领导的机构的垄断结构决定的。换言之,由于美联储拥有创造货币的法定垄断地位,那么它的主席总是会迫于势不可挡的压力,利用他的官职和权利为其支持者牟利,从而直接或间接地扩大了美联储的"独立性"或垄断势力。这些支持者按照重要程度可以大致排序如下:现任政府机构,国会,银行和其他金融机构,以及由大公司和工会主导的美国经济中的资本品和耐用消费品部门。所有这些彼此独立的团体都认同并力图发展的一件事情就是"廉价货币",越廉价越好。因此,不管美联储主席是谁,不管其行事风格如何,或多或少都在努力推行这项低利率政策,并且运用所有合理且随时可用的论据来否认或淡化该项政策的通胀后果。

最后,我们再谈谈伯南克理事的行为。伯南克是一位低调直率的学者,在宏观经济学说史方面做过一些非常令人钦佩的研究,而且过去一直有传言称他将是格林斯潘的接班人。尽管伯南克与格林斯潘的行事风格大相径庭,但这位训练有素的技术经济学家自加入美联储的管理机构以来,表达的观点越来越难以与这位未受过正式训练的大师的直觉和即兴流露区分开来。2004 年 1 月,尽管越来越多的反通胀批评人士一致认为,美联储的利率政策在当时的商业周期阶段"从历史的角度看异常宽松",但伯南克坚持认为:"我相信这种宽松是有道理的,从当前极低的通胀水平,以及生产率的提高和劳动力市场的疲软这两个因素来看,通货膨
568 胀可能将继续受到抑制。"[1]因此,无论格林斯潘是否担任美联储主席,美国经济

---

〔1〕 Quoted in Louis Uchitelle, "Fed Governor Defends Call to Hold Rates at Low Level," nytimes.com (January 5, 2004). Available at: www.nytimes.com/2004/01/05/business/05fed.html.

的长期前景都可能是一场对抗误导性言论和廉价货币引发的通货紧缩幽灵的持久战。这项政策面临着重新制造 20 世纪 90 年代末金融和实际投资泡沫的严重风险，重新让消费价格飙升死灰复燃，最终引发全球投资者的美元抛售狂潮。

参考文献

Bernanke，Ben S. 2002. Deflation：Making Sure "It" Doesn't Happen Here. Speech before the National Economics Club，Washington，D.C.，November 21. Available at：http://www.federalreserve.gov.

Berry，John M. 2003. "Fed Fears a Spiral of Falling Prices：Deflation Risk May Prompt Rate Cuts." *Washington Post*(May 7). Available at：http://www.washingtonpost.com.

Bullard，James B.，and Charles M. Hokayem. 2003. "Deflation，Corrosive and Otherwise." *National Economic Trends*(July)：1. Available at：research.stlouisfed.org.

Bullard，James B.，and John Seiffert. 2003. "Japanese Deflation Loses Something in the Translation." Federal Reserve Bank of St. Louis *National Economic Trends* (September)：p. 1. Available at：research.stlouisfed.org.

Campbell，Ian. 2003. "Analysis：Greenspan's New Paradigm." *United Press International* (July 15). Available at：http://www.upi.com.

Federal Reserve Bank of Cleveland. 2003. "Deflation." In *2002 Annual Report*(May 9)，pp.6—14. Available at：www.clevelandfed.org/Annual02/Essay.pdf.

Gosselin，Peter G. 2003. "Confusion as Fed Talks Up Deflation." latimes.com，June 23.

Hill，Patrice. 2003. "Bush Endorses Reappointment of Greenspan." *Washington Times*，April 23. Available at：www.moralgroup.com/NewsItems/Economy/p4.htm.

Maer，Peter and Associated Press. 2003. "Greenspan Gets Bush's Blessing." CBSNEWS.com，April 22. Available at：www.cbsnews.com/stories/2003/04/23/politics/printable550803.shtml.

Miller，Rich. 2003. "Greenspan's Credibility Gap." *Business Week Online*，August 29. Available at：http://www.businessweek.com/bwdaily/dnflash/aug 23/nf20030829_9263_db016.htm.

Reinhart，Vincent. 2003. Conducting Monetary Policy at Very Low Short-Term Interest Rates. Speech given May 29. Available at：www. imf.org/external/np/tr/2003/pdf/tr030529.pdf.

Salerno，Joseph T. 2001. Greenspan's Empty Talk. Speech given February 3. Published as 569

Mises.org Daily Article, February 29. Available at: www.mises.org/fullarticle.asp?record=620&month=29.

Uchitelle, Louis. 2004. "Fed Governor Defends Call to Hold Rates at Low Level." nytimes.com, January 5. Available at: www.nytimes.com/2004/01/05/business/05fed.html.

U.S. House of Representatives. Committee on Financial Services. 2003. Testimony of Chairman Alan Greenspan, Follow-up to the Semiannual Monetary Report to the Congress, Before the Committee on Financial Services. 108th Cong., 1st sess., April 30. Available at: http://www.federalreserve.gov/boarddocs/hh/2003/april/testimony.html.

U.S. Senate. Committee on Banking, Housing, and Urban Affairs. 2003. Statement of Alan Greenspan, Chairman Board of Governors of the Federal Reserve System, Before the Committee on Banking, Housing, and Urban Affairs. 108th Cong., 1st sess., July 16. Available at: http://www.banking.senate.gov/_files/greenspan2.pdf.

Wolk, Martin. 2003. "Fed Ready to Fight Deflation." *MSNBC News* (May 21). Available at: www.msnbc.com/news.

Woodward, Bob. 2000. *Maestro: Greenspan's Fed and the American Boom*. New York: Simon and Schuster.

第23章

金本位制在大萧条时期的作用：对货币学派和凯恩斯学派的批判* 571

金本位是货币自由的历史体现。该制度最盛行的时期是19世纪，并非巧合的是，这也是古典自由主义思想盛行的世纪，一个史无前例的物质进步和国家间和平共处的世纪。不幸的是，以金本位为代表的货币自由与古典自由主义时代的许多其他自由一样，在第一次世界大战中以灾难性的方式终结。

同样并非巧合的是，第一次世界大战是一场"缔造世界安全以确保大众民主的战争"，这是我们现在已经认识到的从其所有社会和经济表现形式来看都是自由的大敌的政治制度。

诚然，金本位制并非一夜之间消失的，而是渐次弱化跌跌绊绊进入了20世纪30年代初期。但弱化的金本位并非1914年之前的古典金本位，在古典金本位条件下，自由市场上的私人行为最终会控制货币的供给和价值，政府几乎没有什么影响力。

在古典金本位制度下，如果一国居民为了扩大交易或者对未来具有不确定性 572
而需要更多的货币，他们会在减少进口的同时，向世界其他地区出口更多的商品或金融资产。其结果是，额外的黄金将通过国际收支顺差流入该国，增加该国的

---

* From: "The Role of Gold in the Great Depression: A Critique of Monetarists and Keynesians," presented at the History of Liberty Conference, Ludwig von Mises Institute, Auburn, Ala., 1999. Published as "Money and Freedom," *Mises Daily* (February 2, 2000).

货币供给。

有时候,私人银行试图通过发行额外的称为"信用媒介"的银行票据和存款来扩张货币供给,并在没有相应黄金储备支持的前提下承诺会支付黄金。他们把这些银行票据和存款借给企业或政府。然而,一旦借款人用掉了这些额外的部分准备金票据和存款,国内收入和物价就开始上涨。

结果,外国人会减少对该国出口商品的购买,而国内居民将增加对相对便宜的外国进口商品的支出。黄金将从该国银行的金库流出为由此产生的贸易逆差提供资金,超发的银行票据和存款也会退还给发行银行以兑换黄金。

为了阻止让银行储户非常紧张的黄金储备的外流,银行将收缩信用媒介的供给,从而导致通货紧缩和随之而来的经济不景气。

这一次经历给了银行一个教训,短时间内,银行将抑制自己信用扩张的冲动。如果财政部像往常那样尝试发行仅有部分黄金支持的可兑换票据,它也将面临这样的后果,并被迫将其票据发行限定在有限的范围内。

因此,长期来看,金本位制下的政府和商业银行对货币供给并没有太大影响力。19 世纪唯一一次稍具规模的通货膨胀发生在战争时期,当时几乎所有的交战国都"放弃了金本位"。他们这么做是为了向国民隐瞒战争的巨大成本,通过印刷钞票而不是提高税收来为战争筹款。

573 例如,在 19 世纪初拿破仑战争期间,英国就经历了一次严重的通货膨胀,当时,英国暂停了英镑和黄金的相互兑换。同样,在南部联盟州争取南方独立的战争中,南部联盟与联邦政府都经历了灾难性的恶性通货膨胀,因为双方都发行了不可兑换的国债来弥补预算赤字。正是由于政客们和拥有特权的银行不能胡乱折腾和扩张黄金,美国和英国的物价在 19 世纪末才仍然与 19 世纪初大体相等。

第一次世界大战爆发后的数周内,所有的参战国都脱离了金本位制。毋庸置疑,到战争结束时,所有这些国家的纸币都处于不同程度的恶性通货膨胀困境之中,其中,德国恶性通货膨胀的严重程度在 1923 年达到了顶峰。为了恢复货币秩序并重建公众信心,这些国家在 20 世纪 20 年代先后恢复了金本位制。

不幸的是,20 世纪 20 年代的新型金本位制与古典金本位制存在本质区别。首先,在新型金本位制中,金币并不用于日常交易。例如在英国,英格兰银行只允许大额货币与昂贵的金块进行兑换,而且金块主要用于国际贸易支付。

其他国家如德国和中东欧地区那些小国,则使用可以兑换黄金的外币,如美元或英镑等作为本国货币的储备。这种安排被称为金汇兑本位制。

虽然美元在技术上可以真正地兑换金币，但银行持有的储备不再是金币，而是联邦储备票据。根据法律，所有的黄金储备都集中在美联储手中，并鼓励银行使用联邦储备票据兑现支票、支付支票以及储蓄存款的取款。这就意味着，在20 世纪 20 年代，在公众手中流通的金币极为稀少，各国居民都渐渐将中央银行的 574
纸质借据视为美元、法郎、英镑等货币的最终体现。

这种状况为各国政府及其央行操纵本国货币供给提供了更大的回旋空间。例如，英格兰银行就可以通过银行系统扩张基于金英镑的纸币数量，而无需担心其黄金储备出现挤兑，原因有二。

采用金汇兑本位制的外国愿意囤积英国以国际收支逆差形式流出的纸币英镑，并且不要求立即兑换成黄金。事实上，外国中央银行通过向游客和出口商发行本国货币，以换取不断增加的膨胀性纸币英镑，实际上是在与英格兰银行同步扩张自己的货币供给。这就把本国物价推高到英国物价所达到的过高水平，并因此结束了英国的逆差。

实际上，这一制度使得像英国和美国这样的国家能够输出通货膨胀，实现“无损耗逆差”——即不会造成黄金流失的国际收支逆差。

但是，即使黄金储备已从英格兰银行或美联储的金库流出并流向外国，英国人和美国人也会因为法律或习惯，不敢去银行脱手他们手里的贬值货币，提取他们委托银行保管的合法资产。在没有银行挤兑威胁的情况下，中央银行在遏制通货膨胀方面的压力不大。

不幸的是，当代经济学家和经济史家并不理解 19 世纪的硬通货古典金本位制和 20 世纪 20 年代的通胀型伪金本位制之间的根本区别。

因此，许多人承认（即使有些勉强），金本位制在 19 世纪运作得非常不错。但与此同时，他们也坚持认为，正是金本位制在 20 世纪 20 年代和 30 年代的突然崩溃引发了大萧条。他们心目中的货币自由因 20 世纪 30 年代的悲惨事件而永远 575
名声扫地。无论金本位制在早期有多少优点，他们都将其看成一种老旧过时的货币制度，而且已被证明无法承受现代经济的严酷和压力。

那些暗示金本位制是引发 20 世纪 30 年代事件的罪魁祸首的人，通常分为两派。一派认为，正是金本位制本身的内在缺陷导致了金融体制的崩溃，进而拖累实体经济陷入萧条。另一派认为，由于社会和政治原因，政府不再遵守所谓的“金本位规则”,因此引发了经济的螺旋式下跌,直至坠入大萧条的深渊。

然而,无论从哪一派的观点看,很明显,人们再也不能相信金本位制会成为世界货币体系的基础。一方面,如果金本位制确实存在根本性缺陷,这个缺陷本身就是反对货币自由原则的致命性现实论据。另一方面,如果金本位制实际上是政府制定的规则的产物,而政府在政治上又不可能遵循这些规则,那么,货币自由从一开始就完全无关紧要。第一种观点是凯恩斯主义的观点,第二种观点是货币主义者反对金本位的观点。最近有两本论著详细阐述了这些反对金本位的论点。

1992年,凯恩斯学派经济史学家巴里·艾肯格林(Barry Eichengreen)出版了《金镣铐:1919—1932年的金本位与大萧条》一书,艾肯格林用以下文字对该书的论点进行了总结:

> 20世纪20年代的金本位制凸显了国际金融体系的脆弱性,为30年代的大萧条埋下了隐患。金本位制将不稳定冲击从美国传播到了全世界,也放大
> 576 了初始的不稳定冲击。这是抵消行动的主要障碍,也是政府决策者在避免银行倒闭以及遏制金融恐慌蔓延等过程中受到的约束。基于这些原因,国际金本位制是世界经济大萧条的关键因素。同样基于这些原因,只有放弃金本位制,经济才有可能复苏。

根据艾肯格林的观点,金本位不仅是大萧条的肇始者和国际传播者,也是经济复苏迟滞的主要原因。

直到20世纪30年代,各国政府相继切断了本国货币与黄金的联系之后,国民经济最终才开始复苏。这是因为,政府现在可以在没有金本位规则约束的情况下,帮助银行体系摆脱困境,并通过银行信贷的扩张来维持预算赤字,而无需担心黄金储备的流失。

艾肯格林书名中的“金镣铐”一词,参考的是凯恩斯1931年的一段论述:“很少有英国人不为我们挣脱了黄金镣铐而欢欣鼓舞。”

当然,凯恩斯和艾肯格林未能理解的是,1914年古典自由主义时代的结束,导致政府去除了中央银行真实金本位的“金镣铐”。如果这些“金镣铐”在20世纪20年代仍然存在,那么中央银行就会在第一时间抑制货币供给扩张的冲动,而最终导致大萧条的商业周期将不会发生。

第二本将金本位制列为大萧条主要原因的著作出版于1998年,书名为《大萧条:反常经济政策的国际灾难》。按照该书作者托马斯·E.霍尔和大卫·弗格森

(Thomas E.Hall and J.David Ferguson)两位货币学派经济学家的看法，20 世纪 20 年代最不合理和最不稳定的经济政策之一，就是美联储采用了违反了金本位规则的所谓政策，“冲销”了从英国流入的黄金。

这种做法意味着，美联储拒绝在这些新获得的黄金储备基础上，以足以将美 577
国价格推高至英国价格的虚高水平来急速增加纸币。这种货币的急速增长将使美国产品在世界市场上相对于英国产品更为昂贵，并有助于减轻英国因国际收支逆差而不断流失的黄金储备。

造成逆差的原因是，英国在经历了战时的通货膨胀之后，又按照战前的黄金平价恢复了金本位制度，考虑到英国国内物价水平的虚高，英镑对美元的估值明显高估。

如果英国政府严格控制其价格水平，或者如果选择能反映其先前通胀真实程度的贬值汇率回归金本位制，逆差本来是可以避免的。

但霍尔和弗格森忽略了这些必须考虑的因素，认为当美国冲销黄金流入时：

> 对该体系的影响是，英国首当其冲应该调整。既然美国的货币供给没有增加，美国的收入和物价也没有如预期的那样增长，这将有助于英国消除其国际收支逆差。既然对美出口增长并未帮助到英国，英国必然经历比美国货币供给增长的情况下更为严重的收入减少和物价下跌。这样一来，英国将首当其冲地受到调整的冲击，其形式将是一场比美国按规则行事时更严重的经济衰退。因此，各国公平竞争至关重要。

因此，在霍尔和弗格森看来，金本位规则规定，当一家中央银行不负责任地从事货币扩张，并随后试图维持高估的汇率时，通胀率较低的中央银行必须迅速向其提供援助，并扩大本国的货币供给，以防止其失去黄金储备。

但是，如果一国由于无能或不负责任的货币政策而造成了黄金的流失，该国 578
总是可以指望那些获得黄金的国家通过扩大自己的货币供给来分担“首当其冲的调整”，这无疑也是导致全球通货膨胀的一个因素。

现在，这一论证逻辑表明，霍尔和弗格森完全误解了金本位制的真正宗旨和功能。第一，如果没有中央银行，金本位制的运作会更好一些，因为这些机构作为政策的产物，本身就具有通胀性质，倾向于推动而不是抑制部分准备金商业银行的通货膨胀偏好。

然而，第二，在真正的金币本位制下，家庭和企业的选择有效地控制了货币供给。正如我之前解释的那样,如果一国居民不管出于何种原因而要求持有更多的货币,他们可以通过国际收支平衡来获得他们所需要的确切数量的金币,方法是出售更多的出口商品,购买较少的进口商品。

这就意味着,如果中央银行确实存在,并且愿意按照真正的金本位制行事,它应该自始至终"冲销"黄金的流入,并且只在100%黄金储备的基础上发行额外的票据和存款,同时坚持商业银行也这样做。它不应允许这些黄金储备被用作银行体系多次信贷扩张的基础。

这样,一国的货币供给完全取决于市场力量。顺便提一下,这也正是当今美国各个州之间美元供给分配的决定因素。就新泽西州或阿拉巴马州的货币供给而言,并不存在进行操纵和控制的政府机构。

以下例子暴露出霍尔和弗格森对真正的金本位制下货币供给运作过程的担忧,同时也显示出他们缺乏洞察力:

> 假设因为卡尔文·柯立芝(Calvin Coolidge)戴着一只金耳环出现在公众面前,由此引发了1927年风靡全国的时尚风潮。然后每个美国年轻人都想"像沉默的卡尔文"那样戴上金耳环……最后的结果就是黄金的商业需求(增
> 579 加)。因为更多的黄金将用于制作耳环,所以用作货币的黄金就会减少。……对这一事实采取任何行动都超出了政府的权力范围。美国的青少年会导致美国货币供给的减少,这是多么可怕的一种想法。

虽然在金本位制下,黄金的商业需求确实在决定货币供给和货币价值方面发挥了作用,但却几乎不会引起人们的警觉。相反,它突出了这样一个重要事实,即金本位制是从一种在市场上既有供给又有需求的有用商品演变而来的,并非政府颁布的一系列强制性规则的产物。

现在,霍尔和弗格森总结道,美联储违反游戏规则,并坚持在1929年至1933年期间冲销黄金的流入,由此导致了英国和整个欧洲的通货紧缩。这些流失黄金的国家被迫收缩货币供给,从而导致金融崩溃和实体经济的迅速萎缩,这就是大萧条开始的标志。

虽然作者因此将大萧条的起因归咎于美联储的冲销政策,但他们却将大萧条的持续时间和严重程度归因于金本位制。按照两位作者的说法:只要欧洲国家保持金本位制,美国继续实施冲销政策,大萧条就不会结束。美国的黄金库存成了一堆冲销过的无用黄金。1931年英国人开始认识到这一事实,随后,我们的贸易

伙伴们也认识到了这一点,于是他们一个接一个地放弃了金本位制。具有讽刺意味的是,德国和美国是最后放弃金本位制的国家,也是在大萧条中损失最严重,经历时间最长,陷入程度最深的两个国家。

因此,虽然艾肯格林强调金本位制是对政府货币政策的一种约束,霍尔和弗格森强调政府未能遵守金本位的规则,但实际上,他们得出了相同的结论:金本位制以及它所体现的货币自由,是历史上经济灾难最严重的主要原因。

对他们引证的历史证据,是否能够作为支持金本位制的有力证据呢?答案是响亮的"是的",支持的证据既简单又牢不可破。正如我在前文所力图求证的一 580
样,反对金本位制的理由自始至终都是张冠李戴。真正的金本位制并没有在 20 世纪 20 年代失败,因为在 1914 年之后,它就已经被政府政策破坏了。

20 世纪 20 年代为大萧条埋下种子的货币体系,是一个中央银行操纵下的、通货膨胀式的伪金本位制。正是在 20 世纪 20 年代实施错误政策的中央银行,才是导致大萧条的罪魁祸首。

支持这一观点的详细阐述可以在默里·N.罗斯巴德的多部著述中找到,尤其是《美国大萧条》和《美国货币银行史:从殖民地时代到第二次世界大战》这两部著作。

在这些著作中您会看到,从 1921 年到 1928 年,美国的货币供给以每年 7%的年增长率增长,这是古典金本位制下不可能出现的通货膨胀速度。您还将了解到,在 20 世纪 20 年代,美联储非但没有像某些货币主义者描述的那样紧缩货币供给,反而在每年 18%的准备金率基础上增加了其控制范围内的银行准备金类别。

最后,您还将看到,从 1929 年到 1932 年,美联储继续实施通货膨胀政策对货币供给大力施加影响,并狂热地向银行体系注入新的储备,徒劳地想要扭转因自己早期扩张货币供给所带来的周期性经济低迷。20 世纪 30 年代初,国内外储户从实际上已经破产的美国银行体系中收回了他们的合法资产,在这场刺激货币供给并再次推高物价的过程中,美联储的努力落空了。国内外储户突然对美联储伪装成金本位的货币体系失去信心,是因为在最后关头,他们终于意识到,用不断膨胀的大堆的纸钞赎回自己金美元的前景,越来越渺茫。

第24章

评《双美元记：货币竞争以及重返金本位，1865—1879》* 581

罗伯特·L.格林菲尔德(Robert L.Greenfield)和休·罗考夫[1](Hugh Rockoff)撰写这篇文章的目的，是试图总结1870年美国发起的一次不太起眼的货币实验在公共政策方面的教训。这次实验涉及美国国会试图在全国设立国家黄金银行(national gold banks)，以便为南北战争结束后恢复金本位制提供帮助。与普通国民银行只需持有自己发行的法定绿背钞就可以满足25%的存款储备金要求不同，国家黄金银行必须持有金币(或银币)作为存款储备。

虽然我相信格林菲尔德和罗考夫已经确定这是一次可能富有成效的实验，但 582
我仍质疑他们对这一实验事实背景的解释和他们从中得出的结论。最重要的是，我质疑他们的主要论点，即1870年7月12日《国家通货法案》修正案授权的国家黄金银行，代表着美国政府试图"推出替代货币单位"的尝试。但是，尽管我对这一关键点持保留意见，然而我确实认为，在实验期间，我们还是在货币竞争的可能

* From: Comment on "A Tale of Two Dollars: Currency Competition and the Return to Gold, 1865—1879," by R.L. Greenfield and Hugh Rockoff, in The George Edward Durell Foundation, ed., Money and Banking: The American Experience(Fairfax, Va.: George Mason University Press, 1995), pp. 221—228.

[1] Robert L.Greenfield and Hugh Rockoff, "A Tale of Two Dollars: Currency Competition and the Return to Gold, 1865—1879," in The George Edward Durell Foundation, *Money and Banking: The American Experience*(Fairfax, Va.: George Mason University Press, 1995), pp.207—219.

性和制度先决条件方面获得了宝贵的经验。

在我们能够确定是否将金元券或他们所谓的“黄背钞”(yellowbacks)归类为美国现有货币的独立替代品之前,我们必须弄清楚这些货币的本质。从1853年金银复本位制解体到1861年12月30日美国财政部和各州银行停止硬币支付,法律规定为23.22格令纯金的金美元是这一阶段全美国统一的交换媒介。〔1〕

在落基山脉以东的各州,这些美元以金币、州银行票据以及可按要求兑换成金币的存款形式流通。在太平洋沿岸各州,交换媒介几乎只能全部使用金币。例如,在加利福尼亚州和俄勒冈州,州宪法明令禁止银行拥有发行资格,只有有限的几家可以开展存款业务的银行。同时流通的还包括可以用金币和零碎银币兑换的美国国库券。〔2〕

1862年2月25日第一部《法定货币法案》(Legal Tender Act)通过之后,联邦
583 政府票据或“绿背钞”(greenbacks)很快变成东部各州的“本地货币”,也就是东部各州日常交易中使用的交换媒介。虽然由于格雷欣定律的运行导致金币从流通领域中消失,但由于对外贸易还在使用黄金,所以在东部,黄金继续作为一种平行货币在流通。事实上,为适应外汇交易商的需求,纽约的国民银行等银行还提供以金美元计价和支付的活期存款,作为以绿背钞计价的存款的替代品。〔3〕此外,联邦政府继续以黄金支付其大部分债务的利息,并要求进口税以黄金支付。〔4〕有证据表明,在大规模国内交易中,未经铸造的裸金也被用作交换媒介。〔5〕

金美元在东部作为替代货币的广泛使用,自然使得它和绿背钞一起成为定价

---

〔1〕 Ron Paul and Lewis Lehrman, *The Case for Gold: A Minority Report of the U.S. Gold Commission* (Washington, D.C.: Cato Institute, 1982), pp.63—66.

〔2〕 Richard A.Lester, *Monetary Experiments: Early American and Recent Scandinavian* (Devon, Great Britain: David and Charles Reprints, 1970), p.163; Wesley Clair Mitchell, *A History of Greenbacks: With Special Reference to the Economic Consequences of Their Issue: 1862—1865* (Chicago: University of Chicago Press, 1903), pp.141—142.

〔3〕 Milton Friedman and Anna Jacobson Schwartz, *A Monetary History of the United States, 1867—1960* (Princeton, N.J.: Princeton University Press, 1963), pp.28—29 fn.17; Mitchell, *A History of Greenbacks*, p.142.

〔4〕 Mitchell, *A History of Greenbacks*, p.142.

〔5〕 Benjamin M.Anderson, Jr., *The Value of Money* (New York: Richard R. Smith, [1917] 1936), pp.148—149.

和计算单位。因此，本杰明·M.安德森[1]得出结论，人们认为绿背钞时代"是双本位时代"。但同一时期落基山脉以西的情况却完全不同。根据各种说法，太平洋沿岸各州的居民在日常交易或现金支出时很少或完全不使用绿背钞。[2]商人们在日常交易中拒绝按面值接受绿背钞，而且，加利福尼亚州和俄勒冈州的储蓄银行在任何情况下都拒绝接受绿背钞存款。相反，人们顽强地坚持以金美元作为本地货币。因此，在购买日常消费品和工资支付时，人们继续使用金美元，信贷交易中规定的偿还方式也是使用金美元。

然而，那些要从东部进口商品的人，有对绿背钞的外汇需求。因此，从技术上 584
讲，在太平洋沿岸各州也存在平行货币制度，即绿背钞按市场确定的汇率兑换黄金。然而，除了货币投机客、货币经纪人和那些与东部各州有直接贸易关系的人组成的狭小圈子外，太平洋沿岸各州按两种美元进行的经济计算的程度是否与东部相同，这一点很让人疑虑。

我对事实的陈述与格林菲尔德和罗考夫的陈述基本一致。但格林菲尔德和罗考夫从这些事实得出的一个重要推论，在我看来是有争议的，尽管这是他们大部分论据的主要依据。值得怀疑的推论体现在作者的这段表述中："加利福尼亚州的记账单位没有明确限定为某一特定的交换媒介。相反，是将黄金的标准重量作为一种独立定义的记账单位。"[3]考虑到作者所陈述的事实，这是一个令人震惊的结论，因为他们清楚地认识到，在太平洋沿岸各州，金美元不仅是标准定价单位，而且在几乎所有的本地交易中使用的都是金币。实际上，在绿背钞时代，太平洋沿岸各州的金币银币流通总量估计为 2 500 万美元。[4]而且，因为流通领域中没有银行券且存储银行不多，估计支票也很少有人使用。

当然，作者并不打算否认，金币在加利福尼亚几乎全部作为交换媒介在使用。他们的观点是，在加利福尼亚的流通领域中，并没有一个占据主导地位的特定金

---

〔1〕 Benjamin M.Anderson, Jr., *The Value of Money* (New York: Richard R. Smith, [1917] 1936), p.422.

〔2〕 Bernard Moses, "Legal Tender Notes in California," *The Quarterly Journal of Economics* 7 (October 1892): pp. 1—25; Mitchell, *A History of Greenbacks*, p. 142; Lester, *Monetary Experiments*, pp.164—165.

〔3〕 Greenfield and Rockoff, "A Tale of Two Dollars," pp.216—217.

〔4〕 Lester, *Monetary Experiments*, p.162.

美元,称之为金美元的交换媒介的发行,是由包括私人造币厂在内的几家存在竞争关系的机构承担的。而且,将黄金的标准重量作为记账单位使用的创始人并不是这几家机构。这和东部各州的情况形成对比,在那里,绿背钞是由美国财政部
585 独家创设的,主要用作交换媒介和记账单位。作者根据这些事实得出结论,在加利福尼亚,交易媒介以金美元计值,但并没有规定一定是金美元,因此,金美元只是一种"独立计账单位"。

格林菲尔德和罗考夫的论据虽然有道理,但却建立在一个明显混乱的基础上,如果他们解决了金美元到绿背钞的演变问题,本来是可以避免这种混乱的。与作者似乎暗示的意思相反,一样物品之所以能够取得一般交换媒介的地位,不是因为它的品牌优势,而是因为它作为一种特殊商品的优良属性。

无需深入了解就可以知道,由卡尔·门格尔[1]提出,后来经路德维希·冯·米塞斯[2]和默里·罗斯巴德[3]进一步完善的货币演化理论告诉我们,一般交易媒介起源于市场上那些早在物物交易时期就存在的最畅销的商品。因此,货币最初是作为普通的、无品牌商品形式进入流通的。记账单位自然是最方便计算的货币商品的标准重量单位,例如,磅、盎司或克。直到后来出现了铸币,货币商品才被打上了确定重量和纯度的标记,并将不同的发行人区分开来。一直到这个时候,才用特定的名称命名了具有特定重量的硬币。

然而,不管是特定货币名称的出现,还是特定货币品牌在市场的增值或获得支配地位,普通货币商品本身仍然保留着一般交换媒介的定位,记账单位仍然被严格限定为这种商品的重量。因此,与格林菲尔德和罗考夫的观点相反,加利福尼亚州的交换媒介和记账单位不仅密不可分,而且以黄金的形式体现出来。不管
586 采用何种形状和何种形式,黄金充当了"主要"的交换媒介,黄金的记账单位用黄金的另一个名称"元"(dollar)确定下来。

这一分析也揭示了绿背钞的演变进程。无论绿背钞是否是信用货币,公众从

---

〔1〕 Carl Menger, *Principles of Economics*, trans. Dames Dingwall and Bert F. Hoselitz(New York: New York University Press, [1950] 1981), pp.257—285.

〔2〕 Ludwig von Mises, *The Theory of Money and Credit*, 2nd ed.(Irvington-on-Hudson, N.Y.: The Foundation of Economic Education, Inc., [1952] 1971), pp.30—37, 108—124.

〔3〕 Murray Rothbard, *What Has Government Done to Our Money*? 2nd ed.(Novato, Calif.: Libertarian Publishers, 1974).

一开始就有合理的预期,希望最终能恢复硬币兑换,或者绿背钞只是纯粹的不兑现货币,因而人们完全不抱有这一预期,绿背钞只能凭借其之前与黄金的联系,成为一般交易媒介和记账单位。实际上,可按要求以硬币赎回的美国国库券是不兑现绿背钞的前身,绿背钞是由 1861 年 7 月 17 日的法案授权发行的,即使银行和公众也是"很勉强地接受了这种票据"〔1〕。直到 1861 年 12 月 31 日,各州银行停止了纸币与硬币的兑换,实际上是强行剥夺了黄金作为交换媒介的主导地位,财政部才停止了硬币支付,绿背钞才成为了一个独立实体。1862 年 2 月 26 日,第一部《法定货币法案》获国会批准通过,其内容包括授权发行新的不兑换票据,从而巩固了绿背钞作为落基山脉以东的主要交换媒介的地位。

问题在于,脱离了与市场选择的商品货币的原有关系,单凭政治命令,绿背钞永远不可能获得其现有的地位。绿背钞并不能无中生有地作为一种纯品牌名出现。

而且很明显,作为一种交换媒介,通用金元券在太平洋沿岸各州比绿背钞在其他各州更占优势。在东部各州,作为一种交换媒介和记账单位,金美元的地位已经根深蒂固,因为它在某些类型的国内交易中确实起到了媒介作用,不仅在企业现金余额中也在银行货币储备中占据了一席之地。相比之下,绿背钞在加利福尼亚的国内交易中几乎没有发挥任何作用,也不被公众作为现金余额持有。正如格林菲尔德和罗考夫〔2〕所指出的那样,即便是那些看好绿背钞的恢复硬币支付 587
前景,并且倾向于猜测绿背钞会在长期内升值的加利福尼亚人,也不愿意持有绿背钞,因为他们可以通过购买或持有任何以绿背钞计价的有息资产来获得投机收益。

一旦我们认识到,通用金元券在加利福尼亚州和东部各州是一种交换媒介,也是一种记账单位,我们就能评价格林菲尔德和罗考夫的主要观点:九家国民银行发行的银行券是一种新的自主货币。

国民银行金元券可自由兑换金币,法律要求发行机构必须以金币和银币形式保持相当于流通中票据总量 25%的准备金。〔3〕在起草这项法案时,政府打算用

〔1〕 Mitchell, *A History of the Greenbacks*, p.26.

〔2〕 Greenfield and Rockoff, "A Tale of Two Dollars," p.15.

〔3〕 William H. Dillistin, "National Gold Banks and Bank Notes," *The Numismatist* (March 1950): pp.133—134.

金元券取代在太平洋沿岸各州大规模流通的金币，或许还想在东部各州的外汇交易中取代纽约银行的国库券和黄金存款，事实上，即使没有百分之百的黄金储备的合法支持，这两项措施都会奏效。[1]因此，政府希望，部分准备金制的金元券储备将有助于金本位制的恢复，因为通过节省流通中的黄金和金融机构的货币储备，可以降低黄金溢价，从而使得财政部可用较低的成本储备所需的黄金。但这一愿望从未实现过，因为全国只成立了十家国民银行，一家在波士顿，但却从未发行过任何金元券，其余九家都在加利福尼亚州。[2]

格林菲尔德和罗考夫认为，国民银行金元券是一种独立自存的交换媒介，基
588 于这一看法，他们试图将东部金元券流通不足的问题，与它在加利福尼亚的发展（尽管有限）统一起来。因此他们认为，在缺少“主要”交换媒介的加利福尼亚州，金元券能够轻易“套用”独立定义的记账单位，也就是黄金的标准重量。相反，他们将金元券没能在东部地区成为货币的原因，归咎于绿背钞已经在该地区成为了主要的交换媒介这一事实。有点自相矛盾的是，作者将绿背钞没有在西部地区流行，以及金元券没有在东部地区流行，归因于这样一个事实，即两者之中的每一种都“缺乏与既定记账单位的联系”，而不是缺乏与主要交换媒介的联系。[3]

无论如何，格林菲尔德和罗考夫得出的结论是，从国民银行事件中吸取的教训告诉我们，一件物品要想被接受为交换媒介，就必须以主要的交换媒介（如果存在）来命名。这就意味着，从当前美国货币政策的角度来看，以联邦储备券以外的其他货币计价的另一种交换媒介的发行，将无法在美国公众中流行起来。[4]

格林菲尔德和罗考夫对落基山脉另一边金元券命运变化无常的解释，其存在的根本问题在于我刚才所说的对事实的曲解。一旦人们认识到，在绿背钞时代，通用金元券在加利福尼亚州既是交换媒介又是记账单位，就不会再对金元券在这里得到认可的原因有神秘感了。人们在交易中接受金元券并作为现金余额持有，是因为它可以兑换成金币，即兑换成一种通用和专用的交换媒介。因此，金元券不是一种新发行的交换媒介。鉴于市场对发行机构保持金元券可兑换性的能力

〔1〕 Friedman and Schwartz, *A Monetary History of the United States*, p.25 fn.11, pp.28—29 fn.17.

〔2〕 W.A.Philpott, Jr., “National Gold Bank Notes,” *The Numismatist* (November 1934): pp.717—718; Dillistin, “National Gold Banks,” pp.134—135.

〔3〕 Greenfield and Rockoff, “A Tale of Two Dollars,” p.16.

〔4〕 Ibid., p.17.

充满信心，市场力量确保了金币和等额金元券的购买力完全一致。因此，金元券在某种程度上取代了人们现金余额中的金币，因为金元券代表了一种更便利的持有和支付金美元的方式。 589

关于绿背钞在加利福尼亚州的现状，绿背钞并没有像作者认为的那样，没有在加州“流行”起来。尽管事实上绿背钞并不是主要的交换媒介（或者已确定的记账单位），但是由于加州和东部各州之间存在的地区间贸易关系，绿背钞确实成为了平行货币。正如路德维希·冯·米塞斯[1]首先提出的那样，从汇率决定理论的角度看，同一地区并行使用的两种货币，与被视为一个地区的本地货币和另一个地区的外汇之两种货币间，并没有什么区别。

同样的一般分析也可以用来解释金元券未能在东部地区流行的原因。正如格林菲尔德和罗考夫声称的那样，这种解释并不成立，事实上，金元券并未以通行的绿背钞计价——毕竟，金元券和国民银行的黄金存款也未曾与绿背钞有关联，但它们都实现了流通。相反，东部国家金元券的缺失很可能是因为，在某些交易中，人们认为这些票据不如国民银行的黄金存款支票使用方便，对那些更适于用黄金支持货币结算的交易来说，财政部的金元券由于拥有较低的违约风险而更为人们所偏爱。

尽管有这些批评，但我仍相信格林菲尔德和罗考夫坚持的政策教训不仅真实，而且重要。货币竞争只能在一个渐进的市场过程中出现，不能依赖法律法令或私营企业的计划一蹴而就。诚然，与没有银行的太平洋沿岸各州居民极不情愿接受绿背钞为本州货币的同时，绿背钞却在其余（忠诚的）各州居民中迅速获得了 590
认可，因为他们对金美元的依恋由于长期以来金美元的一再贬值，以及不可兑换的州银行券的影响而减弱，这就是我们从这件事情中获取的教训。

参考文献

Anderson, Benjamin M., Jr. [1917] 1936. *The Value of Money*. New York: Richard R.Smith.

Dillistin, William H. 1950. "National Gold Banks and Bank Notes." *The Numismatist* (March):

[1] Mises, *Theory of Money and Credit*, pp.179—180; Lord Robbins, *Money, Trade and International Relations* (London: Macmillan, 1971), p.22.

pp.133—139.

Friedman, Milton, and Anna Jacobson Schwartz. 1963. *A Monetary History of the United States, 1867—1960*. Princeton: Princeton University Press.

Greenfleld, Robert L., and Hugh Rockoff. 1995. "A Tale of Two Dollars: Currency Competition and the Return to Gold, 1865—1879." In The George Edward Durell Foundation, *Money and Banking: The American Experience*. Fairfax, Va.: George Mason University Press. pp.207—219.

Lester, Richard A. [1939] 1970. *Monetary Experiments: Early American and Recent Scandinavian*. Devon, Great Britain: David and Charles Reprints.

Menger, Carl. [1950] 1981. *Principles of Economics*. James Dingwall and Bert F.Hoselitz, trans. New York: New York University Press.

Mises, Ludwig von. [1952] 1971. *The Theory of Money and Credit*, 2nd ed. Irvington-on-Hudson, N.Y.: The Foundation of Economic Education, Inc.

Mitchell, Wesley Clair. 1903. *A History of the Greenbacks: With Special Reference to the Economic Consequences of Their Issue 1862—1865*. Chicago: The University of Chicago Press.

Moses, Bernard. 1892. "Legal Tender Notes in California." *The Quarterly Journal of Economics* 7(October): pp.1—25.

Paul, Ron, and Lewis Lehrman. 1982. *The Case for Gold: A Minority Report of the U.S. Gold Commission*. Washington, D.C.: Cato Institute.

Philpott, W. A., Jr. 1934. "National Gold Bank Notes." *The Numismatist* (November): pp.717—719.

Robbins, Lord. 1971. *Money, Trade and International Relations*. London: The Macmillan Press Ltd.

Rothbard, Murray N. 1974. *What Has Govemment Done to Our Money*? 2nd ed. Novato, Cal.: Libertarian Publishers.

第25章

货币不再重要？* 591

虽然芝加哥学派的货币主义者和奥地利学派的货币理论家之间存在深刻而持久的分歧，但他们始终在一件事上保持着强烈的共识，即货币供给在解释货币购买力或经济中“价格水平”时的重要作用。

但是，上述情况似乎不再如此。长期以来一直是货币主义坚实堡垒的圣路易斯联邦储备银行出版的《货币趋势》，在2004年6月刊出了题为《货币为何重要》[1]的封面文章。如果对该文内容作更为准确的描述，文章应该是“货币为何不再重要”。文章作者威廉·T.加文（William T. Gavin）强调，“货币仍然重要”—— 只是数量不重要。

当经济学家如欧文·费雪和弗里德曼之前的其他货币数量理论家将交换媒介视为货币的中心职能时，他们是将M1——基本包括现金和活期储蓄——视为度量货币供给的相关实证测度指标。后来，在凯恩斯革命的影响下，弗里德曼对货币数量论进行了“重述”，将主要关注点放到了货币的“价值储存”功能上，相应的统计指标换成了M2，除了M1中包含的交易余额外，M2总额还包括了生息金 592
融资产。[2]

---

* From: “Money Matters No More?” Mises Daily (June 29, 2004). Available at Mises.org.

〔1〕 William T. Gavin, “How Money Matters,” The Federal Reserve Bank of St. Louis *Monetary Trends* (June 2004): p.1. Available at http://research.stlouisfed.org/publications/mt/20040601/cover.pdf.

〔2〕 Milton Friedman, “The Quantity Theory of Money—A Restatement,” in idem, ed., *Studies in the Quantity Theory of Money* (Chicago: University of Chicago Press, 1973), pp.3—21.关于（转下页）

从1871年的卡尔·门格尔[1]开始,奥地利学派认为货币的价值储存功能是次要的,是从货币作为一般交换媒介的主要功能派生出来的。因此,他们反对弗里德曼—施瓦茨所提出的M2总额中所包括的项目,认为部分项目并未发挥这一主要功能,而M2之外的其他资产事实上可以即时按面值与货币或活期存款交换,因此在经济上与后者并无区别。[2]

这种情况导致了两个学派所强调的货币总量的差异,然而,尽管弗里德曼用凯恩斯主义的投资组合分析法公式化了"通货膨胀传导机制",但两个学派仍然一致认为货币数量与价格水平之间存在着紧密联系。

现在看来,至少在政策层面上,奥地利学派和货币学派之间的最后一个共识已经抛到了九霄云外。

虽然自门格尔以来奥地利学派一直将货币作为记账单位的功能视为一般交换媒介的另一种衍生功能,但是加文现在告诉我们:"货币作为记账单位的功
593 能……在今天的货币政策中处于中心地位。"根据加文的观点,原因在于"我们的模型和讨论重点不是货币数量,而是美元的购买力"。换言之,仅仅因为经济学家的模型和美联储的政策已经转向"保持联邦基金利率数月不变",货币的本质就已经改变,在这种情况下,"由于已经完全适应了货币需求的所有变化,短期货币供给相对于利率具有了完全弹性"。

加文接着总结道:"对未来通货膨胀的预期是美联储稳定美元币值的一个重要渠道,这也是货币政策影响实体经济的主要渠道。我们今天不必关注货币数量,因为政策制定者正通过关注通货膨胀和通货膨胀预期关注着货币的价格。"

(接上页)货币主义者偏爱的货币总量的描述,见 Milton Friedman and Anna Jacobson Schwartz, *A Monetary History of the United States, 1867—1960* (Princeton, N.J.: University Press, 1963), pp.4—5。

[1] Carl Menger, *Principles of Economics*, trans. James Dingwall and Bert F. Hoselitz(New York: New York University Press, 1981), pp.258—280.

[2] 基于奥地利学派理论所强调的货币作为一般交易媒介而对货币供给进行的实证定义的解释,见 Murray N.Rothbard, "Austrian Definitions of the Supply of Money," in idem, *The Logic of Action One: Method, Money, and the Austrian School*(Lyme, N.H.: Edward Elgar Publishing, Inc., 1997), pp.337—349; and Joseph T.Salerno, "The 'True' Money Supply: A Measure of the Supply of the Medium of Exchange in the U.S. Economy," *Austrian Economics Newsletter* 6(Spring 1987): pp.1—6[在本书中作为第3章重刊]。

因此，加文将货币在当今经济中的重要作用描述为一个脱离实体的、其价值可以由中央银行负责稳定的记账单位，而这个中央银行无视供求规律，同时通过操纵短期利率，甚至只是制造“可信的”威胁来操纵短期利率，从而精心塑造公众对通胀的预期。这种无稽之谈只是乔治·克纳普(George Knapp)的“神秘的货币国定论”(mystical State theory of money)——路德维希·冯·米塞斯在 1912 年已予以驳斥——的升级版本而已。按照这一理论，货币的价值不是由市场力量决定的，而是由国家无视货币数量的多少直接颁布法令强制确定的。[1]

哈耶克曾经评论这种做法的后果：“如果人们已经忘记了天真的货币理论给我们的教训，那么只有上帝能帮助我们了。”谁会想到圣路易斯联邦储备银行有一天会需要神的指引呢？

参考文献 594

Friedman, Milton and Anna Jacobson Schwartz. 1963. *A Monetary History of the United States, 1867—1960*. Princeton, N.J.: University Press.

Friedman, Milton. 1973. “The Quantity Theory of Money—A Restatement.” In idem, ed., *Studies in the Quantity Theory of Money*, pp.3—21. Chicago: University of Chicago Press.

Gavin, William T. 2004. “How Money Matters.” The Federal Reserve Bank of St. Louis *Monetary Trends* (June): p. 1. Available at http://research.stlouisfed.org/publications/mt/20040601/cover.pdf.

Menger, Carl. 1981. *Principles of Economics*, James Dingwall and Bert F.Hoselitz, trans. New York: New York University Press.

Mises, Ludwig von. 1981. *The Theory of Money and Credit*, 3rd ed., H.E.Batson, trans. Indianapolis, Ind.: Liberty Classics.

Rothbard, Murray N. 1997. “Austrian Definitions of the Supply of Money.” In idem, *The Logic of Action One: Method, Money, and the Austrian School*. Lyme, N.H.: Edward Elgar Publishing, Inc.

Salerno, Joseph T. 1987.“The ‘True’ Money Supply: A Measure of the Supply of the Medium of Exchange in the U.S. Economy.” *Austrian Economics Newsletter* 6(Spring): pp.1—6.

---

〔1〕 关于米塞斯对几个不同流派国家货币理论的批评，见 Ludwig von Mises, *The Theory of Money and Credit*, trans. H.E.Batson, 3rd ed.(Indianapolis, Ind.: Liberty Classics, 1981), pp.506—512。

第26章

通货紧缩与萧条：两者的关联在哪里？*

595

最近在中国出现的"通缩式繁荣"之形势导致一些主流宏观经济学家重新审视和修正他们对通货紧缩现象的看法，通常，通货紧缩被定义为物价普遍且持续的下降。长期以来，人们认为物价普遍下跌或货币价值上升，无论其来源如何，都会给整体经济活动和社会福利带来不可弥补的灾难，但是现在，这一观点已经开始逐渐被人们试图区分"好的"通缩和"坏的"通缩所取代。"破坏性"通货紧缩和与健康经济增长相适应的通货紧缩之间的区别，甚至已经进入一些较为开明的地区性联邦储备银行的出版物中。〔1〕

这些理论进展虽然让奥地利学派经济学家感到欣慰，但还不足以推翻近一个世纪以来有关通货紧缩具有有害影响的荒诞说法，这一说法从第一代货币主义者欧文·费雪开始，再由专业经济学家系统提出。但是现在，两位拥有无可挑剔的主流声望和地位的经济学家，在一流经济学学术期刊上发表了一篇简单明了的实 596
证研究成果，成功地挑战了广为流传而又根深蒂固的关于通货紧缩的信条：即通货紧缩和萧条之间存在非常确定的经验关联性。〔2〕

---

* From："Deflation and Depression：Where's the Link?" *Mises Daily*（August 6，2004）. Available at Mises.org.

〔1〕 "Deflation，" The Federal Reserve Bank of Cleveland 2002 *Annual Report*（May 9，2003）；and James B.Bullard and Charles M.Hokayem，"Deflation，Corrosive and Otherwise，" Federal Reserve Bank of St. Louis *National Economic Trends* （July 1，2003）：p.1. Available at research.stlouisfed.org.

〔2〕 Andrew Atkeson and Patrick J. Kehoe，"Deflation and Depression：Is There an Empirical Link，" *American Economic Review Papers and Proceedings* 94（May 2004）：pp.99—103.第一位作 （转下页）

阿特基森(Atkeson)和基欧(Kehoe)利用包括美国、英国、法国和德国等17个国家的通货膨胀和实际产出增长的面板数据进行研究。每个国家的数据时间跨度至少100年。作者将每个国家通货膨胀和经济增长的时间序列按照5年一个周期划分,计算每一时期或“时段”的实际产出增长率和通货膨胀的年平均增长率,重点研究中期经济波动情况。

每一时段的“通货紧缩”被定义为“平均通货膨胀率为负”,“萧条”被定义为“平均实际产出增长率为负”。研究选择5年为一个周期,以“9”结尾的年份为周期起始年份,以“4”结尾的年份为周期结束年份,例如,大萧条时期(1929—1933年)以及1921—1922年的萧条,分别以1929—1934年和1919—1924年为周期。

1. 大萧条时期

将大萧条时期单独分离出来,作者确实发现了通货紧缩和衰退之间的松散联系。有数据可查的16个国家在此期间都经历了通货紧缩,而16个国家中只有8个经历了萧条。以不变价格计算的产出增长与通货膨胀率的回归分析表明,估计的斜率系数为0.40,标准误差是0.28。

换言之,在大萧条期间,通货膨胀率每下降1%,实际产出增长率下降0.40%,尽管在这一时期,通货紧缩与萧条之间不具有关系的概率(显著性水平)也超过了
597 10%。用统计学行话来说,这一结果意味着通货紧缩与萧条之间的关系不存在“统计学显性”。

2. 除大萧条时期外的其他所有时期

作者将大萧条时期排除在外,并按照5年一个时间段研究所有国家的平均通货膨胀率和产出增长率(样本中的某些国家起始时间为1820年),研究发现,除了1929年至1934年这一时期,在73次通货紧缩中有65次没有出现萧条,而在29个萧条时期中有21次也与通货紧缩无关。换言之,90%的通货紧缩时期并没有最终导致萧条。作者由此得出结论:“从更为广阔的历史视角来看,除了大萧条时期之外,通货紧缩和萧条之间具有关联性的概念实际上不存在。”这一结论也得到除大萧条

(接上页)者执教于加州大学洛杉矶分校经济学系,第二位作者供职于明尼阿波利斯联邦储备银行研究部。

时期外其他时期数据的斜率系数和标准误差的支持，二者分别是0.04和 0.03。

3. 所有时期

如果对包括大萧条在内的所有时期进行回归分析，结果是通货膨胀率下降1%，实际产出的平均增长率略微下降 0.08%，标准误差为 0.03。虽然这一结果具有统计学意义，但显然不具有经济意义。

例如，假设货币价值最初不变，然后开始以每年 1%的速度升值，那么经济的实际产出增长率将从每年的 3.00%下降到2.92%。这意味着一个以每年 3.0%的速度增长的经济体，即使出现每年 30%的恶性通货紧缩，也不会导致经济萧条（定义为实际产出负增长），只会使实际增长率每年降低 2.4%至 0.6%。因此，从严格 598
的实证分析角度看，我们很难用 1929 年到 1933 年期间物价水平每年大约下降5%来解释大萧条。〔1〕

4. 第二次世界大战前后若干时期

研究还发现，在第二次世界大战前后，通货紧缩与萧条之间的关系有着明显的不同。对战前数据的回归分析所得斜率系数为 0.11，标准误差为 0.04，表明通货紧缩与衰退之间存在微弱的关联性。相比之下，用战后数据进行的回归分析表明，通货紧缩和衰退之间没有相关性，斜率系数为 − 0.03，标准误差为 0.04。实际上，负斜率系数表明通货膨胀与萧条之间具有相关性。鉴于这一实证分析结果，你可能希望那些呼吁美联储实施每年 2%至 3%（即故意每年以一定比例稀释美元的购买力）“通胀目标制”的越来越多的主流经济学家为安全起见，现在会转而把通货紧缩的目标定在每年几个百分点上。〔2〕

5. 结论与启示

正如阿特基森和基欧所总结的，“数据表明，通货紧缩与萧条之间并不存在紧

---

〔1〕 这个数字是根据韦伊尔的数据计算出来的，见 Kenneth Weiher，*America's Search for Economic Stability*：*Monetary and Fiscal Policy since 1913*（New York：Twayne Publishers，1992），pp.39，57。

〔2〕 关于通货膨胀目标制争论的现状，见 Inflation Targeting：Prospects and Problems，Proceedings of the Twenty-Eighth Annual Economic Policy Conference of the Federal Reserve Bank of St. Louis，Federal Reserve Bank of St. Louis *Review* 86（June/August 2004）。

密关联性。纵观历史我们会发现,经济增长合理的通货紧缩时期多于萧条时期,与通货紧缩相比,通货膨胀带来的萧条时期要多得多。*总之,数据显示,通货紧缩和萧条之间实际上没有关联性*”(重点是我加的)。然而作者提醒我们,他们的研究“只是描述了通货紧缩和产出增长的原始数据之间的关系,没有尝试任何变量
599 控制”,另外,“如果设计好控制变量,或许可以从数据中找出通货紧缩和萧条之间的关联性”[1]。

从奥地利学派的观点来看,阿特基森—基欧研究的精髓在于,他们使用的是未经统计处理的原始数据。由于数据未取过均值、未做过平稳性检验、也未经过调整,反映的是人类在市场上独特的、不可重复的选择行为所产生的立竿见影的结果,因此,就其本身而论,这些数据无论是用于理论分析还是用于经济史解释,都极具意义。

正如默里·罗斯巴德经常强调的:“奥地利学派认识到,经验现实尤其是原始统计数据是独一无二的。一旦数据经过加工、平均并剔除了季节性因素,等等,那么数据必然会歪曲现实。”[2]

罗斯巴德甚至反对季节性调整数据这种看似无害的做法:“在我们看来,你对原始数据加工越多,你就偏离现实越远,因此,你越把注意力集中在那个数字上,你就越是错误。数据的季节性调整并不像表面看上去那么无害,因为即使是水果和蔬菜这样的季节性产品,季节性模式也并非一成不变。季节性模式会发生变化,并且会以不可预测的方式发生变化,因此,进行季节性调整就可能会加剧数据的失真。”[3]

阿特基森—基欧研究对相互竞争的宏观经济学各个流派有几点重要启示。第一,从“先验论”或奥地利学派经济理论的逻辑演绎角度看,虽然它没有证实或“证伪”任何特定的商业周期理论方法,但它确实说明了米塞斯—罗斯巴德的论点,即货币价值的增加既不是萧条的必然原因,也不是经济健康增长的障碍。第
600 二,已经被奥地利宏观经济学“自由银行”学派的许多人(但不是所有人)所接受的

---

[1] Atkeson and Kehoe, “Deflation and Depression,” p.102.

[2] Murray N.Rothbard, *Making Economic Sense* (Auburn, Ala.: Ludwig von Mises Institute, 1995), pp.233—234.

[3] Murray N.Rothbard, *The Mystery of Banking* (New York: Richardson & Snyder, 1983), p.259.

应对萧条的货币非均衡分析法，现在看来有一个很严重的问题。[1]这一分析法是在 20 世纪 40 年代由第一代货币主义者、美国联邦存款保险公司(FDIC)官员克拉克・沃伯顿(Clark Warburton)在一部著作中首次提出的，按照这一方法，经济萧条的主要原因是经济中出现了对货币的过度需求，而货币供给的相应增加并不能立即或迅速地抵消这种需求的影响。[2]结果是价格普遍下跌(通货紧缩)，且至少在短期内实际产出下降(经济萧条)。

然而，阿特基森和基欧发现通货紧缩与萧条之间缺乏历史关联性，这似乎表明，萧条的货币非均衡理论，也是一种逻辑演绎理论，并不适用于多数经验现实，更遑论全部的经验现实。按照同样的思路，该项研究也推翻了支持不受监管的分拆储蓄银行的主要理由。如果通货紧缩和萧条之间并无关联，那么银行体系就没有必要想当然地以货币供给的抵消变化来应对货币需求的每一次变化。

最后，这项研究可能会破坏目前广为接受的弗里德曼—施瓦茨对大萧条的解释。在最近一次庆祝他们的名著《美国货币史》出版 40 周年的座谈会上，米尔顿・弗里德曼正确地指出，“最具争议的[我们的主要论点]是，我们将 1929— 601
1933 年经济收缩的主要责任归于美联储，这一点几乎成为常识性认知了。”[3]

弗里德曼和施瓦茨将他们所称的“大收缩”(Great Contraction)归咎于美联储，据说是因为美联储在 20 世纪 30 年代初推行了一系列通货紧缩政策。[4]不幸的是，对弗里德曼和施瓦茨来说，他们认为的 20 世纪 30 年代早期的通货紧缩和

---

[1] 代表奥地利学派宏观经济学这一分支的两部著作是 George A.Selgin, *The Theory of Free Banking: Money Supply under Competitive Note Issue*(Totowa, N.J.: Rowman & Littlefield, Publishers 1988); and Steven Horwitz, *Microfoundations and Macroeconomics: An Austrian* Perspective(New York: Routledge, 2000)。

[2] Clark Warburton, *Depression, Inflation, and Monetary Policy: Selected Papers, 1945—1953* (Baltimore: The Johns Hopkins Press, 1966). 这种方法在当代的最著名的支持者是利兰・耶格尔(See Leland Yeager, *The Fluttering Veil: Essays on Monetary Disequilibrium*, ed. George Selgin [Indianapolis, Ind.: Liberty Fund, Inc., 1997])。

[3] Milton Friedman, “Reflections on a Monetary History,” *The Cato Journal* 23(Winter 2004): p.349. 弗里德曼—施瓦茨的观点确实已成为主流宏观经济学家中对大萧条的主导性解释，其证据见 Ben S.Bernanke, *Essays on the Great Depression* (Princeton, N.J.: Princeton University Press, 2000), pp.6—8。

[4] 默里・罗斯巴德认为，美联储在 20 世纪 30 年代早期并未推行通货紧缩政策，事实上曾经拼命地扩张货币存量，为罗斯巴德这一观点的辩护，见 Joseph T.Salerno, “Money and Gold in the 1920s and 1930s: An Austrian View,” *Ideas on Liberty* 49(October 1999) [在本书中作为第 16 章重刊]。

衰退之间的因果关系纯粹是经验性的，不是基于合理的情意学推理，而是基于使用一个国家1857—1960年数据进行的统计相关性分析。

现在，一项使用17个不同国家超过100年的数据进行的研究，对它们之间的相关性的有效性提出了严重的质疑，我们或许还会看到，基于另一个被认为是铁板钉钉的经验关系研究通货紧缩与萧条之间关系的菲利普斯曲线，也会理所当然地被人遗忘。

参考文献

Atkeson, Andrew, and Patrick J. Kehoe. 2004. "Deflation and Depression: Is There an Empirical Link." *American Economic Review Papers and Proceedings* 94 (May): pp.99—103.

Bernanke, Ben S. 2000. *Essays on the Great Depression*. Princeton: N.J.: Princeton University Press.

Bullard, James B. and Charles M.Hokayem. 2003. "Deflation, Corrosive and Otherwise." The Federal Reserve Bank of St. Louis *National Economic Trends* (July 1): p.1. Available at research.stlouisfed.org.

Federal Reserve Bank of Cleveland. 2003. "Deflation." *2002 Annual Report* (May 9, 2003).

602 Federal Reserve Bank of St. Louis. 2004. Inflation Targeting: Prospects and Problems, Proceedings of the Twenty-Eighth annual Economic Policy Conference of the Federal Reserve Bank of St. Louis, Federal Reserve Bank of St. Louis *Review* 86(June/August).

Friedman, Milton. 2004. "Reflections on a Monetary History." *The Cato Journal* 23(Winter).

Horwitz, Steven. 2000. *Microfoundations and Macroeconomics: An Austrian Perspective*. New York: Routledge.

Rothbard, Murray N. 1983. *The Mystery of Banking*. New York: Richardson & Snyder.

____. 1995. *Making Economic Sense*. Auburn, Ala.: Ludwig von Mises Institute.

Salerno, Joseph T. 1999. "Money and Gold in the 1920s and 1930s: An Austrian View." *Ideas on Liberty* 49(October).

Selgin, George A. 1988. *The Theory of Free Banking: Money Supply under Competitive Note Issue*. Totowa, N.J.: Rowman & Littlefield, Publishers.

Warburton, Clark. 1966. *Depression, Inflation, and Monetary Policy: Selected Papers 1945—1953*. Baltimore: The Johns Hopkins University Press.

Weiher, Kenneth. 1992. *America's Search for Economic Stability: Monetary and Fiscal Policy since 1913*. New York: Twayne Publishers.

Yeager, Leland. 1977. *The Fluttering Veil: Essays on Monetary Disequilibrium*, George Selgin, ed. Indianapolis, Ind.: Liberty Fund, Inc.

索　引

注:人名、主题词后面的页码是本书的英文版页码。英文版页码列在页边空白处。

B

C

D

E

F

H

I

J

K

L

N

O

P

Q

R

S

T

U

V

W

Y

图书在版编目(CIP)数据

货币:健全与非健全/(美)约瑟夫·萨勒诺
(Joseph T.Salerno)著;安佳,张涵译.—上海:
上海人民出版社,2021
书名原文:Money, Sound and Unsound
ISBN 978-7-208-16901-2

Ⅰ.①货… Ⅱ.①约… ②安… ③张… Ⅲ.①货币理
论-文集 Ⅳ.①F820-53

中国版本图书馆 CIP 数据核字(2021)第 016387 号

责任编辑 任俊萍
封面设计 陈 楠

货币:健全与非健全
[美]约瑟夫·萨勒诺 著
安 佳 张 涵 译

出 版 上海人民出版社
(200001 上海福建中路 193 号)
发 行 上海人民出版社发行中心
印 刷 常熟市新骅印刷有限公司
开 本 720×1000 1/16
印 张 32.75
插 页 4
字 数 530,000
版 次 2021 年 3 月第 1 版
印 次 2021 年 3 月第 1 次印刷
ISBN 978-7-208-16901-2/F·2671
定 价 135.00 元